21世纪通用法学系列教材

经济法概论

（第七版）

LAW TEXTBOOKS FOR NON-LEGAL MAJORS

王晓红　张秋华　编著

中国人民大学出版社
· 北京 ·

第七版出版说明

　　党的二十大以来，在习近平总书记依法治国、建设中国特色社会主义理论的指引下，我国法制体系不断更新完善，在法治轨道上推进国家治理体系和治理能力现代化的进程不断加快。立法是重要的政治活动，是为国家定规矩、为社会定方圆的神圣工作，以高质量立法保障高质量发展、推动全面深化改革、维护社会大局稳定是我们党在新时期的重要使命。随着我国经济领域立法进程的明显加快，一大批适应当前深化经济体制改革、促进社会经济发展、提升经济增长动力、与世界经济发展相融合的法律以及相应配套的行政法规、规章相继出台，其中一些重量级的法律、行政法规和最高司法机关的实践指导规范等系列规范性文件的颁行，使原有的法律体系发生重大甚至颠覆性的变化，比如：自2021年1月1日起施行的《民法典》、2019年11月8日最高人民法院发布的《全国法院民商事审判工作会议纪要》及与其配套的系列司法解释，给合同法律制度、物权法律制度、代理制度、法律行为制度、合伙企业法律制度、公司法律制度等带来巨变。2022年修正后的《反垄断法》出台；2022年11月22日，《反不正当竞争法》向社会公开征求意见；2023年3月始，我国资本市场延续了近30年的核准制成为历史的回忆，全面启动并实施的注册制正在资本市场铺开，资本市场的这一巨变使证券法律制度面临又一次颠覆性的变革；2023年12月29日，第十四届全国人民代表大会常务委员会第七次会议通过修订后的《中华人民共和国公司法》（自2024年7月1日起施行）。2024年7月1日国务院公布《国务院关于实施〈中华人民共和国公司法〉注册资本登记管理制度的规定》（自公布之日起施行）。据北大法宝法律法规库消息，截至2024年4月末，我国现行有效的法律共计302件，包括宪法1件、宪法相关法52件、民法商法24件、行政法97件、经济法85件、社会法28件、刑法4件、诉讼与非诉讼程序法11件。随着新法律法规屡新问世并进入施行快车道，民商法体系和经济法体系面临重构的紧迫需要。

　　冬至阳生，岁回律转。时序更替，华章日新。《经济法概论》第六版出版后距今已经整整两年。当前我国正面临百年未有之大变局，立法机关本着与时俱进、深切结合中国特色社会主义制度特点的原则对原有的法律、法规、规章等进行了重点清理和更新，立法进程再次提速。新颁行的法律、法规、规章等中，相当一部分是对原有法律、法规、规章等的修正，修正后的法律、法规、规章等更具有时代性、前瞻性和合理性，配套更趋完善，规范内容更贴近现实需要并与现实发展紧密连接。面对法律的更迭焕新，承载高质量人才培养使命的高校现有法学教材已严重滞后于立法及法律实践，难以适应和满足人才培养的现实需要。从高校，特别是财经类高校教学实践情况的角度考察，教材建设，特别是教材的更新，已经成为制约高校人才培养、教学质量提高的瓶颈。立法发展的迅急态势，使作为各类高校，特别是财经类高校学科基础课程教材的《经济法概论》的适时更新迫在眉睫。作为处在法学教育战线前沿的从教者，我们不忘初心，牢记使命，始终关注我国市场经济领域法律等规范性文件的最新动态，自觉保持对法律制度建设以及衔接、应用和研究方面的专注，密切跟踪经济领域最新监管政策、民商法制度、经济法学最前沿理论研究成果，并力求将其付诸法律人才培养的教学实践。

2023 年 12 月 31 日，国家主席习近平通过中央广播电视总台和互联网在二〇二四年新年贺词中深情地指出："中国是一个伟大的国度，传承着伟大的文明。在这片辽阔的土地上，大漠孤烟、江南细雨，总让人思接千载、心驰神往；黄河九曲、长江奔流，总让人心潮澎湃、豪情满怀。良渚、二里头的文明曙光，殷墟甲骨的文字传承，三星堆的文化瑰宝，国家版本馆的文脉赓续……泱泱中华，历史何其悠久，文明何其博大，这是我们的自信之基、力量之源。"习主席的豪情与气魄气贯长虹，习主席的发言驱云拨雾。2024 年，是我国贯彻落实党的二十大精神的开局次年，也是中华人民共和国成立 75 周年。一批法律的修订和颁行，特别是公司法的修订，必将为数千万企业带来发展的新机遇和制度红利，为我国经济发展迈上新的台阶发挥巨大的推动作用。

《经济法概论》第七版，正是在此背景下应时而发。《经济法概论》第七版，保留了第六版的体例结构，仍为九章。

第七版所修订的内容几乎贯穿全书，具体修订内容如下：

第一章"经济法基础知识"，在第六版的基础上进行了微调，对《民法典》涉及的有关经济法基础知识点进行了进一步的完善，增加了关于法律体系、法律部门的基础理论内容，对一些基本概念、基本理论作了精密、细致的调整。

第二章"个人独资企业法和合伙企业法律制度"，微调，变动不大，增加了个人独资企业与个体户、合伙企业、公司的比较方面的内容。在第二节"合伙企业法"中，增加介绍了"合伙企业的税收"。

第三章"公司法律制度"，增加了 2023 年修订的《公司法》的内容；新增了《市场主体登记管理条例》《国务院关于实施〈中华人民共和国公司法〉注册资本登记管理制度的规定》的内容，类别股的发行及表决权差异制度安排的内容；对有关《公司法》200 余条规定的内容进行了全面的调整和修订。有关《公司法》内容的变动幅度在本次教材修订中最大。修订后的本章内容更为简练和合理，更具有时代性和超前性。

第四章"外商投资法律制度"，新增了国务院于 2023 年 8 月 13 日发布的《关于进一步优化外商投资环境 加大吸引外商投资力度的意见》的内容，外商投资立法演进的内容，外商知识产权保护的内容，强化外商营商环境优化的内容，外商投资安全审查的内容。

第五章"破产法律制度"，重新梳理了破产法律制度的内容，特别是充实、调整了《深圳经济特区个人破产条例》的诸多内容；适当修正了部分不尽合理的内容。

第六章"竞争法律制度"，对《反不正当竞争法》的内容进行了适当修订，增加了 2022 年最高人民法院《关于适用〈中华人民共和国反不正当竞争法〉若干问题的解释》的内容；对不正当竞争行为重新进行了梳理，特别是对商业秘密的内容进行了较大幅度的增删。对《消费者权益保护法》均依据 2019 年修改内容进行了适度的增删；新增了 2024 年 3 月国务院公布的《消费者权益保护法实施条例》的内容，特别是关于预付款式消费的新规定。对《反垄断法》

依据最新立法进行修正，特别是增加了国际反垄断立法的最新动态及新规。

第七章"合同法律制度"，主要对《民法典》合同编的内容进行了重新梳理，特别是依据最高人民法院于 2023 年 12 月 4 日公布的《关于适用〈中华人民共和国民法典〉合同编通则若干问题的解释》（法释〔2023〕13 号）补充、修订了本章的内容；增加了与国际货物买卖合同的比较内容；增添了买卖合同中关于分期付款合同的规定，对试用买卖合同作出更为精准的法律释义；增加了预约合同的内容；结合最高人民法院《关于适用〈中华人民共和国民法典〉有关担保制度的解释》的规定对保证担保进行了重新梳理，增加了共同担保责任等内容。

第八章"税收法律制度"，对增值税，特别是小规模纳税人减免增值税的政策部分进行了更新；增加了 2023 年《契税法》的税收优惠政策内容；增加了 2023 年国务院关于提高个人所得税有关专项附加扣除标准新规的内容；增加了企业所得税税收优惠政策的新规等。

第九章"金融法律制度"，目前，我国《中国人民银行法》《商业银行法》的修改还在进行中，这两部法律的修订草案征求意见稿和修改建议稿的意见反馈截止时间分别为 2020 年 11 月 23 日、2020 年 11 月 16 日，距今已经近四年时间，但至今尚未正式颁行。本教材第七版在修订这部分内容时，主要是参照修订草案征求意见稿和修改建议稿的内容进行编撰，难免有失偏颇。本教材第七版出版后，若这两部法律正式颁行，对本教材内容与法律内容的偏差部分或可通过附加更正页、再版等方式进行修正。

2023 年 2 月 1 日，中国证监会宣布全面实行股票发行注册制，标志着股票发行注册制改革正式启动。主板改革是全面实施注册制的重中之重。本教材对有关证券法内容的修订，主要围绕证券发行的核准制向注册制的全面转化进行。2023 年 2 月，上海证券交易所、深圳证券交易所发布股票发行上市审核规则、上市公司证券发行上市审核规则、上市公司重大资产重组审核规则、首次公开发行证券发行与承销业务实施细则、股票上市规则、交易规则等配套业务规则。2023 年 2 月 17 日，中国证监会发布全面实行股票发行注册制相关制度规则。证券交易所、全国股转公司、中国结算、中证金融、证券业协会配套制度规则同步发布实施。

本次关于证券法律制度的修订，依据中国证监会于 2023 年发布的《关于深化债券注册制改革的指导意见》《首次公开发行股票注册管理办法》，2019 年修订的《证券法》，以及上海、深圳证券交易所发布的股票注册制规则等系列规定，着重对本教材中与核准制下股票发行、债券发行等行为有关的内容进行增删，引入注册制改革情境下证券发行的制度规则；修正的内容主要集中在证券发行条件和发行程序方面。此外，对上市公司收购部分的内容进行了补充和完善。

综上，《经济法概论》第七版是本教材自第二版以来，修订内容最广泛、参照最新法律法规及司法解释以及其他规范性文件最充分的一次。我们力求将最新的立法动态，最新的经济法、民商法研究成果展现于教材中，让读者，特别是从事法学教育的工作者、高校学生以及热爱法学的读者，能够通过观览和学习本教材的内容，获得足够的知识养分和精神食粮。但因准备不够充分，本教材的修订还不尽如人意，其中的不足之处在所难免。诚挚地希望读者批评指正，我们将再接再厉、精益求精，争取为法学教育奉献更多、更好的成果。

《经济法概论》自出版以来，至今已经走过十几年历程。本教材能够连续再版，直到第七版，归功于广大读者对我们的支持和厚爱。这是推动我们努力前行的最大动力，也是对我们辛勤付出的最大褒奖。在此表示深深的谢意！同时，也特别感谢中国人民大学出版社的编辑，是他们一丝不苟的职业操守以及勤恳敬业的精神，使本教材能够成为中国法律制度不断完善的参与者、见证者和引领者。

王晓红

2024 年 6 月 10 日

目　录

第一章

经济法基础知识

第一节 经济法概述

一、经济法的概念

经济法的概念最早是由法国空想共产主义者摩莱里在 1755 年出版的《自然法典》一书中提出的。其后，法国的另一些学者如德萨米、蒲鲁东，德国法学家赫德曼等都在自己的论著中使用了经济法的概念。真正将"经济法"这一概念应用于立法实践的是魏玛共和国，第一次世界大战以后建立起来的魏玛共和国即 1918 年至 1933 年期间采用共和宪政政治体制的德国。"魏玛共和国"这一称呼是后世历史学家的称呼，不是政府的正式用名。魏玛共和是德国历史上第一次走向共和的尝试，于德国十一月革命后而生，因阿道夫·希特勒及纳粹党在 1933 年上台执政而结束。虽然 1919 年的魏玛共和宪法在第二次世界大战结束前在法律上仍然有效，但纳粹党政府在 1933 年采取的一体化（Gleichschaltung）政策已经彻底破坏了共和国的民主制度，所以魏玛共和国在 1933 年已经名存实亡。魏玛共和国于 1919 年颁布的《煤炭经济法》是世界上第一部以经济法命名的产业统制法。

第二次世界大战后，经济法的理论和实践得到了迅速的发展。我国经济法是在 20 世纪 70 年代末 80 年代初开始兴起的。经过四十多年的研究和探索，经济法的理论日趋成熟。

由于经济法相对于民法、刑法等是一个较新的法律部门，关于经济法的概念，目前学界仍存歧见，迄今还未形成具有共识的科学概念。通说认为：经济法是调整国家在经济管理和协调经济运行过程中所发生的经济关系的法律规范的总称。

经济法与其他法律部门的主要区别在于其调整对象的特殊性。与经济法联系最为密切的法律部门是民法和行政法。我国《民法典》第 2 条明确规定："民法调整平等主体的自然人、法人和非法人组织之间的人身关系和财产关系。"已废止的《民法通则》就经济法与民法、行政法的关系问题作出的解释仍然具有现实意义：民法主要调整平等主体之间的财产关系（横向的财产经济关系）和人身关系。政府对经济的管理、国家和企业之间以及企业内部等纵向经济关系或者行政管理关系，不是平等主体之间的经济关系，主要由经济法、行政法调整，民法基本不作规定。依照《民法典》、原《民法通则》的相关规定以及学术界对经济法作为一个独立的部门法的研究和探索，经济法的调整对象具有与其他法律部门不同的特殊性，即经济法所调整一般是基于国家对经济的管理而在国家与企业之间发生的经济关系，企业内部基于行政管理而发生的经济关系，以及国家与企业之间存在的管理与被管理、监督与被监督、指令与服从的行政强制经济关系等。这些经济关系一般都具有纵向属性。

二、经济法的调整对象

由于对经济法的概念的认识存在分歧，对与经济法概念关联甚大的调整对象问题在学术界也存在争议。基于前述对经济法概念的认识，经济法的调整对象应当是国家在经济管理和协调经济运行的过程中所发生的经济关系，主要包括宏观经济调控关系和市场规制关系。

（一）宏观经济调控关系

宏观经济调控关系，是指政府在市场机制的基础上，运用经济手段引导、鼓励和限制市场主体的生产、交换、分配、消费以及直接参与国民经济运行的活动，而形成的一种宏观经济管理关系。宏观经济调控关系的特点是：（1）它是一种主动管理关系；（2）它不是针对特定的违法行为；（3）宏观经济管理关系主要包括金融管理关系、财政税收管理关系、自然资源管理关系、产业结构管理关系、计划调控管理关系、价格调控管理关系等。

（二）市场规制关系

市场规制关系是政府或政府授权部门在建立和维护自由、公平的市场竞争秩序中形成的管理关系。市场规制关系的特点是：（1）它是一种被动管理关系，一般是在市场活动主体出现违法行为时，国家机关与其形成的管理关系；（2）它是国家对市场秩序规制而产生的管理关系，具体包括对市场活动主体资格的管理和对市场主体行为的管理。市场规制首先是对进入市场的主体的管理。企业法人是市场中最重要的主体，对企业法人依法进行管理的内容和目的，就是使企业法人有健全的组织和制度，成为法人实体和市场竞争主体，以适应市场机制和宏观调控机制的需要。调整这方面关系的法律主要有公司法、国有企业法、外商投资法、破产法等，都是经济法的重要组成部分。

对市场主体行为的规制是指政府为了防止和制止不正当竞争和破坏性垄断，对市场主体的竞争和垄断行为的管理，以规范市场竞争行为和保证良好的竞争秩序。对市场客体的管理是对市场行为的客体——商品、服务或工作的管理，以保护当事人的合法利益和消费者的正当权益。对上述市场活动中发生经济关系，国家主要通过经济法中的反不正当竞争法、反垄断法、证券法、产品质量法、消费者权益保护法等法律规范调整。

（三）经济组织内部的经济关系

所谓经济组织主要是指以企业为主体的各类从事生产经营活动的单位，其内部经济关系是指其自身在组织经济活动时发生的各种内部经济管理关系，包括企业领导机构与其下属生产组织之间、各生产组织之间以及企业与职工之间在生产经营管理活动中所发生的经济关系。这类经济关系不同于民法中的横向财产关系，而是具有纵向经济关系的性质。

三、经济法的形式

经济法的形式，亦称经济法的渊源，是指经济法的存在或表现形式。我国法以成文法为主，成文法的形式包括：宪法、法律、行政法规、地方性法规、自治法规、行政规章、特别行政区法、国际条约。其中宪法、法律、行政法规在我国经济法的存在形式体系中居于核心地位。不成文法是经济法的形式的补充，但判例在我国目前还不是经济法的形式之一。

（一）宪法

宪法是国家的根本大法，是治国安邦的总章程，综合性地规定国家的根本任务和根本制度，即社会制度、国家制度的原则和国家政权的组织以及公民的基本权利义务等内容。宪法是具有最高法律效力的法律存在形式，其在法的存在形式中居于至高地位，宪法所规定和调整的社会关系较之其他法所规定和调整的，意义更为重要。宪法是其他法的立法依据或基础，其他法都不能违背宪法的内容或精神，否则无效。

（二）法律

法律是由全国人民代表大会及其常务委员会依据法定职权和程序制定或修改的，规定和调整国家、社会和公民生活中某一方面带根本性的社会关系或基本问题的一种法。法律是中国法的形式体系的主导。法律的地位和效力仅低于宪法。

法律分为基本法律和基本法律以外的法律两种。基本法律由全国人大制定和修改，在全国人大闭会期间，全国人大常委会也有权对其进行部分补充和修改，但不得同其基本原则相抵触。基本法律规定国家、社会和公民生活中具有重大意义的基本问题。基本法律以外的法律由全国人大常委会制定和修改，规定由基本法律规定以外的国家、社会和公民生活中某一方面的基本问题。此外，全国人大及其常委会还有权就有关问题作出规范性决议或决定，它们与法律具有同等地位和效力。

（三）行政法规

行政法规是由国家最高行政机关——国务院依法制定和修改的，是有关行政管理和管理行政事项的规范性法律文件的总称。

行政法规在我国法的存在体系中的地位是低于宪法、法律而高于地方性法规。其调整的社会关系范围更为广泛和具体。

（四）地方性法规

地方性法规是由特定地方国家机关依法制定和修改的，在本行政区域范围内具有效力的规范性法律文件。

地方性法规可以因地制宜，解决法律、行政法规规范不到的一些问题。现阶段，省、自治区、直辖市的人大及其常委会，省自治区的人民政府所在地的市人大及其常委会，国务院批准的较大的市的人大及其常委会，以及经济特区所在地的省、市的人大及其常委会，根据本地的具体情况和实际需要，在不同宪法、法律、行政法规相抵触的前提下，可制定地方性法规。全国人大常委会有权撤销同宪法、法律、行政法规相抵触的地方性法规。

（五）自治法规

自治法规是民族自治地方的权力机关所制定的特殊的地方性法律文件，即自治条例和单行条例的总称。自治条例是民族自治地方根据自治权制定的综合性法律文件；单行条例则是民族自治地方根据自治权制定的调整某一方面事项的规范性法律文件。

（六）行政规章

行政规章是有关行政机关依法制定的关于行政管理的规范性法律文件的总称，分为部门规章和地方性政府规章。部门规章是国务院所属部委根据法律和国务院行政法规、决定、命令，在本部门的权限内所发布的各种行政性的规范性法律文件。地方性政府规章是有权制定地方性法规的地方人民政府根据法律、行政法规制定的规范性法律文件。

（七）国际条约

国际条约是指两个或两个以上的国家或国际组织之间缔结的，确定其相互关系中权利和义务的各种协议。国际条约生效后，对缔约国的国家机关、团体和公民就具有法律上的约束力，在这个意义上，国际条约也是缔约国的一种法的存在形式，与国内法具有同等约束力。

（八）其他法的形式

除上述法的存在形式外，在中国还有几种成文的法的存在形式：一是中央军事委员会制定的军事法规和军内有关部门制定的军事规章；二是"一国两制"条件下特别行政区的规范性法律文件；三是有关机关授权别的机关所制定的规范性法律文件。经济特区的规范性法律文件，如果是根据宪法、立法法和地方组织法的规定制定的，属于地方性法规；如果是根据立法机关的授权制定的，则属于根据授权制定的规范性法律文件的范畴。

四、经济法的体系

（一）法律体系

1. 法律体系的概念及特征

法律体系，也称法的体系、部门法体系，是指由一国现行的全部法律规范按照不同的法律部门分类组合而形成的有机联系的统一整体。法律体系只包括现行有效的国内法，不包括历史上已废止、不再有效的法律，也不包括国际法。法律体系的形成与国家的法律传统、法的发展历史密切相关。法律体系是经济法体系的上位概念。

法律体系不同于立法体系，法律体系由法律部门组成，立法体系的构成单位是规范性法律文件。法律体系也不同于法系，法系是法学中常用的一个概念，凡是在内容上和形式上具有某些共同特征，形成一种传统或派别的国家法律，就属于同一个法系，如英美国家的判例法系、欧陆国家的成文法系。法律体系属于社会规范体系范畴，法系则是按照法律的特点和历史传统对各国法律进行分类的一种方法。

法律体系与法制体系、法学体系既有联系又有区别。法制体系是指法制运转机制和运转环节的全系统，包括立法体系、执法体系、司法体系、法律监督体系等。法律体系侧重描述静态的法律规范本身的体系构成；法制体系除包括静态的法律规范体系外，更侧重于动态的法制运转机制系统。从相互关系看，法制体系包含法律体系，法律体系整合在法制体系中。法学体系是指一个国家有关法律的学科体系，范围远大于法律体系。法律体系以一国的现行法为限，而法学体系包含对全部法律现象的理论、历史、比较分析等内容的研究。法律体系是法学体系形成、建立的前提。

2. 当代中国法律体系

我国现行法律体系主要由七个法律部门和不同层次的法律规范所构成。七个法律部门是：宪法及宪法相关法、民商法、行政法、经济法、社会法、刑法、诉讼与非诉讼程序法；三个不同层次的法律规范是：法律、行政法规、地方性法规、自治条例和单行条例。依据北大法宝法律法规库消息，截至 2024 年 4 月末，我国现行有效的法律共计 302 件，此外还有行政法规 600余件，地方性法规 1.3 万余件，这些法律法规涵盖社会关系的各个方面，构成品类相对齐全的法律部门。

（二）法律部门

1. 法律部门的概念

法律部门，又称部门法，是根据一定的标准和原则所划定的调整同一类型社会关系的法律规范的总称。法律部门划分的标准包括主要标准和次要标准。主要标准是调整对象，即法律所调整的社会关系，如经济法是调整国家在实施对国民经济管理过程中发生的宏观经济调控关系和市场规制中的经济管理关系；次要标准是调整方法，即实施法律制裁的方法和确定法律关系主体不同地位、权利义务的方法，包括确定权利义务的方式、方法，权利义务的确定性程度、权利主体的自主性程度、保障权利的手段和途径等，如民法和刑法都调整人身关系和财产关系，但民法是以自行调节为主要方式，而刑法是以强制干预为主要调整方式；民法要求对损害予以财产赔偿，而刑法则对行为人处以严厉的人身惩罚。

法律部门离不开成文的规范性法律文件，但二者并不是一个概念。一个法律部门可以通过多个规范性法律文件来表述，比如民商法部门就是通过《民法典》《专利法》《商标法》《公司法》《破产法》等多个规范性法律文件来表述的。同时，一个规范性法律文件并非仅仅包含在一个法律部门中，如税收法律规范中表述的法律规范，规定税收征纳额度适用税收实体法，规定征收程序的税收征管法规范属于行政法部门，规定逃税等税收犯罪行为的规范属于刑法部门。故此，因社会关系的复杂性，法律部门之间很难截然分开，有的社会关系需要多个法律部门来调整。本书冠以"经济法概论"的名称，实则在内容上包括了与经济法部门密切相关的民商法部门、行政法部门、刑法部门、诉讼与非诉讼程序法部门相关的内容。

2. 我国现行法律部门

任何一个国家的法律体系都因其内在统一性而表现为一个有机的整体，但为学习和研究起见，又将其划分为法律部门，这些法律部门相互联系又有区别。我国现行法律体系大体可以划分七个法律部门，这七个法律部门又具体包含若干小的法律部门，如民法部门，包含物权、债权、婚姻继承等小的部门法。

（1）宪法及宪法相关法。

宪法是国家的根本法，主要规定国家的根本制度和根本任务，公民的基本权利和义务等。宪法相关法是与宪法相配套、直接保障宪法实施和国家政权运作等方面的法律规范，旨在调整国家政治关系，主要包括国家机构的产生、组织、职权和基本工作原则方面的法律，民族区域自治制度，特别行政区制度，基层群众自治制度方面的法律；维护国家主权、领土完整、国家安全、国家标志象征方面的法律；保障公民基本权利方面的法律。

宪法相关法主要包括：1）国家机构组织法，如《中华人民共和国国务院组织法》《中华人民共和国人民法院组织法》《中华人民共和国人民检察院组织法》《中华人民共和国监察法》等；2）特别行政区法，如《中华人民共和国香港特别行政区基本法》《中华人民共和国澳门特别行政区基本法》等；3）民族区域自治法，如《中华人民共和国区域自治法》等；4）城乡基层群众自治法，如《中华人民共和国城市居民委员会组织法》《中华人民共和国村民委员会组织法》等；5）维护国家主权、领土完整和安全法，如《中华人民共和国缔结条约程序法》《中华人民共和国领海及毗连区法》《中华人民共和国安全法》《中华人民共和国反分裂国家法》等；6）国家标志法，如《中华人民共和国国旗法》《中华人民共和国国徽法》《中华人民共和国国歌法》等；7）保障公民基本权利法。如《中华人民共和国集会游行示威法》《中华人民共和国国家赔偿法》以及民族、宗教、信访、出版、社团登记等方面的法律。

（2）民商法。

民商法是规范民事、商事活动的法律规范的总称。民商法所调整的社会关系是自然人、法人和非法人组织之间以平等地位发生的各种社会关系。民法调整的是平等主体的自然人、法人和非法人组织之间的财产关系和人身关系。财产关系包括所有权关系、商品流通关系、遗产继承关系、知识产权关系等。人身关系包括人格关系和身份关系，人格关系是基于人格利益而发生的社会关系，如名誉权、隐私权、肖像权、生命健康权等；身份关系是以特定的身份利益为内容的社会关系，如婚姻关系、收养关系等。商法是适应商事活动的需要，从民法中分离出来的法律部门。商法调整商事主体之间的商事关系，具体包括商事主体制度，如《中华人民共和国公司法》《中华人民共和国合伙企业法》《中华人民共和国个人独资企业法》等法律和商事行为制度，如《中华人民共和国证券法》《中华人民共和国海商法》《中华人民共和国票据法》等。

（3）行政法。

行政法是规范国家行政管理活动的法律规范的总称，包括有关行政管理主体、行政行为、行政程序以及行政监督等方面的法律规范。行政法调整的是行政机关与行政相对人之间因行政管理活动而发生的社会关系，在这种管理与被管理的纵向法律关系中，行政机关与行政相对人之间的地位是不平等的，行政行为由行政机关单方依法作出，不需要经双方平等协商。

行政法分为一般行政法和特别行政法。一般行政法是指普适于所有行政机关行政活动的行政法规范，主要包括行政组织法、行政行为法、行政程序法和行政救济法。现行的一般行政法包括《中华人民共和国行政处罚法》《中华人民共和国行政复议法》《中华人民共和国行政许可法》《中华人民共和国行政强制法》等。特别行政法是指规范某一特定领域行政活动的行政法，如有关环境管理、民政管理、公安管理、卫生管理、文化管理、教育管理、城市建设管理、司法行政管理、海关管理、边防管理、军事行政管理等方面的法律规范性文件。

（4）经济法。

经济法是调整国家因从社会整体利益出发对国民经济活动进行干预、管理或调控所发生的社会经济关系的法律规范的总和。经济法作用的范畴主要包括：1）宏观调控法，如《中华人民共和国预算法》《中华人民共和国中国人民银行法》《中华人民共和国价格法》等；2）市场规制法，如《中华人民共和国反垄断法》《中华人民共和国反不正当竞争法》《中华人民共和国产品质量法》《中华人民共和国消费者权益保护法》《中华人民共和国广告法》等；3）自然资源和能源法，如《中华人民共和国土地法》《中华人民共和国森林法》《中华人民共和国可再生能源法》《中华人民共和国循环经济法》等；4）行业管理与产业促进法，如《中华人民共和国农业法》《中华人民共和国渔业法》《中华人民共和国旅游法》等；5）经济活动规范化、标准化法，如《中华人民共和国会计法》《中华人民共和国统计法》等。

（5）社会法。

社会法是调整劳动关系、社会保障、社会福利和特殊群体权益保障等方面关系的法律规范，具体包括劳动用工、工资福利、职业卫生安全、社会保险、社会救济、特殊保障等方面的法律。社会法的内容主要包括：1）劳动法，如《中华人民共和国劳动法》《中华人民共和国劳动合同法》《中华人民共和国工会法》《中华人民共和国职业病防治法》等；2）社会保障法，如《中华人民共和国社会保险法》《失业保险条例》等；3）特殊群体权益保障法，如《中华人民共和国残疾人保障法》《中华人民共和国未成年人保护法》《中华人民共和国妇女权益保障法》等；4）社会公益事业法，如《中华人民共和国红十字会法》《中华人民共和国公益事业捐赠法》《中华人民共和国慈善法》等。

（6）刑法。

刑法是规定犯罪与刑罚的法律规范的总和。它是规定哪些是犯罪和应该负何种刑事责任，并给行为人以刑罚处罚的法律。我国现阶段有关犯罪和刑罚的基本法律规范集中体现在《中华人民共和国刑法》中，此外，还有许多单行法，如《中华人民共和国反有组织犯罪法》《全国人大常委会关于惩治骗购外汇、逃汇和非法买卖外汇犯罪的决定》等。

（7）诉讼与非诉讼程序法。

诉讼与非诉讼程序法是因调整诉讼活动和非诉讼活动而产生的社会关系的法律规范的总和。我国的诉讼制度分为民事诉讼、行政诉讼和刑事诉讼。相应的法律规范有《中华人民共和国民事诉讼法》《中华人民共和国行政诉讼法》《中华人民共和国刑事诉讼法》。诉讼法的内容主要是：关于司法机关及其他诉讼参与人进行诉讼活动的原则、程序、方式和方法以及诉讼当事人的权利和义务；关于检察或监督诉讼活动，特别是侦查、审判活动是否合法，以及纠错的原则、程序、方式和方法。非诉讼程序法是解决非诉案件的程序法，主要有《中华人民共和国人民调解法》《中华人民共和国仲裁法》。

（三）经济法体系

关于经济法体系问题，我国学界目前仍有分歧。本书从经济法而非经济法学的角度，按照经济关系以及经济法调整的基本内容，将经济法体系大致分为三大部分：经济组织法、经济管理法和经济活动法。

（1）经济组织法。这是指经济组织的法律制度，即企业法律制度，主要包括公司法、个人独资企业法、合伙企业法。

（2）经济管理法。这是指国家在经济管理和协调经济运行中形成的法律制度，是经济法的核心内容，主要包括有关计划和产业政策、财税和预算、金融证券和外汇、会计和审计、标准和计量、产品质量和价格、土地和资源的开发与利用等法律制度。

（3）经济活动法。这是指因调整经济主体在商品流通和交换过程中发生的权利义务关系而产生的法律制度，主要包括体现国家意志参与或国家直接参与的反不正当竞争法律制度、反垄断法律制度、消费者权益保护法律制度及合同法律制度等。

（四）经济法学的体系

经济法学的体系是指在经济法体系的基础上，加上一个总论或基础理论，这部分主要阐述经济法的一般性理论问题，对经济法具有共性和普遍性的问题进行总的概括，对各项经济法具体制度的学习具有指导意义。本章所阐述的问题即属于这一内容。

（五）本书的基本体系

本书共九章。各章依次为：经济法基础知识、个人独资企业法和合伙企业法律制度、公司法律制度、外商投资法律制度、破产法律制度、竞争法律制度、合同法律制度、税收法律制度、金融法律制度。

第二节　经济法律关系

一、经济法律关系的概念

经济法律关系是法律关系的一种表现形式。法律关系的概念最早源于罗马法之"法锁"

（法律的锁链）观念，直到 19 世纪法律关系才作为一个专门的概念存在。法律关系，是经济法律关系的上位概念，要正确认识经济法律关系的概念，首先需要了解法律关系的概念。

（一）法律关系的概念

德国法学家萨维尼最早将法律关系界定为"由法律规则所决定的人和人之间的关系"。现代意义上的法律关系，是指在法律规范调整社会关系的过程中所形成的人们之间的权利和义务关系。与其他社会关系相比较，法律关系具有以下特征：

（1）法律关系是一种意志关系，属于上层建筑范畴。这里的意志是指国家的意志和行为人的意志。

（2）法律关系是由法律规范调整的关系。法律关系的产生、变更和消灭是以法律规范为前提的，法律规范是法律关系存废的前提条件。

（3）法律关系以权利义务为内容。法律规范调整人们的行为是通过界定行为人的权利和义务来实现的。

（4）法律关系是受国家强制力保证实施的关系。

（二）经济法律关系

经济法律关系是指经由经济法律规范规定和调整而形成的权利义务关系。可以从以下几个方面理解这一概念的基本含义：

（1）经济法律关系是在经济领域中发生的意志关系。经济法律关系产生于经济领域，即体现为在对国民经济进行管理、组织和协调运行中发生的国家与经济组织之间的权利和义务关系。这种权利和义务关系既体现了国家的意志，也体现了经济组织也就是被管理者的意志。

（2）经济法律关系是经济法规定和调整的法律关系。法律规范是法律关系产生、变更和终止的前提，权利义务关系是依相应法律规范而形成的，没有经济法律规范的具体规定，经济法律关系不可能产生，其内容也无法实现。

（3）经济法律关系是经济主体之间法律上具有经济义务内容的权利和义务关系。权利、义务是法律关系的核心，经济法律关系也不例外，所不同的是，经济法律关系是一种经济权利和经济义务关系。

（4）经济法律关系是由国家强制力保证实施的社会关系。由国家强制力作保障，实质上就是对经济主体的经济权利的保护，使其具有的权利、义务得到保障和履行。

二、经济法律关系的要素

经济法律关系的要素是指构成经济法律关系的必要条件，经济法律关系由主体、内容、客体三个要素构成，这三个要素构成一个不可分割的有机整体。主体是经济权利或经济义务的承受者；客体是经济权利和经济义务指向的对象和目标；内容是连接主体和客体的桥梁，是经济法律关系的实质。

（一）经济法律关系的主体

经济法律关系的主体（以下简称经济法主体），是指在经济法律关系中享有一定的经济权利、承担一定的经济义务的当事人或参加者。

经济法主体必须具备一定的主体资格，即参加经济法律关系，享受一定的经济权利和承担一定义务的资格或能力。在我国，根据法律规定，能够参与经济法律关系的主体包括以下几种。

（1）国家。

国家是经济法律关系的特殊主体，它是社会主义全民财产的所有者，依法具有主体资格。在国际经济关系中，我国和各国签订经济条约，中华人民共和国是国际经济关系的主体。在国内，国家出资的公司一般是经国家授权由履行出资人职责的机构或组织代表国家（全民）行使所有人的权利，只有在特定情况下，国家才以主体的资格直接参与经济法律关系。如就国家发行的国债而言，国家是债务主体，而国家机关、企业、社会团体和公民个人则是债权主体。

（2）国家机关。

作为经济法主体的国家机关，主要是国家经济管理机关，如中国人民银行、财政部、国家税务总局、商务部、国家市场监督管理总局等。国家直接在立法中规定的经济管理机关的经济管理权限主要是具体执行国家的经济管理职能。国家机关在必要时以法人资格参与国民经济中的经济法律关系。

（3）企业和其他社会组织。

企业是指从事生产、流通或者服务性经济活动，自主经营、自负盈亏，独立核算的商品经济组织。企业具有营利性，是经济活动中最主要的主体。其他社会组织是指不具有营利性，主要从事公益性事业的事业单位和社会组织。前者如学校、医院、科研机构等；后者如党团组织、工会、妇联等。其他社会组织是整个社会经济活动中必不可少的组成部分，其主体资格由其自身的性质和章程等规定。有的还需要进行必要的登记，如学术团体需在民政部门进行登记注册。

（4）经济组织内部机构。

它是指企业所属的不具有独立法人资格的职能机构或分支机构，如工厂的科室、车间等。经济组织内部机构是企业进行生产指挥的管理机构，通过自身的业务活动，协助企业领导组织企业的生产经营活动。经济组织分支机构是企业所属的生产经营单位。经济组织内部机构只有在获得企业授权的情况下，在授权范围内才能以企业的名义从事生产经营活动，承担相应的法律责任。此外，根据企业内部的管理制度以及承包制、经济责任制等，企业内部组织与企业之间形成内部的权利义务关系，其自身亦具有相对独立的法律地位，因此，可以成为经济法的主体。

（5）个体经营户、农户和公民。

个体经营户是指城镇中以家庭财产为基础的，从事小规模生产经营，并取得营业执照的经营者。农户是指农村中从事农、林、牧、渔等生产经营的专业户、承包户。公民则指具有民事权利能力和民事行为能力的自然人。上述主体，除了可以参加民事法律关系，当他们与国家机关、企事业单位发生经济权利和经济义务关系时，就成为经济法律关系主体。例如，个体经营户在办理注册登记与市场监督管理机构发生经济管理关系时，公民作为纳税义务人同税务机关发生税收征纳关系时，皆会成为经济法主体。

（6）外国自然人和社会组织。

外国自然人和社会组织在我国法律和我国缔结或参加的国际条约明确规定的范围内，可以成为我国经济法的主体。如他们可以在我国兴办中外合资经营企业、中外合作经营企业，申请取得专利权、商标权等。

经济法主体必须具备一定的资格，即必须满足国家要求自然人和组织参加经济法律关系所具备的条件。其资格的取得途径主要有以下两种：其一，法定取得。这是指某种经济法主体依照法律的规定，不通过其他程序而直接取得经济法的主体资格。这类主体即国家机关和某些事业单位，其职责、职权在法律中被直接、明确地规定，无须任何审批机关审核批准就可以直接从事各种经济管理或者经济活动。其二，授权取得。这是指某种经济法主体因符合法律规定的条件而被国家法律授予经济法的主体资格。这类主体即指企业和其他经济组织，也包括社会团体和具有特定身份的公民。在经济法律关系中，它（他）们的活动范围和方式都受一定的限制，不能超越授权范围进行经济活动。

（二）经济法律关系的内容

经济法律关系的内容是指经济法主体（双方当事人）的经济权利和经济义务。它是经济法律关系的核心，直接体现了经济法主体的利益和要求。它是由法律规定，并受国家强制力保护和监督的社会关系。

（1）经济权利，是指经济法主体在法律规定的范围内可以为一定行为或者不为一定行为，或者要求其他主体为一定行为或者不为一定行为的一种可能性或者资格。这种可能性或者资格是由法律规定的，并且以经济法主体的作为或者不作为来实现。它包括以下三方面的含义。

1）经济法主体在法定范围内依照自己的利益需要，根据自己的意志实施一定的经济行为。这一行为包括作为和不作为。

2）经济法主体有权要求负有义务的他人作出或不作出一定的行为，以实现自己的利益。

3）经济法主体在其合法权利受到侵害或不能实现时，有权依法请求国家有关机关给予强制力的保护。

权利的本质在于满足经济法主体的经济利益，但并不是说经济法主体实现自身利益会妨碍国家和社会的利益。经济法主体在通过行使权利实现自身利益的过程中，同时也实现了国家利益和社会利益。经济法赋予经济法主体一定的权利，就意味着经济法主体获得了实现经济利益的自由。

（2）经济义务，是指经济法主体为了满足特定权利主体的权利，在法律规定的范围内必须实施某种行为或者不得实施一定行为的一种约束和限制。经济法律关系主体的义务是国家强制经济法主体实施或者不得实施某种行为的一种合法手段，如果特定主体该为而不为，或者不该为而为或为而不适当，其均应受到法律的制裁。经济义务包含以下三个方面的含义。

1）义务主体必须作出或者不作出一定的行为。这一行为的目的在于满足权利主体的利益需要。

2）义务主体实施义务行为是在法定的范围内进行的。超越法律规定的限度的，义务主体不受限制和约束。

3）义务主体如果不依法履行义务，就应当承担相应的法律责任，受到法律的制裁。权利与义务是相互依存的，没有权利，就不会有义务，反之亦然。

（三）经济法律关系的客体

经济法律关系的客体是指经济法主体享有的经济权利与承担的经济义务所指向的对象和目标，表现为物、行为和智力成果。

（1）物。

物是指能够为经济法主体所控制和支配的具有一定经济价值的物质财富。其中包括天然存在的实物和人类劳动制造产品，以及充当一般等价物的货币和有价证券等。物是应用最广泛的经济法律关系客体。

作为经济法律关系客体的物，不同于一般意义上的物，而是法律意义上的物。法律上对物要求其能合法地进入生产和流通领域，否则，它不能成为法律关系的客体。例如，土地、矿藏、水流、森林、草原、铁路、航空等作为关系国家经济命脉的物，只能作为所有权的客体，不能作为买卖关系的客体，但可以作为承包权和租赁权的客体；黄金、白银和被管制物等，只能在特定条件下有限流转。随着市场经济进一步向纵深发展，作为上述自然资源的物，正在被逐渐放开流通管制，未来立法将对此作出回应。

（2）行为。

行为是指经济法主体为达到一定的经济目的所进行的行为，包括经济管理行为、完成工作的行为和提供一定劳务的行为。

经济管理行为是指具有国家经济管理职权的主体以及具有企业内部经营管理权的主体根据法律规定或者企业内部依法形成的规章所从事的经济管理活动，如经济决策行为、经济命令行为、审查批准行为以及经济监督检查行为等。完成一定工作的行为是指经济法律关系中作为主体的一方，用自己的资金、技术设备和行为去实现另一方的要求，另一方支付相应的报酬的行为。提供一定劳务的行为是指主体的一方用自己的设备和劳动，满足对方的利益和要求，对方给付相应的报酬的行为。两者的区别在于，前者的结果表现为物质成果，后者的结果表现为经济效益，它不改变标的物的价值和使用价值。

（3）智力成果。

智力成果是指人们创造的能够带来经济价值的创造性脑力劳动成果。它是一种无形财产，可以适用于生产，转化为生产力，通过一定的方式可以产生权利和收益。它有两种表现形式：一种是精神财富，即智力方面的创造，如专利权、发明权、著作权等；另一种是科学技术成果、商业秘密、数据库等经济信息。随着社会进步和科学技术的发展，作为经济法律关系客体的智力成果日益增多。

三、经济法律关系的发生、变更和终止

（一）经济法律关系的发生、变更和终止的概念

经济法律关系的发生，是指因一定的客观情况的出现，在特定主体之间形成一定的经济法律关系。

经济法律关系的变更，是指已经存在于特定主体之间的经济法律关系，由于一定情况的出现而在构成要素上发生变化。

经济法律关系的终止，是指主体之间的经济法律关系因一定情况的出现而消灭。

（二）经济法律关系发生、变更和终止的条件

经济法律关系是根据经济法律规范在经济法主体之间形成的权利与义务关系。但经济法律规范本身并不必然使经济法主体间形成权利与义务关系，一定的经济法律事实的出现才能使经济法律关系以经济法律规范为依据而发生、变更和消灭。据此，经济法律关系发生、变更和终止需要具备以下三个条件：（1）经济法律规范：它是经济法律关系发生、变更和终止的法律依据。（2）经济法主体：它是权利与义务的实际承担者。（3）经济法律事实：它是指由经济法律

规范所规定的，能够引起经济法律关系发生、变更和终止的客观现象。

根据经济法律事实与人之意志的关系，其可分为以下两类。

1）行为。

行为是指当事人的意识活动，即在行为之前有一定打算，希望达到某种结果，并且通过主体的意思表示而体现出来。行为又分为两种：合法行为与非法行为。合法行为是符合法律规范的行为。它包括经济管理行为、经济法律行为和经济司法行为。违法行为是违反法律规定的行为或法律所禁止的行为。这种行为侵犯了其他经济法主体的合法权益，能产生法律后果，也能引起法律关系的产生。例如某种违法行为损害了其他主体的合法权益，就会引起赔偿法律关系的发生。

2）事件。

事件是指不以当事人的意志为转移的，能够引起经济法律关系发生、变更和终止的客观情况，包括自然现象和社会现象。自然现象又称绝对事件，如地震、洪水、风暴等；社会现象又称相对事件，如战争、骚乱、人的死亡等。这些事件的主要特征是：其发生不以人们的意志为转移，是人所不能抗拒的。因而，通常在法律上又被称为不可抗力。

经济法律关系的发生、变更和终止，既可能归因于一个法律事实，也可能须同时具备两个以上的法律事实。引起某一经济法律关系发生、变更或终止的数个法律事实的总和，称为事实构成。

第三节　法律行为与代理

一、法律行为

（一）法律行为的概念和特征

"法律行为"一词最早出现于18世纪。在18世纪，关于"法律行为"还没有统一的表述方式，在法律文献中，人们既用拉丁文表示，也用德文表述，直到18世纪末期，"Rechtgeschafte"一词才被确立。萨维尼给法律行为下的定义是："行为人创设其意欲的法律关系而从事的意思表示行为。"这一定义为后来的民法学家所接受。

我国《民法典》第133条将民事法律行为定义为："民事法律行为是民事主体通过意思表示设立、变更、终止民事法律关系的行为。"它是法律事实的一种，具有以下特征。

（1）法律行为是以设立、变更、终止权利、义务为目的的行为。

法律行为是行为人有意识创设的、自觉自愿的行为，行为人进行民事法律行为的目的是追求一定民事法律行为的后果。

（2）法律行为以意思表示为要素。意思表示是指行为人将进行法律行为，以达到某种预期法律后果的内在意思表现于外。

我国于2021年1月1日实施的《民法典》，对法律行为的概念的界定有重大变化。《民法通则》（已失效）、《民法总则》（已失效）将法律行为认定为"合法行为"，而《民法典》将法律行为界定为当事人的设权行为，不再要求法律行为必须是合法行为。也就是说，行为人的行为无论是有效、无效、可撤销还是效力待定，均可以被称为法律行为。《民法典》的这一规定，意味着《民法通则》特有的"民事行为"概念在我国民事法律制度中的终结。

（二）法律行为的分类

对法律行为可以从不同的角度作不同的分类，不同的法律行为在法律上具有不同的法律意义。

（1）按表现形式不同，法律行为可分为积极的法律行为和消极的法律行为。积极的法律行为又称"作为"，即积极、主动作用于客体，具有法律意义的行为。消极法律行为又称"不作为"，即消极、抑制作用于客体，具有法律意义的行为。

（2）按相互关系，法律行为可分为主法律行为和从法律行为。主法律行为，即不以其他法律行为存在为前提就可以独立成立的法律行为。从法律行为，是指从属于其他法律行为而存在的法律行为，即其成立以另一种法律行为的存在作为前提。典型的如主、从合同行为。

（3）按主体实际参与行为的状态，法律行为可分为自主行为和代理行为。自主行为，即法律主体在没有其他主体参与的情况下以自己的名义独立从事的法律行为。代理行为，即法律主体根据法律授权或其他主体委托而以被代理人的名义所从事的法律行为。

（4）按是否要求一定的形式，法律行为可分为要式法律行为和不要式法律行为。要式法律行为是指法律规定必须采取一定的形式或者履行一定的程序才能成立的法律行为。不要式法律行为是指法律不要求采取一定形式，当事人自由选择一种形式就可成立的法律行为。

（5）按是依单方意思表示还是多方意思表示生效，法律行为可分为单方法律行为和多方法律行为。单方法律行为是根据一方当事人意思表示而成立的法律行为。该法律行为仅有一方的意思表示而无须他方的同意即可发生法律效力。多方法律行为是指依两个以上的当事人意思表示一致而成立的法律行为。

（6）按是否给付对价，法律行为可分为有偿的法律行为和无偿的法律行为。有偿的法律行为是指当事人互为给付一定的对价的法律行为。无偿的法律行为是指一方当事人承担给付一定对价的义务，而另一方当事人不承担相应给付对价义务的法律行为。

另外，按主体性质不同，法律行为分为个人行为、集体行为、国家行为；按法律行为成立是否需要当事人交付标的物，法律行为分为诺成行为、实践行为等。

（三）法律行为的有效要件

法律行为的有效是指法律行为足以引起权利、义务的设立、变更、终止的法律效力。法律行为的成立是法律行为有效的前提，但是，已成立的法律行为不一定必然发生法律效力，只有具备一定有效要件的法律行为，才能产生预期的法律效果。法律行为的有效要件分为实质有效要件和形式有效要件。

依据《民法典》的规定，法律行为应具备的实质有效要件如下。

1. 法律行为的实质有效要件

（1）行为人具有相应的民事行为能力。对自然人而言，无民事行为能力人（不满 8 周岁的未成年人和不能辨认自己行为的成年精神病人）进行的民事行为不具有法律效力。限制民事行为能力人（8 周岁以上的未成年人和不能完全辨认自己行为的成年精神病人）只能进行和其能力相当的法律行为。完全民事行为能力人（18 周岁以上的成年人和 16 周岁以上、不满 18 周岁以自己的劳动收入为主要生活来源者）也只有在其权利能力范围内，才具有相应的行为能力。对法人而言，民事行为能力随其成立而产生，随其终止而消灭，但法人的行为能力须与法人的权利能力范围相适应，法人的权利能力范围一般以核准登记的生产经营和业务范围为准。

（2）意思表示真实。这是指行为人在自愿的基础上作出的意思表示与其内心的真实意思是一致的。如果行为人的意思表示是基于胁迫、欺诈而作出的，则其不能反映行为人的真实意思，不能产生法律上的效力。如果行为人故意作出不真实的意思表示，则行为人无权主张行为无效，而善意的相对人或第三人则可根据情况主张无效。如果行为人基于某种错误认识而导致意思表示与内在意志不一致，则只有在存在重大错误的情况下，其才有权请求人民法院或者仲裁机构予以变更或撤销。

（3）不违反强制性规定，不违背公序良俗。不违反强制性规定是指法律行为的内容不得与法律、行政法规的强制性规定相抵触。不违背公序良俗是指法律行为在内容、目的和效果上不得违背社会公共秩序与善良风俗。上述规定皆以不得违反社会公共利益为要义。

《民法典》第153条规定："违反法律、行政法规的强制性规定的民事法律行为无效。但是，该强制性规定不导致该民事法律行为无效的除外。违背公序良俗的民事法律行为无效。"依此规定，违反法律、行政法规的强制性规定的法律行为，并不当然无效，还需考量该法律行为是否实质损害社会公共利益，若损害，则无效；若未损害，则可使其有效，当事人须因违反法律、行政法规的强制性规定而承担其他责任。

2. 法律行为的形式有效要件

这是指行为人的意思表示的形式必须符合法律的规定。我国《民法典》第135条规定："民事法律行为可以采用书面形式、口头形式或者其他形式；法律、行政法规规定或者当事人约定采用特定形式的，应当采用特定形式。"依此规定，行为人进行某种特定的法律行为，未能采用法律规定或当事人约定的特定形式的，不能产生法律效力。书面形式有一般书面形式和特殊书面形式。特殊书面形式主要指公证形式、审核批准形式、登记形式、公告形式等。一般而言，书面形式优于口头形式，特殊书面形式优于一般书面形式。此外，还有一种不通过文字或语言，而以沉默的方式进行意思表示的形式，但该种形式只在法律有规定或当事人有约定的情况下才能产生法律效力。

（四）无效的民事法律行为

1. 无效民事法律行为的概念和种类

无效民事行为是指欠缺法律行为的有效要件，行为人设立、变更和终止权利、义务的内容不发生法律效力的行为。无效民事法律行为分为全部无效和部分无效两种。

《民法典》规定，属于无效民事法律行为的有：（1）无民事行为能力人实施的民事法律行为；（2）以虚假意思表示实施的民事法律行为；（3）恶意串通，损害他人合法权益的民事法律行为；（4）违反强制性规定或违背公序良俗的民事法律行为。

部分无效的民事法律行为，是指部分无效且该无效部分不影响其他部分效力的民事法律行为。部分无效的民事法律行为的无效部分从开始时即无法律约束力，而其余部分仍对当事人有约束力。

2. 无效民事法律行为的法律后果

无效民事法律行为从行为开始时起就没有法律约束力。其在法律上产生以下法律后果。

（1）恢复原状，即恢复到无效民事法律行为发生之前的状态，当事人因该行为取得的财产应当返还给受损的一方。

（2）赔偿损失，即有过错的一方应当赔偿对方因此受到的损失，但若双方都有过错，则应当按照过错的大小承担相应的责任。

（3）收归国家或集体或者返还第三人。这里是指合同双方恶意串通，实施的民事法律行为损害国家、集体或者第三人利益，此时应当追缴双方取得的财产，收归国家、集体或者返还第三人。

（4）其他制裁。如果行为人因实施无效民事法律行为而损害国家利益或社会利益，还可以依法给予其行政处分、罚款；构成犯罪的，追究刑事责任。

（五）可撤销的民事法律行为

1. 可撤销民事法律行为的概念和特征

可撤销民事法律行为是指行为人享有撤销权或变更权的民事法律行为。经撤销该行为自始无效，如不撤销该行为仍然有效。可撤销民事法律行为与无效的民事法律行为相比，具有以下法律特征。

（1）在该行为被撤销前，其效力已经发生，未经撤销，其效力不消灭。

（2）该行为的撤销，应由撤销权人提出并实施，其他人不能主张该行为效力的消灭。

（3）具有撤销权的权利人，可以选择撤销该行为，也可以不选择撤销该行为。当事人自知道或者应当知道撤销事由之日起 1 年内、重大误解的当事人自知道或者应当知道撤销事由之日起 90 日内没有行使撤销权的，撤销权消灭。当事人自民事法律行为发生之日起 5 年内没有行使撤销权的，撤销权消灭。当事人请求变更或撤销的，人民法院不予保护。

（4）该行为一经撤销，其效力溯及于行为开始时无效。

2. 可撤销民事法律行为的种类

依据《民法典》的规定，下列民事法律行为，一方有权请求人民法院或者仲裁机构予以撤销。

（1）行为人对行为内容有重大误解的民事法律行为。重大误解是指行为人对其所进行的民事法律行为的内容在理解上有重大的错误，例如对买卖标的物有重大误解，把复制品误认为真品；对法律关系中的权利与义务有重大误解，如把租赁关系误认为买卖关系；看错标的物的价格或者合同的重要条款等。因重大误解而为民事法律行为，是因行为人主观认识上存在错误，它与因受欺诈等外界的影响而为的民事法律行为不同，但是这种行为的确与行为人的真实意愿相违背，故应当允许行为人变更或撤销其在重大误解的情况下所进行的民事法律行为。

（2）受欺诈的民事法律行为。依据《民法典》第 148 条、第 149 条的规定，受欺诈而实施的民事法律行为可撤销，但"第三人实施欺诈行为，使一方在违背真实意思的情况下实施的民事法律行为，对方知道或者应当知道该欺诈行为的，受欺诈方有权请求人民法院或者仲裁机构予以撤销"。也即第三人实施欺诈行为的，若对方当事人不知道且不应当知道存在欺诈，受欺诈方不得请求人民法院或者仲裁机构予以撤销。

（3）受胁迫的民事法律行为。《民法典》第 150 条规定："一方或者第三人以胁迫手段，使对方在违背真实意思的情况下实施的民事法律行为，受胁迫方有权请求人民法院或者仲裁机构予以撤销。"

（4）显失公平的民事法律行为。显失公平，是指行为人利用对方当事人处于危困状态、缺乏判断能力等情形，迫使对方违背本意而作出意思表示。于此情形下进行的民事法律行为严重损害对方的利益的，受损害方有权请求人民法院或者仲裁机构予以撤销。

3. 可撤销民事法律行为的后果

对于上述可撤销民事法律行为的情形，《民法总则》与《民法通则》、《合同法》（已失效）的规定有所不同。《民法通则》与《合同法》均规定上述行为为可撤销或可变更，但《民法总则》仅规定为可撤销，行为人不再享有主张变更的权利，即对该行为不再有可主张变更的效力。我国《民法典》认同此一观点。《民法典》第155条规定：可撤销民事法律行为被依法撤销后，法律行为从开始时起无效，具有与无效民事法律行为相同的法律后果。如果撤销权人表示放弃或未在法律规定期间内行使撤销权的，则可撤销民事法律行为确定地成为完全有效的民事法律行为。

二、代理

（一）代理的概念及特征

代理指代理人在代理权限范围内，以被代理人的名义与第三人实施民事法律行为，所产生的法律后果直接归属于被代理人的民事法律行为。代理中涉及三方当事人：本人（被代理人）、代理人、第三人（相对人）。

代理具有以下特征。

（1）代理人以被代理人的名义实施民事法律行为。根据《民法典》的规定，代理人必须以被代理人的名义实施法律行为，这与英美法中的代理义不同，也不同于我国对外贸易活动中的代理行为。

（2）代理人在代理权限范围内独立地为意思表示。代理人在代理权限内，有权根据情况，独立地进行判断，并进行意思表示。

（3）代理人直接向第三人进行意思表示。代理行为的目的在于与第三人设立、变更或终止权利义务关系，因此，只有代理人直接向第三人作出意思表示，才能实现代理之目的。

（4）代理行为的法律效果直接归属于被代理人。代理行为是在代理人和第三人之间进行的，但却在被代理人与第三人之间设立、变更或终止了某种权利和义务关系，因此，其法律后果当然也应由被代理人承担。该法律后果既包括对被代理人有利的法律后果，也包括对被代理人不利的法律后果。

（二）代理的适用范围

代理的事项一般仅限于民事法律行为中的财产行为，对下列行为不能代理。

（1）违法行为。

（2）事实行为即非表意行为。

（3）法律行为中的身份行为，如结婚、离婚、遗嘱等。

（4）依照法律规定或按照双方当事人的约定，应当由本人亲自进行的民事法律行为。

（三）代理的种类

依据《民法典》的规定，代理可分为以下两种。

（1）委托代理。

这是基于被代理人的委托而发生的代理。被代理人以委托的意思表示将代理权授予代理人，故委托代理又称为授权代理或意定代理。

委托代理一般产生于代理人与被代理人之间的基础法律关系之上。被代理人的委托可以基于授权行为发生，也可依据合伙关系、职务关系等发生。委托代理中的授权行为一般以代理证书（授权委托书）的形式表现。依据《民法典》第165条的规定，授权委托书应当载明代理人的姓名或名称、代理事项、代理的权限范围和代理权的有效期限，并且由委托人签名或者盖章。授权委托书授权不明的，被代理人应当对第三人承担民事责任，代理人负连带责任。

（2）法定代理。

这是基于法律的直接规定而发生的代理。法定代理通常适用于被代理人是无民事行为能力人、限制民事行为能力人的情况。《民法典》第23条规定：无民事行为能力人、限制民事行为能力人的监护人是其法定代理人。依此规定，法定代理主要根据代理人与被代理人之间具有一定的亲属关系（血缘和配偶）而产生。

（四）代理权的行使

（1）代理权行使的一般要求。

1）代理人需在被代理人授权的范围内行使代理权。代理人非经被代理人同意，不得擅自超越、变更代理权限。代理人超越或变更代理权限所为的行为，非经被代理人追认，对被代理人不发生法律效力，由此给被代理人造成经济损失的，代理人须承担赔偿责任。2）代理权应为维护被代理人的利益而行使。代理人应从被代理人的利益出发，争取在对被代理人最为有利的情况下完成代理行为。代理人行使代理权必须符合被代理人的利益，不得利用代理权为自己牟取私利。

（2）滥用代理权的禁止。

滥用代理权是指代理人违背代理权的设定宗旨和代理行为的基本准则，恶意损害被代理人的利益而进行代理的行为。滥用代理权行为主要包括：1）代理他人与自己实施民事法律行为；2）代理双方当事人进行同一民事法律行为；3）代理人与第三人恶意串通，损害被代理人利益。

《民法典》第168条规定："代理人不得以被代理人的名义与自己实施民事法律行为，但是被代理人同意或者追认的除外。代理人不得以被代理人的名义与自己同时代理的其他人实施民事法律行为，但是被代理的双方同意或者追认的除外。"

法律禁止代理权的滥用。滥用代理权的行为，视为无效代理。代理人滥用代理权给被代理人造成损害的，应承担相应的赔偿责任。代理人和第三人串通，损害被代理人利益的，由代理人和第三人负连带责任。

（五）无权代理

（1）无权代理的概念。

无权代理是指没有代理权而以他人名义所实施的民事法律行为。无权代理并不是代理的一种形式，而是具备代理行为的表象，但是欠缺代理权的行为。

无权代理包括三种情况：1）没有代理权的代理，是指既没有经被代理人的委托授权，又没有法律上的根据，也没有人民法院或者主管机关的指定，而以他人名义实施民事法律行为的代理。2）越权代理，指代理人超越代理权限范围而进行的代理。3）代理权终止后而为的代理，是指代理人在代理期限届满或者约定的代理事务完成甚至被解除代理权后，仍以被代理人的名义进行的代理。

（2）无权代理的法律后果。

在无权代理的情况下，经本人追认或者本人知道他人以本人名义实施民事法律行为而不作否认表示的，无权代理人所为代理行为的法律后果归属于被代理人，视为有效代理。此外，无权代理人所为的代理行为，善意相对人有理由相信其有代理权的，被代理人应当承担代理的法律后果。学术界将这种情况称为"表见代理"。

表见代理，是无权代理的一种特殊行为。因无权代理人的代理行为客观上存在使相对人相信其有代理权的情况，相对人主观上为善意且无过失，所以相对人可以向被代理人主张代理的效力。

表见代理的情形有：被代理人对第三人表示已将代理权授予他人，而实际上并未授权；被代理人将某种有代理权的证明文件交给他人，他人以该种文件使第三人相信其有代理权并与之进行法律行为；代理授权不明；代理人违反被代理人的意思或者超越代理权，第三人无过失地相信其有代理权而与之进行民事法律行为；代理关系终止后未采取必要的措施而使第三人仍然相信行为人有代理权，并与之进行民事法律行为。

除上述几种情况外，无权代理均不对被代理人产生任何法律效力。无权代理行为视同无效民事法律行为，但如果经被代理人追认，也可以对被代理人产生法律效力。

第四节　诉讼时效

一、时效制度的概念

时效制度，是指一定的事实状态持续一定的时间后即发生一定法律后果的制度。时效又可分为取得时效与消灭时效。凡一定事实状态持续一定期间而取得权利的，为取得时效，也称占有时效。凡一定事实状态持续一定期间而丧失权利的，为消灭时效。

时效必须符合下列条件。

（1）须以一定的事实状态存在为条件。一切时效制度，都以一定的事实状态存在为前提。取得时效，是以和平而公开占有他人财产的事实状态为条件的；消灭时效是以权利人不行使其权利的事实状态为要件的。

（2）须以一定的时间经过为条件。一定事实状态，只有经过一定时间，即在一定时间内持续存在，才能成立时效。至于经过多长时间要依法律的规定，当事人不能协议变更。

（3）须发生时效的法律后果。一定事实状态持续一定时间，依法能产生一定的时效的法律效果，如取得所有权或者丧失胜诉权等。

时效制度起源于罗马法。我国目前在时效制度中只规定了消灭时效，还未承认取得时效。

二、诉讼时效

（一）诉讼时效的概念

诉讼时效是指权利人在法定期间内不行使权利，即丧失请求人民法院或仲裁机构保护其权利的权利。这里的法定期间是指权利人提起诉讼的期间，称为诉讼时效期间，即权利人向人民法院要求依诉讼程序保护其权利的有效期间。

（二）诉讼时效的特征

（1）诉讼时效属于消灭时效。诉讼时效完成所消灭的是实体意义上的诉权，即获得诉讼救济而实现其权利的可能性。诉讼时效完成后，权利人丧失了获得诉讼救济的权利，从而使自己的权利失去了法律的保护。此时权利人虽有程序意义上的诉权，仍可以向人民法院提起诉讼，但是，除有延长时效的正当理由外，已难以胜诉。

（2）诉讼时效完成并不消灭实体权利。诉讼时效期间届满后，义务人如自愿履行义务，权利人仍有权受领。因权利人并未丧失实体权，债务人履行后又以不知时效届满为由要求返还的，人民法院不予支持。

（3）诉讼时效属于强制性的规定。诉讼时效及其具体内容必须由国家法律作出规定，当事人不得对其内容作任何修改。

（三）诉讼时效的适用范围

诉讼时效一般适用于财产权中的债权请求权。所谓债权请求权，是指权利人基于债的关系而产生的，请求特定人为特定行为的权利。

依据我国现行规定，债权请求权也并非皆可适用诉讼时效；物权请求权也并非完全不能适用诉讼时效。

依据最高人民法院《关于审理民事案件适用诉讼时效制度若干问题的规定》第 1 条的规定，当事人可以对债权请求权提出诉讼时效抗辩，但对下列债权请求权提出诉讼时效抗辩的，人民法院不予支持：（1）支付存款本金及利息请求权；（2）兑付国债、金融债券以及向不特定对象发行的企业债券本息请求权；（3）基于投资关系产生的缴付出资请求权；（4）其他依法不适用诉讼时效规定的请求权。

诉讼时效也适用于部分物权请求权。物权请求权是指物权的圆满状态受到妨碍或有被妨碍之虞时，物权人为恢复其物权的圆满状态，得请求妨害人为一定行为或不为一定行为的权利。依据《民法典》第 196 条的规定，下列请求权不适用诉讼时效的规定：（1）请求停止侵害、排除妨碍、消除危险；（2）不动产物权和登记的动产物权的权利人请求返还财产；（3）请求支付抚养费、赡养费或者扶养费；（4）依法不适用诉讼时效的其他请求权。

诉讼时效一般只适用于债权请求权，但物权请求权中未登记的动产物权的权利人请求返还财产的权利适用诉讼时效。

（四）诉讼时效期间的种类

1. 诉讼时效期间的概念

诉讼时效期间是指权利人请求人民法院或仲裁机构保护自己民事权利的法定期间。《民法典》第 188 条规定：向人民法院请求保护民事权利的诉讼时效期间为 3 年。法律另有规定的，依照其规定。也就是说，如果权利人不知道或不应当知道自己的权利被侵害，诉讼时效期间不应开始。但是，从权利受到损害之日起超过 20 年的，人民法院不予保护。有特殊情况的，人民法院可以根据权利人的申请决定延长。

2. 普通诉讼时效期间

这是指除法律另有特别规定外，向人民法院请求保护民事权利均适用的诉讼时效期间。普通诉讼时效的时间是 3 年。普通诉讼时效性质上为可变期间，适用中止、中断。

3. 最长诉讼时效期间

最长诉讼时效期间，又被称为客观时效期间，从权利被侵害之日起计算，最长不超过 20 年。20 年的最长诉讼时效期间不发生中止、中断问题，但可以因特殊情况延长。

4. 特殊诉讼时效期间

这是指一些民事单行法与特别法对特定请求权所规定的特殊的时效期间。如《民法典》第

594 条规定，国际货物买卖合同及技术进出口合同诉讼时效为 4 年；《海商法》第 257 条、第 260 条、第 263 条，分别规定海上货物运输向承运人请求赔偿的请求权、海上拖航合同的请求权、有关共同海损分摊的请求权，诉讼时效期间为 1 年；《保险法》第 26 条规定，人寿保险合同的保险金请求权，其诉讼时效期间为 5 年；等等。这些法律对某些特定请求权给予特殊诉讼时效期间的规定，均基于特定的政策考量，在《民法典》关于诉讼时效期间的一般规则之外，继续适用。但还有一些特别法，如《产品质量法》《专利法》《商标法》《国家赔偿法》《民用航空法》等，参照《民法通则》第 135 条关于普通诉讼时效为 2 年的规定，均规定 2 年诉讼时效期间。对于这些特别法所适用的 2 年诉讼时效期间，在《民法典》适用普通时效 3 年的立法背景下，是否也应调整为 3 年普通诉讼时效，还有待立法的进一步明确。

（五）诉讼时效的中止、中断和延长

1. 诉讼时效的中止

诉讼时效中止是指在诉讼时效期间的最后 6 个月，因法定事由而使权利人不能行使请求权的，法定事由消除后，诉讼时效期间为自中止时效的原因消除之日起满 6 个月届满的制度。

在诉讼时效期间进行的最后 6 个月内，因不可抗力或其他障碍致使权利人不能行使请求权的，诉讼时效暂时停止计算，以前经过的诉讼时效期间仍然有效，待阻碍时效进行的事由消失后，诉讼时效继续计算。剩余时效期间不满 6 个月的，延长至 6 个月。

诉讼时效中止是由于出现了导致权利人不能行使请求权的事由，因此，凡是发生在时效最后 6 个月内、致使权利人无法行使权利的事由都可导致诉讼时效中止，具体包括以下几种情形：（1）因不可抗力导致其无法行使权利的；（2）无民事行为能力人、限制民事行为能力人没有确定法定代理人，或法定代理人死亡、丧失民事行为能力、丧失代理权的；（3）继承开始后未确定继承人或遗产管理人；（4）权利人被义务人或者其他人控制；（5）其他导致权利人无法行使权利的障碍。

中止时效的时间定在最后 6 个月内以及中止事由消灭后至 6 个月时效方届满的规定，不仅符合诉讼时效制度促进权利人及时行使权利的目的，而且在中止事由消灭后，权利人仍还有相对充足的时间行使权利。这是《民法典》与《民法通则》《民法总则》的不同之处。此一修正，强化了对权利人权益的保护。

2. 诉讼时效的中断

诉讼时效的中断是指在诉讼时效进行中，因发生一定的法定事由，致使已经经过的诉讼时效期间统归无效，待该法定事由消除后，诉讼时效期间重新起算的制度。

依据《民法典》第 195 条的规定，诉讼时效因提起诉讼、当事人一方提出要求或同意履行义务而中断。从中断、有关程序终结之日起，诉讼时效期间重新起算。

诉讼时效期间中断的法定事由包括：（1）权利人提起诉讼或申请仲裁；（2）义务人同意履行；（3）权利人向义务人提出请求履行义务的要求；（4）与提起诉讼或者申请仲裁具有同等效力的其他情形。具体包括：申请支付令；申请破产、申报破产债权；为主张权利而申请宣告义务人失踪或死亡；申请诉前财产保全、诉前临时禁令等诉前措施；申请追加当事人或者被通知参加诉讼；在诉讼中主张抵销等。该事由还包括：权利人向人民调解委员会以及其他依法有权解决相关民事纠纷的国家机关、事业单位、社会团体等社会组织提出保护相应民事权利的请求；权利人向公安机关、人民检察院、人民法院报案或者控告，请求保护其民事权利。

诉讼时效期间中断的事由发生后，已经经过的诉讼时效期间归于无效。诉讼时效中断的次数没有限制，但自权利受到侵害之日起不得超过 20 年的最长诉讼时效期间。

3. 诉讼时效的延长

诉讼时效的延长是指人民法院对已经完成的诉讼时效，根据特殊情况而予以延长。这是法律赋予司法机关的一种自由裁量权，至于何为特殊情况，则由人民法院判定。

第五节　仲裁制度与民事诉讼

我国目前处理经济纠纷的方式主要有四种，即当事人协商、行政调解、仲裁机构裁决、诉讼。在解决当事人发生的纠纷中，如果当事人不能通过协商或调解解决争议的，最主要的解决争议的方式是仲裁和诉讼。

一、仲裁基本制度

（一）仲裁的概念及特点

仲裁是指发生争议的各方当事人依照事先约定的或事后达成的书面仲裁协议，共同选定仲裁机构并由其对争议依法作出具有约束力裁决的一种活动。仲裁分为国内仲裁和涉外仲裁。

仲裁制度的主要特点如下。

（1）自愿性。仲裁是由争议的双方或多方当事人自愿协商解决争议的一种高效率纠纷解决方式。申请仲裁的前提是，当事人于经济活动未进行时即先订立仲裁协议（也可以在合同中订立仲裁条款）或者于经济纠纷发生后达成仲裁协议。《仲裁法》第 4 条明确规定：当事人采用仲裁方式解决纠纷，应当双方自愿，达成仲裁协议。没有仲裁协议，一方申请仲裁的，仲裁委员会不予受理。

（2）专业性。《仲裁法》第 13 条规定，仲裁委员会应当从公道、正派的人员中聘任仲裁员。仲裁委员会的组成人员中，法律、经济贸易专家不得少于 2/3。仲裁员应当符合下列条件之一：1）从事仲裁工作满 8 年；2）从事律师工作满 8 年；3）曾任审判员满 8 年；4）从事法律研究、教学工作并具有高级职称；5）具有法律知识、从事经济贸易等专业工作并具有高级职称或者具有同等专业水平。《仲裁法》67 条还规定，涉外仲裁委员会可以从具有法律、经济贸易、科学技术等专门知识的外籍人士中聘任仲裁员。从上述规定可以看出，从事仲裁工作的仲裁员需要具备较高的专业素养，应为业内资深人员。

（3）保密性。《仲裁法》第 40 条规定，仲裁不公开进行。当事人协议公开的，可以公开进行，但涉及国家秘密的除外。仲裁以不公开审理为原则，仲裁员与仲裁秘书人员均有保密义务。仲裁的这一特点，有利于保护当事人的隐私，也可以避免因败诉而导致商誉受损。

（4）快捷性。仲裁实行一裁终局，仲裁裁决一经作出即发生法律效力。当事人如果对仲裁裁决不服，向人民法院提起上诉的，人民法院不予受理。这就较之司法解决纠纷大大地提高了效率。司法解决纠纷一般均需二审，当事人若不服，还可提起再审程序，易产生诉累。

（5）独立性。《仲裁法》第 14 条规定，仲裁委员会独立于行政机关，与行政机关没有隶属关系。仲裁委员会之间也没有隶属关系。这就保证了仲裁机构仲裁的独立性。仲裁条款亦具有独立性，其不因主合同无效或者被撤销而失效，也不因主合同的未成立而受到影响。

（二）仲裁机构

《仲裁法》规定，仲裁机构是由省、自治区、直辖市人民政府所在地的市以及其他设区的市的人民政府组织有关部门和商会统一组建的仲裁委员会。中国仲裁协会是社会团体法人，是仲裁委员会的自律性组织。

（三）申请仲裁的条件

（1）有仲裁协议。仲裁协议包括事先在合同中约定的仲裁条款以及发生争议后达成的书面仲裁协议。仲裁协议一经成立，即具有法律效力。仲裁协议是确定国际商事仲裁管辖权的必要条件之一，被称作国际商事仲裁的基石。

《仲裁法》第17条规定，有下列情形之一的，仲裁协议无效：1）约定的仲裁事项超出法律规定的仲裁范围的；2）无民事行为能力人或者限制民事行为能力人订立的仲裁协议；3）一方采取胁迫手段，迫使对方订立仲裁协议的。

当事人对仲裁协议的效力有异议的，可以请求仲裁委员会作出决定或者请求人民法院作出裁定。一方请求仲裁委员会作出决定，另一方请求人民法院作出裁定的，由人民法院裁定。当事人对仲裁协议的效力有异议，应当在仲裁庭首次开庭前提出。

（2）有具体的仲裁请求和所依据的事实、理由。

（3）属于仲裁委员会受理的范围。《仲裁法》第3条、第77条的规定，下列四种情形不适用仲裁：1）与人身有关的争议，如婚姻、收养、监护、扶养、继承纠纷；2）依法应当由行政机关处理的行政争议；3）劳动争议；4）农业集体经济组织内部的农业承包合同纠纷。

（4）受理仲裁的仲裁机构有管辖权。从立法和实践来看，仲裁机构或仲裁员以及法院在确定仲裁管辖权时主要考虑三个因素：1）当事人之间有无签订有效、可执行的仲裁协议；2）争议事项是否具有可仲裁性；3）提起仲裁的争议事项是否在仲裁机构或仲裁员的受案范围内。

（四）仲裁庭的组成

《仲裁法》规定：仲裁庭可以由3名仲裁员或者1名仲裁员组成。由3名仲裁员组成的，设首席仲裁员。当事人约定由3名仲裁员组成仲裁庭的，应当各自选定或者各自委托仲裁委员会主任指定1名仲裁员，第三名仲裁员由当事人共同选定或者共同委托仲裁委员会主任指定。第三名仲裁员是首席仲裁员。当事人约定由1名仲裁员成立仲裁庭的，应当由当事人共同选定或者共同委托仲裁委员会主任指定。当事人没有在仲裁规则规定的期限内约定仲裁庭的组成方式或者选定仲裁员的，由仲裁委员会主任指定。

仲裁员有下列情形之一的，必须回避，当事人也有权提出回避申请：（1）是本案当事人或者当事人、代理人的近亲属；（2）与本案有利害关系；（3）与本案当事人、代理人有其他关系，可能影响公正仲裁的；（4）私自会见当事人、代理人，或者接受当事人、代理人的请客送礼的。

当事人提出回避申请，应当说明理由，在首次开庭前提出。回避事由在首次开庭后知道的，可以在最后一次开庭终结前提出。仲裁员是否回避，由仲裁委员会主任决定；仲裁委员会主任担任仲裁员时，由仲裁委员会集体决定。

（五）仲裁的效力

仲裁庭在作出裁决前，可以先进行调解，当事人自愿调解的，仲裁庭应当调解。调解不成的，应当及时作出裁决。调解达成协议的，仲裁庭应当制作调解书或根据协议结果制作裁决书。调解书与裁决书具有同等法律效力。仲裁庭根据多数仲裁员的意见作出裁决，并制作裁决书，裁决书自作出之日起发生法律效力。

如果当事人一方不履行仲裁裁决的，另一方当事人可以依照《民事诉讼法》的有关规定向人民法院申请强制执行。

二、民事诉讼基本制度

(一) 民事诉讼的概念及特征

民事诉讼是指当事人不能通过协商解决争议，而在人民法院起诉、应诉，请求人民法院通过审判程序解决纠纷的活动。

民事诉讼具有以下特征。

(1) 国家权力介入，即由人民法院代表国家行使审判权，以司法方式解决平等主体之间发生的纠纷。

(2) 强制性。发生各类纠纷后，认为权利受到侵害的一方当事人可以依照法律赋予的诉讼权利径行向人民法院提起诉讼，无须经过被告一方当事人的同意。这有别于仲裁制度。人民法院依法作出的判决、裁定，当事人应当履行；不履行的，人民法院可以强制其履行。

(3) 程序性。当事人提起诉讼或者人民法院在审理案件时，均应当按照《民事诉讼法》规定的程序进行，不允许当事人自由选择。比如，我国有一审程序、二审程序及执行程序。

(二) 当事人提起诉讼的条件

依据《民事诉讼法》的规定，当事人提起诉讼必须符合下列条件：(1) 原告是与本案有直接利害关系的公民、法人和其他组织；(2) 有明确的被告；(3) 有具体的诉讼请求和事实、理由；(4) 属于人民法院受理民事诉讼的范围和受诉人民法院管辖。

当事人起诉除须具备《民事诉讼法》规定的有关条件外，还须具备以下条件：(1) 当事人之间没有事先或事后约定的由仲裁机构裁决的协议；(2) 当事人没有就同一事实、同一诉讼标的再行向法院提起诉讼。

(三) 审级制度

我国人民法院审理经济纠纷案件实行两审终审制。经济纠纷诉讼一般包括一审程序、二审程序、执行程序三个阶段，但并非每个案件都必须经过这三个阶段。一审判决、裁定后，如果当事人不上诉或在法定期限内未上诉以及一审经过调解结案，则不发生二审程序，一审判决、裁定即发生法律效力。当事人不服一审判决、裁定而上诉的，进入二审程序。二审为终审，二审判决、裁定从作出之日起，即发生法律效力。

法律还规定了两种只需一审即发生法律效力的情形：(1) 最高人民法院作出的一审判决、裁定，为终审判决、裁定，当事人不得上诉。(2) 依据《民事诉讼法》的规定，适用特别程序、督促程序、公示催告程序和破产程序审理的案件，实行一审终审制。《民事诉讼法》第165条规定：基层人民法院和它派出的法庭审理事实清楚、权利义务关系明确、争议不大的简单的民事案件，标的额为各省、自治区、直辖市上年度就业人员年平均工资50%以下的，实行一审终审。当事人不履行发生法律效力的判决、裁定，另一方当事人可以向法院申请强制执行。当事人对生效的判决、裁定仍不服的，根据《民事诉讼法》第216条的规定，当事人申请再审，应当在判决、裁定发生法律效力后的6个月内提出；有该法第211条第1项、第3项、第

12 项、第 13 项规定情形（第 1 项：有新的证据，足以推翻原判决、裁定；第 3 项：原判决、裁定认定事实的主要证据是伪造的；第 12 项：据以作出原判决、裁定的法律文书被撤销或者变更；第 13 项：审判人员审理该案件时有贪污受贿，徇私舞弊，枉法裁判行为）的，自知道或者应当知道之日起 6 个月内提出。

人民法院适用普通程序审理的案件，应当在立案之日起 6 个月内审结。有特殊情况需要延长的，由本院院长批准，可以延长 6 个月；还需要延长的，报请上级人民法院批准。《民事诉讼法》第 219 条规定：最高人民检察院对各级人民法院已经发生法律效力的判决、裁定，上级人民检察院对下级人民法院已经发生法律效力的判决、裁定，发现有《民事诉讼法》第 211 条规定情形之一的，或者发现调解书损害国家利益、社会公共利益的，应当提出抗诉。

地方各级人民检察院对同级人民法院已经发生法律效力的判决、裁定，发现有《民事诉讼法》第 211 条规定情形之一的，或者发现调解书损害国家利益、社会公共利益的，可以向同级人民法院提出检察建议，并报上级人民检察院备案；也可以提请上级人民检察院向同级人民法院提出抗诉。

《民事诉讼法》第 220 条规定，有下列情形之一的，当事人可以向人民检察院申请检察建议或者抗诉：（1）人民法院驳回再审申请的；（2）人民法院逾期未对再审申请作出裁定的；（3）再审判决、裁定有明显错误的。

人民检察院对当事人的申请应当在 3 个月内进行审查，作出提出或者不予提出检察建议或者抗诉的决定。当事人不得再次向人民检察院申请检察建议或者抗诉。

（四）法院的判决与裁定

判决是指人民法院对民事案件依法定程序审理后对案件的实体问题依法作出的具有法律效力的结论性判定。裁定是指人民法院在审理民事案件的过程中对有关诉讼程序的事项作出的判定。判决与裁定虽然都是根据行使审判权，依照法定程序作出的具有法律效力的结论性判定，但两者还是具有明显的区别，其主要区别如下：

（1）判决解决的是案件的实体问题，是对当事人的实体争议和请求所作出的结论；裁定解决的是诉讼中的程序事项，主要是法院行使指挥、协调诉讼活动权能的体现。

（2）判决是在法院审理案件终结时作出的，一般一个案件只有一个判决；裁定可以发生在诉讼的各阶段，一个案件可能有多个裁定。

（3）判决必须采用书面形式；裁定可以采用书面形式，也可采用口头形式。

（4）判决均可以上诉，裁定则一般不能上诉，但三种情况例外：1）法院裁定不予受理的案件；2）当事人对法院的管辖权有异议；3）法院驳回当事人起诉的案件。

（5）当事人不服法院一审判决的，有权在判决书送达之日起 15 日内向上一级人民法院上诉；当事人不服法院裁定的，有权在裁定书送达之日起 10 日内向上一级法院提起上诉。

（五）诉讼管辖

诉讼管辖是指各级人民法院之间以及不同地区的同级人民法院之间，受理第一审民事案件、经济纠纷案件的职权范围和具体分工。对诉讼管辖按照不同标准可以进行多种分类，其中最重要、最常用的是级别管辖和地域管辖。

1. 级别管辖

级别管辖是指根据案件的性质、繁简难易、影响范围等因素，确定上下级人民法院受理一审案件的分工和权限。

我国人民法院级别管辖共分四级，即最高人民法院、高级人民法院、中级人民法院和基层人民法院。

2. 地域管辖

地域管辖是指按照地域标准即法院的辖区和民事案件的隶属关系，确定同级人民法院之间受理一审案件的分工和权限。地域管辖又分为一般地域管辖、特殊地域管辖和专属管辖等。

（1）一般地域管辖。

一般地域管辖是指按照当事人所在地与法院辖区的隶属关系，确定案件的管辖法院，一般实行"原告就被告"原则，即由被告住所地人民法院管辖。被告住所地与经常居住地不一致的，由经常居住地人民法院管辖。但对不在中华人民共和国领域内居住的人和下落不明或者宣告失踪的人提起有关身份关系的诉讼的，对被采取强制性教育措施或者被监禁的人提起诉讼的，由原告住所地人民法院管辖；原告住所与经常居住地不一致的，由原告经常居住地人民法院管辖。

（2）特殊地域管辖。

特殊地域管辖是指以诉讼标的所在地、分类事实所在地为标准确定管辖法院。依据《民事诉讼法》的规定，下列情形适用特殊地域管辖：

1）因合同纠纷提起的诉讼，由被告住所地或者合同履行地人民法院管辖。

2）因保险合同纠纷提起的诉讼，由被告住所地或者保险标的物所在地人民法院管辖。

3）因票据纠纷提起的诉讼，由被告住所地或者票据支付地人民法院管辖。

4）因公司设立、确认公司股东资格、分配利润、解散等纠纷提起诉讼，由公司所在地人民法院管辖。

5）因铁路、公路、水上、航空运输和联合运输合同纠纷提起的诉讼，由运输始发地、目的地或者被告住所地人民法院管辖。

6）因铁路、公路、水上和航空事故请求赔偿提起的诉讼，由事故发生地或者车辆、船舶最先到达地、航空器最先降落地或者被告住所地人民法院管辖。

7）因侵权行为提起的诉讼，由侵权行为地（包括行为实施地、侵权结果发生地）或者被告住所地人民法院管辖。信息网络侵权行为实施地包括被诉侵权行为的计算机设备所在地；侵权结果发生地包括被侵权人住所地。因产品、服务质量不合格造成他人财产、人身损害提起的诉讼，产品制造地、产品销售地、服务提供地、侵权行为地和被告住所地人民法院均有管辖权。

8）因船舶发生碰撞或者其他海事损害事故请求损害赔偿提起的诉讼，由碰撞发生地、碰撞船舶最先到达地、加害船舶被扣留地或者被告住所地人民法院管辖。

9）因海难救助费用提起的诉讼，由救助地或者被救助船舶最先到达地人民法院管辖。

10）因共同海损提起的诉讼，由船舶最先到达地、共同海损理算地或者航程终止地人民法院管辖。

（3）专属管辖。

专属管辖是指法律强制规定某类案件必须由特定的人民法院管辖，其他人民法院无权管辖，当事人也不得协议变更。专属管辖的案件主要包括三类：1）因不动产纠纷提起的诉讼，由不动产所在地人民法院管辖；2）因港口作业纠纷提起的诉讼，由港口所在地人民法院管辖；3）因继承遗产纠纷提起的诉讼，由被继承人死亡时住所地或者主要遗产所在地人民法院管辖。

（4）协议管辖。

协议管辖又称合意管辖或者约定管辖，是指双方当事人在合同纠纷或者其他财产权益纠纷发生之前或者发生之后，以协议的方式选择解决其纠纷的管辖人民法院。合同或者其他财产权益纠纷的当事人可以书面协议选择被告住所地、合同履行地、合同签订地、原告住所地、标的物所在地等与争议有实际联系地点的人民法院管辖，但不得违反《民事诉讼法》对级别管辖和专属管辖的规定。

（5）指定管辖。

指定管辖是指两个以上人民法院均有管辖权时管辖权的确定。两个以上的人民法院均有管辖权的诉讼，原告可以向其中的一个人民法院起诉，原告向两个以上有管辖权的人民法院起诉的，由最先立案的人民法院管辖。

思考题

1. 经济法概念的基本含义是什么？
2. 代理制度的意义及内容是什么？
3. 经济法的调整对象与民法、行政法有何不同？
4. 经济法律关系的构成要素是什么？
5. 经济法责任的实现方式是什么？
6. 法律事实的含义及类型是什么？
7. 仲裁与诉讼的区别是什么？
8. 经济法律关系发生、变更和终止的条件是什么？
9. 一审、二审与再审程序的区别是什么？
10. 判决与裁定的区别是什么？
11. 级别管辖与地域管辖的含义是什么？
12. 特殊地域管辖与一般地域管辖的区别是什么？
13. 如何理解"民事行为"和"民事法律行为"的概念差异？
14. 无效民事法律行为与可撤销民事法律行为的区别是什么？
15. 法律体系与法制体系的区别是什么？

第二章

个人独资企业法和合伙企业法律制度

第一节 个人独资企业法

一、个人独资企业法概述

(一) 个人独资企业的概念及特征

个人独资企业，是指依照《个人独资企业法》在中国境内设立，由一个自然人投资，财产为投资人个人所有，投资人以其个人财产对企业债务承担无限责任的经营实体。

个人独资企业是一种非常古老的企业形式，至今仍广泛运用于商业经营中，责任的无限性，设立的方便性，管理的直接性，投资人的广泛性，以及投资者利益的直接相关性，使个人独资企业往往更能适应市场经济发展的需要。

党的十八大以来，以习近平同志为核心的党中央高度重视民营经济发展和民营企业家成长。习近平总书记在多次讲话中充分肯定我国民营经济的重要地位和作用，强调民营企业和民营企业家是我们自己人；民营经济是我们党长期执政、团结带领全国人民实现"两个一百年"奋斗目标和中华民族伟大复兴中国梦的重要力量；在全面建设社会主义现代化国家的新征程中，我国民营经济只能壮大、不能弱化，不仅不能"离场"，而且要走向更加广阔的舞台。党中央、国务院从市场准入、营商环境、减税降费、融资支持等方面适时出台系列政策举措，为民营经济和民营企业发展壮大提供了有力支持。民营企业数量从 2012 年的 1 085.7 万户增长到 2022 年的 4 700 多万户，10 年间翻了两番多；在国家级专精特新"小巨人"企业中，民营企业占比超过 80%；民营上市公司数量突破 3 000 家；在世界 500 强企业中，我国民营企业由 2012 年的 5 家增加到 2022 年的 28 家。党的二十大着眼现代化建设全局，围绕加快构建新发展格局、着力推动高质量发展，对促进民营经济发展壮大提出明确要求。从改革开放和现代化建设的伟大实践看，改革开放 40 多年特别是最近 10 年，在党的方针政策和习近平中国特色社会主义理论指引下，我国民营经济从小到大、由弱到强，具有"56789"的特征，即贡献了 50% 以上的税收，60% 以上的国内生产总值，70% 以上的技术创新成果，80% 以上的城镇劳动就业，90% 以上的企业数量。而数以千万计的民营企业中，个人独资企业、合伙企业是不可或缺且发挥着不可替代作用的企业形式，对经济发展、灵活就业、活跃市场以及创造税收等有着不可估量的意义。

个人独资企业具有以下特征。

1. 个人独资企业是由一个自然人投资

依据《个人独资企业法》的规定，个人独资企业的投资主体必须是一个自然人。国家机关，国家授权投资的机构或者国家授权的部门、企业、事业单位等，都不能成为个人独资企业的投资人。自然人本无国籍的限制，既包括中国公民，也应包括外国公民，但是《个人独资企业法》第47条规定，外商独资企业不适用本法。依此规定，个人独资企业法所指的自然人只是中国公民。

2. 个人独资企业的财产为投资人个人所有

个人独资企业形成的企业财产只应当为投资人个人所有，不应为其他人所有。投资人对个人独资企业的财产依法享有绝对的控制权和支配权，这就确立了个人独资企业的基本财产关系，并决定了其经营成果也归属于投资人个人。

3. 个人独资企业的投资人以其个人财产对企业债务承担无限责任

由于个人独资企业为投资人个人所有，收益归其个人，因而企业风险也应由其个人承担。而且投资人投资于个人独资企业的财产和他的其他个人财产是不可分离的，这就构成投资人对企业债务承担无限责任的基础。据此，这种责任形式成为个人独资企业的重要特征。

4. 个人独资企业不具有法人资格

虽然个人独资企业有自己的名称或商号，并可以以企业名义对外独立从事经营行为或参加诉讼活动，但是其本身并非一个独立的责任主体，因此不具备法人资格。

5. 个人独资企业的内部机构设置简单，经营管理方式灵活

个人独资企业的投资人既是企业的所有者，又可以是企业的经营者；又因投资人对企业的债务承担无限责任，企业规模往往较小，故而其设立较为简单，决策程序也较为灵活。

（二）个人独资企业和相关经济组织的对比

1. 个人独资企业与合伙企业的对比

个人独资企业与合伙企业的相同之处在于：法律地位相同。出资人对企业债务均承担无限责任，且企业都不具备法人资格，对其经营所得均无须缴纳企业所得税，只需投资人缴纳个人所得税。二者的区别是：（1）投资人人数不同。个人独资企业的投资人仅为一人；合伙企业的投资人为2人以上，企业设立须有合伙协议。（2）财产归属不同。个人独资企业的财产归投资人一人所有，合伙企业的财产由全体合伙人共有。（3）责任承担有所不同。个人独资企业仅由投资人一人承担无限责任，合伙企业则由全体合伙人承担无限连带责任或部分承担连带责任、部分承担有限责任。（4）内部管理不同。个人独资企业内部管理简单，合伙企业内部管理存在合伙人相互之间关系的问题，比较复杂。

2. 个人独资企业与个体工商户的主要区别

个人独资企业与个体工商户的主要差异体现在是否有实体经营。个体工商户是我国特有的一种生产经营形式，不是一个经营实体，在经济组织定位上还是自然人在参与商业活动。个人独资企业则有明确的经济实体，对外是以企业的名义从事民事活动，企业形态与有限责任公司接近。所以个人独资企业与有限责任公司的可经营范围基本相同，比个体工商户要宽泛得多。个体工商户作为一个经济组织，其法律地位在学术界一直存在争议，而个人独资企业有明确的法律法规支持。因此，大中型公司一般可以接受与个人独资企业开展业务合作，与个体工商户的业务往来则比较谨慎。

3. 个人独资企业与一人公司的区别

（1）法律地位不同。一人公司具有法人资格；而个人独资企业不能取得法人资格。（2）组

织机构不同。一人公司按照公司法的规定需要有相对健全的组织机构，投资者在作出重大决策时要求备案；而个人独资企业组织机构简单，由个人投资者根据需要决定设立哪些机构或不设立机构。(3) 出资人承担责任的方式不同。一人公司的出资人以其认缴的出资额为限承担有限责任，而个人独资企业的出资人对企业债务承担无限责任。

4. 个人独资企业的优势和劣势

个人独资企业作为一种企业型态，在很多国家都存在，而且历史悠久，有非常积极的社会经济价值。在我国，个人独资企业符合"大众创业、万众创新"的发展要求，可以更好地激活经济，丰富国民经济形态，促进就业。

个人独资企业的优势主要在于：(1) 企业资产所有权、控制权、经营权、收益权高度统一。这有利于保守与企业经营和发展有关的秘密，有利于投资人个人创业精神的发扬。(2) 企业投资人自负盈亏和对企业债务承担无限责任成了强硬的预算约束。企业经营好坏同投资人个人的经济利益乃至身家性命紧密相连，企业的目标和投资人个人的目标完全一致。因而，投资人会尽心竭力地把企业经营好。(3) 企业的外部法律法规等对企业的经营管理、决策、进入与退出、设立与破产的制约较小。(4) 投资人独享投资利润，无须缴纳企业所得税，只需缴纳个税。(5) 经营完全自主，决策所受到的制约因素较小，即企业与投资人的责权高度统一，可以是"我的地盘我做主"，一人公司则要求"公私分明"。(6) 设立简单、易于解散。个人独资企业的经营品目多是现代服务业，且是用个人自有资金经营，债务风险可控，注销也比公司容易和简单。(7) 财务成本和税收成本低。个人独资企业依法须建立财务制度，进行会计核算。但是其即使建立财务制度，也比一人公司简单宽松得多，尤其是个税核定征收的企业，只需基本的财务账目即可，财务管理成本较之公司低得多。按照核定征收方式征收个税的个人独资企业，按月缴税即可，不再需要找成本发票，规避了财务风险。个人独资企业的收入归投资人个人所有和控制，可以很方便地公转私，只需要按月报税缴税即可。在这一点上，个人独资企业比一人公司要方便很多，税负成本也低很多。

个人独资企业的劣势主要在于：(1) 风险责任大，投资人对企业债务承担无限责任，投资活动范围受限；(2) 容易出现决策失误；(3) 企业规模有限；(4) 用人上多为亲属血缘维系；(5) 企业内部的基本关系是雇佣劳动关系，劳资双方利益目标的差异，构成企业内部组织效率的潜在危险；(6) 企业连续性差，存续时间较短。

随着我国公司法律制度的不断完善，现代企业制度的典范——公司，正在以前所未有的发展态势，日益成为稳定社会经济、推动社会进步、增加个人福祉最重要的基石。时至今日，公司的力量已渗透到人们工作和生活的方方面面。公司无处不在。时下全球化方兴未艾，一个不争的事实是：数百家乃至数十家跨国公司正左右着世界的经济运行。而轻轻扇动了一下翅膀却造成一场飓风的这只蝴蝶就是——公司。与成为社会主宰力量的公司相比，特别是公司法承认一人公司法律地位之后，个人独资企业的存在日益式微，它未来似乎只能作为公司的陪衬勉强维持其业态及生存。但是，也应当看到，作为一种企业业态，个人独资企业有着最悠久的历史，现在就下定论其近于消亡，还为时尚早。

(三) 个人独资企业法的概念和基本原则

1. 个人独资企业法的概念

个人独资企业法有广义、狭义之分。广义的个人独资企业法是指调整个人独资企业在设立、生产经营、解散、清算活动中发生的各种经济关系的法律规范的总称，包括所有规范个人独资企业的宪法规范、民法规范、经济法规范、行政法规范等。狭义的个人独资企业法是指第九届全国人大常委会第十一次会议于 1999 年 8 月 30 日通过的、自 2000 年 1 月 1 日起实施的《个人独资企业法》，共 6 章 48 条。

2. 个人独资企业法的基本原则

《个人独资企业法》遵循以下原则。

（1）依法保护个人独资企业的财产和其他合法权益。个人独资企业的财产是指个人独资企业的财产所有权，包括对财产的占有、使用、收益和处分的权利；其他合法权益是指财产所有权以外的有关权益，如自主经营权、拒绝摊派权等。

（2）个体独资企业从事经营活动必须遵守法律、行政法规，遵守诚实信用原则，不得损害社会公共利益。个人独资企业在经营活动中，除必须遵守法律、行政法规外，还必须遵守社会公德，不得滥用权利。

（3）个人独资企业应当依法履行纳税义务。依法纳税是每个公民和企业应尽的义务。个人独资企业在经营活动中应当依法缴纳税收法律、法规及规章规定的各项税款。

（4）个人独资企业应当依法招用职工。个人独资企业应严格依照劳动法及有关规定招用职工。企业招用职工应当与职工签订劳动合同，劳动合同必须遵循平等自愿、协商一致的原则，并不得违反国家法律、法规和有关政策的规定。

（5）个人独资企业职工的合法权益受法律保护。个人独资企业职工的自主签订劳动合同权、合理休息权、获取劳动报酬权、接受职业技能培训权、享受保险福利权等劳动法和其他有关法律规定的权利不受侵犯。个人独资企业职工依法建立工会，工会依法开展活动。

二、个人独资企业的设立

（一）个人独资企业的设立条件

依据《个人独资企业法》的有关规定，设立个人独资企业，应当具备以下条件：

1. 投资人为一个自然人，且只能是中国公民

依据《个人独资企业法》的规定，设立个人独资企业的投资人只能是一个自然人，且只能是中国公民。该自然人还不得是法律、行政法规禁止从事营利性活动的人。至于设立人是否应当具有完全民事行为能力，我国《个人独资企业法》未作明确规定。

2. 有合法的企业名称

个人独资企业的名称是其与其他企业相区别的标志，其名称必须符合国家有关规定，并与其所从事的营业性质相符，因为个人独资企业是非法人型企业，因此不得使用"有限"、"有限责任"或者"公司"字样。个人独资企业的名称可以使用厂、店、部、中心、工作室等。

3. 有投资人申报的出资

《个人独资企业法》对设立个人独资企业的出资额未作限制。根据有关规定，设立个人独资企业可以用货币出资，也可以用实物、土地使用权、知识产权或者其他财产权利出资。以实物、知识产权或者其他财产权利出资的，应将其折算成货币数额。投资人申报的出资额应当与企业的生产经营规模相适应。投资人可以以个人财产出资，也可以以家庭共有财产出资。以家庭共有财产出资的，投资人应当在设立登记申请书上予以注明。

4. 有固定的生产经营场所和必要的生产经营条件

这是个人独资企业存续与经营的基本物质条件。生产经营场所包括企业的住所和与生产经营相适应的处所。住所是企业的主要办事机构所在地，是企业的法定地址。

5. 有必要的从业人员

《个人独资企业法》未对个人独资企业从业人员的最低人数作出明确规定，个人独资企业应根据企业经营性质及规模等确定必要的从业人员。

(二) 个人独资企业设立的程序

1. 设立申请

依据《个人独资企业法》的规定，申请设立个人独资企业，应当由投资人或者其委托的代理人向个人独资企业所在地的登记机关提交设立申请书、投资人身份证明、生产经营场所使用证明等文件。委托代理人申请设立登记时，应当出具投资人的委托书和代理人的合法证明。

个人独资企业不得从事法律、行政法规禁止经营的业务；从事法律、行政法规规定须报经有关部门审批的业务，应当在申请设立登记时提交有关部门的批准文件。

申请人向登记机关提交的设立申请书应载明：(1) 企业的名称和住所；(2) 投资人的姓名和居所；(3) 投资人的出资额和出资方式；(4) 经营范围。

2. 设立登记

个人独资企业的登记机关应当在收到设立申请文件之日起 15 日内，对符合《个人独资企业法》规定条件的，予以登记，发给营业执照；对不符合该法规定条件的，不予登记，并应当给予书面答复，说明理由。

个人独资企业的营业执照的签发日期，为个人独资企业成立日期。在领取个人独资企业营业执照前，投资人不得以个人独资企业的名义从事经营活动。

3. 设立分支机构

个人独资企业可以设立分支机构。设立分支机构的，应当由投资人或者其委托的代理人向分支机构所在地的登记机关申请登记，领取营业执照。

分支机构经核准登记后，应将登记情况报该分支机构隶属的个人独资企业的登记机关备案。分支机构的民事责任由设立该分支机构的个人独资企业承担。

4. 变更登记

个人独资企业存续期间登记事项发生变更的，应当自作出变更决定之日起 15 日内依法向登记机关申请办理变更登记。

三、个人独资企业的投资人及事务管理

(一) 个人独资企业的投资人

依据《个人独资企业法》的规定，个人独资企业的投资人为一个具有中国国籍的自然人，但被法律、行政法规禁止从事营利性活动的人，不得作为投资人申请设立个人独资企业。依据我国法律、行政法规的规定，国家公务员、党政机关领导干部、警官、检察官、法官、商业银行的工作人员等人员，不得作为投资人申请设立个人独资企业。

个人独资企业的投资人对企业财产享有所有权，其有关权利可以依法进行转让或继承。

个人独资企业以投资人个人财产出资设立的，以个人财产对企业债务承担无限责任；以家

庭共有财产出资设立的，以家庭共有财产对企业债务承担无限责任。实践中主要依据个人独资企业设立登记时在登记机关的登记，来确定是以个人财产还是以家庭共有财产对企业债务承担责任。

（二）个人独资企业的事务管理

1. 管理方式

个人独资企业投资人可以自行管理企业事务，也可以委托或者聘用其他具有民事行为能力的人负责企业的事务管理。投资人委托或者聘用他人管理个人独资企业事务的，应当与受托人或者被聘用的人签订书面合同，明确委托的具体内容和授予的权利范围。受托人或者被聘用的人员应当履行诚信、勤勉义务，按照与投资人签订的合同负责个人独资企业的事务管理。

投资人对受托人或者被聘用的人员职权的限制，不得对抗善意第三人。所谓第三人，是指受托人或被聘用的人员以外的与企业发生经济业务关系的人。所谓善意第三人，是指第三人在就有关经济业务交往中，没有与受托人或者被聘用的人员串通，故意损害投资人的利益。个人独资企业的投资人与受托人或者被聘用的人员之间有关权利、义务的限制只对受托人或者被聘用的人员有效，对第三人并无约束力，受托人或者被聘用的人员超出投资人的限制与善意第三人的有关业务交往应当有效。

2. 受托人或被聘用人员的义务

受托人与被聘用的人员必须尽其努力管理企业事务，积极地保障、维护企业利益，不得从事任何可能损害企业利益的活动。

我国《个人独资企业法》规定，投资人委托或聘用的管理个人独资企业事务的人员不得有下列行为：（1）利用职务上的便利，索取或收受贿赂；（2）利用职务或工作上的便利侵占企业财产；（3）挪用企业的资金归个人使用或借贷给他人；（4）擅自将企业资金以个人名义或他人名义开立账户存储；（5）擅自以企业财产提供担保；（6）未经投资人同意，从事与本企业竞争的业务；（7）未经投资人同意，与本企业订立合同或进行交易；（8）未经投资人同意，擅自将商标或其他知识产权转让给他人使用；（9）泄露本企业的商业秘密；（10）法律、法规禁止的其他行为。

四、个人独资企业的权利和义务

（一）个人独资企业的权利

国家依法保护个人独资企业的财产和其他合法权益，具体如下：

（1）依法申请贷款。个人独资企业可以根据《商业银行法》、《民法典》和中国人民银行发布的《贷款通则》等规定申请贷款，以满足企业生产经营之需。

（2）依法取得土地使用权。个人独资企业可根据《土地管理法》《土地管理法实施条例》《城镇国有土地使用权出让和转让暂行条例》等的规定取得土地使用权。

（3）拒绝摊派权。摊派是指在法律、法规规定之外，以任何方式要求企业提供财力、物力和人力的行为。《个人独资企业法》规定：任何单位和个人不得违反法律、行政法规的规定，以任何方式强制个人独资企业提供财力、物力、人力；对违法强制提供财力、物力、人力的行为，个人独资企业有权拒绝。

（4）法律、行政法规规定的其他权利。

（二）个人独资企业的义务

（1）遵守法律、行政法规，遵守诚实信用原则，不得损害公共利益。

（2）依法纳税。

（3）依法设置会计账簿，进行会计核算。

（4）招用职工的，应当依法与职工签订劳动合同，保障职工的劳动安全，按时、足额发放职工工资。

（5）按照国家规定参加社会保险，为职工缴纳社会保险费。

五、个人独资企业的税收优惠

企业经营涉及的最主要的税种有 4 个，即增值税、增值税附加、企业所得税和个人所得税。增值税和增值税附加的税率只与经营的业务类型有关系，跟企业类型关系不大，个人独资企业最大的政策优势体现在所得税税种。

（1）个人独资企业免征企业所得税。《国务院关于个人独资企业和合伙企业征收所得税问题的通知》（国发〔2000〕16 号）规定，从 2000 年 1 月 1 日起，个人独资企业和合伙企业不再缴纳企业所得税，只对投资人个人取得的生产经营所得征收个人所得税。

（2）个人独资企业的个人所得税税率按照 5％～35％五级累进制执行。具体的执行方式又分为查账征收和核定征收两种方式。查账征收方式主要适用经营规模较大的一般纳税人，个人独资企业主要适用核定征收。核定征收有两种征收方式：一种是核定应税所得率，依据不同行业在 3％～30％之间，实际的交税额＝应纳税所得额 ＊ 应税所得率 ＊ 个税税率，核定下来的实际税负率一般不超过 3.5％；另一种是固定税率，依据行业确定的税负率在 1.5％～2.5％之间。总体核算下来，一家核定征收、小规模纳税人的个人独资企业，综合税负率在 4.8％～6.6％之间，远低于有限责任公司。企业可以根据自己的经营情况，与当地主管税务机关沟通，确定一种最适合自己的个税缴纳方式。不管是哪种缴税方式，只要是主管税务部门核准的，都合法合规。

六、个人独资企业的解散和清算

（一）个人独资企业的解散

个人独资企业的解散是指因个人独资企业出现某些法律事由而导致其民事主体资格消灭的行为。依据《个人独资企业法》的规定，个人独资企业有下列情形之一的，应当解散：（1）投资人决定解散；（2）投资人死亡或者被宣告死亡，无继承人或继承人决定放弃继承；（3）被依法吊销营业执照；（4）法律、行政法规规定的其他情形。

（二）个人独资企业的清算

解散仅仅是个人独资企业消灭的原因，企业并不因解散事实的发生而立即消灭，而是要先清算，处理未了结的法律关系，进行注销登记后才消灭。

（1）清算人的产生。根据《个人独资企业法》的规定，清算人可以由投资人担任，也可以由债权人申请法院指定清算人进行清算。但是在因投资人死亡而解散的情况下，只能由债权人申请法院指定清算人清算，而投资人的继承人无权申请。

（2）通知与公告债权人。投资人自行清算，应该在清算前 15 日内书面通知债权人，无法通知的，应当予以公告。债权人应当在接到通知之日起 30 日内，未接到通知的应当在公告之日起 60 日内，向投资人申报债权。

（3）清算期间对投资人的要求。在清算期间，个人独资企业不得开展与清算目的无关的经营活动。在清偿债务前，投资人不得转移、隐匿财产。个人独资企业及其投资人在清算前或清算期间隐匿或转移财产，逃避债务的，依法追回其财产，并按照有关规定予以处罚；构成犯罪的，追究刑事责任。

（4）财产清偿顺序。个人独资企业解散的，财产在支付清算费用后，应当按照下列顺序清偿：1）所欠职工工资和社会保险费用；2）所欠税款；3）其他债务。个人独资企业的财产不足以清偿债务的，投资人应当以其个人的其他财产予以清偿。

个人独资企业解散后，原投资人对个人独资企业存续期间的债务仍应承担偿还责任，但债权人在 5 年内未向债务人（投资人）提出偿债请求的，该责任消灭。

（5）注销登记。个人独资企业清算结束后，投资人或者人民法院指定的清算人应当编制清算报告，并于 15 日内到登记机关办理注销登记。个人独资企业即告消灭。

七、违反《个人独资企业法》应承担的法律责任

1. 提交虚假文件或采取其他欺骗手段骗取登记的法律责任

违反《个人独资企业法》规定，提交虚假文件或采取其他欺骗手段，取得企业登记的，责令改正，处以 5 000 元以下的罚款；情节严重的，并处吊销营业执照。

2. 使用与登记名称不相符合的企业名称的法律责任

违反《个人独资企业法》规定，个人独资企业使用的名称与其在登记机关登记的名称不相符合的，责令限期改正，处以 2 000 元以下的罚款。

3. 不依法使用营业执照的法律责任

违反《个人独资企业法》规定，涂改、出租、转让营业执照的，责令改正，没收违法所得，处以 3 000 元以下的罚款；情节严重的，吊销营业执照。伪造营业执照的，责令停业，没收违法所得，处以 5 000 元以下的罚款。构成犯罪的，依法追究刑事责任。

4. 无正当理由不开业或者停业的法律责任

个人独资企业成立后无正当理由超过 6 个月未开业的，或者开业后自行停业连续 6 个月以上的，吊销营业执照。

5. 未经核准以个人独资企业名义从事经营活动的法律责任

违反《个人独资企业法》的规定，未领取营业执照的，以个人独资企业名义从事经营活动的，责令停止经营活动，处以 3 000 元以下的罚款。个人独资企业登记事项发生变更时，未按《个人独资企业法》的规定办理有关变更登记的，责令限期办理变更登记；逾期不办理的，处以 2 000 元以下的罚款。

6. 侵犯职工合法权益，未保障职工劳动安全的法律责任

违反《个人独资企业法》规定，侵犯职工合法权益，未保障职工劳动安全，不缴纳社会保险费用的，按照有关法律、行政法规予以处罚，并追究有关人员的责任。

7. 隐匿或转移财产、逃避债务的法律责任

在清算前或清算期间隐匿或转移财产、逃避债务的，依法追回其财产，并按照有关规定予

以处罚，构成犯罪的，依法追究刑事责任。

违反《个人独资企业法》的规定，应当承担民事赔偿责任和缴纳罚款、罚金，其财产不足以支付的，或者被判处没收财产的，应当先承担民事赔偿责任。

第二节　合伙企业法

一、合伙企业制度概述

(一) 合伙制企业制度的沿革

合伙制企业是人类社会最古老的企业组织形式之一，也是最灵活、最有生命力的企业组织形式之一。自从有了人与人的合作牟利行为，就有了合伙，其历史悠久，无从追溯。但是上升到法律层面的合伙法律制度及受其约束的合伙制企业则出现较晚。中世纪后的欧洲，合伙企业成为商人与出资人联合牟取利益的重要工具与手段，合伙企业法律制度就发端于这一时期在地中海地区形成的商法（law merchant）。英国的普通法院早在 17 世纪就已接受了欧洲大陆发展起来的有关合伙企业权利义务的商法原则，但直到 1756 年曼斯菲尔德就任首席大法官之后，有关合伙企业权利义务的商法原则才真正形成系统的理论体系，成为英国普通法的一部分。

美国早在立国之初便存在大量的合伙制企业，美国的合伙制度继承自英国的普通法原则，但其关于合伙的有影响的成文法的出现则不过 100 多年。美国作为联邦制国家，其对企业主体（包括但不限于合伙）的立法权限属于各州的立法机关。因此，由美国统一州法全国委员会制定的适用于普通合伙和有限责任合伙的《统一合伙法（1914）》（UPA1914）与《修订统一合伙法（1994）》（RUPA1994），适用于有限合伙和有限责任有限合伙的《统一有限合伙法（1916）》与《修订统一有限合伙法（1985）》以及适用于有限责任企业的《统一有限责任企业法（1994）》等有关合伙性质企业的统一法本身并不具有法律效力，只是作为示范法的意义存在的。但这几部示范法对美国各州的合伙制企业立法产生的巨大的推动作用是毋庸置疑的，目前，几乎所有的州都依据相关的示范法制定了本州的各类合伙企业法。

合伙制企业的生命力就体现在其灵活性上。普通合伙在美国服务领域内是传统上被广泛采用的一种企业组织形式，常见于法律、会计、医疗等行业。这些行业采用普通合伙主要是注重合伙人的专业技术以及他们之间的相互信任与合作关系。合伙人共同出资，共同经营管理合伙企业，在从事合伙经营过程中各合伙人互为代理人并承担忠诚和不竞业义务，所有合伙人对合伙企业的债务均承担无限连带责任。对合伙企业的利润与亏损，依合伙协议明示的比例分配，合伙人可以约定以出资多少作为分配盈亏的比例，也可以不将分配与出资挂钩；如合伙协议对盈、亏分配未作约定，依 UPA1914 与 RUPA1994 的示范原则，合伙企业的盈、亏在合伙人之间平均分配。这两部示范法，已被美国所有州采纳。从上述内容我们可以看出，在美国，合伙协议有高出合伙法任意性规定的效力，比如，依 UPA1914 的规定：当一个合伙人死亡或退伙时，合伙企业解散并清算。但对此项规定，合伙人可通过合伙协议约定排除，即可约定某个合伙人的死亡或退伙不影响合伙企业的存续。这体现了合伙协议高出合伙法任意性规定的效力的原则。此原则在中国法中亦同。

有限合伙制度首先为 1673 年法国商法所承认和保护，其后被 1807 年法国商法典 23—28 节吸收。美国的有限合伙制度完全是成文法的产物，是借鉴法国法的产物，并被传统法学者认为是对普通法原则的侵害。美国统一州法全国委员会先后发布了 ULPA1916、RULPA1976、RULPA1985、ULPA2001 几部规范有限合伙的示范法，这几部示范法被美国绝大多数州所采纳。

有限合伙是将一部分合伙人的有限责任与合伙的一次纳税待遇结合的一种商主体形式。20世纪初有限合伙制度在美国以成文法的形式被确定下来，有限合伙的企业组织形式被广泛用于各类风险投资的经营运作中。风险投资是将投资人的出资与理财人的服务完美结合的一种企业组织形式。20世纪以来，风险投资行为采用的主要组织形式即为有限合伙，且通常以基金的形式存在。投资人以出资为限对合伙企业债务承担有限责任，而基金管理人以普通合伙人的身份对基金进行管理并对合伙企业债务承担无限责任。这样既能降低投资人的风险，又能促使基金管理人为基金的增值勤勉谨慎服务。

自 2007 年 6 月 1 日起施行的《合伙企业法》中，我国合伙企业法律制度首次对有限合伙企业作出了规范，而较之早在中世纪的欧洲就已问世的有限合伙企业已经迟滞了数百年，这种制度安排是由资金的所有者（投资者）向贸易操作者提供资金，投资者按约定获取利润的一部分，但不承担超过出资之外的亏责任；如果经营者不存在个人过错，投资者亦不得要求经营者对其投资损失承担赔偿责任。这种制度安排使中世纪欧洲财富的所有者，能秘密进入商业活动获取丰厚利润，且承担有限的风险损失。

依责任形式的不同有限合伙中的合伙人分为普通合伙人（general partner）与有限合伙人（limited partner）两类，普通合伙人与有限合伙人可以为自然人或法人。在美国，依 ULPA1916 的规定：有限合伙企业中至少有一位普通合伙人，他（他们）对有限合伙企业的债务承担无限连带责任，对有限合伙企业事务享有管理权，并对有限合伙企业及所有合伙人负有诚信和忠诚的义务；而有限合伙人只以其出资为限对有限合伙企业的债务承担有限责任，但有限合伙人对有限合伙企业事务无管理权，其一旦介入对合伙事务的经营管理则被视为普通合伙人，承担无限责任。

这种对有限合伙人参与有限合伙企业的经营与控制的严格限制的法理基础是认为有限合伙制度是对普通法中合伙人无限责任原则的减损。随着普通法原则在商事主体法领域的影响力日渐削弱，RULPA1985 以成文法的形式授予了有限合伙企业中的有限合伙人广泛地参与有限合伙企业经营管理的权利，且不影响其有限责任的待遇。如有限合伙可以成为普通合伙人公司的股东、董事、雇员；为有限合伙担保；提起派生诉讼；要求或参加合伙人会议；对改变有限合伙业务、解散清算有限合伙企业、抵押合伙财产、承担非常规债务、有限合伙人与普通合伙人的接纳与除名、有限合伙协议中规定的其他事项进行投票表决；等等。上述法条中列举的事项被称为"安全港"，有限合伙人在上述范围内活动，且善意第三人明知其有限合伙人身份的，便不会被认为参与控制企业，不会为自己带来无限责任的风险。RULPA1985 对该授权条款作扩大解释，即列举的事项不意味着有限合伙人参与其他合伙事务构成对企业的控制。有限合伙人的行为即使构成对企业的控制，该有限合伙人也不一定承担无限责任。在美国的司法实践中，只有在善意第三人与有限合伙企业交易时知晓某合伙人参与企业的经营管理，并合理信赖他是一个无限合伙人时，法官才判定该有限合伙人就该善意第三人承担无限责任。依UPA1914 和 RUPA1994 的原则，普通合伙企业不缴纳企业所得税，各合伙人只缴纳个人所得税，因此不存在公司税负中的双重纳税的问题。但需要强调的是，合伙人对合伙企业利润无论是否分配，都须按约定比例为取得的收入缴纳个人所得税，即所谓的"穿透处理"（pass-through treatment）。也就是说，税务机关在计算各合伙人的年度个人所得税时所依据的应纳税所得额并非合伙人当年实际从合伙企业分配的利润，而是将合伙企业的年度全部利润在合伙人之间按约定比例分割，视为应纳税所得，即使合伙企业根本未向各合伙人分配任何利润。这一点对效益良好的合伙企业的合伙人节税不利。对此，1997 年美国国税局出台了新的税收政策，称为 check-the-box rule，即允许普通合伙企业自由选择按合伙方式或按公司方式缴纳联邦税。

考察美国合伙制企业的类型、联系与差异，对中国的合伙制企业法的发展和完善借鉴良多。

（二）合伙企业的概念

合伙企业，是指自然人、法人和其他组织依照《合伙企业法》在中国境内设立的普通合伙企业和有限合伙企业。

（三）合伙企业的分类

合伙企业分为普通合伙企业和有限合伙企业。

普通合伙企业，是指由普通合伙人组成，合伙人对合伙企业债务承担无限连带责任的企业。《合伙企业法》对普通合伙人承担责任的形式有特别规定的，从其规定。有限合伙企业由普通合伙人和有限合伙人组成，普通合伙人对合伙企业债务承担无限连带责任。有限合伙人以其认缴的出资额为限对合伙企业债务承担责任。有限合伙企业是我国于 2006 年 8 月 27 日修订通过、自 2007 年 6 月 1 日起实施的《合伙企业法》新规定的一种合伙组织形式。

（四）合伙企业法的概念和适用范围

1. 合伙企业法的概念

合伙企业法有广、狭义之分。广义的合伙企业法，是指国家立法机关或者其他有权机关依法制定的、调整合伙企业合伙关系的各种法律规范的总称。因此，除《合伙企业法》外，国家有关法律、行政法规和规章中关于合伙企业的法律规范，都属于合伙企业法的范畴。狭义的合伙企业法，是指由国家最高立法机关依法制定的、规范合伙企业合伙关系的专门法律，即《合伙企业法》。该法于 1997 年 2 月 23 日由第八届全国人大常委会第二十四次会议通过，2006 年 8 月 27 日第十届全国人大常委会第二十三次会议修订，并于 2007 年 6 月 1 日起施行。《合伙企业法》共 6 章 109 条。

为便利外国投资者在中国设立合伙企业，2009 年 8 月 19 日，国务院第 77 次常务会议通过《外国企业或者个人在中国境内设立合伙企业管理办法》（已失效）。

2. 合伙企业法的适用范围

（1）合伙企业法适用的主体。

现行的《合伙企业法》的适用主体包括自然人、法人和其他组织。所谓自然人，即原《民法通则》中所称的"公民"。《民法典》将原《民法通则》中"公民（自然人）"的表述直接定义为"自然人"。因"公民"的含义与"自然人"的内涵和外延皆存在差异，故法学界至今仍对此存有相当异议。合伙人为自然人的，应具备完全民事行为能力。所谓法人，是指具有民事权利能力和民事行为能力，依法独立享有民事权利和承担民事义务的组织。所谓其他组织，是指依法成立，有一定的组织机构和财产，但又不具备法人资格的组织。

需要特别说明的是，非企业专业服务机构采取合伙制的，其合伙人承担的责任形式可以适用《合伙企业法》关于特殊的普通合伙企业合伙人承担责任的规定。非专业企业服务机构，是指不采取企业形式成立的、以自己的专业知识提供特定咨询等方面服务的组织，如律师事务所、会计师事务所等专业服务机构。

（2）合伙企业法适用的地域范围。

依照《合伙企业法》的规定，该法所称的合伙企业是指在中华人民共和国境内设立的合伙企业。

（3）合伙企业法适用的组织形式。

《合伙企业法》中规定的合伙企业包括两种组织形式，即普通合伙企业与有限合伙企业。

二、普通合伙企业

（一）普通合伙企业的概念

普通合伙企业，是指由普通合伙人组成的，合伙人对合伙企业的债务依照《合伙企业法》规定承担无限连带责任的一种合伙企业。普通合伙企业具有以下法律特征。

（1）由普通合伙人组成。所谓普通合伙人，是指在合伙企业中对合伙企业的债务承担无限连带责任的自然人、法人和其他组织。但是法律另有规定的除外。

（2）合伙人对合伙企业的债务承担无限连带责任，法律另有规定的除外。所谓无限责任，是指合伙人不能仅以出资额为限对合伙企业的债务承担责任，而必须用合伙人的个人财产承担清偿责任。所谓连带责任，是指当合伙企业的财产不足以清偿全部债务时，合伙人对合伙企业的债务都负有清偿责任。此即对合伙企业的债务，不论合伙人在合伙协议中如何约定其债务的分担比例，合伙人都有偿还责任。但是，某一个合伙人偿还合伙企业的债务超过自己所应承担的数额时，有权向其他合伙人追偿。所谓法律另有规定的除外，是指《合伙企业法》有特殊规定的，合伙人可以不承担无限责任。按照《合伙企业法》中"特殊的普通合伙企业"的规定，对以专业知识和专门技能为客户提供有偿服务的专业服务机构，可以设立为特殊的普通合伙企业。在这种特殊的普通合伙企业中，合伙人根据在执业中有无过错及过错责任的大小依法承担无限责任、无限连带责任和有限责任。

（二）普通合伙企业的设立

1. 普通合伙企业的设立条件

依据《合伙企业法》的规定，设立普通合伙企业必须具备下列条件。

（1）有两个以上的合伙人。

设立合伙企业，合伙人必须为2人以上，若合伙人只有1人，则是个人独资企业而不是合伙企业，《合伙企业法》未规定合伙企业合伙人人数的上限，由合伙人根据所设企业的具体情况决定。但由于普通合伙企业的合伙人责任重大，企业人合性强，吸引投资比较困难，故而合伙人的数量一般都不多。

合伙企业的合伙人可以是自然人、法人或其他组织。合伙人是自然人的，应当具备完全民事行为能力，即合伙企业设立时的合伙人不能是限制民事行为能力人或无民事行为能力人，只有18周岁以上或16周岁以上未满18周岁但以自己的劳动收入作为主要生活来源的自然人，才能作为合伙人。

合伙企业的合伙人是法人或其他组织的，应当符合国家有关法律对法人或其他组织成立条件的规定。依据《合伙企业法》的规定，国有独资公司、国有企业、上市公司以及公益性的事业单位、社会团体不得成为普通合伙人。如果这些单位、团体申请设立合伙企业并作为普通合伙人，登记机关不予登记。

（2）必须有书面的合伙协议。

合伙协议是合伙人之间关于设立合伙企业和就相互之间权利、义务达成一致的具有法律约束力的协议。合伙协议必须采用书面形式签订，并应当载明以下内容：合伙企业的名称和主要经营场所的地点；合伙目的和合伙企业的经营范围；合伙人的姓名或者名称、住所；合伙人出资的方式、数额和缴付期限；利润分配、亏损分担办法；合伙企业事务的执行；入伙与退伙；争议解决办法；合伙企业的解散与清算；违约责任；等等。

合伙协议经全体合伙人签名、盖章后生效。合伙人按照合伙协议享有权利，履行义务。修改或者补充合伙协议的，应当经全体合伙人一致同意；但是，合伙协议另有约定的除外。合伙协议未约定或者约定不明确的事项，由合伙人协商决定；协商不成的，依照合伙企业法和其他有关法律、行政法规的规定处理。

（3）有合伙人认缴或实际缴付的出资。

《合伙企业法》未规定合伙企业的最低注册资本，因此，合伙企业没有法定最低注册资本问题。但一般认为，合伙企业的注册资本应当与其生产经营的规模相适应。

合伙人可以用货币、实物、知识产权、土地使用权或者其他财产权利出资，也可以用劳务出资。合伙人以实物、知识产权、土地使用权或者其他财产权利出资，需要评估作价的，可以由全体合伙人协商确定，也可以由全体合伙人委托法定评估机构评估。合伙人以劳务出资的，其评估办法由全体合伙人协商确定，并在合伙协议中载明。

合伙人应当按照合伙协议约定的出资方式、数额和缴付期限，履行出资义务。否则就是违约，其他合伙人可以追究其违约责任。

以非货币财产出资的，依照法律、行政法规的规定，需要办理财产权转移手续的，应当依法办理。

（4）有合伙企业的名称。

有合伙企业名称是设立合伙企业的必备条件。合伙企业只有有了自己的名称，才能以自己的名义参与民事法律关系，享有民事权利，承担民事义务，因此，合伙人在设立合伙企业时，必须确定其名称，并载入合伙协议。依据《合伙企业法》的规定和自2021年3月1日起施行的修改后的《企业名称登记管理规定》的规定，企业在申请设立登记时，企业名称须由登记主管机关核定，经核定后才能进行合伙企业登记。企业设立登记时只准使用一个名称，在登记主管机关辖区内不得与已登记的同行业其他企业的名称相同或者近似。

企业名称一般应当由以下部分依次组成：1）企业所在地行政区划名称。企业名称中的行政区划名称应当是企业所在地的县级以上地方行政区划名称。市辖区名称在企业名称中使用时应当同时冠以其所属的设区的市的行政区划名称。跨省、自治区、直辖市经营的企业，其名称可以不含行政区划名称。开发区、垦区等区域名称在企业名称中使用时应当与行政区划名称连用，不得单独使用。2）字号。企业名称中的字号应当由两个以上汉字组成。县级以上地方行政区划名称、行业或者经营特点不得作为字号，另有含义的除外。3）行业或者经营特点。企业名称中的行业或者经营特点应当根据企业的主营业务和国民经济行业分类标准表明。国民经济行业分类标准中没有规定的，可以参照行业习惯或者专业文献等表述。跨行业综合经营的企业，其名称可以不含行业或者经营特点。4）组织形式。企业应当根据其组织结构或者责任形式，依法在企业名称中标明组织形式。

企业名称不得有以下情形：1）损害国家尊严或者利益，损害社会公共利益或者妨碍社会公共秩序。2）使用或者变相使用政党、党政军机关、群团组织名称及其简称、特定称谓和部队番号。3）使用外国国家（地区）、国际组织名称及其通用简称、特定称谓。4）含有淫秽、色情、赌博、迷信、恐怖、暴力的内容。5）含有民族、种族、宗教、性别歧视的内容。6）违背公序良俗或者可能有其他不良影响。7）可能使公众受骗或者产生误解。8）企业名称冠以"中国""中华""中央""全国""国家"等字词的，登记机关须从严审核，并报国务院批准。企业名称中间含有"中国""中华""全国""国家"等字词的，该字词应当是行业限定语。9）法律、行政法规以及国家规定禁止的其他情形。

合伙企业名称中应当标明"普通合伙"字样。其中采取有限责任合伙形式的普通合伙企业，应在其名称中标明"特殊普通合伙"字样。

（5）有经营场所和从事合伙经营的必要条件。

合伙企业经营场所是合伙企业从事生产经营活动的所在地，合伙企业的经营场所一般是企业登记机关登记的营业地点，以确定诉讼管辖和债务的履行地。从事合伙经营的，应根据合伙企业的性质、规模等具备必要的设施、设备、人员等条件，由于《合伙企业法》并未规定合伙企业的最低注册资本，所以法律规定一定的合伙经营条件是对最低注册资本条款的有效补充，这样能避免因社会上的诚信体制不健全而给社会带来的负面效应。

（6）法律、行政法规规定的其他条件。

这既是一项兜底性规定，也是一个例外性规定。在遵守《合伙企业法》规定的设立合伙企业的要求的同时，还必须符合国家其他法律、行政法规的要求；其他的法律、行政法规有不同于《合伙企业法》规定或者有特殊性要求或者要求的条件比较高的，应符合其他法律、行政法规的规定。

2. 普通合伙企业设立登记

（1）登记主管机关。

依据《合伙企业法》和国务院发布的《市场主体登记管理条例》的规定，合伙企业设立应向国家市场监督管理机关办理设立登记。国家市场监督管理总局主管全国的的合伙企业登记工作，市、县市场监督管理机关负责本辖区内的合伙企业登记。合伙企业设立分支机构的，应当向分支机构所在地的企业登记机关申请登记，领取营业执照。

需要说明的是，根据第十三届全国人民代表大会第一次会议批准的国务院机构改革方案，自 2018 年 3 月起，我国不再保留国家工商行政管理总局，组建国家市场监督管理总局。原国家工商行政管理总局的行政职能，由国家市场监督管理总局统管负责。

（2）申请人。

设立合伙企业应当以全体合伙人为申请人。但是，按照规定，申请合伙企业登记的具体事务，应当由全体合伙人从他们当中指定的代表或者他们共同委托的代理人负责办理。代表的指定或者代理人的委托，应当采用书面形式。

（3）登记事项。

合伙企业的登记事项包括：合伙企业的名称、主要经营场所、执行事务合伙人、经营范围、合伙企业类型、合伙人的姓名及住所、承担责任方式、认缴或者实际缴付的出资额及出资方式等。其中，经营范围应载明经核准登记的生产经营项目和商品类别。经营方式包括自产自销、代购代销、来料加工、来样加工、来件装配、零售、批发、批零兼营、客运服务、货运服务、代客储运、装卸、修理服务、咨询服务等等。

如果合伙企业确定了执行事务的合伙人或者设立分支机构，那么登记事项中还应当包括执行事务的合伙人或者分支机构的情况。分支机构的登记事项包括：分支机构的名词、经营场所、经营范围、分支机构负责人的姓名及住所等。

依据《市场主体登记管理条例》第 9 条的规定，合伙企业的下列事项应当向登记机关办理备案：1）合伙协议；2）合伙期限；3）合伙企业合伙人认缴或者实际缴付的出资数额、缴付期限和出资方式；4）合伙企业登记联络员；5）合伙企业等市场主体受益所有人相关信息；6）法律、行政法规规定的其他事项。

（4）设立登记应提交的文件。

我国《合伙企业法》规定，申请设立合伙企业，应当向企业登记主管机关提交下列文件：1）全体合伙人签署的合伙申请书；2）全体合伙人的身份证明；3）全体合伙人指定的代表或者共同委托的代理人的委托书；4）合伙协议；5）出资权属证明；6）经营场所证明；7）国务院市场监督管理部门规定提交的其他文件。

此外，法律、行政法规或者国务院规定设立的合伙企业须经批准的，还应当提交有关批准文件。合伙企业的经营范围中有属于法律、行政法规或者国务院规定在登记前须经批准的项目的，应当向登记机关提交批准文件。全体合伙人决定委托执行事务合伙人的，应当向登记机关提交全体合伙人的委托书。执行事务的合伙人是法人或者其他组织的，还应当提交其委派代表的委托书和身份证明。以实物、知识产权、土地使用权或者其他财产权利出资，由全体合伙人协商作价的，应当向企业登记机关提交全体合伙人签署的协商作价确认书；由全体合伙人委托法定评估机构评估作价的，应当向企业登记机关提交法定评估机构出具的评估作价证明。法律、行政法规规定设立特殊的普通合伙企业，需要提交合伙人职业资格证明的，应当向企业登记机关提交有关证明。

（5）合伙企业登记的核准。

申请人提交的登记申请材料齐全、符合法定形式，企业登记机关能够当场登记的，应予当场登记，发给营业执照。除前述情形外，企业登记机关应当自受理申请之日起 20 日内，作出是否登记的决定：予以登记的，发给营业执照；不予登记的，应当给予书面答复，并说明理由。

（6）合伙企业登记的法律效果。

《合伙企业法》第 11 条第 1 款规定：合伙企业的营业执照签发之日，为合伙企业的成立日期。该条第 2 款规定：合伙企业领取营业执照前，合伙人不得以合伙企业的名义从事合伙业务。因为合伙企业的成立与合伙协议的成立是两个不同的概念。合伙协议是诺成性合同，一经成立，即在当事人之间产生约束力。在合伙企业领取营业执照前，合伙协议是合伙人履行出资、办理登记和筹备开业的行为依据。但是，此时合伙企业并未依法成立，合伙人只能以他们个人的名义从事民事活动，而不能以合伙企业的名义对外交易。

合伙企业登记事项发生变更的，执行合伙事务的合伙人应当自作出变更决定或者发生变更事由之日起 15 日内，向企业登记主管机关申请办理变更登记。

（三）合伙企业的财产

1. 合伙企业财产的概念

合伙企业财产是指设立时合伙人的出资和合伙企业存续期间所有以合伙企业名义取得的收益和形成的资产。合伙企业的财产分为出资财产和积累财产。

（1）合伙企业的出资财产是指合伙企业在设立的时候由全体合伙人缴纳的投入合伙企业里的各类财产。当合伙人把自己的财产投入合伙企业以后，合伙人就丧失了对具体财产的个人所有权。如果合伙人是以资产的所有权出资，那么该资产归全体合伙人共有；如果是以资产的使用权出资，则该资产归全体合伙人共用，即全体合伙人享有对该资产的共同的使用权和管理权。

（2）合伙企业的积累财产是指合伙企业成立后以合伙企业名义取得的收益。凡是以合伙企业为权利主体取得的合法收益，不论以何种方式取得，均视为合伙财产。实践中常见的情况有：合伙财产的增值，如房产市值上涨；孳息，如房租收入；转让所得；合伙营业收入和其他经营成果；合伙企业因其他法律行为或事件而获得的财产给付，例如赠与、侵权赔偿；以及以合伙财产为对价而受让取得的财产，例如购置的设备。

2. 合伙企业财产的性质

合伙企业财产为全体合伙人共有或共用，属于共有财产。合伙企业存续期间除非合伙人退伙或合伙企业解散，合伙人不能主张分割合伙企业财产。合伙人对合伙企业出资后，各合伙人即享有出资份额，但该出资份额只是抽象概念，并不表明每一个合伙人对合伙企业的财产享有多少具体的数额，只表明合伙人依此所享有的分配收益的比例及分担风险和亏损的比例，不得以份额大小来决定合伙人对合伙财产的使用和管理方面的权利，以及合伙事务执行方面的权利。该份额比例只有在分配合伙企业利润和退伙以及合伙企业解散后才具有实际意义，从而作为各合伙人分配利润和分割财产的依据。

3. 合伙企业财产的管理和使用

合伙企业财产依法由全体合伙人共同管理和使用。所有的合伙人对合伙企业财产均享有占有、使用、收益和处分的权利，在这个原则的基础上，对合伙企业财产的共同管理和共同使用具体表现在以下方面：

（1）除合伙协议另有约定外，合伙人向合伙人以外的人转让其在合伙企业中的全部或者部分财产份额时，须经其他合伙人一致同意。合伙人之间转让在合伙企业中的全部或者部分财产份额时，应当通知其他合伙人。

（2）合伙人以其在合伙企业中的财产份额出质的，须经其他合伙人一致同意；未经其他合伙人一致同意，其出质行为无效，由此给善意第三人造成损失的，由行为人依法承担赔偿责任。

（3）合伙人在合伙企业清算前，不得请求分割合伙企业的财产；但是，合伙企业法另有规定的除外。合伙人在合伙企业清算前私自转移或者处分合伙企业财产的，合伙企业不得以此对抗善意第三人。

（4）合伙人向合伙人以外的人转让其在合伙企业中的财产份额的，在同等条件下，其他合伙人有优先购买权；但是，合伙协议另有约定的除外。

（5）合伙人以外的人依法受让合伙人在合伙企业中的财产份额的，经修改合伙协议即成为合伙企业的合伙人，依照《合伙企业法》和修改后的合伙协议享有权利、履行义务。

（四）合伙企业事务的执行与决定

1. 合伙企业事务的执行

合伙企业事务的执行是指为实现合伙目的而进行的合伙企业的经营活动。"共同经营"是合伙关系的一项基本准则，因此，合伙企业的全体合伙人，应享有同等的管理参与权。原则上，合伙企业的一切事务，应由全体合伙人共同决定，但是事实上，一切事务都要经全体合伙人通过是很难做到的，所以，通常按照合伙协议的约定或者经全体合伙人决定，委托一个或者数个合伙人对外代表合伙企业、执行合伙事务。作为合伙人的法人、其他组织执行合伙事务的，由其委派的代表执行。《民法典》第971条规定，合伙人不得因执行合伙事务而请求支付报酬，但合伙合同另有约定的除外。

2. 合伙企业事务执行的效力

执行合伙企业事务的合伙人对外代表合伙企业，其执行事务所产生的法律后果由合伙企业承担，即所取得的收益归全体合伙人共有，其亏损或其他民事责任由全体合伙人承担。

对《合伙企业法》规定或者合伙协议约定必须经全体合伙人同意始得执行的事务，个别合伙人擅自处理，给合伙企业或者其他合伙人造成损失的，该个别合伙人应当承担赔偿责任。

3. 合伙企业事务的决定

合伙企业事务的决定是合伙企业事务执行的前提，必须由合伙人依法作出。合伙人对合伙企业有关事项作出决议，按照合伙协议约定的表决办法办理。合伙协议未约定或者约定不明确的，实行合伙人一人一票并经全体合伙人过半数通过的表决办法。《合伙企业法》对合伙企业的表决办法另有规定的，从其规定。

合伙事务的决定关系全体合伙人的利益，因此，一些关于合伙企业的重大事项必须由全体合伙人共同决定。依据《合伙企业法》的规定，需经全体合伙人同意才能决定的合伙事务包括：（1）改变合伙企业的名称；（2）改变合伙企业的经营范围、主要经营场所的地点；（3）处分合伙企业的不动产；（4）转让或者处分合伙企业的知识产权和其他财产权利；（5）以合伙企业的名义为他人提供担保；（6）聘任合伙人以外的人担任合伙企业的经营管理人员。

4. 合伙人在合伙企业事务执行中的权利

（1）执行合伙企业事务的合伙人的权利。依据《合伙企业法》的规定，无论是全体合伙人共同执行事务，还是委托个别合伙人执行事务，各合伙人均有权随时了解有关合伙事务和合伙财产的一切情况，包括有权查阅账簿和其他业务文件。

在委托个别合伙人执行合伙企业事务的情况下，其他合伙人应当尊重事务执行人的事务执行权。所以，《合伙企业法》第27条明确规定，在委托事务执行人的情况下，其他合伙人不再执行合伙企业事务。该法第98条还规定，不具有事务执行权的合伙人，擅自执行合伙企业的事务，给合伙企业或者其他合伙人造成损失的，依法承担赔偿责任。这样规定，有利于合伙事务的正常进行，符合全体合伙人的利益。

（2）未执行合伙企业事务的合伙人的权利。在委托事务执行人的情况下，不执行事务的合伙人享有对事务执行人的监督权，不参加执行事务的合伙人有权监督执行事务的合伙人，检查其执行合伙企业事务的情况。这样规定，有利于维护全体合伙人的共同利益，也可以促使事务执行人更加谨慎和勤勉地处理企业合伙事务。

合伙人分别执行合伙事务的，执行事务的合伙人可以对其他合伙人执行的事务提出异议。提出异议时，应当暂停该项事务的执行。受委托执行合伙企业事务的合伙人不按照合伙协议或者全体合伙人的决定执行事务的，其他合伙人可以决定撤销该委托。

5. 合伙人的义务

为保障合伙人对合伙事务执行人的监督权，《合伙企业法》第 28 条特别规定了合伙事务执行人的报告义务，即合伙事务执行人应当依照约定向其他不参加执行事务的合伙人报告事务执行情况，以及合伙企业的经营情况和财务情况。

合伙人不得从事损害本合伙企业的利益的活动。凡是有损合伙企业的利益的行为，例如玩忽职守、提交虚假账目、隐瞒真实情况、在事务执行中谋取私利，泄露企业商业秘密等，均在禁止之列。

竞业禁止义务，是指合伙人不得自营或者同他人合作经营与本合伙企业相竞争的业务。依此类推，合伙人受他人委托，为他人经营与本合伙企业相竞争的业务，也应当在禁止之列。

交易禁止义务，是指合伙人非经合伙协议约定或者全体合伙人同意，不得同本合伙企业进行交易。因为，在多数情况下，交易双方存在利益冲突，交易条件越是有利于一方，就越是不利于另一方。一般认为，合伙人在同本合伙企业进行交易时，不可能最大限度地维护本合伙企业的利益，甚至可能牺牲本合伙企业的利益来满足自己的利益。

6. 利润分配及亏损分担

合伙企业的利润分配、亏损分担，按照合伙协议的约定办理；合伙协议未约定或者约定不明确的，由合伙人协商决定；协商不成的，由合伙人按照实缴出资比例分配、分担；无法确定出资比例的，由合伙人平均分配、分担。合伙协议不得约定将全部利润分配给部分合伙人或者由部分合伙人承担全部亏损。

7. 被聘任的管理人员的权利和义务

被聘任的合伙企业的经营管理人员应当在合伙企业授权范围内履行职务。被聘任的合伙企业的经营管理人员，超越合伙企业授权范围履行职务，或者在履行职务过程中因故意或者重大过失给合伙企业造成损失的，依法承担赔偿责任。

（五）合伙企业与第三人的关系

合伙企业与第三人的关系，实际上是指合伙企业的对外关系，涉及对外代表权的效力、合伙企业的债务清偿与合伙人的关系、合伙人的债务清偿与合伙企业的关系。

1. 对外代表权的效力

我国《合伙企业法》规定，执行合伙企业事务的合伙人，对外代表合伙企业。依据这一规定，对外代表合伙企业主要有以下三种情况。

（1）由全体合伙人共同执行合伙企业事务的，全体合伙人都有权对外代表合伙企业，即全体合伙人都取得了合伙企业的对外代表权。

（2）由部分合伙人执行合伙企业事务的，只有受托执行合伙企业事务的那一部分合伙人有权对外代表合伙企业。

（3）经由特别授权在单项合伙事务上有执行权的合伙人，依照授权范围可以对外代表合伙企业。

合伙企业对合伙人执行合伙企业事务以及对外代表合伙企业的权利，都可予以限制。《合伙企业法》规定，合伙企业对合伙人执行合伙事务以及对外代表合伙企业权利的限制，不得对抗善意第三人。

2. 合伙企业的债务清偿与合伙人的关系

（1）合伙人的连带清偿责任。

《合伙企业法》规定，合伙企业对其债务，应先以其全部财产进行清偿。合伙企业的财产不足清偿到期债务的，各合伙人应当承担无限连带清偿责任。在债务清偿中应遵守以下的四条规则：第一，清偿的标的，必须是到期债务。第二，清偿的顺序，必须是先以合伙企业的财产清偿，只有当合伙企业财产不足以清偿时，才由合伙人以其个人财产进行清偿。第三，合伙人的所有可执行财产，均可用于清偿。但应除去合伙人及其所扶养的家属的生活必需品和已设定抵押权、质权的财产。第四，债权人可以向合伙人中的任何一人或数人请求清偿全部债务。

（2）合伙人之间的债务分担和追偿。

以合伙企业的财产清偿合伙企业的债务时，其不足部分由各合伙人按照约定的比例或者法定的比例，用其在合伙企业出资以外的财产承担清偿责任。合伙人之间的分担比例对债权人没有约束力。所以，债权人可以根据自己的清偿利益，请求全体合伙人中的一人或数人承担全部清偿责任，也可以按照自己确定的比例向各合伙人分别追索。合伙人由于承担连带责任，所清偿的数额超过其应当承担的数额时，有权向其他合伙人追偿。

3. 合伙人的债务清偿与合伙企业的关系

（1）合伙企业中某一个合伙人的债权人，不得以该债权抵销其对合伙企业的债务。这是因为合伙企业的债权独立存在，反映了全体合伙人的利益，而某一合伙人的债务应当由其自行负责，不应当由合伙企业来偿还或者冲抵。

（2）合伙人个人负有债务，其债权人不得代位行使该合伙人依照《民法典》和合伙合同享有的权利，但是合伙人享有的利益分配请求权除外。这是因为合伙人个人债务的债权人作为第三人，不具有合伙资格，与其他合伙人不具有以合伙为基础的关系，其难以行使合伙人的权利。

（3）合伙人的自有财产不足以清偿其与合伙企业无关的债务的，该合伙人可以以其从合伙企业中分取的收益用于清偿，债权人也可以依法请求人民法院强制执行该合伙人在合伙企业中的财产份额用于清偿。人民法院强制执行合伙人的财产份额时，应当通知全体合伙人，其他合伙人有优先购买权。其他合伙人未购买，又不同意将该财产份额转让给他人的，依照《合伙企业法》的规定为该合伙人办理退伙结算，或者办理削减该合伙人相应财产份额的结算。

（六）入伙和退伙

1. 入伙

入伙是指在合伙企业存续期间，合伙人以外的第三人加入合伙企业组织并取得合伙人资格的行为。

新合伙人入伙，除合伙协议另有约定外，应当经全体合伙人一致同意，并依法订立书面入伙协议。订立入伙协议时，原合伙人应当向新合伙人如实告知合伙企业的经营状况和财务状况。

入伙的新合伙人与原合伙人享有同等权利、承担同等责任。入伙协议另有约定的，从其约定。新合伙人对入伙前合伙企业的债务承担无限连带责任。

2. 退伙

退伙是指在合伙企业存续期间合伙人退出合伙企业，从而丧失合伙人资格的法律行为。按照《合伙企业法》的规定，退伙分为两种类型。

（1）自愿退伙。

自愿退伙是指合伙人基于自愿的意思表示而退伙，自愿退伙可以分为两类：一为协议退伙，二为通知退伙。1）协议退伙是退伙人与其他合伙人协商一致或按合伙协议的约定退伙。如果合伙协议约定了合伙企业经营期限，有下列情形之一的，合伙人可以退伙：合伙协议约定的退伙事由出现；经全体合伙人一致同意退伙；发生合伙人难以继续参加合伙的事由；其他合伙人严重违反合伙协议约定的义务。协议退伙自退伙事由出现或协议达成之日起生效。2）通知退伙是指基于退伙人的单方意思表示而退伙。合伙协议未约定合伙企业经营期限的，只要退伙不给合伙企业事务的执行造成不利影响，合伙人可以声明退伙，但应当提前30日通知其他合伙人，以便其他合伙人提前就有关事宜作出安排。声明退伙自合伙人提出退伙声明之日起生效。

依据《合伙企业法》的规定，合伙人违反协议及该法的有关规定，擅自退伙的，应当赔偿由此给合伙企业造成的损失。

（2）法定退伙。

法定退伙是指基于法律的直接规定而退伙。这种法定事由可分为两类：一是当然退伙，二是除名。

1）当然退伙是指发生了某种客观情况而导致的退伙。合伙人有下列情形之一的，当然退伙：作为合伙人的自然人死亡或者被依法宣告死亡；个人丧失偿债能力；作为合伙人的法人或者其他组织依法被吊销营业执照、责令关闭、撤销，或者被宣告破产；法律规定或者合伙协议约定合伙人必须具有相关资格而丧失该资格；合伙人在合伙企业中的全部财产份额被人民法院强制执行。

合伙人被依法认定为无民事行为能力人或者限制民事行为能力人的，经其他合伙人一致同意，可以依法转为有限合伙人，普通合伙企业依法转为有限合伙企业。其他合伙人未能一致同意的，该无民事行为能力或者限制民事行为能力的合伙人退伙。退伙事由实际发生之日为退伙生效日。

2）除名是指其他合伙人一致决定将某一合伙人开除出合伙企业。合伙人有下列情形之一的，经其他合伙人一致同意，可以决议将其除名：未履行出资义务；因故意或重大过失给合伙企业造成损失；执行合伙事务时有不正当行为；发生合伙协议约定的事由。

对合伙人的除名决议应当书面通知被除名人。被除名人接到除名通知之日，除名生效，被除名人退伙。

被除名人对除名决议有异议的，可以自接到除名通知之日起30日内，向人民法院起诉。

3. 合伙人退伙的效果

《合伙企业法》规定，合伙人退伙的效果分为两种情况：一是财产继承，即退伙人的财产份额和民事责任归属于退伙人的继承人；二是退伙结算，即退伙人的财产份额和民事责任归属于退伙人本人。

（1）财产继承。

依据《合伙企业法》有关规定，合伙人死亡或者被依法宣告死亡的，对该合伙人在合伙企业中的财产份额享有合法继承权的继承人，按照合伙协议的约定或者经全体合伙人一致同意，从继承开始之日起，取得该合伙企业的合伙人资格。

有下列情形之一的，合伙企业应当向合伙人的继承人退还被继承合伙人的财产份额：第一，继承人不愿意成为合伙人；第二，法律规定或者合伙协议约定合伙人必须具有相关资格，而该继承人未取得该资格；第三，合伙协议约定不能成为合伙人的其他情形。

合伙人的继承人为无民事行为能力人或者限制民事行为能力人的，经全体合伙人一致同意，可以依法成为有限合伙人，普通合伙企业依法转为有限合伙企业。全体合伙人未能一致同意的，合伙企业应当将被继承合伙人的财产份额退还该继承人。

（2）退伙结算。

合伙人退伙，其他合伙人应当与该退伙人按照退伙时的合伙企业财产状况进行结算，退还退伙人的财产份额。退伙人对给合伙企业造成的损失负有赔偿责任的，相应扣减其应当赔偿的数额。退伙时有未了结的合伙企业事务的，待该事务了结后进行结算。退伙人在合伙企业中的财产份额的退还办法，由合伙协议约定或者由全体合伙人决定，可以退还货币，也可以退还实物。退伙人对基于其退伙前的原因发生的合伙企业债务，承担无限连带责任。

合伙人退伙时，合伙企业财产少于合伙企业债务的，退伙人应当按照合伙协议约定的比例分配和分担亏损。

（七）合伙期限

合伙人对合伙期限没有约定或者约定不明确的，依照《民法典》第510条的规定仍不能确定的，视为不定期合伙。

合伙期限届满，合伙人继续执行合伙事务，其他合伙人没有提出异议的，原合伙合同继续有效，但是合伙期限为不定期。合伙人可以随时解除不定期合伙合同，但应当在合理期限之前通知其他合伙人。

合伙人死亡、丧失民事行为能力或者终止的，合伙合同终止；但是，合伙合同另有约定或者根据合伙事务的性质不宜终止的除外。合伙合同终止后，合伙财产在支付因终止而产生的费用以及清偿合伙债务后有剩余的，依据《民法典》第972条的规定进行分配。

（八）特殊的普通合伙企业

1. 特殊的普通合伙企业的概念

特殊的普通合伙企业，是指以专业知识和专门技能为客户提供有偿服务的专业机构性质的合伙企业。

特殊的普通合伙企业相对于普通合伙企业，主要区别就在于承担责任的原则不同。普通合伙企业由普通合伙人组成，合伙人对合伙企业债务承担无限连带责任。特殊的普通合伙企业的合伙人在责任承担上不同于普通合伙企业的合伙人，其是依据主观过错程度的不同承担不同的责任。

特殊的普通合伙企业适用《合伙企业法》中关于特殊的普通合伙企业的规定；该法未作规定的，适用《合伙企业法》关于普通合伙企业的规定。

2. 特殊的普通合伙企业的责任形式

依据《合伙企业法》的有关规定，特殊的普通合伙企业的一个合伙人或者数个合伙人在执业活动中因故意或者重大过失造成合伙企业债务的，应当承担无限责任或者无限连带责任，其他合伙人以其在合伙企业中的财产份额为限承担责任。合伙人在执业活动中非因故意或者重大过失造成的合伙企业债务以及合伙企业的其他债务，由全体合伙人承担无限连带责任。

对合伙人在执业活动中因故意或者重大过失造成的合伙企业债务，以合伙企业财产对外承担责任后，该合伙人应当按照合伙协议的约定，对给合伙企业造成的损失承担赔偿责任。

特殊的普通合伙企业根据其企业特点，应当建立执业风险基金、办理职业保险。执业风险基金用于偿付合伙人的执业活动造成的债务。执业风险基金应当单独立户管理，具体管理办法由国务院规定。

三、有限合伙企业

（一）有限合伙企业概念及特征

1. 有限合伙企业的概念

有限合伙企业是指由有限合伙人和普通合伙人共同组成的，普通合伙人对合伙企业债务承担无限连带责任，有限合伙人以其认缴的出资额为限对合伙企业债务承担责任的合伙组织。

2. 有限合伙企业的特征

有限合伙企业与普通合伙企业和有限责任公司相比较，具有以下显著特征。

（1）在经营管理上，普通合伙企业的合伙人一般均可参与合伙企业的经营管理。有限责任公司的股东有权参与公司的经营管理。而在有限合伙企业中，有限合伙人一般不能参与合伙的具体经营管理，而由普通合伙人从事具体的经营管理。

（2）在风险承担上，普通合伙企业的合伙人之间对合伙企业的债务承担无限连带责任。有限责任公司的股东对公司债务以其各自认缴的出资额为限对公司债务承担责任。而有限合伙企业中不同类型的合伙人所承担的责任存在差异，有限合伙人以其认缴的出资额为限承担责任，普通合伙人则须对企业债务承担无限连带责任。

有限合伙企业由少数普通合伙人经营管理并承担无限或无限连带责任，可以保持合伙组织结构简单、管理费用低、内部关系紧密和决策效率高等特点，这使其优于公司；而且能够以有限责任吸引他人入股，有利于广开资金来源，扩大企业规模，这使其优于普通合伙。所以，有限合伙企业有利于在保持合伙企业原有内部关系稳定的前提下吸收新的投资、扩大经营规模，同时也可以鼓励那些不愿承担无限责任的人向合伙企业投资，因而是一种有利于中小企业发展壮大的企业形式。

（二）有限合伙企业准用普通合伙企业的法律规范

《合伙企业法》规定了两种类型的合伙企业，即普通合伙企业和有限合伙企业。有限合伙企业和普通合伙企业既有相同点，也有区别，二者的主要区别主要表现在合伙企业的内部构造上。普通合伙企业的成员均为普通合伙人（特殊的普通合伙企业除外），而有限合伙企业的成员分为两种，即有限合伙人和普通合伙人，这两种合伙人在主体资格、权利享有、义务承担与责任承担方面存在明显差异。在法律适用中，凡是《合伙企业法》对有限合伙企业有特殊规定的，适用特殊规定，没有特殊规定的，适用《合伙企业法》关于普通合伙企业及其合伙人的规定。

（三）有限合伙企业设立的特殊要求

1. 有限合伙企业合伙人的人数

依据《合伙企业法》的规定，有限合伙企业由 2 个以上 50 个以下合伙人设立，法律另有规定的除外。有限合伙企业至少应当有1名普通合伙人。

2. 有限合伙企业的名称

依据《合伙企业法》的规定，有限合伙企业的名称中应当标明"有限合伙"字样。

3. 有限合伙企业协议

依据《合伙企业法》的规定，有限合伙企业的合伙协议除应符合《合伙企业法》对普通合伙企业合伙协议的规定外，还应该载明下列事项：（1）普通合伙人和有限合伙人的姓名或者名称、住所；（2）执行事务的合伙人应具备的条件和选择程序；（3）执行事务的合伙人的权限与违约处理办法；（4）执行事务合伙人的除名条件和更换程序；（5）有限合伙人入伙、退伙的条件、程序以及相关责任；（6）有限合伙人和普通合伙人相互转变的程序。

（四）有限合伙企业的财产

1. 有限合伙人的出资形式

依据《合伙企业法》的规定，有限合伙人可以用货币、实物、知识产权、土地使用权或者其他财产权利作价出资。有限合伙人不得以劳务出资。有限合伙人应当按照合伙协议的约定按期足额缴纳出资；未按期足额缴纳的，应当承担补缴义务，并对其他合伙人承担违约责任。有限合伙企业登记事项中应当载明有限合伙人的姓名或者名称及认缴的出资数额。

2. 有限合伙企业财产的处置

依据《合伙企业法》的规定，有限合伙人可以将其在有限合伙企业中的财产份额出质；但是，合伙协议另有约定的除外。有限合伙企业的普通合伙人以其在合伙企业中的财产份额出质的，须经其他合伙人一致同意；未经其他合伙人一致同意，其行为无效，由此给善意第三人造成损失的，由行为人依法承担赔偿责任。有限合伙人可以按照合伙协议的约定向合伙人以外的人转让其在有限合伙企业中的财产份额，但应当提前30日通知其他合伙人。

（五）有限合伙企业合伙事务的执行

1. 有限合伙企业事务执行人

有限合伙企业事务执行人是由有限合伙企业的普通合伙人推举，负责管理合伙事务的人。有限合伙企业事务执行人有权对外进行经营活动，其经营活动的后果由全体合伙人承担。如合伙协议约定数个合伙人执行合伙事务，则该数人均为合伙事务执行人。若无推举和约定，则全体普通合伙人是合伙事务的共同执行人。合伙事务执行人除享有、承担与一般合伙人相同的权利、义务外，还有接受其他合伙人的监督和检查、慎重执行合伙事务的义务，若因自己的过错造成合伙企业财产的损失的，应向合伙企业或其他合伙人负赔偿责任。合伙事务执行人可以要求在合伙协议中确定执行事务的报酬及报酬提取方式。

2. 禁止有限合伙人执行合伙事务

依据《合伙企业法》的规定，有限合伙人不执行合伙事务，不得对外代表有限合伙企业。有限合伙人的下列行为，不视为执行合伙事务：（1）参与决定普通合伙人入伙、退伙；（2）对企业的经营管理提出建议；（3）参与选择承办有限合伙企业审计业务的会计师事务所；（4）获取经审计的有限合伙企业财务会计报告；（5）对涉及自身利益的情况，查阅有限合伙企业财务会计账簿等财务资料；（6）在有限合伙企业的利益受到侵害时，向有责任的合伙人主张权利或者提起诉讼；（7）执行事务合伙人怠于行使权利时，督促其行使权利或者为了本企业的利益以自己的名义提起诉讼；（8）依法为本企业提供担保。

3. 有限合伙人的权利及义务

（1）有限合伙人可以同本企业进行交易，合伙协议另有约定的除外。这和普通合伙的规定不同。一般情况下，在普通合伙中，合伙人不可以同本企业进行交易，除非合伙协议有规定，或者经其他合伙人一致同意。而在有限合伙中，有限合伙人不可以参与执行合伙事务，所以法律允许其与本有限合伙企业进行交易，除非合伙协议有不同的规定。

（2）有限合伙人可以自营或者同他人合作经营与本有限合伙企业相竞争的业务，合伙协议另有约定的除外。《合伙企业法》规定普通合伙人不得自营或者同他人合作经营与本合伙企业相竞争的业务。但是，该法赋予了有限合伙人这项权利，尽管其也受到合伙协议的限制。

（六）有限合伙企业与第三人的关系

1. 有限合伙企业的债务清偿

有限合伙人的自有财产不足以清偿其与合伙企业无关的债务的，该合伙人可以以其从有限合伙企业中分取的收益用于清偿，债权人也可以依法请求人民法院强制执行该合伙人在有限合伙企业中的财产份额用于清偿。人民法院强制执行有限合伙人的财产份额时，应当通知全体合伙人。在同等条件下，其他合伙人有优先购买权。

2. 有限合伙企业代理人的无权代理和表见代理

第三人有理由相信有限合伙人为普通合伙人并与其交易的，该有限合伙人对该笔交易承担与普通合伙人同样的责任。有限合伙人未经授权，以有限合伙企业名义与他人进行交易，给有限合伙企业或者其他合伙人造成损失的，该有限合伙人应当承担赔偿责任。

（七）有限合伙企业的入伙和退伙

（1）新入伙的有限合伙人对入伙前的有限合伙企业债务的责任承担，不同于普通合伙企业中的新合伙人对入伙前的普通合伙企业债务的责任承担。由于有限合伙人仅以其认缴的出资额为限对有限合伙企业的债务承担责任，所以，新入伙的有限合伙人对入伙前有限合伙企业的债务只能以其认缴的出资额为限承担责任，而不能适用普通合伙企业中的合伙人承担无限连带责任的规定。

（2）有限合伙人有《合伙企业法》中规定的当然退伙的情形的，当然退伙。作为有限合伙人的自然人在有限合伙企业存续期间丧失民事行为能力的，其他合伙人不得因此要求其退伙。作为有限合伙人的自然人死亡、被依法宣告死亡，或者作为有限合伙人的法人及其他组织终止时，其继承人或者权利承受人可以依法取得该有限合伙人在有限合伙企业中的资格。

有限合伙人退伙后，对基于其退伙前的原因发生的有限合伙企业债务，以其退伙时从有限合伙企业中取回的财产承担责任。

（八）有限合伙企业合伙人类型的转变

有限合伙企业中两类合伙人的相互转变，其本质是两类法律责任的转变，这对有限合伙企业的生产经营产生一定的影响，所以除合伙协议另有约定外，普通合伙人转变为有限合伙人，或者有限合伙人转变为普通合伙人，应当经全体合伙人一致同意。

有限合伙人转变为普通合伙人的，对其作为有限合伙人期间有限合伙企业发生的债务承担无限连带责任。普通合伙人转变为有限合伙人的，对其作为普通合伙人期间有限合伙企业发生的债务承担无限连带责任。

有限合伙企业仅剩有限合伙人的，应当解散；有限合伙企业仅剩普通合伙人的，转为普通合伙企业。

四、合伙企业的税收

1. 适用税制单一

合伙企业无须缴纳企业所得税，其所得由合伙人承担所得税纳税义务。

依据《合伙企业法》第 6 条的规定，"合伙企业的生产经营所得和其他所得，按照国家有关税收规定，由合伙人分别缴纳所得税"。根据《企业所得税法》第 1 条第 2 款"个人独资企业、合伙企业不适用本法"之规定，合伙企业并无所得税纳税义务，其所得由各合伙人按照相关规定申报缴纳个人所得税。由上述规定可以看出，合伙企业的每一个合伙人均为纳税义务人。以个人独资企业和合伙企业每一纳税年度的收入总额减除成本、费用以及损失后的余额，作为投资人个人的生产经营所得，比照《个人所得税法》的个体工商户的生产经营所得应税项目，适用 5%～35% 的五级超额累进税率，计算征收个人所得税。

2. 法人合伙人适用企业所得税制

依照合伙企业法律制度和企业所得税制的规定，合伙企业中的法人（含其他组织）合伙人应纳企业所得税。

合伙企业以每一个合伙人为纳税义务人。合伙企业合伙人是自然人的，缴纳个人所得税；合伙人是法人和其他组织的，缴纳企业所得税。合伙企业的法人合伙人，应就其享有的合伙企业的所得缴纳企业所得税。按照财政部、国家税务总局《关于合伙企业合伙人所得税问题的通知》（财税〔2008〕159 号，以下简称《通知》）的规定，合伙企业的法人合伙人，应就其享有的合伙企业的所得缴纳企业所得税。企业法人出资设立合伙企业，对企业法人本身而言应属于投资行为。因此，有限合伙企业中确认为企业法人享有的所得，在企业法人的所得税纳税申报表中应反映为投资所得，企业法人应缴纳企业所得税。

3. 合伙企业的所得，无论是否分配，均应缴纳所得税

《通知》规定，合伙企业生产经营所得和其他所得采取"先分后税"的原则。合伙企业生产的经营所得和其他所得，包括合伙企业分配给所有合伙人的所得和企业当年留存的所得（利润）。无论合伙企业的所得是否分配至各合伙人名下，均应按各合伙人所享受的权益确定缴纳所得税。

4. 法人合伙人投资所得不能享受免税优惠

《企业所得税法》第 26 条规定，"符合条件的居民企业之间的股息、红利等权益性投资收益"为免税收入。因合伙企业不属于《企业所得税法》中界定的"居民企业"范畴，因此，即使是其对外投资获取的权益性投资收益，法人合伙人也无法享受免税优惠。

5. 普通合伙人为非自然人时纳税的特别规定

普通合伙人不能通过合伙协议约定将全部利润分配给部分合伙人。合伙企业的合伙人是法人和其他组织的，合伙人在计算其缴纳企业所得税时，不得用合伙企业的亏损抵减其盈利。

五、合伙企业的解散和清算

(一) 合伙企业的解散

合伙企业的解散是指基于某种法律事实的发生而使合伙企业消灭的法律行为。依据《合伙

企业法》的规定，合伙企业有下列情形之一时，应当解散：（1）合伙期限届满，合伙人决定不再经营；（2）合伙协议约定的解散事由出现；（3）全体合伙人决定解散；（4）合伙人已不具备法定人数满 30 天；（5）合伙协议约定的合伙目的已经实现或者无法实现；（6）依法被吊销营业执照、责令关闭或者被撤销；（7）法律、行政法规规定的其他原因。

（二）合伙企业的清算

合伙企业的清算是指合伙企业解散后，对其债权、债务及未了结的事务进行清理核算、偿还债务、退还出资的法律行为。合伙企业解散的，应当进行清算。《合伙企业法》规定的关于清算的程序规则如下。

1. 确定清算人

合伙企业解散，应当由清算人进行清算。清算人由全体合伙人担任；经全体合伙人过半数同意，可以自合伙企业解散事由出现后 15 日内指定一个或者数个合伙人，或者委托第三人，担任清算人。自合伙企业解散事由出现之日起 15 日内未确定清算人的，合伙人或者其他利害关系人可以申请人民法院指定清算人。

2. 通知和公告债权人

清算人自被确定之日起 10 日内将合伙企业解散事项通知债权人，并于 60 日内在报纸上公告。债权人应当自接到通知书之日起 30 日内，未接到通知书的自公告之日起 45 日内，向清算人申报债权。债权人申报债权，应当说明债权的有关事项并提供证明材料。清算人应当对债权进行登记。清算期间，合伙企业存续，但不得开展与清算无关的经营活动。

3. 合伙企业清算事务的执行

依据《合伙企业法》的规定，清算人在清算期间，应执行以下事务：（1）清理合伙企业的财产，分别编制资产负债表和财产清单；（2）处理与清算有关的合伙企业未了结事务；（3）清缴所欠税款；（4）清理债权、债务；（5）处理合伙企业清偿债务后的剩余财产；（6）代表合伙企业参加诉讼或者仲裁活动。

4. 合伙企业财产的清偿顺序

合伙企业财产在支付清算费用和职工工资、社会保险费用、法定补偿金以及缴纳所欠税款、清偿债务后的剩余财产，依照合伙协议的约定办理；合伙协议未约定或者约定不明确的，由合伙人协商决定；协商不成的，由合伙人按照实缴出资比例分配；无法确定出资比例的，由合伙人平均分配。

5. 清算结束后的债权债务关系

依据《合伙企业法》的规定，合伙企业不能清偿到期债务的，债权人可以依法向人民法院提出破产清算申请，也可以要求普通合伙人清偿。合伙企业依法被宣告破产的，普通合伙人对合伙企业债务仍应承担无限连带责任。

对未能清偿的债务，由合伙人在今后继续承担连带清偿责任。债权人享有在清算结束后以原合伙人为连带债务人，继续请求清偿的权利。

6. 注销登记

清算结束后，清算人应当编制清算报告，经全体合伙人签名、盖章后，在 15 日内向企业登记机关报送清算报告，申请办理合伙企业注销登记。合伙企业自合伙企业登记机关注销之日起，归于消灭。

六、法律责任

所谓法律责任，即不承担法定义务或从事法律禁止的行为所应承担的法律后果。对违法行为规定相应的法律责任并依法予以追究，是规范合伙人有关行为，保护合伙企业、合伙人和合伙企业债权人合法权益的重要手段，也是落实《合伙企业法》各项规定的基础和依据。所以，对违法行为是否追究责任、追究何种责任，对《合伙企业法》的顺利实施具有十分重要的作用。

为此，《合伙企业法》分别规定了合伙企业、合伙人、清算人、企业登记机关、合伙企业的聘用人员等主体违反该法规定时所应承担的法律责任，其责任形式涉及民事、刑事和行政各个方面。

(一) 合伙企业的法律责任

(1) 违反《合伙企业法》的规定，提交虚假文件或者采取其他欺骗手段，取得合伙企业登记的，由企业登记机关责令改正，处以5 000元以上5万元以下的罚款；情节严重的，撤销企业登记，并处以5万元以上20万元以下的罚款。

(2) 违反《合伙企业法》的规定，合伙企业未在其名称中标明"普通合伙"、"特殊普通合伙"或者"有限合伙"字样的，由企业登记机关责令限期改正，处以2 000元以上1万元以下的罚款。

(3) 违反《合伙企业法》规定，未领取营业执照，而以合伙企业或者合伙企业分支机构名义从事合伙业务的，由企业登记主管机关责令停止，处以5 000元以上5万元以下的罚款。合伙企业登记事项发生变更时，未依照《合伙企业法》的规定办理变更登记的，由企业登记机关责令限期登记；逾期不登记的，处以2 000元以上2万元以下的罚款。合伙企业登记事项发生变更，执行合伙事务的合伙人未按期申请办理变更登记的，应当赔偿由此给合伙企业、其他合伙人或者善意第三人造成的损失。

(二) 合伙人的法律责任

(1) 合伙人执行合伙事务，或者合伙企业从业人员利用职务上的便利，将应当归合伙企业的利益据为己有的，或者采取其他手段侵占合伙企业财产的，应当将该利益和财产退还合伙企业；给合伙企业或者其他合伙人造成损失的，依法承担赔偿责任。

(2) 合伙人对《合伙企业法》规定或者合伙协议约定必须经全体合伙人一致同意始得执行的事务擅自处理，给合伙企业或者其他合伙人造成损失的，依法承担赔偿责任。

(3) 不具有执行事务权的合伙人擅自执行合伙事务，给合伙企业或者其他合伙人造成损失的，依法承担赔偿责任。

(4) 合伙人违反《合伙企业法》的规定或者合伙协议的约定，从事与本合伙企业相竞争的业务，或者与本合伙企业进行交易的，该收益归合伙企业所有；给合伙企业或者其他合伙人造成损失的，依法承担赔偿责任。

(三) 清算人的法律责任

(1) 清算人未依照《合伙企业法》的规定向企业登记机关报送清算报告，或者报送清算报告隐瞒重要事实，或者有重大遗漏的，由企业登记机关责令改正。由此产生的费用和损失，由清算人承担和赔偿。

（2）清算人执行清算事务，牟取非法收入或者侵占合伙企业财产的，应当将该收入和侵占的财产退还合伙企业；给合伙企业或者其他合伙人造成损失的，依法承担赔偿责任。

（3）清算人违反《合伙企业法》的规定，隐匿、转移合伙企业财产，对资产负债表或者财产清单作虚假记载，或者在未清偿债务前分配财产，损害债权人利益的，依法承担赔偿责任。

（四）企业登记机关的法律责任

企业登记机关的工作人员违反《合伙企业法》的规定，滥用职权、徇私舞弊、收受贿赂、侵害合伙企业合法权益的，依法给予行政处分。

（五）合伙人的争议解决方式

合伙人违反合伙协议的，应当依法承担违约责任。合伙人履行合伙协议发生争议的，合伙人可以通过协商或者调解解决；不愿通过协商、调解解决，或者协商、调解不成的，可以按照合伙协议约定的仲裁条款或者事后达成的书面仲裁协议，向仲裁机构申请仲裁。合伙协议中未订立仲裁条款，事后又没有达成书面仲裁协议的，可以向人民法院起诉。

（六）合伙企业法律责任的承担顺序

《合伙企业法》规定的法律责任包括民事责任、行政责任、刑事责任三种责任形式，所以，若违反《合伙企业法》的规定，应当同时承担民事赔偿责任和缴纳罚款、罚金，而行为人的财产不足以同时支付的，应先承担民事赔偿责任，再用剩余的财产缴纳罚款、罚金。

思考题

1. 个人独资企业的概念及特征是什么？

2. 试分析个人独资企业的利弊。

3. 如何理解《合伙企业法》的亮点"有限合伙"？

4. 试比较有限合伙企业和特殊的普通合伙企业之间的异同。

5. 案例分析题

案例一

甲、乙、丙 3 人各出资 5 万元组建普通合伙企业。合伙协议约定了利润分配和亏损分担办法：甲分配或分担 3/5，丙、乙各自分配或分担 1/5。合伙期间发生争议时由合伙人通过协商或者调解解决，不允许向仲裁机构申请仲裁解决，也不允许通过诉讼解决。该合伙企业的负责人为甲，对外代表该合伙企业从事经营活动，该合伙企业经营汽车配件生产、销售，经营期限为 2 年。企业名称为大发汽车配件厂。

根据上述资料，分析并回答下列问题：

（1）甲在执行该合伙企业事务时若经营失败，乙和丙是否要承担无限连带责任？

（2）甲在担当合伙企业负责人期间，能否与丁再合作建一个经营汽车配件的门市部，将门市部的货卖给大发汽车配件厂？

（3）假如合伙协议中明确约定，甲不得代表合伙企业签订标的额为 10 万元以上的合同，后来甲与某机械公司签订了标的额为 12 万元的合同，此合同是否有效？

案例二

刘某是某高校的在职研究生，经济上独立于其家庭。某年 8 月，刘某在企业登记机关注册成立了一家主营信息咨询的个人独资企业，取名为"远大信息咨询有限公司"，注册资本为人民币 1 元。该企业成立前半年，营业形势看好，收益甚丰。此后，黄某与刘某协议参加该个人独资企业的投资经营，并注入投资 5 万元人民币。该企业经营过程中先后共聘用工作人员 10 名。对此，刘某认为，自己开办的是私人企业，并不需要为职工办理社会保险，因此，其既没有给职工缴纳社会保险费也没有与职工签订劳动合同。后来该个人独资企业经营不善，导致负债 10 万元。刘某决定于次年 8 月自行解散企业，但因为企业财产不足以清偿债务而被债权人、企业职工诉诸人民法院。法院经审理后认为刘某与黄某形成事实上的合伙关系，判决责令刘某、黄某补充办理职工的社会保险并缴纳社会保险费，由刘某与黄某对该企业的债务承担无限连带责任。

试结合我国有关法律，对此案例进行分析。

案例三

甲、乙、丙、丁四人设立合伙企业经营长途运输，后甲介绍其弟戊加入合伙企业，甲、乙、丙同意，丁不同意，合伙协议对入伙表决未作另外规定。戊以多数人同意为由在合伙企业开车从事运输。2023 年 8 月，戊在运输途中因超速行驶发生交通事故，造成经济损失 5 万元，戊主张每人承担 1 万元。甲主张按照出资比例承担。

因合伙人对责任承担意见不一，合伙人一致决定解散企业。但是，对由何人担任清算人员，合伙人仍然存在争议。在作出解散决定后的第 20 天，由出资最多的乙拍板，聘请某会计师事务所进行清算。

根据上述资料，分析并回答下列问题：

(1) 对戊在运输途中发生的事故损失应如何承担？说明理由。

解析：应由戊自行承担事故损失。根据《合伙企业法》的规定，新合伙人入伙，除合伙协议另有约定外，应当经全体合伙人一致同意，并依法订立书面入伙协议。本案中，丁不同意戊入伙，因此，戊并未成为合伙企业的合伙人。对戊造成的损失，应由戊自行承担，其他合伙人不承担。

(2) 乙的决定是否合法？说明理由。

解析：根据《合伙企业法》的规定，清算人由全体合伙人担任，经全体合伙人过半数同意，可以指定一个或数个合伙人，或者委托第三人担任清算人。本案中乙无权决定聘请第三人进行清算。依照规定，合伙企业自解散事由出现之日起 15 日内未确定清算人的，合伙人或者其他利害关系人可以申请人民法院指定清算。

第三章

公司法律制度

第一节 公司法概述

一、公司概述

(一) 公司的概念

世界上第一家股份有限公司是 1602 年在荷兰成立的东印度公司。该股份有限公司制度是现代企业制度的雏形。1673 年,法王路易十四颁布世界上第一部商事法律——《商事条例》。1807 年 9 月,法国颁布了世界上第一部商典法——《法国商典法》。自此,公司法律制度日趋完善,特别是在现代市场经济条件下,公司已成为社会经济最主要的主体和最重要的企业组织形式,但对公司概念的界定,各国立法存在较大差异。依据我国《公司法》的有关规定:公司是指依法设立的、以营利为目的的、由股东投资形成的企业法人。企业是指从事商品生产、流通或服务活动,在法律上具有一定独立地位的营利性经济组织。《公司法》第 3 条规定:"公司是企业法人,有独立的法人财产,享有法人财产权。公司以其全部财产对公司的债务承担责任。"

从我国目前经济形势运行发展来看,公司作为社会主义市场经济的核心细胞,是经济增长、科技创新、民富国强、社会和谐的发动机,是稳就业、稳金融、稳外贸、稳外资、稳投资、稳预期的压舱石。作为市场主体的数千万公司构成经济发展的中坚力量,是推动经济蓬勃发展的强劲动力。公司兴,市场荣,百姓安,则国家强。《公司法》的立法主旨是规范公司的组织和行为,并为之经营、发展和行稳致远保驾护航。

2020 年 7 月,习近平总书记出席企业家座谈会时着重强调:改革开放以来,我国逐步建立和不断完善社会主义市场经济体制,市场体系不断发展,各类市场主体蓬勃成长。市场主体是经济的力量载体,保市场主体就是保社会生产力。要千方百计把市场主体保护好,激发市场主体活力,弘扬企业家精神,推动企业发挥更大作用实现更大发展,为经济发展积蓄基本力量。要加大政策支持力度,激发市场主体活力,使广大市场主体不仅能够正常生存,而且能够实现更大发展。习近平总书记的讲话传递出的重要信息让企业家备受鼓舞。2023 年是全面贯彻党的二十大及二十届二中全会精神的开局之年。习近平总书记在党的二十大报告中指出,"完善中国特色现代企业制度,弘扬企业家精神,加快建设世界一流企业"。这是以习近平同志为核心的党中央基于新时代新征程中国共产党的使命任务作出的重大战略部署,为我国企业改革发展指明了方向和目标。完善中国特色现代企业制度是制度保障,弘扬企业家精神是内在要求,加快建设世界一流企业是目标结果。建设世界一流企业,必须有与之相适应的企业制度作为基础保障。现代企业制度的核心即公司制度。

(二) 公司的特征

(1) 依法设立。这是指公司必须依法定条件、法定程序设立。这要求一方面公司的章程、资本、组织机构、活动原则等必须合法，公司依照法律规定设立和运行。另一方面，公司设立要经过法定程序，进行设立登记。

(2) 以营利为目的。这是指股东即出资者设立公司的目的是营利，即从公司经营中取得利润。这是公司作为经济组织与国家机关、事业单位和社会团体的一个显著区别。因此，营利目的不仅要求公司本身为营利而活动，而且要求公司有盈利时应当分配盈利给股东。某些进行营利活动的组织，如果其利润不分配给股东，而是被用于社会公益等的，则其不具有营利性。公司的营利活动应是具有连续性的营业，一次性的、间歇性的营利行为不属于经营性的营业活动。

(3) 是股东基于资本的联合而形成的经济组织。根据公司法理论，公司对外信用基础源自公司注册资本及因此衍生的公司财产。而注册资本源于股东的投资。除特殊公司（国家出资公司）外，公司资本即是由股东按法定和章程约定的出资方式及约定比例出资形成的。

(4) 具有独立法人资格。公司是企业法人，应当符合《民法典》规定的法人条件，最主要的是有独立的法人财产和独立承担民事责任的能力。我国《公司法》规定的有限责任公司和股份有限公司均具有法人资格，股东以其认缴的出资额或认购的股份为限对公司承担有限责任。这里的有限责任是指股东对公司的责任有限，公司对债权人的责任则是无限的，即公司要以其全部财产对公司的经营活动，包括法定代表人、工作人员和代理人的经营活动产生的债务承担责任，而不限定在股东出资或注册资本的数额范围内。

(三) 公司的分类

在大陆法系国家，按照法律的规定或学理的标准，可以将公司分为不同的种类。

1. 依公司资本结构和股东对公司债务承担责任的方式分类

(1) 有限责任公司，又称有限公司，是指股东以其认缴的出资额为限对公司承担责任，公司以其全部财产对公司的债务承担责任的公司。

(2) 股份有限公司，又称股份公司，是指将公司全部资本分为等额股份，股东以其认购的股份为限对公司承担责任，公司以其全部财产对公司的债务承担责任的公司。

(3) 无限公司，是指由两个以上的股东组成，全体股东对公司的债务承担无限连带责任的公司。无限公司一般组织结构稳定、股东信用可靠，但是股东承担的风险很大，因而使其规模很难发展。

(4) 两合公司，是指由负无限责任的股东和负有限责任的股东组成，无限责任股东对公司债务负无限责任，有限责任股东仅以其认缴的出资额为限对公司债务承担责任的公司。其中，无限责任股东是公司的经营管理者，有限责任股东则是不参与经营管理的出资者。实践中，两合公司是大陆法系国家的公司法中规定的公司形式。我国公司法未对两合公司的形式作出规定。

2. 以公司信用基础为标准的分类

(1) 资合公司，是指以资本的结合作为公司信用基础的公司。此类公司仅以资本的实力取信于人，股东个人是否有财产、能力或信誉与公司无关。股东对公司债务彼此承担独立、有限的责任，共同设立公司原则上不以相互信任为前提。因此，资合公司以股份有限公司为典型，有限责任公司也在一定程度上具有资合公司的特点。

（2）人合公司，是指以股东个人的财力、能力和信誉作为公司信用基础的公司，其典型形式为无限公司。人合公司的财产及责任与股东的财产及责任没有完全分离，其不以自身资本为信用基础，法律上也不规定设立公司的最低资本额，股东可以用劳务、信用和其他权利出资，企业的所有权和经营权一般也不分离。所以，人合公司的信用依赖于股东个人，股东对公司债务承担无限连带责任，共同设立公司以股东相互信任为前提。

（3）人合兼资合的公司，是指同时以公司资本和股东个人信用作为公司信用基础的公司，其典型形式为两合公司和股份两合公司。一般认为，有限公司中具有家族性或规模较小者也具有人合性质，甚至主要属于人合性质。

3. 以公司组织关系为标准的分类

公司组织关系有外部和内部之分，外部组织关系指不同公司之间在组织上的相互联系，内部组织关系指某一公司内部的隶属关系。

（1）母公司和子公司。

这是按照公司外部组织关系所作的分类。当不同公司之间存在控制与依附关系时，处于控制地位的是母公司，处于依附地位的则是子公司。母、子公司之间虽然存在控制与被控制的组织关系，但它们都具有法人资格，在法律上是彼此独立的企业。《公司法》第13条第1款规定："公司可以设立子公司。子公司具有法人资格，依法独立承担民事责任。"

母公司与直接或者间接依附于母公司的公司（子公司、孙公司等），以及存在连锁控制关系的公司，属于关联企业。母、子公司以及关联企业都是独立法人，但彼此间又存在可能影响公司正常经营决策的控制和依附关系。为了防止控制公司滥用子公司法人人格与控制地位，从事损害子公司股东及债权人利益的经营决策与交易，破坏社会经济秩序，法律上须对其相互关系加以控制和调整，由此形成调整关联企业暨关联交易的法律制度。

（2）总公司和分公司。

分公司是公司依法设立的以分公司名义进行经营活动，其法律后果由总公司承受的分支机构。相对于分公司而言，公司称为总公司或本公司。总公司和分公司是从公司内部组织关系上进行的分类，不能把它们的关系视为公司间的关系。因为分公司其实只是公司的分支机构，并非真正意义上的公司。分公司没有独立的公司名称、章程，没有独立的财产，不具有法人资格，但可领取营业执照，进行经营活动，不过其民事责任由总公司承担。《公司法》第13条第2款规定："公司可以设立分公司。分公司不具有法人资格，其民事责任由公司承担。"

4. 以公司国籍为标准的分类

以公司国籍为标准，可以将公司分为本国公司和外国公司。各国确定公司国籍的标准不尽相同，有的以公司成立地（注册登记地）为标准，有的以公司住所地（或管理中心地、基本商业地）为标准，有的以控制人国籍为标准，有的以股东国籍为标准，有的以设立依据法律地为标准，还有的综合采用几种标准。依据《公司法》的有关规定，我国以公司注册登记地和设立依据法律地为结合标准，确定公司的国籍。

5. 以公司的组织机构和经营活动是否局限于一国为标准的分类

以公司的组织机构和经营活动是否局限于一国为标准，可以将公司分为国内（或内国）公司和跨国公司。跨国公司往往并不是一个单独的公司，而是一个由控制公司与设在各国的众多附属公司形成的国际公司集团。

6. 以公司的股份是否允许公开发行和自由转让为标准的分类

以公司的股份是否允许公开发行和自由转让为标准，可以将公司分为封闭式公司和开放式公司。

二、公司法的概念与性质

(一) 公司法的概念

公司法是规定公司的法律地位，调整公司组织关系，规范公司在设立、变更与终止过程中的组织行为的法律规范的总称。公司法的概念有广义与狭义之分。狭义的公司法，仅指专门调整公司关系的法典，如《公司法》。广义的公司法，除包括专门的公司法典以外，还包括其他有关公司的法律、法规、行政规章、司法解释以及其他各法之中调整公司组织关系、规范公司组织行为的法律规范，如《民法典》、《市场主体登记管理条例》、《企业名称登记管理规定》、最高人民法院发布的公司法司法解释等。

《公司法》是完善与支撑我国社会主义市场经济体制的基础性重要法律，是有中国特色的民商法律体系的核心组成部分。我国《公司法》所称公司有其特定适用范围。其一，依据属地主义原则，其为依照《公司法》在中华人民共和国境内设立的公司；其二，组织形式仅限于有限责任公司和股份有限公司，立法未对其他公司组织形式作规定，在实践中则不允许设立。《公司法》第2条规定："本法所称公司，是指依照本法在中华人民共和国境内设立的有限责任公司和股份有限公司。"

我国《公司法》由第八届全国人大常委会第五次会议于1993年12月29日通过，自1994年7月1日起施行。迄今为止，《公司法》共进行了六次修改。1999年、2004年两次微调涉及内容不多，影响不大。2005年10月27日，《公司法》进行了大规模的修订，由第十届全国人大常委会第十八次会议通过，共13章219条，并自2006年1月1日起施行。此次修订涉及法条之多，为立法史上少见，修订后的《公司法》，其立法体系与法律结构更趋合理严谨，立法理念更适应市场经济的需要，体现了鼓励投资、简化程序、提高效率的精神，取消了诸多不必要的国家干预的条款，废除了股份公司设立的审批制，减少了强制性规范，强化了当事人意思自治，突出了公司章程的制度构建作用，为进一步完善公司治理结构、加强对股东权益的保护提供了制度保障。2013年12月28日第十二届全国人大常委会第六次会议对《公司法》进行了第四次修改。此次《公司法》的修改，主要有12处，条文顺序也被相应调整。修改的内容集中在公司资本制度，主要涉及三个方面：一是，将注册资本实缴登记制改为认缴登记制；二是，放宽了注册资本登记条件；三是，简化了公司注册的登记事项和登记文件。此次公司法的修改使公司设立的资本障碍几近全无，大大减轻了投资者的负担，便利了公司准入，极大地激发了全社会投资创业的热情，繁荣并促进了经济的发展，也为市场监督管理部门推进注册资本登记制度提供了法制基础和保障，并有力地推动了我国信用体系的健全和完善。2018年10月26日，第十三届全国人大常委会第六次会议对《公司法》进行了第五次修正。此次修改，涉及两处：一是，修改《公司法》关于"公司不得收购本公司股份"的规定；二是，简化股份回购的程序，将公司持有本公司股份的数额由5%提高至10%。

2019年5月7日，全国人大法工委成立了《公司法》修改领导小组，《公司法》第六次修改正式纳入《十三届全国人大常委会立法规划》。2021 年 12 月 24 日，全国人大常委会公布了《中华人民共和国公司法（修订草案）》，向社会征求意见。修订草案共 15 章 260 条，在原《公司法》13 章 218 条的基础上，实质新增和修改 70 条左右。2023 年 8 月 28 日，十四届人大常委会第五次会议对《中华人民共和国公司法（修订草案三次审议稿）》进行了审议，着重从八个方面进行重构和完善：第一，完善资本认缴制，增加有限责任公司股东认缴期限的规定；第二，进一步强化公司民主管理，维护职工合法权益；第三，完善公司设立、退出制度；第四，进一步强化对控股股东和实际控制人的规范；第五，完善对股东尤其中小股东权利保护；第六，强化控股股东和经营管理人员的责任；第七，完善公司债券相关规定；第八，进一步完善和优化公司组织机构。2023 年 12 月 29 日，第十四届全国人民代表大会常务委员会第七次会议通过了新修订的《公司法》，自 2024 年 7 月 1 日起施行。新修订的《公司法》共 15 章 266 条。此次《公司法》的修订，删除了 2018 年《公司法》中 16 个条文，新增和修改了 228 个条文，其中实质性修改了 112 个条文。本次修订是自 1993 年《公司法》以来的第六次修改，也是规模最大的一次修订，将对我国 4 800 多万家公司产生系统影响。新《公司法》对规范公司的组织和行为，保护相关利益方的合法权益，完善中国特色现代企业制度、产权保护制度，保护交易安全，延展股东的知情权，维护债权人权益制度以及强化企业社会责任，促进市场经济的发展具有重要的现实和深远意义。《公司法》的修订，诠释了习近平总书记提出的"为子孙万代计、为长远发展谋"，是把中国共产党长期以来领导政法工作的成功经验转化为制度成果的重大实践。正可谓，"立善法于天下，则天下治；立善法于一国，则一国治"。

在此次《公司法》修订之前，因为《公司法》在实施中不断涌现出新问题，立法、修法的进程又比较繁复冗长，最高人民法院相继出台了贯彻实施公司法的系列司法解释。截至目前，与《公司法》配套的司法解释有五个，即《最高人民法院关于适用〈中华人民共和国公司法〉若干问题的规定（一）》［以下简称《公司法司法解释（一）》］、《最高人民法院关于适用〈中华人民共和国公司法〉若干问题的规定（二）》［以下简称《公司法司法解释（二）》］、《最高人民法院关于适用〈中华人民共和国〉若干问题的规定（三）》［以下简称《公司法司法解释（三）》］、《最高人民法院关于适用〈中华人民共和国公司法〉若干问题的规定（四）》［以下简称《公司法司法解释（四）》］、《最高人民法院关于适用〈中华人民共和国公司法〉若干问题的规定（五）》［以下简称《公司法司法解释（五）》］，这些司法解释弥补了《公司法》实践中的诸多不足，与《公司法》相得益彰，构筑起了保护投资者利益、维护市场经济良好秩序的长城。

（二）公司法的性质

（1）公司法是任意性规范与强制性规范的结合。任意性规范是允许法律调整对象选择或变通适用的法律规范。强制性规范是要求法律调整对象必须予以执行的法律规范。另外，根据基本的法学原理，在私法领域，法律没有禁止的，就是可以做的；相反，在公法领域，法律没有许可的，就是不可为的。

（2）公司法是组织法与行为法的结合。在调整公司组织关系的同时，公司法也对与公司组织活动有关的行为加以调整，如公司股份的发行和转让等。组织法性质为公司法的本质特征。公司法规定公司的法律地位，规范公司股东之间、股东与公司之间的关系，调整公司的设立、变更与终止活动，规范公司内部组织机构的设置与运作、公司与其他企业间的控制关系以及法律责任等。

（3）公司法是实体规范与程序规范的结合。在公司设立、运作和清算等活动中，公司法对相关主体之间的权利、义务的规定，属于实体规范。这些实体规范确立了公司相关主体的基本行为规则，是公司组织得以稳定存续的法律基础。

《公司法》的立法宗旨是规范公司的组织和行为，保护公司、股东和债权人的合法权益，维护社会经济秩序，促进社会主义市场经济的发展。公司从事经营活动，必须遵守法律、行政法规，遵守社会公德、商业道德，诚实守信，接受政府和社会公众的监督，承担社会责任。公司的合法权益受到法律保护，不受侵犯。

第二节　公司的一般规定

一、公司的登记管理

公司登记是国家赋予公司法人资格与企业经营资格，并对公司的设立、变更、注销加以规范、公示的行政行为。新修订的《公司法》增设专章"公司登记"，强化公司登记的公示公信效能。新《公司法》第二章《公司登记》共 13 个条文，分别明确规定了公司登记的事项和登记程序，肯定电子营业执照的法律效力，优化公司组织机构设置等，为设立、变更、注销等公司全生命周期登记便利化提供顶层制度支撑，保障公司登记结果的公开、透明、可预期。

《公司法》第 29 条规定："设立公司，应当依法向公司登记机关申请设立登记。"法律、行政法规规定设立公司必须报经批准的，应当在公司登记前依法办理批准手续。

2024 年 7 月 1 日前，我国公司在办理设立登记、变更登记、注销登记时依据的法律、法规是《市场主体登记管理条例》。在 2022 年 3 月之前，我国公司登记的法律依据是《公司登记管理条例》，《公司登记管理条例》于 1994 年 6 月 24 日由国务院第 156 号令发布，2005 年 12 月 18 日修订、颁布，随《公司法》自 2006 年 1 月 1 日起施行。2014 年 2 月 19 日，国务院颁布《关于废止和修改部分行政法规的决定》，对《公司登记管理条例》再次进行了修订，使之与新修订的《公司法》规范相吻合。2016 年 2 月 6 日，《公司登记管理条例》进行了第三次修订。同时 2019 年 8 月国家市场监督管理总局在对市场进行调研和深入研究的基础上，公布了《关于修改〈中华人民共和国企业法人登记管理条例施行细则〉等四部规章的决定》，对注册资本登记制度改革涉及的四部规章进行了相应的修改。2021 年 4 月 14 日，国务院第 131 次常务会议通过了《市场主体登记管理条例》，并于 2022 年 3 月 1 日起施行。

（一）登记管辖

我国的公司登记机关是国务院市场监督管理机关。公司登记机关应当将登记的公司登记事项记载于公司登记簿上，供社会公众查阅、复制。公众向公司登记机关申请查询公司登记事项的，公司登记机关应当提供查询服务。公司登记实行国家、省（自治区、直辖市）、市（县）三级管辖制度。

（二）登记事项

1. 公司设立登记事项

《公司法》第 32 条和《市场主体登记管理条例》第 8 条都对公司应当登记的事项作了列举

规定，依据其相应的规定，公司的登记事项包括：（1）名称。公司名称应当符合国家有关规定，并只能使用一个名称，并实行实名登记。（2）住所。公司住所是公司主要办事机构所在地，公司只能登记一个住所或者主要经营场所，并应当在公司登记机关辖区内。电子商务平台内的自然人经营者可以根据国家有关规定，将电子商务平台提供的网络经营场所作为经营场所。（3）法定代表人的姓名。公司法定代表人依照公司章程的规定，由代表公司执行公司事务的董事或者经理担任。（4）经营范围。公司经营范围包括一般经营项目和许可经营项目。一般经营项目可由公司章程规定，并依法登记。经营范围中属于在登记前依法须经批准的许可经营项目的，公司应当在申请登记时提交有关的批准文件，公司应当按照登记机关公布的经营项目分类标准办理经营范围登记。（5）注册资本。此即股东认缴的出资额之和，除法律、行政法规或者国务院另有规定外，以人民币表示。新修订的《公司法》将我国市场主体登记的认缴制变更为资本实缴制。（6）有限责任公司的股东、股份有限公司的发起人、非公司企业法人出资人的姓名或者名称。

公司登记机关应当将前述公司登记事项通过国家企业信用信息公示系统向社会公示。

2. 公司登记备案事项

依据《市场主体登记管理条例》第9条的规定，公司下列事项需要向登记机关办理备案：（1）公司章程。（2）营业期限。此即公司章程规定的公司从事经营活动的期限。（3）有限责任公司股东或股份有限公司的发起人认缴的出资数额。（4）公司董事、监事及高级管理人员。（5）公司登记联络员，外商投资公司（企业）法律文件送达接受人。（6）公司受益相关所有人的信息。（7）法律、法规规定的其他事项。

（三）登记程序

1. 提交申请文件

申请公司（分公司）登记，申请人应当提交登记设立申请书、公司章程等文件，提交的材料应当真实、合法和有效。申请材料不齐全或者不符合法定形式的，公司登记机关应当一次性告知需要补正的材料。

公司登记机关应当优化公司登记办理流程，提高公司登记效率，推行网上办理等便捷方式。申请人可以通过信函、电报、电传、传真、电子数据交换和电子邮件等方式提出申请，同时应当提供申请人的联系方式以及通信地址。

2. 登记机关受理及决定

公司登记机关对申请人的设立申请，符合《公司法》规定的条件的，由公司登记机关登记为有限责任公司或者股份有限公司。公司登记机关决定予以受理申请的，应当出具受理通知书；决定不予受理的，应当出具不予受理通知书，说明不予受理的理由，并告知申请人享有依法申请行政复议或者提起行政诉讼的权利。

公司登记机关作出准予公司设立登记决定的，应当出具准予设立登记通知书，发给公司营业执照。公司营业执照签发日期为公司成立日期。公司营业执照应当载明公司的名称、住所、注册资本、经营范围、法定代表人姓名等事项。公司登记机关作出不予登记决定的，应当出具登记驳回通知书，说明不予登记的理由，并告知申请人享有依法申请行政复议或者提起行政诉讼的权力。

公司设立分公司的，应当向公司登记机关申请登记，领取营业执照。

公司登记机关可以发给电子营业执照。电子营业执照与纸质营业执照具有同等法律效力。

3. 公司登记事项

《公司法》第 32 条规定，公司登记事项应当包括：（1）公司名称；（2）公司住所；（3）注册资本；（4）经营范围；（5）法定代表人姓名；（6）有限责任公司股东、股份有限公司发起人的姓名或者名称。

4. 公司登记的社会公示

《公司法》第 32 条第 2 款规定，公司登记机关应当将公司登记事项通过国家企业信用信息公示系统向社会公示。《公司法》第 40 条规定，公司应当按照规定通过国家企业信用信息公示系统公示下列事项：（1）有限责任公司股东认缴和实缴的出资额、出资方式和出资日期，股份有限公司发起人认购的股份数；（2）有限责任公司股东股权转让等股权变更信息；（3）行政许可取得、变更、注销等信息；（4）法律、行政法规规定的其他信息。

（四）变更登记

公司（包括分公司）变更登记事项的，应当依法办理变更登记。公司登记事项未经登记或者未经变更登记，不得对抗善意相对人。

公司申请变更登记，应当向公司登记机关提交公司法定代表人签署的变更登记申请书、依法作出的变更决议或者决定等文件。

公司变更登记事项涉及修改公司章程的，应当提交修改后的公司章程。公司变更法定代表人的，变更登记申请书由变更后的法定代表人签署。公司营业执照记载的事项发生变更的，公司办理变更登记后，由公司登记机关换发营业执照。

公司在经营活动中发生公司名称、法定代表人、经营范围、住所、增加注册资本、股东变更、分公司变更等事项变动的，应自变更决议或者决定作出之日起 30 日内向公司登记机关申请变更登记；涉及公司减少注册资本、公司合并、公司分立事项的，应当自公告之日起 45 天后申请变更登记。

有限责任公司变更为股份有限公司，应当符合公司法规定的股份有限公司的条件。股份有限公司变更为有限责任公司的，应当符合公司法规定的有限责任公司的条件。公司组织形式变更后，公司变更前发生的债权、债务由变更后的公司承继。

公司章程修改未涉及登记事项的，公司应当将修改后的公司章程或者公司章程修正案送原公司登记机关备案。公司董事、监事、经理发生变动的，应当向原公司登记机关备案。

（五）注销登记

1. 公司注销登记的原因和程序

公司解散应当办理注销登记，经公司登记机关注销登记，公告公司终止。公司发生下列情形之一的，公司清算组应当自公司清算结束之日起 30 日内向原公司登记机关申请注销登记：（1）被依法宣告破产；（2）章程规定的营业期限届满或者章程规定的其他解散事由出现，但公司通过修改公司章程而存续的除外；（3）股东会决议解散、外商投资的公司董事会决议解散；（4）依法被吊销营业执照、责令关闭或者被撤销；（5）人民法院依法予以解散；（6）法律、行政法规规定的其他解散情形。

公司申请注销登记，应当提交下列文件：（1）公司清算组负责人签署的注销登记申请书；（2）人民法院的破产裁定、解散裁判文书，公司依照《公司法》作出的决议或者决定，行政机关责令关闭或者公司被撤销的文件；（3）股东会、只有一个投资人的公司股东、外商投资公司的董事会或者人民法院、公司批准机关备案或者确认的清算报告；（4）企业法人营业执照；（5）法律、行政法规规定应当提交的其他文件。

国家出资公司申请注销登记，应当提交履行出资人职责机构的决定。有分公司的公司申请注销登记的，应当提交分公司的注销登记证明。如果仅是分公司被公司撤销、依法责令关闭、吊销营业执照，公司应当自决定作出之日起 30 日内向分公司的公司登记机关申请注销登记。

经公司登记机关注销登记，公司终止。

2. 公司注销登记的种类

（1）简易注销程序。

公司在存续期间未产生债务，或者已清偿全部债务的，经全体股东承诺，可以按照规定通过简易注销程序注销公司登记。

通过简易注销程序注销公司登记，应当通过国家企业信用信息公示系统予以公告，公告期限不少于 20 日。公告期限届满后，未有异议的，公司可以在 20 日内向公司登记机关申请注销公司登记。

公司通过简易注销程序注销公司登记，股东对"公司在存续期间未产生债务，或者已清偿全部债务"的承诺不实的，应当对注销登记前的债务承担连带责任。

（2）强制注销程序。

为解决实践中公司注销难、"僵尸公司"大量存在的问题，新《公司法》增加了强制注销程序的内容。公司被吊销营业执照、责令关闭或者被撤销，满 3 年未向公司登记机关申请注销登记的，公司登记机关可以通过国家企业信息公示系统予以公告，公告期限不少于 60 日。公告期限届满后，未有异议的，公司登记机关可以注销公司登记。被强制注销公司登记的，原公司股东、清算义务人的责任不受影响。

二、公司章程

（一）公司章程的概念

公司章程是记载公司组织、活动基本准则的公开性法律文件，是全体股东共同意志的书面表现。公司章程又被称为公司的"宪法"，它是公司设立的最主要条件和最重要的文件，是确定公司权利、义务的基本法律文件，是全面指导公司活动的基本法律规范，是公司对外进行经营交往的基本依据，是公司自治的规范。

（二）公司章程的内容

公司章程的内容，即公司章程的记载事项。我国《公司法》关于公司章程的内容按照有限责任公司和股份有限公司分别加以规定。

（1）依据《公司法》第 46 条的规定，有限责任公司章程应当载明下列事项：1）公司名称和住所；2）公司经营范围；3）公司注册资本；4）股东的姓名或者名称；5）股东的出资方式、出资额和出资时间；6）公司的机构及其产生办法、职权、议事规则；7）公司法定代表人的产生、变更办法；8）股东会认为需要规定的其他事项。股东应在公司章程上签名或者盖章。

（2）依据《公司法》第 95 条的规定，股份有限公司章程应载明下列事项：1）公司名称和住所；2）公司经营范围；3）公司设立方式；4）公司注册资本、已发行的股份数和设立时发行的股份数，面额股的每股金额；5）发行类别股的，每一类别股的股份数及其权利义务；6）发起人的姓名或者名称、认购的股份数、出资方式；7）董事会的组成、职权和任期；8）公司法定代表人的产生、变更办法；9）监事会的组成、职权和议事规则；10）公司利润分配办法；11）公司的解散事由与清算办法；12）公司的通知和公告办法；13）股东会认为需要规定的其他事项。

公司章程对公司、股东、董事、监事、高级管理人员具有约束力。公司章程或者股东会对法定代表人职权的限制，不得对抗善意相对人。

三、公司资本

（一）公司资本的概念

公司资本，又称股本或股份总额，是公司章程确定并载明的股东出资总额。公司资本具有以下法律特征。

（1）公司资本由章程确定。公司资本的数额、结构以及股东的出资形式均由章程确定。从本质上讲，章程是公司资本形成的直接法律依据。公司成立以后公司资本有变动的，也需要对公司章程进行修改。

（2）公司资本源于股东的出资。公司资本只能由股东出资构成，股东的出资总额即为公司资本总额。

（3）公司资本的财产所有权归公司所有。尽管公司资本实际上是由股东出资形成的，但在股东出资后，公司一经成立，就对其资本享有完全的所有权。因此，公司资本是公司最基本的资产，是公司净资产最重要的组成部分。

（二）公司资本的立法原则

公司资本的立法原则是指在公司法中有关资本的形成、运用以及与资本相关的公司事务的立法政策。在大陆法系传统的公司法中，公司资本的立法原则被浓缩为资本确定原则、资本维持原则和资本不变原则，即著名的"资本三原则"。

1. 资本确定原则

资本确定原则又称法定资本制，是指公司在设立时，必须在章程中对公司的资本总额作出明确的规定，并且公司的资本须由股东全部认足，否则公司就不能成立。它有两层含义：一是，要求公司资本总额必须明确记载于公司章程，使它成为一个具体的、确定的数额；二是，要求章程所确定的资本总额在公司设立时必须分解落实到人，即由全体股东认足。

法定资本制中的公司资本是公司章程载明且已全部发行的资本，所以公司在成立后，要增加资本时，必须经股东会作出决议，变更公司章程的资本数额，并办理相应的变更登记手续。

就股款缴纳而言，认股人在认购股份以后，应负责缴纳股款，但在具体操作时，又有三种立法模式：一是全额缴纳制，即认股人对其应缴纳的股款必须全额一次缴清，不得分期缴纳。如法国对有限责任公司的规定即属于此种情形。二是分期缴纳制，即认股人对其应缴纳的股款可分两期以上缴纳，不必一次全额缴清，但通常第一次缴纳的股款不得少于全部应缴纳股款的法定比例，其余部分则由公司另行通知认股人分次缴纳，一旦接到公司通知，各认股人即应按期如数缴纳股款。如意大利、丹麦的规定即属于此种情形。三是我国新修订的《公司法》对股东出资采取的立法模式，其既非第一种立法模式也非第二种立法模式，而是介乎两者之间：即认股人不需在公司设立时一次性缴纳出资，但须在法定期限内足额缴纳。第一种过于严格，第二种过于宽松。新修订的《公司法》是对第一种、第二种认缴方式的改革和修正，更加符合当下的经济形势发展的需要。

法定资本制的优点在于，它要求公司设立时将全部注册资本落实到人，因此可以保证公司资本真实、可靠，防止公司设立中的欺诈和投机行为，有效地保障债权人和交易安全。但是，其不利的地方在于：（1）因为该原则要求公司在设立时募足全部资本，这势必给公司设立造成困难，从而降低设立效率，阻碍公司制度的发展。（2）公司在成立初期，往往营业规模较小，需要投入营运的资本量有限，故这可能导致所筹集资本的闲置和浪费。（3）若公司在设立时筹集的资本数额较少，则其在经营过程中通过增加资本来扩张规模时，又必须履行烦冗的法律程序。因此，德国、日本已不再严守此项原则，而是对其加以改造和放松限制，使其更能适应公司灵活经营的需要。

2. 资本维持原则

资本维持原则，又称资本充实原则，是指公司在其存续过程中，应经常保持与其资本额相当的财产。资本是公司对外交往的一般担保和从事生产经营活动的物质基础，公司拥有足够的现实财产，可在一定程度上减少股东有限责任给债权人带来的交易风险。一般而言，在公司成立时，公司资本即代表了公司的实有财产，但这一财产并非恒量，尤其在公司的存续过程中，它可能因公司经营的盈余、亏损或财产本身的无形损耗而在价值量上发生变动。当公司实有财产的价值高于其向外明示的公司资本的价值时，其偿债能力增强，对社会交易安全自然有利；当其实有财产价值大大低于公司资本价值时，这必然使公司无法按照其所标示的价值承担责任，从而对交易安全和债权人利益构成威胁。同时，股东往往对盈余分配有着无限扩张的偏好，如果法律对盈余分配没有一定的限制，则股东在短期求利动机的驱动下，亦可能蚕食公司资本。

根据各国公司法的规定，资本维持原则一般包含下列内容。

（1）公司成立后，非经法定事由，股东不得退股，不得抽回其出资。

（2）股票发行价格不得低于股票面值。股票是股份有限公司股份的表现形式，股份总和就是公司资本。为维持公司资本的实际财产价值，一般各国公司法都禁止公司折价发行股份。日本商法、德国股份公司法、我国公司法都有这方面的规定。

（3）公司应按规定提取和使用法定公积金。法定公积金可被视为资本储备，主要用于弥补公司的亏损，扩大公司的生产经营或增加公司资本。各国公司法大都对法定公积金的提取和使用作了明确规定。日本商法称之为"盈余公积金"。该法第 288 条规定了盈余公积金的提取方法，第 289 条规定盈余公积金"除充作资本亏损的填补场合外，不得使用"。

（4）亏损或无利润不得分配股利。各国公司法普遍规定，公司缴纳所得税后的利润，须先用于弥补公司的亏损，在弥补亏损及提取法定公积金和公益金之前，不得分配股息和红利。而且，公司在虽无亏损却无利润的情况下，也不得分配股息和红利。日本商法第 290 条规定，当公司违法分配时，公司债权人可以让其返还。

（5）公司原则上不得收购自己的股份或将其收为质物。德国股份公司法第 56 条、日本商法第 210 条以及我国《公司法》第 162 条对此作了规定。

（6）债务不得抵销。公司是法人具有独立的人格。公司与股东在法律关系上是两个独立的主体。因此，公司的债务人不得以其对公司股东个人债权，主张与其所欠公司的债务相抵销。即使是无限公司的债务人，亦受这一规则的限制。而且股东在缴纳股款时，也不得以其对公司的债权进行抵销。日本商法第 200 条第 2 项规定："股份有限公司股东不能以其对公司的债权抵作股款。"

（7）股东和发起人的连带认缴出资责任。当有限责任公司或股份有限公司股东未缴足出资，致使公司实收资本低于法定最低资本额和应收股本时，其他股东或发起人应负连带认缴责任；而且当实物、无形财产估价过高时，股东或发起人也应承担连带补缴责任。

公司不能清偿到期债务的，公司或者已到期债权的债权人有权要求已认缴出资但未届清偿期限的股东提前缴纳出资。

3. 资本不变原则

资本不变原则，是指公司资本一经章程确定和登记注册，非经法定程序不得变更的一项资本原则。公司资本不变原则，并非指资本绝对不可变，而是指资本不得随意增减。我国公司法上资本不变原则主要体现在公司增加或减少注册资本的严格程序上，即资本增减必须要经股东会议通过。在公司实务中，资本不变原则只具有相对意义，并非指资本绝对不能改变，而是指公司资本一经确定便不得随意变更。事实上，在公司成立后，有很多原因可以导致公司资本的增加或减少，如经营规模的扩大或缩小、股东人数的增加或减少。在公司法上，资本不变原则主要体现在公司增减资本所应具备的条件和应遵循的严格法律程序上。日本商法认为，公司增资对债权人无害，所以对增资条件不作严格限制。德国股份公司法则对增加资本作了严格限制。因公司减资会导致公司承担债务的能力减弱，各国公司法几乎无一例外地对公司减少资本的条件加以较严格限制。

（三）股东出资制度

1. 股东出资的形式

依据《公司法》第 48 条的规定，股东可以用货币出资，也可以用实物、知识产权、土地使用权、股权、债权等可以用货币估价并可以依法转让的非货币财产作价出资，但是，法律、行政法规规定不得作为出资的财产除外。《市场主体登记管理条例》第 13 条第 2 款规定：公司股东不得以信用、自然人姓名、劳务、商誉、特许经营权或者已经设定了担保的财产出资。对作为出资的非货币财产应当评估作价、核实财产，不得高估或者低估作价。法律、行政法规对评估作价有规定的，从其规定。

（1）货币。

货币是公司营运中必不可少的物质条件，也是股东认缴股本的一种重要形式。我国现行《公司法》把货币出资占比交由股东自己决定，这体现了对股东意志的尊重和信任。

（2）实物。

实物是股东最主要的非货币出资方式，实物主要包括机器设备、房屋、建筑物、车辆、原材料等。针对实务中出现的关于出资人以房屋、土地使用权或者需要办理权属登记的知识产权等财产出资，已经交付公司使用但未办理权属变更手续的问题，《公司法司法解释（三）》规定：公司、其他股东或者公司债权人主张认定出资人未履行出资义务的，人民法院应当责令当事人在指定的合理期限内办理权属变更手续；在前述期间内办理了权属变更手续的，人民法院应当认定其已经履行了出资义务；出资人主张自其实际交付财产给公司使用时享有相应股东权利的，人民法院应予支持。出资人以前述规定的财产出资，已经办理权属变更手续但未交付给公司使用，公司或者其他股东主张其向公司交付并在实际交付之前不享有相应股东权利的，人民法院应予支持。

（3）知识产权。

在现代知识经济社会中，知识产权对经济竞争和社会发展，在一定意义上起着决定性的作用，其财产价值特性日益凸显。知识产权作为股东出资的财产形式已经广泛被人们接受，主要包括著作权、商标权、专利权等。

（4）土地使用权。

在我国，土地属于国家或集体所有，个人不允许拥有土地所有权，但是可以拥有土地使用权。土地使用权可以提供最基本的经营、生活场所，因此，以土地使用权出资可以降低公司经营成本。依据《公司法司法解释（三）》的规定：出资人以划拨土地使用权，或者以设定权利负担的土地使用权出资，公司、其他股东或者公司债权人主张认定出资人未履行出资义务的，人民法院应当责令当事人在指定的合理期限内办理土地权属变更手续或者解除权利负担；逾期未办理或者未解除的，人民法院应当认定出资人未依法全面履行出资义务。

（5）股权。

股权是有限责任公司或者股份有限公司的股东对公司享有的人身和财产权益的一种综合性权利。股权的主体是股东。

（6）债权。

股东以债权投资一般指债券投资。债券投资是指债券购买人（投资人、债权人）以购买债券的形式投放资本，到期向债券发行人（借款人、债务人）收取固定的利息以及收回本金的一种投资方式。债券的主要投资人有保险公司、商业银行、投资公司或投资银行、各种基金组织。公司、企业、个人也可以将闲置资金投放到债券上，以债权形式取得公司发行的债券，按照一定的利率收取利息，取得收益，在规定的期限到来时，再收回本金。债券（债权）投资可以获取固定的利息收入，也可以在市场买卖中赚取差价。随着利率的升降，投资人可以适时地买进卖出，从中获取收益。

2. 股东出资的责任

依据《公司法》的规定，对有限责任公司，股东应当按期足额缴纳公司章程中规定的各自所认缴的出资额。股东出资的缴纳方式随出资形式而定：以货币出资的，应当将货币出资足额存入公司在银行开设的账户；以非货币财产出资的，应当依法办理其财产权的转移手续。该转移手续一般应在6个月内办理完毕。股东不按照规定缴纳出资的，除应当向公司足额缴纳外，还应当对给公司造成的损失承担赔偿责任。

有限责任公司的股东认足公司章程规定的出资后，由全体股东指定的代表或共同委托的代理人向公司登记机关报送公司登记申请表、公司章程等文件，申请设立登记。有限责任公司成立后，发现作为设立公司出资的非货币财产的实际价额显著低于公司章程所定价额的，应当由交付该出资的股东补足其差额，公司设立时的其他股东承担连带责任。股东在公司增资时未履行或者未全面履行出资义务，未尽《公司法》规定的义务而使出资未缴足的，董事、高级管理人员承担相应责任；董事、高级管理人员承担责任后，可以向被告股东追偿。

有限责任公司的股东未履行或者未完全履行出资义务即转让股权，受让人知道或者应当知道的，公司请求该股东履行出资义务且受让人对此承担连带责任的，人民法院应予支持；公司债权人依照规定向该股东提起补充赔偿责任的诉讼，同时请求前述受让人对此承担连带责任的，人民法院应予支持。受让人根据上述规定承担责任后，向该未履行或者未全面履行出资义务的股东追偿的，人民法院应予支持。但是，当事人另有约定的除外。

有限责任公司成立后，股东不得抽逃出资。股东若在公司成立后抽逃出资，应当返还抽逃的出资；给公司造成损失的，负有责任的董事、监事、高级管理人员应当与股东承担连带责任。公司、股东或者公司债权人以相关股东的行为符合下列情形之一且损害公司权益为由，请求认定该股东抽逃出资的，人民法院应予支持：（1）将出资款项转入公司账户验资后又转出；（2）通过虚构债权债务关系将出资转出；（3）制作虚假财务会计报表虚增利润进行分配；（4）利用关联交易将出资转出；（5）其他未经法定程序将出资抽回的行为。股东抽逃出资，公司或者其他股东请求其向公司返还出资本息，协助抽逃出资的股东、董事、高级管理人员或者实际控制人对此承担连带责任的，人民法院应予支持。公司债权人请求抽逃出资的股东在抽逃出资本息范围内对公司债务不能清偿的部分承担补充赔偿责任，协助抽逃出资的股东、董事、高级管理人员或者实际控制人对此承担连带责任的，人民法院应予支持；抽逃出资的股东已经承担上述责任，其他债权人提出相同请求的，人民法院不予支持。

依据《公司法司法解释（三）》的规定，股东未履行或者未全面履行出资义务或者抽逃出资，公司根据公司章程或者股东会决议对其利润分配请求权、新股优先购买权、剩余财产分配请求权等股东权利作出相应的合理限制，该股东请求认定该限制无效的，人民法院不予支持。有限责任公司的股东未履行或者未全面履行出资义务或者抽逃全部出资，经公司催告缴纳或者返还，其在合理期间内仍未缴纳或者返还出资，公司以股东会决议解除该股东的股东资格，该股东请求确认该解除行为无效的，人民法院不予支持。

有限责任公司的股东未履行或者未全面履行出资义务或者抽逃出资，公司或者其他股东请求其向公司全面履行出资义务或者返还出资，被告股东以诉讼时效为由进行抗辩的，人民法院不予支持。公司债权人的债权未过诉讼时效期间，其依照规定请求未履行或者未全面履行出资义务或者抽逃出资的股东承担赔偿责任，被告股东以出资义务或者返还出资义务超过诉讼时效期间为由进行抗辩的，人民法院不予支持。

对第三人代公司投资人垫付出资的行为，2014年修订后的《公司法司法解释（三）》删除了原第15条的规定，即第三人代垫资金协助发起人设立公司，双方明确约定在公司验资后或者在公司成立后将该发起人的出资抽回以偿还该第三人，发起人依照前述约定抽回出资偿还第三人后又不能补足出资，相关权利人请求第三人连带承担发起人因抽回出资而产生的相应责任的，人民法院应予支持。但在司法实务中，从（2017）最高法民申4642号案例的审判结果来看，《公司法司法解释（三）》虽然删除了原第15条的规定，但这并不意味着在当前的法律框架内，第三人代垫资金、协助股东抽逃出资的，无须承担民事责任。依照《民法典》第1168条的规定，该种情况下，第三人与抽逃出资的股东构成共同侵权，应就其对权利人造成的损害承担连带责任。

依据《公司法》的规定，对股份有限公司，以发起设立方式设立的，发起人应当书面认足公司章程规定其认购的股份，并按公司章程规定缴纳出资。以非货币财产出资的，应当依法办理其财产权的转移手续。发起人不按照前述规定缴纳出资的，应当按照发起人协议的约定承担违约责任。以募集设立方式设立的，发起人认购的股份不得少于公司股份总数的 35%。但是，法律、行政法规另有规定的，从其规定。

发起人应当在公司成立前按照其认购的股份全额缴纳股款。发起人不按照其认购的股份缴纳股款，或者作为出资的非货币财产的实际价额显著低于所认购的股份的，其他发起人与该发起人在出资不足的范围内承担连带责任。

3. 股东失权制度

《公司法》（2023 年修订）首次增加了股东失权制度的内容。股东失权制度源于《德国有限责任公司法》和《联邦德国股份制法》。股东失权的制度价值在于维护公司资本维持原则、保护中小股东合法权益和维持公司正常运营。2023 年修订的《公司法》在原有立法的基础上进行了诸多具有创新性的修改和完善，其中股东失权制度即是其一。股东失权制度，是指股东未按照公司章程缴纳出资或未按时缴纳出资情形严重时，公司通知其缴纳出资并给予其一定宽限期，如果股东拒绝缴纳出资或者宽限期届满后仍未缴纳出资的，公司将直接剥夺其股东资格的制度。早在 2010 年最高人民法院《公司法司法解释（三）》第 17 条就已有"股东失权"制度雏形：有限责任公司的股东未履行出资义务或者抽逃全部出资，经公司催告缴纳或者返还，其在合理期间内仍未缴纳或者返还出资，公司以股东会决议解除该股东的股东资格，该股东请求确认该解除行为无效的，人民法院不予支持。在前述规定的情形下，人民法院在判决时应当释明，公司应当及时办理法定减资程序或者由其他股东或者第三人缴纳相应的出资。在办理法定减资程序或者其他股东或者第三人缴纳相应的出资之前，公司债权人依照本规定第 13 条（股东未履行或者未全面履行出资义务）或者第 14 条（股东抽逃出资）请求相关当事人承担相应责任的，人民法院应予支持。2022 年《公司法》修订二审稿首次确立了股东失权制度，将最高人民法院的司法解释进一步升华和明确，并将其上升至法律层面，且规定了与《公司法司法解释（三）》第 17 条不同的适用条件。依据《公司法》第 51 条的规定，股东未按期足额缴纳出资的情形不仅局限于未完全履行出资义务、股东未足额出资情形，而且包括了在股东的出资义务到期时，股东未全部缴纳或部分未缴纳出资的所有情形。由此，将新《公司法》与《公司法司法解释（三）》的表述比较来看，新规扩宽了股东失权制度的适用条件，将股东部分未缴纳出资情形纳入失权范围，有效打破了因瑕疵出资股东仅缴纳小部分出资却掌握公司控制权而带来的股东僵局，有利于公司治理和对中小股东的权益保护。

依据《公司法》的规定，在经发出书面催缴书、发出失权通知的程序后，股东即丧失股东资格，失权通知发出之日即为瑕疵股东失权之日。此外，《公司法》明确指出向股东发出书面催缴书催缴出资的责任机构是董事会，相比修订前的《公司法》仅规定"经公司催告缴纳或者返还"更为明确，增强了股东失权制度的适用性，避免因催告主体不明而使股东之间陷入僵局。《公司法》还规定了股东失权制度的善后程序，即公司应在 6 个月内就失权股东对应的股权进行依法转让或履行减资程序。相比《公司法司法解释（三）》的规定，即由法院要求公司"及时"办理法定减资程序或者由其他方缴纳相应的出资，《公司法》明确了 6 个月的办理时限，并将减资或股权转让规定为公司的法定义务，否则应由其他股东按比例补足出资，最大程度维持了公司资本，避免因股东失权而导致公司利益受损。

四、股东权及其分类

公司股东是持有公司股份或者出资的人，股东权是基于股东资格而享有的权利。依据《公司法》及其司法解释的有关规定，股东权中最重要的内容是依法享有资产收益、参与重大决策和选择管理者，以及对公司事务的知情权。

（一）共益权和自益权

这是以股东行使权利是为了股东个人利益还是涉及全体股东共同利益为标准进行的划分。共益权是指股东依法参加公司事务的决策和经营管理的权利，它是股东基于公司利益同时兼为自己利益而行使的权利，包括股东会的参加权、提案权、质询权，在股东会上的表决权、累积投票权，股东会召集请求权和自行召集权，了解公司事务、查阅公司账簿和其他文件的知情权，提起诉讼的权利。在上述权利中，值得特别关注的是股东的知情权。

依据《公司法》第 57 条的规定，股东有权查阅、复制公司章程、股东名册、股东会会议记录、董事会会议决议、监事会会议决议和财务会计报告。股东可以要求查阅公司会计账簿、会计凭证。股东要求查阅公司账簿、会计凭证的，应当向公司提出书面请求，说明目的。公司有合理根据认为股东查阅会计账簿、会计凭证有不正当目的，可能损害公司利益的，可以拒绝提供查阅，并应当自股东提出书面请求之日起 15 日内书面答复股东并说明理由。公司拒绝提供查阅的，股东可以向人民法院提起诉讼。股东查阅上述规定的材料，可以委托会计师事务所、律师事务所等中介机构进行。股东及其委托的会计师事务所、律师事务所等中介机构查阅、复制有关材料，应当遵守有关保护国家秘密、商业秘密、个人隐私、个人信息等法律、行政法规的规定。依据《公司法司法解释（四）》的规定，股东起诉请求查阅公或复制公司特定文件的，人民法院应当依法受理。公司有证据证明上述原告在起诉时不具备公司股东资格的，人民法院应当驳回起诉，但原告有初步证据证明在持股期间其合法权益受到损害，请求依法查阅或者复制其持股期间的公司特定文件材料的除外。有限责任公司有证据证明股东查阅、复制公司特定文件有不正当目的的，人民法院应当驳回起诉。依据相关规定，股东有下列情形之一的，人民法院应当认定股东有"不正当目的"：（1）股东自营或为他人经营与公司主营业务有实质性竞争关系业务的，但公司章程或者全体股东另有约定的除外；（2）股东为了向他人通报有关信息查阅公司会计账簿，可能损害公司利益的；（3）股东在向公司提出查阅请求之日前 3 年内，曾通过查阅公司账簿，向他人通报有关信息损害公司合法利益的；（4）股东有不正当目的的其他情形。

公司不能提供证据证明股东查阅目的不正当的，人民法院应裁定由公司提供给股东查阅。对人民法院作出的是否允许查阅的裁定，不得上诉。

《公司法》第 110 条规定，股东有权查阅、复制公司章程、股东名册、股东会会议记录、董事会会议记录、监事会会议记录、财务会计报告，对公司的经营提出建议或者质询。股份有限公司连续 180 日以上单独或者合计持有公司 3% 以上股份的股东查阅公司的会计账簿、会计凭证的，适用《公司法》第 57 条第 2 款、第 3 款、第 4 款的规定。公司章程对前述规定的持股比例有较低规定的，从其规定。《公司法》的这项规定，意味着股份有限公司的小股东，只要符合最低持股比例的要求，或者可以征集到符合法律规定最低持股比例的股份数量，就有权提出查阅公司的会计账簿的请求，这就为中小股东知情权的实现提供了制度保障。

股东查阅公司的会计账簿、会计凭证的，可以委托会计师事务所、律师事务所等中介机构进行。股东及其委托的会计师事务所、律师事务所等中介机构查阅、复制有关材料，应当遵守有关保护国家秘密、商业秘密、个人隐私、个人信息等法律、行政法规的规定。

新《公司法》对股东知情权制度进一步完善，将知情权制度的主体延伸至公司全资子公司的投资人。《公司法》第 110 条第 3 款规定，股东要求查阅、复制公司全资子公司相关材料的，适用前述的规定。

上市公司股东查阅、复制相关材料的，应当遵守《证券法》等法律、行政法规的规定。

公司章程、股东之间的协议等实质性剥夺股东依据公司法查阅或者复制公司文件的权利，公司以此为由拒绝股东查阅或者复制的，人民法院不予支持。人民法院审理股东请求查阅或者复制公司特定文件材料的案件，对原告诉讼请求予以支持的，应当在判决书中明确查阅或者复制公司特定文件材料的时间、地点和特定文件的名录。股东依据人民法院生效判决查阅公司文件材料的，在该股东在场的情况下，可以由会计师、律师等依法或者依据执业行为规范负有保密义务的中介机构执业人员辅助进行。股东行使知情权后泄露公司商业秘密导致公司合法利益受到损害，公司请求该股东赔偿相关损失的，人民法院应予支持。辅助股东查阅公司文件材料的会计师、律师等泄露公司商业秘密导致公司合法利益受到损害，公司请求赔偿相关损失的，人民法院应予支持。

自益权是股东仅以个人利益为目的而行使的权利，包括股利分配请求权、剩余财产分配权、新股认购优先权、股份质押权和股份转让权等。依据《公司法司法解释（四）》的规定，股东请求公司分配利润案件，应当列公司为被告。一审法庭辩论终结前，其他股东基于同一分配方案请求分配利润并申请参加诉讼的，应当列为共同原告。股东提交载明具体分配方案的股东会的有效决议，请求公司分配利润，公司拒绝分配利润且关于无法执行决议的抗辩理由不成立的，人民法院应当判决公司按照决议载明的具体分配方案向股东分配利润。股东未提交载明具体分配方案的股东会决议，请求公司分配利润的，人民法院应当驳回其诉讼请求，但违反法律规定滥用股东权利导致公司不分配利润，给其他股东造成损失的除外。

（二）单独股东权和少数股东权

这是以股权行使的条件为标准进行的划分。单独股东权是指每一单独股份均享有的权利，即只持有一股股份的股东也可以单独行使的权利，如自益权、表决权等。少数股东权是指须单独或共同持有占股本总额一定比例以上股份方可行使的权利，如请求召开临时股东会会议需股东持有公司 10% 以上的制度股份等。

五、公司法人人格否认制度

公司法人人格否认制度，是指为阻止对公司独立人格的滥用和保护公司债权人的利益及社会公共利益，就具体法律关系中的特定事实，否认公司与股东各自独立的人格及股东的有限责任，责令股东对公司债权人或公共利益直接负责，以实现公平、正义的法律制度。如果公司股东滥用公司法人独立地位和股东有限责任，转移公司资产，逃避债务，严重损害公司债权人的利益，公司债权人可以追究股东的连带责任。

公司人格否认制度源于美国 1905 年"美国诉密尔沃基冰柜运输公司案"，该案中，法官桑伯恩指出：如果在目前的权威状态下，可以制定任何一般规则，则公司将作为一般规则视为法律实体，直到有充分的相反理由出现为止；但是，当法律实体的概念被用来挫败公共便利、为错误辩护、保护欺诈或为犯罪辩护时，法律将把公司视为一个由数人组成的协会。上述大致意思为：如果公司独立人格被滥用，那么该公司将不再被视为一个独立民事主体，而是沦为股东或实际控制人非法牟利的工具。该制度在美国逐渐被接受和确立，被称为"刺破公司面纱"。后该理论逐渐被英国、德国、日本所接受。英国称该理论为"揭开公司面纱"，德国称其为"公司人格否认"（也称直索责任），日本则称其为"法人格否认"。虽然各国关于人格否认制度的措辞不同，但其含义基本相同，即穿透公司的有限责任制保护外壳，要求滥用公司法人独立地位和股东有限责任的股东对公司债务承担连带责任。

我国在法律层面正式引入公司法人人格否认制度的标志是 2005 年《公司法》第 20 条第 3 款对该制度的规定，该条款属于正向人格否认范畴，即股东对公司债务承担连带责任。2013 年最高人民法院指导案例 15 号将之适用范围扩展到横向人格否认，即关联公司之间对彼此债务互负连带责任。2020 年最高人民法院通过（2020）最高法民申 2158 号案例将之适用范围再度扩展到逆向人格否认范畴，即公司对股东债务承担连带责任。虽然，逆向人格否认在司法实践中尚存争议，但依然见证了我国公司法人人格否认制度的发展与进步。

1. 股东承担连带责任的法定情形

从国际、国内公司法人人格否认制度的实践看，公司法人人格否认有三种形式。

（1）公司法人人格正向否认制度。

依据《公司法》第 23 条的规定，公司股东滥用公司法人独立地位和股东有限责任，逃避债务，严重损害公司债权人利益的，应当对公司债务承担连带责任。

只有一个股东的公司，股东不能证明公司财产独立于股东自己的财产的，应当对公司债务承担连带责任。新《公司法》增加了允许一个股东设立股份有限公司的规定，这意味着公司法人人格否定制度的适用范围不再局限于有限责任公司，而是延展至股份有限公司。

（2）公司法人人格横向否认制度。

2023 年《公司法》修改前，我国公司立法中对公司法人格否认仅规定了一种情形，即否认公司的独立人格，让股东对公司的债务承担连带责任的纵向否认。新《公司法》第 23 条新增了横向公司法人格否认制度，即股东利用其控制的两个以上公司实施滥用公司法人独立地位和股东有限责任，逃避债务，严重损害公司债权人利益的，各公司应当对任一公司的债务承担连带责任。这一制度的问世，对公司债权人来说是一大福音，它为公司债权人提供了一种对付老赖更有效的武器。实践中很多老板会成立多个平行公司，每个公司都是独立法人，其利用法人独立地位进行风险隔离，即所谓的防火墙逃避债务。面对这种情况，我国司法实践先于公司立法。最高人民法院在 2013 年曾发布的最高人民法院指导案例 15 号就适用了横向人格否认，即横向穿透原则。但因我国不是判例法国家，法院不是依据判例进行审理，既往判例也仅作参考适用。2019 年《全国法院民商事审判工作会议纪要》第 11 条规定了过度支配与控制，即在符合特定情形下否认控股股东或实际控制人利用控制的子公司或关联公司独立人格，把其控制的所有公司视为一个整体，对债务承担连带责任。所谓"过度支配与控制"，是指公司控股股东对公司过度支配与控制，操纵公司的决策过程，使公司完全丧失独立性，沦为控股股东的工具或躯壳，严重损害公司债权人利益，此时应当否认公司人格，由滥用控制权的股东对公司债务承担连带责任。实践中常见的情形包括：1）母子公司之间或者子公司之间进行利益输送的；2）母子公司或者子公司之间进行交易，收益归一方，损失却由另一方承担的；3）先从原公司抽走资金，然后再成立经营目的相同或者类似的公司，逃避原公司债务的；4）先解散公司，再以原公司场所、设备、人员及相同或者相似的经营目的另设公司，逃避原公司债务的；5）过度支配与控制的其他情形。

控股股东或实际控制人控制多个子公司或者关联公司，滥用控制权使多个子公司或者关联公司财产边界不清、财务混同，利益相互输送，丧失人格独立性，沦为控制股东逃避债务、非法经营甚至违法犯罪工具的，法院可以综合案件事实，否认子公司或者关联公司法人人格，判令承担连带责任。但《全国法院民商事审判工作会议纪要》只是一个审判指导意见，效力层级偏低，权威性显然不足。新《公司法》将横向人格否认直接写进正法条文中，对债权人的保护更为周全。

（3）公司法人人格逆向否认制度。

股东滥用公司独立人格逃避债务，进而由股东为公司之债负连带责任的模式，属于法人人格的正向否认；股东的债权人诉请公司对其股东的债务承担连带责任，被称为法人人格的逆向否认。公司法人人格逆向否认制度是最早源于美国的一项制度，随后便扩展到英国、德国和其他国家。我国传统公司法人格正向否定制度适用于股东滥用法人人格损害债权人利益的情况，此时特定股东应当承担公司债务的连带责任，但这并非股东滥用公司人格的全部情况，在某些时候，股东会将自身财产转移至公司，减少个人资产以逃避债务。此时法人人格正向否认制度无法解决此类问题，立法的滞后使法院在面对逆向否认制度相关案件时无法施为。新修订的《公司法》并未确立公司法人人格逆向否认制度，在学界中，传统的法人人格正向否认制度得到了绝大多数专家学者的肯定，一些学者也尝试通过公司法人人格逆向否认制度来补充正向否认制度，以达到规范法官判断标准，增强法律可预测性的目的。但因强烈的现实需求及该制度的不可替性，在《公司法》尚未正式确立公司法人人格逆向否认之前，法院可援用《公司法》第 3 条规定的公司法人人格独立原则和股东有限责任原则作为判决依据，且在 2020 年已有司法实践。在确定责任边界上，公司以其获益财产为限承担责任较为衡平；在行为方式上，该制度主要用以规制股东和公司的人格混同与财产混同，但在认定时不仅在事实判断上需要满足存在混同和对股东的债权人造成实质侵害，更需要在价值判断上考量逆向否认法人人格是否会突破利益平衡原则。

2. 认定公司人格与股东人格混同的标准

认定公司人格与股东人格是否存在混同，基本的判断标准是公司是否具有独立意思和独立财产，最主要的表现是公司的财产与股东的财产是否混同且无法区分。实务中认定是否构成人格混同时，主要综合考虑以下因素：（1）股东无偿使用公司资金或者财产，不作财务记载的；（2）股东用公司的资金偿还股东的债务，或者将公司的资金供关联公司无偿使用，不作财务记载的；（3）公司账簿与股东账簿不分，致使公司财产与股东财产无法区分的；（4）股东自身收益与公司盈利不加区分，致使双方利益不清的；（5）公司的财产记载于股东名下，由股东占有、使用的；（6）人格混同的其他情形。

在出现人格混同的情况下，往往同时出现以下混同：公司业务和股东业务混同；公司员工与股东员工混同，特别是财务人员混同；公司住所与股东住所混同。人民法院在审理案件时，关键要审查是否构成人格混同，而不要求同时具备其他方面的混同，其他方面的混同往往只是人格混同的补强。

公司控制股东对公司过度支配与控制，操纵公司的决策过程，使公司完全丧失独立性，沦为控制股东的工具或躯壳，严重损害公司债权人利益的，应当否认公司人格，由滥用控制权的股东对公司债务承担连带责任。实践中常见的情形包括：（1）母、子公司之间或者子公司之间进行利益输送的；（2）母、子公司或者子公司之间进行交易，收益归一方，损失却由另一方承担的；（3）先从原公司抽走资金，然后再成立经营目的相同或者类似的公司，逃避原公司债务的；（4）先解散公司，再以原公司场所、设备、人员及相同或者相似的经营目的另设公司，逃避原公司债务的；（5）过度支配与控制的其他情形。

控股股东或实际控制人控制多个子公司或者关联公司，滥用控制权使多个子公司或者关联公司财产边界不清、财务混同，利益相互输送，丧失人格独立性，沦为控制股东逃避债务、非法经营，甚至违法犯罪工具的，可以综合案件事实，否认子公司或者关联公司法人人格，判令承担连带责任。

公司债权人请求股东对公司债务承担连带清偿责任，股东以公司债权人对公司的债权已经超过诉讼时效期间为由抗辩，经查证属实的，人民法院依法予以支持。

公司债权人以最高人民法院《公司法司法解释（二）》第18条第2款为依据，请求有限责任公司的股东对公司债务承担连带清偿责任的，诉讼时效期间自公司债权人知道或者应当知道公司无法进行清算之日起计算。

3. 公司法人人格否认的效力

公司法人人格否认不是全面、彻底、永久地否定公司的法人人格，而只是在具体案件中依据特定的法律事实、法律关系，突破股东对公司债务不承担责任的一般规则，例外地判令其承担连带责任。人民法院在个案中否认公司法人人格的判决的既判力仅仅约束该诉讼的各方当事人，不当然适用于涉及该公司的其他诉讼，不影响公司独立法人资格的存续。如果其他债权人提起公司法人人格否认诉讼，已生效判决认定的事实可以作为证据使用。

六、公司董事、监事、高级管理人员的资格和义务

（一）公司董事、监事、高级管理人员的资格

公司董事、监事、高级管理人员在公司中处于重要的地位并具有法定的职权，因此，需要对其任职资格作必要的限制性规定，以保证其具有正确履行职责的能力与条件。

《公司法》第178条规定，有下列情形之一的，不得担任公司的董事、监事、高级管理人员：

（1）无民事行为能力或者限制民事行为能力（行为能力认定参见本书第一章）。

（2）因贪污、贿赂、侵占财产、挪用财产或者破坏社会主义市场经济秩序，被判处刑罚，或者因犯罪被剥夺政治权利，执行期满未逾5年，被宣告缓刑的，自缓刑考验期满之日起未逾2年。

（3）担任破产清算的公司、企业的董事或者厂长、经理，对该公司、企业的破产负有个人责任的，自该公司、企业破产清算完结之日起未逾3年。

（4）担任因违法被吊销营业执照、责令关闭的公司、企业的法定代表人，并负有个人责任的，自该公司、企业被吊销营业执照、责令关闭之日起未逾3年。

（5）个人所负数额较大债务到期未清偿被人民法院列为失信被执行人。失信被执行人是指未履行生效法律文书确定的义务并具有"有履行能力而不履行""抗拒执行"等法定情形，从而被人民法院依法纳入失信被执行人名单的人。

公司违反《公司法》的上述规定选举、委派董事、监事或者聘任高级管理人员的，该选举、委派或者聘任无效。公司董事、监事、高级管理人员在任职期间出现上述所列情形的，公司应当解除其职务。

（二）公司董事、监事、高级管理人员的义务

公司董事、监事、高级管理人员应当遵守法律、行政法规和公司章程，对公司负有忠实义务，应当采取措施避免自身利益与公司利益冲突，不得利用职权谋取不正当利益；董事、监事和高级管理人员负有勤勉义务，执行职务应当为公司最大利益尽到管理者通常应有的合理注意。

公司的控股股东、实际控制人不担任公司董事但实际执行公司事务的，适用前述规定。

《公司法》181条、184条规定，公司董事、高级管理人员不得有下列行为：（1）侵占公司财产，挪用公司资金。（2）将公司资金以其个人名义或者以其他个人名义开立账户存储。（3）利用职权贿赂或者收受其他非法收入。（4）接受他人与公司交易的佣金归为己有。（5）擅自披露公司秘密。（6）关联交易的报告义务：董事、监事、高级管理人员，直接或者间接与本公司订立合同或者进行交易，董事、监事、高级管理人员的近亲属，董事、监事、高级管理人员或者其近亲属直接或者间接控制的企业，以及与董事、监事、高级管理人员有其他关联关系的关联人，与公司订立合同或者进行交易，应当就与合同或者进行交易有关的事项向董事会或者股东会报告，并按照公司章程的规定经董事会或者股东会决议通过。（7）竞业避嫌义务：董事、监事、高级管理人员，不得利用职务便利为自己或者他人谋取属于公司的商业机会。但两种情况除外：1）向董事会、股东会报告，并经董事会或者股东会决议通过；2）根据法律、行政法规或者公司章程的规定，公司不能利用该商业机会。（8）违反对公司忠实义务的其他行为。

公司董事会对上述第六项、第七项事项决议时，关联董事不得参与表决，其表决权不计入表决权总数。出席董事会会议的无关联关系董事人数不足3人的，应当将该事项提交股东会审议。

公司董事、高级管理人员违反上述规定所得的收入应当归公司所有。公司董事、监事、高级管理人员执行公司职务时违反法律、行政法规或者公司章程的规定，给公司造成损失的，应当承担赔偿责任。

公司股东会要求董事、监事、高级管理人员列席会议的，董事、监事、高级管理人员应当列席并接受股东的质询。董事、高级管理人员应当如实向公司监事会或者不设监事会的有限责任公司的监事提供有关情况和资料，不得妨碍监事会或者监事行使职权。

《公司法司法解释（五）》规定，关联交易损害公司利益的，原告公司依据《民法典》第84条、《公司法》第22条规定请求控股股东、实际控制人、董事、监事、高级管理人员赔偿所造成的损失，被告仅以该交易已经履行了信息披露、经股东会同意等法律、行政法规或者公司章程规定的程序为由抗辩的，人民法院不予支持。

（三）股东诉讼

1. 股东代表诉讼

股东代表诉讼也称股东间接诉讼，是指当董事、监事、高级管理人员或者他人违反法律、行政法规或者公司章程的行为给公司造成损失，公司拒绝或者怠于向该违法行为人行使损害赔偿请求权时，具备法定资格的股东有权通过法定方式即通过董事会或监事会或者直接代表其他

股东，代替公司提起诉讼，请求违法行为人赔偿公司损失的行为。股东代表诉讼的目的，是保护公司利益和股东的共同利益，而不仅仅保护个别股东的利益。为保护个别股东的利益而进行的诉讼是股东直接诉讼。

（1）依据《公司法》的规定，当公司董事、监事、高级管理人员的行为给公司造成损失时，其应当承担赔偿责任。股东行使诉讼权利时应当遵循以下程序。

1）公司董事、高级管理人员执行公司职务时违反法律、行政法规或者公司章程的规定，给公司造成损失的，有限责任公司的股东、股份有限公司连续180日单独或合计持有1%以上股份的股东，可以书面请求监事会向人民法院提起诉讼。

2）公司监事在执行公司职务时违反法律、行政法规或公司章程的规定，给公司造成损失的，有限责任公司的股东、股份有限公司连续180日单独或合计持有公司1%以上股份的股东，可以书面请求董事会向人民法院提起诉讼。

3）股东直接提起诉讼。监事会或者董事会收到股东的书面请求后拒绝提起诉讼，或者自收到请求之日起30日内未提起诉讼，或者情况紧急，不立即提起诉讼将会使公司利益受到难以弥补的损害的，有限责任公司的股东、股份有限公司连续180日单独或合计持有公司1%以上股份的股东，有权为公司利益以自己的名义向人民法院提起诉讼。

（2）他人的行为给公司造成损失时股东提起诉讼的程序。

他人侵犯公司权益，给公司造成损失的，有限责任公司的股东、股份有限公司连续180日单独或合计持有公司1%以上股份的股东可以选择书面请求董事会或者监事会向人民法院提起诉讼，也可以选择直接向人民法院提起诉讼。

董事、高级管理人员执行职务，给他人造成损害的，公司应当承担赔偿责任；董事、高级管理人员存在故意或者重大过失的，也应当承担赔偿责任。

2. 公司全资子公司的股东诉讼

新《公司法》第189条新增了公司全资子公司的股东诉讼权利。公司全资子公司的董事、监事、高级管理人员有前述规定情形，或者他人侵犯公司全资子公司合法权益造成损失的，有限责任公司的股东、股份有限公司连续180日以上单独或者合计持有公司1%以上股份的股东，可以依照前述规定书面请求全资子公司的监事会、董事会向人民法院提起诉讼或者以自己的名义直接向人民法院提起诉讼。

股东直接对董事、监事、高级管理人员或者他人提起诉讼的，应当列公司为第三人参加诉讼。一审法庭辩论终结前，符合公司法规定条件的其他股东，以相同的诉讼请求申请参加诉讼的，应当列为共同原告。股东直接提起诉讼的案件，胜诉利益归属于公司，其诉讼请求部分或者全部得到法院支持的，公司应当承担股东因参加诉讼支付的合理费用，股东请求被告直接向其承担民事责任的，人民法院不予支持。

股东何时成为股东，其代表诉讼资格不受影响。《全国法院民商事审判工作会议纪要》第24条规定，股东提起股东代表诉讼，被告以行为发生时原告尚未成为公司股东为由抗辩该股东不是适格原告的，人民法院不予支持。

股东依据《公司法》第189条第3款的规定提起股东代表诉讼后，被告以原告股东恶意起诉侵犯其合法权益为由提起反诉的，人民法院应予受理。被告以公司在案涉纠纷中应当承担侵权或者违约等责任为由对公司提出的反诉，因不符合反诉的要件，人民法院应当裁定不予受理；已经受理的，裁定驳回起诉。

需要注意的是，自 2020 年 3 月 1 日起施行的修改后的《证券法》第 94 条第 3 款突破了《公司法》第 151 条的规定。该条款规定，当发生公司权益受董事、监事、高级管理人员损害的情形时，提起股东代表诉讼的股东持股时间和持股比例、投资者保护机构提起股东代表诉讼的持股比例和持股期限不受《公司法》规定的限制。

公司的控股股东、实际控制人指示董事、高级管理人员从事损害公司或者股东利益的行为的，与该董事、高级管理人员承担连带责任。

3. 股东直接诉讼

股东直接诉讼是指股东对董事、高级管理人员损害股东个人利益的行为提起的诉讼。依据《公司法》第 190 条的规定，公司董事、高级管理人员违反法律、行政法规或者公司章程的规定，损害股东利益的，股东可以依法向人民法院提起诉讼。股东直接诉讼的动因只能是公司董事、监事或者高级管理人员损害股东个人利益。

（四）董事责任保险制度

新《公司法》第 193 条规定，公司可以在董事任职期间为董事因执行公司职务承担的赔偿责任投保责任保险。公司为董事投保责任保险或者续保后，董事会应当向股东会报告责任保险的投保金额、承保范围及保险费率等内容。

所谓董事责任保险，是董事、监事及高级管理人员责任保险的简称，也称董责险。董责险是指由公司或者公司与董事、高级管理人员在履行公司管理职责过程中，因被指控工作疏忽或行为不当（其中不包括恶意、违背忠诚义务、信息披露中故意的虚假或误导性陈述、违反法律的行为），而被追究其个人赔偿责任时，由保险人负责赔偿该董事或高级管理人员进行责任抗辩所支出的有关法律费用并代为偿付其应当承担的民事赔偿责任的保险。广义的董事责任保险，保险公司除承担上述保险责任外，还应当负责赔偿公司根据董事责任和费用补偿制度，对有关董事作出的补偿。

董责险最早产生于 20 世纪初的美国。1929 年美国股市大崩溃，民间产生了完善证券市场监管制度的意见，于是 1933 年美国通过了证券法。证券法的颁行，令美国的上市公司董事和高管人员需要承担的经营风险陡然增加，为保护董事、监事和高级管理人员不因工作疏忽或不当行为被追究责任，转移董事、高管的过失风险，以激发其履职的积极性，从而提升公司的价值。在此背景下出现了一个险种即董责险。时至今日，董责险在国际上已经很普通了。美国证券集体诉讼较为成熟，目前该险种的赔付率高于保费，还处于亏损状态，是风险级别最高的险种之一。在美股市场中，董责险投保率高达 90% 以上。在港股市场，董责险投保率也在 85% 以上。

我国的董责险起始于 21 世纪初。2002 年中国证监会发布的《上市公司治理准则》（已失效）中明确规定了上市公司高管的民事赔偿责任，我国上市公司首次引入董责险。2022 年公司法修订草案二次审议稿进一步明确了董监高的履职责任风险，并且首次在立法中鼓励公司投保董责险，确立了董责险的法律地位。我国于 2023 年 12 月 29 日发布的新《公司法》将董责险正式纳入公司立法中。

董责险制度的优点是可以提高公司董监高职位对优秀人才的吸引力。通过投保，为公司董监高人员提供财务保障，促使他们在做决定时能从公司利益最大化出发，而不用担心个人承担责任。新修订的《证券法》实施后，董事与高管的诉讼风险相对增加，董责险可以转移诉讼风险，解决其后顾之忧。另外，保险公司通过董责险可有效参与上市公司治理优化过程。保险公司的监督，可以确保高管的决策从股东利益的角度出发，减少企业被诉讼的风险。

七、公司债券

公司股票、公司债券皆属于公司行为的重要组成部分，因《证券法》对股票发行、债券发行均作出明确具体的规定，故本节只对公司债券作一简单介绍。

（一）公司债券的概念及种类

1. 公司债券的概念

公司债券是指公司依照法定程序发行，约定在一定期限内还本付息的有价证券。公司债券与公司股票同属于资本证券，但二者有不同的法律特征：（1）公司债券持有人是公司的债权人，对公司享有民法上规定的属于债权人的所有权利，而股票的持有人是公司的股东，享有公司法所规定的股东权利；（2）公司债券的持有人，无论公司是否盈利，对公司享有按照约定给付利息的请求权，而股票持有人必须在公司有盈利时才能依法获得股利分配；（3）公司债券到了约定期限，公司必须偿还债券本金，而股票持有人仅在公司解散时方可请求分配剩余财产；（4）公司债券的持有人享有优先于股票持有人获得清偿的权利，而股票持有人必须在公司全部债务被清偿之后，方可就公司剩余财产请求分配；（5）公司债券的利率一般是固定不变的，风险较小，而股票股利分配的高低，与公司经营好坏密切相关，并常有变动，风险较大。

2. 公司债券的种类

依照不同的标准，对公司债券可作不同的分类：（1）记名公司债券和无记名公司债券；（2）可转换公司债券和不可转换公司债券。

（二）公司债券的发行

我国目前对公司债券发行实行注册制。公司债券的发行和交易应当符合《证券法》等法律、行政法规的规定。公开发行公司债，应当向证券交易所申请，报国务院证券监管机构注册。公司债券发行人应当公告公司债券募集办法。公司债券募集办法中应当载明下列主要事项：（1）公司名称；（2）债券募集资金的用途；（3）债券总额和债券的票面金额；（4）债券利率的确定方式；（5）还本付息的期限和方式；（6）债券担保情况；（7）债券的发行价格、发行的起止日期；（8）公司净资产额；（9）已发行的尚未到期的公司债券总额；（10）公司债券的承销机构。

股份有限公司经股东会决议，或者经公司章程、股东会授权由董事会决议，可以发行可转换为股票的公司债券，并规定具体的转换办法。上市公司发行可转换为股票的公司债券，应当经国务院证券监管机构注册。发行可转换为股票的公司债券，应当在债券上标明可转换公司债券的字样，并在公司债券持有人名册上载明可转换公司债券的数额。

公司公开发行公司债券的，应当为同期债券持有人设立债券持有人会议，并在债券募集办法中对债券持有人会议的召集程序、会议规则和其他重要事项作出规定。债券持有人会议可以对与债券持有人有利害关系的事项作出决议。除公司债券募集办法另有约定外，债券持有人会议决议对同期全体债券持有人发生效力。

（三）公司债券的转让

《公司法》规定：公司债券可以转让，转让价格由转让人与受让人约定。公司债券的转让应当符合法律、行政法规的规定。公司债券在证券交易所上市交易的，按照证券交易所的交易规则转让。

公司债券由债券持有人以背书方式或者法律、行政法规规定的其他方式转让。

八、公司的合并、分立、增资、减资

（一）公司合并

1. 公司合并的形式

公司合并是指两个以上的公司依照法定程序变为一个公司的行为。其形式有两种：一是吸收合并，二是新设合并。吸收合并是指一个公司吸收其他公司加入本公司，被吸收的公司解散。新设合并是指两个以上公司合并设立一个新的公司，合并各方解散。

公司合并属于公司重大事项，须股东会以特别决议（2/3 以上表决权）通过。新《公司法》增加了公司合并决议的弹性，规定公司与其持股 90% 以上的公司合并或者公司合并支付的价款不超过本公司净资产 10% 的，可以不经股东会决议，但应当经董事会决议。

《公司法》第 219 条规定，公司与其持股 90% 以上的公司合并，被合并的公司不需经股东会决议，但应当通知其他股东，其他股东有权请求公司按照合理的价格收购其股权或者股份。

公司合并支付的价款不超过本公司净资产 10% 的，可以不经股东会决议，但公司章程另有规定的除外。

2. 公司合并的程序

（1）签订合并协议。公司合并，应当由合并各方签订合并协议。

（2）编制资产负债表及财产清单。

（3）作出合并决议。在公司签订合并协议并编制资产负债表及财产清单后，股东会应当就公司合并的有关事项作出合并决议。

（4）通知债权人。公司应当自作出合并决议之日起 10 日内通知债权人，并于 30 日内在报纸上或者国家企业信用信息公示系统公告，债权人自接到通知之日起 30 日内，或未接到通知的自公告之日起 45 日内，可以要求公司清偿债务或者提供相应的担保。

（5）依法进行登记。公司合并后，登记事项发生变更的，应当依法向公司登记机关办理变更登记。

3. 公司合并各方的债权、债务

公司合并时，合并各方的债权、债务应当由合并后存续的公司或者新设的公司承继。

（二）公司分立

1. 公司分立的形式

公司分立是指一个公司依法分为两个以上的公司。公司分立的形式有两种：一是公司以其部分财产另设一个或数个新的公司，原公司存续，即存续分立；二是公司将其全部财产分别归入两个以上的新设公司，原公司解散，即新设分立。

2. 公司分立的程序

公司分立的程序与公司合并的程序基本相同：（1）签订分立协议；（2）编制资产负债表及财产清单；（3）作出分立决议；（4）通知债权人；（5）办理变更登记。

公司应当自作出分立决议之日起 10 日内通知债权人，并于 30 日内在报纸上或者国家企业信用信息公示系统公告。

3. 公司分立前的债务承担

公司分立前的债务由分立后的公司承担连带责任。但是，公司在分立前与债权人就债务清偿达成的书面协议另有约定的除外。

(三) 公司增资

1. 有限责任公司的增资

有限责任公司增加注册资本时，股东认缴新增资本的出资，按照《公司法》设立有限责任公司缴纳出资的有关规定执行。有限责任公司增加注册资本时，股东在同等条件下有权优先按照实缴的出资比例认缴出资。但是，全体股东约定不按照出资比例优先认缴出资的除外。

2. 股份有限公司的增资

股份有限公司为增加注册资本发行新股时，股东认购新股的，依照《公司法》关于设立股份有限公司缴纳股款的有关规定执行。股份有限公司为增加注册资本发行新股时，股东不享有优先认购权，公司章程另有规定或者股东会决议决定股东享有优先认购权的除外。

公司增加注册资本，应当依法向公司登记机关办理变更登记。

(四) 公司减资

公司减资，是指公司资本过剩或亏损严重时，根据经营业务的实际情况，依法减少注册资本金的行为。公司资本是公司对外承担法律责任的基础，公司注册资金的减少可能会对公司的运营和财务状况产生重大影响，这会导致公司的信誉下降，影响公司的对外交往以及财务稳定性。因此，《公司法》对公司减资的要求远比公司增资严格。

《公司法》第 224～226 条规定了公司减少注册资本的程序和要求。

公司需要减少注册资本时，应当编制资产负债表及财产清单。

公司减少注册资本时，应当自作出减少注册资本决议之日起 10 日内通知债权人，并于 30 日内在报纸上或者国家企业信用信息公示系统公告。债权人自接到通知之日起 30 日内，未接到通知书的自公告之日起 45 日内，有权要求公司清偿债务或者提供相应的担保。

公司减少注册资本，应当按照股东出资或者持有股份的比例相应减少出资额或者股份，公司法或者其他法律另有规定的除外。

公司违反规定减少注册资本的，股东应当退还其收到的资金，减免股东出资的应当恢复原状；给公司造成损失的，股东及负有责任的董事、监事、高级管理人员应当承担赔偿责任。

公司减少注册资本，应当依法向公司登记机关办理变更登记。

九、公司的财务会计制度

(一) 公司财务会计的作用

(1) 有利于保护投资者和债权人的利益。(2) 有利于吸收社会投资。(3) 有利于政府的宏观管理。

(二) 公司财务会计的基本要求

(1) 公司应当依照法律、行政法规和国务院财政部门的规定建立本公司的财务、会计制度。

(2) 公司应当依法编制财务会计报告。公司应当在每一会计年度终了时编制财务会计报告，并依法经会计师事务所审计。

(3) 公司应当依法披露有关财务、会计资料。有限责任公司应当按照公司章程规定的期限将财务会计报告送交各股东。股份有限公司的财务会计报告应当在召开股东会年会的 20 日前置备于本公司，供股东查阅；公开发行股份的股份有限公司应当公告其财务会计报告。

（4）公司除法定的会计账簿以外，不得另立会计账簿；对公司资产，不得以任何个人名义开立账户存储。

（5）公司应当依法聘用会计师事务所对财务会计报告审查验证。

（三）利润分配

1. 利润

公司利润是指公司在一定时期（一个会计年度）内从事生产经营活动的财务成果，包括营业利润、投资净收益以及营业外收支净额。

依据《公司法》第 212 条及《公司法司法解释（五）》的规定，公司股东会作出分配利润决议的，董事会应当在股东会决议作出之日起 6 个月内时间内进行分配。公司章程或者股东会决议另有规定的除外。股东会决议、章程均未规定时间或者时间超过 1 年的，公司应当在决议作出之日起 1 年内完成利润分配。

公司应当按照如下顺序进行利润分配：1）弥补以前年度的亏损，但不得超过税法规定的弥补期限。2）缴纳所得税。3）弥补在税前利润弥补亏损之后仍存在的亏损。4）提取法定公积金。5）提取任意公积金。6）向股东分配利润。有限责任公司按照股东实缴的出资比例分配利润，全体股东约定不按照出资比例分配利润的除外。股份有限公司按照股东所持有的股份比例分配利润，公司章程另有规定的除外。公司持有的本公司股份不得分配利润。

公司违反规定向股东分配利润的，股东应当将违反规定分配的利润退还给公司；给公司造成损失的，股东及负有责任的董事、监事、高级管理人员应当承担赔偿责任。

公司依照《公司法》第 214 条第 2 款的规定弥补亏损后，仍有亏损的，可以减少注册资本弥补亏损。减少注册资本弥补亏损的，公司不得向股东分配，也不得免除股东缴纳出资或者股款的义务。公司依照前述规定减少注册资本的，可以不必履行按照规定期限通知债权人的义务，但应当自股东会作出减少注册资本决议之日起 30 日内在报纸上或者国家企业信用信息公示系统公告。公司依照《公司法》第 215 条第 1、2 款的规定减少注册资本后，在法定公积金和任意公积金累计额达到公司注册资本 50% 前，不得分配利润。

2. 公积金

公积金是公司在资本之外所保留的资金金额，又称附加资本或准备金。公积金分为盈余公积金和资本公积金两类。盈余公积金是从公司税后利润中提取的公积金，又分为法定公积金和任意公积金两种。法定公积金按照公司税后利润的 10% 的比例提取，公司法定公积金额累计额达到公司注册资本的 50% 以上的，可以不再提取。任意公积金是按照公司股东会决议，从公司税后利润中提取的。资本公积金是直接由资本原因形成的公积金，包括公司以超过股票票面金额的发行价格发行股份所得的溢价款、发行无面额股所得股款未计入注册资本的金额以及国务院财政部门规定列入资本公积金的其他项目。

公积金应当按照规定的用途使用，其用途主要如下：（1）弥补公司亏损。公积金弥补公司亏损，应当先使用任意公积金和法定公积金；仍不能弥补的，可以按照规定使用资本公积金。（2）扩大公司生产经营。（3）转增公司资本。法定公积金在转增资本时，所留存的该项公积金不得少于转增前公司注册资本的 25%。但是，对任意公积金转增资本的，法律未作限制。

十、外国公司的分支机构

（一）外国公司及其分支机构的概念

外国公司是指依照外国法律在中华人民共和国境外设立的公司，属于外国法人。外国公司在中华人民共和国境内设立的分支机构，是外国公司的一个组成部分，不具有中国法人资格。外国公司对其分支机构在中华人民共和国境内进行经营活动承担民事责任。

党的二十大报告指出：中国坚持对外开放的基本国策，坚定奉行互利共赢的开放战略，不断以中国新发展为世界提供新机遇，推动建设开放型世界经济，更好惠及各国人民。中国坚持经济全球化正确方向，共同营造有利于发展的国际环境，共同培育全球发展新动能。中国积极参与全球治理体系改革和建设，坚持真正的多边主义，推进国际关系民主化，推动全球治理朝着更加公正合理的方向发展。党的二十大报告指明了中国坚持对外开放的基本国策，为外国公司在中华人民共和国境内设立分支机构，开展业务活动提供了政策引领和制度保障。

（二）外国公司的分支机构的设立

1. 外国公司的分支机构的设立的条件

（1）外国公司应当在中华人民共和国境内指定负责该分支机构的代表人或者代理人。

（2）外国公司应当向该分支机构拨付与其所从事的经营活动相适应的资金。对外国公司分支机构的经营资金需要规定最低限额的，由国务院另行规定。

2. 外国公司的分支机构的设立的程序

（1）提出申请。外国公司在中华人民共和国境内设立分支机构必须向中国主管机关提出申请，并提交其公司章程、所属国的公司登记书等有关文件。

（2）进行设立登记。外国公司向中国主管机关提出在中华人民共和国境内设立分支机构的申请经中国主管机关审查批准后，应当向中国的公司登记机关依法办理登记，领取营业执照。外国公司分支机构的审批办法由国务院另行规定。

（三）外国公司的分支机构的权利、义务

经批准成立的外国公司的分支机构，在中华人民共和国境内从事业务活动，依法从事生产经营活动应当遵守中国的法律，不得损害中国的社会公共利益，其合法权益受中国法律保护。

外国公司的分支机构应当在本机构中置备该外国公司的章程。外国公司的分支机构应当在其名称中标明该外国公司的国籍及责任形式。

外国公司撤销其在中华人民共和国境内的分支机构时，应当依法清偿债务，依照《公司法》有关清算程序的规定进行清算。未清偿债务之前，外国公司不得将其分支机构的财产转移至中华人民共和国境外。

第三节　有限责任公司

一、有限责任公司的概念和特征

有限责任公司，是指公司的股东以其认缴的出资额为限对公司承担责任，公司以其全部财产对公司的债务承担责任的企业法人。其特征如下：

（1）有限责任公司股东人数有最高限制。我国《公司法》规定，有限责任公司的股东最多

不得超过 50 人。

（2）有限责任公司股东责任有限。有限责任公司股东仅以其认缴的出资额为限对公司的债务承担责任，股东对公司债权人不承担直接责任。

（3）有限责任公司具有人资两合性质。

（4）有限责任公司的机构设置相对灵活，除少数规模较大外，多数为中小型公司。

（5）有限责任公司具有封闭性，财务无须向社会公开。

（6）有限责任公司的股东转让出资受到一定限制。

二、有限责任公司的设立条件

依据《公司法》的规定，设立有限责任公司，应当具备下列条件。

1. 股东符合法定人数

《公司法》第 42 条规定，有限责任公司由 1 个以上 50 个以下股东出资设立。公司股东可以是自然人，也可以是法人。但是，自然人作为发起人股东应当具备完全民事行为能力；法律规定禁止设立公司的自然人（如公务员等），不能作为公司的股东。法人作为公司的股东，应当遵守法律、法规以及有关规定。对于《公司法》实施后发生的名义股东与实际股东的权益及对外责任承担的问题，《公司法司法解释（三）》规定：有限责任公司的实际出资人与名义出资人订立合同，约定由实际出资人出资并享有权益，以名义出资人为名义股东，实际出资人与名义股东对该合同效力发生争议的，如无《民法典》第 153 条、第 154 条规定的无效民事法律行为的情形，人民法院应当认定该合同有效。前述规定的实际出资人与名义股东因投资权益的归属发生争议，实际出资人以其实际履行了出资义务为由向名义股东主张权利的，人民法院应予支持。名义股东以股东名册记载、公司登记机关登记为由否认实际出资人权利的，人民法院不予支持。

实际出资人请求公司变更股东、签发出资证明书、记载股东名册、记载于公司章程并办理公司登记机关登记等项时，须经其他股东过半数同意。对此，《公司法司法解释（三）》规定，如果实际出资人未经公司其他股东半数以上同意，请求公司变更股东、签发出资证明书、记载于股东名册、记载于公司章程并办理公司登记机关登记的，人民法院不予支持。

名义股东将登记于其名下的股权转让、质押或者以其他方式处分，实际出资人以其对股权享有实际权利为由，请求认定处分股权行为无效的，人民法院可以参照《民法典》第 311 条的规定办理，即只要受让方构成善意取得，交易的股权即可为有效取得。但是，名义股东处分股权造成实际出资人损失，实际出资人请求名义股东承担赔偿责任的，人民法院应予支持。

公司债权人以登记于公司登记机关的股东未履行出资义务为由，请求其对公司债务不能清偿的部分在未出资部分本息范围内承担补充赔偿责任，股东以其仅为名义股东而非实际出资人为由进行抗辩的，人民法院不予支持。

冒用他人名义出资并将该他人作为股东在公司登记机关登记的，冒名登记行为人应当承担相应责任；公司、其他股东或者公司债权人以未履行出资义务为由，请求被冒名登记股东承担补足出资责任或者对公司债务不能清偿部分的赔偿责任的，人民法院不予支持。

有限责任公司设立时的股东可以签订设立协议，明确各自在公司设立过程中的权利和义务。

2. 有符合公司章程规定的全体股东认缴的出资额

《公司法》第 47 条规定，有限责任公司的注册资本为在公司登记机关登记的全体股东认缴的出资额。全体股东认缴的出资额由股东按照公司章程的规定自公司成立之日起 5 年内缴足。法律、行政法规以及国务院决定对有限责任公司注册资本实缴、注册资本最低限额、股东出资期限另有规定的，从其规定。此一规定既参考公司的自然生命周期，给予股东充足的出资灵活性，又强调认缴不等于不缴，有针对性的解决认而不缴的实务难题，保障交易相对人、债权人的合法权益。2013 年国家提出"大众创业、万众创新"，鼓励公职人员下海经商，为此提供各类制度便利，不需要实缴注册资本就是其中之一。2013 年修正后的《公司法》取消了有限责任公司最低注册资本额 3 万元人民币门槛的要求，对注册资本的构成不再强制货币出资占比30%，取消对投资者首次出资 20% 以上的硬性规定。理论上投资者可以用 1 元钱注册公司。这对千千万万梦想创业但确又缺少资金的投资者，不啻是最大的福音。2013 年修正的《公司法》确立了完全认缴制，即将注册资本数额与缴纳期限完全交由股东自主约定。但这并不等于说国家对公司资本制度放任自流，投资者可以恣意为之。2023 年《公司法》修订，对有限责任公司股东出资期限限定在 5 年之内的规定，可谓万众瞩目。此一规定，是对原《公司法》股东认缴制的补正，有利于减少由于天价认缴、无期限限制认缴制带来的法律风险。于 2024 年 7 月 1 日正式施行的《公司法》是在肯定立法认缴制改革方向的前提下进行的一种合理、必要的修正和完善。公司注册资本的缴纳形式，从原来的认缴制改回了实缴制。认缴制情境下，公司注册完毕后无须把钱转入公司账户，注册资本是"虚"的。实务中一家注册资本上亿元的公司可能银行账户上从来没有留有超过几万元的现金。司法执行时发现一些欠债不还的公司根本没有可供执行的财产，公司就是一个标着高额注册资本的空壳。为数众多的公司出资期限动辄超过50 年、100 年，出资数额千亿甚至万亿，违反真实性原则，有悖客观常识，产生诸多市场扭曲现象。2023 年 9 月至 10 月，海南一连出现 4 家注册资本均为 95 亿欧元（折合人民币 7.45 万亿）的"巨无霸"新公司。特别奇葩的是武汉的一家公司 2023 年 11 月 13 日"武汉市黎盟明电子商务有限公司"（独资公司）注册资本为 153.27 万亿元。此一数字甚至高于中国 2022 年全年的 GDP，能够替 2023 年暴雷的总负债 2.4 万亿元的恒大还清 63 次债务。这种非理性的、脱离投资者实际投资能力和公司实际需要的资本数额，乃至所谓天价注册资本的公司注册下来并长期存在完全就是笑话，是认缴制下的怪胎。新修订的《公司法》关于实缴制官宣后，这家公司仅仅成立 1 个多月，就匆匆在 2023 年年底申请了注销登记。所以，新修订的《公司法》对股东出资认缴的新规，对认缴制下严重"虚胖"的公司，在实缴制还未到正式落地的时候就已经发挥出威力。

值得注意的问题是：对《公司法》正式施行前成立的公司，其注册资本缴纳期限如何计算？许多公司成立已经远远超过 5 年，如何与现行《公司法》衔接？《公司法》第 266 条对此给出一个抽象的轮廓："本法施行前已登记设立的公司，出资期限超过本法规定的期限的，除法律、行政法规或者国务院另有规定外，应当逐步调整至本法规定的期限以内；对于出资期限、出资额明显异常的，公司登记机关可以依法要求其及时调整。具体实施办法由国务院规定。"据此规定，新《公司法》中注册资本认缴新规溯及过往，但法律给超过 5 年没能实缴的"老公司"过渡期。也即对 2024 年 6 月 30 日前登记设立的公司，有限责任公司剩余认缴出资期限自 2027 年 7 月 1 日起超过 5 年的，应当在 2027 年 6 月 30 日前将其剩余认缴出资期限调整至 5 年内并记载于公司章程，股东应当在调整后的认缴出资期限内足额缴纳认缴的出资额；股份有限公司的发起人应当在 2027 年 6 月 30 日前按照其认购的股份全额缴纳股款。依上述过渡期过后依然没能完成实缴的就将被要求强制减少注册资本。

2024 年 7 月 1 日，国务院第 34 次常务会议通过《国务院关于实施〈中华人民共和国公司法〉注册资本登记管理制度的规定》（自公布之日起施行），该规定第 2 条、第 3 条、第 4 条及时回应了《公司法》中对公司注册资本由完全的认缴制变为不完全实缴制过渡期的公司注册资本缴纳的问题。

（1）对生产经营涉及国家利益或者重大公共利益，国务院有关主管部门或者省级人民政府提出意见的，国务院市场监督管理部门可以同意其按原出资期限出资。

（2）公司出资期限、注册资本明显异常的，公司登记机关可以结合公司的经营范围、经营状况以及股东的出资能力、主营项目、资产规模等进行研判，认定违背真实性、合理性原则的，可以依法要求其及时调整。

（3）公司调整股东认缴和实缴的出资额、出资方式、出资期限，或者调整发起人认购的股份数等，应当自相关信息产生之日起 20 个工作日内通过国家企业信用信息公示系统向社会公示。

为保障公司设立后正常开展经营活动，《公司法》第 49 条规定：股东应当按期足额缴纳公司章程中规定的各自所认缴的出资额。股东未按期足额缴纳出资，给公司造成损失的，除应当向公司足额缴纳外，还应当承担赔偿责任。公司不能清偿到期债务的，公司或者已到期债权的债权人有权要求已认缴出资但未届缴资期限的股东提前缴纳出资。

股东转让已认缴出资但未届缴资期限的股权的，在受让人承担缴纳出资义务的基础上，受让人未按期足额缴纳出资的，出让人对受让人未按期缴纳的出资承担补充责任。

有限责任公司成立后，发现作为设立公司出资的非货币财产的实际价额显著低于公司章程所定价额的，应当由交付该出资的股东补足差额，公司设立时的其他股东承担连带责任。

发起人股东（设立时股东）的这一资本充实责任是法定责任，不得以发起人协议约定、公司章程规定或股东会决议免除。

股东在公司增资时未履行或未全面履行出资义务，未尽公司法规定的法定义务的董事、高级管理人员也承担相应责任的，董事、高级管理人员承担责任后，可以向被告股东追偿。

《公司法》第 48 条、《公司法司法解释（三）》第 9 条规定：股东以非货币财产出资的，应当评估作价，核实财产，不得高估或者低估作价。法律、行政法规对评估作价有规定的，从其规定。出资人以非货币财产出资，未依法评估作价，公司、其他股东或者公司债权人请求认定出资人未履行出资义务的，人民法院应当委托具有合法资格的评估机构对该财产评估作价。评估确定的结果显著低于公司章程所定价额的，人民法院应当认定出资人未依法全面履行出资义务。但是，出资人以符合法定条件的非货币财产出资后，因市场变化或者其他客观原因导致出资财产贬值，公司、其他股东或者公司债权人请求该出资人承担补足出资责任的，人民法院不予支持；当事人另有约定的除外。

有限责任公司成立后，董事会应当对股东出资情况进行核查，发现股东未按期足额缴纳公司章程规定的出资的，应当向该股东发出书面催缴书，催缴出资。催缴通知可以载明出资的宽限期；宽限期自公司发出催缴书之日起，不得少于 60 日。宽限期届满，股东仍未履行出资义务的，公司经董事会决议可以向该股东发出失权通知，通知以书面形式发出，自通知发出之日起，该股东丧失其未缴纳出资的股权。依照前述规定丧失的股权应当依法转让，或者相应减少注册资本并注销该股权；6个月内未转让或者注销的，由公司其他股东按照其出资比例足额缴纳相应出资。股东对失权有异议的，应当自接到失权通知之日起30日内，向人民法院提起诉讼。

《公司法司法解释（三）》第11条规定，出资人以其他公司的股权出资，符合下列条件的，人民法院应当认定出资人已经履行了出资义务：（1）出资的股权由出资人合法持有并依法可以转让；（2）出资的股权无权利瑕疵或者权利负担；（3）出资人已履行关于股权转让的法定手续；（4）出资的股权已依法进行了价值评估。股权出资不符合前述第（1）（2）（3）项的规定，公司、其他股东或者公司债权人请求认定出资人未履行出资义务的，人民法院应当责令该出资人在指定的合理期限内采取补正措施，以符合上述条件；逾期不补正的，人民法院应当认定其未依法全面履行出资义务。

出资人以不享有处分权的财产出资，当事人之间对出资行为的效力产生争议的，人民法院可以参照《民法典》第311条的规定予以认定，即只要公司取得该财产符合《民法典》第311条规定的善意取得条件，该财产可以认定为公司所有。

有限责任公司的股东未履行或未全面履行出资义务即转让股权，受让人对此知道或者应当知道，公司请求该股东履行出资义务、受让人对此承担连带责任的，人民法院应予支持；公司债权人依照规定对该股东提起承担补充责任的诉讼，同时请求前述受让人对此承担连带责任的，人民法院应予支持。但是，受让人根据前述规定承担责任后，向该未履行或未全面履行出资义务的股东追偿的，人民法院应予支持。当事人另有约定的除外。

以贪污、受贿、侵占、挪用等违法犯罪所得取得的货币出资后取得股权的，对违法犯罪行为予以追究、处罚时，应当采取拍卖或者变卖的方式处置其股权，以维护公司的财产利益，特别是保护公司债权人的利益。

3. 股东共同制定公司章程

章程是记载公司组织、活动基本准则的公开性法律文件。设立有限责任公司必须由股东共同依法制定公司章程。股东应当在公司章程上签名、盖章。公司章程对公司、股东、董事、监事、高级管理人员具有约束力。

依据《公司法》的规定，有限责任公司的章程应当载明下列事项：（1）公司名称和住所；（2）公司经营范围；（3）公司注册资本；（4）股东的姓名或者名称；（5）股东的出资方式、出资额和出资日期；（6）公司的机构及其产生办法、职权、议事规则；（7）公司法定代表人的产生、变更办法；（8）股东会会议认为需要规定的其他事项。

4. 有公司名称，建立符合有限责任公司要求的组织机构

公司名称是公司的标志。公司名称应当符合法律、法规的规定，并经登记机关进行预先核准登记。公司应当设立符合有限责任公司要求的组织机构，即股东会、董事会或者执行董事、监事会或者监事等。

5. 有公司住所，公司以其主要办事机构所在地为住所

设立公司必须有住所。公司以其主要办事机构所在地为住所。

有限责任公司成立后，应当向股东签发出资证明书。公司应当将股东的姓名或者名称及出资额向公司登记机关登记；登记事项发生变动的，应当办理变更登记，未经变更登记的，不得对抗第三人。

三、公司设立中的责任

（1）有限责任公司设立时的股东可以签订设立协议，明确各自在公司设立过程中的权利和义务。

（2）公司设立时的股东为设立公司从事的活动，其法律后果由公司承受。公司未成立的，其法律后果由公司设立时的股东承受；设立时的股东为 2 人以上的，享有连带债权，承担连带债务。

（3）公司设立时的股东因履行公司设立职责造成他人损害的，公司或者无过错的股东承担赔偿责任后，可以向有过错的股东追偿。

（4）公司设立时的股东为设立公司以自己的名义从事活动而产生的责任，第三人有权请求公司或者公司设立时的股东承担。

四、公司治理

1. 公司治理的含义

公司治理也称法人治理，是现代企业制度最重要的组织结构。公司治理源于公司所有权与公司经营管理之间分离产生的代理问题。狭义上说，公司治理旨在解决股东和公司、公司董事会、经理层等治理主体之间的关系问题。广义上，公司治理则还包括处理公司债权人、员工、社会相关利益方的关系问题。公司治理机制的核心是："权责法定、权责透明、协调运转、有效制衡。"

2. 公司治理模式

从全球看，公司治理一般有两种模式：单层治理、双层治理，其区别就是公司有没有设监事会。此外还有混合治理模式。

（1）单层治理模式。

单层治理以英美模式为代表。在英美公司治理模式中，公司设董事会，但不设监事会。董事会同时具有经营管理和监督职能，且其职能更偏向对经理层的监督，因此其独立董事占多数，董事会与经理层高度分离等机制确保其监督职能充分发挥。

（2）双层治理模式。

双重治理以德、日模式为代表。德国公司和日本公司都同时设董事会和监事会。德国公司治理模式中，监事会和董事会是上下关系，监事会并不独立于公司经营管理体系。相反，监事会还是公司经营决策机构，同时监督董事会。日本模式下则董事会和监事会是平行关系，董事会负责经营决策，监事会负责独立监督。我国目前即是采用双层治理模式。

（3）混合治理模式。

新修订的《公司法》对完善我国公司治理有突破性举措。针对我国公司实践，双层治理模式并未发挥应有的作用，实践中普遍存在"重董事会、轻监事会"的现象，监事会在人员配置、职权发挥等各方面都有不足，甚至成为"花瓶或者摆设"。这种现象无形中提高了治理成本，降低了治理效能。《公司法》对我国公司治理模式的规定，明显是从法定的双层治理模式向单层、双层并存的混合治理模式转变，赋予公司更多的公司治理自主权，公司可以根据自身的规模和实际情况决定采用单层或者双层治理模式。

五、有限责任公司的组织机构

公司组织机构又称公司机关，是代表公司活动、行使相应职权的自然人或自然人组成的集合体。有限责任公司的组织机构包括股东会、董事会、监事会及高级管理人员，但其设置较股份有限公司更为灵活，如当公司股东人数较少、公司规模较小时可以不设董事会或监事会，可以设 1 名执行董事代替董事会，可以设 1 名监事代替监事会。此外，在只有一个股东的有限责任公司、国家出资公司中组织机构设置有所不同。

（一）股东会

1. 股东会的地位及职权

有限责任公司股东会由全体股东组成。股东会是公司的权力机构，依法行使下列职权：（1）选举和更换董事、监事，决定有关董事、监事的报酬事项；（2）审议批准董事会或者执行董事的报告；（3）审议批准监事会或者监事的报告；（4）审议批准公司的利润分配方案和弥补亏损方案；（5）对公司增加或者减少注册资本作出决议；（6）对发行公司债券作出决议；（7）对公司合并、分立、解散、清算或者变更公司形式作出决议；（8）修改公司章程；（9）公司章程规定的其他职权。

股东会可以授权董事会对发行公司债券作出决议。对上述事项中的第（1）项事项，股东以书面形式表示同意的，可以不召开股东会会议，直接作出决定，并由全体股东在决定文件上签名或者盖章。公司合并在法律有规定（两种情形：公司与其持股 90% 以上的公司合并；公司合并支付的价款不超过公司净资产 10%）的情形下，可以不经股东会由董事会决议。

公司聘用、解聘承办公司审计业务的会计师事务所，按照公司章程的规定，由股东会、董事会或者监事会决定。

《公司法》第 60 条规定，只有一个股东的有限责任公司不设股东会。股东作出前述第（1）项事项的决定时，应当采用书面形式，并由股东签名或者盖章后置备于公司。

2. 股东会会议的类型

股东会会议分为首次会议、定期会议和临时会议。

（1）首次会议，是指有限责任公司成立后召集的第一次会议，由出资最多的股东负责召集和主持，依法行使职权。

（2）定期会议，是指按照公司章程规定的期限定期召开的股东会会议。定期会议应当按照公司章程的规定按时召开。在一般情形下，股东会会议一年举行一次，故而又被称为年度会议。

（3）临时会议，是指因法定事由发生，由公司临时召集的股东会会议。根据《公司法》的规定，代表 1/10 以上表决权的股东、1/3 以上的董事或者监事会提议召开临时会议的，应当召开临时股东会会议。

3. 股东会会议的召集程序

召开股东会会议，应当于会议召开 15 日前通知全体股东。股东会对所议事项的决定应当作成会议记录，出席会议的股东应当在会议记录上签名。

公司设立董事会的，由董事会召集，董事长主持；董事长不能履行职务或者不履行职务的，由副董事长主持；副董事长不能履行职务或者不履行职务的，由过半数以上董事共同推举1名董事主持。

董事会不能履行或者不履行召集股东会会议职责的，由监事会召集和主持；监事会不召集和主持的，代表1/10以上表决权的股东可以自行召集和主持。

4. 股东会决议

股东会会议由股东按照出资比例行使表决权，但公司章程另有规定的除外。股东会的议事方式和表决程序，除公司法有规定的以外，由公司章程规定。

股东会决议可以分为普通决议和特别决议。

（1）普通决议，是指股东会就公司一般事项所作的决议，采取简单多数通过决议。依照《公司法》的规定，普通决议的形成，应当经代表过半数以上表决权的股东通过。

（2）特别决议，是指股东会就公司重要事项所作的决议，通常需要以绝对多数表决权通过。依据《公司法》的规定，股东会会议作出修改公司章程、增加或者减少注册资本的决议，以及公司合并、分立、解散或者变更公司形式的决议，应当经代表2/3以上表决权的股东通过。

《全国法院民商事审判工作会议纪要》第7条规定：股东认缴的出资未届履行期限，对未缴纳部分的出资是否享有以及如何行使表决权等问题，应当根据公司章程来确定。公司章程没有规定的，应当按照认缴出资的比例确定。股东会作出不按认缴出资比例而按实际出资比例或者其他标准确定表决权的决议，股东请求确认决议无效的，人民法院应当审查该决议是否符合修改公司章程所要求的表决程序，即必须经代表2/3以上表决权的股东通过。符合的，人民法院不予支持；反之，则依法予以支持。

（二）董事会

1. 董事会的性质与组成

有限责任公司设董事会，董事会是公司的执行机构和决策机构。

依据《公司法》第68条的规定：有限责任公司设董事会，其成员为3人以上。其成员中可以有公司职工代表。职工人数300以上的有限责任公司，除依法设监事会并有公司职工代表的外，其董事会成员中应当有职工代表。董事会中的职工代表由公司职工通过职工代表大会、职工大会或者其他形式民主选举产生。董事会设董事长1人，可以设副董事长。董事长、副董事长的产生办法由公司章程规定。

股东人数较少或者规模较小的有限责任公司，可以设1名董事行使董事会的职权。该董事可以兼任公司经理。

《公司法》第69条对公司董事会和监事会的设置首次作出选择性规定：有限责任公司可以按照公司章程的规定在董事会中设置由董事组成的审计委员会，行使公司法规定的监事会职权，不设监事会或者监事。

2. 董事的任期

董事的任期由公司章程规定，但每届任期不得超过3年。董事任期届满，连选可以连任。董事任期届满未及时改选，或者董事在任期内辞职导致董事会成员低于法定人数的，在改选出的董事就任前，原董事仍应当依照法律、行政法规和公司章程的规定，履行董事职务。

董事辞任的，应当以书面形式通知公司，公司收到通知之日辞任生效，但在新董事就任前，该辞任董事仍应继续履行董事职务。担任法定代表人的董事辞任的，视为同时辞去法定代表人。法定代表人辞任的，公司应当在法定代表人辞任之日起 30 内确定新的法定代表人。

股东会可以决议解任董事，决议作出之日解任生效。无正当理由，在任期届满前解任董事的，该董事可以要求公司予以赔偿。

3. 董事会的职权

董事会对股东会负责，行使下列职权：（1）召集股东会会议，并向股东会报告工作；（2）执行股东会的决议；（3）决定公司经营计划和投资方案；（4）制订公司的利润分配方案和弥补亏损方案；（5）制订公司增加或者减少注册资本以及发行公司债券的方案；（6）制订公司合并、分立、变更公司形式、解散的方案；（7）决定公司内部管理机构的设置；（8）决定聘任或者解聘公司经理及其报酬事项，并根据经理的提名决定聘任或者解聘公司的副经理、财务负责人及其报酬事项；（9）制定公司的基本管理制度；（10）公司章程规定或者股东会授予的其他职权。

董事会对《公司法》第 182 条至第 184 条规定的事项决议时，关联董事不得参与表决，其表决权不计入表决权总数。出席董事会无关联关系董事人数不足 3 人的，应当将该事项提交股东会审议。

4. 董事会会议的召集和决议

董事会会议由董事长召集和主持。董事长不能或者不履行职务的，由副董事长召集和主持。副董事长不能或者不履行职务的，由过半数以上董事共同推举 1 名董事召集和主持。董事会会议应当有过半数董事出席方可举行。董事会作出决议，应当经全体董事的过半数通过。

董事会的议事方式和表决程序，除《公司法》有规定的外，由公司章程规定。董事会决议的表决，实行一人一票。董事会对所议事项的决定应当作成会议记录，出席会议的董事应当在会议记录上签名。

（三）经理

《公司法》第 74 条中规定：有限责任公司可以设经理，由董事会决定聘任或者解聘。依此规定，有限责任公司组织机构中经理的设置为选设机构而非必设机构。经理对董事会负责，经理的职权不再由法律作出规定，而由公司章程或者董事会授权行使职权。经理列席董事会会议。

（四）股东会、董事会决议的效力

公司股东会、董事会是公司最重要的战略决策和重大经营决策机构，其会议决议效力有五种：有效、有轻微瑕疵、无效、可撤销及不成立。

依据《公司法司法解释（四）》第 1 条的规定，公司股东、董事、监事等请求确认股东会、董事会决议无效或者不成立的，人民法院应当予以受理。新《公司法》第 26 条、第 27 条分别规定了股东会、董事会决议无效、可撤销和不成立三种法定情形。

1. 公司股东会、董事会决议有效

公司股东会、董事会的决议内容符合法律法规，不违反公司章程的规定，会议召集的程序、表决方式、议事规则、出席人数等均符合法律及公司章程的规定的，则决议有效。

2. 公司股东会、董事会决议有轻微瑕疵，决议有效

公司股东会、董事会的决议有轻微瑕疵的，比如：股东会或者董事会的召集程序不合法，依照规定应由董事会召集，董事长主持，实务中公司召开股东会时是董事长召集、经理主持；

股东会在表决时依照公司章程规定采用无记名投票方式，在实务中采取的是举手表决方式。存在如此瑕疵的，为有轻微瑕疵，对公司决议不产生实质性的影响，决议有效。

3. 公司股东会、董事会决议无效

《公司法》第25条规定："股东会、董事会的决议内容违反法律、行政法规的无效。"此一规定突出强调的是公司决策机关决议内容的合法性。只要决议内容违反法律、行政法规规定的，决议即无效。至于股东会、董事会的决议内容是否违反公司章程，召集程序、表决方式等是否违法，均不在考量之内。

4. 公司股东会、董事会决议可撤销

《公司法》第26条规定，股东会、董事会的会议召集程序、表决方式违反法律、行政法规或者公司章程，或者决议内容违反章程的，该决议可以经法定程序撤销。股东可以自决议作出之日起60日内，未被公司通知参加股东会的股东自知道或者应当知道股东会决议作出之日起60日内，请求人民法院撤销股东会、董事会决议，股东自决议作出之日起1年内没有行使撤销权的，撤销权消灭。

请求撤销股东会、董事会决议的原告，应当在起诉时具有公司股东资格。原告请求确认股东会、董事会决议不成立、无效或者撤销决议的案件，应当列公司为被告。对决议涉及的其他利害关系人，可以依法列为第三人。一审法庭辩论终结前，其他有原告资格的人以相同的诉讼请求申请参加上述规定诉讼的，可以列为共同原告。

5. 公司股东会、董事会决议不成立

依据《公司法》第27条的规定，股东会、董事会决议存在下列情形之一的，股东会、董事会的决议不成立：（1）公司未召开股东会、董事会会议作出决议的，但依据《公司法》第59条第2款或者公司章程规定可以不召开股东会而直接作出决定，并由全体股东在决议上签名、盖章的除外；（2）股东会、董事会会议未对决议事项进行表决的；（3）出席会议的人数或者股东所持表决权数未达到公司法或者公司章程规定的人数或者所持表决权数；（4）同意决议事项的人数或者所持表决权数未达到公司法或者公司章程规定的人数或者所持表决权数。

股东会、董事会决议被人民法院宣告无效、撤销或者确认不成立的，公司依据该决议与善意相对人形成的民事法律关系不受影响。

有限责任公司股东会、董事会决议的效力规定同样适用于股份有限公司。

（五）监事会

1. 监事会的性质与组成

监事会是有限责任公司依法设立的，对董事、高级管理人员的经营管理行为及公司财务进行专门监督的常设机构。

有限责任公司设立监事会，但三种情况下可以不设，即《公司法》第69条、第83条规定的情形。

（1）有限责任公司可以按照公司章程的规定在董事会中设置由董事组成的审计委员会，行使公司法规定的监事会职权，不设监事会或者监事。

（2）规模较小或者股东人数较少的有限责任公司，可以不设监事会，设1名监事，行使监事会的职权。

（3）经全体股东一致同意，可以不设监事会。

有限责任公司设立监事会的，其成员为3人以上。监事会人员的组成应当包括股东代表和适当比例的公司职工代表，其中职工代表的比例不得低于1/3，具体比例由公司章程规定。监事会中的职工代表由公司职工通过职工代表大会、职工大会或者其他形式民主选举产生。监事会设主席1人，由全体监事过半数选举产生。监事会主席召集和主持监事会会议；监事会主席不能或者不履行职务的，由过半数的监事共同推举1名监事召集和主持监事会会议。

因公司监事的主要职责是监督董事、高级管理人员，故此，董事、高级管理人员不得兼任监事。

2. 监事的任期

监事的任期每届为3年。监事任期届满，可以连选连任。监事任期届满未及时改选，或者监事在任期内辞职导致监事会成员低于法定人数的，在改选出的监事就任前，原监事仍应当依照法律、行政法规和公司章程的规定，履行监事职务。

3. 监事会的职权

《公司法》第78条规定，监事会有如下职权：（1）检查公司财务；（2）对董事、高级管理人员执行公司职务的行为进行监督，对违反法律、行政法规、公司章程或者股东会决议的董事、高级管理人员提出解任的建议；（3）当董事、高级管理人员的行为损害公司的利益时，要求董事、高级管理人员予以纠正；（4）提议召开临时股东会会议，在董事会不履行《公司法》规定的召集和主持股东会会议职责时召集和主持股东会会议；（5）向股东会会议提出提案；（6）依照《公司法》第189条的规定，对董事、高级管理人员提起诉讼；（7）公司章程规定的其他职权。

监事可以列席董事会会议，并对董事会会议事项提出质询或者建议。监事会可以要求董事、高级管理人员提交执行职务的报告。监事会发现公司经营情况异常，可以进行调查；必要时，可以聘请会计师事务所等协助其工作，所必需的费用，由公司承担。

4. 监事会的召开

监事会每年度至少召开一次会议，监事可以提议召开临时监事会会议。监事会的议事方式和表决程序，除《公司法》有规定的以外，由公司章程规定。监事会决议应当经全体监事的过半数通过。监事会决议一人一票。监事会对所议事项的决定应当作成会议记录，出席会议的监事应当在会议记录上签名。

《公司法》第24条规定，公司股东会、董事会、监事会召开会议和表决可以采用电子通信方式，公司章程另有规定的除外。

六、有限责任公司的股权转让

1. 股权转让的一般规定

《公司法》第84条规定：有限责任公司的股东之间可以相互转让其全部或者部分股权。股东向股东以外的人转让股权，应当将股权转让的数量、价格、支付方式和期限等事项书面通知其他股东，其他股东在同等条件下有优先购买权。其他股东自接到书面通知之日起满30日未答复的，视为放弃优先购买权。两个以上股东主张行使优先购买权的，协商确定各自的购买比例；协商不成的，按照转让时各自的出资比例行使优先购买权。公司章程对股权转让另有规定的，从其规定。依据《公司法司法解释（四）》的规定，有限责任公司的自然人股东因继承发生变化时，其他股东主张依据公司法规定行使优先购买权的，人民法院不予支持；但公司章程另有规定或者全体股东另有约定的除外。

2. 股权转让中优先购买权的行使

有限责任公司的股东向股东以外的人转让股权，应就其股权转让事项以书面或者其他能够确认收悉的合理方式通知其他股东。同等条件下，股东享有优先购买权。人民法院在判断是否符合公司法所称的"同等条件"时，应当考虑转让股权的数量、价格、支付方式及期限等因素。有限责任公司的股东主张优先购买转让股权的，应当在收到通知后，在公司章程规定的行使期间内提出购买请求。公司章程没有规定行使期间或者规定不明确的，以通知确定的期间为准，通知确定的期间短于30日或者未明确行使期间的，行使期间为30日。有限责任公司的股东转让股权，在其他股东主张优先购买后又不同意转让股权的，对其他股东优先购买的主张，人民法院不予支持，但公司章程另有规定或者全体股东另有约定的除外。其他股东主张转让股东赔偿其损失合理的，人民法院应当予以支持。有限责任公司的股东向股东以外的人转让股权，未就其股权转让事项通知其他股东，或者以欺诈、恶意串通等手段，损害其他股东优先购买权，其他股东主张按照同等条件购买该转让股权的，人民法院应当予以支持，但其他股东自知道或者应当知道行使优先购买权的同等条件之日起30日内没有主张，或者自股权变更登记之日起超过1年的除外。上述"其他股东"仅提出确认股权转让合同及股权变动效力等请求，未同时主张按照同等条件购买转让股权的，人民法院不予支持，但其他股东非因自身原因导致无法行使优先购买权，请求损害赔偿的除外。股东以外的股权受让人，因股东行使优先购买权而不能实现合同目的的，可以依法请求转让股东承担相应民事责任。

股东因个人原因负债且无力清偿须用其公司出资财产清偿的，人民法院依照法律规定的强制执行程序转让股东的股权时，应当通知公司及全体股东，其他股东在同等条件下有优先购买权。其他股东自人民法院通知之日起满20日不行使优先购买权的，视为放弃优先购买权。

股东转让股权后，公司应当注销原股东的出资证明书，向新股东签发出资证明书，并相应修改公司章程和股东名册中有关股东及其出资额的记载。对公司章程的该项修改不需要再由股东会表决。

自然人股东死亡后，其合法继承人可以继承股东资格，但公司章程另有规定的除外。

3. 股权转让的信息公示

新修订的《公司法》第40条新增了公司须将股权转让等变更信息进行公示的规定。该规定要求有限责任公司、股份有限公司股东转让股权，应当按照规定通过统一的企业信息公示系统公示下列事项：（1）有限责任公司股东认缴和实缴的出资额、出资方式、出资日期；（2）有限责任公司股东股权转让等股权变更信息；（3）行政许可取得、变更、注销等信息；（4）法律、行政法规规定的其他信息。

有限责任公司股权转让的，受让人自记载于股东名册时起向公司主张行使股东权利。

新修订的《公司法》要求公司股权转让须进行信息公示，目的和意义在于提高股东和投资者的知情权和参与度，防范相关风险和误解；奠定股权转让事实和法律效力，防止转让方和受让方之间产生纠纷和争议；满足相关法律和监管要求，确保股权转让符合法律程序和标准，避免违规和滥用；使受让方获取股权合法、有效，保障合法权益。

七、强制公司回购股东股权的条件和程序

为维护公司小股东的合法权益,《公司法》第 89 条规定,在公司存续期间发生下列法定事由之一的,对股东会该项决议投反对票的股东可以要求公司按照合理的价格收购其股权。

(1) 公司连续 5 年不向股东分配利润,而公司该 5 年连续盈利,且符合公司法规定的分配利润条件。

(2) 公司作出合并、分立、转让主要财产决议的。

(3) 公司章程规定的营业期限届满或者章程规定的其他解散事由出现,股东会通过决议修改章程使公司存续。

(4) 公司控股股东滥用股东权利,严重损害公司或者其他股东利益的,其他股东有权请求公司按照合理的价格收购其股权。

对上述事项投反对票的股东,应自股东会决议作出之日起 60 日内,与公司达成股权回购协议。股东与公司不能达成股权收购协议的,股东可以自公司股东会议作出之日起 90 日内向人民法院提起诉讼。

公司依照上述第 (1) 项、第 (3) 项规定的情形收购的本公司股权,应当在 6 个月内依法转让或者注销。

八、国家出资公司的特别规定

(一) 国家出资公司的概念

国家出资公司,是指国家出资的国有独资公司、国有资本控股公司,包括国家出资的有限责任公司、股份有限公司。国家出资公司,由国务院或者地方人民政府分别代表国家依法履行出资人职责,享有出资人权益。国务院或者地方人民政府可以授权国有资产监督管理机构或者其他部门、机构代表本级人民政府对国家出资公司履行出资人职责。

新修订的《公司法》对国家出资公司作出专章(第七章)规定。在原《公司法》规定的国有独资公司的基础上,增加了国家出资的股份有限公司的规定。

(二) 国有独资公司的特殊规定

《公司法》第 171~176 条对国有独资公司的设立和组织机构作出特殊规定,特殊规定以外的问题,则适用对有限责任公司和股份有限公司的一般规定。

(1) 国有独资公司的股东是唯一且特殊的,即由国务院或者地方政府授权履行出资人职责的机构。

(2) 国有独资公司的公司章程由履行出资人职责的机构制定。

(3) 国有独资公司不设股东会,由履行出资人职责的机构行使股东会职权。履行出资人职权的机构可以授权公司董事会行使股东会的部分职权,决定公司的重大事项,但公司章程的制定和修改,公司的合并、分立、解散、申请破产,增加或者减少注册资本,分配利润,应当由履行出资人职责的机构决定。

(4) 国有独资公司设董事会,董事会依照公司法规定行使职权。董事会成员中,应当过半数为外部董事,并应当有公司职工代表。董事会成员由履行出资人职责的机构委派;但是,董事会成员中的职工代表由公司职工代表大会选举产生。董事会设董事长 1 人,可以设副董事

长。董事长、副董事长由履行出资人职责的机构从董事会成员中指定。

（5）国有独资公司设经理，由董事会聘任或者解聘。经履行出资人职责的机构同意，董事会成员可以兼任经理。

（6）国有独资公司的董事、高级管理人员，未经履行出资人职责的机构同意，不得在其他有限责任公司、股份有限公司或者其他经济组织兼职。

（7）国有独资公司在董事会中设置由董事组成的审计委员会行使公司法规定的监事会职权的，不设监事会或者监事。

第四节　股份有限公司

一、股份有限公司的概念和特征

股份有限公司，是指依照公司法设立的，资本均分为等额股份，公司的股东以其认缴的股份为限对公司承担责任，公司以其全部财产对公司的债务承担责任的企业法人。

股份有限公司的法律特征有：（1）股份有限公司发起人人数有上限要求，而股东人数则无上限要求。我国《公司法》规定，设立股份有限公司，发起人人数应当为 1 人以上 200 人以下。（2）股份有限公司全部资本分为等额股份。其股份是公司资本的基本单位。（3）股份有限公司股东责任的有限性。股份有限公司股东以其认缴的股份为限对公司的债务承担责任，股东对公司债权人不承担直接责任。（4）股份有限公司的设立相对比较严格。（5）股份有限公司的设立方式具有选择性，可以采取发起设立或者募集设立方式。（6）股份有限公司具有开放性，财务通常公开。（7）融资渠道比较广泛。既可以发行股票、可转债，又可以发行债券。（8）股份有限公司是典型的资合公司。

二、股份有限公司的设立方式、条件和程序

（一）股份有限公司的设立方式

设立股份有限公司，可以采取两种方式：发起设立或者募集设立。发起设立，是指由发起人认购设立公司时应发行的全部股份而设立公司。募集设立，是指由发起人认购设立公司时应发行股份的一部分，其余股份向特定对象募集或者向社会公开募集而设立公司。我国公司立法中，一直不承认一人股份有限公司。2005 年《公司法》中对一人有限责任公司作出规定，在立法上予以肯定，市场反应强烈。新修订的《公司法》首次规定，可以设立只有一名股东的股份有限公司，这是对公司组织形式改革的又一次重大尝试，它将会使市场主体创业热潮蓬勃兴起。

（二）股份有限公司的设立条件

（1）发起人符合法定人数，即由 1 人以上 200 人以下为发起人，其中应当有半数以上的发起人在中华人民共和国境内有住所。股份有限公司发起人承担公司筹办事务。发起人应当签订发起人协议，明确各自在公司设立过程中的权利和义务。

（2）发起人共同制订公司章程。《公司法》第 95 条规定，股份有限公司章程应当载明 13 项内容，具体可参见本章第二节的内容。

（3）有符合公司章程规定的全体发起人认购的股本总额或者募集的实收股本总额。股份有限公司采取发起设立方式设立的，注册资本为在公司登记机关登记的全体发起人认购的股本

总额。

新《公司法》第97条规定，以发起方式设立股份有限公司的，发起人应当认足公司章程规定的公司设立时应发行的股份。以募集方式设立股份有限公司的，发起人认购的股份不得少于公司章程规定的公司设立时应发行股份总数的35%，法律、行政法规另有规定的，从其规定。在发起人认购的股本缴足前，不得向他人募集股份。发起人应当在公司成立前按照其认购的股份全额缴纳出资。发起人的出资，适用《公司法》第48条、第49条第2款关于有限责任公司股东出资的规定。法律、行政法规以及国务院决定对股份有限公司注册资本最低限额另有规定的，从其规定。

向社会公开募集股份的股款缴足后，应当经依法设立的验资机构验资并出具证明。

（4）股份发行、筹办事项符合法律规定。

（5）有公司名称以及相应的组织机构。

（6）有公司住所。

有限责任公司变更为股份有限公司时，折合的实收股本总额不得高于公司净资产额。有限责任公司变更为股份有限公司，为增加注册资本公开发行股份时，应当依法办理。

（三）股份有限公司的设立程序

股份有限公司的设立有两种方式：发起设立和募集设立。发起设立的程序与有限责任公司的基本没有区别。募集设立的程序较为复杂。

发起设立的具体程序如下：（1）签订发起人协议。（2）报经有关部门批准（法律不要求设立股份有限公司必须经审批程序，只有当法律对设立程序上有要求时，才须进行审批）。（3）申请名称预先核准，制订公司章程。（4）认购股份。（5）选举董事会、监事会。（6）公告。

以发起方式设立股份有限公司的，成立大会的召开和表决程序由公司章程或者发起人协议规定。

募集设立股份有限公司的发起人应当自公司设立时应发行股份的股款缴足之日起30日内召开公司成立大会。发起人应当在成立大会召开15日前将会议日期通知各认股人或者予以公告。成立大会应当有持有表决权过半数的认股人出席，方可举行。

以发起设立方式设立股份有限公司成立大会的召开和表决程序由公司章程或者发起人协议规定。

公司成立大会行使下列职权：（1）审议发起人关于公司筹办情况的报告；（2）通过公司章程；（3）选举董事、监事；（4）对公司的设立费用进行审核；（5）对发起人非货币财产出资的作价进行审核；（6）发生不可抗力或者经营条件发生重大变化直接影响公司设立的，可以作出不设立公司的决议。

成立大会对前述所列事项作出决议，应当经出席会议的认股人所持表决权过半数通过。

公司设立时应发行的股份未募足，或者发行股份的股款缴足后，发起人在30日内未召开成立大会的，认股人可以按照所缴股款并加算银行同期存款利息，要求发起人返还。发起人、认股人缴纳股款或者交付非货币财产出资后，除未按期募足股份、发起人未按期召开成立大会或者成立大会决议不设立公司的情形外，不得抽回股本。

认股人缴纳股款后，董事会应当授权代表，于公司成立大会结束后30日内向公司登记机关申请设立登记。

股份有限公司成立后，应当向股东交付股票。公司成立前不得向股东交付股票。

三、股份有限公司的组织机构

（一）股东会

1. 股东会的性质、组成与职权

股份有限公司股东会由全体股东组成。股东会是公司的权力机构，依法行使职权，其职权范围与有限责任公司股东会的职权相同。只有一个股东的股份有限公司不设股东会。上市公司股东会的职权有一定的扩张。新修订的《公司法》将股份有限公司原有"股东大会"的称谓已经统一为"股东会"，股东大会的概念自新《公司法》的施行已经成为历史。

2. 股东会的类型

股东会分为定期会议与临时会议。

（1）定期会议，又称股东会年会。股东会应当每年召开一次年会，召开时间由公司章程规定。上市公司的股东会年会应当于上个会计年度终了后6个月内召开。

（2）临时会议，又称特别会议，是指在定期会议之外，由于发生法定事由或者根据法定人员、机构的提议而召开的会议。依据《公司法》第113条的规定，有下列情形之一的，应当在2个月内召开临时股东会：1）董事人数不足《公司法》规定人数或者公司章程所定人数的2/3时；2）公司未弥补的亏损达股本总额的1/3时；3）单独或者合计持有公司10%以上股份的股东请求时；4）董事会认为必要时；5）监事会提议召开时；6）公司章程规定的其他情形。

单独或者合计持有公司1%以上股份的股东，可以在股东会召开10日前提出临时提案并书面提交董事会。临时提案应当有明确的议题和具体决议事项。董事会应当在收到提案后2日内通知其他股东，并将该临时提案提交股东会审议；但临时提案违反法律、行政法规或者公司章程的除外。公司不得提高提出临时提案股东的持股比例。公开发行股份的公司，应当以公告方式作出前述规定的通知。股东会不得对通知中未列明的事项作出决议。

3. 股东会会议的召集程序

股东会会议由董事会召集，董事长主持；董事长不能履行职务或者不履行职务的，由副董事长召集和主持；副董事长不能履行职务或者不履行职务的，由过半数的董事共同推举1名董事主持。董事会不能或者不履行召集股东会会议职责的，监事会应当及时召集和主持；监事会不召集和主持的，连续90日以上单独或者合计持有公司10%以上股份的股东可以自行召集和主持。

单独或者合计持有公司10%以上股份的股东请求召开临时股东会会议的，董事会、监事会应当在收到请求之日起10日内作出是否召开临时股东会会议的决定，并书面答复股东。

召开股东会会议，应当将会议召开的时间、地点和审议的事项于会议召开20日前通知各股东；召开临时股东会会议应于会议召开15日前通知各股东。

4. 股东会的决议

股东出席股东会会议，所持每一股份有一表决权。

股东会决议的事项分为普通事项与特别事项。股东会对普通事项作出决议，应当经出席会议的股东所持表决权过半数通过。股东会作出修改公司章程、增加或者减少注册资本的决议，以及公司合并、分立、解散或者变更公司形式的决议，应当经出席会议的股东所持表决权的2/3以上通过。

《公司法》第 116 条第 1 款规定，股东出席股东会会议，所持每一股份有一表决权，类别股股东除外。股东会选举董事、监事，可以按照公司章程的规定或者股东会的决议，实行累积投票制。累积投票制，是指股东会选举董事或者监事时，每一股份拥有与应选董事或者监事人数相同的表决权，股东拥有的表决权可以集中使用。累积投票制的实施有利于中小股东按照其持股比例选举代表进入公司管理层，参与董事会的活动，保护其利益。股东会对所议事项的决定应当作成会议记录，主持人、出席会议的董事应当在会议记录上签名。会议记录应当与出席股东的签名册及代理出席的委托书一并保存。

股东可以委托代理人出席股东会会议，代理人应当向公司提交股东授权委托书，委托书应当明确代理人代理的事项、权限和期限，并在授权范围内行使表决权。

股东在股东会行使的股东权利分为普通股股东权利和优先股股东权利。2014 年 3 月 21 日发布的《优先股试点管理办法》（2023 年修订）第 10 条规定，出现以下情况之一的，公司召开股东会会议应当通知优先股股东，优先股股东就以下事项与普通股股东分类表决，其所持每一优先股有一表决权，但公司持有的本公司优先股没有表决权：（1）修改公司章程中与优先股相关的内容；（2）一次或累计减少公司注册资本超过 10％；（3）公司合并、分立、解散或变更公司形式；（4）发行优先股；（5）公司章程规定的其他情形。上述事项的决议，除须经出席会议的普通股股东（含表决权恢复的优先股股东）所持表决权的 2/3 以上通过之外，还须经出席会议的优先股股东（不含表决权恢复的优先股股东）所持表决权的 2/3 以上通过。

公司股东会可授权公司董事会按公司章程的约定向优先股支付股息。公司累计 3 个会计年度或连续 2 个会计年度未按约定支付优先股股息的，股东会批准当年不按约定分配利润的方案次日起，优先股股东有权出席股东会与普通股股东共同表决，每股优先股股份享有公司章程规定的一定比例表决权。

对于股息可以累积到下一个会计年度的优先股，表决权恢复直至公司全额支付所欠股息。对于股息不可累积的优先股，表决权恢复直至公司全额支付当年股息。

《公司法》和公司章程规定公司转让、受让重大资产或者对外提供担保等事项必须经股东会作出决议的，董事会应当及时召集股东会会议，由股东会就上述事项进行表决。

5. 类别股的表决权差异制度

2023 年修订的《公司法》第 144 条规定，股份有限公司可以按照公司章程的规定发行与普通股权利不同的类别股。发行类别股的公司，股东会在作出特别决议事项（出席会议的股东所持 2/3 表决权通过的决议）可能影响类别股股东权利的，除应当依照《公司法》第 116 条第 3 款的规定经股东会决议外，还应当经出席类别股股东会议的股东所持表决权的 2/3 以上通过。公司章程可以对需经类别股股东会议决议的其他事项作出规定。

表决权差异安排，又称同股不同权、双重股权结构，是指将股权份额或股份的表决权与收益权进行非比例配置，允许公司发行表决权数高低不同的股份，表决权数较高的股份由公司创始人或者管理层所持有，而表决权数较低甚至无表决权的股份则由公众股东所持有的一种股权结构安排。我国新《公司法》中规定的公司可以发行类别股，即是此一制度安排的体现。

2017 年之前，中国、新加坡等都禁止采取股权差异化（又称"AB 股"、双重股等）配置的股份有限公司上市。2017 年之后，新加坡等地为吸引新经济企业上市，逐步完善与证券发行上市条件相关的法律和交易规则，允许采用股权差异化股权配置的股份有限公司上市。自

2018 年 4 月 30 日起，香港交易所为拓宽香港上市制度而新修订的上市规则，允许采取不同股权架构的公司在港交所申请上市。2019 年 1 月，中国证监会发布《关于在上海证券交易所设立科创板并试点注册制的实施意见》，允许特殊股权结构企业和红筹企业上市，双重股权结构正式在境内落地。根据我国现行《公司法》的规定，非上市公司和上市公司在以股权比例或份额为基础的公司表决权设置方面，有明显不同的规制和要求。

我国《公司法》第 65 条规定，股东会会议由股东按照出资比例行使表决权；但是公司章程另有规定的除外。据此可知，有限责任公司可以在章程中约定不按出资比例行使表决权，即可以安排出资份额较少的股东，享有较多的表决权。例如，出资份额 20% 的股东，可以享有 60% 的表决权。目前，在我国注册的股份有限公司以表决权差异安排为例外，以表决权非差异安排为常态。就上市而言，目前只规定在科创板上市的公司可以进行表决权差异安排。新《公司法》第 143 条、第 144 条、第 145 条、第 146 条对股份有限公司实行表决权差异安排进一步作出了明确规定，这标志着表决权差异安排制度正式登上我国公司法人治理多元化、多样化的舞台，这必将带来公司治理机制的重大变革。

表决权差异安排制度是我国公司法在公司治理领域的一个重大突破。"一人一票"在公司治理中作为一种集体决策规则，曾在中世纪欧洲被广泛接受，但随着公司股份被股东不均衡地持有，大股东对利益的诉求导致公司治理中政治民主与资本民主的冲突，推动了"一股一权"理论的出现。时过境迁，虽然"一人一票"的决策原则在"农村合作社""合伙企业"等人合性鲜明的组织形式中还保有一席之地，但在市场经济最活跃的"公司"这一组织形式中"一股一权"理论已成为资本民主原则在经济生活中的集中体现，并奠定了"资本多数决"成为近现代公司治理基本原则的基础。然而，就如同政治民主原则中的"一人一票"无法避免苏格拉底之死的悲剧一样，资本民主原则中的"一股一权"理论也无法解决股东异质化后公司治理效率的下降。世界各国公司法理论与实践，始终不懈探讨如何通过法律制度设计平衡公司治理中的民主与效率问题，理论研究的文章汗牛充栋，实施中的法规也已几易其稿，交叉持股、金字塔持股、表决权委托等突破"一股一权"理论的实践制度安排层出不穷，最终演化为"一股一权"为主、"双重股权架构"为辅的主流公司治理制度设计。新修订的《公司法》明确公司可以发行类别股份，此一规定仅涉及股东表决权差异安排事宜，而与股东的其他权利无关。

表决权差异安排制度，旨在经由赋予创始人特别表决权，而推动创始人专注提升公司的长远价值与长远战略布局，最大化公司收益并与所有股东共同分享。同时，该制度也是一种有效的自我防御机制，可以作为一种防止敌意收购的有效屏障。表决权差异安排能够在企业吸纳融资的同时，确保控制人不会丧失对企业的控制权，是初创公司的优先选择。

（二）董事会

1. 董事会的性质、组成和职能

董事会是代表股东对公司活动进行管理和指挥的机构，是股份有限公司的常设机构。董事会又是负责实施股东会决议等决策的执行机构。

股份有限公司设董事会，《公司法》第 128 条另有规定的除外。鉴于公司作为市场经济主体，在经营行为、组织机构等方面既有同一性，又有差异性，《公司法》第 67 条、第 68 条第 1 款、第 70 条、第 71 条关于有限责任公司的规定，适用于股份有限公司。《公司法》第 121 条规定：公司可以按照章程的规定在董事会中设置由董事组成的审计委员会，行使监事会的法定职权，可以不设立监事会或者监事。审计委员会成员为 3 人以上，过半数成员不得在公司担任除董事以外的其他职务，且不得与公司存在任何可能影响其独立客观判断的关系。公司董事会成员中的职工代表可以成为审计委员会成员。审计委员会作出决议，应当经审计委员会成员的过半数通过。审计委员会决议的表决，应当一人一票。审计委员会的议事方式和表决程序，除公司法有规定的外，由公司章程规定。公司可以按照公司章程的规定在董事会中设置其他委员会。

股份有限公司董事的任期、董事会的职权与有限责任公司的相同。

董事会设董事长 1 人，可以设副董事长。董事长和副董事长由董事会以全体董事的过半数选举产生。

董事长召集和主持董事会会议，检查董事会决议的实施情况。副董事长协助董事长工作，董事长不能履行职务或者不履行职务的，由副董事长履行职务；副董事长不能履行职务或者不履行职务的，由过半数的董事共同推举 1 名董事履行职务。

2. 董事会的召开和决议

董事会每年度至少召开 2 次会议，每次会议应当于会议召开 10 日前通知全体董事和监事。代表 1/10 以上表决权的股东、1/3 以上董事或者监事会，可以提议召开临时董事会会议。董事长应当自接到提议后 10 日内，召集和主持董事会会议。董事会召开临时会议，可以另定召集董事会的通知方式和通知时限。

董事会会议应有过半数的董事出席方可举行。董事会作出决议必须经全体董事的过半数通过。董事会决议的表决，实行一人一票。董事会会议应由董事本人出席，董事因故不能出席的，可以书面委托其他董事代为出席，委托书中应载明授权范围。

董事会对会议所议事项的决定应当作成会议记录，出席会议的董事应当在会议记录上签名。董事应当对董事会的决议承担责任。董事会的决议违反法律、行政法规或者公司章程、股东会决议，致使公司遭受严重损失的，参与决议的董事对公司负赔偿责任；但经证明在表决时曾表明异议并记载于会议记录的，该董事可以免除责任。

公司章程或者股东会可以授权董事会在 3 年内决定发行不超过已发行股份 50％的股份。但以非货币财产作价出资的应当经股东会决议。董事会依公司章程或者股东会授权决定发行股份导致公司注册资本、已发行股份数发生变化的，对公司章程该项记载事项的修改不需要再由股东会表决。公司章程或者股东会授权董事会发行新股的，董事会决议应当经全体董事 2/3 以上通过。

股份有限公司股东会、董事会决议的效力（有效、有轻微瑕疵、无效、可撤销、不成立）与有限责任公司的相同。

（三）经理

股份有限公司设经理，由董事会决定聘任或者解聘。经理对董事会负责，根据公司章程的规定或者董事会的授权行使职权。经理列席董事会会议。其职权与有限责任公司经理相同。董事会可以决定董事兼任经理。

公司应当定期向股东披露董事、监事、高级管理人员从公司获得报酬的情况。

（四）监事会

1. 监事会的性质与组成

股份有限公司设立监事会。《公司法》第 121 条、第 133 条另有规定的除外。监事会依法设立，作为对董事、高级管理人员的经营管理行为及公司财务专门监督的常设机构，于股份有限公司而言，立法一直要求是必设机构。新修订的《公司法》首次打破了股份有限公司必设监事会的坚冰，由必设变为选设，增强了公司自治的能力以及股份有限公司法人治理的弹性。

股份有限公司设立监事会的，其成员为 3 人以上。监事会应当包括股东代表和适当比例的公司职工代表，其中职工代表的比例不得低于 1/3，具体比例由公司章程规定。监事会中的职工代表由公司职工通过职工代表大会、职工大会或者其他形式民主选举产生。董事、高级管理人员不得兼任监事。

监事会设主席 1 人，可以设副主席。监事会主席和副主席由全体监事过半数选举产生。监事会主席召集和主持监事会会议；监事会主席不能或者不履行职务的，由监事会副主席召集和主持监事会会议；监事会副主席不能或者不履行职务的，由过半数以上监事共同推举 1 名监事召集和主持监事会会议。

2. 监事的任期、监事会的职权

股份有限公司监事的任期、监事会的职权与有限责任公司的相同。监事会履行职权所必需的费用，由公司承担。《公司法》第 77 条、第 78 条至第 80 条的规定，适用于股份有限公司。

3. 监事会的召开与决议

监事会每 6 个月至少召开一次会议。监事可以提议召开临时监事会会议。监事会的议事方式和表决程序，除《公司法》有规定的以外，由公司章程规定。监事会决议应当经全体监事的过半数通过。监事会决议的表决，实行一人一票。监事会对所议事项的决定应当作成会议记录，出席会议的监事应当在会议记录上签名。

《公司法》第 128、133 条对股份有限公司董事会、监事会制度作出较大调整，董事会、监事会由必设机构变为非必设机构。依据该法规定：规模较小或者股东人数较少的股份有限公司，可以不设董事会，设 1 名董事，行使董事会法定的职权；规模较小或者股东人数较少的股份有限公司，可以不设监事会，设 1 名监事，行使监事会的法定职权。《公司法》还取消了对董事会董事人数的限制，由公司自行决定董事人数。依此规定，股份有限公司的自治性大大增强，公司运行的体制保障——组织机构有了更大的灵活性。

（五）上市公司的组织机构与活动原则的特别规定

上市公司，是指其股票在证券交易所上市交易的股份有限公司。《公司法》对上市公司的组织机构与活动原则的特别规定主要有以下几项。

（1）上市公司股东会年会召开的时间要求。上市公司股东会年会应当于上个会计年度结束后的 6 个月内召开。上市公司董事会、独立董事和符合条件的股东可向上市公司股东征集其在股东会上的投票权，投票权的征集应当采取无偿形式，并应当向被征集人充分披露信息。同时，上市公司应当创造条件，扩大股东参与公司股东会的比例，包括运用现代信息技术手段，在股东会召开的时间、地点的选择上应有利于让尽可能多的股东参加会议。

（2）增加股东会特别决议事项。上市公司在 1 年内购买、出售重大资产或者向他人提供担保的金额超过公司资产总额 30% 的，应当由股东会作出决议，并经出席会议的股东所持表决权的 2/3 以上通过。

（3）上市公司董事、监事选举的特殊要求。上市公司中控股股东控股比例在 30% 以上时，选举董事、监事应当采取累积投票制，并应在公司章程中规定该制度的实施细则。

（4）上市公司设独立董事。依据《公司法》的规定，上市公司必须设立独立董事。独立董事，是指不在公司担任除董事外的其他职务，并与其受聘的上市公司及其主要股东不存在可能妨碍其进行独立、客观判断的关系的董事。独立董事除了应履行董事的一般职责，其主要职责在于对控股股东及其选任的上市公司的董事、高级管理人员，以及其与公司进行的关联交易等进行监督。

（5）上市公司设立董事会秘书，负责公司股东会和董事会会议的筹备、文件保管、公司股东资料的管理以及办理信息披露事务等事宜。

（6）上市公司董事会内部组织设置要求。上市公司董事会可以按照股东会的有关决议，设立战略、审计、提名、薪酬与考核等专门委员会。上市公司在董事会中设置审计委员会的，董事会对下列事项作出决议前应当经审计委员会全体成员过半数通过：1）聘用、解聘承办公司审计业务的会计师事务所；2）聘任、解聘财务负责人；3）披露财务会计报告；4）国务院证券监管机构规定的其他事项。

（7）关联董事的表决权排除制度。上市公司董事与董事会会议决议事项所涉及的企业或者个人有关联关系的，该董事应当及时向董事会书面报告，有关联关系的董事不得对该项决议行使表决权，也不得代理其他董事行使表决权。该董事会会议由过半数的无关联关系董事出席即可举行，董事会会议所作决议须经无关联关系董事过半数通过。出席董事会的无关联关系董事人数不足 3 人的，应将该事项提交上市公司股东会审议。

（8）增设公司章程必载事项。上市公司的公司章程除载明《公司法》第 95 条规定（13 项应当载明事项）的事项外，还须载明董事会专门委员会的组成、职权以及董事、监事、高级管理人员薪酬考核机制等事项。上市公司应当依法披露股东、实际控制人的信息，相关信息应当真实、准确、完整。

（9）上市公司控股子公司不得取得该上市公司的股份。上市公司控股子公司因公司合并、质权行使等原因持有上市公司股份的，不得行使所持股份对应的表决权，并应当及时处分相关上市公司股份。

四、股份有限公司的股份发行和转让

（一）股份发行

1. 股份发行的基本形式

《公司法》第 142 条规定，股份有限公司的资本划分为股份。公司的全部股份，根据公司章程的规定择一采用面额股或者无面额股。采用面额股的，每一股的金额相等。公司可以根据章程的规定将已发行的面额股全部转换为无面额股或者将无面额股全部转换为面额股。采用无面额股的，应当将发行股份所得股款的 1/2 以上计入注册资本。股份有限公司的基本特征之一，便是以注册资本划分为金额相等的股份。公司的股份采取股票的表现形式。股票是公司签发的证明股东所持股份的法律凭证。公司发行的股票，应当为记名股票。

关于股份发行，《公司法》中有相应的规范，但《证券法》中对资本市场各板块股份发行的条件、程序有更为详尽的规定。

2. 类别股的发行

（1）类别股的概念。

类别股是与普通股相对的一种股份，指在公司的股权设置中，存在两个以上不同种类、不同权利的股份，这些股份因认购时间和价格不同、认购者身份各异、交易场所有别，而在流通性、价格、权利义务上有所区别。《公司法》的第144～146条规定了公司可以按照章程的规定发行与普通股权利不同的类别股。发行类别股，旨在实行分类表决机制，即允许特定的股东持有特定的股份以获得更大的表决权。

（2）可发行的类别股类型。

依据《公司法》第144条的规定，股份有限公司可以发行下列类别股：1）优先或者劣后分配利润或者剩余财产的股份；2）每一股的表决权数多于或者少于普通股的股份；3）转让须经公司同意等转让受限的股份；4）国务院规定的其他类别股。

公开发行股份的公司不得发行前述第1）项、第2）项规定的类别股，公开发行前已发行的除外。

3. 类别股表决制度的特别规定

（1）公司发行"每一股的表决权数多于或者少于普通股的股份"类别股的，对于监事或者审计委员会的选举和更换，类别股与普通股每一股的表决权数相同。

（2）发行类别股的公司，有《公司法》第116条第3款规定的事项（对公司重大事项，股东会的表决须经出席会议股东所持表决权2/3以上通过）等可能损害类别股股东权利的，除应当依照第116条第3款的规定经股东会决议外，还应当经出席类别股股东会的股东所持表决权的2/3以上通过。

（3）公司章程可以对需经类别股股东会决议的其他事项作出规定。

发行类别股的公司，应当在公司章程中载明以下事项：1）类别股分配利润或者剩余财产的顺序；2）类别股的表决权数；3）类别股的转让限制；4）保护中小股东权益的措施；5）股东会会议认为需要规定的其他事项。

4. 股份发行的原则

《公司法》第143条规定，股份有限公司发行股份应当遵循两项原则。

（1）公平、公正的原则。

所谓公平，首先是指发行的股份所代表权利的公平，即在同一次发行中的同一种股份应当具有同等的权利，享有同等的利益，同类股份须同股同权、同股同利；其次是指股份发行条件的公平，即在同次股份发行中，相同种类的股份，每股的发行条件和发行价格应当相同。所谓公正，是指在股份发行中，应保持公正性，不允许任何人通过内幕交易、价格操纵、价格欺诈等不正当行为获得超过其他人的利益。

（2）同股同价原则。

同股同价，是指同次发行的同种类股票，每股的发行条件和价格应当是相同的，任何单位和个人同次发行的同类别股份，每股的发行条件和价格应当相同；认购人所认购的股份，对每股应当支付相同价额。所认购的股份，每股应当支付相同价额，对于同一类别的股票不允许针对不同的投资主体规定不同的发行条件和发行价格。

在有表决权差异安排制度的公司，特别是上市公司，则还需要依法在公司章程中作出明晰的规定。

（二）股份转让

1. 股份转让的概念

股份转让，是指股份有限公司的股东将其持有的股份以合法的方式转让给他人，使他人取得股份而成为公司股东的行为。通过股份转让，股东可以收回投资。

2. 股份转让的场所与方式

股份有限公司的股东持有的股份可以向其他股东转让，也可以向股东以外的人转让；公司章程规定转让受限的股份，其转让按照公司章程的规定。股东转让其股份，应当在依法设立的证券交易场所进行或者按照国务院规定的其他方式进行。上市公司的股票，依照有关法律、行政法规及证券交易所交易规则上市交易。

股票的转让，由股东以背书方式或者法律、行政法规规定的其他方式转让，转让后由公司将受让人的姓名或者名称及住所记载于股东名册。

股东会召开前 20 日内或者公司决定分配股利的基准日前 5 日内，不得变更股东名册，法律、行政法规或者国务院证券监管管理机构对上市公司股东名册变更另有规定的，从其规定。

3. 股份转让的限制

依据《公司法》第 160 条的规定，对具有特定身份的持股人转让公司股份作出一定的限制。

(1) 公司公开发行股份前已发行的股份，自公司股票在证券交易所上市交易之日起 1 年内不得转让。法律、行政法规或者国务院证券监督管理机构对上市公司的股东、实际控制人转让其所持有的本公司股份另有规定的，从其规定。

(2) 公司董事、监事、高级管理人员应当向公司申报所持有的本公司的股份及其变动情况，在就任时确定的任职期间每年转让的股份不得超过其所持有本公司股份总数的 25%；所持本公司股份自公司股票上市交易之日起 1 年内不得转让。上述人员离职后半年内，不得转让其所持有的本公司股份。公司章程可以对公司董事、监事、高级管理人员转让其所持有的本公司股份作出其他限制性规定。

另根据证券法律制度的有关规定，上市公司的董事、监事和高级管理人员在下列期间不得买卖股票：1）上市公司定期报告公告前 30 日内；2）上市公司业绩预告、业绩快报公告前 10 日内；3）自可能对本公司股票交易价格产生重大影响的重大事项发生之日或在决策过程中，至依法披露后 2 个交易日内；4）证券交易所规定的其他时间。

(3) 限售期内股份出质的规定：股份在法律、行政法规规定的限制转让期内出质的，质权人不得在限制转让期限内行使质权。

(4) 允许公司回购股权的条件。

公司不得收购本公司股份，但有下列情形之一的除外：1）减少公司注册资本；2）与持有本公司股份的其他公司合并；3）将股份用于员工持股计划或者股权激励；4）股东因对股东会作出的公司合并、分立决议持异议，要求公司收购其股份；5）将股份用于转换公司发行的可转换为股票的公司债券；6）上市公司为维护公司价值及股东权益所必需。

公司因上述情形收购本公司股份的，还应符合下列程序方面的要求。

第一，公司按照第 1）项、第 2）项规定的情形收购本公司股份的，应当经股东会决议。其中，属于第 1）项规定情形的，应当自收购之日起 10 日内注销，并办理股权变更登记。

第二，公司收购本公司股份属前述第 2）项、第 4）项规定情形的，应当自收购之日起 6 个月内转让或者注销。

第三，公司因上述第 3）项、第 5）项、第 6）项规定的情形收购本公司股份的，应当通过公开的集中交易方式进行，可以依照公司章程的规定或者股东会的授权，经 2/3 以上董事出席的董事会会议决议。此三种情况下公司合计持有的本公司股份数不得超过本公司已发行股份总额的 10%，并应当在 3 年内转让或者注销。

公司收购本公司股份，可以通过公开的集中交易方式，或者法律法规和中国证监会认可的其他方式进行。上市公司收购本公司股份的，应当依照《证券法》的规定履行信息披露义务。

为防止公司变相收购本公司股份，《公司法》规定，公司不得接受本公司的股票作为质押权的标的。

（5）禁止为取得公司股份的财务资助行为。

《公司法》第 163 条增加了禁止对取得公司股份的财务资助行为的规定。依照其规定，公司不得为他人取得本公司或者其母公司的股份提供赠与、借款、担保以及其他财务资助，但公司实施员工持股计划的除外。

为公司利益，经股东会决议，或者董事会按照公司章程或者股东会的授权作出决议，公司可以为他人取得本公司或者其母公司的股份提供财务资助，但财务资助的累计总额不得超过已发行股份的 10%。董事会作出决议应当经全体董事的 2/3 以上通过。

违反前述规定为他人取得本公司股份提供财务资助，给公司造成损失的，负有责任的董事、监事和高级管理人员应当承担赔偿责任。

（6）股东的异议回购请求权。

《公司法》第 161 条规定，发生法定事由，股东可以请求公司回购股权，这对不上市公司的股东意义深远。当发生下列情形之一的，对股东会该项决议投反对票的股东可以请求公司按照合理的价格收购其股份，公开发行股份的公司除外。

1）公司连续 5 年不向股东分配利润，而公司该 5 年连续盈利，并且符合公司法规定的利润分配条件。

2）公司转让主要财产。

3）公司章程规定的营业期限届满或者章程规定的其他解散事由出现，股东会通过决议修改章程使公司存续。

自股东会决议作出之日起 60 日内，股东与公司不能达成股份收购协议的，股东可以自股东会决议作出之日起 90 日内向人民法院提起诉讼。公司依照上述第 1）种情形收购的本公司股份，应当在 6 个月内依法转让或者注销。

上述规定，与有限责任公司股东异议回购请求权的规定基本相同。

第五节　公司解散和清算

一、公司解散

公司解散是指公司因发生章程规定的或法定的除破产以外的解散事由而停止业务活动，并进入清算程序的过程。依据《公司法》第 229 条的规定，公司解散的原因有以下五种情形：（1）公司章程规定的营业期限届满或者公司章程规定的其他解散事由出现；（2）股东会决议解散；（3）因公司合并或者分立需要解散；（4）依法被吊销营业执照、责令关闭或者被撤销；（5）人民法院依《公司法》第 231 条的规定予以解散。

公司出现前款规定的解散事由，应当在 10 日内将解散事由通过国家企业信用信息公示系统予以公示。

依据《公司法》第 231 条及最高人民法院《公司法司法解释（二）》的规定，单独或者合计持有公司全部股东表决权 10% 以上的股东，可以在发生法定事由时向人民法院请求解散公司。该法定事由如下所示。

（1）公司持续 2 年以上无法召开股东会，公司经营管理发生严重困难，公司继续存续会使股东利益受到重大损失，通过其他途径不能解决的。

（2）股东表决时无法达到法定或者公司章程规定的比例，持续 2 年以上不能作出有效的股东会决议，公司经营管理发生严重困难，继续存续会使股东利益受到重大损失，通过其他途径不能解决的。

（3）公司董事长期冲突，且无法通过股东会解决，公司经营管理发生严重困难，继续存续会使股东利益受到重大损失，不能通过其他途径解决的。

（4）公司经营管理发生其他严重困难，继续存续会使股东利益受到重大损失的情形。

除上述法定事由以外，为防止股东滥用诉权，影响公司正常生产经营，股东以知情权、利润分配请求权等权益受到损害，或者公司亏损，财产不足以偿还全部债务，以及公司被吊销企业法人营业执照未进行清算等为由，向人民法院提起解散公司诉讼的，人民法院不予受理。另外，股东提起解散公司诉讼的同时，又向人民法院申请对公司清算的，人民法院对其提出的清算申请不予受理。股东提起解散公司诉讼应当以公司为被告。

公司出现公司章程规定的营业期限届满或者公司章程规定的其他解散事由或者股东会决议解散的情形，且尚未向股东分配财产的，可以通过修改公司章程或者经股东会决议而使公司存续。公司出现前述规定的解散事由，应当在 10 日内将解散事由通过国家企业信用信息公示系统予以公示。

公司依照前述规定修改公司章程或者经股东会决议，有限责任公司须经持有 2/3 以上表决权的股东通过，股份有限公司须经出席股东会会议的股东所持表决权的 2/3 以上通过。

二、公司清算

（一）公司清算的概念

公司清算是指公司解散或被人民法院宣告破产后，依照法定程序结束公司事务，清理财产，偿还债务，收回债权，终止公司法人地位的过程。公司清算的目的是保护股东和债权人的利益，维护市场经济秩序，防范和避免公司的欺诈行为。

（二）公司清算的程序

1. 组成清算组

公司解散时，除因合并或者分立需要解散的以外，应当依法进行清算。依据《公司法》的规定，公司应当在解散事由出现之日起 15 日内成立清算组进行清算。董事为公司清算义务人。清算组由董事组成，但是公司章程另有规定或者股东会决议另选他人的除外。清算义务人未及时履行清算义务，给公司或者债权人造成损失的，应当承担赔偿责任。逾期不成立清算组进行清算或者成立清算组后不清算的，利害关系人可以申请人民法院指定有关人员组成清算组进行清算。人民法院应当受理该申请，并及时组织清算组进行清算。

公司因违法被吊销营业执照、责令关闭或者被撤销而解散的，作出吊销营业执照、责令关闭或者撤销决定的部门或者公司登记机关，可以申请人民法院指定有关人员组成清算组进行清算。

依据《公司法司法解释（二）》的规定，人民法院指定清算组成员时应当在下列人员或者机构中选任：（1）公司股东、董事、监事、高级管理人员；（2）依法设立的律师事务所、会计师事务所、破产清算事务所等社会中介机构；（3）依法设立的律师事务所、会计师事务所、破产清算事务所等社会中介机构中具备相关专业知识并取得执业资格的人员。

上述人员发生以下三种情形的，人民法院可以根据债权人、股东的申请或者依职权更换清算组成员：（1）有违反法律、行政法规的行为；（2）丧失执业能力或者民事行为能力；（3）有严重损害公司或者债权人利益的行为。

依据《公司法司法解释（二）》的规定，有下列情形之一，债权人、公司股东、董事或其他利害关系人申请人民法院指定清算组进行清算的，人民法院应予受理：（1）公司解散逾期不成立清算组进行清算的；（2）虽然成立清算组但故意拖延清算的；（3）违法清算可能严重损害债权人或者股东利益的。

发生上述情形，债权人如果未向人民法院提起清算申请，公司股东申请人民法院指定清算组对公司清算的，人民法院也应予受理。

2. 登记债权

清算组应当自成立之日起10日内通知债权人，并于60日内在报纸上或者国家企业信用信息公示系统公告。债权人应当自接到通知之日起30日内，未接到通知的自公告之日起45日内，向清算组申报其债权。清算组应当对债权进行登记。在申报债权期间，清算组不得对债权人进行清偿。

3. 清理公司财产，制订清算方案

清算组应当对公司财产进行清理，编制资产负债表和财产清单，制订清算方案。清算方案应当报股东会或者人民法院确认。

4. 清偿债务

公司财产在分别支付清算费用、职工的工资、社会保险费用和法定补偿金，缴纳所欠税款，清偿公司债务后的剩余财产，有限责任公司按照股东的出资比例分配，股份有限公司按照股东持有的股份比例分配。

清算期间，公司存续，但不得开展与清算无关的经营活动。公司财产在未清偿前述规定的事项前，不得分配给股东。

清算组在清理公司财产、编制资产负债表和财产清单后，发现公司财产不足清偿债务的，应当依法向人民法院申请破产清算。人民法院受理破产申请后，清算组应当将清算实务移交给人民法院指定的破产管理人。公司被依法宣告破产的，依照有关企业破产的法律实施破产清算。

清算组成员怠于履行清算职责，给公司造成损失的，应当承担赔偿责任；因故意或者重大过失给债权人造成损失的，应当承担赔偿责任。

公司清算结束后，清算组应当制作清算报告，报股东会或者人民法院确认，并报送公司登记机关，申请注销登记。

5. 公告公司终止

公司清算结束后，清算组应当制作清算报告，报股东会或者人民法院确认，并报送公司登记机关，申请注销公司登记，公告公司终止。

（三）清算组的职权

依据《公司法》第 234 条的规定，清算组在清算期间行使下列职权：（1）清理公司财产，分别编制资产负债和财产清单；（2）通知、公告债权人；（3）处理与清算有关的公司未了结的业务；（4）清缴所欠税款以及清算过程中产生的税款；（5）清理债权、债务；（6）分配公司清偿债务后的剩余财产；（7）代表公司参与民事诉讼活动。

清算组在公司清算期间代表公司进行一系列民事活动，全权处理公司经营事务和民事诉讼活动。依据《公司法》的规定，清算组成员应当忠于职守，依法履行清算义务。清算组成员不得利用职权收受贿赂或者其他非法收入，不得侵占公司财产。清算组成员因故意或者重大过失给公司或者债权人造成损失的，应当承担赔偿责任。

第六节 违反公司法的法律责任

一、公司发起人、股东的法律责任

《公司法》关于发起人、股东的法律责任，主要依据为《公司法》第 252 条的规定。

（1）公司的发起人、股东虚假出资，未交付或者未按期交付作为出资的货币或者非货币财产的，由公司登记机关责令改正，可以处以 5 万元以上 20 万元以下的罚款；情节严重的，处以虚假出资或者未出资金额 5％以上 15％以下的罚款；对直接负责的主管人员和其他直接责任人员处以 1 万元以上 10 万元以下的罚款。

（2）公司的发起人、股东在公司成立后，抽逃其出资的，由公司登记机关责令改正，处以所抽逃出资金额 5％以上 15％以下的罚款。对直接责任的主管人员和其他直接责任人员处以 3 万元以上 30 万元以下的罚款。《公司法司法解释（三）》规定，公司成立后，公司、股东或者公司债权人以相关股东的行为符合下列情形之一且损害公司权益为由，请求认定该股东抽逃出资的，人民法院应予支持：1）制作虚假财务会计报表虚增利润进行分配；2）通过虚构债权债务关系将其出资转出；3）利用关联交易将出资转出；4）其他未经法定程序将出资抽回的行为。

抽逃出资的法律后果与未尽出资义务的法律后果基本相同。

二、公司的法律责任

《公司法》对公司的法律责任，主要规定在第 250 条至第 264 条。具体内容如下：

（1）违法取得公司登记的法律责任。公司违反《公司法》的规定，虚报注册资本、提交虚假材料或者采取其他欺诈手段隐瞒重要事实取得公司登记的，由公司登记机关责令改正，对虚报注册资本的公司，处以 5％以上 15％以下的罚款；对提交虚假材料或者采取其他欺诈手段隐瞒重要事实的公司，处以 5 万元以上 200 万元以下的罚款；情节严重的，吊销营业执照；对直接负责的主管人员和其他直接责任人员处以 3 万元以上 30 万元以下的罚款。

（2）不按规定公示公司信息的法律责任。公司未依照《公司法》第 40 条规定公示有关信息或者不如实公示有关信息的，由公司登记机关责令改正，可以处以 1 万元以上 5 万元以下的罚款。情节严重的，处以 5 万元以上 20 万元以下的罚款；对直接负责的主管人员和其他直接责任人员处以 1 万元以上 10 万元以下的罚款。

（3）账外设账、虚假记载的法律责任。公司在法定的会计账簿以外另立会计账簿；提供存在虚假记载或者隐瞒重要事实的财务会计报告的，由县级以上人民政府财政部门按照《会计法》等法律、行政法规的规定处罚。

（4）合并、分立和减资的法律责任。公司在合并、分立、减少注册资本或者进行清算时，不依照《公司法》的规定通知或者公告债权人的，由公司登记机关责令改正，对公司处以 1 万元以上 10 万元以下的罚款。

（5）清算责任。公司在进行清算时，隐匿财产，对资产负债表及财产清单作虚假记载或者在清偿债务前分配公司财产的，由公司登记机关责令改正，对公司处以隐匿财产或者清偿债务前分配公司财产金额 5% 以上 10% 以下的罚款。对其直接负责的主管人员和其他直接责任人员，处以 1 万元以上 10 万元以下的罚款。

（6）冒用公司名称的法律责任。未依法登记为有限责任公司或者股份有限公司，而冒用有限责任公司或者股份有限公司名义的，或者未依法登记为有限责任公司或者股份有限公司的分公司，而冒用有限责任公司或者股份有限公司的分公司名义的，由公司登记机关责令改正或者予以取缔，可以并处 10 万元以下的罚款。

（7）自行歇业及逾期的法律责任。公司成立后无正当理由超过 6 个月未开业的，或者开业后自行停业连续 6 个月以上的，公司登记机关可以吊销营业执照，但公司依法办理歇业登记的除外。

（8）未及时办理变更登记的法律责任。公司登记事项发生变更时，未按照《公司法》的规定办理有关变更登记的，由公司登记机关责令限期登记；逾期不登记的，处以 1 万元以上 10 万元以下的罚款。

（9）外国公司违法设立分支机构的法律责任。外国公司违反《公司法》的规定，擅自在中华人民共和国境内设立分支机构的，由公司登记机关责令改正或者关闭，可以并处 5 万元以上 20 万元以下的罚款。

（10）从事危害国家安全、社会公共利益的法律责任。利用公司名义从事危害国家安全、社会公共利益的严重违法行为的，吊销营业执照。

公司违反《公司法》的规定，应当承担民事赔偿责任和缴纳罚款、罚金的，其财产不足以支付时，先承担民事赔偿责任。

公司违反公司法的规定，构成犯罪的，依法追究刑事责任。

三、承担资产评估、验资或者验证的机构的法律责任

《公司法》第 257 条对承担资产评估、验资或者验证的机构的法律责任作出了规定。

承担资产评估、验资或者验证的机构提供虚假材料或者提供有重大遗漏的报告的，由有关机关按照《资产评估法》《注册会计师法》等法律、行政法规的规定处罚。

承担资产评估、验资或者验证的机构因其出具的评估结果、验资或者验证证明不实，给公司债权人造成损失的，除能够证明自己没有过错的外，在其评估或者证明不实的金额范围内承担赔偿责任。

四、公司登记机关的法律责任

依照《公司法》第 258 条的规定，公司登记机关违反法律、行政法规规定未履行职责或者履行职责不当的，对负有责任的领导人员和直接责任人员依法给予政务处分。

（1）公司登记机关对不符合《公司法》规定条件的登记申请予以登记，或者对符合《公司法》规定条件的登记申请不予登记的，对直接负责的主管人员和其他直接责任人员，依法给予行政处分。

（2）公司登记机关的上级部门强令公司登记机关对不符合《公司法》规定条件的登记申请予以登记，或者对符合《公司法》规定条件的登记申请不予登记的，或者对违法登记进行包庇的，对直接负责的主管人员和其他直接责任人员，依法给予行政处分。

五、其他有关法律责任

法律责任是法理学的基本问题之一，是法律义务履行的保障机制和法律义务违反的矫正机制，在整个法律体系中占有十分重要的地位。法律责任的目的是通过法律责任的功能来实现的，法律责任的功能主要包括：预防功能、救济功能和惩罚功能。习近平总书记在新疆考察期间曾引用18世纪法国思想家、哲学家卢梭说过的话："规章只不过是穹隆顶上的拱梁，而唯有慢慢诞生的风尚才最后构成那个穹隆顶上的不可动摇的拱心石。"管用而有效的法律，既不是铭刻在大理石上，也不是铭刻在铜表上，而是铭刻在公民的内心里。如何让法治成为全民信仰？这就需要像这句古语一样，让"奉法者强"。

思考题

1. 有限责任公司与股份有限公司的区别何在？
2. 上市公司与非上市公司有何差异？
3. 公司法人治理结构的安排有何意义？
4. 股东直接诉讼与间接诉讼制度的法理依据为何？
5. 试述公司资本制度的内容。
6. 股份有限公司的设立方式有几种？
7. 表决权差异安排制度的含义是什么？公司发行类别股的意义是什么？
8. 试述有限责任公司股东转让股权规则。
9. 试述股份有限公司董事会制度。
10. 试述公司股东会决议的表决规则。
11. 试述公司资本公积金的用途。
12. 试述公司董事、监事、高级管理人员的义务。
13. 试述国家出资公司的含义。
14. 试述国有独资公司的概念及制度安排。
15. 试述公司收购本公司股份的条件。
16. 试述公司股东会、董事会决议无效、可撤销、不成立的法定情形。
17. 股东可以用于出资的财产有哪些？股东应如何履行出资义务？
18. 试述股份有限公司股东异议回购请求权适用的法定事由。
19. 股份有限公司可以发行的类别股种类有哪些？
20. 何谓法人人格否认制度？法人人格否认的类型为何？实践中如何确认？

21. 案例分析题

案例一

2023 年 7 月，自然人张某申请设立甲有限责任公司（以下简称甲公司），甲公司的股东只有自然人张某一人；2024 年 8 月，张某出资设立乙有限责任公司（以下简称乙公司），乙公司的股东亦仅有张某一个自然人，这是张某设立的第二个只有一个股东的有限责任公司。张某起草的甲、乙公司章程的有关要点如下：

（1）甲公司的注册资本为 100 万元。其中，张某以专利技术作价出资 90 万元，自甲公司成立之日起一次缴足；张某另以货币出资 10 万元，自甲公司成立之日起 10 年内缴足。

（2）乙公司不设董事会，由张某任执行董事，张某的妻子刘某担任公司总经理，总经理为法定代表人。

（3）甲公司不设监事会、监事；乙公司不设监事会，但设 1 名监事，监事由张某的妻子刘某担任。

（4）甲公司在亏损时，以资本公积金弥补亏损，不足弥补的部分，用任意公积金弥补；乙公司在亏损时，先用税后利润弥补，不足弥补的部分，使用法定公积金弥补。

根据上述情况，回答下列问题：

（1）自然人张某是否可以作为单一股东设立甲公司和乙公司两个公司？请说明理由。（提示：新《公司法》与原《公司法》的差异是，张某的行为在新法下可以。）

（2）甲公司的出资安排是否符合《公司法》的规定？请说明理由。（提示：股东出资在 5 年内缴足。）

（3）乙公司不设董事会，由股东担任执行董事，由刘某担任总经理并作为法定代表人是否合法？请说明理由。

（4）甲、乙公司不设监事会或者监事是否符合我国法律的规定？刘某担任监事是否符合规定？请说明理由。

案例二

甲股份有限公司（以下简称甲公司）于 2024 年 1 月上市，董事会成员 7 人。

截至 2024 年 5 月，甲公司召开的 3 次董事会分别讨论了如下事项：

（1）讨论通过了为其子公司一次性提供融资担保 4 000 万元的决议，其时甲公司总资产为 1 亿元。

（2）拟提请股东会聘任乙公司的总经理刘某担任甲公司独立董事，乙公司为甲公司最大的股东。

（3）讨论向丙公司投资的方案。参加会议的 6 名董事成员中，有 4 人同时为丙公司董事，经参会董事一致同意，通过了向丙公司投资的方案。

根据公司法律制度的规定和上述资料，回答下列问题：

（1）甲公司董事会是否有权作出融资担保决议？请说明理由。

（2）甲公司能否聘任刘某担任本公司独立董事？请说明理由。

（3）甲公司董事会通过的向丙公司投资的方案是否合法？请说明理由。

案例三

A 有限责任公司（以下简称 A 公司）董事会由 7 名董事组成。2023 年发生的主要事项如下：

3月5日，A公司依法召开董事会会议，决定为其子公司与B公司签订的买卖合同提供连带责任保证，该保证的数额超过了公司章程规定的数额。在讨论该保证事项时，只有董事甲投了反对票，其意见已被记载于会议记录。其他董事均认为子公司经营状况良好，信用风险不大，对该保证事项投了赞成票。出席会议的全体董事均在会议记录上签了名。

5月20日，董事乙以A公司的名义从自己手中购买闲置已久的电脑一台。对此，公司章程明确规定：公司的董事、高级管理人员不得与公司订立合同或进行交易。股东丙知道后提出异议，认为乙违反公司章程的规定，要求其赔偿损失。

6月6日，丙向A公司的监事会递交一份书面请求，请求其向法院起诉乙违反忠诚义务，要求乙赔偿公司损失，遭到拒绝。6月20日，丙为了公司利益以自己的名义直接对乙提起诉讼。

11月20日，子公司在其与B公司签订的买卖合同债务履行期限届满后未履行债务，B公司要求A公司承担保证责任，A公司因承担保证责任而遭受严重损失。

根据公司法律制度的规定及上述资料，回答下列问题：

(1) 对于A公司因承担保证责任而遭受的损失，甲是否承担赔偿责任？请说明理由。

(2) 乙的做法是否违反了高级管理人员对公司的忠诚义务？请说明理由。

(3) 丙以自己的名义直接对乙提起诉讼是否合法？请说明理由。

案例四

2017年1月，周某、吴某、蔡某和其他10人共同出资设立甲有限责任公司（以下简称甲公司）。根据公司章程的记载，周某为第一大股东，出资550万元，占公司注册资本的55%；股东认缴的出资应当在公司成立后的6个月内缴足。公司章程对股权转让和议事规则未作特别规定。

2024年2月，蔡某认缴的出资经催告仍未足额缴纳，甲公司遂向人民法院提起诉讼，请求蔡某补足出资，并承担相应的责任。蔡某以甲公司的请求已过诉讼时效期间为由拒绝。

2024年3月，吴某拟将其持有的甲公司股权转让给股东以外的人李某，并书面通知其他股东。周某同意，其他股东反对。吴某认为周某代表的表决权已过半数，所以自己可以将股权转让给李某，遂与李某签订股权转让合同。

2024年4月，为提高市场竞争力，甲公司拟与乙公司合并，并召开股东会会议进行表决，股东钱某投了反对票，其他人赞成，决议通过。钱某提出退出甲公司，要求甲公司以合理价格收购其持有的本公司股权，遭到拒绝。

根据公司法律制度和上述资料，回答下列问题：

(1) 蔡某拒绝甲公司诉讼请求的理由是否符合法律规定？请说明理由。

(2) 吴某认为可以将股权转让给李某的理由是否符合法律规定？请说明理由。

(3) 甲公司是否有权拒绝收购钱某股权？请说明理由。

案例五

2015年4月，张某、吴某、李某三人投资设立了甲有限责任公司（以下简称甲公司），张某担任公司董事长，吴某担任公司董事。2024年4月，乙投资公司拟收购甲公司，经查，甲公司存在下列问题：

（1）张某将已转入甲公司账户的 200 万元出资转出 100 万元；

（2）吴某曾于 2011 年因行贿罪被判处有期徒刑 3 年，于 2013 年刑满释放；

（3）李某出资的办公用房，虽已办理权属变更登记手续，但至今仍未交付甲公司使用。为此，其他股东主张李某不得享有相应的股东权利。

根据公司法律制度和上述资料，回答下列问题：

（1）张某转出 100 万元出资是何种性质的行为？张某应当向甲公司承担何种民事责任？

（2）吴某担任甲公司董事是否合法？请说明理由。

（3）其他股东主张李某不享有相应的股东权利是否合法？请说明理由。

案例六

南方钢铁股份有限公司（以下简称南方公司）决定引进一套进口铸钢设备，由于缺乏资金，于是以其子公司北方钢铁有限公司（以下简称北方公司）的名义向银行贷款 1 000 万元，期限 5 年。设备引进后，其生产的产品满足了市场需求，十分畅销，所获利润丰厚。该利润均由南方公司收取。贷款合同到期时，由于钢铁市场萎缩，该产品销售受到影响，利润锐减，无法偿还银行贷款。银行几经追讨未果，遂向法院起诉。经法院查实，北方公司已资不抵债，无力清偿欠款。银行提出，由南方公司清偿债务。南方公司认为其与北方公司是母、子公司关系，各为独立法人，北方公司应以其自身财产清偿债务。

根据上述资料，回答下列问题：

（1）北方公司是否应当对该笔贷款承担全部清偿责任？请说明理由。

（2）南方公司是否应当对该笔贷款承担清偿责任？请说明理由。

（3）分析本案应当适用公司法的何种规定？

第四章
外商投资法律制度

第一节　外商投资法概述

一、外商投资法的概念

(一) 外商投资法的沿革

早在改革开放之初，在国内尚未确立市场主体法律制度（我国现行规范市场主体行为的"三法"——《公司法》《合伙企业法》《个人独资企业法》，分别颁布于 1993 年、1997 年和 1999 年）之时，即高瞻远瞩地在 1979 年、1986 年、1988 年分别颁布并实施了《中外合资经营企业法》《中外合作经营企业法》《外资企业法》，它们也被称为"三资企业法"或"外资三法"。"外资三法"着重微观法律框架的构建，规范外商投资企业的组织形式、组织机构和生产经营活动准则，而随着社会主义市场经济体制和中国特色社会主义法律体系的建立和不断完善，"外资三法"的相关规范已逐步为《公司法》、《合伙企业法》，以及《民法典》中的物权编、合同编等有关市场主体和市场交易方面的法律所涵盖。《外商投资法》第 31 条规定："外商投资企业的组织形式、组织机构及其活动准则，适用《中华人民共和国公司法》、《中华人民共和国合伙企业法》等法律的规定。"同时，新形势下急需在宏观层面全面加强对外商投资的促进和保护，进一步规范外商投资管理的要求，也超出了"外资三法"的调整范围。在改革开放早期制定的"外资三法"，奠定了中国利用外资的法律基础，为推动中国改革开放伟大历史进程作出了重大贡献，圆满地完成了其在特定时期引进外资、发展经济、扩大出口、促进就业以及推动技术创新的历史使命。随着《外商投资法》的颁行，"外资三法"的效力全面废止。

中国共产党第十八届三中、四中全会和党的二十大报告把"推进高水平对外开放"作为"加快构建新发展格局，着力推动高质量发展"的重要内容。习近平总书记针对外商投资工作多次强调，"中国推动更高水平开放的脚步不会停滞"，"推动更深层次改革，实行更高水平开放，为构建新发展格局提供强大动力"。中共中央关于构建开放型经济新体制的决策部署，对完善涉外法律法规体系、统一内外资法律、制定新的外商投资基础性法律提出了明确要求。全国人大常委会立法规划和 2018 年立法工作计划明确提出制定"外商投资法"。同年，国务院将《外商投资法（草案）》提请全国人大常委会审议。2019 年 3 月 15 日，第十三届全国人大第二次会议表决通过了《外商投资法》（该法自 2020 年 1 月 1 日起施行）。为使该法更为有效施行，国务院即时颁布与之配套实施的《外商投资法实施条例》，与《外商投资法》同日施行。

外资企业在我的对外贸易中占有非常重要的比重，对于推动外贸保稳提质起到重要的作用。自 2017 年起的近七年来，国务院已经出台了几个关于利用外资方面的文件。这些文件对于改善吸引外资的环境、增强外资企业到中国来投资的信心起了良好的促进作用。2023年年初，世界银行发布的报告中，中国营商环境在全世界的排名已经提升了15位，由第46位提升到第31位。国务院出台的这些文件起了很重要的作用。2023年，围绕外资企业关注的营商环境领域突出问题，国务院出台了《关于进一步优化外商投资环境 加大吸引外商投资力度的意见》（以下简称《外商投资意见》），从提高利用外资质量、保障外商投资企业国民待遇等六个方面，提出了新一批针对性强、含金量高的稳外资政策措施，以更有效提振外商投资信心，把更多高质量外资吸引进来。

近十几年来，我国开放型经济取得历史性成就，经济总量从53.9万亿元增长到114.9万亿元，货物与服务贸易总额连续两年居全球第一，吸收外资全球占比从8.2%提升到11.4%，对外投资稳居全球前三。这充分说明，中国越发展越开放，越开放越发展。在新时代十年，我国开放事业取得的历史性成就、发生的历史性变革，是在习近平新时代中国特色社会主义思想，特别是关于对外开放的重要论述指引下实现的，充分彰显了党的创新理论的思想伟力和实践伟力。

（二）外商投资法的概念及适用范围

外商投资法，是调整因外商投资所产生的各种经济关系的法律规范的总称，主要是指政府为引进外国资本和技术，促进经济的发展，而制定的关于引进外资的基本原则、外国资本的法律地位及鼓励、保护与限制措施等法律规范。目前我国对外商投资进行规范的法律、行政法规及其他规范性文件主要有：（1）2019年3月15日第十三届全国人大第二次会议通过的《外商投资法》，共6章，包括总则、投资促进、投资保护、投资管理、法律责任、附则，共42条；（2）国务院于2019年12月26日发布的《外商投资法实施条例》（以下简称《外资法实施条例》）；（3）最高人民法院于2019年12月26日发布的《关于适用〈中华人民共和国外商投资法〉若干问题的解释》（以下简称《外商投资法解释》）；（4）国务院于2023年发布的《外商投资意见》。上述法律、条例、司法解释，现均已施行。

同其他行业和领域相比，金融业具有明显的差异性和特殊性，故《外商投资法》规定，对于外国投资者在中国境内投资银行、证券业、保险业等金融行业，或者在证券市场、外汇市场等金融市场进行投资，国家另有规定的，依照其规定。

考虑到中国港澳台地区投资者以及定居在国外的中国公民（以下统称华侨）投资的特殊性，《外资法实施条例》规定：（1）香港特别行政区、澳门特别行政区投资者在内地投资，参照《外商投资法》和《外资法实施条例》执行；法律、行政法规另有规定的，从其规定。（2）台湾地区投资者在大陆投资，适用《台湾同胞投资保护法》及其实施细则的规定；《台湾同胞投资保护法》及其实施细则未规定的事项，参照《外商投资法》和《外资法实施条例》执行。（3）华侨在中国境内投资，参照《外商投资法》和《外资法实施条例》执行；法律、行政法规或者国务院另有规定的，从其规定。

（三）外商投资法的特点

《外商投资法》的颁布意味着"外资三法"旧体系的落幕，但总体来看其主要内容规定得较为原则化，如无配套措施，其较难完全取代旧体系。对此，政府各部门分工合作，制定实施细则。相较于旧体系而言，《外商投资法》转化为外商投资法体系的进程采用了以"疏导"为主的新思路，这体现在以下几个方面。

1. 由着重对外商投资的规制转为对外资的促进和保护

此即由"围堵"规避行为转变为"疏导"投资行为。这种"堵不如疏"的重要思路充分体现了我国持续优化营商环境、推动经济高质量发展的决心和信心。与此同时，《外商投资法》还从体系和具体制度两方面进一步优化完善。在体系层面，在构建新时代外商投资法体系过程当中，坚持将外商投资相关规定纳入公平竞争审查范围，在社会主义市场经济中践行市场主体规则平等理念，不赋予任何一类市场主体不正当的竞争优势或劣势。在具体制度层面，《外商投资法》创设了一些新机制，如外商投资企业投诉工作机制。对此，应授权各地结合自身发展情况展开探索，待成熟后再向全国推广。此外，在"放得开"的同时还要"管得住"。《外商投资法》第 35 条的规定标志着我国已初步建立外商投资安全审查制度，但在国家安全等相关概念、投资者识别、非正式约谈机制等方面仍需进一步细化、完善。

2. 外商投资法律规制体系更趋严谨、规范

在旧体系中，政府投资管理相关部门高度依赖低位阶法律规范文件，其层级越低，越具有可执行性，从而形成下位法架空上位法的局面。在不断完善和细化新体系的过程中，《外商投资法》《外资法实施条例》《外商投资法解释》采取了三项措施，确保立法目标不动摇、立法方向不偏移。一是坚持逐级授权，各部门在授权范围内开展外商投资相关工作。如国务院根据《外商投资法》第 4 条的明确授权才能在《外资法实施条例》第 4 条中，对负面清单的制定、发布和调整三个方面进行细化。二是提升细则制定和实施的透明度。《外商投资法》第 10 条以及《外资法实施条例》第 7 条要求将与外商投资有关的规范性文件依法及时公布，未经公布的甚至不得作为行政管理依据。三是强化合法性审查。《外商投资法》第 24 条规定，各级人民政府及其有关部门制定涉及外商投资的规范性文件，应当符合法律法规的规定；没有法律、行政法规依据的，不得减损外商投资企业的合法权益或者增加其义务，不得设置市场准入和退出条件，不得干预外商投资企业的正常生产经营活动。《外资法实施条例》第 26 条进一步要求，涉及外商投资的规范性文件在制定过程中应进行合法性审核，对于已实施的规范性文件在行政复议或行政诉讼阶段仍可进行审查。

3. 实施主体多元化

与其他法律部门相比，《外商投资法》的实施主体较为多元，既包括各级商务主管部门、投资主管部门等公共机构，也包括外国投资者、投资服务机构等私人主体。以实施主体为标准，《外商投资法》的实施可以划分为公共实施和私人实施两种类型。公共实施又可以细分为两种形式：一是国家机关或地方政府进一步制定下位法，如商务部和国家市场监督管理总局共同发布《外商投资信息报告办法》（以下简称《信息报告办法》），对信息报告制度作出具体规定，通过信息共享方式加强行政机关的横向联系，减轻报送负担。最高人民法院充分发挥审判职能作用，制定《外商投资法解释》，以司法解释的形式依法平等保护中外投资者合法权益，确保《外商投资法》在司法领域得到公正、高效的执行。二是国家机关运用公权力，对违法行为予以调查并执法。如《外商投资法》第 38 条规定，对外国投资者、外商投资企业违反法律、法规的行为，由有关部门依法查处，并按照国家有关规定纳入信用信息系统。

4. 赋予私人主体较强的能动性

在公共实施之外，《外商投资法》赋予了私人主体较强的能动性。一方面，相关概念可以通过民商事诉讼或行政诉讼在个案中进一步明晰；另一方面，《外商投资法》第 10 条赋予外国

投资者参与新法制定、提出意见建议的权利，从而使外国投资者更加主动，与公共实施形成良性互动，共同促进新时代外商投资法体系的建设。

二、外商投资立法演进

自 20 世纪 80 年代我国改革开放以来，为适应外商来华投资的新形势，为外商来华投资经营创造一种良好的法律环境，我国对外商投资立法极为重视，在国内经济立法尚不健全的情况下，外商投资立法捷足先登。综观四十多年来建立健全外资法律制度的历程，可以分为以下四个阶段。

1. 制定"外资三法"，初步建立利用外资法律制度

1978 年 12 月，我国外资立法起草小组在借鉴参考 30 多个国家的有关法律，广泛听取国内经济部门、研究机构和法律专家的意见的基础上，在半年内完成了起草工作，将《中外合资经营企业法（草案）》提交五届全国人大二次会议审议（1979 年 7 月 1 日获得大会通过，7 月 8 日颁布施行）。《中外合资经营企业法》作为改革开放新时期第一批制定的七部法律之一，其出台标志着中国打开大门引进外资、实行对外开放，具有重大政治和法律意义，且立法的规格和效率可圈可点。

1986 年，六届全国人大四次会议通过了《外资企业法》。1988 年，七届全国人大一次会议通过了《中外合作经营企业法》。这两部法律与《中外合资经营企业法》共同构成了利用外资的三部基本法律，统称"外资三法"。

2. 制定配套法规，完善利用外资法律制度

因我国制定"外资三法"时正值改革开放初期，当时在吸引外商投资方面尚缺乏实践经验，故《中外合资经营企业法》规定得比较原则，操作性不强，全文仅 15 条。邓小平同志在会见日本公民党委员长长竹入义胜时说：这个法是不完备的，因为我们还没有经验。与其说是法，不如说是我们政治意向的声明。1979 年 6 月，彭真同志在五届全国人大二次会议上指出还需制定具体实施条例。经过深入研究和广泛征求意见，国务院于 1983 年 9 月发布了《中外合资经营企业法实施条例》（已失效）。该条例规定了企业的设立与登记、组织形式、注册资本、出资方式等。该条例的出台，使中外合资经营企业各方面的经营活动基本皆有法可依。《外资企业法》《中外合作经营企业法》出台后，我国又相继制定了相应的实施细则。此外，根据利用外资的实际需要，国务院有关部门适时出台配套规定，不断健全外资法律体系。例如，就合营期限、境内投资、股权变更等事项相关细化规定，制定《指导外商投资方向规定》等，引导外商投资适应我国国民经济和社会发展的需要。

3. 履行"入世"承诺，外资立法与国际接轨

在 21 世纪初，为适应世界贸易组织规则，履行"入世"承诺，我国对涉外经贸法律进行了大规模的清理和修订。首先是全国人大及其常委会对"外资三法"作出部分修改，删除了法律中要求外商投资企业在境内优先采购、实现外汇收支平衡、出口实绩等规定。2007 年，十届全国人大五次会议通过《企业所得税法》，实现了内外资企业所得税制统一。国务院也对"外资三法"的实施条例和细则进行了修改。此外，我国按照"入世"承诺开放了金融、电信、交通等众多服务领域，调整了相关的法律、法规及规章。为在扩大开放的同时维护国家安全，我国借鉴国际通行做法，于 2011 年建立了外国投资者并购境内企业安全审查制度。

4. 全面深化改革，外资法律制度实现历史变革

根据全面深化改革、扩大对外开放的需要，全国人大常委会于 2013 年、2014 年两次作出决定，授权在有关自由贸易试验区内暂时调整"外资三法"关于外商投资企业审批等的规定，试行准入前国民待遇加负面清单管理方式。2016 年，根据自由贸易试验区取得的可复制推广的经验，全国人大常委会对"外资三法"作出修改，在法律中确立对外商投资企业实行准入前国民待遇加负面清单管理制度，将自由贸易试验区的改革试点经验推广到全国。

由于在新的形势下，"外资三法"已难以适应新时代改革开放实践的需要，加之我国《公司法》经过数次修订日臻完善，其立法内容完全可以涵盖外商投资企业的经营各项活动，2019 年 3 月 15 日，十三届全国人大二次会议通过《外商投资法》。该法突出保护和促进的立法宗旨，规定全面实行准入前国民待遇加负面清单管理制度。该法自 2020 年 1 月 1 日起施行。同时，有关部门配合制定了相应的具体法规、规章。

三、外商投资方式

外商投资，即外国的自然人、企业或者其他经济组织直接或者间接在中国境内进行的投资。根据我国有关法律和行政法规的规定，目前，在我国的外商投资主要有以下四种方式：

（1）外国投资者单独或者与其他投资者共同在中国境内设立外商投资企业。

（2）外国投资者取得中国境内企业的股份、股权、财产份额或者其他类似权益。

（3）外国投资者单独或者与其他投资者共同在中国境内投资新建项目。这里的"新建项目"是指外国投资者在中国境内对特定项目建设进行投资，但不设立外商投资企业，不取得中国境内企业的股份、股权、财产份额或者其他类似权益。例如，外国投资者以服务费、特许经营费或者其他约定方式获取投资收益。这里的"其他投资者"，主要是指外商投资者的中方合作伙伴。在"外资三法"时代，无论是中外合资经营企业还是中外合作经营企业，作为中方合作伙伴的只能是公司、企业或其他经济组织，不包括自然人。而《外商投资法》中的"其他投资者"能否包括中国自然人，法律本身没有明确，《外资法实施条例》则明确规定"其他投资者，包括中国的自然人在内"，从而确立了中国自然人的投资主体地位。这意味着中国的自然人也可以同外国的自然人、企业或者其他经济组织一起，在中国境内设立外商投资企业或者投资新建项目。

（4）法律、行政法规或者国务院规定的其他方式的投资。

随着经济全球化的不断深入和我国经济的蓬勃发展，我国还会有新的外商投资方式出现。

四、外商投资法的基本原则

（一）坚持改革开放的基本国策，鼓励外国投资者在中国境内投资

2015 年 9 月 24 日，习近平主席在华盛顿同美国总统奥巴马举行中美元首会晤时指出：改革开放是中国的基本国策，也是今后推动中国发展的根本动力。中国开放的大门永远不会关上，外国企业今后在华投资兴业，将会有更为开放、宽松、透明的环境。《外商投资法》秉承了这一基本国策，制定了对外商实行高水平投资自由化、便利化的政策，建立和完善外商投资促进机制，营造稳定、透明、可预期和公平竞争的市场环境，保护外国投资者在中国的投资权益。习近平总书记在党的二十大报告中强调，"中国坚持对外开放的基本国策，坚定奉行互利

共赢的开放战略"，"推进高水平对外开放"。2022 年 12 月召开的中央经济工作会议进一步强调，坚持推进高水平对外开放，稳步扩大规则、规制、管理、标准等制度型开放。这些重要论述，为我们推进对外开放工作指明了前进方向、提供了根本遵循。

（二）国家对外商投资实行准入前国民待遇加负面清单管理制度

《外商投资法》第 4 条规定，国家对外商投资实行准入前国民待遇加负面清单管理制度。世界各国出于促进本国经济发展的要求，通常都会给予外商投资以国民待遇。对外商投资的国民待遇分为准入前国民待遇和准入后国民待遇。准入前国民待遇，是指在投资准入阶段给予外国投资者及其投资不低于本国投资者及其投资的待遇，即将国民待遇提前到准入阶段，也就是说允许内资投向的领域也允许外资进入。具体又分为两种管理模式。

（1）准入前国民待遇＋正面清单。"正面清单"即承诺表，于清单内承诺的事项给予国民待遇。我国在加入世界贸易组织初期，因开放程度较低，采取这种模式。

（2）准入前国民待遇＋负面清单。"负面清单"即黑名单，包括禁止准入类和限制准入类。具体来讲，对禁止准入事项，市场主体不得进入，行政机关不予审批、核准，不得办理有关手续；对限制准入事项，或由市场主体提出申请，行政机关依法依规作出是否予以准入的决定，或由市场主体依照政府规定的准入条件和准入方式合规进入；对市场准入负面清单以外的行业、领域、业务等，各类市场主体皆可依法平等进入。为促进外资进入，我国已于 2018 年 1 月 1 日起全面实施市场准入负面清单制度。

司法实践中，对于外商投资准入负面清单之外领域的合同效力，规定了较为宽松的适用规则。最高人民法院《外商投资法解释》第 2 条指出：对《外商投资法》第 4 条所指的外商投资准入负面清单之外的领域形成的投资合同，当事人以合同未经有关行政主管部门批准、登记为由主张合同无效或者未生效的，人民法院不予支持。前述规定的投资合同签订于《外商投资法》施行前，但人民法院在《外商投资法》施行时尚未作出生效裁判的，适用前述规定认定合同的效力。外国投资者投资外商投资准入负面清单规定禁止投资的领域，当事人主张投资合同无效的，人民法院应予支持。外国投资者投资外商投资准入负面清单规定限制投资的领域，当事人以违反限制性准入特别管理措施为由，主张投资合同无效的，人民法院应予支持。人民法院作出生效裁判前，当事人采取必要措施满足准入特别管理措施的要求，当事人主张前述规定的投资合同有效的，人民法院应予支持。

中华人民共和国缔结或者参加的国际条约、协定对外国投资者准入待遇有更优惠规定的，可以按照相关规定执行。

（三）国家依法保护外国投资者在中国境内的投资、收益和其他合法权益

1. 保障外资外汇收支自由进出

《外资法实施条例》规定，国家保障外国投资者在中国境内的投资及其相关所得的自由汇入、汇出，任何单位和个人均不得违法对币种、数额以及汇入、汇出的频次等进行限制。

国务院《外商投资意见》规定：保障外商投资企业依法参与政府采购活动。尽快出台相关政策措施，进一步明确"中国境内生产"的具体标准。研究创新合作采购方式，通过首购订购等措施，支持外商投资企业在我国创新研发全球领先产品。推动加快修订《政府采购法》。开展保障经营主体公平参与政府采购活动专项检查，依法查处对外商投资企业实行差别待遇等违法违规行为，适时通报典型案例。外商投资企业如认为政府采购活动使其权益受到损害，可依

规提起质疑和投诉，各级财政部门应依法受理并公平处理。

2. 支持外商投资企业依法平等参与标准制定工作

国家支持外商投资企业依法平等参与我国标准化制定工作，推进标准制定、修订全过程信息公开，保障外商投资企业与内资企业依法平等参与标准制定工作。鼓励外商投资企业自行制定或与其他企业联合制定企业标准，开展标准化服务。在服务业扩大开放综合试点示范地区推进国家级服务业标准化试点。

3. 确保外商投资企业平等享受支持政策

各地出台的支持产业发展、扩大内需等政策，除法律法规有明确规定或涉及国家安全领域外，不得通过限定品牌或以外资品牌为由排斥或歧视外商投资企业及其产品和服务，不得对外商投资企业及其产品和服务享受政策设置额外条件。

五、外国投资者、外商投资企业的权利和义务

(一) 外商投资企业的权利

1. 负面清单之外的国民待遇权利

此即依法享有平等适用国家支持企业发展的各项政策的权利。外商投资企业平等参与标准化工作和政府采购活动。强制性标准平等地适用于外商投资企业，政府采购依法对外商投资企业在中国境内生产的产品平等对待。2023 年国务院出台的《外商投资意见》进一步加大了外资企业国民待遇的保障力度。该意见在 8 个地方体现了给予外资企业国民待遇的要求，比如：在投资自由化方面提出，要继续支持按照内外资一致的原则办理外资保险公司设立和变更等行政许可事项，各地区要保障内外资汽车制造企业生产的新能源汽车享受同等的市场准入待遇；在投资保护方面要求各地区、各部门全面落实内外资企业公平参与我国标准化的工作等。

2. 依法融资的权利

外商投资企业可以依法通过公开发行股票、公司债券等证券以及其他方式进行融资。

3. 立法建议和反馈权利

制定与外商投资有关的法律、法规、规章，应当采取适当方式征求外商投资企业的意见和建议。"适当方式"，是指根据实际情况采取书面征求意见或者召开座谈会、论证会、听证会等多种形式。对反映集中或者涉及外商投资企业重大权利义务问题的意见和建议，还应通过适当方式反馈采纳的情况。

4. 收益的自由处分权利

外国投资者在中国境内的出资、利润、资本收益、资产处置所得、知识产权许可使用费、依法获得的补偿或者赔偿、清算所得等，可以依法以人民币或者外汇自由汇入、汇出。外商投资企业外籍职工的工资收入和其他合法收入，在依照中国税收法律、行政法规纳税后，可以依法自由汇出。

5. 依法成立和自愿参加及退出商会、协会的权利

外商投资企业可以依法成立和自愿参加商会、协会。商会、协会依照法律法规和章程的规定开展相关活动，维护会员的合法权益。除法律另有规定以外，外商投资企业有权自主决定参加或者退出商会、协会，任何单位和个人不得干预；国家支持商会、协会依照法律、法规和章程的规定开展相关活动。

6. 对行政行为提请审查及提起诉讼的权利

外国投资者、外商投资企业认为行政行为所依据的国务院部门和地方人民政府及其部门制定的规范性文件不合法，在依法对行政行为提起诉讼时，可以一并请求对该规范性文件进行审查。

7. 外国投资者、外商投资企业依法享受财政、税收、金融、用地等方面的优惠待遇

（二）外国投资者、外商投资企业的义务

（1）在中国境内进行投资活动的外国投资者、外商投资企业，应当遵守中国法律法规，不得危害中国国家安全、损害社会公共利益。

（2）外商投资企业职工依法建立工会组织，开展工会活动，维护职工的合法权益。外商投资企业应当为本企业工会提供必要的活动条件。

（3）外国投资者并购中国境内企业或者以其他方式参与经营者集中的，应当依照《反垄断法》的规定接受经营者集中审查。

（4）外商投资企业开展生产经营活动，应当遵守法律、行政法规有关劳动保护、社会保险的规定，依照法律、行政法规和国家有关规定办理税收、会计、外汇等事宜，并接受相关主管部门依法实施的监督检查。

（5）外国投资者应当履行投资信息报告义务。外国投资者或者外商投资企业应当通过企业登记系统以及企业信用信息公示系统向商务主管部门报送投资信息。外商投资信息报告的内容和范围按照确有必要的原则确定；通过部门信息共享能够获得的投资信息，不得再行要求报送，外国投资者可以拒绝提供。

（6）外商投资准入负面清单规定限制投资的领域，外国投资者进行投资应当符合负面清单规定的条件。外商投资准入负面清单规定禁止投资的领域，外国投资者不得投资。

外商投资准入负面清单以外的领域，按照内外资一致的原则实施管理。外商投资企业需要办理投资项目核准、备案的，按照国家有关规定执行。外国投资者在依法需要取得许可的行业、领域进行投资的，应当依法办理相关许可手续。

六、《外商投资法》与"外资三法"的衔接

为了使《外商投资法》与《公司法》《合伙企业法》《民法典》等多部法律更好地衔接互通，《外商投资法》第42条第2款规定，《外商投资法》施行前依照《中外合资经营企业法》《外资企业法》《中外合作经营企业法》设立的外商投资企业，在《外商投资法》施行后5年内可以继续保留原企业组织形式等。具体实施办法由国务院规定。

《外商投资法》施行后，现有外商投资企业合营、合作各方在合同中约定的收益分配方法、剩余财产分配方法等，在合营、合作期限内可以继续按照约定办理。

七、外商投资项目准入

为了更好地引导外国投资者在中国投资，2002年2月11日，国务院发布了《指导外商投资方向规定》，该规定自2002年4月1日起施行。依据这一规定，国家发展和改革委员会、商务部等部门不定期发布《外商投资产业指导目录》，这些指导目录按行业及行业的具体项目将外商投资项目分为鼓励、限制、禁止和允许四类。2017年6月28日，国家发展和改革委员会、

商务部联合发布《外商投资产业指导目录》（自 2017 年 7 月 28 日起施行）。其中，2017 年 6 月 28 日发布的鼓励类外商投资项目，自 2019 年 7 月 30 日起废止。2017 年版目录，还吸收了此前自由贸易试验区开放试点和负面清单管理模式的经验，首次提出在全国范围内实施的外商投资准入负面清单，在负面清单之外的领域原则上实行备案管理，不得限制外资准入。

自 2019 年以来，我国进一步放宽服务业、制造业的市场准入门槛，让外资在华有了更大的施展空间。目前我国服务业、制造业、采矿业开放水平大幅提高，其中一般制造业已基本放开。

第二节　外商投资保护

2020 年以来，在复杂的国际局势下，中国企业的全球投资影响力不断提升，占全球外国直接投资流量比重连续三年超过 10%，同时，中国的外资流入水平保持全球领先，中国稳居全球第二大对外投资目的国地位。国务院《外商投资意见》规定：健全外商投资权益保护机制，完善国际投资争端应对工作机制，压实主体责任，强化争端预防，妥善处理国际投资争端。坚决打击通过网络发布、传播虚假不实和侵权信息等侵害外商投资合法权益的恶意炒作行为，依法严肃查处相关责任机构和责任人。建立健全省级外商投资企业投诉协调工作机制，推动解决涉及多部门事项或政策性、制度性问题。

《外商投资法》第 5 条规定："国家依法保护外国投资者在中国境内的投资、收益和其他合法权益。"《外商法实施条例》第 2 条规定，国家完善相关政策措施，持续加大对外开放力度，优化外商投资环境，鼓励和积极促进外国投资者依法在中国境内投资。国家依照法律法规以及所缔结或者参加的国际条约、协定，保护外国投资者在中国境内的投资、收益和其他合法权益。

根据《外商投资法》和相关法律、法规的规定，目前，我国对外国投资者，尤其是外商投资企业权益的保护制度包括以下几个方面的内容。

一、对外国投资者的财产权的保护

《外商投资法》第 20 条规定：国家对外国投资者的投资不实行征收。但在特殊情况下，国家为了公共利益的需要，可以依照法律规定对外国投资者的投资实行征收或者征用。征收、征用应当依照法定程序进行，并及时给予公平、合理的补偿。也即在一般情况下，政府不得对外商的投资实行征收、征用。即便发生特殊情况，必须征收、征用的，也应按照法定程序，根据被征收人所被征收投资的市场价值，及时给予其补偿。

二、对外国投资者和外商投资企业的知识产权和技术的保护

国家保护外国投资者和外商投资企业的知识产权，保护知识产权权利人和相关权利人的合法权益；对知识产权侵权行为，严格依法追究法律责任。国家鼓励在外商投资过程中基于自愿原则和商业规则开展技术合作，技术合作的条件由投资各方遵循公平原则平等协商确定。国家建立知识产权侵权惩罚性赔偿制度，推动建立知识产权快速协同保护机制，健全知识产权多元化纠纷解决机制和知识产权维权援助机制，加大对外国投资者和外商投资企业知识产权的保护

力度，平等保护外国投资者和外商投资企业的知识产权；涉及外国投资者和外商投资企业专利的，应当按照国家标准涉及专利的有关管理规定办理。

国务院《外商投资意见》规定：（1）强化知识产权行政保护。完善专利侵权纠纷行政裁决制度，加大行政裁决执行力度。支持各地区依托展会知识产权工作站，受理参展产品版权、专利、商标等知识产权申请，提供有效预防侵权措施。加强药品和医用耗材采购领域知识产权保护，企业参加采购活动须自主承诺不存在违反专利法等法律法规的情形。对涉及知识产权纠纷的产品，有关部门要加强沟通会商，依法依规开展采购活动；对经知识产权部门行政裁决或人民法院生效判决认定为专利侵权的产品，及时采取不予采购、取消中选资格等措施。（2）加大知识产权行政执法力度。坚决打击侵犯外商投资企业知识产权行为，针对跨区域、链条化侵权违法行为开展专项执法行动。健全知识产权快速协同保护机制，对事实清楚、证据确凿的案件依法加快办理进度，建立、完善线上线下一体化执法机制，适当简化程序性要求。

三、行政机关依法保护

营商环境是一个国家有效开展国际交流与合作、参与国际竞争的重要依托，同时也是一个国家经济软实力的重要体现，是提高国际竞争力的重要内容。随着中国持续扩大开放、大力优化营商环境，致力于市场化、法治化、国际化，未来外商在华投资将更有信心并有更大的获得感。据世界银行发布的《2020年全球营商环境报告》显示，2019年全球营商环境排名中国第31位，较之2018年度（排名第46位）、2017年度（排名第78位），有了大幅跃升。可以预见，随着中国持续施行改革开放的国策，未来十年中国的营商环境有望进入全球排名前二十。营商环境的优化，在很大程度取决于政府的依法行政、适度干预及投资保护措施的落实。

各级人民政府及其有关部门制定涉及外商投资的规范性文件，应当符合法律法规的规定；没有法律、行政法规依据的，不得减损外商投资企业的合法权益或者增加其义务，不得设置市场准入和退出条件，不得干预外商投资企业的正常生产经营活动。政府及其有关部门应当通过政府网站、全国一体化在线政务服务平台集中列明有关外商投资的法律、法规、规章、其他规范性文件、政策措施和投资项目信息，并通过多种途径和方式加强宣传、解读，为外国投资者和外商投资企业提供咨询、指导等服务。

行政机关及其工作人员不得利用行政手段强制转让技术。行政机关及其工作人员对于履行职责过程中知悉的外国投资者、外商投资企业的商业秘密，应当依法予以保密，不得泄露或者非法向他人提供。

政府部门应当进一步规范涉外经贸政策、法规制定。制定各类涉外经贸政策措施时应注重提升透明度和增强可预期性，依法听取外商投资企业的意见。新出台政策措施应合理设置过渡期。

四、地方政府恪守承诺保护

依据《外商投资法》第25条的规定，地方各级人民政府及其有关部门应当履行向外国投资者、外商投资企业依法作出的政策承诺以及依法订立的各类合同。因国家利益、社会公共利益需要改变政策承诺、合同约定的，应当依照法定权限和程序进行，并依法对外国投资者、外商投资企业因此受到的损失予以补偿。

县级以上地方人民政府应当加强对外商投资促进、保护和管理工作的组织领导，支持、督促有关部门依照法律法规和职责分工开展外商投资促进、保护和管理工作，及时协调、解决外商投资促进、保护和管理工作中的重大问题。

《外商投资法》第 25 条的规定，旨在约束地方政府的行为，促使其守约践诺。"政策承诺"一词并非法律术语，关于其形式和内容均存在多种可能的解读。对此，《外资法实施条例》规定，"政策承诺，是指地方各级人民政府及其有关部门在法定权限内，就外国投资者、外商投资企业在本地区投资所适用的支持政策、享受的优惠待遇和便利条件等作出的书面承诺。政策承诺的内容应当符合法律、法规规定"。这既明确了书面这一形式要件，又指明了支持政策、优惠待遇、便利条件等承诺大体指向的方面，还强调了"法定权限内""符合法律、法规规定"等约束性条件，从而使《外商投资法》的上述规定更具可操作性。

五、权益受到损害时的投诉保护

国家建立外商投资企业投诉工作机制，以及时处理外商投资企业或者其投资者反映的问题，协调完善相关政策措施。外商投资企业或者其投资者认为行政机关及其工作人员的行政行为侵犯其合法权益的，可以通过外商投资企业投诉工作机制申请协调解决。

外商投资企业或者其投资者认为行政机关及其工作人员的行政行为侵犯其合法权益的，除可以依照前述规定通过外商投资企业投诉工作机制申请协调解决外，还可以依法申请行政复议、提起行政诉讼。

第三节 外国投资者投资管理

一、外商投资准入管理特别措施

（一）外商投资准入管理特别措施概述

外商投资准入特别管理措施，即外商投资准入负面清单。2021 年 12 月 27 日，国家发展和改革委员会、商务部发布了《外商投资准入特别管理措施（负面清单）》（2021 年版）（以下简称 2022 年版《外商投资准入负面清单》）[1] 和《自由贸易试验区外商投资准入特别管理措施（负面清单）》（2021 年版）。这标志着我国对外商投资的准入管理进入了一个新阶段。"负面清单"管理模式是我国针对外商投资管理的一种新的法治模式，它的根本内涵在于政府用清单方式划分出明确禁止外商投资进入的领域，在其余所有领域在法律法规允许的范围内，国内国外资本作为平等的市场主体进入，进行公平、开放的市场竞争。负面清单管理模式颠覆了原有的正面清单管理方式，是政府和市场关系的一次重新调整和定位，遵循"法无禁止即可为"的基本原则，具有激发市场活力、限制公权和减少腐败、高度可复制性和可推广性、进一步与国际通行规则相衔接的现实意义。

---

[1] 本书表述为 2022 年版《外商投资准入负面清单》，该清单自 2022 年 1 月 1 日起施行。

党的十八届三中全会以来，我国深入探索对外商投资实行准入前国民待遇加负面清单管理制度，不断提高开放水平。2019 年出台的《外商投资法》及其实施条例在法律法规层面正式确立了准入前国民待遇加负面清单管理制度，外商投资准入负面清单统一列出禁止或限制投资的领域，在负面清单之外给予外商投资国民待遇。

外商投资准入负面清单主要考虑以下因素确定：

（1）扩大外资市场准入。落实党中央、国务院部署，提高制造业、服务业、农业开放水平，以开放促改革、促发展。

（2）推进制度型开放。落实《外商投资法》及其实施条例，完善外商投资准入负面清单规则，全面实施准入前国民待遇加负面清单管理制度。

（3）外商投资准入负面清单只做减法、不做加法。外商投资准入负面清单修订不新增或加严对外资的限制，开放的大门越来越大。

（4）发挥自贸试验区扩大开放试验田作用。继续在自由贸易试验区进行扩大开放的压力测试，在一些领域的开放上先行一步。

（5）在扩大开放的同时维护国家安全。要按照《外商投资法》的要求，做好投资管理工作，统筹兼顾开放与安全。

（二）外商投资准入负面清单的主要开放措施

我国目前现行外商投资准入制度，主要还是依据 2022 年版《外商投资准入负面清单》的规定。其主要开放措施如下：

（1）加快服务业重点领域开放进程。在金融领域，取消证券公司、证券投资基金管理公司、期货公司、寿险公司外资股比限制。在基础设施领域，取消 50 万人口以上城市供排水管网的建设、经营须由中方控股的规定。在交通运输领域，取消禁止外商投资空中交通管制的规定，同时调整了民用机场条目的规定。

（2）放宽制造业、农业准入。在制造业领域，放开商用车制造外资股比限制，取消禁止外商投资放射性矿产冶炼、加工和核燃料生产的规定。在农业领域，将小麦新品种选育和种子生产须由中方控股放宽为中方股比不低于 34%。

（3）继续在自贸试验区进行开放试点。在全国开放措施基础上，自贸试验区继续先行先试。在医药领域，取消禁止外商投资中药饮片的规定。在教育领域，允许外商独资设立学制类职业教育机构。

二、准入前国民待遇加负面清单制度

长期以来，我国对外商投资市场准入实行较严格的审批制，即外国投资者在我国境内投资设立企业必须经国家或地方商务主管部门事先批准，获得批准后方可办理注册登记、领取营业执照；外商投资企业的合并、分立等重要事项的变更以及延长经营期限，均需审批机关批准。

2013 年，上海自由贸易试验区（以下简称自贸区）率先试行准入前国民待遇加负面清单的新型准入管理模式，即以清单形式明确列出需要对外商投资采取审批等特别管理措施的投资领域和投资项目，对于清单（特别管理措施目录）之外的投资领域和投资项目实行给予外国投资者的国民待遇，不再仅因其外国投资者的身份而进行专门审批。在上海自贸区实践的基础上，全国人大常委会于 2016 年 9 月 3 日通过《关于修改〈中华人民共和国外资企业法〉等四部法律的决定》，对《外资企业法》《中外合资经营企业法》《中外合作经营企业法》《台湾同胞投资保护法》四部法律进行修订，规定：举办外商投资企业不涉及国家规定实施准入特别管理措施的，实行备案管理。这无疑将准入前国民待遇加负面清单管理模式正式推广至全国范围。

三、2022年版《外商投资准入负面清单》与《外商投资法》及其实施条例的衔接

外商投资准入负面清单是实行准入前国民待遇加负面清单管理制度的基本依据。2022年版《外商投资准入负面清单》作为《外商投资法》及其实施条例施行后的新版负面清单，除进一步扩大开放外，还与法律法规的有关规定进行了衔接。

1. 2022年版《外商投资准入负面清单》与《外商投资法》的衔接措施

（1）落实外资准入管理。在2022年版《外商投资准入负面清单》说明中，规定有关行政主管部门在依法履行职责过程中，对外国投资者拟投资清单内领域，但不符合清单规定的，不予办理许可、企业登记注册等相关事项；涉及固定资产投资项目核准的，不予办理相关核准事项。

（2）调整中外合作经营限制性规定。《外商投资法》实施后，《中外合作经营企业法》已经废止，2022年版《外商投资准入负面清单》部分条目中限于中外合作经营企业方式投资的规定已经过时，不再保留，比如，将"医疗机构限于合资、合作"的条目调整为"医疗机构限于合资"。

（3）增加负面清单豁免规定。外商投资构成较为复杂，为了与法律法规做好衔接并考虑特殊情况，2022年版《外商投资准入负面清单》在说明中增加了负面清单豁免规定，即经国务院有关主管部门审核并报国务院批准，特定外商投资可以不适用2022年版《外商投资准入负面清单》中相关领域的规定。

2022年版《外商投资准入负面清单》自2022年1月1日起施行。国家发展和改革委员会与商务部等部门以及各地方政府，已按照《外商投资法》及其实施条例的要求，落实外商投资准入负面清单工作，确保新开放措施及时落地，提高各项政策的一致性。在外商投资准入负面清单之外的领域，给予内外资企业平等待遇，任何单位不得设置单独针对外资的准入限制。外商投资准入负面清单统一列出股权要求、高管要求等外商投资准入方面的特别管理措施；在外商投资准入负面清单之外的领域，按照内外资一致原则实施管理。2024年3月24日在北京召开的中国发展高层论坛上，国家发展和改革委员会负责人称：2024年版《外商投资准入负面清单》正在制定中，有望于2024年下半年公布。

2. 过渡期制度安排

外商投资准入负面清单对部分领域列出了取消或放宽准入限制的过渡期，过渡期满后将按时取消或放宽其准入限制。

3. 投资领域身份限制

外国投资者的主体资格限于公司或者其他具有经营实体资格的组织，不得作为个体工商户、个人独资企业投资人、农民专业合作社成员，从事投资经营活动。

4. 行政许可约束

有关行政主管部门在依法履行职责过程中，对外国投资者拟投资外商投资准入负面清单内领域，但不符合外商投资准入负面清单规定的，不予办理许可、企业登记注册等相关事项；涉

及固定资产投资项目核准的，不予办理相关核准事项。投资有股权要求的领域的，不得设立外商投资合伙企业。

5. 核准豁免

经国务院有关主管部门审核并报国务院批准，对特定外商投资可以不适用外商投资准入负面清单中相关领域的规定。

6. 制度衔接

外商投资准入负面清单中未列出的文化、金融等领域与行政审批、资质条件、国家安全等相关措施，按照现行规定执行。

《内地与香港关于建立更紧密经贸关系的安排》及其后续协议、《内地与澳门关于建立更紧密经贸关系的安排》及其后续协议、《海峡两岸经济合作框架协议》及其后续协议，我国缔结或者参加的国际条约、协定对境外投资者准入待遇有更优惠规定的，可以按照相关规定执行。在自贸区等特殊经济区域对符合条件的外国投资者实施更优惠开放措施的，按照相关规定执行。

境内公司、企业或自然人以其在境外合法设立或控制的公司并购与其有关联关系的境内公司的，按照外商投资、境外投资、外汇管理等有关规定办理。

四、外商投资的安全审查制度

（一）外商投资安全审查制度的产生背景

近些年来中美贸易摩擦的不确定性前景使全球经济前景承压，对全球产业变迁产生重要影响，或将重塑全球产业链与价值链。这已经对跨国公司在世界范围内的投资决策产生了极大影响。从全球范围来看，以欧美发达国家为代表的投资保护主义倾向明显：以涉及敏感行业、国家安全等为由，加强对外国投资的审查，迫使一些跨国并购以失败告终。比如，2018 年，阿里巴巴旗下数字支付公司蚂蚁金服宣布放弃收购美国的企业速汇金国际，原因是美国政府相信该交易会对美国国家安全构成威胁。放眼世界，各国尤其是欧美发达国家对外资持谨慎态度，限制性外资政策数量创近些年新高。目前亚洲发展中经济体成为推动国际投资自由与便利化的关键力量。

2018 年以来，各国出台的外资政策总量降幅较大，其中，自由与便利化政策以及中性政策出台数量均出现大幅下降，分别下降 33.7% 和 30.4%。与此形成鲜明对比，限制性政策出台数量却大幅上升了 34.8%。以 2018 年为例，全年出台 31 项限制性政策，创 2011 年以来的新高。各国对外资的态度，尤其是对高新技术及关键基础设施领域尤为谨慎，比如：欧盟理事会通过了针对外商投资的新审查框架；美国众议院和参议院相继通过《外国投资风险审查现代化法案》（FIRRMA 法案），进一步扩大美国外国投资委员会（CFIUS）的审查权限；英国先后通过英国外商投资审查新规、国家安全与投资白皮书等。与此相反，在推动国际投资自由化和便利化过程中，亚洲发展中经济体正扮演着重要角色，以 2018 年为例：亚洲发展中经济体共出台的 42 项国际投资政策中，76.2% 的属于投资自由化和便利化政策；而欧美发达国家共出台 29 项国际投资政策，其中 72.4% 的属于限制性政策。

外国投资与国家安全是相互关联的两个主题，外国投资进入或控制某些特定领域可能会危及东道国的国家安全，而若过度考虑国家安全而限制外资进入又会对东道国经济发展产生负面影响。外国投资在为资本输入国带来大量资金和先进技术及现代企业管理经验的同时，也带来了一些负面影响，如环境污染、文化侵蚀，尤其是对国家安全有不利影响。为了防范外国投资影响国家安全，各国先后建立起了国家安全审查制度。随着我国对外开放进程的加快，外资进入审批程序逐步减少并更为透明化。由此这将为我国带来更多深化改革所需的外部资金和先进技术。但是，在开放审批制度、外资大量涌入的同时，其所带来的国家安全问题也日益凸显，建立一套完善的外国投资国家安全审查制度十分必要。我国经过多年的探索，在《外商投资法》中构建了较为完善的外国投资国家安全审查制度。

（二）我国外商投资安全审查制度

《外商投资法》规定：国家建立外商投资安全审查制度，对影响或者可能影响国家安全的外商投资进行安全审查。依法作出的安全审查决定为最终决定。

1. 对外商投资安全审查制度的规定

对外国投资进行安全审查的制度，创设于20世纪70年代的美国，后历经不断完善而日臻成熟。我国现行外资安全审查制度的原型是商务部等部委共同创设的外资并购国家经济安全审查制度，基本依据是2006年《关于外国投资者并购境内企业的规定》及其修订版即2009年《关于外国投资者并购境内企业的规定》。对外资并购境内企业的国家安全审查本质上是一种市场准入制度，是行政许可的一种，但依据《行政许可法》，部门规章不能设定行政许可。故此，上述所谓的国家经济安全审查制度，在合法性上存在一定瑕疵。

2011年2月，国务院办公厅发布《关于建立外国投资者并购境内企业安全审查制度的通知》（以下简称《并购审查通知》），弥补了上述可能存在的合法性缺陷，正式建立起我国外资并购领域的国家安全审查制度。2011年8月，商务部公布了《实施外国投资者并购境内企业安全审查制度的规定》，对《并购审查通知》的内容作了进一步明确和细化。2014年5月，国家发展和改革委员会公布了《外商投资项目核准和备案管理办法》，将国家安全审查纳入外商投资项目管理体系，实现相关管理制度有机结合。该办法于当年12月被修正。2015年4月8日，经国务院同意，国务院办公厅印发《自由贸易试验区外商投资国家安全审查试行办法》，在自贸区范围内，将国家安全审查的范围扩展为全面覆盖外商投资领域。2020年12月19日，国家发展和改革委员会、商务部联合公布《外商投资安全审查办法》（以下简称《安审办法》，自2021年1月18日起施行）。

《安审办法》规定，国家建立外商投资安全审查工作机制，工作机制办公室设在国家发展和改革委员会，由国家发展和改革委员会、商务部牵头承担外商投资安全审查的日常工作。

2. 实行外商投资安全审查的工作流程

（1）申报事项。

依据相关规定，对于下列范围内的外商投资，外国投资者或者境内相关当事人应当在实施投资前主动向工作机制办公室申报：1）投资军工、军工配套等关系国防安全的领域，以及在军事设施和军工设施周边地域投资；2）投资关系国家安全的重要农产品、重要能源和资源、重大装备制造、重要基础设施、重要运输服务、重要文化产品与服务、重要信息技术和互联网产品与服务、重要金融服务、关键技术以及其他重要领域，并取得所投资企业的实际控制权。

对于上述申报范围内的外商投资，工作机制办公室有权要求当事人申报。有关机关、企业、社会团体、社会公众等认为外商投资影响或者可能影响国家安全的，可以向工作机制办公室提出进行安全审查的建议。

（2）外商投资安全审查的方式。

外商投资安全审查分为一般审查和特别审查。对于一般审查，应当自决定作出之日起 30 个工作日完成。在审查期间，当事人不得实施投资。经一般审查，认为申报的外商投资不影响国家安全的，应当作出通过安全审查的决定；认为影响或者可能影响国家安全的，应当作出启动特别审查的决定。应当书面通知当事人决定。

安全审查机构对申报的外商投资启动特别审查的，应当在 60 个工作日内完成，特殊情况下可以延长审查期限，但应书面通知当事人。经特别审查后，认为不影响国家安全的，作出通过安全审查的决定。认为影响国家安全的，作出禁止投资的决定，当事人不得实施投资，已经实施的，应当限期处分股权或者资产以及采取其他必要措施，恢复到投资实施前的状态，消除对国家安全的影响。通过附加条件能够消除对国家安全的影响，且当事人书面承诺接受附加条件的，可以作出附条件通过安全审查的决定，并在决定中列明附加条件。作出附条件通过安全审查决定的，当事人应当按照附加条件实施投资，安全审查机构也可以采取要求提供有关证明材料、现场检查等方式，对附加条件的实施情况进行核实。

外商投资当事人因变更投资方案而影响或者可能影响国家安全的，应当依照《安审办法》的规定，重新向安全审查机构申报。对申报范围内的外商投资，当事人未按照《安审办法》的规定申报即实施投资的，由安全审查机构责令限期申报；拒不申报的，责令限期处分股权或者资产以及采取其他必要措施，恢复到投资实施前的状态。

外国投资者通过证券交易所或者国务院批准的其他证券交易场所购买境内企业股票，影响或者可能影响国家安全的，其适用《安审办法》的具体办法由国务院证券监督管理机构会同安全审查机构制定。

中国香港特别行政区、中国澳门特别行政区、中国台湾地区投资者进行投资，影响或者可能影响国家安全的，参照《安审办法》的规定执行。

五、外商投资信息报告管理制度

2019 年 12 月 30 日，商务部、国家市场监督管理总局联合制定《信息报告办法》，自 2020 年 1 月 1 日起与《外商投资法》及其实施条例同步实施。这是商务部、国家市场监督管理总局为落实《外商投资法》以及其实施条例的有关要求，就外商投资信息报告管理制度作出细化规定的重要举措。《外商投资法》在强化对外商投资促进和保护的同时，进一步规范了外商投资管理。建立外商投资信息报告制度就是加强对外商投资管理的一项重要法律制度。《外商投资法》第 34 条规定，"国家建立外商投资信息报告制度。外国投资者或者外商投资企业应当通过企业登记系统以及企业信用信息公示系统向商务主管部门报送投资信息"。《外资法实施条例》对外商投资信息报告制度也作了进一步的规定。外商投资信息报告制度取代了已有的外商投资企业审批、备案和联合年报制度。这是外商投资领域"放、管、服"改革的重大成果，对于大幅减轻外国投资者或者外商投资企业的负担意义重大。

1. 外国投资者和外商投资企业信息报告监管主体

依据《信息报告办法》的规定，商务部负责统筹和指导全国范围内外商投资信息报告工作。商务部建立外商投资信息报告系统，及时接收、处理市场监督管理部门推送的投资信息以及部门共享信息等。外国投资者直接或者间接在中国境内进行投资活动，应由外国投资者或者外商投资企业根据该办法向商务主管部门报送投资信息。县级以上地方人民政府商务主管部门以及自贸区、国家级经济技术开发区的相关机构负责本区域内外商投资信息报告工作。

外国投资者或者外商投资企业报送投资信息的途径是通过企业登记系统以及国家企业信用信息公示系统向商务主管部门报送。国家市场监督管理总局统筹指导全国企业登记系统、国家企业信用信息公示系统建设，保障外商投资信息报告的实施。市场监督管理部门须及时将外国投资者、外商投资企业报送的上述投资信息推送至商务主管部门。外国投资者或者外商投资企业应当及时报送投资信息，遵循真实、准确、完整原则，不得进行虚假或误导性报告，不得有重大遗漏。

2. 外商投资信息报告的内容

《外商投资法》规定，外国投资者或外商投资企业直接或间接在中国境内进行投资活动，应当通过企业登记系统以及企业信用信息公示系统向商务主管部门报送投资信息。《信息报告办法》进一步明确了外国投资者或者外商投资企业在中国境内进行投资活动须报送的投资信息事项。依据其相关规定，外国投资者或外商投资企业有以下行为的，应当及时报送投资信息：(1) 外国投资者直接在中国境内投资设立公司、合伙企业（包括银行、证券、保险等金融领域）；(2) 外国（地区）企业在中国境内从事生产经营活动；(3) 外国（地区）企业在中国境内设立从事生产经营活动的常驻代表机构等；(4) 外商投资企业在中国境内投资（含多层次投资）设立企业。

《外资法实施条例》对香港特别行政区、澳门特别行政区、台湾地区投资者以及华侨在境内的投资行为，规定可以参照适用《外商投资法》及其实施条例的规则，包括其中的信息报告制度。

《信息报告办法》对不同情形下的信息报告主体、报送方式、报送内容等作了明确规定：(1) 外国投资者在中国境内设立外商投资企业、股权并购境内非外商投资企业应通过企业登记系统提交初始报告，报送内容包括：企业基本信息、投资者及其实际控制人信息、投资交易信息等。(2) 外商投资企业初始报告内的信息发生变更应通过企业登记系统提交变更报告，报送内容包括企业基本信息、投资者及其实际控制人等信息的变更情况。(3) 外商投资企业应当于每年1月1日至6月30日通过国家企业信用信息公示系统提交年度报告，报送内容包括企业基本信息、投资者及其实际控制人信息、企业经营信息和资产负债等信息。(4) 外商投资企业的注销或转为内资企业的有关信息，由市场监督管理部门推送至商务主管部门。(5) 外商投资企业在境内投资（含多层次投资）设立企业的，无须单独提交报告，全部信息均由市场监督管理部门推送至商务主管部门。

3. 外国投资者或外商投资企业报送投资信息的要求

为加强对外商投资的管理，促进外商在中国境内的投资行为规范化，保护外商的合法权益，《信息报告办法》要求外国投资者或外商投资企业报送的投资信息应当真实、准确和完整。具体要求如下。

(1) 外国投资者、外商投资企业应当如实报告投资信息。该办法第7条规定，外国投资者或者外商投资企业应当及时报送投资信息，遵循真实、准确、完整原则，不得进行虚假或误导性报告，不得有重大遗漏。

（2）外国投资者、外商投资企业应主动或者根据商务主管部门的要求进行补报、更正。该办法第19条规定：外国投资者或者外商投资企业发现其存在未报、错报、漏报有关投资信息的，应当及时进行补报或更正。商务主管部门发现外国投资者或者外商投资企业存在未报、错报、漏报的，应当通知外国投资者或者外商投资企业于20个工作日内进行补报或更正。

（3）通过监督检查确保信息真实、准确、完整。该办法第20条规定，商务主管部门可联合有关部门，采取抽查、根据举报进行检查、根据有关部门或司法机关的建议和反映的情况进行检查，以及依职权启动检查等方式开展监督检查。同时，该办法第22条还规定，商务主管部门可根据需要从其他部门获取信息用于监督检查，并可依法查阅或者要求被检查人提供有关材料。

（4）外国投资者违反信息报告义务的，应当承担法律责任。对于未按要求报送投资信息且经通知未予补报或者更正的，商务主管部门可责令其在20个工作日内改正，逾期不改正的，将视情节轻重给予10万元至50万元的处罚。在监督检查中掌握的外国投资者、外商投资企业未依法履行信息报告义务的有关情况，商务主管部门应当记入外商投资信息报告系统，并将有关行政处罚情况予以公示。

此外，关于非企业形式的外商投资，由外国投资者参照该办法关于外商投资企业的规定报送投资信息。

4. 对外商投资信息报告的监督检查

（1）国家监督管理部门的监督检查。国务院商务部是外商投资信息报告工作的主管机关。商务主管部门依职权可联合有关部门，采取抽查、根据举报进行检查、根据有关部门或司法机关的建议和反映的情况进行检查，以及依职权启动检查等方式开展监督检查。

商务主管部门采取抽查方式对外国投资者、外商投资企业履行信息报告义务的情况实施监督检查，随机抽取检查对象，随机选派执法检查人员，将抽查事项及查处结果通过外商投资信息报告系统公示平台予以公示。

（2）非主管监督检查部门的监督。《信息报告办法》规定，其他有关部门或司法机关在履行职责的过程中，发现外国投资者或者外商投资企业有违反该办法的行为的，可向商务主管部门提出监督检查的建议，商务主管部门接到相关建议后应当依法及时处理。

（3）社会层面的监督。《信息报告办法》规定，公民、法人或其他组织发现外国投资者或者外商投资企业存在违反该办法的行为的，可向商务主管部门举报。举报采取书面形式，有明确的被举报人，并提供相关事实和证据的，商务主管部门接到举报后应当依法及时处理。

对于未按《信息报告办法》的规定进行报告，或曾报告不实、对监督检查不予配合、拒不履行商务主管部门作出的行政处罚决定记录的外国投资者或者外商投资企业，商务主管部门可依职权对其启动检查。

第四节 违反外商投资法的法律责任

一、外国投资者投资范围违反外商投资准入负面清单规定的法律责任

外国投资者投资外商投资准入负面清单规定禁止投资的领域的，由有关主管部门责令停止

投资活动，限期处分股份、资产或者采取其他必要措施，恢复到实施投资前的状态；有违法所得的，没收违法所得。

外国投资者的投资活动违反外商投资准入负面清单规定的限制性准入特别管理措施的，由有关主管部门责令限期改正，采取必要措施满足准入特别管理措施的要求；逾期不改正的，依照前述规定处理。

外国投资者的投资活动违反外商投资准入负面清单规定的，除依照前述规定处理外，外国投资者还应当依法承担相应的法律责任。

二、外国投资者、外商投资企业违反投资信息报告义务的法律责任

外国投资者、外商投资企业违反《外商投资法》的规定，未按照外商投资信息报告制度的要求报送投资信息的，由商务主管部门责令限期改正；逾期不改正的，处10万元以上50万元以下的罚款。

对外国投资者、外商投资企业违反法律、法规的行为，由有关部门依法查处，并按照国家有关规定纳入信用信息系统。

三、行政机关及工作人员滥用职权、违法行政的法律责任

行政机关工作人员在外商投资促进、保护和管理工作中滥用职权、玩忽职守、徇私舞弊的，或者泄露、非法向他人提供履行职责过程中知悉的商业秘密的，依法给予处分；构成犯罪的，依法追究刑事责任。政府和有关部门及其工作人员有下列情形之一的，依法依规追究责任：（1）制定或者实施有关政策不依法平等对待外商投资企业和内资企业。（2）违法限制外商投资企业平等参与标准制定、修订工作，或者专门针对外商投资企业适用高于强制性标准的技术要求。（3）违法限制外国投资者汇入、汇出资金。（4）不履行向外国投资者、外商投资企业依法作出的政策承诺以及依法订立的各类合同，超出法定权限作出政策承诺，或者政策承诺的内容不符合法律、法规的规定。（5）政府采购的采购人、采购代理机构以不合理的条件对外商投资企业实行差别待遇或者歧视待遇的，依照《政府采购法》及其实施条例的规定追究其法律责任；影响或者可能影响中标、成交结果的，依照《政府采购法》及其实施条例的规定处理。政府采购监督管理部门对外商投资企业的投诉逾期未作处理的，对直接负责的主管人员和其他直接责任人员依法给予处分。（6）行政机关及其工作人员利用行政手段强制或者变相强制外国投资者、外商投资企业转让技术的，对直接负责的主管人员和其他直接责任人员依法给予处分。

┏ 思考题 ┛

1. 简述外商投资准入负面清单的内容。
2. 我国外商投资安全审查的意义和主要内容。
3. 《外商投资法》对外国投资者、外商投资企业的保护措施有哪些？
4. 外国投资者在我国享有的权利和义务。
5. 简答外商投资的方式。

第五章
破产法律制度

第一节　破产法概述

一、破产的概念

（一）破产概念的由来

破产这一概念最早可追溯至罗马法。古罗马《十二铜表法》第三表规定：当债务人不能清偿债务时，债权人有权将债务人处死或卖到国外当奴隶。如果债权人为两个以上，可将债务人进行肉体分割，平均分配给债权人。这种以人为执行标的的野蛮的偿债方式，残酷血腥，并不能给债权人带来实际利益，不利于社会的文明与进步，而且债务人在无力清偿债务时总是趋利避害选择逃走，因此法官就将逃亡者的财产全部进行拍卖，将拍卖所得按比例清偿给各债权人，故对人身的执行方式逐渐被对债务人财产的执行方式所替代。随着社会经济的发展，在罗马晚期形成了财产委付制度，即当债务人无力清偿债务时，经两个以上有执行名义的债权人申请，或者经债务人委付财产管理人，作出将其全部财产供债权人分配的意思表示，裁判官则谕令扣押债务人的全部财产，交由财产管理人悉数变卖，将价金公平分配给个债权人。但在古罗马法中，这种制度仅适用于到期不能偿还债务并具有罗马市民资格的自然人。

公元前18世纪的《汉穆拉比法典》规定：当债务人无力偿还债务时，债权人可以将其妻子、子女变卖为奴隶，直至还清债务为止。可见处于当时的债务人破产执行制度（并非个人破产法）具有明显的野蛮性，只适用于奴隶制社会。

当时的破产人管理制度允许债权人私自扣押债务人的财产或人身，完善了财产扣押和分配制度。

无论是罗马法还是《汉穆拉比法典》中，这两种制度都明显带着"破产有罪"的偏见。直到20世纪80年代，资本主义国家信贷消费扩张，违约风险随之扩大，人们对超前消费、破产等概念的看法逐渐变得中立起来。

破产法最先适用于自然人，自然人的破产始终贯穿于破产法发展过程之中。在中世纪后期，意大利各中心城市为了处理商人之间的债权债务纠纷，吸取古罗马法财产委付制度的精髓，建立了商事破产制度，形成了最早的有关破产的成文法规，其中的代表有：1244年实施的《威尼斯条例》（被视为现代破产制度的雏形）、1341年实施的《米兰条例》和1415年实施的《佛罗伦萨条例》。由于当时从事商事活动的商人都是以自然人的主体形态出现的，所以当时的商人破产仅指自然人破产，并形成了商人破产主义。

1538年，法国颁布有关破产的法令。1807年，拿破仑主持制定了《法国商法典》，其中第三卷的破产法是近代最完备的破产法典，但其适用范围还是限于商人。1967年，法国对破产法进行全面修改，由采商人破产主义改采一般破产主义，将破产法的适用范围扩大到非商人。

在大陆法系国家中，西班牙的破产立法对后世也有较大影响。西班牙于13世纪下半叶颁布了著名的破产法《七章律》。该法率先抛弃了意大利破产法所采用的商人破产主义，并采取同时适用于商人和非商人的一般破产主义。后世各国相继采用一般破产主义，如17世纪德意志各国引入西班牙的一般破产主义，日本破产法也采用一般破产主义。

在英美法系中，英国于1542年制定了第一部破产法，但该部法律"只适用于欺诈性转让财产而应当受惩罚的商人"。至1861年，英国改变了原先的理念，重新颁布破产法，并将适用范围扩大到商人之外的所有债务人。早期的美国，作为英国的殖民地，深受英国的影响，基本上是无条件适用英国破产法。美国独立后，相继制定了三部破产法，但直至1898年颁布的第四部破产法，才将破产法的适用范围扩大至所有的自然人和法人。1978年美国联邦政府制定了有关个人及企业的破产法，并规定该法适用于所有的破产案件。

（二）破产概念的演变

传统意义破产法上的"破产"泛指经济组织的倒闭清算。现代意义破产法上的"破产"，是指当债务人丧失偿债能力时，经债务人或债权人申请，由法院审理，将债务人的全部财产公平合理地清偿给全体债权人的法律制度。一般而言，破产专指破产清算制度。但这里的清算制度不同于传统的破产倒闭清算，因为现代破产法对债务人无力偿还债务案件的处理并不以清算为唯一的程序手段，倒闭清算也并非债务人无力偿债的必然结局。各国几乎无一例外地规定，当债务人处于无力偿债的状态时，债务人和债权人都可以有多种不同的选择，比如，双方可以协商探讨解决债务问题或者依照破产法向法院提出破产申请。在破产申请被法院受理后，无力偿债的债务人可以寻求以挽救为目的的避免其进入破产清算的再建型程序，譬如和解程序；此外，还可以采取法庭外的协商解决方式。可见，现代破产制度不但包括以变价分配为目标的清算制度，而且包括以企业再建为目标的和解与重整制度。

二、破产法的概念

（一）企业破产法的一般性规定

破产法是规定在债务人丧失偿债能力时，法院强制将其全部财产清算分配，公平清偿债权人，或通过债务人与债权人会议达成的和解协议清偿债务，进行重整程序，避免其破产的法律规范的总称。狭义的形式意义上的破产法特指破产法典，广义的形式意义上的破产法还包括其他有关破产的法律、法规、规章、司法解释，以及散见于其他各法的调整破产关系的法律规范。狭义的实质意义上的破产法一般专指对债务人破产清算的法律，广义的实质意义上的破产法还包括以避免债务人破产为主要目的的各种有关和解与重整制度的法律。

破产法与其他法律制度相比较，具有如下法律特征：

（1）破产法的调整范围是特定的，仅限于债务人丧失偿债能力、不能清偿到期债务的特殊情况。破产法所要解决的是债务人无力清偿时如何公平清偿债务的问题，至于当事人之间存在的实体权利、义务争议，应在破产程序之外通过民事诉讼、仲裁等制度解决。破产法的制度内容不包含解决当事人实体权利、义务争议时保障当事人各项诉讼权利的有关制度。只有无争议或已经诉讼、仲裁的生效裁判确定的债权，才可进入破产程序受偿。

（2）破产法是实体法和程序法的统一。基于破产法的性质，各国破产法基本上都包含两部分内容，即实体法规范和程序法规范。处理债务人无力偿债事件必然会涉及债权债务问题、财产问题、法律关系主体的法律人格问题和法律责任等问题，这些都属于实体法规范的对象。而处理这类事件所适用的实体法规范又分为两类：一类是普通实体法规范，即在破产案件和非破产案件中均得适用的实体法规范，如物权法、债与合同法、担保法、公司法、合伙企业法、票据法、保险法、劳动法、税法等法律中的有关规定；另一类是特殊实体法规范，即仅适用于破产案件的实体法规范，如有关破产财产、破产债权、破产无效行为、破产撤销权、破产取回权、破产抵销权、别除权、破产免责、破产违法行为的法律责任等的制度和规则。破产法又是程序法，因为破产以债务清偿为首要任务，在债务清偿的过程中，必须在程序上确保债权人公平受偿。从债务清偿的角度看，破产程序属于执行程序的范畴。执行程序与审判程序不同：审判程序是保护和确定当事人之间的民事权利义务关系的程序，而执行程序是保证生效法律文书得到实施、民事权利得到实现的程序。破产法既有实体法的内容，又包括大量的程序法的内容。破产制度可以说是在债务人无力偿还债务的情况下，通过一定的法律程序，运用一系列涉及当事人权利、义务的调整手段，实现公平清偿债务和帮助处于困境的企业摆脱其处境的综合性措施。在这一措施中，调整实体权利、义务的法律政策和规则对于实现债务清理和企业治理的制度目标起着决定性的作用，而破产程序规范为破产清算以及和解、重整过程提供了秩序保障。

（3）破产法保护的利益主体既有债权人又有债务人。破产法的首要任务，是在债务人无力偿债的情况下，依法在债务人现有财产范围内，实现多数债权人的公平受偿。此外，破产法还有拯救企业的功能：债务人因经营不善或技术落后导致难以为继时，实行破产制度，不仅可以通过清算变价和分配使破产企业的财产转移到能够有效利用这些资源的企业手中，实现产业结构和资源配置的优化，也可以使破产企业摆脱巨大的债务负担，获得解脱。对于那些因一些意外风险限于困境的企业来说，破产中的和解、重整制度，还能够帮助企业解困复兴，重现生机。

2023年9月7日，第十四届全国人大常委会立法规划公布，包括三类立法项目，其中第一类项目为"条件比较成熟、任期内拟提请审议的法律草案"，共79件。《企业破产法》修改被列入第一类项目。

（二）个人破产的破冰

2020年8月31日，深圳市第六届人大常委会公告（第208号）发布《深圳经济特区个人破产条例》（于2021年3月1日起施行，以下简称《个人破产条例》），共13章173条。深圳《个人破产条例》的颁行，在我国历史上实属前所未有，反响巨大，为我国实施个人破产开了先河。同年，浙江省也出台了个人破产的地方性法规。下文仅就几个重要问题作一简单介绍。

1. 个人破产的条件

（1）债务人申请破产的条件。

在深圳特区居住且参加深圳社会保险连续满3年的自然人，因生产经营、生活消费而丧失清偿债务能力或者资产不足以清偿全部债务的，可以依照《个人破产条例》进行破产清算、重整或者和解。

（2）债权人申请破产的条件。

当债务人不能清偿到期债务时，单独或者合计持有债务人50万元以上到期债权的债权人，可以向人民法院提出破产申请，申请对债务人进行破产清算。

2. 个人破产消费行为的限制

《个人破产条例》规定，自人民法院作出限制债务人行为的决定之日起至作出解除限制债务人行为的决定之日止，除确因生活和工作需要，经人民法院同意外，债务人不得有下列消费行为：（1）乘坐交通工具时，选择飞机商务舱或者头等舱、列车软卧、轮船二等以上舱位、高铁以及其他动车组列车一等以上座位；（2）在夜总会、高尔夫球场以及三星级以上宾馆、酒店等场所消费；（3）购买不动产、机动车辆；（4）新建、扩建、装修房屋；（5）供子女就读高收费私立学校；（6）租赁高档写字楼、宾馆、公寓等场所办公；（7）支付高额保费购买保险理财产品；（8）其他非生活或者工作必需的消费行为。

3. 个人破产的法律后果

《个人破产条例》第 24 条规定：人民法院裁定受理破产申请后，债务人不得向个别债权人清偿债务。但是，个别清偿使债务人财产受益或者属于债务人正常生活、工作所必需的除外。人民法院裁定受理破产申请后，对债务人负有债务的人或者债务人财产的持有人应当向管理人清偿债务或者交付财产。

对债务人负有债务的人或者债务人财产的持有人故意违反前述规定向债务人清偿债务或者交付财产，造成债权人损失的，不免除其向管理人清偿债务或者交付财产的义务。

人民法院裁定受理破产申请后，管理人对破产申请受理前成立但债务人和对方当事人均未履行完毕的合同，有权决定解除或者继续履行，并通知对方当事人。

管理人自破产申请受理之日起 2 个月内未通知对方当事人，或者自收到对方当事人催告之日起 30 日内未答复的，视为解除合同。

管理人决定继续履行合同的，对方当事人应当履行，但是，对方当事人有权要求提供相应担保。管理人不提供担保的，视为解除合同。

人民法院裁定受理破产申请后，对债务人财产采取的保全措施应当解除，执行程序应当中止。除该条例第 110 条规定的情形外，为实现有财产担保债权或者其他法定优先权而对特定财产的执行可以不中止。

对债务人的特定财产享有担保权的权利人，可以随时向管理人主张将该特定财产变价处置，行使优先受偿权。

处置有担保权的特定财产时，管理人和担保权人不得损害其他债权人利益。处置不当给其他债权人造成损失的，应当承担赔偿责任。

担保权人行使优先受偿权未能完全受偿的，其未受偿的债权作为普通债权。担保权人放弃优先受偿权的，其债权作为普通债权。

人民法院裁定受理破产申请并作出指定管理人的决定后，已经开始但尚未终结的涉及债务人财产权利的民事诉讼或者仲裁，应当由管理人代为参加。法律另有规定的，从其规定。

自人民法院裁定受理破产申请之日起至终结破产程序之日止，涉及债务人财产权利的民事诉讼，应当由裁定受理破产申请的人民法院管辖。法律另有规定的，从其规定。

人民法院裁定受理破产申请后，债务人死亡的，其遗产继承人一致同意继续进行破产程序或者没有遗产继承人的，由管理人依照《个人破产条例》的相关规定对其遗产进行接管、变价和分配后，由人民法院裁定终结破产程序。

债务人的遗产继承人在债务人死亡之日起 30 日内无法达成一致意见的，人民法院应当裁定终结破产程序。管理人以债务人财产或者遗产清偿已经发生的破产费用和共益债务后，依照《民法典》有关继承的规定处理。

4. 个人破产债务人的财产申报

债务人应当自人民法院受理破产申请裁定书送达之日起 15 日内向人民法院和管理人如实申报本人及其配偶、未成年子女以及其他共同生活的近亲属名下的财产和财产权益：（1）工资收入、劳务所得、银行存款、现金、第三方支付平台账户资金、住房公积金账户资金等现金类资产；（2）投资或者以其他方式持有股票、基金、投资型保险以及其他金融产品和理财产品等享有的财产权益；（3）投资境内外非上市股份有限公司、有限责任公司、注册个体工商户、个人独资企业、合伙企业等享有的财产权益；（4）知识产权、信托受益权、集体经济组织分红等财产权益；（5）所有或者共有的土地使用权、房屋等财产；（6）交通运输工具、机器设备、产品、原材料等财产；（7）个人收藏的文玩字画等贵重物品；（8）债务人基于继承、赠与、代持等依法享有的财产权益；（9）债务人在破产申请受理前可期待的财产和财产权益；（10）其他具有处置价值的财产和财产权益。

债务人对其在境外的前述财产和财产权益，也应当如实申报。

债务人依照《个人破产条例》第 33 条申报财产和财产权益有下列情形之一的，应当在申报时予以说明：（1）财产或者财产权益为债务人成年子女所有，但取得时该子女尚未成年；（2）债务人财产已出租、已设立担保物权等权利负担，或者存在共有、权属争议等情形；（3）债务人的动产由第三人占有；（4）债务人的不动产、特定动产或者其他财产权等登记在第三人名下。

自人民法院裁定受理破产申请之日前 2 年内，债务人财产发生下列变动的，债务人应当一并申报：（1）赠与、转让、出租财产；（2）在财产上设立担保物权等权利负担；（3）放弃债权或者延长债权清偿期限；（4）一次性支出 5 万元以上大额资金；（5）因离婚而分割共同财产；（6）提前清偿未到期债务；（7）其他重大财产变动情况。

5. 豁免财产

为保障债务人及其所扶养人的基本生活及权利，依照《个人破产条例》为其保留的财产为豁免财产。豁免财产的范围如下：（1）债务人及其所扶养人生活、学习、医疗的必需品和合理费用；（2）因债务人职业发展需要必须保留的物品和合理费用；（3）对债务人有特殊纪念意义的物品；（4）没有现金价值的人身保险；（5）勋章或者其他表彰荣誉的物品；（6）专属于债务人的人身损害赔偿金、社会保险金以及最低生活保障金；（7）根据法律规定或者基于公序良俗不应当用于清偿债务的其他财产。

前述规定的财产，价值较大，不用于清偿债务明显违反公平原则的，不认定为豁免财产。

除前述第（5）项、第（6）项财产外，豁免财产累计总价值不得超过 20 万元。前述第（1）项、第（2）项的具体分项和各分项具体价值上限标准由市中级人民法院另行制定。

债务人应当自人民法院受理裁定书送达之日起 15 日内向管理人提交豁免财产清单，并列明财产对应的价值或者金额。

管理人应当在债务人提交财产申报和豁免财产清单之日起 30 日内，审查制作债务人财产报告，对其中的豁免财产清单提出意见，并提交债权人会议表决。

债务人的豁免财产清单未获债权人会议表决通过的，由人民法院裁定。

除《个人破产条例》第 109 条规定的情形外，管理人应当接管债务人除豁免财产以外的全部财产。

三、我国破产立法概况

1986 年 12 月 2 日，第六届全国人大常委会第十八次会议审议通过了《中华人民共和国企业破产法（试行）》。该法适用于全民所有制企业，自《全民所有制工业企业法》实施满 3 个月之日即 1988 年 11 月 1 日起试行。此后，最高人民法院于 1991 年 11 月 7 日发布了《关于贯彻执行〈中华人民共和国企业破产法（试行）〉若干问题的意见》。1991 年 4 月 9 日，第七届全国人大第四次会议审议通过《中华人民共和国民事诉讼法》。该法在第二编第十九章规定了"企业法人破产还债程序"，适用于非全民所有制企业法人，以弥补《中华人民共和国企业破产法（试行）》调整范围过窄的不足。1992 年 7 月 14 日，最高人民法院发布《关于适用〈中华人民共和国民事诉讼法〉若干问题的意见》，对 1991 年《民事诉讼法》第十九章"企业法人破产还债程序"的适用作出解释，并规定，审理非全民所有制企业法人破产案件，除适用《民事诉讼法》（1991 年）第十九章的规定之外，可参照《企业破产法（试行）》的有关规定执行。2002 年 7 月 30 日，最高人民法院发布《关于审理企业破产案件若干问题的规定》（自 2002 年 9 月 1 日起施行）。该规定共计 106 条，第一次在立法层面比较全面地对企业法人破产案件审理中的一些重要问题作出了详细的规定，是在《企业破产法》出台之前人民法院审理破产案件最主要的法律依据。

为促进国有企业改革，规范国有企业的破产工作，国务院于 1994 年 10 月 25 日发布了《关于在若干城市试行国有企业破产有关问题的通知》。该通知对试点城市中国有破产企业涉及的职工安排、破产财产的处置、银行贷款损失的处理等破产法实施中的一些难点问题作出了相应的规定。但该通知实施的效果并不好，出现各地违法破产、滥用破产优惠政策的问题。1997 年 3 月 2 日，国务院又发布了《关于在若干城市试行国有企业兼并破产和职工再就业有关问题的补充通知》，明确提出，国务院前述通知中的破产政策，仅适用于国务院确定的企业，即试点城市范围内的国有工业企业，非试点城市和地区的国有企业破产还需按照《企业破产法（试行）》的规定执行。应当看到，为了帮助国有企业解困，国务院的前两个通知中的一些规定，已经突破了我国破产法界定的破产范畴和破产财产的清偿原则，对破产企业债权人的保护明显偏弱，还极有可能造成鼓励企业破产逃债，因而受到社会的广泛质疑。这个问题已经随着 2006 年 8 月《企业破产法》的颁布而得到了解决。

我国企业破产法律制度由于存在的缺失，如适用范围过窄，法律规范粗略、过于原则化、操作性不强，立法技术错误，计划经济的痕迹明显，且法律、行政法规、司法解释之间冲突、重叠，已经不能适应社会主义市场经济发展对于企业破产规制的需要，此外，在司法实践中，破产欺诈逃债现象十分严重，债权人利益被侵蚀的问题日益突出，制定新的破产法势在必行、刻不容缓。1994 年，第八届全国人大财经委员会根据全国人大常委会立法规划开始组织新破产法的立法起草工作。第九届、第十届全国人大常委会均将企业破产法列入立法规划。2004 年 6 月 21 日，在第十届全国人大常委会第十次会议上，新破产法草案首次被提请审议。2006 年 8 月 27 日，第十届全国人大常委会第二十三次会议通过了《中华人民共和国企业破产法》（自 2007 年 6 月 1 日起施行，以下简称《企业破产法》），《企业破产法（试行）》同时废止。《企业破产法》共 12 章 136 条，增加了第三章"管理人"制度，增加了第八章"重整"制度，此外，在法律适用范围、破产申请和破产案件的审理、破产清算制度等诸多方面对《企业破产法（试行）》作了较大的调整，故《企业破产法》更加符合市场经济对破产制度的要求。这标志着我国在规制企业破产方面的法律制度已经从幼稚走向成熟，它必将对我国市场经济的健康发展发挥重大作用。2013 年 7 月 29 日最高人民法院审判委员会第 1586 次会议审议通过《最高人民法院关于适用〈中华人民共和国企业破产法〉若干问题的规定（二）》［自 2013 年 9 月 16 日起施行，以下简称《破产法司法解释（二）》］。2019 年 2 月 25 日，最高人民法院审判委员会第 1762 次会议通过了《关于适用〈中华人民共和国破产法〉若干问题的规定（三）》［自 2019 年 3 月 28 日起实施，以下简称《破产法司法解释（三）》］。破产法司法解释的发布和施行，充实和完善了《企业破产法》在实践中的不足，使《企业破产法》更具操作性和合理性。

四、破产法的适用范围

（一）破产法适用的主体范围

《企业破产法》第 2 条规定，破产法适用的范围是所有的企业法人。同时该法还规定了几种特殊情况，如第 135 条规定："其他法律规定企业法人以外的组织的清算，属于破产清算的，参照适用本法规定的程序"。目前，根据其他法律规定，可以参照适用破产法的主体主要是合伙企业、农民专业合作社等。根据最高人民法院《关于对因资不抵债无法继续办学被终止的民办学校如何组织清算问题的批复》，对资不抵债的民办学校的清算，参照《企业破产法》规定的程序进行。《企业破产法》第 134 条第 2 款规定："金融机构实施破产的，国务院可以依据本法和其他有关法律的规定制定实施办法"。第 133 条规定："在本法施行前国务院规定的期限和范围内的国有企业实施破产的特殊事宜，按照国务院有关规定办理。"这是指国有企业政策性破产的处理。根据国务院有关文件的规定，政策性破产在《企业破产法》颁布后继续施行，于 2008 年年末彻底退出历史舞台。

（二）破产法适用的地域范围

《企业破产法》适用的地域范围是指破产宣告的域外效力，即一国的破产宣告对位于其他国家的破产人财产是否有效。关于破产宣告的域外效力，在立法上主要有两种理论：其一是属地主义，主张破产宣告的效力仅及于宣告国国内，只有破产人在该国国内的财产属于破产财产。其二是普及主义，认为破产宣告的效力应及于破产人在国内外的全部财产。这两种立法主义各有利弊，目前世界各国的破产法较少采用单一的一种主义。

在我国《企业破产法（试行）》未对破产宣告的域外效力进行规定。为适应对外开放和对外贸易发展的需要，《企业破产法》采取了有限的普及主义原则，于第 5 条规定：依照《企业破产法》开始的破产程序，对债务人在中华人民共和国领域外的财产发生效力。对外国法院作出的发生法律效力的破产案件的判决、裁定，涉及债务人在中华人民共和国领域内的财产，申请或者请求人民法院承认和执行的，人民法院依照中华人民共和国缔结或者参加的国际条约，或者按照互惠原则进行审查，认为不违反中华人民共和国法律的基本原则，不损害国家主权、安全和社会公共利益，不损害中华人民共和国领域内债权人的合法权益的，裁定承认和执行。

（三）破产法适用的时间范围

《企业破产法》第 136 条规定：本法自 2007 年 6 月 1 日起施行，《中华人民共和国破产法（试行）》同时废止。

第二节　破产申请的提出和受理

一、破产界限

破产界限是指法院据以宣告债务人破产的法律制度标准。从世界各国破产立法模式考察，各国对破产界限基本上采取两种立法方式，即列举式和概括式。列举式是指在立法中列举出发生破产原因的具体的破产行为，对于达到列举条件或条件之一的，便认定达到破产界限。概括式是指在立法中对破产原因和行为作抽象的规定，不具体规定的破产行为。我国破产法采用的是概括式立法方式，仅规定了破产发生的一般原因，未规定破产发生的具体原因。

《企业破产法》第2条规定："企业法人不能清偿到期债务，并且资产不足以清偿全部债务或者明显缺乏清偿能力的，依照本法规定清理债务。企业法人有前款规定情形，或者有明显丧失清偿能力可能的，可以依照本法规定进行重整。"从上述规定可以看出，我国破产法规定的破产界限的实质标准是"不能清偿到期债务，并且资产不足以清偿全部债务或者明显缺乏清偿能力"。这里的"不能清偿"是指债务人对于债权人请求偿还的到期债务，因丧失清偿能力而无法偿还的客观经济状况。同时，对债务人丧失清偿能力的认定，不以其他对其债务负有清偿义务者（如连带责任人、担保人）也不能代为清偿为条件。只要债务人本人不能清偿到期债务即为丧失清偿能力，其他人对其债务所负有的连带责任、担保责任，不能视为债务人的清偿能力或其延伸。最高人民法院《关于适用〈中华人民共和国企业破产法〉若干问题的规定（一）》[以下简称《破产法司法解释（一）》]第2条规定：下列情形同时存在的，人民法院应当认定债务人不能清偿到期债务：（1）债权债务关系依法成立；（2）债务履行期限已经届满；（3）债务人未完全清偿债务。

《破产法司法解释（一）》第3条规定："债务人的资产负债表，或者审计报告、资产评估报告等显示其全部资产不足以偿付全部负债的，人民法院应当认定债务人资产不足以清偿全部债务，但有相反证据足以证明债务人资产能够偿付全部负债的除外"。这里的"相反证据"可以是中介机构出具的具有公信力和证明力的审计报告与资产评估报告，如此，即使企业想要破产，也得看它是否过得了审计这一关。

《企业破产法》第7条规定，只要债务人不能清偿到期债务，无须考虑资不抵债问题，债权人就可以向人民法院提出破产清算申请。《破产法司法解释（一）》第4条规定，债务人账面资产虽大于负债，但存在下列情形之一的，人民法院应当认定其明显缺乏清偿能力：（1）因资金严重不足或者财产不能变现等原因，无法清偿债务。（2）法定代表人下落不明且无其他人员负责管理财产，无法清偿债务。（3）经人民法院强制执行，无法清偿债务。（4）长期亏损且经营扭亏困难，无法清偿债务。（5）导致债务人丧失清偿能力的其他情形。

不能清偿与资不抵债的含义是不同的。不能清偿在法律上注重债务关系能否正常维持。资不抵债注重的是资债比例关系及因此产生的清偿风险：考察债务人的偿还能力仅以实有财产为限，不考虑信用、能力等其他偿还因素；计算债务数额时，不考虑债务是否到期，均纳入总额之内。债务人在资不抵债时，不一定不能清偿。同时，当债务人的资产大于负债时，也可能会因资产结构不合理而无法变现，对到期债务缺乏现实支付能力而无法清偿。所以，资不抵债与不能清偿在对破产界限的认定方面是有区别的。

二、破产申请的提出

根据《企业破产法》第 7 条第 1 款、第 2 款和第 3 款的规定，债务人不能清偿到期债务，并且资产不足以清偿全部债务或者明显缺乏清偿能力时，债务人有权向人民法院提出破产清算申请或重整、和解申请；债务人不能清偿到期债务的，债权人可以向人民法院提出对债务人进行重整或者破产清算的申请。

破产企业的职工也可以申请债务人破产，但是应经职工代表大会或者全体职工 2/3 以上多数同意。

税务机关和社会保险机构享有对债务人的破产清算申请权，但不享有重整申请权。国务院金融监管机构可以向人民法院提出对商业银行、保险公司、证券公司等金融机构进行重整或者破产清算的申请。

企业法人已解散但未清算或者未清算完毕，资产不足以清偿债务的，依法负有清算责任的人应当向法院申请破产清算。

债务人或债权人申请破产，应当向有管辖权的人民法院提出申请。《企业破产法》第 3 条规定，破产案件由债务人住所地人民法院管辖。债务人住所地是指债务人的主要办事机构所在地。债务人无办事机构的，由其注册地人民法院管辖。基层人民法院一般管辖县、县级市或者区的市场监督管理机关核准登记企业的破产案件；中级人民法院一般管辖地区、地级市以上的市场监督管理机关核准登记企业的破产案件；被纳入国家计划调整的国有企业破产案件，由中级人民法院管辖。对个别案件可以依照《民事诉讼法》第 37 条关于移送管辖的规定确定管辖的级别，由上级人民法院审理下级人民法院管辖的案件，或由下级人民法院审理上级人民法院管辖的案件。省、自治区、直辖市范围内因特殊情况需对个别企业破产案件的地域管辖作调整的，须经共同上级人民法院批准。金融机构、上市公司的破产与重整案件或者具有重大影响、法律关系复杂的破产案件，一般应由中级人民法院管辖。

债务人或债权人向人民法院提出破产申请时，应当提交破产申请书和有关证据。破产申请书应当采用书面形式并应当载明下列事项：（1）申请人、被申请人的基本情况；（2）申请目的；（3）申请的事实和理由；（4）人民法院认为应当载明的其他事项。

债权人向人民法院提出破产申请的，应当向人民法院提供以下证据材料：（1）债权发生的事实及证据；（2）债权的性质、数额，债权有担保的，还应当提供相应证据；（3）债务人不能清偿到期债务并且资产不足以清偿全部债务或者明显缺乏偿债能力的有效证明。根据《破产法司法解释（一）》第 2 条的规定，债权人只要举证证明"债权债务关系依法成立、债务履行期限已经届满、债务人未完全清偿债务"，即可证明债务人已经达到不能清偿债务的程度。这使债权人的举证责任大为减轻且具有可行性。

债务人向人民法院提出破产申请的，应当向人民法院提交下列资料：（1）企业财产状况证明；（2）企业债权、债务清册；（3）有关财务会计报告；（4）职工安置预案以及职工工资的支付和社会保险费用的缴纳情况。

三、破产申请的受理

（一）人民法院受理破产申请的程序

人民法院收到当事人提出的破产申请后，应当依法进行审查，并应自收到破产申请之日起

15 日内裁定是否受理。债权人提出破产申请的，人民法院应当自收到申请之日起 5 日内通知债务人，通知中应告知债务人不得转移财产、逃避债务，不得进行有碍清偿的行为。债务人对申请有异议的，应当自收到人民法院的通知之日起 7 日内向人民法院提出。人民法院应当自异议期满之日起 10 日内裁定是否受理。除上述情形外，人民法院应当自收到破产申请之日起 15 日内裁定是否受理；有特殊情况，需要延长受理申请期限的，经上一级人民法院批准，可以延长 15 日。

人民法院经审查认为破产申请符合法律规定的，应当受理破产申请，并自裁定作出之日起 5 日内送达申请人；债权人提出申请的，人民法院应当自裁定作出之日起 5 日内送达债务人，债务人应当自裁定送达之日起 15 日内，向人民法院提交财产状况说明、债务清册、债权清册、有关财务会计报告以及职工工资的支付和社会保险费用的缴纳情况。债务人违反法律规定，拒不向人民法院提交或提交不真实的上述文件与情况说明的，人民法院可以对直接责任人员依法处以罚款。

人民法院认为破产申请不符合法律规定，依法作出不受理决定的，应当自裁定作出之日起 5 日内送达申请人并说明理由。申请人对裁定不服的，可以自裁定作出之日起 10 日内向上一级人民法院提起上诉。

人民法院在受理破产申请后至破产宣告前，经审查发现债务人不符合破产法规定的法定情形的，可以裁定驳回破产申请。申请人对裁定不服的，可以自裁定送达之日起 10 日内向上一级人民法院提起上诉。

人民法院决定受理破产案件的，应当制作案件受理通知书，并送达申请人和债务人。通知书作出时间为案件的受理时间。在人民法院决定受理破产案件前，申请人可以请求撤回申请。人民法院准许申请人撤回破产申请的，在撤回破产申请以前已经支付的费用由破产申请人承担。

人民法院裁定受理破产申请的，应当同时指定管理人，并在裁定受理破产申请之日起 25 日内通知已知债权人，并予以公告。通知和公告应当载明的事项有：（1）申请人、被申请人的名称或者姓名；（2）人民法院受理破产申请的时间；（3）申报债权的期限、地点和注意事项；（4）管理人的名称或者姓名以及其处理事务的地址；（5）债务人的债务人或者财产持有人应当向管理人清偿债务或者交付财产的要求；（6）第一次债权人会议召开的时间和地点；（7）人民法院认为应当通知和公告的其他事项。

为了防范债务人假破产、真逃债以及其他违法行为，最高人民法院在《关于审理企业破产案件若干问题的规定》中强调，人民法院经审查发现有下列两种情况的，对破产申请不予受理：第一，债务人有隐匿、转移财产等行为，为了逃避债务而申请破产的；第二，债权人借破产申请毁损债务人商业信誉，意图损害公平竞争的。人民法院受理破产申请后，发现不符合法律规定的破产受理条件，或者有上述情形的，应当裁定驳回破产申请。破产申请人对驳回破产申请的裁定不服的，可以在裁定送达之日起 10 日内向上一级人民法院提起上诉。

（二）破产债务人及有关人员的法定义务

人民法院受理破产申请后，债务人对个别债权人的债务清偿无效。债务人的债务人或者财产持有人应当向管理人清偿债务或者交付财产。债务人的债务人或者财产持有人故意不向管理人清偿债务或者交付财产，使债权人受到损失的，不能免除其清偿债务或者交付财产的义务。

但是债务人的债务人或财产持有人向债务人清偿债务或交付财产后，债务人将其交给管理人，债权人的利益并未受到损失的，债务人的债务人或财产持有人可以不再承担向管理人清偿债务或交付财产的责任。

为保障破产程序的顺利进行，《企业破产法》第15条规定，自人民法院受理破产申请的裁定送达债务人之日起至破产程序终结之日，债务人的有关人员应当承担以下义务：（1）妥善保管其占有和管理的财产、印章和账簿、文书等资料；（2）根据人民法院、管理人的要求进行工作，并如实回答询问；（3）列席债权人会议并如实回答债权人的询问；（4）未经人民法院许可，不得离开住所地；（5）不得新任其他企业的董事、监事、高级管理人员。这里的"有关人员"是指破产企业的法定代表人，经人民法院决定，还可以包括企业的财务管理人员和其他经营管理人员。债务人的有关人员违反法律规定，擅自离开住所地的，人民法院可以予以训诫、拘留，并可依法并处罚款。

人民法院受理破产申请后，除可以在规定的时间内由管理人接管外，在企业原管理组织不能正常履行管理职责的情况下，可以成立监管组。企业监管组成员从企业上级主管部门或者股东会议代表、企业原管理人员、主要债权人中产生，也可以聘请注册会计师、律师等中介机构的人员参加。企业监管组主要负责：（1）清点、保管企业财产；（2）核查企业债权；（3）为企业利益进行必要的经营活动；（4）支付人民法院许可的必要费用；（5）人民法院许可的其他工作。企业监管组向人民法院负责，接受人民法院的指导和监督。

（三）破产申请受理裁定的法律效力

《企业破产法》规定，人民法院受理破产申请后，已经开始而尚未终结的有关债务人的民事诉讼或者仲裁应当中止，在管理人接管债务人的财产后，该诉讼或者仲裁继续进行。《破产法司法解释（二）》第21条规定：破产申请受理前，债权人就债务人财产提起下列诉讼，破产申请受理时案件尚未审结的，人民法院应当中止审理：（1）主张次债务人代替债务人直接向其偿还债务的；（2）主张债务人的出资人、发起人和负有监督股东履行出资义务的董事、高级管理人员，或者协助抽逃出资的其他股东、董事、高级管理人员、实际控制人等直接向其承担出资不实或者抽逃出资责任的；（3）以债务人的股东与债务人法人人格严重混同为由，主张债务人的股东直接向其偿还债务人对其所负债的；（4）其他就债务人财产提起的个别清偿诉讼。破产申请受理后，有关债务人的民事诉讼只能向受理破产申请的人民法院提起，但是其他法律有特殊规定的应当除外。

被申请破产的债务人为他人担任保证人的，保证责任并不因被宣告破产而免除。根据《民法典》的有关规定，因债务人的破产申请受理而中止执行程序时，一般保证的保证人享有的先诉抗辩权不得行使。

人民法院受理破产申请后，有关债务人的财产保全措施应当解除，执行程序应当中止。

人民法院受理破产申请后，债务人在收到人民法院关于停止清偿债务的通知后，仍然对部分债权人清偿债务，或者隐匿、私分、无偿转让破产企业财产的，人民法院应当裁定其行为无效，追回该项财产，并可根据《民事诉讼法》关于对妨害民事诉讼行为的强制措施的规定，对其法定代表人、负有责任的上级主管部门的负责人以及其他责任人进行处罚。债务人清偿破产企业正常生产经营所必需的债务，在管理人到位之前，由人民法院审查批准。开户银行支付维持破产企业正常生产经营所必需的费用，须经人民法院许可。

（四）债权的申报

依照《企业破产法》第 45 条、第 48 条的规定，债权人应当在人民法院确定的债权申报期限内向管理人申报债权；债权申报期限自人民法院发布受理破产申请公告之日起计算，最短不能少于 30 日，最长不得超过 3 个月。

依照有关规定，可以申报的债权有以下情形：

（1）附条件、附期限的债权和诉讼、仲裁未决的债权。

（2）连带债权人可以由其中的一人代表全体连带债权人申报债权，也可以共同申报债权。

（3）债务人的保证人或者其他连带债务人已经代替债务人清偿债务的，以其对债务人的求偿权申报债权。债务人的保证人或者连带债务人尚未代替债务人清偿债务的，以其对债务人的将来求偿权申报债权。但是，债权人已经向管理人申报全部债权的除外。

（4）连带债务人中的数人被人民法院裁定适用破产法规定的程序的，其债权人有权就全部债权分别在各破产程序中申报债权。

（5）管理人或债务人依照破产法的规定解除合同的，对方当事人以合同解除所产生的损害赔偿请求权申报债权，但违约金不能作为破产债权申报。

（6）债务人是委托合同的委托人，被裁定适用破产法规定的程序，受托人不知该事实，继续处理委托事务的，受托人以由此产生的请求权申报债权。

（7）债务人是票据的出票人，被裁定适用破产法规定的程序，该票据的付款人继续付款或者承兑的，付款人以由此产生的请求权申报债权。

（8）债务人所欠职工的工资和医疗、伤残补助、抚恤费用，所欠的应当划入职工个人账户的基本养老保险、基本医疗保险费用，以及法律、法规规定应当支付给职工的补偿金，不必申报，由管理人经调查后列出清单并予以公示。职工对清单记载有异议的，可以要求管理人更正；管理人不予更正的，职工可以向人民法院提起诉讼。

（9）破产申请受理后，债务人欠缴款项产生的滞纳金，包括债务人未履行生效法律文书应当加倍支付的迟延利息和劳动保险金的滞纳金，债权人作为破产债权申报的，人民法院不予确认。

（10）债务人、保证人均被裁定进入破产程序的，债权人有权分别向债务人、保证人的破产管理人申报债权。债权人向债务人、保证人的破产管理人均申报全部债权的，从一方破产程序中获得清偿后，对其对另一方的债权额不作调整，但债权人的受偿额不得超出其债权总额。保证人履行保证责任后不再享有求偿权。

（11）保证人被裁定进入破产程序的，债权人有权申报其对保证人的保证债权。主债务未到期的，保证债权在保证人破产申请受理时视为到期。一般保证的保证人行使先诉抗辩权的，人民法院不予支持，但对于债权人在一般保证的保证人破产程序中的分配份额应予提存，待一般保证的保证人应承担的保证责任确定后再按照破产清偿比例予以分配。

《企业破产法》第 56 条第 1 款规定：在人民法院确定的债权申报期限内，债权人未申报债权的，可以在破产财产最后分配前补充申报；但是，此前已经进行的分配，不再对其补充分配。为审查和确认补充申报债权的费用，由补充申报人承担。这一规定体现了保护债权人权益的原则。

《破产法司法解释（三）》规定：债务人、债权人对债权表记载的债权有异议的，应当说明理由和法律依据。经管理人解释或调整后，异议人仍然不服的，或者管理人不予解释或调整的，异议人应当在债权人会议核查结束后 15 日内向人民法院提起债权确认的诉讼。

债务人对债权表记载的债权数额有异议，向人民法院提起诉讼的，应将被异议债权人列为被告；债权人对债权登记表记载的本人债权有异议的，应将债务人列为被告。对一笔债权存在多个异议人，其他异议人申请参加诉讼的，应当列为共同原告。

单个债权人有权查阅债务人财产状况报告、债权人会议决议、债权人委员会决议、管理人监督报告等参与破产程序所必需的债务人财产和运营信息资料。管理人无正当理由不予提供的，债权人可以请求人民法院作出决定，人民法院应当在 5 日内作出决定。

第三节　债权人会议与债权人委员会

一、债权人会议

（一）债权人会议的性质与组成

债权人会议是由申报债权的全体债权人组成，以维护债权人的共同利益为目的，在人民法院监督下，讨论破产事宜，表达债权人意思的破产议事机构；是债权人行使破产参与权的场所。但它本身并不是执行机关，债权人会议所作出的任何决议，都需由破产管理人等相应机构执行。债权人会议作为债权人的临时自治团体，不是民事活动的权利主体，不能以自己的名义对外进行民事活动。

《企业破产法》第 59 条第 1～3 款规定：依法申报债权的债权人为债权人会议的成员，有权参加债权人会议，享有表决权。但债权尚未确定的债权人，除人民法院能够为其行使表决权而临时确定债权额的以外，不得行使表决权。对债务人的特定财产享有担保权的债权人，未放弃优先受偿权利的，对于债权人会议所作出的关于通过和解协议的决议、破产财产分配的决议不得享有表决权，对于债权人会议所作出的其他决议享有表决权。

依据《企业破产法》的规定，债权人会议还应当有债务人的职工和工会代表参加，对有关事项发表意见。但通常认为，为确保债务人的债权人充分行使其债权，债务人的职工和工会代表在债权人会议上没有表决权。

债权人会议设会议主席一人，由人民法院在有表决权的债权人中指定。债权人会议主席主持债权人会议。在债权人人数众多或者债权确定难度较大等情形下，人民法院可以指定多名债权人会议主席，成立债权人会议主席委员会。

债权人可以自行出席债权人会议，也可以委托代理人出席会议并行使表决权。债权人委托代理人出席债权人会议的，代理人应当向人民法院或者债权人会议主席提交经债权人签字、盖章的授权委托书。

在债权人会议上除有权出席会议的债权人之外，还有其他列席人员。债权人会议的列席人员是指不属于会议正式成员，无表决权，为协助债权人会议顺利召开、因履行法定义务或职务义务而参加会议的人员。债务人的法定代表人有义务列席债权人会议。经人民法院决定，债务人的财务管理人员和其他经营管理人员也有义务列席债权人会议。管理人作为负有财产管理职责的人也应当列席债权人会议。有义务列席债权人会议的有关人员，经人民法院传唤，无正当理由拒不列席债权人会议的，人民法院可以拘传，并依法处以罚款。债务人的有关人员违反法律规定，拒不陈述、回答，或者作虚假陈述、回答的，人民法院可以依法处以罚款。

（二）债权人会议的召集和职权

债权人会议是以召集的方式活动的。第一次债权人会议由人民法院负责召集和主持，应当在债权申报期限届满之日起15日内召开。以后的债权人会议在人民法院认为必要时，或者管理人、债权人委员会、占债权总额1/4以上的债权人向债权人会议主席提议时召开。

第一次债权人会议一般包括下列内容：（1）宣布债权人会议的职权和其他有关事项；（2）宣布债权人资格审查结果；（3）指定并宣布债权人会议主席；（4）安排债务人的法定代表人或负责人接受债权人的询问；（5）由管理人通报债务人的生产经营、财产、债务情况并作清算工作报告、提出破产财产处理方案及分配方案；（6）债权人会议讨论并审查债权的证明材料、债权的财产担保情况及数额、讨论是否通过和解协议、审阅管理人的清算工作报告、讨论通过破产财产的处理方案与分配方案等；（7）根据讨论情况，依法进行表决。以上第五～七项议程内的工作在本次债权人会议上无法完成的，交由下次债权人会议继续进行。

第一次债权人会议后召开债权人会议的，管理人应当提前15日通知已知的债权人。债权人会议主席应当在发出会议通知前3日报告人民法院，并由会议召集人在开会前15日将会议时间、地点、内容、目的等事项通知债权人。

依据《企业破产法》第61条的规定，债权人会议的职权有：（1）核查债权；（2）申请人民法院更换管理人，审查管理人的费用和报酬；（3）监督管理人；（4）选任和更换债权人委员会成员；（5）决定继续或者停止债务人的营业；（6）通过重整计划；（7）通过和解协议；（8）通过债务人财产的管理方案；（9）通过破产财产的变价方案；（10）通过破产财产的分配方案；（11）人民法院认为应当由债权人会议行使的其他职权。

债权人会议对于债务人财产的管理方案和破产财产的变价方案表决未通过的，由人民法院裁定。债权人会议对于破产财产的分配方案两次表决仍未通过的，由人民法院裁定。对上述裁定，人民法院可以在债权人会议上宣布或者另行通知债权人。债权人对于人民法院作出的关于债务人财产的管理方案、破产财产的变价处理方案、破产财产的分配方案的裁定不服的，债权额占无财产担保债权总额1/2以上的债权人可以自裁定作出之日或者收到通知之日起15日内向该人民法院申请复议。复议期间不停止裁定的执行。

（三）债权人会议决议

债权人会议的职权主要是通过表决的方式行使的。通常情况下，债权人会议决议通过的表决方式有两种：一种是以出席会议的债权人表决时的人数为准，另一种是以出席会议的债权人表决时所代表的破产债权额为准。有的国家采用单一的标准，有的国家采用综合标准。我国《企业破产法》规定适用两种标准。

根据债权人会议表决的决议事项不同，决议分为普通决议和特别决议两类，两者的区别主要在于，通过决议时同意或者代表的破产债权额占债权总额的比例不同。特别决议仅适用于和解、重整等重大事项，范围由法律明文规定。

《企业破产法》第64条规定，债权人会议的决议，由出席会议的有表决权的债权人过半数通过，并且其所代表的债权额占无财产担保债权总额的1/2以上。但是，《企业破产法》另有规定的除外。行使表决权的债权人所代表的债权额，按债权人会议确定的债权额计算。债权人对债权人会议确定的债权额有争议的，由人民法院审查裁定，并按裁定所确认的债权额计算。

债权人会议的决议通过后，对全体债权人有约束力。

债权人认为债权人会议的决议违反法律规定，损害其利益的，可以自债权人会议决议作出之日起 15 日内，请求人民法院裁定撤销该决议，责令债权人会议依法重新作出决议。

因电子技术和网络技术的飞速发展，债权人会议进行表决的方式不再局限于现场表决，最高人民法院及时作出了相应的调整。《破产法司法解释（三）》第 11 条规定：债权人会议的决议除现场表决外，可以由管理人事先将相关决议事项告知债权人，采取通信、网络投票等非现场方式进行表决。采取非现场方式进行表决的，管理人应当在债权人会议召开后的 3 日内，以信函、电子邮件、公告等方式将表决结果告知参与表决的债权人。

为增强债权人会议决议的灵活性，以更好地适应破产情形下保护债权人利益的需要，最高人民法院在《破产法司法解释（三）》中明确规定当发生法定情形时，债权人可以申请撤销债权人会议决议。这是对破产程序中债权人权益保护的重要举措。

依据《破产法司法解释（三）》第 12 条的规定，债权人会议的决议具有以下情形之一，损害债权人利益的，债权人有权申请撤销：（1）债权人会议的召开违反法定程序；（2）债权人会议的表决违反法定程序；（3）债权人会议的决议内容违法；（4）债权人会议的决议范围超出债权人会议的职权范围。

人民法院可以裁定撤销债权人会议全部或部分事项决议，责令债权人会议重新作出决议。债权人申请撤销债权人会议决议的，应当提出书面申请。债权人会议采取通信、网络投票等非现场方式进行表决的，债权人申请撤销的期限自债权人收到通知之日起算。

二、债权人委员会

（一）债权人委员会的组成

《企业破产法》第 67 条规定：在破产程序进行中，债权人会议可以决定设立债权人委员会。债权人委员会由债权人会议选任的债权人代表和一名债务人的职工代表或者工会代表组成。债权人委员会的成员人数原则上为奇数，最多不得超过 9 人。破产法关于在破产程序中设立债权人委员会的规定，主要是考虑到在破产案件中，往往债权人人数很多，在债权人会议上表达意志时不能很好地兼顾所有债权人的利益，而且极有可能形成多个和尚无水喝的局面。破产法设立债权人委员会制度，对于增强在破产程序中对债权人利益，特别是职工利益的保护有积极的意义。

（二）债权人委员会的职权

债权人委员会行使下列职权：（1）监督债务人财产的管理和处分；（2）监督破产财产的分配；（3）提议召开债权人会议；（4）债权人会议委托的其他职权。

债权人委员会对于破产管理人实施破产财产处分等对债权人的债权影响较大的行为，有权进行监督。管理人要将发生的下列行为及时向债权人委员会报告：（1）涉及土地、房屋等不动产权益的转让；（2）探矿权、采矿权、知识产权等财产权的转让；（3）全部库存或者营业的转让；（4）借款；（5）设定财产担保；（6）债权和有价证券的转让；（7）履行债务人和对方当事人均未履行完毕的合同；（8）放弃权利；（9）担保物的取回；（10）对债权人的利益有重大影响的其他财产处分行为。

债权人委员会执行职务时，有权要求管理人、债务人的有关人员对其职权范围内的事务作出说明或者提供有关文件。管理人、债务人的有关人员违反规定拒绝接受监督的，债权人委员会有权就监督事项请求人民法院作出决定，人民法院应当在 5 日内作出决定。

第四节　重整与和解制度

一、重整制度

（一）重整的概念和特征

我国于 2007 年 6 月实施的《企业破产法》创设了重整制度。破产中的重整是指对于濒临破产又有再生希望的债务人实施的旨在挽救其生存的积极程序。重整程序的目的不是公平分配债务人的财产，而在于挽救那些能够通过重整程序获得生机的债务人，使其摆脱困境、避免倒闭。我国《企业破产法》第一次将破产重整制度纳入破产法的调整范围。这意味着我国《企业破产法（试行）》规定的在性质上属于行政行为的破产整顿制度已经终结，重整制度作为司法程序正式启动。

破产重整制度与破产清算、和解制度相比，具有以下特征：

（1）重整适用的对象一般为大型企业。这一点在各国的破产法制度中均有体现，如日本规定，重整仅适用于股份有限公司。世界上多数国家的破产立法亦将破产重整制度适用的对象限制在较小的范围内，即一般限于大型企业。立法上的原因主要是对重整制度的代价的考虑：虽然重整制度能够积极拯救企业，但其程序比较复杂，费用也比较昂贵，社会代价较大，因此，在破产程序中，对一些中小企业不适用重整。

（2）重整的原因较破产清算、和解的原因宽松。破产与和解的原因都是债务人不能清偿到期债务。而重整的原因并不以此为限，对于那些因经营或者财务困难将要无力清偿债务的企业，亦可以适用重整程序。

（3）重整的措施具有多样性。重整的措施除包括债权人对债务人的妥协、让步外，还包括企业的部分或整体出让、合并与分立、追加投资、租赁经营等。这些措施在破产清算、和解程序中是没有的。

（4）参与重整的主体具有广泛性。破产清算程序与和解程序的参加者仅限于债权人和债务人。而在重整程序中，其参加者不仅包括债权人和债务人，而且包括股东（出资人）及相关利害关系人。

（5）重整程序优先于破产清算程序与和解程序。一旦重整程序开始，不但正在进行的一般民事执行程序应当中止，而且正在进行的破产程序或和解程序也应当中止。当破产申请、和解申请与重整申请同时并存时，人民法院应当优先受理重整申请。

（6）担保物权的行使受到限制。在重整程序中，享有担保物权的债权人的优先受偿权暂时不得行使。其目的是保证债务人的生产经营不因担保财产的执行而受影响，进而使重整目的不落空。

重整程序中，要依法平衡保护担保物权人的合法权益和企业重整价值。重整申请被受理后，管理人或者自行管理的债务人应当及时确定其上设定了担保物权的债务人财产是否为重整所必需。如果认为担保物不是重整所必需，则管理人或者自行管理的债务人应当及时对担保物进行拍卖或者变卖，拍卖或者变卖担保物所得价款在支付拍卖、变卖费用后优先清偿担保物权人的债权。

根据《全国法院民商事审判工作会议纪要》的规定，在担保物权暂停行使期间，担保物权人根据《企业破产法》第 75 条的规定向人民法院请求恢复行使担保物权的，人民法院应当自收到恢复行使担保物权申请之日起 30 日内作出裁定。经审查，担保物权人的申请不符合第 75 条的规定，或者虽然符合该条规定但管理人或者自行管理的债务人有证据证明担保物为重整所必需，并且提供了与减少价值相应的担保或者补偿的，人民法院应当裁定不予批准恢复行使担保物权。担保物权人不服该裁定的，可以自收到裁定书之日起 10 日内，向作出裁定的人民法院申请复议。人民法院裁定批准行使担保物权的，管理人或者自行管理的债务人应当自收到裁定书之日起 15 日内启动对担保物的拍卖或者变卖，拍卖或者变卖担保物所得价款在支付拍卖、变卖费用后优先清偿担保物权人的债权。

（7）重整程序具有强制性。重整程序被人民法院批准后，对所有当事人具有约束力。

（二）重整申请和重整期间

1. 重整申请

根据我国《企业破产法》第 70、71 条的规定，债务人或者债权人可以依照破产法的规定直接向人民法院申请对债务人重整；债权人申请对债务人进行破产清算的，在人民法院受理破产申请后、宣告债务人破产前，债务人或者出资额占债务人注册资本 1/10 以上的出资人可以向人民法院申请重整。人民法院经审查认为重整申请符合破产法的规定的，应当裁定许可债务人进行重整，并予以公告。

2. 重整期间

自人民法院裁定许可债务人重整之日起至重整程序终止，为重整期间。这里所指的重整期间，仅指重整申请受理至重整计划草案得到债权人会议分组表决通过及人民法院批准，或重整计划草案未能得到债权人会议分组表决通过或人民法院不予批准的期间，不包括重整计划得到批准后的执行期间。

（三）重整期间的营业

1. 自动停止

自动停止是重整期间对债务人运营价值的保护措施。所谓运营价值，就是企业作为营运实体的财产价值，或者说企业在持续营业状态下的价值。依照《企业破产法》的有关规定，这些保护措施主要有：（1）在重整期间，债务人的抵押权人、质权人和留置权人，不得对担保物权行使处分权利。但是担保权人发现在重整期间担保物有损坏或者价值明显减少的可能，足以危害担保物权人的权利的，担保物权人可以向人民法院请求恢复行使担保物权。（2）在重整期间，债务人的出资人不得请求投资收益分配。（3）在重整期间，债务人的董事、监事、高级管理人员不得向第三人转让其持有的债务人的股权，但是经人民法院同意的除外。（4）债务人合法占有的他人财产，该财产的权利人在重整期间要求取回的，应当符合事先约定的条件，不得在未到期的情况下提前取回。（5）在重整观察期间，重整债权人与债务人之间的债权、债务抵销，以种类相同且在人民法院受理破产申请前均已到期为限。债务人的债权人在破产申请受理后受让取得的重整债权不得抵销。

2. 重整期间的营业保护

《企业破产法》规定，在重整期间，经债务人申请，人民法院批准，债务人可以在管理人的监督下自行管理财产和营业事务。人民法院批准债务人自行管理财产和营业事务后，之前已经按照破产法的规定接管债务人财产和营业事务的管理人应当向债务人移交财产和营业事务。在此情况下，实际上管理人的职权转由债务人行使。为了积极扶助债务人继续营业，法律还在债务人财产的使用和处分、贷款、合同的履行和解除、劳动合同的变更和解除等方面作了特别规定。但管理人无权处分担保物，除非担保权人得到了充分的保护；为了让债务人继续营业，管理人可以取回质物、留置物，但应当提供替代担保；为了继续营业，管理人或者债务人可以向银行借贷，并可以为该借款提供担保；在重整期间，经利害关系人请求，人民法院可以裁定停止债务人的部分或者全部营业，或者对其营业活动作出必要的限制等。

3. 重整程序的终止

根据我国《企业破产法》第78条的规定，在重整期间，发生了法定终止情形的，经管理人或者利害关系人请求，人民法院应当裁定终止重整程序，并宣告债务人破产。

重整程序可以因下列情况而终止：

（1）债务人的经营状况和财产状况继续恶化，缺乏挽救的可能性。

（2）债务人有欺诈、恶意减少财产或者其他显著不利于债权人的行为的。

（3）债务人的行为致使管理人无法执行职务。

（4）债务人或者管理人自人民法院裁定债务人重整之日起6个月内，应同时向人民法院和债权人会议提交重整计划草案。上述期限届满，经债务人或者管理人请求，有正当理由的，人民法院可以裁定延长3个月。债务人或者管理人未按照规定的期限提出重整计划草案的，人民法院裁定终止重整程序。

（5）在通过和批准重整计划的过程中，债权人会议没有通过重整计划草案，管理人与未通过重整计划草案的表决组协商后再行表决仍未通过，向人民法院提请批准而人民法院未予批准的，应当终止重整程序。

（6）在重整计划执行阶段，重整企业不能执行或者不执行重整计划的，人民法院经管理人或者利害关系人请求，裁定终止重整计划的执行，并宣告重整企业破产。

（四）重整计划

1. 重整计划的概念

重整计划，是指以维持债务人的继续营业、谋求债务人的复兴并清理债权债务关系为内容的协议。它类似于和解程序中的和解协议，是重整程序中最为重要的法定文件。重整计划以拯救企业和公平清偿债务为目的，由管理人或者法律规定的其他机构负责制订，一般须经债权人会议同意，并经法院批准方能生效。

2. 重整计划的制订

《企业破产法》第79、80、81条规定，债务人或者管理人应当自人民法院裁定债务人重整之日起6个月内，同时向人民法院和债权人会议提交重整计划草案；因特殊情况需要延长的，经债务人或者管理人请求，人民法院可以裁定延期3个月。债务人自行接管财产和营业事务的，由债务人制作重整计划草案；管理人负责管理财产和营业事务的，由管理人制作重整计划草案。重整计划草案应当包括以下内容：（1）债务人的经营方案；（2）债权分类；（3）债权调整方案；（4）债权受偿方案；（5）重整计划的执行期限；（6）重整计划执行的监督期限；（7）有利于债务人重整的其他方案。

3. 重整计划的通过和批准

管理人或者债务人在法院指定的期间内向法院提交重整计划草案和重整可行性报告，经法院审查合法后交债权人会议表决。债权人会议应当按照规定的债权分类（有担保的债权、劳动债权、税收债权和普通债权）分组表决。出席会议的同一表决组的债权人过半数同意重整计划草案，并且所代表的债权额占该表决权组已确定债权总额的 2/3 以上的，即为该组通过重整计划草案。各组均通过重整计划草案的，重整计划即为通过。

重整计划未获得部分表决组通过时，管理人或者债务人可以同未通过的表决组协商，该表决组可以在协商后再进行一次表决，但双方协商的结果不得损害其他表决组的利益。再次表决仍然未通过，或者未通过重整计划草案的表决组拒绝再次表决，但重整计划草案符合《企业破产法》第 87 条第 2 款规定的条件的，管理人、债务人可以申请人民法院批准重整计划。如果重整计划符合法定的条件，人民法院应当自收到申请之日起 30 日内裁定批准重整计划。重整计划通过后，管理人应当向人民法院提出批准申请。经审查，人民法院认为符合法律规定的，应当裁定批准；认为不符合法律规定的，应当裁定驳回。

4. 重整计划的效力和执行

经人民法院裁定批准的重整计划，对债务人和人民法院受理破产申请前成立的所有债权人具有约束力。未依法申报的债权，在重整计划执行期间不得行使，在重整计划执行完毕后可以按照重整计划中同类债权的受偿条件行使权利。但债权人对债务人的保证人和其他连带债务人所享有的权利，不受重整计划的影响。

重整计划由债务人负责执行。人民法院裁定批准重整计划后，已接管财产和营业事务的管理人应当向债务人移交财产和营业事务。在重整期间，债务人同时符合下列条件的，经申请，人民法院可以批准债务人在管理人的监督下自行管理财产和营业事务：（1）债务人的内部治理机制仍正常运转；（2）债务人自行管理有利于债务人继续经营；（3）债务人不存在隐匿、转移财产的行为；（4）债务人不存在其他严重损害债权人利益的行为。

债务人提出重整申请时可以一并提出自行管理的申请。经人民法院批准由债务人自行管理财产和营业事务的，《企业破产法》规定的管理人职权中有关财产管理和营业经营的职权应当由债务人行使。

管理人应当对债务人的自行管理行为进行监督。管理人发现债务人存在严重损害债权人利益的行为或者有其他不适宜自行管理的情形的，可以申请人民法院作出终止债务人自行管理的决定。人民法院决定终止的，应当通知管理人接管债务人的财产和营业事务。债务人有上述行为而管理人未申请人民法院作出终止决定的，债权人等利害关系人可以向人民法院提出申请。

自人民法院裁定批准重整计划之日起，在重整计划规定的监督期内，由管理人监督重整计划的执行。在监督期内，债务人应当向管理人报告重整计划执行情况和债务人财务状况。监督期届满时，管理人应当向人民法院提交监督报告。自监督报告提交之日起，管理人的监督职责终止。

人民法院裁定终止重整计划执行的，债权人在重整计划中作出的债权调整的承诺失效。债权人因执行重整计划所受的清偿仍然有效，债权未受清偿的部分作为破产债权。债务人不能执行或者不执行重整计划的，为重整计划的执行提供的担保继续有效。对于按照重整计划减免的债务，自重整计划执行完毕之日起，债务人不再承担清偿责任。

5.重整计划的终止

债务人不能执行或者不执行重整计划的，人民法院可以应利害关系人的请求，裁定终止重整计划的执行。

二、和解制度

（一）和解的含义

和解，是指具备破产原因的债务人，为避免破产清算而与债权人达成以让步方法了结债务的协议，协议经法院认可后生效的法律程序。

破产程序虽然可以实现债权人之间的公平受偿，弥补民事执行程序的不足，但它本身具有很大的缺陷：（1）适用破产程序费用高昂，而且在出售破产财产时破产企业往往处于比较紧迫的时境，无形中破产企业的财产多被低价出售，价格严重偏离价值的情形较常见，因此，债权人实际上通过破产程序获得清偿的比例一般都很低，于债权人不利。（2）虽然破产分配可以在一定程度上使资源得到更为合理的利用，但是破产分配使债务人丧失了赖以经营的基础，失去了复苏的可能。这对社会经济来说，也有一定的不良影响。（3）破产程序往往造成工人失业、生产力浪费，从而引起连锁反应，对社会不利。破产制度本身存在的不足，催生了和解制度的产生。1883年，英国首先将和解制度引入破产程序，并规定当事人在申请启动破产程序前，必须先进行和解。有学者将其称为"和解前置主义"。1886年，比利时颁布了以预防破产为目的的《和解法》，开创了和解分离主义的立法例。现代各国破产立法一般将和解程序、重整程序和破产程序统一于一部法律之中。

（二）和解的特征

破产法上的和解具有以下特征：

（1）和解的目的是避免破产清算。债务人与债权人会议达成的减少、延缓偿还债务或者第三人承担清偿责任的和解协议生效后，破产程序即中止。只要债务人履行和解协议约定的义务，就可以避免破产清算，并可以终结破产程序。

（2）和解的适用以债务人已经具备破产原因为条件。如果债务人不具备破产原因，破产清算程序就不能启动，当然也就没有适用和解制度的必要。

（3）和解的成立必须由债务人向法院提出申请并经债权人会议同意。和解制度的实施，首先有赖于债务人向有管辖权的法院提出申请，债权人和其他利害关系人不能申请和解。其次，须经债权人会议表决同意。债权人会议表决此项决议须采取特别决议的方式，即债权人会议通过和解协议草案的决议，须由出席会议的有表决权的债权人过半数同意，且所代表的债权额必须占已确定无担保债权总额的2/3以上。

（4）和解协议经法院裁定认可后才能生效。由于和解协议能够产生阻止破产程序启动、中止破产程序或者终结破产程序的效果，为防止和解协议违反法律，损害少数债权人的利益，在债务人与债权人会议达成和解协议后，必须报请法院裁定认可。经法院裁定认可后，和解协议方能生效。

（5）和解协议无强制执行力。法院裁定认可和解协议后，在破产程序终结前，如债务人不履行和解协议，法院不得强制执行，而应当依职权宣告债务人破产；已宣告债务人破产的，继续进行破产清算程序。

（三）和解协议的法律效力

我国《企业破产法》第 100 条规定，经人民法院裁定认可的和解协议，对债务人和全体和解债权人均有约束力。具体说来，和解协议的法律效力体现在以下几个方面：

（1）和解协议成立前产生的和解债权人只能按照和解协议的约定接受债务清偿，不得要求或接受债务人在和解协议外给予的单独利益。但和解协议成立后新产生的债权人不受和解协议的约束。和解债权人未按照规定的期限申报破产债权的，在和解协议执行期间不得行使权利；在和解协议执行完毕后，再按照和解协议约定的清偿条件行使权利。

（2）对债务人的特定财产享有担保物权的债权人，自人民法院裁定和解之日起可以行使担保物权。

（3）债务人只能按照和解协议清偿债务，不得给个别和解债权人以任何特殊利益，但公平地给全体债权人以清偿上的利益者除外。对于因债务人的欺诈或者其他违法行为而成立的和解协议，人民法院应当裁定无效，并依法宣告债务人破产。

（4）和解协议对债务人的保证人或者连带债务人无效。也就是说，债权人对于债务人所作的减免债务或者延期偿还让步，效力不及于债务的保证人和连带债务人，后者仍应按原来债的约定承担保证责任或者连带责任。例如，和解协议约定减少债务人债务的 20%，保证人和连带债务人仍要按照原债务的全额承担相应的清偿责任，但是其取得的代位求偿权作为和解债权要受和解协议的约束。

（5）债权人会议通过和解协议的决议经法院裁定认可后，破产程序终止，并由管理人向债务人移交财产和营业事务。

各国破产立法对和解协议是否具有强制执行的效力规定不完全相同。有些国家的立法规定和解协议无强制执行的效力，以免在个别执行中出现新的不公平清偿。如债务人不履行和解协议，债权人不能请求法院对和解协议个别强制执行，只能请求法院恢复破产程序，宣告债务人破产，依照破产程序受偿。

（四）和解的终结

《企业破产法》第 104 条第 1、2 款规定：债务人不能执行或者不执行和解协议的，人民法院经和解债权人请求，应当裁定终止和解协议的执行，并宣告债务人破产。人民法院裁定终止和解协议执行的，和解债权人在和解协议中作出的债权调整的承诺失去效力，和解债权人因执行和解协议所受的清偿仍然有效，和解债权未受清偿的部分作为破产债权。

第五节　管理人和破产财产

一、管理人

（一）管理人的概念及法律地位

1. 管理人的概念

破产法上的管理人即破产清算人，是指负责破产财产的管理、清算、估价、变卖和分配的专门机构。依破产法原理，破产管理人可以是一人，也可以是数人。但由于破产案件涉及的问题和法律较多，一般都是由多数人组成管理人组织，如清算组。

2. 管理人的法律地位

关于破产管理人在破产程序中的地位如何，各国破产法理论具有较大分歧。在英美法系各国，有关管理人的地位适用以信托关系为基础的受托人制度，因而破产管理人被称为破产程序中的受托人，管理人以受托人的身份办理破产事宜，并对委托人承担信托责任。在大陆法系各国，有关管理人的地位的学说主要有三种：代理说、职务说和代表说。代理说认为，管理人系代理人，具体又分为破产人的代理人、债权人的代理人和破产人与债权人双方代理人三种主张。职务说认为，破产关系是国家强制执行机关与全体债权人、破产人之间的公法关系，破产管理人为强制执行机关的公务员，其行为是一种职务行为。代表说以承认破产财团在破产程序中的独立地位为基础，认为管理人就是这种人格化财产的代表。

我国《企业破产法》引入了国外破产法理论中的破产"管理人"概念，但它既不是政府机构，也不是债权人或者债务人的代理人，而是依破产法的规定在破产宣告后成立，负责执行破产财产的管理、清算、变价、分配等清算事务的独立的专门机构。在破产清算中，破产管理人可以以自己的名义执行清算事务，并随破产程序的终结而解散。

（二）管理人的组成

1. 管理人产生的方式和时间

在破产案件中，对破产人财产的管理、清算与分配并非由人民法院直接进行，而是由破产管理人负责进行。《企业破产法》第13条规定，人民法院裁定受理破产申请的，应当同时指定管理人。《企业破产法》第22条规定：管理人由人民法院指定。债权人会议认为管理人不能依法、公正执行职务或者有其他不能胜任职务情形的，可以申请人民法院予以更换。指定管理人和确定管理人报酬的办法，由最高人民法院规定。

2. 管理人的范围

依照《企业破产法》第24条第1款的规定，破产管理人可以由有关部门、机构的人员组成的清算组或者依法设立的律师事务所、会计师事务所、破产清算事务所等社会中介机构担任。破产法对管理人的组成的规定，增加了破产程序中社会中介机构的参与，这有利于提升破产案件审理和破产财产分配过程的透明度，增强处理问题的专业性。

3. 管理人的资格

人民法院根据债务人的实际情况，在征询有关社会中介机构的意见后，指定该中介机构中具备相关专业知识并取得执业资格的人员担任管理人。

有下列情形之一的，不得担任管理人：（1）因故意犯罪受过刑事处罚；（2）曾被吊销相关专业执业证书；（3）与本案有利害关系；（4）人民法院认为不宜担任管理人的其他情形。

最高人民法院《关于审理企业破产案件指定管理人的规定》（以下简称《指定管理人规定》）第23条规定，社会中介机构、清算组成员有下列情形之一，可能影响其忠实履行管理人职责的，人民法院可以认定为《企业破产法》第24条第3款第3项规定的利害关系：（1）与债务人、债权人有未了结的债权债务关系；（2）在人民法院受理破产申请前3年内，曾为债务人提供相对固定的中介服务；（3）现在是或者在人民法院受理破产申请前3年内曾经是债务人、债权人的控股股东或者实际控制人；（4）现在担任或者在人民法院受理破产申请前3年内曾经担任债务人、债权人的财务顾问、法律顾问；（5）人民法院认为可能影响其忠实履行管理人职责的其他情形。《指定管理人规定》第24条规定，清算组成员的派出人员、社会中介机构的派出人员、个人管理人有下列情形之一，可能影响其忠实履行管理人职责的，可以认定为《企业破产法》第 24 条第 3 款第 3 项规定的利害关系：（1）具有本规定第 23 条规定情形；（2）现在担任或者在人民法院受理破产申请前 3 年内曾经担任债务人、债权人的董事、监事、高级管理人员；（3）与债权人或者债务人的控股股东、董事、监事、高级管理人员存在夫妻、直系血亲、三代以内旁系血亲或者近姻亲关系；（4）人民法院认为可能影响其公正履行管理人职责的其他情形。

个人担任管理人的，还应当参加执业责任保险。

最高人民法院《关于审理企业破产案件若干问题的规定》第 48 条规定，清算组成员可以从破产企业上级主管部门中产生，也可以从政府财政、工商管理、计委、经委、审计、税务、物价、劳动、社会保险、土地管理、国有资产管理、人事等部门中指定。此规定明显体现出国家机构对破产案件的参与权。但这一规定，只适用于国有企业的破产。

4. 管理人的指定

为公平、公正审理企业破产案件，保证破产审判公正地顺利进行，《指定管理人规定》规定，指定管理人有三种方式：随机、竞争和接受推荐。随机方式是破产案件中指定管理人的主要方式。竞争方式主要适用于"商业银行、证券公司、保险公司等金融机构或者在全国范围有重大影响、法律关系复杂、债务人财产分散的企业破产案件"。至于推荐方式，主要适用于经过行政清理、清算的商业银行、证券公司、保险公司等金融机构的破产案件，在此类案件中人民法院可以在金融监管机构推荐的已编入管理人名册的社会中介机构中指定管理人。

管理人无正当理由，不得拒绝人民法院的指定。管理人有此行为的，人民法院可以决定停止其担任管理人 1 年至 3 年，或将其从管理人名册中删除。

5. 管理人的更换

《企业破产法》第 22 条第 2 款规定，管理人"不能依法、公正执行职务或者有其他不能胜任职务情形"的，债权人会议可以申请人民法院予以更换。《指定管理人规定》第 33 条对管理人的更换原因作了更为明确的规定——社会中介机构管理人有下列情形之一的，人民法院可以根据债权人会议的申请或者依职权决定更换管理人：（1）执业许可证或者营业执照被吊销或者注销；（2）出现解散、破产事由或者丧失承担执业责任风险的能力；（3）与本案有利害关系；（4）履行职务时，出于故意或重大过失导致债权人利益受到损害；（5）有该规定第 26 条规定的情形（社会中介机构或者个人有重大债务纠纷或者因涉嫌违法行为正被相关部门调查的——引者注）。清算组成员参照适用前述规定。其第 34 条规定，个人管理人有下列情形之一的，人民法院可以根据债权人会议的申请或者依职权决定更换管理人：（1）执业资格被取消、吊销；（2）与本案有利害关系；（3）履行职务时，出于故意或重大过失导致债权人利益受到损害；（4）失踪、死亡或者丧失民事行为能力；（5）因健康原因无法履行职务；（6）执业责任保险失效；（7）有该规定第 26 条规定的情形。清算组成员的派出人员、社会中介机构的派出人员参照适用前述规定。

（三）管理人的职责

《企业破产法》第 23 条规定：破产管理人在破产案件的进行过程中，应当向人民法院报告工作，并接受债权人会议和债权人委员会的监督。管理人应当列席债权人会议，向债权人会议报告职务执行情况，并回答债权人的询问。具体应当履行的职责有：（1）接管债务人的财产、印章和账簿、文书等资料；（2）调查债务人的财产状况，制作财产状况报告；（3）决定债务人的内部管理事务；（4）决定债务人的日常开支和其他必要开支；（5）在第一次债权人会议召开之前，决定继续或者停止债务人的营业；（6）管理和处分债务人的财产；（7）代表债务人参加诉讼、仲裁或者其他法律程序；（8）提议召开债权人会议；（9）人民法院认为管理人应当履行的其他职责。

《破产法司法解释（三）》对管理人的职责进一步细化，具体规定如下：

管理人应当依照《企业破产法》第57条的规定，对所申报的债权进行登记造册，详尽记载申报人的姓名、单位、代理人、申报债权额、担保情况、证据、联系方式等事项，形成债权申报登记册。

管理人应当依照《企业破产法》第57条的规定，对债权的性质、数额、担保财产、是否超过诉讼时效期间、是否超过强制执行期间等情况进行审查，编制债权表并提交债权人会议核查。

管理人认为债权人据以申报债权的生效法律文书确定的债权错误，或者有证据证明债权人与债务人恶意通过诉讼、仲裁或者公证机关赋予强制执行力公证文书的形式虚构债权债务的，应当依法通过审判监督程序向作出该判决、裁定、调解书的人民法院或者上一级人民法院申请撤销生效的法律文书，或者向受理破产申请的人民法院申请撤销或者不予执行仲裁裁决、不予执行公证债权文书后，重新确定债权。

在第一次债权人会议召开之前，管理人决定继续或者停止债务人的营业或者有《企业破产法》第69条规定的情形之一的，应当经人民法院许可。管理人应当勤勉尽责，忠实执行职务。在没有正当理由的情况下，管理人不得辞去职务；若辞职，须经人民法院许可。

二、破产财产

（一）破产财产的概念与特征

1. 破产财产的概念

破产财产即破产企业所有的可供债权人在破产程序中获得清偿的财产。破产财产有形式意义上的和实质意义上的之分。形式意义上的破产财产，是指属于破产企业所有，由清算人接管并依破产程序分配给债权人的财产的集合体。实质意义上的破产财产，是指在破产程序中所有可供清偿、分配给债权人的财产。根据我国《企业破产法》的规定，人民法院受理破产申请时属于债务人的全部财产，以及破产申请受理后至破产程序终结之前债务人取得的财产，以及于破产程序终结后追回的原属于债务人的财产，均属于破产财产。

2. 破产财产的特征

破产财产与债务人的其他财产相比较具有以下特征：

（1）破产财产必须是债务人享有财产权的财产。债务人享有的财产权一般是指财产所有权。债务人不享有所有权而占有的属于他人的财产，他人有权取回，因而不能作为破产财产。例如，在破产宣告前，债务人为他人保管的财产、为他人加工承揽的财产、租赁的财产、为他人代销的财产、借用他人的财产等都不能作为破产财产供全体债权人分配。

（2）破产财产是可以通过破产程序分配给破产债权人的财产。破产债权根据在受清偿方面优先与否分为有担保的债权和无担保的债权。有担保的债权人在破产程序启动时即可以行使优先受偿权，而且无须通过破产程序如债权人会议讨论破产财产分配方案、人民法院认可等，就可直接从变卖担保物所得的价款中受偿。而无担保的债权人只能通过破产程序进行受偿。在一般情况下，有担保的债权人通常都能有较高的清偿比例，而无担保的债权人通过破产程序受偿的比例都很低。所以，一般情况下，用于提供担保的债务人的财产不属于破产财产。

（3）破产财产是一种集合财产。破产财产不是指单一的债务人的财产，而是由管理人管理处分、以公平清偿破产债权为目的的集合财产。

（4）破产财产是由管理人占有和支配的财产。破产宣告后，破产财产的管理处分权交由管理人行使。其他任何人未经管理人同意，不得对破产财产占有、使用和处分。因此，法律规定用于债务人生计的财产就不能作为破产财产。

（二）破产财产的范围

破产财产的范围，是指债务人的财产在一定时点上的范围。传统破产法对此曾有过两种立法准则，即固定主义和膨胀主义。固定主义是将破产财产看作是债务人在破产宣告时所拥有的财产。膨胀主义则将破产财产看作是既包括破产宣告时债务人所有的财产，也包括破产宣告后至破产程序终结前债务人取得的财产。现代破产法一般采用膨胀主义的立法准则，目的在于加强对债权人的保护。我国破产法对破产财产的范围也采用膨胀主义。

我国破产法规定的破产财产的范围包括：

（1）宣告破产时债务人所有的或者经营管理的全部财产。大体可以分为四类：1）有形财产；2）无形财产；3）货币和有价证券；4）投资收益。

（2）债务人在破产宣告后至破产程序终结前所取得的财产。主要包括：1）因债务人的债务人清偿债务而取得的财产；2）因管理人决定继续履行合同所取得的财产；3）因破产宣告前的投资行为而取得的收益；4）破产财产所生的孳息；5）因继续债务人的营业所取得的财产；6）因其他原因而合法取得的财产，如接受捐赠、经过时效等所取得的财产。

（3）因债务人的违法行为无效或者被撤销而追回取得的财产。根据我国《企业破产法》第33条的规定，涉及债务人财产的两种行为无效：（1）为逃避债务而隐匿、转移财产的；（2）虚构债务或者承认不真实的债务的。债务人有上述两种行为的，人民法院要予以追回，并不受时间限制。因管理人申请撤销而取得的财产包括五种情形（参见下文"破产撤销权"部分）。

（4）人民法院受理破产申请后，债务人的出资人尚未完全履行出资义务的，管理人应当要求该出资人缴纳所认缴的出资，而不受出资期限的限制。该部分财产属于破产财产。

（5）债务人的董事、监事和高级管理人员利用职权从企业获取的非正常收入和侵占的企业财产，被管理人追回后，作为破产财产。债务人的董事、监事和高级管理人员利用职权获取的非正常收入包括三项：1）绩效奖金；2）普遍拖欠职工工资情况下获取的工资性收入；3）其他非正常收入。

（6）债务人的法定代表人或者高级管理人员违法处分企业财产的，管理人有权追回，并作为破产财产，供全体债权人分配。

另外，根据2002年7月最高人民法院发布的《关于审理企业破产案件若干问题的规定》，在确认破产财产的范围时还应注意以下问题：

（1）对于债务人与他人共有的物、知识产权、债权等财产或财产权，应当在破产清算中予以分割，债务人分割所得属于破产财产；不能分割的，应当将其应得的部分转让，转让所得属于破产财产。

（2）债务人的开办人注册资金投入不足的，应当由该开办人予以补足，补足部分属于破产财产。

（3）债务人破产前受让他人财产并依法取得所有权或者土地使用权的，即便未支付或者未完全支付对价，该财产仍属于破产财产。

（4）债务人的财产被采取民事诉讼执行措施，在破产申请受理后尚未执行的或者未执行完毕的剩余部分，在该债务人被宣告破产后列入破产财产。因错误执行应当被执行回转的财产，在执行回转后，列入破产财产。

（5）债务人依照法律规定取得代位求偿权的，依该代位求偿权享有的债权属于破产财产。

（6）债务人在被宣告破产时未到期的债权视为已到期，属于破产财产，但是应当减去未到期的利息。

（7）债务人设立的分支机构和无法人资格的全资机构的财产，应当一并纳入破产程序进行清理。对于债务人在其开办的全资企业中的投资收益应当予以追收，全资企业资不抵债的，管理人停止追收。对于债务人对外投资形成的股权及其收益应当予以追收；对该股权可以出售或转让，将出售、转让所得列入破产财产进行分配。股权价值为负值的，停止追收。管理人收回债务人对外投资企业的财产和应得收益给联营他方造成损失的，依照《企业破产法》有关解除债务人未履行完毕合同的规定处理。

（8）为实现政策的连贯性，国有企业破产，涉及破产企业职工住房以及公益性设施的，区分不同情况进行处理。对于破产企业的职工住房，已经签订了合同、交付了房款，进行了"房改"，卖给职工个人的，不列入破产财产。对于未进行"房改"的职工住房，可由管理人向有关部门申请办理"房改"事项，向职工出售，将所得款项列入破产财产。按照国家规定不具备"房改"条件，或者职工在"房改"中不购买住房的，由管理人按照实际情况处理。至于债务人的幼儿园、学校、医院等公益性设施，按照国家有关规定处理，不作为破产财产。

（三）破产撤销权

破产撤销权是指管理人对于债务人在破产申请受理前的法定期间内进行的欺诈逃债或损害公平清偿的行为，有向人民法院申请撤销，并追回财产的权利。

根据《企业破产法》第 31 条的规定，对于在人民法院受理破产申请案件前 1 年内，涉及债务人财产的下列行为，管理人有权请求人民法院予以撤销并追回，作为破产财产，供向全体债权人分配：（1）无偿转让财产的；（2）以明显不合理的价格进行交易的；（3）对没有财产担保的债务提供担保的；（4）对未到期的债务提前清偿的；（5）放弃债权的。对于上述五种情形，在具体理解和执行上，应当予以适当宽泛化，比如："无偿转让财产"中的"转让"不仅包括买卖，还应包括无偿设置用益物权等其他无偿行为。"财产"不仅包括实物财产，也应包括财产性权利。"以明显不合理的价格进行交易"，实务中不限于价格明显不合理这一项，还应包括付款条件、付款期限等其他交易条件明显不合理。"对没有财产担保的债务提供担保的"，是指对原来已经成立的债务补充设置担保物权，使债权人得到本不应得到的优先清偿利益，但于可撤销期间内在设定债务的同时提供的财产担保不包括在内。"对未到期的债务提前清偿"，是指对在破产申请受理之后才到期的债务，提前到在破产申请受理之前清偿。但对于破产申请受理前 1 年内债务人提前清偿的未到期债务，在破产申请受理前已经到期，管理人请求撤销该清偿行为的，人民法院不予支持；但是，该清偿行为发生在破产申请受理前 6 个月内且债务人有《企业破产法》第 2 条第 1 款规定的情形的除外。"放弃债权"，即债务免除、放弃权利，是指以明示或默示的方式放弃对他人的债权。

人民法院受理破产申请前 6 个月内，债务人已达破产界限，仍对个别债权人清偿的，管理人有权请求人民法院予以撤销；但是，个别清偿使债务人财产受益的除外。《破产法司法解释（二）》第 16 条规定，债务人对债权人进行的以下个别清偿，管理人依据《企业破产法》第 32 条的规定请求撤销的，人民法院不予支持：（1）债务人为维系基本生产需要而支付水费、电费等的；（2）债务人支付劳动报酬、人身损害赔偿金的；（3）使债务人财产受益的其他个别清偿。该司法解释的第 15 条还规定：债务人经诉讼、仲裁、执行程序对债权人进行的个别清偿，管理人依据《企业破产法》第 32 条的规定请求撤销的，人民法院不予支持；但是，债务人与债权人恶意串通，损害其他债权人利益的除外。

撤销权一般应由管理人行使，但是在重整程序中，债务人可以在管理人的监督下自行管理财产和营业事务，其职权相当于管理人，在此种情形下，只要不与债务人利益发生冲突，撤销权亦可以由债务人自行行使，管理人负责监督。

（四）破产抵销权

破产法上的抵销权，是指债权人在破产申请受理前对债务人即破产人负有债务的，无论是否已到清偿期限、标的是否相同，均可在破产财产最终分配确定前向管理人主张相互抵销的权利。《企业破产法》第 40 条规定，债权人在破产申请受理前对债务人负有债务的，可以向管理人主张抵销。破产抵销权是破产债权只能依破产程序受偿的例外。抵销权对破产债权人具有重要利益：通过行使抵销权，破产债权人可以在抵销的破产债权额内得到全额、优先的清偿。

为了防止个别债权人与债务人恶意串通，不当行使抵销权，损害其他债权人的利益，各国破产法一般都规定行使抵销权必须具备一定的条件。我国《企业破产法》第 40 条规定，债权人有下列三种情形之一的，不得行使抵销权：（1）债务人的债务人在破产申请受理后取得他人对债务人的债权的。（2）债权人已知债务人有不能清偿到期债务或者破产申请的事实，对债务人负担债务的；但是，债权人因为法律规定或者有破产申请 1 年前所发生的原因而负担债务的除外。（3）债务人的债务人已知债务人有不能清偿到期债务或者破产申请的事实，对债务人取得债权的；但是，债务人的债务人因为法律规定或者有破产申请 1 年前所发生的原因而取得的债权的除外。

债权人以对债务人的特定财产享有优先受偿权的债权进行抵销，未损害其他债权人的利益，故不受上述禁止性规定的限制。《破产法司法解释（二）》第 45 条规定："企业破产法第四十条所列不得抵销情形的债权人，主张以其对债务人特定财产享有优先受偿权的债权，与债务人对其不享有优先受偿权的债权抵销，债务人管理人以抵销存在企业破产法第四十条规定的情形提出异议的，人民法院不予支持。但是，用以抵销的债权大于债权人享有优先受偿权财产价值的除外。"

如果当事人违反法律禁止抵销的规定进行了抵销，管理人可以向人民法院申请认定抵销无效。《破产法司法解释（二）》第 44 条规定：破产申请受理前 6 个月内，债务人有《企业破产法》第 2 条第 1 款规定的情形，债务人与个别债权人以抵销方式对个别债权人清偿，其抵销的债权债务属于《企业破产法》第 40 条第 2、3 项规定的情形之一的，管理人在破产申请受理之日起 3 个月内向人民法院提起诉讼，主张该抵销无效的，人民法院应予支持。

另外，《破产法司法解释（二）》第 46 条规定，债务人的股东主张以下列债务与债务人对其负有的债务抵销，债务人管理人提出异议的，人民法院应予支持：（1）债务人股东因欠缴债务人的出资或者抽逃出资对债务人所负的债务；（2）债务人股东滥用股东权利或者关联关系损害公司利益对债务人所负的债务。也就是说，债务人的股东享有的破产债权不得与其未到位的注册资本相抵销，亦不能与其滥用股东权利对公司造成的损害相抵销。

《破产法司法解释（二）》第 41 条规定："债权人依据企业破产法第四十条的规定行使抵销权，应当向管理人提出抵销主张。管理人不得主动抵销债务人与债权人的互负债务，但抵销使债务人财产受益的除外。"依照上述规定，破产法上的抵销权只能由债权人向管理人主张，而且债权人还应当在破产财产最终分配方案确定之前向管理人主张破产抵销。管理人在收到债权人提出的主张抵销债务的通知后，经审查无异议的，抵销自管理人收到通知之日起生效。管理人对抵销主张有异议的，应当在约定的异议期限内或者自收到主张债务抵销的通知之日起 3 个月内向人民法院提起诉讼；无正当理由逾期提起诉讼的，人民法院不予支持。管理人以下列理由提出异议的，人民法院不予支持：（1）破产申请受理时，债务人对债权人负有的债务尚未到期；（2）破产申请受理时，债权人对债务人负有的债务尚未到期；（3）双方互负债务的标的物种类、品质不同。人民法院判决驳回管理人提出的抵销无效诉讼请求的，该抵销自管理人收到主张债务抵销的通知之日起生效。

（五）取回权

《企业破产法》规定了两种取回权：一般取回权与特别取回权。

1. 一般取回权

《企业破产法》第 38 条规定，"人民法院受理破产申请后，债务人占有的不属于债务人的财产，该财产的权利人可以通过管理人取回。但是，本法另有规定的除外。"依此规定，取回权的行使一般为：加工承揽人破产的，定作人取回定作物；承运人破产的，托运人取回托运物；承租人破产的，出租人取回出租物；保管人破产的，寄存人取回寄存物；受托人破产的，信托人取回信托财产等。所谓"本法另有规定的除外"主要是指在重整程序中行使取回权应当符合事先约定的条件。《破产法司法解释（二）》第 40 条规定："债务人重整期间，权利人要求取回债务人合法占有的权利人的财产，不符合双方事先约定条件的，人民法院不予支持。但是，因管理人或者自行管理的债务人违反约定，可能导致取回物被转让、毁损、灭失或者价值明显减少的除外。"

一般取回权的行使通常只限于取回原物。如果原物在破产申请受理前，已被债务人卖出或毁损、灭失，则权利人的取回权消灭，权利人只能以物价即直接损失额作为破产债权要求清偿；但是，如果转让其财产的对待给付尚未支付或存在补偿金如保险赔款等，则该财产的权利人有权行使代偿取回权。《破产法司法解释（二）》第 30 条规定，债务人占有的他人财产被违法转让给第三人，依据《民法典》第 311 条的规定，第三人已善意取得财产所有权，原权利人无法取回该财产的，人民法院应当按照以下规定处理：（1）转让行为发生在破产申请受理前的，原权利人因财产损失形成的债权，作为普通破产债权受偿；（2）转让行为发生在破产申请受理后的，管理人或者相关人员执行职务导致原权利人损害产生的债务，作为共益债务。

2. 特别取回权

《企业破产法》第 39 条规定："人民法院受理破产申请时，出卖人已将买卖标的物向作为买受人的债务人发运，债务人尚未收到且未付清全部价款的，出卖人可以取回在运途中的标的物。但是，管理人可以支付全部价款，请求出卖人交付标的物。"为了避免因不可抗力及其他不可测事由发生，出卖人难以行使权利，《企业破产法》规定，只要于破产申请受理时货物尚在运输途中，则出卖人只需向管理人表示行使取回权，即发生取回的法律效力，并不要求出卖人在买受人收到货物前实际控制并取回原物。

《破产法司法解释（二）》对特别取回权有进一步的阐释，其第 39 条规定："出卖人依据企业破产法第三十九条的规定，通过通知承运人或者实际占有人中止运输、返还货物、变更到达地，或者将货物交给其他收货人等方式，对在运途中标的物主张了取回权但未能实现，或者在货物未达管理人前已向管理人主张取回在运途中标的物，在买卖标的物到达管理人后，出卖人向管理人主张取回的，管理人应予准许。出卖人对在运途中标的物未及时行使取回权，在买卖标的物到达管理人后向管理人行使在运途中标的物取回权的，管理人不应准许。"

3. 所有权保留买卖合同中的取回权

如果债务人在人民法院受理破产申请前与他人签订了有所有权保留条款的买卖合同，且该买卖合同属于双方均未履行完毕的合同，则管理人有权依法决定解除或者继续履行合同。

出卖人破产，管理人决定继续履行合同的，买受人应当按照原合同的约定支付价款或者履行其他义务。买受人未依约支付价款或者履行完毕其他义务，或者将标的物出卖、出质或者作出其他不当处分，给出卖人造成损害，出卖人的管理人依法主张取回标的物的，人民法院应予支持；但是，买受人已经支付标的物总价款的 75％ 以上或者第三人善意取得标的物所有权或者其他物权的除外。因上述原因管理人未能取回标的物的，管理人有权依法主张买受人继续支付价款、履行完毕其他义务，以及承担相应赔偿责任。

出卖人破产，管理人决定解除合同的，有权依法要求买受人向其交付买卖标的物。买受人以其不存在未依约支付价款或者履行完毕其他义务，或者将标的物出卖、出质或者作出其他不当处分的情形抗辩的，人民法院不予支持。买受人将买卖标的物交付出卖人后，在合同履行过程中依法履行义务的，其已支付价款的损失形成的债权作为共益债务；买受人在合同履行过程中违反约定义务的，其上述债权作为普通债权。

买受人破产，管理人决定继续履行合同的，原合同中约定的买受人支付价款或者履行其他义务的期限在破产申请受理前视为到期，买受人的管理人应当及时向出卖人支付价款或者履行其他义务。买受人的管理人无正当理由未及时支付价款或者履行完毕其他义务，或者将标的物出卖、出质或者作出其他不当处分，给出卖人造成损害的，出卖人有权依法主张取回标的物；但买受人已支付标的物总价款的 75％ 以上或者第三人善意取得标的物所有权的除外。出卖人因上述情形未能取回标的物的，有权主张买受人继续支付价款、履行完毕其他义务以及承担相应赔偿责任。买受人未支付价款或者未履行完毕其他义务，以及买受人的管理人将标的物出卖、出质或者作出其他不当处分，导致出卖人损害产生的债务作为共益债务。

买受人破产，其管理人决定解除合同的，出卖人有权主张取回买卖标的物。出卖人取回买卖标的物的，买受人的管理人有权主张出卖人返还已支付的价款。取回的标的物价值明显减少，给出卖人造成损失的，出卖人可以从买受人已支付的价款中优先予以抵扣，将剩余部分返还给买受人；买受人已支付的价款不足以弥补出卖人标的物价值减损的损失而形成的债务作为共益债务。

第六节　破产宣告与破产清算

一、破产宣告概述

(一) 破产宣告的概念和特征

破产宣告是指法院对已具备破产条件的债务人依据当事人的申请或者法定职权进行裁定所作出的宣告其为破产人的司法行为。

破产宣告的法律特征表现在:(1) 破产宣告在性质上属于司法审判行为,只能由法院作出,法院以外的任何单位和个人均无权宣告债务人破产。(2) 破产宣告以当事人的申请为前提,无当事人的申请,法院不得主动依职权宣告债务人破产。(3) 破产宣告是破产清算开始的标志,一旦法院作出破产宣告的裁定,破产程序就进入实质性阶段,债务人正式成为破产人,债权人则依清算、分配程序受偿。

(二) 我国现行破产法上宣告破产的具体情形

根据我国《企业破产法》第 2 条的规定,在以下两种情况下,法院应当以书面裁定宣告债务人破产:(1) 债务人不能清偿到期债务,并且资产不足以清偿全部债务;(2) 债务人不能清偿到期债务,又明显缺乏清偿能力。

具备上述条件的,依照破产法的规定清理债务。如果债权人或者债务人没有在规定的期间内向法院提出重整要求,则由法院依法宣告债务人破产。

《企业破产法》第 108 条还规定,在破产宣告前,有下列情况之一的,法院将裁定终结破产程序,不予宣告破产:其一,第三人为债务人提供足额担保或者为债务人清偿全部到期债务;其二,债务人已清偿全部到期债务。

(三) 破产宣告的程序

法院宣告债务人破产,应当公开进行。法院依法宣告债务人破产的,应当自裁定作出之日起 5 日内将裁定送达债务人和管理人,自裁定作出之日起 10 日内将裁定通知已知债权人并予以公告。由债权人提出破产申请的,破产宣告时应当通知债务人到庭;当事人拒不到庭的,不影响破产宣告裁定的法律效力。根据最高人民法院《关于审理企业破产案件若干问题的规定》第 38 条,破产宣告后,债权人或者债务人对破产宣告有异议的,可以在法院宣告破产之日起 10 日内,向上一级法院申诉。上一级法院应当组成合议庭进行审理,并在 30 日内作出裁定。

法院在作出宣告债务人破产的裁定后,应在法定期间内发布公告,公告的内容包括债务人亏损情况、资产负债状况、破产宣告时间、破产宣告理由和法律依据,以及对债务人的财产、账册、文书、资料和印章的保护等内容。

(四) 破产宣告的效力

破产宣告的效力是指破产宣告对债务人、债权人以及第三人所产生的法律后果。法院宣告债务人破产的裁定自宣告之日起生效,债务人自破产宣告之日起应当停止生产经营活动,法律另有规定的除外。

破产宣告的效力具体表现在以下几个方面。

1. 对债务人的效力

对债务人来说,破产宣告会产生其身份上、财产上、营业上的一系列法律后果,具体包括：

（1）债务人成为破产人。破产人即民事权利受破产程序约束的人。在破产程序中，破产人与债务人的身份不同，法院对破产人的活动范围将严格限制。破产宣告后，破产人的财产在其他民事执行程序中被查封、扣押、冻结的，受理破产案件的法院应当立即通知采取查封、扣押、冻结措施的法院予以解除并向受理破产案件的法院办理移交手续。破产宣告后，破产人的职工身份将发生变化，不再为企业工作人员。法院指定破产人只保留必要的留守人员，其中，法定代表人、财务管理人员、财产保管人员必须留守，其他需要留守的人员由管理人决定。

（2）债务人财产成为破产财产。破产宣告后，债务人的财产将只许流入，其流出被严格限定。特别是债务人不得再向个别债权人清偿，由管理人占有、支配破产财产并用于供全体债权人分配。

（3）债务人丧失对财产和营业事务的管理、处分权。破产宣告后，债务人的财产和营业事务都由管理人全面接管，因此，债务人已经丧失对其财产和营业事务的管理与处分权。法院宣告债务人破产后，破产人的开户银行只能供管理人使用。

（4）债务人的法定代表人及相关人员承担与清算有关的义务。根据我国《企业破产法》的规定，债务人的法定代表人及财务管理人员、经营管理人员在破产宣告后，负有保管好破产财产、办理财产移交、随时回答询问、不得擅离职守、列席债权人会议、按法院或者管理人的要求进行工作等义务。

2. 对债权人的效力

破产宣告对债权人的效力主要体现在：

（1）债权人成为破产债权人。破产债权人非依破产程序，不得行使其对破产财产的权利。

（2）有财产担保的债权人，在行使权利时通常无须经法院同意，即可直接通过管理人就担保物行使优先受偿的权利。

（3）破产债权人所拥有的未到期的债权，视为已经到期。

（4）在法院受理破产申请前同时对债务人负有债务的债权人享有破产抵销权。

（5）有关债务人的财产保全措施应当解除，执行程序应当中止。

3. 对第三人的效力

破产宣告对第三人同样具有一定的法律效力：

（1）破产人占有的属于他人的财产的，其权利人有权通过管理人取回，法律另有规定的除外。

（2）破产人的债务人或者财产持有人应当向管理人清偿债务和交付财产。

（3）破产人的开户银行应当将破产人的银行账户提供给管理人使用。

（4）未履行完毕的合同解除或者继续履行时，相对人享有相应的权利。对于破产宣告前成立而债务人和对方当事人均未履行完毕的合同，管理人有权决定解除合同或者继续履行。管理人自破产申请受理之日起2个月内未通知对方当事人的，或者自收到对方当事人催告之日起30日内未答复的，视为解除合同。管理人决定继续履行合同的，对方当事人应当履行；但是，对方当事人有权要求管理人提供担保，管理人不提供担保的，视为解除合同。管理人解除合同的，由此产生的相对人的损害赔偿请求权作为破产债权。

（5）破产无效行为的受益人应当返还其受领的权利。我国《企业破产法》第33条规定了两种破产无效行为，基于此，管理人有权追回依该行为给付的财产或其他利益。

二、别除权

《企业破产法》第109条规定："对破产人的特定财产享有担保权的权利人，对该特定财产享有优先受偿的权利。"此项权利即是破产法理论上的别除权。破产实务中的别除权是指债务人因其债权设有物的担保或有法定特别优先权，而在破产程序中就破产人的特定财产享有的优先受偿权。别除权人就破产财产享有优先受偿权，即该项财产的变价款必须优先用于清偿别除权人的债权，只有在全部清偿其债权后仍有剩余财产时才能够用于对其他无担保债权的清偿。

别除权人行使优先受偿权利未能完全受偿的，其未受清偿的债权作为普通债权，但如破产人仅作为担保人为他人债务提供物的担保，担保权人的债权虽然在破产程序中可以构成别除权，但因破产人不是主债务人，在担保物的变价款不足以清偿所担保的债权时，剩余债不得作为破产债权。此时的债权人只能向主债务人追偿。

别除权的基础权利是担保物权和法定特别优先权。优先权亦分为一般优先权和特别优先权。一般优先权是指对债务人的全部财产而非特定财产享有的优先受偿权利。特别优先权是指对债务人的特定财产享有的优先受偿权利。目前，我国主要是在《海商法》中规定了船舶优先权，在《民用航空法》中规定了民用航空器优先权。此外，在《民法典》中还规定建设工程承包人对发包人拖欠的建设工程价款享有就该工程折价或者拍卖的价款优先受偿的权利。此种权利在顺序上优先于担保物权。

《破产法司法解释（三）》规定，破产申请受理后，经债权人会议通过，或者第一次债权人会议召开前经人民法院许可，管理人或者自行管理的债务人可以为债务人继续营业而借款。提供借款的债权人主张参照《企业破产法》第42条第4项的规定优先于普通破产债权受清偿的，人民法院应予支持，但其主张优先于此前已就债务人特定财产享有担保权的债权受清偿的，人民法院不予支持。

根据《全国法院民商事审判工作会议纪要》的规定，在担保物权暂停行使期间，担保物权人根据《企业破产法》第75条的规定向人民法院请求恢复行使担保物权的，人民法院应当自收到恢复行使担保物权申请之日起30日内作出裁定。经审查，担保权人的申请不符合第75条的规定，或者虽然符合该条规定但管理人或者自行管理的债务人有证据证明担保物是重整所必需，并且提供与减少价值相应的担保或者补偿的，人民法院应当裁定不予批准恢复行使担保权。担保权人不服该裁定的，可以自收到裁定书之日起10日内，向作出裁定的人民法院申请复议。人民法院裁定批准行使担保权的，管理人或者自行管理的债务人应当自收到裁定书之日起15日内启动对担保物的拍卖或者变卖，将拍卖或者变卖担保物所得价款在支付拍卖、变卖费用后用于优先清偿担保权人的债权。

三、破产费用与共益债务

关于破产费用和共益债务，各国立法规定各异。如日本、美国、法国等国家采用合并制，将两者统一加以规定。有的国家如德国则采用分别制，将两者分别加以规定。我国《企业破产法》采用了德国的立法准则，将破产费用和共益债务分别加以规定。

（一）破产费用

1. 破产费用的概念

破产费用，是指破产程序开始后，为保障破产程序的顺利进行以及破产财产的管理、变价和分配而发生的费用。它实质上是一种为维护全体债权人的共同利益所支出的费用。与破产费用相对应的是共益债务，它是指为全体债权人的共同利益而承担的债务。我国《企业破产法》规定，在破产程序中产生的共益债务可以和破产费用一起在破产程序中优先受偿。

2. 破产费用的特点

破产费用具有下列特点：

（1）产生于破产程序中。破产费用是法院受理破产申请后至破产程序终结前，为债权人的共同利益而支付的费用。这使其与主要发生在破产申请受理前的破产债权以及取回权等与破产有关的财产权区别开来。

（2）为全体债权人的共同利益而产生。在破产程序中，管理人因管理、变价和分配破产财产所支出的费用，目的在于维护全体债权人共同的利益。凡是不属于为维护全体债权人利益而发生的费用，如债权人参加破产程序的费用，取回权人行使取回权产生的费用等，不构成破产费用。

（3）受偿顺序优先。破产费用与破产债权都是以破产财产受偿，但破产费用在破产财产的分配中，国家强制规定其优先于破产债权，包括劳动债权、国家税收债权和银行债权等普通债权。当破产财产不足以清偿破产费用时，法院应当裁定终结破产程序。

3. 破产费用的范围

根据《企业破产法》第41条的规定，法院受理破产申请后发生的下列费用，为破产费用：（1）破产案件的诉讼费用；（2）管理、变价和分配债务人财产的费用；（3）管理人执行职务的费用、报酬和聘用工作人员的费用。

《破产法司法解释（三）》规定，人民法院裁定受理破产申请的，此前债务人尚未支付的公司强制清算费用、未终结的执行程序中产生的评估费、公告费、保管费等执行费用，可以参照企业破产法关于破产费用的规定，由债务人的财产随时清偿。

（二）共益债务

共益债务，是在破产程序中发生的应由债务人财产负担的债务的总称。《企业破产法》第42条规定，人民法院受理破产申请后发生的下列债务，为共益债务：（1）因管理人或者债务人请求对方当事人履行双方均未履行完毕的合同所产生的债务；（2）债务人财产受无因管理所产生的债务；（3）因债务人不当得利所产生的债务；（4）为债务人继续营业而应支付的劳动报酬和社会保险费用以及由此产生的其他债务；（5）管理人或者相关人员执行职务致人损害所产生的债务；（6）债务人财产致人损害所产生的债务。

（三）破产费用与共益债务的清偿

《企业破产法》第43条规定：破产费用和共益债务由债务人财产随时清偿。债务人财产不足以清偿所有破产费用和共益债务的，先行清偿破产费用。债务人财产不足以清偿所有破产费用或者共益债务的，按照比例清偿。债务人财产不足以清偿破产费用的，管理人应当提请法院终结破产程序。法院应当自收到请求之日起15日内裁定终结破产程序，并予以公告。

四、破产清算和破产程序的终结

(一) 破产财产的管理

破产财产的管理，是指管理人接管、收集、清理和保管破产财产的活动。接管，是指将破产财产全面置于管理人的掌管之中。未经管理人同意，任何人不得管理和处分破产财产。收集，是指管理人采取行使否认权、请求清偿债务或交付财产、依法解除未履行合同等手段，收回为第三人占有的破产财产。清理，是指管理人将所接管和收集的破产财产予以清点和核实。清理时，管理人应将破产财产逐项登记造册，记明破产财产的种类、原价值、估价、坐落地点等内容。保管，是指维持破产财产的完好和价值。管理人管理破产财产的目的在于维护破产财产的完整性，使其免受毁损、灭失。

(二) 破产财产的变价

1. 破产财产变价的概念

破产财产变价，是指管理人将非货币的破产财产，以合法的方式出让，使之转化为货币形态的行为。由于货币形式的财产易于公平分配，所以各国破产法对破产财产分配均以货币分配为原则、以实物分配为例外。我国《企业破产法》第114条规定，破产财产的分配方式应当以货币分配方式进行，但是，债权人会议另有决议的除外。因此，破产财产的变价也就成为破产财产分配的前提。

2. 破产财产变价的方法

破产财产变价的方法主要包括：(1) 对破产财产估价。对破产财产在变价前有必要进行估价的，应当由具有合法资格的评估机构或评估师进行估价。(2) 破产财产变价方案。《企业破产法》第111条规定：管理人应当及时拟订破产财产的变价方案，提交债权人会议讨论。管理人应当按照债权人会议通过的或者法院依照破产法裁定的破产财产变价方案，适时变价出售破产财产。(3) 公开变卖。变价出售破产财产时应当通过拍卖进行，但是，债权人会议另有决议的除外。(4) 将破产财产变卖。对于破产财产可以全部或者部分变价出售。将破产财产变价出售时，可以将其中的无形资产和其他资产单独变价出售。对于按照国家规定不能拍卖或者限制转让的财产，应当按照国家规定的方式处理。

(三) 破产财产的分配

1. 破产财产分配的概念

破产财产的分配，是指管理人将变价后的破产财产，依法定程序分配给债权人的过程。根据《企业破产法》第113条的规定，破产财产在优先清偿破产费用和共益债务后，依照下列顺序清偿：(1) 破产人所欠职工的工资和医疗、伤残补助、抚恤费用，所欠的应当划入职工个人账户的基本养老保险、基本医疗保险费用，以及法律、行政法规规定应当支付给职工的补偿金。破产人的董事、监事和高级管理人员的工资按照职工的平均工资计算。(2) 破产人欠缴的除前述规定以外的社会保险费用和税款。(3) 普通破产债权。

破产财产不足以清偿同一顺序的债权的，按照比例分配。

2. 破产财产分配的方案

破产财产的分配方案由管理人拟订，提交债权人会议讨论。《企业破产法》第115条第2款规定，破产财产分配方案应当载明下列事项：(1) 参加破产财产分配的债权人名称或者姓名、住所；（2）参加破产财产分配的债权额；（3）可供分配的破产财产数额；（4）破产财产分配的顺序、比例及数额；（5）实施破产财产分配的方法。由于破产财产分配与债权人利益关联甚大，因此，管理人制作破产财产分配方案后，需提交债权人会议讨论通过。债权人会议讨论通过破产财产分配方案的决议，须经出席会议的有表决权的债权人的过半数同意，并且所代表的债权额必须占无财产担保的债权总额的半数以上。经债权人会议通过的破产财产分配方案，必须报请人民法院裁定后才能执行。

3. 破产财产分配方案的执行

破产财产分配方案生效后，由管理人负责执行。管理人在分配破产财产时，必须按照分配原则进行，只有在前一顺序的债权人得到全部清偿后，才能进行后一顺序的清偿。管理人可以根据财产的种类和数量，一次完成分配或者多次分配。管理人实施多次分配的，应当公告本次分配的财产额和债权额。实施最后分配的，应当在公告中指明，并说明逾期仍不领取者，视为自动放弃受领分配的权利。

另外，根据《企业破产法》的规定，对于附生效条件的或者解除条件的债权，管理人应将其分配额提存。管理人依照规定提存的分配额，在最后分配公告日生效条件未成就或者解除条件成就的，应当分配给其他债权人；在最后分配公告日生效条件成就或者解除条件未成就的，应当交付给债权人。

债权人未受领破产财产分配额的，管理人应将其提存。债权人自最后分配公告之日起满2个月仍不领取的，视为放弃受领分配的权利，管理人或者人民法院应当将提存的分配额分配给其他债权人。

破产财产分配时，对于诉讼或者仲裁未决的债权，管理人应将其分配额提存。自破产程序终结之日起满2年仍不能受领分配的，人民法院应当将提存的分配额分配给其他债权人。

破产人的保证人和其他连带债务人，在破产程序终结后，对于债权人依照破产程序未受清偿的债权，依法继续承担清偿责任。

4. 破产财产的追加分配

《企业破产法》第123条规定，人民法院依法裁定终结破产程序的，自作出破产程序依法终结裁定之日起2年内，发现债务人有下列破产违法行为的，可以由人民法院追回，为债权人追加分配。这些行为具体是：（1）在人民法院受理破产申请前1年内，无偿转让财产行为的；以明显不合理的价格进行交易的；对没有财产担保的债务提供担保的；对未到期的债务提前清偿的；有放弃债权等行为。（2）在人民法院受理破产申请前6个月内，债务人有不能清偿到期债务，并且资产不足以清偿全部债务或者明显缺乏清偿能力的情形，仍对个别债权人进行清偿的。（3）为逃避债务而隐匿、转移财产，或者虚构债务，或者承认不真实债务的。（4）发现债务人有应当供债权人分配的其他财产的。

发生上述行为的，债权人可以请求人民法院按照破产财产分配方案进行追加分配。但财产数量不足以支付分配费用的，不再进行追加分配，由人民法院将其上交国库。

（四）破产程序的终结

破产程序的终结又称破产程序的终止，是指在破产程序中因法定事由的发生，法院裁定结束破产程序。根据我国《企业破产法》第120条的规定，破产程序终结的法定事由为破产人无财产可供分配。管理人在最后分配完结后，应当及时向人民法院提交破产财产的分配报告，并提请人民法院裁定终结破产程序。人民法院在收到管理人终结破产程序的请求之日起 15 日内作出是否终结破产程序的裁定。裁定终结破产程序的，应当予以公告。管理人应当自破产程序终结之日起 10 日内，持人民法院终结破产程序的裁定，向破产人的原登记机关办理注销登记。

破产程序一旦终结，即产生以下三个方面的法律效果：（1）破产人的法人资格消灭；（2）债权人会议自动解散，管理人由人民法院宣布解散；（3）债权人未得到清偿的债权不再受偿。

第七节　违反破产法的法律责任

我国《企业破产法》规定，对于违反破产法规定的义务和造成破产企业损失的行为，要依法追究法律责任。破产法律责任分为两类：一类是破产程序中作出违法行为的责任，另一类是造成企业破产时应当承担的法律责任。责任的法律形式则为民事责任、行政责任和刑事责任。

一、对破产负有领导责任的人员的法律责任

《企业破产法》第 125、126 条规定：企业董事、监事或者高级管理人员违反忠实义务、勤勉义务，致使所在企业破产的，依法承担民事责任。违反法律规定和上述义务的企业董事、监事和高级管理人员，自破产程序终结之日起 3 年之内不得担任任何企业的董事、监事和高级管理人员。有义务列席债权人会议的债务人的有关人员，经人民法院传唤，无正当理由拒不列席债权人会议的，人民法院可以拘传，并依法处以罚款。上述人员违反该法的规定，拒不陈述、回答，或者作虚假陈述、回答的，人民法院可以依法处以罚款。

二、债务人的法律责任

我国《企业破产法》第 127 条规定，债务人违反《企业破产法》的规定，拒不向人民法院提交或者提交不真实的财产状况说明、债务清册、债权清册、有关财务会计报告以及职工工资的支付情况和社会保险费用的缴纳情况的，人民法院可以对直接责任人员依法处以罚款。

债务人违反规定，拒不向管理人移交财产、印章和账簿、文书等资料，或者伪造、销毁有关财产证据材料而使财产状况不明的，人民法院可以对直接责任人员依法处以罚款。

债务人违反《企业破产法》第 31~33 条的规定，在人民法院受理破产申请前 1 年内，有无偿转让财产、以明显不合理的价格进行交易、对没有财产担保的债务提供财产担保、对未到期的债务提前清偿、放弃自己的债权等违法行为的，管理人可以向人民法院申请撤销上述行为。在人民法院受理破产申请前 6 个月内，债务人在明知自己丧失偿债能力、无力清偿到期债务的情况下，仍有对个别债权人进行清偿，或者为逃避债务而隐匿、转移财产或虚构债务或承认不真实的债务等行为，损害债权人利益的，债务人的法定代表人和其他直接责任人员依法承担赔偿责任。债务人法定代表人和其他直接责任人员的行为构成犯罪的，依法追究刑事责任。

债务人的有关人员违反破产法的规定，擅自离开住所地的，人民法院可以予以训诫、拘留，可以依法并处罚款。

三、管理人的法律责任

我国《企业破产法》第 130 条规定：管理人未按照《企业破产法》的规定勤勉尽责，忠实执行职务的，人民法院可以依法处以罚款；给债权人、债务人或者第三人造成损失的，依法承担赔偿责任。

管理人违反破产法的规定，构成犯罪的，依法追究刑事责任。

思考题

1. 简述《企业破产法》对债权人保护的具体规定。
2. 重整制度与和解制度的适用有何不同？
3. 管理人与清算组有何不同？
4. 如何界定债务人的财产为破产财产？
5. 什么是共益债务？区分共益债务的法律意义是什么？
6. 破产财产的分配顺序如何？
7. 简述破产的原因。
8. 简述债权人会议的性质及职权。
9. 简述破产宣告的效力。
10. 简述破产债权的范围。
11. 如何理解破产程序中的别除权、抵销权、撤销权？

第六章

竞争法律制度

第一节 竞争法概述

一、竞争法的概念

关于"竞争"的概念，德国法学家罗伯于 1907 年提出的解释对后世影响较大。他认为，竞争是各方通过一定的活动来施展自己的能力，为达到各方共同的目的而各自所作的努力，且竞争行为仅存在于同类商品的供应之间。其后，关于竞争的概念在理论界有了进一步的认识。一般认为，竞争主要是两个或者两个以上的主体（有意识的个体或群体）在特定机制、规则下，为达到各方共同的目的而作的较量，并产生各主体获取不同利益的结果。竞争是一种社会互动形式，它体现了人与人、群体与群体之间对一个共同目标的争夺。市场竞争是市场经济的基本特征，在市场经济条件下，企业从各自的利益出发，为取得较好的产销条件、获得更多的市场资源而竞争。通过竞争，实现企业的优胜劣汰，进而实现生产要素的优化配置。市场竞争也是市场经济中同类经济行为主体为着自身利益的考虑，为增强自己的经济实力而排斥同类经济行为主体的相同行为的表现。市场竞争的内在动因在于各经济主体自身的物质利益。

竞争法，是指由国家制定或者认可的，调整竞争关系和竞争管理关系的法律规范的总称。竞争法的范畴一般包括反不正当竞争法、反垄断法、消费者权益保护法、产品质量法，有的学者认为还应包括竞争促进法。目前我国理论界一般认为，竞争法是反不正当竞争法和反垄断法的合称，竞争法是维护市场竞争秩序、促进其健康有序发展的市场规制法。

二、竞争法的特征

（一）竞争法的调整对象具有广泛性

竞争法是市场竞争的基本法，其不仅调整影响市场结构、有损市场竞争充分有效进行的行为，如联合限制竞争行为、企业合并行为等，而且调整破坏市场竞争秩序的行为，如市场混淆行为、商业贿赂行为等。

（二）竞争法的调整手段具有综合性

竞争法运用综合的法律手段来维护市场竞争秩序，实现公平竞争，如民事的、行政的和刑事的调整手段在竞争法中都有体现。违反竞争法的行为可能产生多种危害后果，只采取一种方法进行处理，达不到对违法行为人的有效制裁和对违法行为的遏制。

（三）竞争法是实体法与程序法融合的法

各国的竞争法的立法模式虽然不同，但都是实体法与程序法并存的。竞争法不仅要对竞争关系和竞争管理关系进行规范，并且必须对竞争主管机关的调查权限、调查程序等执法程序进行规定，以保障竞争法的实施。

（四）竞争法是公法与私法融合的法

竞争法是对市场竞争主体之间的竞争关系的调整、对垄断或限制竞争行为的规范，其实质是公权力对私人领域的主动介入，目的是实现社会整体利益最大化，既包容了公法领域的内容，也囊括了私法领域的内容，因此，竞争法是公法与私法相融合的法。

三、竞争法的调整对象

从一般意义上讲，竞争法的调整对象是市场竞争关系。对于竞争管理关系是否为竞争法的调整对象，学术界有不同的观点。从竞争法的内容和作用分析，竞争主管机关在竞争法执法过程中拥有的充分的自由裁量权使竞争管理关系必须成为竞争法的调整对象。因此，有必要把竞争管理关系也纳入竞争法的调整对象中进行研究。

（一）竞争关系

竞争关系是指相同、相关的市场经营者为争夺市场和顾客、追求自身利益的最大化进行竞争而产生的社会关系。竞争关系是竞争法调整的最基本的关系和核心内容。

竞争关系分为直接竞争关系和间接竞争关系。直接竞争关系是指经营相同产品或者提供相同服务的经营者之间存在的竞争关系。间接竞争关系是指经营类似产品或提供类似服务的经营者之间存在的竞争关系。例如，在运输业中，航空公司与航空公司之间的竞争是直接竞争关系，这种竞争往往关乎企业的生死存亡，而航空公司与铁路运输企业之间的竞争是间接竞争关系，由于各自提供的运输服务所面对的是不同层次的消费群体，因而其竞争的激烈程度稍逊于直接竞争的激烈程度。

（二）竞争管理关系

竞争管理关系是指竞争主管机关依照法律赋予的职权在监督、管理市场竞争过程中所形成的社会关系。竞争管理的目的不是直接参与竞争，而是维护有效的竞争机制和合理的竞争结构，限制或者制裁已经发生的不正当竞争行为，从而实现竞争立法的目的，为公平竞争创造良好的外部条件。同时，政府对竞争的规制行为本身也是要受到法律制约的：如果政府及其所属部门滥用职权，就会影响我国统一大市场的形成和竞争机制作用的发挥。因此，竞争法也要对它进行调整。

四、竞争法的基本原则

各国竞争法的立法模式虽存在较大差异，但不同立法模式的竞争法都遵循一些基本一致的法律原则。竞争法的基本原则是贯穿于竞争法规范始终的基本准则，是对竞争立法、执法、司法和守法具有指导意义的根本准则。

（一）保护竞争主体平等竞争地位的原则

市场经营者的法律地位是平等的，任何一方主体都不可以将自己的意志强加给另一方。竞争主体具有平等的竞争地位是竞争能够公平、自由、有效进行的前提。

竞争法上的平等原则具体表现为如下方面：

（1）不能用歧视性措施和手段将竞争主体排除在竞争范围之外，也不能给予某类竞争主体以特别优惠，使其在市场竞争中无端地享有优势。

（2）创造平等的竞争条件和环境，让市场经营者享有同样的法律保护、拥有同样的救济途径和手段。

（3）防止并制裁破坏平等竞争的行为。

（二）维护自由、公平竞争的原则

在竞争法上，自由竞争与公平竞争相辅相成。为维护公平的交易秩序，促进市场机制作用的发挥，必须确保市场竞争行为的自由与公平。

1. 维护自由竞争的原则

自由竞争是指竞争主体有权在国家法律、法规和政策许可的范围内，以各种合法的手段和方法，根据自己的意愿自由地从事各种竞争活动，不受他人的非法干预和限制。

从竞争主体的角度而言，该原则要求：（1）竞争主体必须享有为意思表示的充分自由，即竞争主体有决定参加、不参加或退出竞争的自由；（2）竞争主体必须享有以各种法律不禁止的手段和方法从事竞争的自由；（3）竞争主体自由地享有或承担竞争的后果。

从国家管理的角度而言，该原则要求：（1）国家必须减少并消除竞争主体进入或退出市场的障碍及烦琐程序，排除各种人为的非法干扰，给竞争主体创造一个自由竞争的环境或氛围；（2）国家必须限制或禁止各种非法垄断和抑制竞争的行为，如竞争主体之间的划分市场、固定价格等非法的限制竞争行为；（3）国家必须采取各种措施鼓励竞争主体的自由竞争，促使在特定的市场范围内能有足够多的竞争主体、竞争产品参与市场竞争，以期形成一个自由、活跃、商品丰富的竞争局面。

但是，自由不是绝对的自由，自由竞争也不是绝对的自由竞争。参与竞争的任何市场主体的行为都必须符合国家法律、法规和政策的有关规定；自由竞争是在法律许可范围内的自由竞争，参与竞争的任何市场主体都必须遵守竞争的共同规则。竞争规则的基本精神是，竞争的成败胜负应完全取决于竞争主体的经营能力和管理水平，即依靠竞争主体自身拥有的技术和其他条件，依靠生产的效率、产品的质量、对市场信息的掌握程度及判断能力，依靠对消费心理、趋势和水准的适应程度等与对手开展竞争。自由竞争必须采用正当的手段，必须符合公平原则的要求。

实践证明，自由竞争具有否定自身的特性，不受约束的自由竞争必然导致限制竞争行为或垄断行为的出现，因此，当竞争实际上不再自由的时候，国家需要通过干预竞争来调整竞争秩序，恢复竞争的自由。竞争法的维护自由竞争原则要求国家鼓励和保护自由竞争，否定和制裁各种限制竞争的行为。

2. 维护公平竞争的原则

公平竞争是宏观经济和微观经济两方面的共同要求，体现着对国家公共利益和竞争主体个体经济权益的兼顾。一方面，它要求竞争主体在从事竞争活动时不得损害国家利益和社会公共利益，不得违反国家的法律和经济政策；另一方面，它也要求竞争主体兼顾其竞争对手的合法权益，不得以不正当的或欺骗性的方法进行竞争。

公平竞争原则作为竞争法的基本原则，其内容主要有：（1）竞争机会公平。竞争机会是参与市场经济的权利，竞争机会公平要求每个竞争者与其他的竞争者有相同的竞争权利。这里的竞争机会公平不是绝对的，有时政府基于管理经济的需要，会对竞争主体进行合理的资格限制，这种竞争资格限制的目的是维护有序的竞争秩序。（2）适用法律公平。法律应该对竞争主体一视同仁，不能有所偏向。这是市场机制的内在要求。

（三）有利于社会整体利益的原则

竞争是在现代社会经济联系日趋紧密、经济关系日趋复杂的状态下进行的，竞争的日趋激烈和市场主体对巨大利润的追求，可能会使一部分竞争者以社会整体利益为代价换取个人私利。实践证明，放任自由，会使市场缺陷周期性出现，造成社会财富的分配不公和巨大浪费；单靠道德约束来防止和纠正市场缺陷在目前只能是一种幻想。因此，国家制定的竞争规则应时时关注社会整体利益，必要时应限制个人私利，为国家和人类的长远利益留下发展的空间。

一般来说，社会整体利益包括公共秩序的和平与安全，经济秩序的健康、安全及效率化，社会资源与机会的合理保存与利用，社会弱者利益的保障，公共道德的维护，人类向文明方向发展的条件，等等。

竞争法对社会整体利益的保护，不仅体现为对国内竞争主体的市场行为进行管制，还体现为对国际竞争主体的竞争行为进行管制。当今世界各国不仅在立法上对发生在国外、影响到国内的不公平交易行为进行管制，而且在司法上也采取"效果主义"对此类案件进行管辖。

竞争法上的有利于社会整体利益原则的内容主要表现在以下方面：

（1）在立法目的上，有利于社会整体利益的原则意味着竞争法不仅要处理竞争者之间的关系、维护竞争者的合法权益，还应该考虑广泛的利益关系，如消费者的福利、国家经济的整体发展等。

（2）在适用范围上，有利于社会整体利益的原则意味着竞争法在某些特定的领域要适用除外制度。在一些自由竞争不能带来效益的领域，如公共产品、关系国家安全的产品、需要强化道德约束的自由职业等方面，出于社会整体利益的需要，竞争法也为其设计了适用除外制度。

（3）在执法尺度和标准上，是否有利于社会整体利益成为衡量行为合法性的标准之一。例如，根据德国《反对限制竞争法》的规定，虽然具有限制竞争的效果，但对整体经济有更大好处或者有利于社会公共利益的企业合并，也会被批准实施。美国波音公司与麦道公司的合并案就是美国竞争执法体现有利于社会整体利益原则的最好例证。

五、竞争法的作用

经济法的作用在于确立社会经济秩序、激励市场主体的良性行为以及保护市场主体的合法权利，竞争法也不例外。从竞争法的起源和发展来看，竞争法中的反不正当竞争法律制度源于侵权法，它针对市场竞争中的不正当竞争行为，通过民事赔偿、行政责任的承担和刑罚手段加以制止，力图维护良好的竞争秩序；而竞争法中的反垄断法律制度源于制裁限制竞争的共谋及经济垄断的对策，目的是保持经济发展的动力，促进良性、有效的竞争。因此，竞争法不仅要维护公平、自由的竞争秩序，保障经营者的合法利益，还要在反对限制竞争行为的同时，保持市场活力，增进经济民主。

美国司法部起诉微软公司捆绑销售行为，美国联邦贸易委员会审判英特尔公司不公平交易行为，欧盟委员会查处可口可乐公司的垄断行为等，都是竞争法在发挥作用。从各国竞争法的实践来看，竞争法主要有以下几个方面的作用。

（一）发挥经济竞争的积极作用，抑制经济竞争的消极作用，保障并促进社会生产力的发展

在市场经济中，市场主体对自身经济利益最大化的追求是产生竞争的很重要的原因，而竞争对社会生产力的发展既有积极功能也有消极功能。竞争法的作用就是保障竞争积极功能的发挥，而对竞争的消极功能进行制约和规制。当积极功能得到加强、消极功能受到制约时，竞争对经济发展的推动作用就会得到发挥，社会生产力的发展也会得到促进。

（二）维护自由、公平竞争，保障市场调节机制的正常运行

在市场经济中，市场调节机制要想发挥其特有的资源配置的作用，需要竞争是存在的、自由的、公平的这个基本前提。

当有的市场主体滥用市场支配地位，使其他的市场主体无法进入该市场的时候；当市场主体之间通过协议、联盟的方式宣布它们不再进行竞争的时候，自由的竞争受到了影响，市场调节机制无法发挥作用。竞争法是禁止任何垄断行为或限制竞争行为的，这种禁止维护了自由的竞争，从而保障了市场调节机制的正常运行。

还有的市场主体为了赚钱而不择手段，仿冒名牌商品，进行虚假宣传，破坏了公平竞争的秩序。竞争法视这些违背诚实信用原则和公认的商业道德的行为为非法，并对这些行为进行有效的制裁。竞争法对公平竞争秩序的维护也是市场调节机制正常运行的保障。

（三）保护消费者的利益，为消费者提供最大可能、最优质量、最廉价格的消费实惠

在市场经济体制下，良性竞争将产生最优商品和服务的供给，从而促进消费者福利的提高。竞争法正是通过对限制竞争行为、不正当竞争行为的规制和对正当竞争行为的激励来实现对消费者权益的保护的。例如，反垄断法禁止固定价格行为，是为了通过禁止联合限制竞争行为来维护自由竞争的机制，使消费者得到益处。再如，反不正当竞争法禁止引人误解的虚假宣传行为，主要目的是维护公平竞争秩序，但实际上也保障消费者能够获得真实的信息，从而作出正确的消费选择，故这也是对消费者权益的保护。

由于竞争法可以直接或间接地保护消费者的权益，一些国家的竞争法还会包括消费者权益保护的内容，竞争主管机关也会对侵犯消费者权益的行为进行执法。

（四）保护社会公共利益，促进技术进步和国民经济的稳步增长

竞争中的市场主体都在追求自己利益的最大化，在逐利的过程中不考虑自己的行为对社会公共利益是否有益。在激烈的市场竞争中，竞争法鼓励市场主体通过采用新技术、加强产品质量管理、创造名牌商品、研制新兴技术等来获得竞争优势，这些市场主体在自己营利的同时，由于采取正当的手段来进行竞争，因此也保护了社会公共利益，促进了技术进步和国民经济的增长。但也有一些市场主体，为了牟取暴利，与其他的市场主体通过联合来消除竞争，或者采用不正当的手段来窃取竞争对手的竞争优势，如侵犯别人的商业秘密等。这些行为对国家的经济发展有极大的阻碍作用，因此，竞争法严格禁止这些行为，从而保障了社会公共利益，促进了技术进步。

（五）促进国际贸易的健康发展

当一个国家的竞争秩序良好、竞争机制有效运作的时候，公平有序的竞争大环境会推动国际贸易的发展，反之，则会阻碍国际贸易的发展。非常典型的例证是中国和俄罗斯边境曾经的服装贸易：起初，中国的服装非常受欢迎。但后来，一些经营者急功近利，出售一些假冒伪劣商品，使一些名牌商品的销售也受到影响，原本非常好的边境贸易环境遭到破坏。可见，竞争法对不正当竞争行为的禁止、对自由竞争的维护，会为国际贸易的发展创造条件。

第二节　反不正当竞争法

反不正当竞争法是调整市场竞争过程中因规制不正当竞争行为而产生的社会关系的法律规范的总称。我国现行的反不正当竞争法体系包括 1993 年 9 月 2 日第八届全国人民代表大会常务委员会第三次会议通过的《中华人民共和国反不正当竞争法》（以下简称《反不正当竞争法》），最高人民法院于 2007 年发布、2020 年修正的《关于审理不正当竞争民事案件应用法律若干问题的解释》（以下简称《不正当竞争解释》），以及知识产权法、价格法、广告法、招投标法等法律、行政法规中有关反不正当竞争的规定。2017 年 11 月 4 日，第十二届全国人民代表大会常务委员会第三十次会议通过修订后的《反不正当竞争法》（自 2018 年 1 月 1 日起实施）。2019 年 4 月 23 日第十三届全国人民代表大会常务委员会第十次会议作出《关于修改〈中华人民共和国建筑法〉等八部法律的决定》，修正《反不正当竞争法》。修正后的《反不正当竞争法》共 5 章 33 条。《反不正当竞争法》是鼓励和保护公平竞争，制止不正当竞争行为，保护经营者和消费者合法权益，保障社会主义市场经济健康发展的重要法律。

一、不正当竞争的概念

依据《反不正当竞争法》第 2 条的规定，不正当竞争行为是指经营者在生产经营活动中，违反该法的规定，扰乱市场经济秩序，损害其他经营者或者消费者的合法权益的行为。

一般认为，不正当竞争行为具有以下三个特征。

1. 不正当竞争行为主体的特定性

不正当竞争行为的主体一定是经营者。经营者是指从事商品生产、经营或者提供服务的自然人、法人和非法人组织。经营者和消费者之间不存在竞争问题，不受《反不正当竞争法》调整，而受《消费者权益保护法》《民法典》调整。

2. 不正当竞争行为的违法性

这是指不正当竞争行为既包括违反了《反不正当竞争法》规定的禁止不正当竞争的各种具体规定的行为，也包括违反了《反不正当竞争法》的原则性的规定的行为，还包括违反市场交易应当遵循的一般规则的行为。

3. 不正当竞争行为后果的危害性

这是不正当竞争行为在客观上的特征，是指不正当竞争行为不仅损害了其他经营者和消费者的合法权益，而且破坏了市场秩序，阻碍了社会生产力的发展。

二、反不正当竞争法的概念

反不正当竞争法是指调整在国家规制不正当竞争行为过程中发生的社会关系的法律规范的总称。反不正当竞争法有狭义和广义之分。狭义的反不正当竞争法是指《反不正当竞争法》。广义的反不正当竞争法除包括《反不正当竞争法》之外，还包括有关法律、行政法规、司法解释和规章中关于反不正当竞争的法律规范。

三、不正当竞争行为

依据《反不正当竞争法》第 6 条、第 7 条、第 8 条、第 9 条、第 10 条、第 11 条、第 12 条的规定，我国将不正当竞争行为分为以下六种。

（一）混淆、欺骗交易行为

经营者不得实施下列混淆行为，引人误认为是他人商品或者与他人存在特定联系：（1）擅自使用与他人有一定影响的商品名称、包装、装潢等相同或者近似的标识；（2）擅自使用与他人有一定影响的企业名称（包括简称、字号等）、社会组织名称（包括简称等）、姓名（包括笔名、艺名、译名等）；（3）擅自使用与他人有一定影响的域名主体部分、网站名称、网页等；（4）其他足以引人误认为是他人商品或者与他人存在特定联系的混淆行为。

最高人民法院《不正当竞争解释》对《反不正当竞争法》中的混淆、欺骗交易行为作出了进一步细化的规定。依据《不正当竞争解释》的规定，在不同地域范围内使用相同或者近似的知名商品特有的名称、包装、装潢，在后使用者能够证明其善意使用的，不构成《反不正当竞争法》第6条规定的不正当竞争行为。因后来的经营活动进入相同地域范围而使其商品来源足以产生混淆，在先使用者请求责令在后使用者附加足以区别商品来源的其他标识的，人民法院应当予以支持。具有区别商品来源的显著特征的商品的名称、包装、装潢，应当认定为《反不正当竞争法》第6条规定的"特有的名称、包装、装潢"。依此规定，有下列情形之一的，人民法院不认定为知名商品特有的名称、包装、装潢：1）商品的通用名称、图形、型号；2）仅仅直接表示商品的质量、主要原料、功能、用途、重量、数量及其他特点的商品名称；3）仅由商品自身的性质产生的形状、为获得技术效果而需有的商品形状以及使商品具有实质性价值的形状；4）其他缺乏显著特征的商品名称、包装、装潢。前述第1）、2）、4）项规定的情形经过使用取得显著特征的，可以认定为特有的名称、包装、装潢。

知名商品特有的名称、包装、装潢中含有本商品的通用名称、图形、型号，或者直接表示商品的质量、主要原料、功能、用途、重量、数量以及其他特点，或者含有地名，他人因客观叙述商品而正当使用的，不构成不正当竞争行为。所谓"知名商品"，是指在中国境内具有一定的市场知名度，为相关公众所知悉的商品。人民法院认定知名商品，是依据该商品的销售时间、销售区域、销售额和销售对象，进行任何宣传的持续时间、程度和地域范围，作为知名商品受保护的情况等因素，进行综合判断。主张侵权者应当对其商品的市场知名度负举证责任。

在相同商品上使用相同或者视觉上基本无差别的商品名称、包装、装潢，应当视为足以造成和他人知名商品相混淆。

认定与知名商品特有的名称、包装、装潢是否相同或者近似，可以参照商标相同或者近似的判断原则和方法。

商品的名称、包装、装潢属于商标法第10条第1款规定的不得作为商标使用的标志，当事人请求依照《反不正当竞争法》第6条第2项规定予以保护的，人民法院不予支持。

经营者登记的企业名称违反《反不正当竞争法》第6条（混淆行为）规定的，应当及时办理名称变更登记；名称变更前，由原企业登记机关以统一社会信用代码代替其名称。

企业登记机关依法登记注册的企业名称，以及在中国境内进行商业使用的外国（地区）企业名称，应当被认定为《反不正当竞争法》第6条第2项规定的"企业名称"。具有一定的市场知名度、为相关公众所知悉的企业名称中的字号，可以被认定为《反不正当竞争法》第5条第3项规定的"企业名称"。

在商品经营中使用的自然人的姓名，应当被认定为《反不正当竞争法》第6条第2项规定的"姓名"。具有一定的市场知名度、为相关公众所知悉的自然人的笔名、艺名等，可以被认定为《反不正当竞争法》第 6 条第 2 项规定的"姓名"。

在中国境内进行商业使用，包括将知名商品特有的名称、包装、装潢或者企业名称、姓名用于商品、商品包装以及商品交易文书上，或者用于广告宣传、展览以及其他商业活动中，应当被认定为《反不正当竞争法》第 6 条第 2 项、第 3 项规定的"使用"。

（二）商业贿赂行为

1. 商业贿赂的概念

我国最早对商业贿赂进行明确定义的规范性法律文件是 1996 年国家工商行政管理局颁布的《关于禁止商业贿赂行为的暂行规定》，即"经营者在商品交易中不得向对方单位或者其个人附赠现金或者物品。但按照商业惯例赠送小额广告礼品的除外。违反前款规定的，视为商业贿赂行为"。从该规定可以看出，当时我国对商业贿赂的规定限于狭义的，具有概括性，未能全面反映商业贿赂的内涵。国际商会《打击勒索和贿赂行为准则与意见》（2005 年版）第 1 条规定：贿赂指提供、允诺、交付或接受任何不正当的金钱或其他利益。

商业贿赂从本质上说，就是行贿，从而获取不正当竞争优势，进而实现其商业利益。我国学术界对商业贿赂的概念的表述存在差异，一般认为商业贿赂是指：经营者在商业活动中，为获取商业交易机会、优惠交易条件或不正当竞争优势，违反法律规定或者商业交易规则、惯例，以物质利益和非物质利益贿赂其他单位或个人的行为，包括行贿、受贿与介绍贿赂行为。

2. 商业贿赂行为的法定情形

《反不正当竞争法》第 7 条规定，经营者不得采用财物或者其他手段贿赂下列单位和个人，以谋取商业机会或者竞争优势：（1）交易相对方的工作人员；（2）受交易相对方委托办理相关事务的单位或者个人；（3）利用职权或者影响力影响交易的单位或者个人。

3. 商业折扣与商业贿赂的关系

经营者在交易活动中，可以以明示方式向交易相对方支付折扣，或者向中间人支付佣金。经营者向交易相对方支付折扣、向中间人支付佣金的，应当如实入账。接受折扣、佣金的经营者也应当如实入账。

经营者的工作人员进行贿赂的，应当认定为经营者的行为；但是，经营者有证据证明该工作人员的行为与为经营者谋取交易机会或者竞争优势无关的除外。

4. 商业贿赂的构成要件

（1）行为主体是经营者或其工作人员。其他主体的行为可能构成贿赂，但是不构成商业贿赂。

（2）贿赂的目的是争取市场交易机会，而非其他。

（3）给予他人财物和其他利益必须达到一定数额。

（三）侵犯商业秘密的行为

1. 商业秘密的概念

2020 年 9 月 4 日，国家市场监督管理总局发布《商业秘密保护规定（征求意见稿）》，将商业秘密的保护进一步深化。2020 年 9 月 10 日，最高人民法院公布《关于审理侵犯商业秘密民事案件适用法律若干问题的规定》。2022 年 3 月 2 日，国家市场监督管理总局发布《关于印发全国商业秘密保护创新试点工作方案的通知》（国市监竞争发〔2022〕26 号文件）。上述对商业秘密的相关概念、认定及保护作出了更为明确的阐释。

依据《商业秘密保护规定（征求意见稿）》第 5 条第 1 款的规定，商业秘密是指不为公众所知悉、具有商业价值并经权利人采取相应保密措施的技术信息、经营信息等商业信息。

所谓技术信息，是指利用科学技术知识、信息和经验获得的技术方案，包括但不限于设计、程序、公式、产品配方、制作工艺、制作方法、研发记录、实验数据、技术诀窍、技术图纸、编程规范、计算机软件源代码和有关文档等信息。

所谓经营信息，是指与权利人的经营活动有关的各类信息，包括但不限于管理诀窍、客户名单、员工信息、货源情报、产销策略、财务数据、库存数据、战略规划、采购价格、利润模式、招投标中的标底及标书内容等信息。

所谓商业信息是指与商业活动有关的，包括但不限于技术信息、经营信息的任何类型和形式的信息。

不为公众所知悉，是指该信息不为其所属领域的相关人员普遍知悉或者不能从公开渠道容易获得。

《商业秘密保护规定（征求意见稿）》第 6 条规定，具有下列情形之一的，可以认定有关信息不构成"不为公众所知悉"：（1）该信息已经在国内外公开出版物或者其他媒体上公开披露或者已经通过公开的报告会、展览等方式公开；（2）该信息已经在国内外公开使用；（3）该信息为其所属领域的相关人员普遍掌握的常识或者行业惯例；（4）对该信息无须付出一定的代价而容易获得或者从其他公开渠道可以获得；（5）仅涉及产品尺寸、结构、部件的简单组合等内容信息，进入公开领域后相关公众可通过观察、测绘、拆卸等简单方法获得。

申请人提交的技术查新报告、检索报告、公开渠道查询商业信息的资料等与涉案信息不构成实质上相同的，可以推定该信息"不为公众所知悉"，但有相反证据证明的除外。

具有商业价值，是指该信息因其秘密性而具有现实的或者潜在的商业价值，能为权利人带来商业利益或竞争优势。

符合下列情形之一的，可以认定为该信息能为权利人带来商业利益或竞争优势，但有相反的证据能证明该信息不具有商业价值的除外：（1）该信息给权利人带来经济收益的；（2）该信息对其生产经营产生重大影响的；（3）权利人为了获得该信息，付出了相应的价款、研发成本或者经营成本以及其他物质投入的；（4）涉嫌侵权人以不正当手段获取或者试图获取权利人的商业秘密的；（5）其他能证明该信息能为权利人带来商业利益或竞争优势的情形。

权利人经过商业成本的付出，形成了在一定期间内相对固定的且具有独特交易习惯等内容的客户名单，可以获得商业秘密保护。

前述所称的客户名单，一般是指客户的名称、地址、联系方式以及交易的习惯、意向、内容等构成的区别于相关公知信息的特殊客户信息，包括汇集众多客户的客户名册，以及保持长期稳定交易关系的特定客户。客户基于对职工个人的信赖而与职工所在单位进行市场交易，该职工离职后，能够证明客户自愿选择与自己或者其新单位进行市场交易的，应当认定没有采用不正当手段。

2. 侵犯商业秘密的表现形式

侵犯商业秘密一般是指利用非法手段获取、使用、披露其他经营者的商业秘密的行为。《反不正当竞争法》所称的商业秘密，是指不为公众所知悉、具有商业价值并经权利人采取相应保密措施的技术信息和经营信息。所谓"不为公众知悉"是指没有公布于众，处于保密状态的情况。

所谓"经权利人采取相应保密措施"是指权利人为防止信息泄漏所采取的与其商业价值等具体情况相适应的合理保护措施，应当认定为《反不正当竞争法》第10条第3款规定的"保密措施"。

《反不正当竞争法》第9条规定，经营者不得实施下列侵犯商业秘密的行为：（1）以盗窃、贿赂、欺诈、胁迫、电子侵入或者其他不正当手段获取权利人的商业秘密；（2）披露、使用或者允许他人使用以前项手段获取的权利人的商业秘密；（3）违反保密义务或者违反权利人有关保守商业秘密的要求，披露、使用或者允许他人使用其所掌握的商业秘密；（4）教唆、引诱、帮助他人违反保密义务或者违反权利人有关保守商业秘密的要求，获取、披露、使用或者允许他人使用权利人的商业秘密。

《商业秘密保护规定（征求意见稿）》第12~18条将上述行为进一步细化为以下几种侵犯商业秘密的行为：

（1）经营者以盗窃、贿赂、欺诈、胁迫、电子侵入或者其他不正当手段获取权利人的商业秘密。

其中包括但不限于：1）派出商业间谍盗窃权利人或持有人的商业秘密。2）通过提供财务、有形利益或无形利益、高薪聘请、人身威胁、设计陷阱等方式引诱、骗取、胁迫权利人的员工或他人为其获取商业秘密。3）未经授权或超出授权范围进入权利人的电子信息系统获取商业秘密或者植入电脑病毒破坏其商业秘密。其中，电子信息系统是指所有存储权利人商业秘密的电子载体，包括数字化办公系统、服务器、邮箱、云盘、应用账户等。4）擅自接触、占有或复制权利人控制下的，包含商业秘密或者能从中推导出商业秘密的文件、物品、材料、原料或电子数据，以获取权利人的商业秘密。5）采取其他违反诚信原则或者商业道德的不正当手段获取权利人商业秘密的行为。

（2）经营者披露、使用或者允许他人使用以不正当手段获取的权利人的商业秘密。

这里所称的"披露"，是指将权利人的商业秘密公开，足以破坏权利人的竞争优势或损害其经济利益的行为。所谓的"使用"，是指将权利人的商业秘密应用于产品设计、产品制造、市场营销以及其改进工作、研究分析等。

（3）经营者违反保密义务或者违反权利人有关保守商业秘密的要求，披露、使用或者允许他人使用其所掌握的商业秘密。

所谓"保密义务"或者"权利人有关保守商业秘密的要求"包括但不限于：1）通过书面或口头的明示合同或默示合同等，在劳动合同、保密协议、合作协议等中与权利人订立的关于保守商业秘密的约定；2）权利人单方对知悉商业秘密的持有人提出的要求，包括但不限于对通过合同关系知悉该商业秘密的相对方提出的保密要求，或者对通过参与研发、生产、检验等知悉商业秘密的持有人提出的保密要求；3）在没有签订保密协议、劳动合同、合作协议等情况下，权利人通过其他规章制度或合理的保密措施对员工、前员工、合作方等提出的其他保守商业秘密的要求。

（4）经营者违反限制性使用商业秘密的义务，未经授权披露或使用他人商业秘密的行为。

这里所称"限制性使用商业秘密"，包括但不限于在保密协议、劳动合同、合作协议等中与权利人订立的法定或约定的对商业秘密的限制使用。员工或前员工在工作过程中所形成的自身知识、经验、技能除外。

（5）经营者教唆、引诱、帮助他人违反保密义务，或者违反权利人有关保守商业秘密的要求，获取、披露、使用或者允许他人使用权利人的商业秘密。

此种行为包括但不限于：1）故意用言辞、行为或其他方法，以提供技术、物质支持，或者通过职位许诺、物质奖励等方式，说服、劝告、鼓励他人违反保密义务或者违反权利人有关保守商业秘密的要求；2）以各种方式为他人违反保密义务或者违反权利人有关保守商业秘密的要求提供便利条件，以获取、披露、使用或者允许他人使用权利人的商业秘密的行为。

（6）第三人明知或者应知商业秘密权利人的员工、前员工或者其他单位、个人实施上述违法行为，仍获取、披露、使用或者允许他人使用该商业秘密。

最高人民法院《不正当竞争解释》规定，人民法院应当根据所涉信息载体的特性、权利人保密的意愿、保密措施的可识别程度、他人通过正当方式获得的难易程度等因素，认定权利人是否采取了保密措施。具有下列情形之一，在正常情况下足以防止涉密信息泄露的，应当认定权利人采取了保密措施：1）限定涉密信息的知悉范围，只对必须知悉的相关人员告知其内容；2）对于涉密信息载体采取加锁等防范措施；3）在涉密信息的载体上标有保密标志；4）对于涉密信息采用密码或者代码等；5）签订保密协议；6）对于涉密的机器、厂房、车间等场所限制来访者或者提出保密要求；7）确保信息秘密的其他合理措施。

《商业秘密保护规定（征求意见稿）》第8条规定，具有下列情形之一，足以防止涉密信息泄露的，可以认定权利人采取了"相应保密措施"：（1）限定涉密信息的密级、保密期限和知悉范围，只对必须知悉的相关人员告知其内容。（2）任职离职面谈，提醒、告诫现职员工和离职员工履行其保密义务。（3）对该信息载体采取了加密、加锁、反编译等预防措施或在相关载体上加注保密标志或加密提示。（4）对于涉密信息采用密码或者代码等。（5）对于涉密的机器、厂房、车间等场所限制来访者，采取基本的物理隔离措施，如门禁、监控、权限控制等。（6）制定相应的保密管理制度并与相关人员签署保密协议。（7）在竞业禁止协议中对保密义务进行明确约定的。（8）权利人在劳动合同或保密协议中对商业秘密范围有明确界定且与其所主张的秘密范围相符的。（9）确保涉密信息他人轻易不能获得的其他合理措施。

3. 侵犯商业秘密的行为的成立条件

侵犯商业秘密的行为的成立须具备以下条件：（1）有商业秘密存在；（2）主体是经营者以及知悉商业秘密的其他人；（3）客观上，行为人实施了侵犯他人商业秘密的行为；（4）对权利人商业秘密的侵犯，给权利人造成了损害后果。

4. 不属于侵犯商业秘密的行为

（1）独立发现或者自行研发；（2）通过反向工程等类似方式获得商业秘密的，但商业秘密或者产品系通过不正当手段获得或违反保密义务的反向工程除外；（3）股东依法行使知情权而获取公司商业秘密的；（4）商业秘密权利人或持有人的员工、前员工或合作方基于环境保护、公共卫生、公共安全、揭露违法犯罪行为等公共利益或国家利益需要，必须披露商业秘密的。

前述所称反向工程，是指通过技术手段对从公开渠道取得的产品进行拆卸、测绘、分析等而获得该产品的有关技术信息，但是接触、了解权利人或持有人技术秘密的人员通过回忆、拆解终端产品获取权利人技术秘密的行为，不构成反向工程。

披露人在向有关国家行政机关、司法机关及其工作人员举报前述违法犯罪行为时，须以保密方式提交包含商业秘密的文件或法律文书。

商业秘密权利人或持有人应在其与员工、合作者、顾问等签订的管控商业秘密或其他保密信息使用的任何合同或协议中，向后者提供举报豁免和反报复条款。合同或协议的形式包括但不限于劳动合同、独立承包商协议、咨询协议、分离和解除索赔协议、遣散协议、竞业禁止协议、保密和所有权协议、员工手册等。

5. 商业秘密侵权中的举证责任

在侵犯商业秘密的民事审判程序中，商业秘密权利人提供初步证据，证明其已经对所主张的商业秘密采取保密措施，且合理表明商业秘密被侵犯的，涉嫌侵权人应当证明权利人所主张的商业秘密不属于《反不正当竞争法》规定的商业秘密。

商业秘密权利人提供初步证据合理表明商业秘密被侵犯，且提供以下证据之一的，涉嫌侵权人应当证明其不存在侵犯商业秘密的行为：（1）有证据表明涉嫌侵权人有渠道或者机会获取商业秘密，且其使用的信息与该商业秘密实质上相同；（2）有证据表明商业秘密已经被涉嫌侵权人披露、使用或者有被披露、使用的风险；（3）有其他证据表明商业秘密被涉嫌侵权人侵犯。

（四）虚假宣传

《反不正当竞争法》第 8 条规定，经营者不得对其商品的性能、功能、质量、销售状况、用户评价、曾获荣誉等作虚假或者引人误解的商业宣传，欺骗、误导消费者。

经营者不得通过组织虚假交易等方式，帮助其他经营者进行虚假或者引人误解的商业宣传。

依据《不正当竞争解释》的规定，经营者具有下列行为之一，足以造成相关公众误解的，可以认定为《反不正当竞争法》第 9 条第 1 款规定的引人误解的虚假宣传行为：（1）对商品作片面的宣传或者对比的；（2）将科学上未定论的观点、现象等当作定论的事实用于商品宣传的；（3）以歧义性语言或者其他引人误解的方式进行商品宣传的。

以明显的夸张方式宣传商品，不足以造成相关公众误解的，不属于引人误解的虚假宣传行为。

人民法院应当根据日常生活经验、相关公众一般注意力、发生误解的事实和被宣传对象的实际情况等因素，对引人误解的虚假宣传行为进行认定。

（五）诋毁商业信誉、商品声誉和网络干扰的行为

1. 诋毁经营者的商业信誉、商品声誉的行为

《反不正当竞争法》第 11 条规定，经营者不得编造、传播虚假信息或者误导性信息，损害竞争对手的商业信誉、商品声誉。

2. 网络干扰的行为

《反不正当竞争法》第 12 条规定：经营者利用网络从事生产经营活动，应当遵守该法的各项规定。经营者不得利用技术手段，通过影响用户选择或者其他方式，实施下列妨碍、破坏其他经营者合法提供的网络产品或者服务正常运行的行为：（1）未经其他经营者同意，在其合法提供的网络产品或者服务中，插入链接、强制进行目标跳转；（2）误导、欺骗、强迫用户修改、关闭、卸载其他经营者合法提供的网络产品或者服务；（3）恶意对其他经营者合法提供的

网络产品或者服务实施不兼容；（4）其他妨碍、破坏其他经营者合法提供的网络产品或者服务正常运行的行为。

（六）不正当有奖销售

不正当有奖销售是指经营者在销售商品或提供服务时，以欺骗或其他不正当手段，附带提供金钱、实物或其他利益给消费者作为交易的奖励，超过一定金额的行为。

《反不正当竞争法》第10条规定，经营者进行有奖销售不得存在下列情形：（1）所设奖的种类、兑奖条件、奖金金额或者奖品等有奖销售信息不明确，影响兑奖；（2）采用谎称有奖或者故意让内定人员中奖的欺骗方式进行有奖销售；（3）抽奖式的有奖销售，最高奖的金额超过50 000元。

不正当有奖销售行为的构成要件为：（1）行为主体是出售商品或提供服务的经营者。（2）经营者实施了法律禁止的不正当有奖销售的行为。（3）经营者在主观上是出于故意。出于过失的，不构成不正当有奖销售行为。（4）经营者的目的是争夺顾客，扩大市场金额，排挤竞争对手。

四、监督检查部门的职责

依据《反不正当竞争法》第13条的规定，监督检查部门调查涉嫌不正当竞争行为，可以采取下列措施：（1）进入涉嫌不正当竞争行为的经营场所进行检查；（2）询问被调查的经营者、利害关系人及其他有关单位、个人，要求其说明有关情况或者提供与被调查行为有关的其他资料；（3）查询、复制与涉嫌不正当竞争行为有关的协议、账簿、单据、文件、记录、业务函电和其他资料；（4）查封、扣押与涉嫌不正当竞争行为有关的财物；（5）查询涉嫌不正当竞争行为的经营者的银行账户。

采取以上规定的措施，应当向监督检查部门主要负责人书面报告，并经批准。采取前述第（4）项、第（5）项规定的措施，应当向设区的市级以上人民政府监督检查部门主要负责人书面报告，并经批准。

监督检查部门调查涉嫌不正当竞争行为，应当遵守《行政强制法》和其他有关法律、行政法规的规定，并应当将查处结果及时向社会公开。

监督检查部门及其工作人员对调查过程中知悉的商业秘密负有保密义务。

对涉嫌不正当竞争行为，任何单位和个人有权向监督检查部门举报，监督检查部门接到举报后应当依法及时处理。

监督检查部门应当向社会公开受理举报的电话、信箱或者电子邮件地址，并为举报人保密。对实名举报并提供相关事实和证据的，监督检查部门应当将处理结果告知举报人。

五、经营者损害赔偿责任的确定

依据《反不正当竞争法》第17条的规定，经营者违反《反不正当竞争法》的规定，给他人造成损害的，应当依法承担民事责任。经营者的合法权益受到不正当竞争行为损害的，可以向人民法院提起诉讼。因不正当竞争行为受到损害的经营者的赔偿数额，按照其因被侵权所受到的实际损失确定；实际损失难以计算的，按照侵权人因侵权所获得的利益确定。经营者恶意实施侵犯商业秘密行为，情节严重的，可以在按照上述方法确定数额的1倍以上5倍以下确定赔偿数额。赔偿数额还应当包括经营者为制止侵权行为所支付的合理开支。

经营者违反《反不正当竞争法》第 6 条、第 9 条规定，权利人因被侵权所受到的实际损失、侵权人因侵权所获得的利益难以确定的，由人民法院根据侵权行为的情节判决给予权利人 500 万元以下的赔偿。

六、违反反不正当竞争法的法律责任

（一）法律责任的国际比较

制定和实施不同的竞争法规，借以鼓励和保护公平竞争秩序，保护市场经济稳定而高效地运行是实行市场经济制度的国家均采用的手段，法律责任的规定无疑为市场经济的有序运行提供了良好的手段。例如，德国和日本竞争法上的法律责任制度有效地遏制了不正当竞争行为，保障了公平竞争的社会秩序。中国的竞争法制建设起步较晚，与日德两国相比，在立法和执法方面，尚缺乏经验。

1. 与日本竞争法上法律责任的比较

日本法对不正当竞争行为采取的是以民事救济为主、以刑事制裁为辅的原则。中国法对不正当竞争行为则采取以行政处罚为主、辅以相应民事救济的原则。

在民事法律措施方面，日本《不正当竞争防止法》对所采取的民事法律措施规定得比较详尽，除规定损害赔偿请求权之外，还广泛地规定了停止侵害、恢复信用的措施，并采用过错责任原则。在中国由于《民法典》已对侵权行为应承担的民事法律责任的具体形式和内容作了比较详尽的规定，所以《反不正当竞争法》对不正当竞争行为的民事法律措施规定得比较扼要，并且只规定了损害赔偿请求权。

在行政法律措施方面，中国《反不正当竞争法》采取的制裁措施主要是行政处罚，对所采取的行政法律措施作了比较详尽的规定，突出了政府对市场竞争活动的主动干预，突出行政法律措施对不正当竞争行为的规制作用，如责令停止违法行为、行政罚款、没收违法所得、吊销营业执照等。此外，该法还赋予行政机关主动追究的权力。而日本《不正当竞争防止法》作为日本民事法律中的"不法行为法"的一个组成部分，是一部民事特别法，所以该法中没有关于行政法律措施的规定。

在刑事法律措施方面，日本《不正当竞争防止法》十分重视刑事法律措施对不正当竞争的规制作用，对有关的不正当竞争行为应承担的刑事责任以及刑罚的尺度都作出明确具体的规定。该法第 13 条规定：（1）以不正当的目的引起误认混同罪；（2）原产地等的虚假标识罪；（3）外国国旗等的商业性使用罪，对于该当三者之一者，将处以 3 年以下的有期徒刑，或 300 万日元以下的罚金。同时，在从事与法人或业主的业务有关的活动中，其行为该当上述罪名时，除了对行为人处以上述刑罚外，还要对其法人或业主处以 1 亿日元以下的罚金。这体现了"两罚"原则和对法人或业主重罚原则。中国《反不正当竞争法》只是将刑事法律措施作为民事法律措施和行政法律措施的补充，仅规定了行为人在实施不正当竞争行为时，构成犯罪的，依法追究刑事责任；并且是以中国《刑法》中已有的具体规定作为适用的根据。

2. 与德国竞争法上法律责任的比较

德国《反不正当竞争法》总体上对不正当竞争行为设置了双轨制制裁体系，即不正当竞争行为的实施者要承担民事责任和刑事责任。这一以民事制裁为主，辅之以刑事制裁的法律体系，对于德国有效制止不正当竞争，保护诚实经营者的合法权益，确保公平竞争机制的正常运行，起到了良好的作用。特别是针对几种不正当竞争行为，如假冒行为、商业贿赂行为、商业诽谤行为及侵犯商业秘密的行为等，该法直接规定了其犯罪构成及刑事责任，从而可以更有效地制止不正当竞争行为。如该法第17条（泄露商业秘密或经营秘密）第1款规定：作为商事企业的职员、工人或学徒，以竞争为目的，或出于私利或为第三人谋利，或出于损害该企业所有人之意图，在雇佣关系存续期间，擅自将因雇佣关系而掌握或获取的商业秘密或经营秘密泄露给他人的，处3年以下监禁或罚金。可见，该条文在明确行为主体的身份及主观目的的基础上，明确规定了只要有泄密行为，就可追究刑事责任，并不要求必须给商业秘密的权利人造成实际损失。综观德国《反不正当竞争法》中直接规定刑事责任的条款，可以看出，对某些不正当竞争行为，在情节要件、行为结果方面均没有硬性要求，只要有这些不正当竞争的行为，就可追究行为人的刑事责任。由此有效地遏制了不正当竞争行为，充分发挥了法律的威慑作用；同时，也有力地保护了诚实经营者的合法权益，保障了公平竞争的社会秩序。

中国《反不正当竞争法》采取了不同于德国的法律控制模式，是以行政控制为主、以司法控制为辅的控制模式，即行政机关拥有全面的权力，而司法机关在不正当竞争的控制上，只是起一种辅助的作用。在法律责任的规定上，也多以行政法律责任为主，对民事责任和刑事责任的规定相对较少。在中国《反不正当竞争法》所规定的11种不正当竞争行为中，除了对侵犯商业信誉和商品声誉的不正当竞争行为没有规定行政责任外，对其他10种不正当竞争行为均规定了具体的行政责任。关于民事责任的规定，只有一个条文，而对假冒行为和商业贿赂行为则规定"构成犯罪的，依法追究刑事责任"。也即在该法中并没有明确、直接地规定刑事责任，而是依据中国刑法的有关规定追究刑事责任，而中国刑法的一个基本原则就是罪刑法定原则。如此规定，既不能加大对不正当竞争行为的惩罚力度，也难以适应维护市场竞争秩序的需要。

中、德、日三国虽然都同时运用民事责任、刑事责任和行政责任共同构筑法律责任制度，但对这三种法律责任形式的具体运用存在很多差异。日德两国对不正当竞争行为的责任制度，给予我们有益的启示，为加快完善中国竞争法的具体责任制度建设提供了可借鉴的经验。

（二）违反《反不正当竞争法》的法律责任

违反反不正当竞争法的责任是指竞争主体——经营者违反我国《反不正当竞争法》的规定，依法应当承担的法律责任。违反《反不正当竞争法》的法律责任不同于一般的民事责任，针对不同的不正当竞争行为，承担法律责任的形式也是不同的。

1. 混淆、欺骗行为的法律责任

《反不正当竞争法》第18条规定：经营者实施混淆行为的，由监督检查部门责令停止违法行为，没收违法商品。违法经营额5万元以上的，可以并处违法经营额5倍以下的罚款；没有违法经营额或者违法经营额不足5万元的，可以并处25万元以下的罚款。情节严重的，吊销营业执照。

2. 商业贿赂行为的法律责任

《反不正当竞争法》第19条规定：经营者违反该法第7条规定贿赂他人的，由监督检查部门没收违法所得，处10万元以上300万元以下的罚款。情节严重的，吊销营业执照。

3. 虚假宣传行为的法律责任

《反不正当竞争法》第20条规定：经营者违反该法第8条规定对其商品作虚假或者引人误

解的商业宣传，或者通过组织虚假交易等方式帮助其他经营者进行虚假或者引人误解的商业宣传的，由监督检查部门责令停止违法行为，处 20 万元以上 100 万元以下的罚款；情节严重的，处 100 万元以上 200 万元以下的罚款，可以吊销营业执照。

经营者违反《反不正当竞争法》第 8 条规定，属于发布虚假广告的，依照《广告法》的规定处罚。《广告法》第 56 条规定：违反该法规定，发布虚假广告，欺骗、误导消费者，使购买商品或者接受服务的消费者的合法权益受到损害的，由广告主依法承担民事责任。广告经营者、广告发布者不能提供广告主的真实名称、地址和有效联系方式的，消费者可以要求广告经营者、广告发布者先行赔偿。关系消费者生命健康的商品或者服务的虚假广告，造成消费者损害的，其广告经营者、广告发布者、广告代言人应当与广告主承担连带责任。前述规定以外的商品或者服务的虚假广告，造成消费者损害的，其广告经营者、广告发布者、广告代言人，明知或应知广告虚假仍设计、制作、代理、发布或者作推荐、证明的，应当与广告主承担连带责任。

4. 侵犯商业秘密行为的法律责任

依据《反不正当竞争法》第 21 条的规定，经营者以及其他自然人、法人和非法人组织违反该法第 9 条规定侵犯商业秘密的，由监督检查部门责令停止违法行为，处以 10 万元以上 100 万元以下的罚款；情节严重的，处 50 万元以上 500 万元以下的罚款。该法第 17 条规定，经营者恶意实施侵犯商业秘密行为，情节严重的，可以在按照上述方法确定数额的 1 倍以上 5 倍以下确定赔偿数额。赔偿数额还应当包括经营者为制止侵权行为所支付的合理开支。

依照《反不正当竞争法》第 21 条的规定，责令侵权人停止违法行为时，责令停止违法行为的时间可以持续到该项商业秘密已为公众知悉时为止；也可以在依法保护权利人该项商业秘密竞争优势的情况下，责令侵权人在一定期限或者范围内停止使用该项商业秘密。

监督检查部门责令侵权人停止使用商业秘密行为会给国家利益、社会公共利益造成重大损失的，可以不责令停止使用，但应要求其向权利人支付使用期间内相应的合理费用。

对侵犯商业秘密的物品可以作如下处理：（1）责令并监督侵权人将载有商业秘密的图纸、软件及其有关资料返还权利人；（2）监督侵权人销毁使用权利人的商业秘密生产的、流入市场将会造成商业秘密公开的产品，但权利人同意收购、销售等其他处理方式的除外。

为生产经营目的使用不知道是未经商业秘密权利人许可的商业秘密，且能举证证明该商业秘密合法来源的，应责令侵权人停止上述使用行为，但商业秘密的使用者能举证证明其已支付合理对价的除外。前述所称不知道，是指实际不知道且不应当知道。前述所称合法来源，是指通过许可合同等正常商业方式取得商业秘密。对于合法来源，使用者或者销售者应当提供符合交易习惯的相关证据。

经营者违反《反不正当竞争法》第 6 条（混淆行为）、第 9 条（侵犯商业秘密）的规定，权利人因被侵权所受到的实际损失、侵权人因侵权所获得的利益难以确定的，由人民法院根据侵权行为的情节判决给予权利人 500 万元以下的赔偿。

市场监督管理部门调查侵犯商业秘密行为造成权利人的损害的，应按照其因被侵权所受到的实际损失确定；实际损失难以计算的，按照侵权人因侵权所获得的利益确定。在计算"权利人因被侵权所受到的实际损失""侵权人因侵权所获得的利益"的时候，可以参照下列计算方法：（1）权利人的产品因侵权所造成销售量减少的总数乘以每件产品的合理利润所得之积；

（2）权利人销售量减少的总数难以确定的，侵权产品在市场上销售的总数乘以每件产品的合理利润所得之积；（3）按照通常情形权利人可得的预期利润，减去被侵害后使用同一信息的产品所得利益之差额；（4）商业秘密许可他人使用的价款；（5）根据商业秘密研究开发成本、实施的收益、可得利益、可保持竞争优势的时间等因素确定商业秘密的价值，并依该价值的一定比例确定"权利人因被侵权所受到的实际损失"或者"侵权人因侵权所获得的利益"。

"违法所得"是指，以侵权人违法生产、销售商品或者提供服务所获得的全部收入扣除侵权人直接用于经营活动的适当的合理支出。市场监督管理部门可以综合参考商业秘密侵权人的会计账簿、生产记录、销售记录、转让协议等资料，计算违法所得的数额。

依据《商业秘密保护规定（征求意见稿）》第31条的规定，符合以下情形之一的，可以认定为《反不正当竞争法》第21条所称的"情节严重"：（1）因侵害商业秘密造成权利人损失超过50万元的；（2）因侵害商业秘密获利超过50万元的；（3）造成权利人破产的；（4）拒不赔偿权利人的损失的；（5）电子侵入方式造成权利人办公系统网络和电脑数据被严重损坏的；（6）造成国家、社会重大经济损失，或具有恶劣社会影响的；（7）其他情节严重的行为。

5. 不正当有奖销售行为的法律责任

依据《反不正当竞争法》第22条的规定，经营者违反该法第10条规定进行有奖销售的，由监督检查部门责令停止违法行为，处5万元以上50万元以下的罚款。对于利用有奖销售的手段推销质次价高的商品的，消费者可以依据《消费者权益保护法》来维护自己的合法权益。另外，《产品质量法》第50条规定：在产品中掺杂、掺假，以假充真，以次充好，或者以不合格产品冒充合格产品的，责令停止生产、销售，没收违法生产、销售的产品，并处违反生产、销售产品货值金额50%以上3倍以下的罚款；有违法所得的，并处没收违法所得；情节严重的，可以吊销营业执照。构成犯罪的，依法追究刑事责任。

对于谎称有奖销售，或者对所设奖的种类，中奖概率，最高奖金额，总金额，奖品种类、数量、质量、提供方法等，作虚假不实的表示以及采取不正当手段故意让内定人员中奖的，如果情节严重，构成刑法上的诈骗罪。

6. 商业诋毁、扰乱市场行为的法律责任

依据《反不正当竞争法》第23条的规定，经营者违反该法第11条规定，损害竞争对手商业信誉、商品声誉的，由监督检查部门责令停止违法行为、消除影响，处10万元以上50万元以下的罚款；情节严重的，处50万元以上300万元以下的罚款。

《反不正当竞争法》第24条规定，经营者违反该法第12条规定，妨碍、破坏其他经营者合法提供的网络产品或者服务正常运行的，由监督检查部门责令停止违法行为，处10万元以上50万元以下的罚款；情节严重的，处50万元以上300万元以下的罚款。

《刑法》第221条规定：捏造并散布虚伪事实，损害他人的商业信誉、商品声誉，给他人造成重大损失或者有其他严重情节的，处2年以下有期徒刑或者拘役，并处或者单处罚金。

经营者违反《反不正当竞争法》的规定，从事不正当竞争，有主动消除或者减轻违法行为危害后果等法定情形的，依法从轻或者减轻行政处罚；违法行为轻微及时纠正，没有造成严重危害后果的，不予行政处罚。

经营者违反《反不正当竞争法》的规定，从事不正当竞争，受到行政处罚的，由监督检查部门记入信用记录，并依照有关法律、行政法规的规定予以公示。

经营者违反《反不正当竞争法》的规定，应当承担民事责任、行政责任和刑事责任，其财产不足以支付的，优先用于承担民事责任。

妨碍监督检查部门履行职责，拒绝、阻碍调查的，由监督检查部门责令改正，对个人可以处 5 000 元以下的罚款，并可以由公安机关依法给予治安管理处罚。

当事人对监督检查部门作出的决定不服的，可以依法申请行政复议或者提起行政诉讼。

监督检查部门的工作人员滥用职权、玩忽职守、徇私舞弊或者泄露调查过程中知悉的商业秘密的，依法给予处分。违反《反不正当竞争法》的规定构成犯罪的，依法追究刑事责任。

第三节　消费者权益保护法

一、消费者权益保护法概述

美国作为消费大国和消费者权益保护思想的发源地，在保护消费者权益方面一直走在世界前列。百余年来，美国不断完善立法并加强执法。与此同时，美国国内民间消费者权益保护组织也日益活跃。在 1891 年成立的美国纽约消费者协会，是世界上第一个以保护消费者权益为宗旨的组织，开辟了消费者有组织保护自身权益的先河。在 1899 年诞生的美国消费者联盟，则是世界上首个全国性的消费者组织。这些民间组织与政府机构共同建立起一个相对完备的消费者权益保护体系。

消费者权益保护法是调整因消费者为生活消费需要而购买、使用商品或者接受服务而产生的社会关系的法律规范的总称，其特征表现为：（1）调整的对象具有特殊性，它只调整消费法律关系；（2）是一部典型的向弱者倾斜的法律。我国现行消费者权益保护法是于 1993 年 10 月31 日第八届全国人大常委会第四次会议通过的、自 1994 年 1 月 1 日起实施的《中华人民共和国消费者权益保护法》（以下简称《消费者权益保护法》）。该法于 2009 年 8 月 27 日由第十一届全国人大常委会第十次会议依《关于修改部分法律的决定》进行第一次修正；于 2013 年 8 月 25 日由第十二届全国人大常委会第五次会议依《关于修改〈中华人民共和国消费者权益保护法〉的决定》第二次修正，自 2014 年 3 月 15 日起施行。该法是我国第一次以立法的形式全面确认消费者的权利。因电子商务的迅速发展，消费者权益保护不断出现新的问题。2024 年 3 月，国务院发布《消费者权益保护法实施条例》（以下简称《消费保护实施条例》），并自 2024 年 7 月 1 日起施行。该条例对《消费者权益保护法》的规定作了进一步细化，对消费者反映强烈的如完善直播带货等新业态监管、治理大数据"杀熟"、加强预付款式消费保障等问题进行了有针对性的规范。这是我国《消费者权益保护法》的第一部配套行政法规。其对于保护消费者的权益，规范经营者的行为，维护社会经济秩序，倡导节约资源和保护环境的合理消费，促进社会主义市场经济健康发展，具有重要意义。

（一）消费者的含义

消费者是指为生活消费需要而购买、使用商品或者接受服务的自然人。消费者的消费性质是生活消费；消费者的消费方式是购买、使用商品或者接受服务；消费者消费的客体是商品和服务；消费者的主体是自然人。

世界各国消费者权益保护立法和国际条约有关消费者的含义一般考虑三个因素：（1）供应商的性质。一些法律制度中的消费者是相对于"供应商"而言的，出于某种目的，对提供商品或服务的供应商各有不同定性，如在法国被定性为"职业行为者"，在英国被定性为"在贸易过程中供给行为者"。1980 年欧盟通过的《关于合同义务的法律适用公约》（《罗马公约》）认为，消费者是指基于行业或职业之外的目的而购买商品或接受服务的私人。（2）消费者的性质。其强调消费者本身具有或不具有的典型特征，以区别于供应商，如 1994 年欧盟《不公平消费合同条款指令》规定，消费者是出于非职业目的的缔结合同的自然人；欧盟于 1968 年通过的《关于管辖的布鲁塞尔公约》认为，消费者是基于非行业或职业目的而购买商品或接受服务的人。采取这种否定方式的还有荷兰、奥地利等。而其他国家则采取肯定而非否定的形式，即规定谁是消费者，而非规定谁不是，如 1987 年英国《消费者保护法》第 2 条规定，消费者通常是出于私人使用或消费目的而购买商品或服务的人；欧盟《电子商务指令》认为，消费者是指为了行业、业务或职业以外的目的购买商品或接受服务的任何自然人。采取这种肯定方式的还有葡萄牙、瑞士。（3）所提供的商品或服务的性质。如 1980 年《联合国国际货物销售合同公约》（CISG）从反面对消费者的含义作出了规定，即为个人、家庭或家务使用之目的而订立的合同（消费者合同）不适用该公约。美国《统一商法典》（UCC）也采取这种做法。在这些立法和实践的基础上，可以认为，消费者是指满足个人或家庭需要或消费而取得或使用贷款、购买商品或服务的个人。它具有如下主要特征：（1）消费者是为非行业或职业目的而购买商品或接受服务的自然人；（2）消费者的消费交易行为发生于商品或服务的提供者或经营者的经营过程中；（3）消费者一般通过消费合同与提供者或经营者之间进行消费交易行为；（4）消费者从事消费交易行为的目的是满足个人或家庭的需要或消费。此外，互联网的虚拟性、开放性、高技术性特征，使网络消费比一般消费具有更多、更复杂的消费者权益保护问题。

（二）经营者的概念

经营者是指为消费者提供其生产、销售的商品或者提供服务的自然人、法人或者其他经济组织。经营者是与消费者相对应的消费法律关系的另一方当事人，只要有消费者就有经营者。经营者的主体包括自然人、法人和其他经济组织。经营者是以营利为目的的。

（三）《消费者权益保护法》的适用范围

《消费者权益保护法》第 2 条、第 3 条和第 62 条规定了该法的适用范围。

（1）该法第 2 条规定：消费者为生活消费需要购买、使用商品或者接受服务，其权益受该法保护；该法未规定的，受其他有关法律、法规的保护。这说明，《消费者权益保护法》适用于消费者的生活消费。

（2）该法第 3 条规定：经营者为消费者提供其生产、销售的商品或者提供服务，应当遵守该法；该法未作规定的，应当遵守其他法律、法规。这说明《消费者权益保护法》适用于经营者的经营行为。

（3）该法第 62 条规定：农民购买、使用直接用于农业生产的生产资料，参照该法执行。这是一个特殊的适用范围，即《消费者权益保护法》在特殊情况下也适用于生产消费，但是只限于农民直接用于农业生产的生产消费。

二、消费者的权利

《消费者权益保护法》从第 7 条至第 15 条规定了消费者依法享有的 9 项权利，即安全权，知情权，自主选择权，公平交易权，求偿权，结社权，受教育权（获取有关知识的权利），人格尊严、民族风俗习惯受尊重权，监督权。

1. 安全权

消费者有权要求经营者提供的商品和服务、符合保障人身、财产安全的要求。

2. 知情权

消费者有权根据商品或者服务的不同情况，要求经营者提供商品的价格、产地、生产者、用途、性能、规格、等级、主要成分、生产日期、有效期限、检验合格证明、使用方法说明书、售后服务，或者服务的内容、规格、费用等有关情况。

3. 自主选择权

消费者有权自主选择提供商品或者服务的经营者，自主选择商品品种或者服务方式，自主决定购买或者不购买任何一种商品、接受或者不接受任何一项服务。消费者在自主选择商品或者服务时，有权进行比较、鉴别和挑选。

4. 公平交易权

消费者在购买、使用商品或者接受服务时，有权获得质量保障、价格合理、计量正确等公平交易条件，有权拒绝经营者的强制交易行为。

5. 求偿权

消费者因购买、使用商品或者接受服务受到人身、财产损害的，享有依法获得赔偿的权利。

6. 结社权

消费者享有依法成立维护自身合法权益的社会组织的权利。

7. 受教育权

消费者享有获得有关消费和消费者权益保护方面的知识的权利。

8. 人格尊严、民族风俗习惯受尊重权

消费者在购买、使用商品和接受服务时，享有人格尊严、民族风俗习惯得到尊重的权利，享有个人信息依法得到保护的权利。

9. 监督权

消费者享有对商品和服务以及保护消费者权益工作进行监督的权利。消费者有权检举、控告侵害消费者权益的行为和国家机关及其工作人员在保护消费者权益工作中的违法失职行为，有权对消费者权益工作提出批评、建议。

此外，对于日益兴起的网络购物，《消费者权益保护法》赋予消费者更为有利的法定期间后悔及退货权。《消费者权益保护法》第 25 条规定，经营者采用网络、电视、电话、邮购等方式销售商品，消费者有权自收到商品之日起 7 日内退货，且无须说明理由，但下列商品除外：1）消费者定作的；2）鲜活易腐的；3）在线下载或者消费者已拆封的音像制品、计算机软件等数字化商品；4）交付的报纸、期刊。除前述所列商品外，其他根据商品性质并经消费者在购买时确认不宜退货的商品，不适用无理由退货。

需要注意的是，无理由退货的权利仅适用于网络等远程购物方式。对于消费者直接到商店购买的物品，不适用该规定。另外反悔权的期限是 7 日，且根据商品性质不宜退货的商品也不适用该规定。

自 2024 年 7 月 1 日起实施的《消费保护实施条例》规定：经营者通过网络、电视、电话、邮购等方式销售商品的，应当遵守《消费者权益保护法》第 25 条规定，不得擅自扩大不适用无理由退货的商品范围。

经营者应当以显著方式对不适用无理由退货的商品进行标注，提示消费者在购买时进行确认，不得将不适用无理由退货作为消费者默认同意的选项。未经消费者确认，经营者不得拒绝无理由退货。

三、经营者的义务

《消费者权益保护法》从第 16 条至第 29 条规定了经营者负有的 11 项义务，即履行法定和或约定义务，听取意见、接受监督义务，保证人身和财产安全义务，提供真实信息及信息披露义务，标明真实名称和标志义务，出具凭证、单据的义务，保证商品或者服务质量的义务，履行"三包"义务，不得作出不公平、不合理规定的义务以及不得侵犯消费者的人格权义务，不得侵犯消费者的个人信息义务。

1. 履行法定或约定义务

经营者向消费者提供商品或者服务，按照法律、法规的规定履行义务。经营者和消费者有约定的，应当按照约定履行义务，但双方的约定不得违背法律、法规的规定。

《消费保护实施条例》第 22 条规定：经营者以收取预付款方式提供商品或者服务的，应当与消费者订立书面合同，约定商品或者服务的具体内容、价款或者费用、预付款退还方式、违约责任等事项。经营者收取预付款后，应当按照与消费者的约定提供商品或者服务，不得降低商品或者服务质量，不得任意加价。经营者未按照约定提供商品或者服务的，应当按照消费者的要求履行约定或者退还预付款。经营者出现重大经营风险，有可能影响经营者按照合同约定或者交易习惯正常提供商品或者服务的，应当停止收取预付款。经营者决定停业或者迁移服务场所的，应当提前告知消费者，并履行该条例第 21 条规定的义务。消费者依照国家有关规定或者合同约定，有权要求经营者继续履行提供商品或者服务的义务，或者要求退还未消费的预付款余额。

经营者决定停业或者迁移服务场所的，应当提前 30 日在其经营场所、网站、网店首页等的醒目位置公告经营者的有效联系方式等信息。

经营者通过网络直播等方式提供商品或者服务的，应当依法履行消费者权益保护相关义务。直播营销平台经营者应当建立健全消费者权益保护制度，明确消费争议解决机制。发生消费争议，直播营销平台经营者应当根据消费者的要求提供直播间运营者、直播营销人员相关信息以及相关经营活动记录等必要信息。直播间运营者、直播营销人员发布的直播内容构成商业广告的，应当依照《广告法》的有关规定履行广告发布者、广告经营者或者广告代言人的义务。

2. 听取意见、接受监督义务

经营者应当听取消费者对其提供的商品或者服务的意见。经营者还应当接受消费者的监督和社会的监督，即有接受监督的义务。

3. 保证人身和财产安全义务

经营者应当保证其提供的商品或者服务符合保障人身、财产安全的要求。对于可能危及人身、财产安全的商品和服务，应当向消费者作出真实的说明和明确的警示，并说明和标明正确使用商品或者接受服务的方法以及防止危害发生的方法。宾馆、商场、餐馆、银行、机场、车站、港口、影剧院等经营场所的经营者，应当对消费者尽到安全保障的义务。

当发现其提供的商品或者服务存在缺陷，有可能危及人身、财产安全时，经营者应当立即向有关行政主管部门报告，并采取停止销售、警示、召回、无害化处理、销毁、停止生产或者服务等措施。采取召回措施的，经营者应当承担消费者因商品被召回而支出的必要费用。

4. 提供真实信息及信息披露义务

经营者应当向消费者提供有关商品或者服务的质量、性能、用途、有效期限等信息，且真实、全面，不得作虚假宣传或引人误解的宣传。该义务还包括：经营者对于消费者就其提供的商品或者服务的质量和使用方法等问题提出的询问，应当作出真实、明确的答复；经营者提供商品或者服务应当明码标价。

《消费者权益保护法》第28条规定："采用网络、电视、电话、邮购等方式提供商品或者服务的经营者，以及提供证券、保险、银行等金融服务的经营者，应当向消费者提供经营地址、联系方式、商品或者服务的数量和质量、价款或者费用、履行期限和方式、安全注意事项和风险警示、售后服务、民事责任等信息。"

《消费保护实施条例》第14条规定：经营者通过网络直播等方式提供商品或者服务的，应当依法履行消费者权益保护相关义务。直播营销平台经营者应当建立健全消费者权益保护制度，明确消费争议解决机制。发生消费争议的，直播营销平台经营者应当根据消费者的要求提供直播间运营者、直播营销人员相关信息以及相关经营活动记录等必要信息。直播间运营者、直播营销人员发布的直播内容构成商业广告的，应当依照《广告法》的有关规定履行广告发布者、广告经营者或者广告代言人的义务。

经营者应当采用通俗易懂的方式，真实、全面地向消费者提供商品或者服务相关信息，不得通过虚构经营者资质、资格或者所获荣誉，虚构商品或者服务交易信息、经营数据，篡改、编造、隐匿用户评价等方式，进行虚假或者引人误解的宣传，欺骗、误导消费者。经营者不得在消费者不知情的情况下，对同一商品或者服务在同等交易条件下设置不同的价格或者收费标准。

5. 标明真实名称和标志义务

经营者应当标明其真实名称和标记。该义务还要求租赁他人柜台或者场地的经营者标明其真实名称和标记。

6. 出具凭证、单据的义务

购货凭证或者服务单据是消费合同的书面证明。经营者提供商品或者服务，应当按照国家有关规定或者商业惯例向消费者出具发票等购货凭证或者服务单据；消费者索要发票等购货凭证或者服务单据的，经营者必须出具。

经营者提供商品或者服务时收取押金的，应当事先与消费者约定退还押金的方式、程序和时限，不得对退还押金设置不合理条件。消费者要求退还押金，符合押金退还条件的，经营者应当及时退还。

7. 保证商品或者服务质量的义务

经营者应当保证在正常使用商品或者接受服务的情况下，其提供的商品或者服务应当具有的质量、性能、用途和有效期限；但消费者在购买该商品或者接受该服务前已经知道其存在瑕疵，且该瑕疵不违反法律强制性规定的除外。经营者以广告、产品说明、实物样品或者其他方式表明商品或者服务的质量状况的，应当保证其提供的商品或者服务的实际质量与表明的质量状况相符。

《消费者权益保护法》第23条第3款规定："经营者提供的机动车、计算机、电视机、电冰箱、空调器、洗衣机等耐用商品或者装饰装修等服务，消费者自接受商品或者服务之日起6个月内发现瑕疵，发生争议的，由经营者承担有关瑕疵的举证责任。"

《消费者权益保护法》的这一规定，将消费者"拿证据维权"转换为经营者"自证清白"，实行举证责任倒置，解决了消费者举证难问题。需要注意的是，该规定仅适用于机动车等耐用品和装饰装修等服务，且限于购买商品或者接受服务之日起6个月内，超过6个月的，该规定不再适用。

《消费保护实施条例》第8条规定：经营者发现其提供的商品或者服务可能存在缺陷，有危及人身、财产安全危险的，应当依照《消费者权益保护法》第19条的规定及时采取相关措施。采取召回措施的，生产或者进口商品的经营者应当制定召回计划，发布召回信息，明确告知消费者享有的相关权利，保存完整的召回记录，并承担消费者因商品被召回所支出的必要费用。商品销售、租赁、修理、零部件生产供应、受委托生产等相关经营者应当依法履行召回相关协助和配合义务。

8. 履行"三包"义务

经营者提供的商品或者服务不符合质量要求的，消费者可以依照国家规定、当事人约定退货，或者要求经营者履行更换、修理等义务。没有国家规定和当事人约定的，消费者可以自收到商品之日起7日内退货。7日后符合法定解除合同条件的，消费者可以及时退货；不符合法定解除合同条件的，可以要求经营者履行更换、修理等义务。消费者退货的商品应当完好。经营者应当自收到退回商品之日起7日内返还消费者支付的商品价款。退回商品的运费由消费者承担，经营者和消费者另有约定的，从其约定。

采用网络、电视、电话、邮购等方式提供商品或者服务的经营者，以及提供证券、保险、银行等金融服务的经营者，应当向消费者提供经营地址、联系方式、商品或者服务的数量和质量、价款或者费用、履行期限和方式、安全注意事项和风险警示、售后服务、民事责任等信息。

9. 不得作出不公平、不合理规定义务

经营者不得以格式合同、通知、声明、店堂告示等方式，作出排除或者限制消费者主要权利、减轻或者免除经营者责任、加重消费者责任等对消费者不公平、不合理的规定，不得利用格式条款并借助技术手段强制交易。

格式条款、通知、声明、店堂告示中含有对消费者不公平、不合理的内容，或者减轻其民事责任的内容的，其内容无效。

《消费者权益保护法》第26条对于经营者以不公平格式条款损害消费者权益的行为，从三个方面作出规制：(1) 要求经营者使用格式条款的，应当以显著方式提请消费者注意与自身有重大利益关系的内容，如安全注意事项、风险警示、售后服务、民事责任等；(2) 细化了利用格式条款损害消费者权益的相应情形，如经营者不得以格式条款、通知、声明、店堂告示等方式作出排除或者限制消费者权利、减轻或者免除经营者责任、加重消费者责任等对消费者不公平、不合理的规定；（3）针对网络交易等过程中经营者利用技术手段要求消费者必须同意所列格式条款否则无法交易的情形，规定经营者不得利用格式条款并借助技术手段强制交易。《消费保护实施条例》第17条规定，经营者使用格式条款的，应当遵守《消费者权益保护法》第26条的规定。经营者不得利用格式条款不合理地免除或者减轻其责任、加重消费者的责任或者限制消费者依法变更或者解除合同、选择诉讼或者仲裁解决消费争议、选择其他经营者的商品或者服务等权利。

10. 不得侵犯消费者的人格权义务

经营者不得对消费者进行侮辱、诽谤，不得搜查消费者的身体及携带的物品，不得侵犯消费者的人身自由。

11. 不得侵犯消费者的个人信息义务

经营者收集、使用消费者个人信息，应当遵循合法、正当、必要的原则，明示收集、使用信息的目的、方式和范围，并经消费者同意。经营者收集、使用消费者个人信息，应当公开其收集、使用规则，不得违反法律、法规的规定和双方的约定收集、使用信息。

经营者及其工作人员对收集的消费者个人信息必须严格保密，不得泄露、出售或者非法向他人提供。经营者应当采取技术措施和其他必要措施，确保信息安全，防止消费者个人信息泄露、丢失。在发生或可能发生信息泄露、丢失的情况下，应当立即采取补救措施。

经营者未经消费者同意或者请求，或者消费者明确表示拒绝的，不得向其发送商业性信息。

《消费者权益保护法》第29条规定，经营者收集、使用消费者个人信息，应当遵循合法、正当、必要的原则，明示收集、使用信息的目的、方式和范围，并经消费者同意。经营者收集、使用消费者个人信息，应当公开其收集、使用规则，不得违反法律、法规的规定和双方的约定收集、使用信息。经营者及其工作人员对收集的消费者个人信息必须严格保密，不得泄露、出售或者非法向他人提供。经营者应当采取技术措施和其他必要措施，确保信息安全，防止消费者个人信息泄露、丢失。在发生或者可能发生信息泄露、丢失的情况时，应当立即采取补救措施。

《消费保护实施条例》进一步明确了经营者对消费者个人信息使用的具体范畴和要求。该条例第23条规定，经营者在提供商品或者服务时，不得过度收集消费者个人信息，不得采用一次概括授权、默认授权等方式，强制或者变相强制消费者同意收集、使用与经营活动无直接关系的个人信息。

经营者处理包含消费者的生物识别、宗教信仰、特定身份、医疗健康、金融账户、行踪轨迹等信息以及不满14周岁未成年人的个人信息等敏感个人信息的，应当符合有关法律、行政法规的规定。未经消费者同意，经营者不得向消费者发送商业性信息或者拨打商业性电话。消费者同意接收商业性信息或者商业性电话的，经营者应当提供明确、便捷的取消方式。消费者选择取消的，经营者应当立即停止发送商业性信息或者拨打商业性电话。

四、消费者求偿时的责任主体

《消费者权益保护法》第40条至第45条规定了当消费者的合法权益受到损害时，追索责任主体的几种特殊情形。

（1）消费者在购买、使用商品时，其合法权益受到损害的，可以向销售者要求赔偿。销售者赔偿后，属于生产者的责任或者属于向销售者提供商品的其他销售者的责任的，销售者有权向生产者或者其他销售者追偿。消费者或者其他受害人因商品缺陷而遭受人身、财产损害的，可以向销售者要求赔偿，也可以向生产者要求赔偿。属于生产者责任的，销售者赔偿后，有权向生产者要求赔偿。属于销售者责任的，生产者赔偿后，有权向销售者追偿。

消费者在接受服务时，其合法权益受到损害的，可以向服务者要求赔偿。

（2）消费者在购买、使用商品或者接受服务时，其合法权益受到损害；原企业分立、合并的，可以向变更后承受其权利、义务的企业要求赔偿。

（3）使用他人营业执照的违法经营者提供商品或者服务，损害消费者权益的，消费者可以向其要求赔偿，也可以向营业执照的持有人要求赔偿。

（4）消费者在展销会、租赁柜台购买商品或者服务，其合法权益受到损害的，可以向销售者或者服务者要求赔偿；展销会结束或者柜台租赁期满后，也可以向展销会的举办者、柜台的出租者要求赔偿。展销会的举办者、柜台的出租者赔偿后，有权向销售者或者服务者追偿。

（5）消费者通过网络交易平台购买商品或者服务，其合法权益受到损害的，可以向销售者或者服务者要求赔偿。网络交易平台不能提供销售者或者服务者的真实姓名、地址和有效联系方式的，消费者也可以向网络交易平台提供者要求赔偿；网络交易平台提供者作出更有利于消费者承诺的，应当履行承诺。网络交易平台提供者赔偿后，有权向销售者或者服务者追偿。

（6）消费者因经营者利用虚假广告或者其他虚假宣传方式提供商品或者服务，其合法权益受到损害的，可以向经营者要求赔偿。广告经营者、发布者设计、制作、发布关系消费者生命健康的商品或者服务的虚假广告，造成消费者损害的，应当与提供该商品或者服务的经营者承担连带责任。

社会团体或者其他组织、个人在关系消费者生命健康的商品或者服务的虚假广告或者其他虚假宣传中向消费者推荐商品或者服务，造成消费者损害的，应当与提供该商品或者服务的经营者承担连带责任。

《消费者权益保护法》第45条，针对虚假广告充斥电视节目、明星代言产品质量参差不齐等损害消费者权益的情况，作出相应规制。一是强化虚假广告发布者的责任。该条从三个方面作出具体规定，包括：消费者有请求行政机关查处的权利；不能提供经营者真实名称、地址、有效联系方式的，广告经营者、发布者应当承担赔偿责任；设计、制作、发布关系消费者生命、健康的商品或服务的虚假广告，造成消费者损害的，广告经营者、发布者与提供该商品或者服务的经营者承担连带责任。二是规定虚假荐言者的责任。社会团体或其他组织、个人在关系消费者生命、健康的商品或者服务的虚假广告或者其他虚假宣传中向消费者推荐商品或服务，造成消费者损害的，应当与提供该商品或者服务的经营者承担连带责任。

五、消费者协会的公益诉讼职责

在20世纪90年代初，中国理论界首次出现公益诉讼概念。公益诉讼有广义和狭义之分。广义的公益诉讼泛指一切为维护公共利益而提起的诉讼，它既包括国家机关代表国家以自己的名义提起的为维护公共利益的诉讼，也包括自然人、法人和非法人组织以自己的名义提起的为维护公共利益的诉讼。狭义的公益诉讼仅指国家机关代表国家以国家名义提起的为维护公共利益的诉讼。我国司法实践中长期仅存在一定程度的狭义公益诉讼，即：检察机关代表国家对犯罪嫌疑人提起的公诉。将这一制度扩展至其他领域，尚属探索中。2013年修正后的《消费者权益保护法》规定消费者协会可以行使公益诉讼职能，这是对公益诉讼领域拓展的有益的尝试。

《消费者权益保护法》第37条第1款规定，消费者协会履行以下公益性职责：（1）向消费者提供消费信息和咨询服务，提高消费者维护自身合法权益的能力，引导文明、健康、节约资源和保护环境的消费方式；（2）参与制定有关消费者权益的法律、法规、规章和强制性标准；（3）参与有关行政部门对商品和服务的监督、检查；（4）就有关消费者合法权益的问题，向有关部门反映、查询，提出建议；（5）受理消费者的投诉，并对投诉事项进行调查、调解；（6）投诉事项涉及商品和服务质量问题的，可以委托具备资格的鉴定人鉴定，鉴定人应当告知鉴定意见；（7）就损害消费者合法权益的行为，支持受损害的消费者提起诉讼或者依法提起诉讼；（8）对损害消费者合法权益的行为，通过大众传播媒介予以揭露、批评。

各级人民政府对消费者协会履行职责应当予以必要的经费等支持。

消费者协会应当认真履行保护消费者合法权益的职责，听取消费者的意见和建议，接受社会监督。

六、消费争议的解决途径

消费者和经营者发生消费争议的，《消费者权益保护法》规定了五种解决途径：协商、调解、投诉、仲裁和诉讼。

《消费者权益保护法》第39条规定，消费者和经营者发生消费者权益争议的，可以通过下列途径解决：（1）与经营者协商和解；（2）请求消费者协会或者依法成立的其他调解组织调解；（3）向有关行政主管部门投诉；（4）根据与经营者达成的仲裁协议提请仲裁机构仲裁；（5）向人民法院提起诉讼。

七、违反《消费者权益保护法》的法律责任

（一）法律责任的概念和形式

法律责任是指消费法律关系主体不履行法律规定的义务所应当承担的法律后果。法律责任的形式包括民事责任、行政责任和刑事责任。

（二）责任形式

1. 民事责任

《消费者权益保护法》第48条规定，经营者提供商品或者服务有下列情形之一的，除该法另有规定外，应当依照其他有关法律、法规的规定，承担民事责任：（1）商品或者服务存在缺陷的；（2）不具备商品应当具备的使用性能而出售时未作说明的；（3）不符合在商品或者其包装上注明采用的商品标准的；（4）不符合商品说明、实物样品等方式表明的质量状况的；（5）生产国家明令淘汰的商品或者销售失效、变质的商品的；（6）销售的商品数量不足的；（7）服务的内容和费用违反约定的；（8）对消费者提出的修理、重作、更换、退货、补足商品数量、退还货款和服务费用或者赔偿损失的要求，故意拖延或者无理拒绝的；（9）法律、法规规定的其他损害消费者权益的情形。

民事责任的种类包括一般伤害的民事责任、致残的民事责任、致死亡的民事责任和侵害人格权的民事责任。

《消费者权益保护法》规定，发生下列情形之一的，承担相应的民事责任：

(1) 经营者对消费者提供商品或者服务，造成消费者或者其他受害人人身伤害的，应当赔偿医疗费、护理费、交通费等为治疗和康复支出的合理费用，以及因误工减少的收入；造成残疾的，还应当赔偿残疾生活辅助具费和残疾赔偿金；造成死亡的，还应当赔偿丧葬费和死亡赔偿金。

(2) 经营者侵害消费者的人格尊严、侵犯消费者人身自由或者侵害消费者个人信息依法得到保护的权利的，应当停止侵害、恢复名誉、消除影响、赔礼道歉，并赔偿损失。

(3) 经营者有侮辱诽谤、搜查身体、侵犯人身自由等侵害消费者或者其他受害人人身权益的行为，造成严重精神损害的，受害人可以要求精神损害赔偿。

(4) 经营者提供商品或者服务，造成消费者财产损害的，应当依照法律规定或者当事人约定承担修理、重作、更换、退货、补足商品数量、退还货款和服务费用或者赔偿损失等民事责任。

(5) 经营者以预收款方式提供商品或者服务的，应当按照约定提供；未按照约定提供的，应当按照消费者的要求履行约定或者退回预付款，并应当承担预付款的利息、消费者必须支付的合理费用。依法经有关行政主管部门认定为不合格的商品，消费者要求退货的，经营者应当负责退货。

(6) 经营者提供商品或者服务有欺诈行为的，应当按照消费者的要求增加赔偿其受到的损失，增加赔偿的金额为消费者购买商品的价款或者接受服务的费用的3倍；增加赔偿的金额不足500元的，为500元。法律另有规定的，依照其规定。

(7) 经营者明知商品或者服务存在缺陷，仍然向消费者提供，造成消费者或者其他受害人死亡或者健康严重受损害的，受害人有权要求经营者依照《消费者权益保护法》第49条、第51条等法律规定赔偿损失，并有权要求所受损失2倍以下的惩罚性赔偿。

(8) 经营者发现其提供的商品或者服务存在缺陷，有危及人身、财产安全危险的，应当立即向有关行政主管部门报告和告知消费者，并采取停止销售、警示、召回、无害化处理、销毁、停止生产或者服务等措施。采取召回措施的，经营者应当承担消费者因商品被召回支出的必要费用。

2. 行政责任

《消费者权益保护法》第56条规定：经营者有下列情形之一的，除承担相应的民事责任外，其他有关法律、法规对处罚机关和处罚方式有规定的，依照法律、法规的规定执行；法律、法规未作规定的，由市场监督管理部门或者其他有关行政主管部门责令改正，可以根据情节单处或者并处警告、没收违法所得、处以违法所得1倍以上10倍以下的罚款；没有违法所得的，处以50万元以下的罚款；情节严重的，责令停业整顿、吊销营业执照：(1) 提供的商品或者服务不符合保障人身、财产安全要求的；(2) 在商品中掺杂、掺假，以假充真，以次充好，或者以不合格商品冒充合格商品的；(3) 生产国家明令淘汰的商品或者销售失效、变质的商品的；(4) 伪造商品的产地，伪造或者冒用他人的厂名、厂址，篡改生产日期，伪造或者冒用认证标志等质量标志的；(5) 销售的商品应当检验、检疫而未检验、检疫或者伪造检验、检疫结果的；（6）对商品或者服务作虚假或者引人误解的宣传的；（7）拒绝或者拖延有关行政主管部门责令对缺陷商品或者服务采取停止销售、警示、召回、无害化处理、销毁、停止生产或者服务等措施的；（8）对消费者提出的修理、重作、更换、退货、补足商品数量、退还货款和服务费用或者赔偿损失的要求，故意拖延或者无理拒绝的；（9）侵害消费者人格尊严、侵犯消费者人身自由或者侵害消费者个人信息依法得到保护的权利的；（10）法律、法规规定的对损害消费者权益应当予以处罚的其他情形。

经营者有前述情形的，除依照法律、法规规定予以处罚外，处罚机关应当记入信用档案，向社会公布。

3. 刑事责任

《消费者权益保护法》第57条规定：经营者违反本法规定提供商品或者服务，侵害消费者合法权益，构成犯罪的，依法追究刑事责任。

《消费者权益保护法》第60条规定：以暴力、威胁等方法阻碍有关行政主管部门工作人员依法执行职务的，依法追究刑事责任；拒绝、阻碍有关行政主管部门工作人员依法执行职务，未使用暴力、威胁方法的，由公安机关依照《治安管理处罚法》的规定处罚。

《消费者权益保护法》第61条规定：国家机关工作人员玩忽职守或者包庇经营者侵害消费者合法权益的行为的，由其所在单位或者上级机关给予行政处分；情节严重，构成犯罪的，依法追究刑事责任。

第四节　产品质量法

欧盟有关产品责任最重要的立法是欧洲共同体于1985年7月25日通过的《产品责任指令》（第85/374/EEC号指令）。在此之前，欧共体各成员国在产品责任方面的立法千差万别，各国国内法的不统一被认为妨碍竞争，并导致对欧共体成员国消费者保护水平的不同。一般认为，1842年英国的温特伯顿诉莱特案是英国，也是世界产品责任制度的发端。

美国的产品责任法主要是州法而不是联邦统一的立法。为统一各州的产品责任法，美国商务部在1997年1月提出了一部《统一产品责任示范法》作为专家建议文本供各州采用。

我国的产品质量法起步比较晚，最早对产品质量作出规定的是1986年4月国务院公布的《工业产品质量责任条例》，其后是1986年的《民法通则》第122条的规定，该条通常被学者视为我国产品责任制度之基本规定。在总结立法及实践经验的基础上，1993年2月22日，第七届全国人大常委会第三十次会议通过了《中华人民共和国产品质量法》（于同年9月1日起施行，以下简称《产品质量法》）。2000年7月8日经第九届全国人大常委会第十六次会议《关于修改〈中华人民共和国产品质量法〉的决定》第一次修正；2009年8月27日第十一届全国人大常委会第十次会议依《关于修改部分法律的决定》第二次修正；2018年12月29日经第十三届全国人大常委会第七次会议依《关于修改〈中华人民共和国产品质量法〉等五部法律的决定》第三次修正。修正后的《产品质量法》共6章74条。

此外，有关产品责任的规定还散见于各有关法律法规中，如2021年的《食品安全法》、1999年的《国务院关于进一步加强产品质量工作若干问题的决定》（已部分失效）、2019年的《药品管理法》《疫苗管理法》等。鉴于农产品质量直接关系人民群众身体健康和生命安全，

2022 年 9 月 2 日，第十三届全国人大常委会第三十六次会议修订通过《中华人民共和国农产品质量安全法》，共 8 章 81 条，并于同日公布。该法自 2023 年 1 月 1 日起施行。该法进一步完善了农产品质量安全监管制度，强化了法律责任，加大了处罚力度，与产品质量法、食品安全法等有机衔接，实现"从田头到餐桌"的全过程、全链条监管，对提升农产品质量安全治理水平，保障"舌尖上的安全"，维护公众健康，增加人民福祉，意义重大。

一、产品质量法的调整范围

产品质量法是调整产品质量监督管理关系和产品质量责任关系的法律规范的总称。广义的产品质量法包括所有调整产品质量及产品质量责任关系的法律、法规。《产品质量法》主要调整在产品生产、销售活动中发生的权利、义务、责任关系。《产品质量法》调整的产品范围包括以销售为目的，通过工业加工、手工制作等生产方式所获得的具有特定使用性能的物品。未经加工的天然形成的产品，如原矿、原煤、石油、天然气等，以及初级农产品，如农、林、牧、渔等产品，不适用该法的规定。建设工程（指建筑物、工程等不动产）亦不适用该法规定。不动产中的动产包括建筑工程使用的建筑材料、建筑构配件和设备，适用该法的规定。在中华人民共和国境内销售的属于该法所称产品范围的进口产品，适用该法规定。

《产品质量法》适用的主体为在中华人民共和国境内从事产品生产、销售的生产者、销售者（含供货者）。这里所称"生产者"，是指具有产品生产行为的人。该法所称"销售者"，是指具有产品销售行为的人。该法所称"产品质量责任"，是指产品的生产者、销售者违反《产品质量法》的规定，不履行法律规定的义务，应当依法承担的法律后果。承担产品质量责任包括承担相应的行政责任、民事责任和刑事责任，其中，承担民事责任包括承担产品的合同责任（瑕疵担保责任）和产品侵权损害赔偿责任。

军工产品质量监督管理办法，由国务院、中央军事委员会另行制定。由核设施、核产品造成损害的赔偿责任，法律、行政法规另有规定的，依照其规定。

二、产品、产品标准、产品质量

所谓产品，是指经过加工、制作，用于销售的产品。未经过加工制作的天然物品，不属于这里的产品。初级农产品也不属于这里的产品。建筑工程和军工产品不在《产品质量法》所称的产品范围之内，但是建筑材料、建筑构件和设备、军工企业生产的民用产品适用《产品质量法》的规定。

从未来立法的发展的态势来看，应当扩大"产品"的范围。《产品质量法》中的"产品"范围不够宽，目前仅限于加工、制作的产品。随着国际贸易进一步自由化，对"产品"作扩大化解释是非常必要的。将无形物（如电等）、智力产品（如书籍、电脑软件等）、天然产品（如药材、天然食品等）确定为"产品"，是全面保护消费者权益所必需的。

产品标准是对产品所作的技术规定，是判断产品合格与否的依据。产品标准分为国际标准、国家标准、行业标准、地方标准和企业标准。有国家标准、行业标准的，产品必须符合国家标准；没有国家标准、行业标准的，产品必须符合保证人身、财产安全的要求。

产品质量是指产品能满足规定的或者潜在需要的特征和特性的总和，它具体是指产品的安全性、适用性、可靠性、维修性、有效性、经济性等质量指标，它反映、代表了产品的质量状况。

三、产品质量责任的构成要件

产品质量责任是指产品的生产者、销售者及其他人违反产品质量法规定的义务所应承担的法律后果。有下列三种情况之一者，产品的生产者和销售者即应当承担法律责任：（1）违反默示担保义务，即法律法规对产品质量有强制性要求的，违反了该项要求。（2）违反明示担保义务，即违反生产者、销售者与产品的用户、消费者约定的义务。产品的明示担保条件，是指生产者、销售者通过标明采用的标准、产品标识、使用说明、实物样品等方式，对产品质量作出的明示承诺和保证。（3）产品有缺陷。所谓缺陷，是指产品存在危及人身、财产安全的不合理的危险；产品有保障人体健康和人身、财产安全的国家标准、行业标准的，是指不符合该标准。

由此可见，我国《产品质量法》关于产品缺陷认定存在两个标准，即：是否存在不合理危险的一般标准和是否符合有关国家、行业标准的安全标准。但关于"不合理危险"的内涵以及具体认定，目前我国法律未明确，实践中也缺少具体可行的标准。安全标准自身存在着不可调和的弊端。同时，《产品质量法》第46条规定在判断某一产品是否具有缺陷时，关于该产品有安全标准的优先适用该标准，没有该标准的才适用"不合理危险"的一般标准，即在司法适用中，安全标准优先于"不合理危险"标准。这一优先适用规则也存在诸多问题。2019年修订的《缺陷汽车产品召回管理条例》第3条第1款对汽车缺陷作出的界定，使《产品质量法》中"缺陷"的定义有了突破。该条例明确规定：本条例所称的缺陷是指由于设计、制造、标识等原因导致的在同一批次、型号或者类别的汽车产品中普遍存在的不符合保障人身、财产安全的国家标准、行业标准的情形或者其他危及人身、财产安全的不合理的危险。这些规范往往成为认定产品缺陷的参照，是对《产品质量法》的有益补充。

需要注意的是，欧盟、美国及日本与中国在"缺陷"的定义上有较大区别。在欧盟，判断一个产品是否为缺陷产品的标准是看其是否符合消费者期待的安全性。而在中国，根据《产品质量法》第46条的规定：产品缺陷是指产品存在危及人身、他人财产安全的不合理的危险；产品有保障人体健康和人身、财产安全的国家标准、行业标准的，是指不符合该标准。也就是说，中国认定缺陷产品采取的是不合理危险标准和生产标准，且生产标准优先适用。在中国，企业只要证明自己的产品符合有关的国家标准和行业标准，就无须承担责任。而在欧盟，即使产品符合相关的强制性标准，生产者仍有可能要承担产品责任。

在美国，1965年的《第二次侵权法重述》第402A条把缺陷定义为"对使用者或消费者或其财产有不合理危险的缺陷状态"。在日本，《制造物责任法》第2条第2款规定："本法所称的缺陷，是指考虑该制造物的特性、其通常遇见的使用形态、其制造业等交付该制造物时其他与该制造物有关的事项，该制造物欠缺通常应有的安全性。"

四、产品质量监督管理

（一）产品质量监督管理体制

国务院市场监督管理部门负责全国产品质量监督管理工作。国务院有关部门在各自的职责范围内负责产品质量监督工作。县级以上地方市场监督管理部门主管本行政区域内的产品质量监督工作。县级以上地方人民政府有关部门在各自的职责范围内负责产品质量监督工作。

法律对产品质量的监督部门另有规定的，依照有关法律的规定执行。

国务院市场监督管理部门，是指国家市场监督管理总局。

（二）产品质量监督方式

产品质量监督包括政府对产品质量的宏观管理、对产品质量的行政监督、对产品质量的社会监督和对产品质量检验、认证机构的管理四个方面。

《产品质量法》第18条规定，县级以上市场监督管理部门根据已经取得的违法嫌疑证据或者举报，对涉嫌违反本法规定的行为进行查处时，可以行使下列职权：（1）对当事人涉嫌从事违反本法的生产、销售活动的场所实施现场检查；（2）向当事人的法定代表人、主要负责人和其他有关人员调查、了解与涉嫌从事违反本法的生产、销售活动有关的情况；（3）查阅、复制当事人有关的合同、发票、账簿以及其他有关资料；（4）对有根据认为不符合保障人体健康和人身、财产安全的国家标准、行业标准的产品或者有其他严重质量问题的产品，以及直接用于生产、销售该项产品的原辅材料、包装物、生产工具，予以查封或者扣押。

产品质量检验、认证机构必须具备相应的检测条件和能力，经省级以上人民政府市场监督管理部门或者其授权的部门考核合格后，方可承担产品质量检验、认证工作。法律、行政法规对产品质量检验、认证机构另有规定的，依照有关法律、行政法规的规定执行。

从事产品质量检验、认证的社会中介机构必须依法设立，不得与行政机关和其他国家机关存在隶属关系或者其他利益关系。

产品质量检验机构、认证机构必须依法按照有关标准，客观、公正地出具检验结果或者认证证明。

产品质量认证机构应当依照国家规定对准许使用认证标志的产品进行认证后的跟踪检查；对不符合认证标准而使用认证标志的，要求其改正；情节严重的，取消其使用认证标志的资格。

《产品质量法》第15条规定，国家对产品质量实行以抽查为主要方式的监督检查制度，重点对可能危及人体健康和人身、财产安全的产品，影响国计民生的重要工业产品以及消费者、有关组织反映有质量问题的产品进行抽查。抽查的样品应当在市场上或者企业成品仓库内的待销产品中随机抽取。监督抽查工作由国务院市场监督管理部门规划和组织。县级以上地方市场监督管理部门在本行政区域内也可以组织监督抽查。法律对产品质量的监督检查另有规定的，依照有关法律的规定执行。国家监督抽查的产品，地方不得另行重复抽查；上级监督抽查的产品，下级不得另行重复抽查。

根据监督抽查的需要，可以对产品进行检验。检验抽取样品的数量不得超过检验的合理需要，并不得向被检查人收取检验费用。监督抽查所需检验费用按照国务院规定列支。

生产者、销售者对抽查检验的结果有异议的，可以自收到检验结果之日起15日内向实施监督抽查的市场监督管理部门或者其上级市场监督管理部门申请复检，由受理复检的市场监督管理部门作出复检结论。

对依法进行的产品质量监督检查，生产者、销售者不得拒绝。

依照《产品质量法》的规定进行监督抽查的产品质量不合格的，由实施监督抽查的市场监督管理部门责令其生产者、销售者限期改正。逾期不改正的，由省级以上人民政府市场监督管理部门予以公告；公告后经复查仍不合格的，责令停业，限期整顿；整顿期满后经复查产品质量仍不合格的，吊销营业执照。监督抽查的产品有严重质量问题的，依照《产品质量法》的第五章的有关规定处罚。

国务院市场监督管理部门主管全国的产品质量监督工作。国务院有关部门在各自的职责范围负责产品质量监督工作。县级以上地方市场监督管理部门主管本行政区域内的产品质量监督工作。县级以上地方人民政府有关部门在各自的职责范围内负责产品质量监督工作。法律对产品质量的监督部门另有规定的，依照有关的法律执行。这里的"有关法律"，是指《药品管理法》《计量法》等法律。对某些特殊产品进行监督检查另有规定的，依照有关的法律进行。

国家参照国际先进的产品标准和技术要求，推行产品质量认证制度。企业根据自愿原则可以向国务院市场监督管理部门认可的或者国务院市场监督管理部门授权的部门认可的认证机构申请产品质量认证。经认证合格的，由认证机构颁发产品质量认证证书，准许企业在产品或者其包装上使用产品质量认证标志。产品质量认证的依据是具有国际水平的国家标准、行业标准及其他补充技术要求；对于我国名、特产品依据经过国家技术监督局确认的标准开展认证；对于我国与国外认证机构签订了双边、多边认证合作协议的产品，依据协议中规定的标准开展认证工作。产品质量认证制度的具体实施按照国务院《认证认可条例》以及《产品质量认证委员会管理办法》、《产品质量认证检验机构管理办法》等规章的规定进行。

五、生产者、销售者的产品质量义务

（一）生产者的产品质量义务

（1）禁止伪造或者冒用认证标志等质量标志，禁止伪造产品的产地，禁止伪造或者冒用他人的厂名、厂址，禁止在生产、销售的产品中掺杂、掺假，以假充真，以次充好。

（2）禁止生产、销售不符合保障人体健康和人身、财产安全的标准和要求的产品。《产品质量法》第26条规定，产品质量应当符合下列要求：1）不存在危及人身、财产安全的不合理的危险，有保障人体健康和人身、财产安全的国家标准、行业标准的，应当符合该标准；2）具备产品应当具备的使用性能，但是，对产品存在使用性能的瑕疵作出说明的除外；3）符合在产品或者其包装上注明采用的产品标准，符合以产品说明、实物样品等方式表明的质量状况。

对于易碎、易燃、易爆、有毒、有腐蚀性、有放射性等的危险物品以及储运中不能倒置和其他有特殊要求的产品，其包装质量必须符合相应要求，依照国家有关规定作出警示标志或者中文警示说明，标明储运注意事项。

（3）生产者应当对其产品的质量负责。产品质量应当检验合格，不得以不合格产品冒充合格产品。"产品质量应当检验合格"是指产品出厂时应当经过检验，质量应当符合相应要求。"不合格产品"是指产品质量不符合《产品质量法》规定要求的产品，包括处理品和劣质品。处理品是指产品质量不符合《产品质量法》规定的要求，但是不存在危及人体健康，人身、财产安全的危险，仍有使用价值的产品。劣质品是指产品质量不符合《产品质量法》规定的要求，并且存在危及人体健康，人身、财产安全的危险，或者失去原有使用性能的产品。"不得以不合格产品冒充合格产品"是指不得以处理品或者劣质品作为或者充当合格品。

国家根据国际通用的质量管理标准，推行企业质量体系认证制度。企业根据自愿原则可以向国务院市场监督管理部门或者国务院市场监督管理部门授权的部门认可的认证机构申请企业质量体系认证。经认证合格的，由认证机构颁发企业质量体系认证证书。

国家参照国际先进的产品标准和技术要求，推行产品质量认证制度。企业根据自愿原则可以向国务院市场监督管理部门或者国务院市场监督管理部门授权的部门认可的认证机构申请产品质量认证。经认证合格的，由认证机构颁发企业质量体系认证证书。

（4）标明产品真实标识的义务。生产者生产的产品或者其包装上的标识必须真实，并符合下列要求：1）有产品质量检验合格证明。2）有中文标明的产品名称、生产厂厂名和厂址。3）根据产品的特点和使用要求，需要标明产品规格、等级、所含主要成分的名称和含量的，用中文相应予以标明；需要事先让消费者知晓的，应当在外包装上标明，或者预先向消费者提供有关资料。4）于限期使用的产品，应当在显著位置清晰地标明生产日期和安全使用期或者失效日期。5）于使用不当，容易造成产品本身损坏或者可能危及人身、财产安全的产品，应当有警示标志或者中文警示说明。于裸装的食品和其他根据产品的特点难以附加标识的裸装产品，可以不附加产品标识。

（5）生产者不得生产国家明令淘汰的产品。

（二）销售者的产品质量义务

《产品质量法》第33条至第39条规定了销售者应当承担的以下产品质量义务：

（1）销售者不得伪造或者冒用认证标志等质量标志。

（2）销售者不得伪造产地，不得伪造或者冒用他人的厂名、厂址。

（3）销售者销售产品，不得掺杂、掺假，不得以假充真、以次充好，不得以不合格产品冒充合格产品。

（4）销售者销售的产品的标识应当符合《产品质量法》第27条的规定。

（5）销售者不得销售国家明令淘汰并停止销售的产品和失效、变质的产品。销售者应当采取措施，保持销售产品的质量。

（6）销售者应当建立并执行进货检查验收制度，验明产品合格证明和其他标识。

六、产品质量责任

（1）对生产者实行严格责任制度，即无过错责任制度。也就是说，只要产品有缺陷，生产者不论主观上是否有故意或过失，都要承担法律责任；但是，有下列情形之一的除外：1）未将产品投入流通的；2）产品投入流通时引起损害的缺陷尚不存在的；3）将产品投入流通时的科学技术水平尚不能发现缺陷存在的。

（2）对销售者实行过错责任制度，即只有销售者的主观故意或过失导致产品缺陷引起损害的，销售者才承担法律责任。

售出的产品有下列情形之一的，销售者应当负责修理、更换、退货；给购买产品的消费者造成损失的，销售者应当赔偿损失：1）不具备产品应当具备的使用性能而事先未作说明的；2）不符合在产品或其包装上注明采用的产品标准的；3）不符合以产品说明、实物样品等方式表明的质量状况的。

销售者依照前述规定负责修理、更换、退货、赔偿损失后，属于生产者的责任或者属于向销售者提供产品的供货商的责任的，销售者有权向生产者、供货商追偿。

销售者未按照前述规定给予修理、更换、退货或者赔偿损失的，由市场监督管理部门责令改正。

生产者之间，销售者之间，生产者与销售者之间订立的买卖合同、承揽合同有不同约定的，按照合同约定执行。

由于销售者的过错产品存在缺陷，造成人身、他人财产损害的，销售者应当承担赔偿责任。销售者不能指明缺陷产品的生产者也不能指明缺陷产品的供货商的，推定为销售者有过错，销售者应当承担赔偿责任。此外，销售者不能指明缺陷产品的生产者的，受害人可以向产品的生产者要求赔偿，也可以向产品的销售者要求赔偿。属于产品的生产者的责任，产品的销售者赔偿的，产品的销售者有权向产品的生产者追偿。属于产品的销售者的责任，产品的生产者赔偿的，产品的生产者有权向产品的销售者追偿。也即生产者和销售者对产品缺陷造成的损害依法承担连带赔偿责任，但是，不论最终责任应由谁承担，销售者对损害都负有先行赔偿的义务，在赔偿后，如属于生产者的责任，销售者对生产者有追偿权。

（3）赔偿责任及法律处罚。

产品存在缺陷造成受害人人身伤害的，侵害人应当赔偿医疗费、治疗期间的护理费、因误工减少的收入等费用；造成残疾的，还应当支付残疾者生活自助具费、生活补助费、残疾赔偿金以及由其扶养的人所必需的生活费等费用；造成受害人死亡的，并应当支付丧葬费、死亡赔偿金以及由死者生前扶养的人所必需的生活费等费用。产品存在缺陷造成受害人财产损失的，侵害人应当恢复原状或者折价赔偿。受害人因此遭受其他重大损失的，侵害人应当赔偿损失。市场监督管理部门或者其他国家机关违反《产品质量法》第25条的规定，向社会推荐生产者的产品或者以监制、监销等方式参与产品经营活动的，由其上级机关或者监察机关责令改正，消除影响，有违法收入的，予以没收；情节严重的，对直接负责的主管人员和其他直接责任人员依法给予行政处分。

（4）监管机构的责任。

产品质量检验机构有前述违法行为（《产品质量法》第67条第2款）的，由市场监督管理部门责令改正，消除影响，有违法收入的予以没收，可以并处违法收入1倍以下的罚款；情节严重的，撤销其质量检验资格。市场监督管理部门的工作人员滥用职权、玩忽职守、徇私舞弊，构成犯罪的，依法追究刑事责任；尚不构成犯罪的，依法给予行政处分。

七、诉讼时效与除斥期间

产品缺陷造成损害要求赔偿的诉讼时效期间为2年，自当事人知道或应当知道其权益受到损害之日起计算。产品缺陷造成损害要求赔偿的请求权在造成损害的缺陷产品交付最初用户、消费者满10年后丧失，但是尚未超过明示的安全使用期的除外。

第五节 反垄断法

反垄断法是市场经济重要的基础性法律，其实施对于维护市场公平竞争、增强经济活力和竞争力、提高资源配置效率、维护社会公共利益，具有十分重要的意义。

一、垄断与反垄断法概述

（一）垄断的概念及特征

学界一般认为广义的不正当竞争包括违反诚实信用商业道德的不正当竞争行为以及垄断和

限制竞争行为，狭义的不正当竞争与垄断则是单独的相互并列的关系。反不正当竞争法与反垄断法同属竞争法的范畴，两者相互配合、相互补充，共同规范经营者的竞争行为，维护市场竞争秩序。反不正当竞争法通过制止不正当竞争行为，避免不诚信、不道德的商业行为对竞争者和消费者的损害；反垄断法则通过防止市场出现寡占和独占，抑制具有强大市场地位的经营者限制竞争的行为，实现竞争自由。

所谓垄断是指经营者以独占或有组织的联合行动等方式，凭借经济优势或行政权力，操纵或支配市场，限制和排斥竞争的行为。垄断是自由竞争中生产高度集中所必然引起的，这是自由竞争发展的一般规律。需要说明的是，世界各国对垄断并没有也不可能有一个统一的定义。这除了因为各国的国情不同外，也因为各国的法律所禁止之垄断随着经济发展不同阶段对市场结构的要求不同而发生着变化，例如，美国国会通过的《抵制非法限制与垄断保护贸易及商业法》最初是约翰·谢尔曼于 1888 年提出的，所以又被命名为《谢尔曼法》。《谢尔曼法》是世界上最早的反垄断法，它被称为"全球反垄断法之母"。最初，该法对垄断的认定采用了绝对严格的"当然违法的标准"，但到 20 世纪初期就放松了对托拉斯的管制。到今天，美国几乎对托拉斯采用了更为放任的态度：只要这种垄断是不排斥竞争的，是无害于社会公益的，是有益于规模经济的，就不予以禁止。各国立法中加以规制的仅仅是非法的垄断，本节所讨论的垄断应指反垄断法所规制的垄断，其具有以下几个特征：

1. 形成垄断的主要方式是独占或有组织的联合行动

垄断者凭借自己在市场中的独占地位，靠操纵市场来谋取非法利润；不具有独占地位的经营者则依靠有组织的联合行为，通过不合理的企业规模和减少竞争者数量以及对具有竞争性的企业实行控制等方式排挤竞争对手、控制市场。常见的垄断形式有卡特尔、辛迪加、托拉斯和康采恩。

2. 垄断者能形成垄断势力凭借的是经济优势或行政权力

凭借经济优势形成的垄断，属经济性垄断；凭借行政权力形成的垄断，属行政性垄断。不管是经济性垄断还是行政性垄断，都是为了操纵或支配市场，获得垄断利润。

3. 垄断限制和排斥了竞争

垄断的直接结果是垄断者控制市场、垄断价格，排挤了竞争对手，使市场中没有了竞争对手，从而窒息了竞争。垄断使竞争机制失效，从而限制和排斥了竞争。因此，各国竞争法皆禁止垄断行为。

（二）反垄断法所规制的垄断行为

垄断行为是指形成垄断状态或谋求垄断状态的各种行为，以及凭借垄断状态所实施的限制竞争行为。垄断行为是各国反垄断法的规制对象。

各国反垄断法所规制的垄断行为主要有以下几种。

1. 具备市场支配地位的企业滥用其垄断地位的限制竞争行为

（1）独占，是指在特定的市场范围内，一个或极少数几个经营者或者取得了绝对优势地位而排除了竞争，或者放弃竞争而排除了竞争。处于独占地位的垄断者完全没有竞争的压力，所以在质量、价格和服务上可以随心所欲、为所欲为，为了获取垄断利润，滥用经济优势，损害其他经营者的利益，损害消费者的利益。

（2）合谋协议，是指几个企业为了共同的经济利益，采用某种协议或联合组织的方式，联合行动，排除竞争，排除竞争对手，尤其是排挤弱小企业。合谋协议的主要形式有价格固定协议、联合抵制协议、阻止竞争对手进入市场协议、划分市场协议、限定产量协议等。

（3）独家交易，是指生产某种特定产品或系列产品的企业只允许它的销售商经销该企业的产品，而不允许经销商销售其竞争者的产品。这种垄断方式通过对经销商的胁迫，削弱竞争，导致垄断。

2. 以谋求垄断利益为目的的限制竞争行为

（1）合并，是指那些通过减少企业数量、扩大经济集中形成垄断的结合行为。但为整合资源、提高效率的合并是为法律所许可的，只有当合并可能产生垄断或实质上阻碍、排斥竞争时才为反垄断法所限制或禁止。

（2）兼并，是指企业通过有偿转让方式全部转让或购买企业产权，或者购买另一企业的股票和资产，或者采用租赁、许可等方式扩大市场控制实力，导致实质上减少竞争并形成垄断的行为。此类行为如可能或实质上阻碍、排斥竞争，反垄断法即予以限制。

（3）股份保有，是指一个企业不正当地占有另一个企业的股票或资本份额，也包括两个企业彼此占有对方的股票或资本份额。股份保有可能造成对竞争的限制，使保有企业之间统一行动，排除彼此间的竞争。

（4）董事兼任，是指一个公司的董事同时担任其他可能是竞争对手的公司的董事。这种董事的交叉任职，势必在本具有竞争关系的公司间减少或完全排除竞争。

（三）反垄断法适用的除外规定

为适应经济生活的复杂性，各国反垄断法普遍保留对一些垄断或限制竞争行为的除外规定。国家基于社会经济发展和公共利益考虑，从立法政策上对某些特定行业、特定行为，或在特定时期、特定情况下对某些特定内容的行为赋予法律适用的豁免权。豁免的意义在于，为实现社会整体效益和维护社会公共利益，国家将竞争调控在合理、适度的范围内，避免特定情况、特定行业的过度竞争可能造成的资源浪费。

反垄断法适用除外的范围包括以下内容。

（1）特定的经济部门。

这一般是指具有一定的自然垄断性质的公用公益事业，如电力、交通运输、水、煤气、银行、保险、邮电（近年众多国家已将邮电业不列为自然垄断行业）等行业。另外，比较分散、容易波动的农业以及不应过多过滥的自然资源开采业也在此列。

（2）知识产权领域。

知识产权本身就具有独占性和垄断性，因此不在反垄断法规制范畴。但需要说明的是，如果知识产权的专有权利人滥用权利，对受让人和被许可人的权利造成限制，严重影响竞争对手的利益或损害交易对方的利益，就属于对竞争的危害，构成限制竞争行为，也要受反垄断法制裁。

（3）特定时期和特定情况下的垄断行为和联合行动。

这是指在经济不景气时期，为调整产业结构而发生的企业合并、兼并，以及发生严重灾害及战争情况下出现的垄断行为。另外，反垄断法对于企业间为技术进步与经济发展而实行的协作，对于中小企业的联合行为，对于发展对外贸易中的国内企业之间的协调行为等，一般也予以豁免。

二、外国反垄断法的理论与实践

(一) 外国反垄断法的历史发展

在 19 世纪末、20 世纪初，资本主义发展进入了垄断阶段，垄断带来的竞争规模空前，手段多样化，不仅有经济的、政治的手段，甚至有暴力手段。竞争程度激烈，时间持久，破坏性后果极为严重。于是，各国要求反垄断的呼声强烈，反垄断法应运而生。美国是后起的资本主义大国，其垄断组织的主要形式为托拉斯。垄断组织的出现反映了社会化大生产下资源配置社会化的客观要求和规模经济的必然趋势。但是，早期垄断组织凭借经济实力，消灭竞争对手、攫取垄断利润的种种不正当竞争和限制竞争行为，又使其在一定程度上成为社会经济健康发展的阻碍。大企业的集中与垄断对美国私营企业的传统经营构成威胁，对美国自由竞争的市场结构造成极大的冲击。市场秩序的混乱、技术进步的停滞以及社会的动荡已给国家以及统治阶级整体利益造成了威胁。为缓解巨大的社会冲突，谋求经济的高速增长，1888 年，美国国会颁布了第一部反托拉斯法《谢尔曼法》。该法虽只有短短 8 个条款，却简明扼要地奠定了反垄断的立法原则基础，宣布凡是限制州际或国际贸易的契约、共谋以及任何垄断、企图垄断或共谋垄断州际或国际贸易的行为都是非法的。《谢尔曼法》的出台标志着国家对经济运行的协调与干预，体现了公权力对私权益的适度介入。之后，美国在 1914 年相继通过了《克莱顿法》和《联邦贸易委员会法》，扩大了《谢尔曼法》反垄断的范围并建立了美国反垄断及保护公平竞争的专门机构——联邦贸易委员会。至此，美国初步建立了完整的反垄断法律体系。

第二次世界大战后联邦德国以美国反托拉斯法为蓝本，制定了有关禁止垄断协议卡特尔合同的法律，制定了具有法典性质的《反对限制竞争法》。与此同时，日本对二战前的经济、产业和社会体制进行大规模变革，解散了一批大财阀集团，颁布《经济力量过度集中排除法》。在此基础上，日本也以美国反托拉斯法为蓝本于 1947 年制定了《关于禁止私人垄断和确保公正交易的法律》。西方国家都建立了较完备的反垄断法律制度。但自 20 世纪 80 年代以来西方国家不同程度地对垄断现象采取了较宽容的态度，反垄断法的实施力度有所变小。这是国家出于总体经济、社会政策目标的考虑，尽力在公平、合理竞争与规模经济效益之间取得平衡。另外，跨国公司的发展以及国际经济格局的新变化也使各国认识到增强本国企业竞争力的紧迫性，一定范围内的合并甚至垄断、限制贸易行为，有时也显得必要。当然，反垄断法毕竟被奉为市场经济国家经济体制的基石，这种趋向宽容的变化并没有改变反垄断法在西方国家经济生活中的重要地位。

(二) 西方国家反垄断法的基本原则

西方国家在不同时期对垄断和限制竞争行为的认识有所不同。随着经济生活的发展，西方国家对反垄断法基本原则的总结也在不断深化。

1. 本身违法原则和合理原则的并存

本身违法原则是指任何企业只要出现结合或共谋等垄断状态或行为就被视为违法，就应受到限制或禁止。该原则是美国反垄断法初始时期的产物，反映了法律对垄断的高度警觉和严厉态度。随之出现的是合理原则，是指企业的结合与共谋等垄断状态或行为本身不一定构成违法，只有当该状态或行为确实限制了竞争，造成垄断弊害时，才应受到禁止或限制。因此，该原则也被称作弊害禁止原则。合理原则是对本身违法原则的修正与补充，体现了反垄断法的目标在于建立一个结构合理、有效竞争的市场模式。

2. 结构规制原则和行为规制原则的并存

结构规制原则是指市场结构应保持在有效竞争的范围内，垄断状态若超出了理想的结构标准，即为违法，就要受到限制或禁止。结构标准属于量化的尺度，美国的反托拉斯机关和法院在长期的反垄断实践中总结出一个标准：一般情况下，只要企业的市场份额超过 70%，该企业就会被判定为具有垄断性的市场支配力；如果企业的市场份额小于 50%，就被判定为不具有这种支配力。在市场份额为 50%～70% 的情况下，除了市场份额，还必须提供有无替代产品、有多少潜在竞争者等等更多的证据。结构规制原则的贯彻，一方面是通过阻止股份保有、董事兼任、合并的手段防止形成限制竞争的市场结构，进行法律的事先预防；另一方面是通过解散或分解大垄断集团对已经形成的限制竞争的市场结构进行事后的重新法律协调，使其结构合理化。为使结构合理化，为防止贯彻结构规制原则时走向极端，反垄断法又注意将结构规制原则和合理原则结合运用。与结构规制原则并存的是行为规制原则，行为规制原则不以企业对市场的占有份额为规制标准，而以行为是否构成垄断、限制竞争为规制标准。行为规制原则不着眼于企业或集团的规模集中程度，它关心的是占据市场支配地位的企业是否有滥用其支配力的行为。行为规制原则一般也与合理原则结合运用。

综上所述，西方国家反垄断法并不是绝对地禁止企业的规模集中以及垄断状况的存在，它规制的主要是企业的垄断造成限制竞争的行为。

三、我国反垄断法的主要内容

（一）反垄断法的概念

反垄断法是调整在国家规制垄断过程中所发生的社会关系的法律规范的总称。在我国，最早正式提出反垄断任务的规范性文件是 1980 年 10 月 17 日国务院发布的《关于开展和保护社会主义竞争的暂行规定》（已失效），该规定首次提出：在经济活动中，除国家指定由有关部门和单位专门经营的产品以外，其余的不得进行垄断、搞独家经营，开展竞争必须打破地区封锁和部门分割，采取行政手段保护落后，抑制先进，妨碍商品正常流通的做法，是不合法的，应当予以废止。可以说，该规定是具有一定预见性的，尤其是首次鲜明突出了行政垄断这一当时我国经济生活中屡见不鲜的现象并建议将它作为我国竞争法规制的重点。这在很大程度上与我国进行市场化的经济体制改革相呼应。这一点还在此后国务院及有关部委制定的行政法规及部门规章中得到了体现，如《关于制止商品流通中不正之风的通知》《关于严禁商品搭配的规定》《价格管理条例》《关于企业兼并的暂行办法》等。我国于 1993 年颁布的《反不正当竞争法》（于 2017 年修订、2019 年修正）、在 1997 年颁布的《价格法》，以及 2012 年最高人民法院《关于审理因垄断行为引发的民事纠纷案件应用法律若干问题的规定》（于 2020 年修正），也着力对一些限制性竞争行为，尤其是行政垄断行为的规制作出了规定。2024 年 6 月 24 日最高人民法院发布《关于审理垄断民事纠纷案件适用法律若干问题的解释》（以下简称《反垄断司法解释》，自 2024 年 7 月 1 日起施行）。这部司法解释是在吸收 2012 年最高人民法院《关于审理因垄断行为引发的民事纠纷案件应用法律若干问题的规定》有效经验和做法的基础上，根据 2022 年修正的《反垄断法》制定的一部新的综合性司法解释。新出台的《反垄断司法解释》共 51 条。此一司法解释的颁布，为正确实施《反垄断法》、维护市场公平竞争、鼓励创新，为促进全国统一市场建设、推动和发展新质生产力提供了更加有力的司法服务和保障。

我国现行反垄断立法迄今已经历16年多的发展历程。在我国建立社会主义市场经济体制的过程中，行业垄断、行政垄断、经济垄断等问题已经严重，消除市场壁垒、强化反垄断立法是维护公平竞争的迫切任务。早在1994年反垄断法就被列入第八届全国人大常委会的立法规划，2007年8月30日第十届全国人民代表大会常务委员会第二十九次会议通过第一部《中华人民共和国反垄断法》（自2008年8月1日起实施）。2020年12月11日，习近平总书记主持召开中共中央政治局会议。会议要求，要强化反垄断和防止资本无序扩张。2021年1月31日，中共中央办公厅、国务院办公厅印发《建设高标准市场体系行动方案》，同样强调加强平台经济、共享经济等新业态领域反垄断和反不正当竞争规制。2021年2月7日，国务院反垄断委员会印发《关于平台经济领域的反垄断指南》，旨在预防和制止平台经济领域垄断行为，促进平台经济规范、有序、创新、健康发展。2021年10月19日，第十三届全国人大常委会第三十一次会议对《中华人民共和国反垄断法（修正草案）》进行了初次审议，并于10月23日公布该草案，向社会公开征求意见。2022年6月24日，第十三届全国人大常委会第三十五次会议表决通过《关于修改〈中华人民共和国反垄断法〉的决定》，修改后的《反垄断法》自2022年8月1日起施行。

2024年5月11日，国务院第32次常务会议通过《公平竞争审查条例》，自2024年8月1日起施行。《公平竞争审查条例》首次以行政法规的形式对公平竞争审查的对象、标准、机制、监督保障等作了全面、系统、详细的规定，填补了公平竞争审查制度的立法空白，标志着我国已经基本形成了具有中国特色、以《反垄断法》为核心、内容比较完备、制度比较健全的反垄断法律体系。《公平竞争审查条例》将涉及经营者经济活动的所有政策措施，包括法律、行政法规、地方性法规、规章、规范性文件以及具体政策措施都纳入公平竞争审查范围，这体现了政府部门在维护公平竞争市场秩序方面的一种自我约束、自我监督和带头自觉合规。其特殊作用是预防政府部门出台排除、限制竞争的政策措施。

（二）反垄断法的适用范围

《反垄断法》第2条规定：中华人民共和国境内经济活动中的垄断行为，适用本法。中华人民共和国境外的垄断行为，对境内市场竞争产生排除、限制影响的，适用本法。

这里所称的"境内"，不包括我国港、澳、台地区。

《反垄断法》对经营者的下列行为进行规制。

1. 经营者达成垄断协议

垄断协议是指两个或两个以上的经营者排除、限制竞争的协议、决定或者其他协同行为。经营者达成垄断协议是实现市场垄断最直接、最主要的一种方式。反垄断法规制的垄断协议包括横向垄断协议和纵向垄断协议。

横向垄断协议是具有竞争关系的经营者达成的联合限制竞争的协议。反垄断法禁止具有竞争关系的经营者达成下列垄断协议：（1）固定或者变更商品价格的协议；（2）限制商品的生产数量或者销售数量的协议；（3）分割销售市场或者原材料采购市场的协议；（4）限制购买新技术、新设备或者限制开发新技术、新产品的协议；（5）联合抵制交易；（6）国务院反垄断执法机构认定的其他垄断协议。

纵向垄断协议是指同一产业中处于不同经济阶段而具有买卖关系的企业通过共谋达成的联

合限制竞争的协议。常见的纵向垄断协议主要有以下几种：（1）维持转售价格协议；（2）地域客户限制；（3）排他性交易。

纵向垄断协议对市场竞争并非全无益处，故反垄断法对其采取了较为审慎的态度，只针对那些对竞争和效率的消极效果明显大于积极效果的纵向垄断协议进行法律规制。在我国《反垄断法》规定了三种禁止的纵向垄断协议形式：（1）固定向第三人转售商品的价格；（2）限定向第三人转售商品的最低价格；（3）国务院反垄断执法机构认定的其他垄断协议。对第一项和第二项规定的协议，经营者能够证明其不具有排除、限制竞争效果的，不予禁止。

《反垄断法》第19条规定：经营者不得组织其他经营者达成垄断协议或者为其他经营者达成垄断协议提供实质性帮助。

《反垄断法》第20条规定，经营者能够证明所达成的垄断协议属于下列情形之一的，不适用《反垄断法》第17条、第18条第1款、第19条的规定，即可以依法豁免：（1）为改进技术、研究开发新产品的；（2）为提高产品质量、降低成本、增进效率，统一产品规格、标准或者实行专业化分工的；（3）为提高中小经营者经营效率，增强中小经营者竞争能力的；（4）为实现节约能源、保护环境、救灾救助等社会公共利益的；（5）因经济不景气，为缓解销售量严重下降或者生产明显过剩的；（6）为保障对外贸易和对外经济合作中的正当利益的；（7）法律和国务院规定的其他情形。

《反垄断司法解释》第18条进一步明确，人民法院认定《反垄断法》第16条规定的其他协同行为，应当综合考虑下列因素：（1）经营者的市场行为是否具有一致性；（2）经营者之间是否进行过意思联络、信息交流或者传递；（3）相关市场的市场结构、竞争状况、市场变化等情况；（4）经营者能否对行为的一致性作出合理解释。这里的"合理解释"，包括经营者系基于市场和竞争状况变化等而独立实施相关行为。

2. 经营者滥用市场支配地位

市场支配地位也称市场优势地位，是指经营者在相关市场内具有控制商品价格、数量或者其他交易条件，或者阻止、影响其他经营者进入相关市场的能力。反垄断法对经营者合法取得的市场支配地位并不加以规制，只对具有市场支配地位的经营者滥用市场支配地位的行为进行规制。所谓滥用市场支配地位，是指具有市场支配地位的经营者凭借其市场支配地位实施的排挤竞争对手的行为或不公平交易行为。反垄断法禁止的滥用市场支配地位的行为主要包括：（1）以不公平的高价销售商品或者以不公平的低价购买商品；（2）没有正当理由，以低于成本的价格销售商品；（3）没有正当理由，拒绝与交易相对人进行交易；（4）没有正当理由，限定交易相对人只能与其交易或者只能与其指定的经营者进行交易；（5）没有正当理由搭售商品，或者在交易时附加其他不合理的交易条件；（6）没有正当理由，对条件相同的交易相对人在交易价格等交易条件上实行差别待遇；（7）利用数据和算法、技术及平台规则等设置障碍，对其他经营者进行不合理限制；（8）国务院反垄断执法机构认定的其他滥用市场支配地位的行为。

认定互联网领域的经营者是否具有市场支配地位还应考虑网络效应、规模经济、锁定效应、掌握和处理相关数据的能力等因素。

《反垄断法》第18条第3款规定，经营者能够证明其在相关市场的市场份额低于国务院反垄断执法机构规定的标准，并符合国务院反垄断执法机构规定的其他条件的，不予禁止。

《反垄断司法解释》第14条规定，原告以被告在相关市场的市场份额为由主张其具有市场支配地位或者显著的市场力量的，应当界定相关市场并提供证据或者充分说明理由。原告提供证据足以直接说明下列情形之一的，可以不再对相关市场界定进一步承担举证责任：（1）被诉垄断协议的经营者具有显著的市场力量；（2）被诉滥用市场支配地位的经营者具有市场支配地位；（3）被诉垄断行为具有排除、限制竞争效果。原告主张被诉垄断行为属于《反垄断法》第17条第1项至第5项和第18条第1款第1项、第2项规定情形的，可以不对相关市场界定提供证据。

3. 具有或者可能具有排除、限制竞争效果的经营者集中

经营者集中，是指经营者合并、通过取得股权或资产的方式取得对其他经营者的控制权、通过合同等方式取得对其他经营者的控制权或能够对其他经营者施加决定性影响，从而形成的控制与被控制状态。经营者集中的方式主要有三种：（1）合并。经营者合并是指两个或两个以上的经营者按照法律规定的程序结合为一个经营者的法律行为。（2）通过取得股权或资产的方式取得对其他经营者的控制权。（3）通过合同等方式取得对其他经营者的控制权。这里所称的"控制权"是指，经营者直接或者间接，单独或者共同对其他经营者的生产经营活动或者其他重大决策具有或者可能具有决定性影响的权利或者实际状态。

但是，为鼓励创新和科技进步，对知识产权的正当使用以及农业生产者的自愿联合或者协同行为不受反垄断法的规制。

经营者集中达到国务院反垄断执法机构规定的申报标准的，经营者应当事先向国务院反垄断执法机构申报，未申报的，不得实施集中。国务院反垄断执法机构可以根据经济发展水平、行业规模等制定和修改申报标准，并及时向社会公布。

经营者集中达到申报标准，经营者未依法申报而实施集中的，或者经营者集中未达到申报标准，但具有或者可能具有排除、限制竞争效果的，国务院反垄断执法机构应当依法进行审查。

经营者集中未达到国务院规定的申报标准，但有证据证明该经营者集中具有或者可能具有排除、限制竞争效果的，国务院反垄断执法机构应当依法进行调查。经营者已经实施集中的，责令其停止实施集中、限期处分股份或者资产、限期转让营业或者采取其他必要救济措施恢复到集中前的状态。

对经营者集中进行审查和调查，应当考虑下列因素：（1）参与集中的经营者在相关市场的市场份额以及其对市场的控制力；（2）相关市场的市场集中度；（3）经营者集中对市场进入、技术进步的影响；（4）经营者集中对消费者和其他有关经营者的影响；（5）经营者集中对国民经济发展的影响；（6）国务院反垄断执法机构认为应当考虑的影响市场竞争的其他因素。

国务院反垄断执法机构应当自收到经营者提交的符合规定的文件、资料之日起30日内，对申报的经营者集中进行初步审查；决定进一步审查的，应当自决定作出之日起90日内审查完毕，作出是否禁止经营者集中的决定，并书面通知经营者。作出禁止经营者集中的，应当说明理由。在审查期间，经营者不得实施集中。经营者提交的文件、资料不准确，需要进一步核实，或者经营者申报后有关情况发生重大变化，经营者同意延长审查期限的，国务院反垄断执法机构可以延长审查期限，但最长不得超过60日。

《反垄断法》第37条规定，国务院反垄断执法机构应当依法加强对涉及国计民生等重要领域的经营者集中的审查。

《反垄断法》第 32 条规定，有下列情形之一的，国务院反垄断执法机构可以决定中止计算经营者集中审查期限，并书面通知经营者：（1）经营者未按照规定提交文件、资料，导致审查工作无法进行；（2）出现对经营者集中审查具有重大影响的新情况、新事实，不经核实将导致审查工作无法进行；（3）对经营者集中附加的限制性条件需要进一步评估，且经营者提出中止请求。

经营者集中有下列情形之一的，可以不向国务院反垄断执法机构申报：（1）参与集中的一个经营者拥有其他每个经营者 50% 以上有表决权的股份或者资产；（2）参与集中的每个经营者 50% 以上有表决权的股份或者资产被同一个未参与集中的经营者拥有。

4. 滥用行政权力排除、限制竞争的行为

《反垄断法》第 45 条规定，行政机关和法律、法规授权的具有管理公共事务职能的组织不得滥用行政权力，制定含有排除、限制竞争内容的规定。滥用行政权力排除、限制竞争，即通常所说的"行政垄断"。行政垄断在处于市场化改革初期的我国构成了最主要的垄断形式，指的是政府主管部门滥用其行政权力，排斥、扭曲或限制竞争。其本质为以行政权力要素参与经济活动，人为地制造垄断，破坏平等、自由的竞争机制，使资源配置效率降低甚至为零，危害较大。《反垄断法》以专章对它进行规制是《反垄断法》的亮色和特色。目前亟待规制的行政垄断主要为以下几种：（1）地区封锁，即地方政府及其所属部门滥用行政权力，限制外地商品进入本地市场，或者限制本地商品流向外地市场。（2）行业、部门垄断，即经济生活中的某些部门、行业利用本部门、本行业的行政职权和特定优势，控制市场，独占经营，损害公平竞争的行为。（3）政府设立行政性公司，即行政主管部门滥用其行政权力，设立在一定行业具有统制、管理功能的公司，实质为权力与利益的变相结合。（4）政府限定交易，是指政府及其下属部门滥用行政权力，限定他人购买或使用其指定的经营者的商品或服务，限制其他经营者正当的经营利益。综合来看行政垄断的种种表现形式无不反映出在社会主义市场经济体制改革的大背景下利益格局变动的复杂性，某些部门、某些地方的行政机关直接或隐蔽地运用其行政权力牟取个体、局部或团体的私利，在很大程度上抵消了市场机制的调整效能，损害了我国经济的整体利益，必须重点予以规制。

《反垄断法》第 54 条对行政垄断作出了明确的规定。反垄断执法机构依法对滥用行政权力排除、限制竞争的行为进行调查，有关单位或者个人应当配合。

《反垄断法》第 55 条规定，经营者、行政机关和法律、法规授权的具有管理公共事务职能的组织，涉嫌违反该法规定的，反垄断执法机构可以对其法定代表人或者负责人进行约谈，要求其提出改进措施。

经济性垄断在我国虽尚未普遍化，但随着全国统一市场形成及自由竞争的展开，一些在发达国家盛行的垄断类型如卡特尔协议、兼并、董事兼任控制等亦开始在我国出现并显现出消极影响。某些经济性垄断中往往渗入行政性垄断的因素，其危害性更不可忽视。鉴于我国目前规模经济的发展尚处于初、中期阶段，在经济性垄断规制模式的选择中可采取 20 世纪后期至当前世界各国通行的以行为规制为主、以结构规制为辅的立法思路。

（三）反垄断执法机构

依据《反垄断法》的规定，我国的反垄断执法机构采用双层制模式：国务院反垄断执法机构负责反垄断统一执法工作；另外，在其之上设立反垄断委员会，负责组织、协调、指导反垄断工作。此外，国务院反垄断执法机构根据工作需要，可以授权省、自治区、直辖市人民政府相应的机构依照《反垄断法》的规定负责有关反垄断执法工作。

应当说明的是，国务院反垄断委员会并不是执法机构，而是反垄断工作的议事协调机构。国务院反垄断委员会的职责包括：（1）研究拟定有关竞争政策；（2）组织调查、评估市场总体竞争状况，发布评估报告；（3）制定、发布反垄断指南；（4）协调反垄断行政执法工作；（5）国务院规定的其他职责。

（四）违反《反垄断法》的法律责任

（1）经营者违反《反垄断法》的规定，达成并实施垄断协议给他人造成损失的，依法承担民事责任。构成犯罪的，依法追究刑事责任。

（2）经营者违反《反垄断法》的规定，达成并实施垄断协议的，由反垄断执法机构责令停止违法行为，没收违法所得，并处上一年度销售额1%以上10%以下的罚款；上一年没有销售额的，处500万元以下罚款；尚未实施所达成的垄断协议的，可以处300万元以下的罚款。经营者的法定代表人、主要负责人和直接责任人员对达成垄断协议负有个人责任的，可以处100万元以下的罚款。

经营者组织其他经营者达成垄断协议或者为其他经营者达成垄断协议提供实质性帮助的，适用前述规定。

行业协会违反《反垄断法》的规定，组织本行业经营者达成垄断协议的，由反垄断执法机构责令改正，可以处300万元以下的罚款；情节严重的，社会团体登记管理机关可以依法撤销登记。

（3）经营者违反《反垄断法》的规定，滥用市场支配地位行为的，由反垄断执法机构责令停止违法行为，没收违法所得，并处上一年度销售额1%以上10%以下的罚款。

（4）经营者违反《反垄断法》的规定实施集中，且具有或者可能具有排除、限制竞争效果的，由国务院反垄断执法机构责令停止实施集中、限期处分股份或者资产、限期转让营业以及采取其他必要措施恢复到集中前的状态，处上一年度销售额10%以下的罚款；不具有排除、限制竞争效果的，处500万元以下的罚款。

（5）经营者因违反《反垄断法》的规定受到行政处罚的，依照国家有关规定记入信用记录，对严重违法失信行为给予信用惩戒，并向社会公示。

（6）行政机关和法律、法规授权的具有管理公共事务职能的组织滥用行政权力，实施排除、限制竞争行为的，由上级机关责令改正；对直接负责的主管人员和其他直接责任人员依法给予处分。反垄断执法机构可以向有关上级机关提出依法处理的建议。行政机关和法律、法规授权的具有管理公共事务职能的组织应将有关情况书面报告上级机关和反垄断执法机构。

（7）对反垄断执法机构依法实施的审查和调查，拒绝提供有关资料、信息，或者提供虚假材料、信息，或者隐匿、销毁、转移证据，或者有其他拒绝、阻碍调查行为的，由反垄断执法机构责令改正，对行政机关和法律、法规授权的具有管理公共事务职能的组织可以向有关上级机关和监察机关提出依法给予处分的建议；对其他单位给予处上一年度销售额1%以下的罚款，上一年度没有销售额或销售额难以计算的，处500万元以下的罚款；对个人处50万元以下的罚款。

思考题

1. 竞争法的调整对象有哪些？
2. 我国《反不正当竞争法》主要调整哪些不正当竞争行为？
3. 《消费者权益保护法》规定了哪几类法律责任？
4. 反垄断法所规制的垄断行为有哪些？
5. 如何认识行政垄断？
6. 简述纵向垄断协议与横向垄断协议的区别。
7. 简述消费者的权利。
8. 简述生产者的产品质量责任。

经典案例

1. 消费者享有保障人身、财产安全的权利

1992年2月，79岁高龄的斯黛拉·莉柏克搭乘外孙驾驶的轿车，途经当地一家麦当劳快餐店，通过"驾车销售窗口"买了一杯咖啡，售价49美分。驶离餐馆后，莉柏克需要往咖啡里添加奶粉和白糖，她把杯子放在双膝之间，左手拿着奶粉袋和糖袋，右手试图打开杯盖，没料想，一个意外闪失，整杯滚烫的咖啡泼洒在两腿之间，致使多处严重烫伤。

事后，莉柏克的女儿给麦当劳写了一封抱怨信，要求赔偿医疗费、照顾病号的误工费等，共计2万美元。可是，麦当劳仅同意支付800美元"安慰费"。莉柏克一张状纸把麦当劳告到了联邦地区法院。在律师的帮助下，莉柏克最终向麦当劳成功求偿64万美元的赔偿金，这64万美元中，仅2万美元为莉柏克的医疗费、子女误工费等实际损失赔偿，其余都是惩罚性赔偿和精神损害费。因为根据美国法律，在产品责任案中，消费者只需要举证产品有缺陷，并且造成了人身及财产损害，一般都可以胜诉。在此案中，其法律根据为，麦当劳公司是快餐店的拥有者，有责任和义务对顾客主动提供保护；如果咖啡温度过高，而且没有事先警告，致使顾客遭受身体伤害和财产损失，则顾客有权起诉赔偿。如果侵权行为属于"轻率的"和"恶意的"，原告赢得官司之后，还可能获得精神损害赔偿和巨额惩罚性赔偿。如今，我们都可以看到现在麦当劳的高温热食，如咖啡、派，都在包装上写着"高温热饮（食），小心烫伤"，麦当劳咖啡的温度也从以往的八九十度降到了七十度。

2. 无理由退货，化解消费者后顾之忧

在美国，除食品和一些易腐烂商品外，绝大多数商品可以无条件退货。无论是小超市还是大商场，都实行相对宽松的退货制度。在规定的期限内，顾客可以凭借原始发票或保留的商品吊牌退货。而且由于美国的超市或商场都有连锁店，顾客可以就近选择其中一家前往退货，这对消费者来说是极大的便利。退货与购物一样简单，顾客基本不需陈述理由，有时商家担心是否出于产品质量问题，偶尔会询问两句，如果觉得问题不好回答，顾客可以选择常用的回答："我不喜欢这件商品。"另外，在一些商家，消费者如果所购货品在较短时间内打了更多折扣，还可以要求返还折扣部分的款项。

为保护消费者权益而设的退货制度，在商品价格差别不大的情况下，消费者会优先选择那些方便退货的商家。在激烈的商业竞争下，一些聪明的商家甚至推出无期限退货制度。顾客哪怕丢失了发票，凭借商品吊牌一样可以退货。如果因为时间久远无法查询出售价格，商家会以

最近 30 天店内同类商品的最低价格退款。需要注意的是，所退商品应该保持完好无损，是在"未经使用"的情况下退回。当然，消费者也不能滥用退货权益。每笔退货都会被记录在案，不合常理频繁退货的顾客，其金融信用会受到一定限制。

3. 天津市自来水集团有限公司滥用市场支配地位案

2017 年 11 月，天津市反垄断执法机构依法开展反垄断调查。经调查，2014 年至 2017 年天津市自来水集团有限公司利用其供水范围内的市场支配地位，通过发布文件、要求房地产开发企业签订保证书等方式，对申请新装自来水业务的房地产开发企业附加在二次供水设施建设中须使用天津市华澄供水工程技术有限公司的智能变频控制柜和远程监控子站的不合理条件。

天津市自来水集团有限公司有关经营行为，违反了反垄断法。2019 年 5 月，天津市反垄断执法机构依法责令天津市自来水集团有限公司停止违法行为，并处以罚款 7 438 622.77 元。

4. 丰田汽车（中国）投资有限公司垄断协议案

2017 年 12 月，江苏省反垄断执法机构依法开展反垄断调查。经调查，2015 年 6 月至 2018 年 2 月，丰田汽车（中国）投资有限公司通过召开经销商会议、巡店、微信通知等方式，要求江苏省内经销商在互联网平台销售雷克萨斯品牌汽车时，统一按照各车型建议零售价进行报价，经销商不得擅自降低网络报价。2016 年至 2018 年 3 月，通过召开地区会议、微信通知等方式限制经销商销售雷克萨斯重点车型最低转售价格。丰田汽车（中国）投资有限公司通过多项管理措施实施了上述价格控制。

丰田汽车（中国）投资有限公司统一经销商网络报价、限定经销商转售商品最低价格的行为，违反了反垄断法。2019 年 12 月，江苏省反垄断执法机构依法责令丰田汽车（中国）投资有限公司停止违法行为，并处以罚款 87 613 059.48 元。

5. 诺贝丽斯公司收购爱励公司股权案

2018 年 9 月，国家市场监管总局依法进行立案审查。经审查，本案相关市场为中国汽车车身铝薄板外板市场、中国汽车车身铝薄板内板市场。审查认为：本项集中进一步提升了相关市场的市场集中度，增强了集中后实体能性；将进一步减少下游汽车企业的选择范围，增加采购风险；加强了集中后实体与竞争者共同排除、限制竞争者在相关市场的控制力；将消除相关市场中的重要竞争约束，进一步加强集中后实体单方面排除、限制竞争的可争的可能性；相关市场进入困难，集中将进一步提高相关市场的进入壁垒。

2019 年 12 月，国家市场监管总局附条件批准本项集中：一是，剥离爱励公司在欧洲经济区内全部的汽车车身铝薄板内板和外板业务，剥离内容包括相关设施、人员、知识产权和其他有形及无形资产；二是，在中国，集中后实体 10 年内不得向任何在汽车车身铝薄板市场开展业务的竞争者供应冷轧板。

6. 哈尔滨市交通运输局滥用行政权力排除、限制竞争案

2019 年 8 月，黑龙江省反垄断执法机构依法开展反垄断调查。经调查，2018 年 2 月 11 日，哈尔滨市交通运输局发布《关于公布首批哈尔滨市网络预约出租汽车车载卫星定位装置专用设备厂家和型号的通知》，规定深圳锐明技术股份有限公司生产的 C6D 型和河南速恒物联网科技有限公司生产的 SH-VST601 型车载卫星定位装置为哈尔滨市网约车车载卫星定位装置的指定厂家及型号。哈尔滨市 4 500 余台网约车安装了该两种型号定位装置。

哈尔滨市交通运输局指定网约车车载设备厂家和型号的行为违反了反垄断法。调查期间，

哈尔滨市交通运输局主动废止《关于公布首批哈尔滨市网络预约出租汽车车载卫星定位装置专用设备厂家和型号的通知》，并予以公示。

7. 深圳市长飞通信有限公司从事混淆行为和商业贿赂案

深圳市长飞通信有限公司在长飞光纤光缆股份有限公司已是知名企业且"长飞"文字商标被认定为"中国驰名商标"的情况下，将"长飞"作为当事人企业字号使用。2018年4月11日，因权利人投诉，当事人被深圳市市场监督管理局责令停止使用"深圳市长飞通信有限公司"企业名称，并限15日内变更企业名称，但当事人并未办理企业名称变更登记，而是继续以"深圳市长飞通信有限公司"名称经营。另查明，当事人在向深圳市某公司销售产品过程中，为获取竞争优势通过微信转账方式给予该公司采购经理吴某平回扣共计16 620元。

《中华人民共和国反不正当竞争法》第7条规定，经营者不得采用财物或者其他手段贿赂交易相对方的工作人员、受交易相关方委托办理相关事务的单位或者个人、利用职权或者影响力影响交易的单位或者个人，以谋取交易机会或者竞争优势。通过贿赂方式获取不正当的交易机会的，将没收违法所得，并处10万元以上300万元以下罚款，情节严重的，吊销营业执照。构成犯罪的，依法追究刑事责任。

8. 珠海蓝琴发展有限公司虚假宣传案

"横琴国贸大厦"项目由珠海蓝琴发展有限公司开发、销售，商品房性质为办公。当事人在销售该项目过程中，通过纸质宣传资料、电话、微信等方式对购房客户宣传"离横琴口岸最近的首个增值型酒店式公寓""商住两用，产品灵活多变"等内容。在"房天下"网站开设专属网页并发布宣传视频称"横琴国贸大厦"项目为商住两用的酒店式公寓等内容。

当事人违反了《中华人民共和国反不正当竞争法》第8条"经营者不得对其商品的性能、功能、质量、销售状况、用户评价、曾获荣誉等作虚假或者引人误解的商业宣传，欺骗、误导消费者"的规定，构成虚假宣传行为。执法机关依法责令当事人停止违法行为，并处罚款200万元。

9. 深圳徕越生物技术有限公司侵犯商业秘密案

经查明，深圳徕越生物技术有限公司的法人代表雷某利用在投诉人深圳市某生命科技有限公司任职的工作机会，用自己的账户登录了投诉人公司系统，截屏了投诉人公司的客户信息和供应商信息38 541条，下载投诉人公司产品设计图纸1 559张；使用了60张投诉人公司脑立体定位仪设计图纸，20张小鼠及幼大鼠适配器图纸，制成产品后销售给某动物所和某生物科技有限公司，销售金额共计27 300元。

当事人的员工李某用U盘下载了投诉人公司的客户信息，入职当事人公司后用这些客户信息群发了5次邮件，投诉人的原客户有23家主动联系当事人购买了88 139元的产品。

当事人的法定代表人雷某、员工李某违反了与投诉人签订的保密协议，利用在职期间所掌握的投诉人的产品技术（图纸）资料、供应商信息、客户信息等商业秘密，采取不正当竞争的方式，损害投诉人的合法权益，违反了《中华人民共和国反不正当竞争法》第9条第1款第3项规定，构成侵犯商业秘密的行为。在案件调查过程中，当事人积极主动配合办案人员调查、取证，认错态度良好，在案发时立即停止了侵权活动，并取得投诉人的谅解，双方达成赔偿协议。执法机关责令当事人停止违法行为，并处罚款10万元。

10. 佛山市仙俊洁车环保科技有限公司不正当有奖销售案

佛山市仙俊洁车环保科技有限公司设置开业抽奖活动，凡在当事人处订车或开汽车保养卡的消费者均可参加。当事人门外张贴了"特等奖 1 名桑塔纳轿车 1 台，价值 88 000 元""一等奖 1 名仙俊公司白金卡一张，价值 20 000 元""二等奖 2 名仙俊公司美容 A 套餐，价值 12 880 元"等字样广告。当事人通过随机抽出交易收据的方式抽出一、二、三、四等奖、通过在箱子中随机抽出写有"特等奖"字样球的方式抽出特等奖，以上抽奖均属于采用偶然性的方法决定购买者是否中奖。当事人所设置的"特等奖""桑塔纳轿车"价税合计 70 400 元（不含税价为 60 689.66 元）。

当事人的行为违反了《中华人民共和国反不正当竞争法》第 10 条"经营者进行有奖销售不得存在下列情形：……（三）抽奖式的有奖销售，最高奖的金额超过五万元"的规定，构成不正当有奖销售行为。执法机关依法责令当事人停止违法行为，并处罚款 2 万元。

11. 2021 年 4 月 10 日，国家市场监管总局依法对阿里巴巴在中国境内网络零售平台服务市场实施"二选一"垄断行为作出行政处罚，罚款高达 182.28 亿元。面对 182.28 亿的罚款，有人认为罚少了，有人认为罚多了。对比中国反垄断执法机构对美国高通的罚款为其年度营业额 8% 的标准，阿里确实是罚少了，尽管是 182.28 亿元，其仅为阿里年度销售额的 4%，对阿里构不成灭顶损失。只不过是花费 2 个百亿补贴了，辛辛苦苦补贴那么久，最后血亏还倒贴，却落了个被巨额罚款的下场，确有点费力不讨好罢了。众所周知，阿里是中国电商行业的老大，在市场上是具有绝对支配地位的，一般人不敢正面刚，也刚不过。也许是平台越做越大，阿里开始飘了，2015 年的时候，开始对平台内的商家提出"二选一"要求，禁止平台内商家在其他竞争性平台开店或参加促销活动。

如果有商家不从，阿里就开始利用自己强大的市场力量、平台规则和数据、算法等多种技术手段，强迫商家"二选一"。如果有商家在别的平台开店了，不好意思，那你在淘宝就混不下去了。自此，阿里就开启了长达 6 年的"二选一"霸王条款，直到有人举报阿里涉嫌垄断市场，其才开始被立案调查。整个调查过程也非常雷厉风行，短短 1 天时间，国家市场监管总局调查组的执法人员就已经正式进驻阿里巴巴集团开展现场调查了。24 号当天，现场调查全部结束，堪称高效典范。将近 4 个月的时间间隔，调查结果终于水落石出，阿里坐实了垄断罪名，并处以其 2019 年中国境内销售额 4 557.12 亿元 4% 的罚款，计 182.28 亿元。

对于这个处罚结果，阿里官方回应：对此处罚，我们诚恳接受，坚决服从。

此次处罚，是监管部门强化反垄断和防止资本无序扩张的具体举措，是对平台企业违法违规行为的有效规范，并不意味着否定平台经济在经济社会发展全局中的重要作用，并不意味着国家支持平台经济发展的态度有所改变，而是要坚持发展和规范并重，把握平台经济发展规律，建立健全平台经济治理体系，推动平台经济规范健康持续发展。垄断是市场经济的大敌，平台经济的规范健康持续发展，尤其离不开公平竞争的环境。滥用市场支配地位的垄断行为，即侵害了平台内商家的合法权益，又损害了消费者权益，更是会将平台本身置于违法的泥沼，于方方面面来说都不是一个明智的举措，尤其是像阿里这样的大型互联网平台企业，更应该带头强化行业自律，进一步增强社会责任感，维护良好的互联网经济生态体系。互联网行业从来不是也不应该成为反垄断的法外之地。

第七章
合同法律制度

第一节　合同法律制度概述

一、合同的概念

《民法典》第464条规定，合同是民事主体之间设立、变更、终止民事法律关系的协议。根据这项规定，合同具有以下特征。

（1）合同是民事主体之间的民事法律关系。作为民事主体的当事人之间不具有隶属关系，即不存在管理和被管理、领导与被领导、命令和服从的关系。订立合同的任何一方当事人，不论是自然人、法人还是非法人组织，都不能将自己的意志强加给对方。合同当事人之间的法律地位平等和当事人表达意志自由是相辅相成的：没有法律地位的平等，当事人也就失去了自由地充分表达自己意愿的可能。没有当事人法律地位的平等，也就无所谓合同。

（2）合同是主体为双方或多方，并经自愿协商达成一致的法律行为。合同一定有两个以上的当事人。合同是双方或多方的法律行为，单方法律行为不能成立合同。合同不但需要当事人有意思表示，而且要求当事人之间的意思表示一致，即意思表示完全相同时，合同方能成立。

（3）合同是当事人设立、变更、终止民事权利、义务关系的协议。当事人既可以通过订立合同设立民事权利、义务关系，也可以订立合同变更或终止民事权利、义务关系。合同作为一种法律事实，是当事人自由约定、协商一致的结果。当事人之间的约定如果合法，则在当事人之间产生法律上的效力，当事人就必须按照约定履行合同义务。任何一方违反合同，都要依法承担违约责任。

二、合同的种类

根据不同的标准，可将合同分为不同的种类。对合同进行分类有助于正确理解合同的性质，准确地适用法律解决各类合同纠纷。

（一）有名合同和无名合同

依据《民法典》及其他法律是否对合同规定了确定的名称与调整规则，可将合同分为有名合同与无名合同。有名合同是立法上规定了确定的名称与调整规则的合同，又称典型合同。我国《民法典》在合同编第二分编中规定了十九种有名合同，包括买卖合同，租赁合同，赠与合同，融资租赁合同，行纪合同，中介合同，技术合同，建设工程合同，仓储合同，保管合同，承揽合同，运输合同，借款合同，供用电、水、气、热力合同，委托合同，保理合同，物业服务合同，合伙合同，保证合同。无名合同是立法上尚未规定有确定名称与调整规则的合同，又称非典型合同。

区分两者的法律意义在于：二者适用的法律不同。有名合同可以直接适用《民法典》合同编典型合同分编关于该种合同的具体规定，而无名合同一般只能适用《民法典》合同编的一般规定。

（二）双务合同和单务合同

根据合同当事人双方权利、义务的分担方式，可将合同可分为双务合同和单务合同。双务合同是指合同当事人双方享有权利、相互负有义务的合同。例如，买卖合同的出卖人负有将出卖的物品交付给买受人所有的义务，同时享有请求买受人给付价款的权利；买受人负有向出卖人支付价款的义务，同时享有要求出卖人交付出卖物归其所有的权利。单务合同是指合同当事人一方只负担义务而不享受权利，另一方只享受权利而不负担义务的合同，如赠与合同。

区分两者的法律意义在于：双务合同中当事人之间的给付义务具有依存和牵连关系，因此，双务合同中存在履行抗辩权和风险负担问题，而单务合同中不存在上述问题。

（三）有偿合同与无偿合同

根据当事人之间取得权利有无对价，可将合同分为有偿合同和无偿合同。有偿合同是指双方当事人一方须给予他方相应的利益方能取得自己的利益的合同，如买卖合同、租赁合同、承揽合同、行纪合同等。凡当事人一方给予他方利益而自己不取得相应利益的合同，为无偿合同，如赠与合同、借用合同、无息贷款合同等。

区分两者的法律意义在于：当事人的责任不同；主体要求不同；在不当得利者转让财产时，第三人的返还责任不同。

（四）诺成合同与实践合同

根据合同成立是否以交付标的物为要件，可将合同分为诺成合同和实践合同。诺成合同是指当事人意思表示一致即可成立的合同。凡除当事人意思表示一致以外，还需实际交付标的物才能成立的合同，为实践合同。确认某种合同属于实践合同必须法律有规定或者当事人之间有约定。常见的实践合同有保管合同、自然人之间的借款合同、定金合同等。

区分两者的法律意义在于：除两种合同的成立要件不同外，实践合同中对作为合同成立要件的给付义务的违反不产生违约责任，而只产生缔约过失责任。

（五）要式合同与不要式合同

根据合同的成立是否必须符合一定的形式，可将合同分为要式合同与不要式合同。要式合同是指按照法律规定或者当事人约定必须采用特定形式订立方能成立的合同。不要式合同是对合同成立的形式没有特别要求的合同。确认某种合同属于要式合同必须法律有规定或当事人之间有约定。

区分两者的法律意义在于：因合同成立的要求不同，产生的法律后果也不同。

（六）主合同和从合同

根据两个合同的关系，可将合同分为主合同与从合同。主合同是指不依赖于他合同而能独立存在的合同。凡以他合同的存在为存在前提的合同即为从合同。

区分两者的法律意义在于：由于从合同的存在是以主合同的存在为前提的，故主合同的成立与效力直接影响从合同的成立与效力，但是从合同的成立与效力不影响主合同的成立与效力。

三、合同法概述

（一）合同制度的主要规范

《民法典》中关于合同制度的基本规定体现在《民法典》第三编合同编中。该编分通则、典型合同、准合同三个分编，共 29 章 526 条。《民法典》合同编主要继承了 1999 年 3 月 15 日第九届全国人民代表大会第二次会议通过的《合同法》的规定，并在此基础上进行了增删，《民法典》中规定的合同制度较之《合同法》更为详尽、严密和具有操作性。为保障《民法典》的顺利实施，最高人民法院重新梳理、制定、修订了大量司法解释。2020 年 5 月 29 日，习近平总书记在中共中央政治局举行的第二十次集体学习会上就切实实施《民法典》发表重要讲话，强调要充分认识颁布实施《民法典》的重大意义，推动《民法典》实施，以更好推进全面依法治国、建设社会主义法治国家，更好保障人民权益。为贯彻落实习近平总书记的重要讲话精神，最高人民法院对当时有效的 591 件司法解释进行了全面清理，废止 116 件，修改 111 件，继续有效适用 364 件。被废止的 116 件司法解释中就包括根据《合同法》制定的《最高人民法院关于适用〈中华人民共和国合同法〉若干问题的解释（一）》和《最高人民法院关于适用〈中华人民共和国合同法〉若干问题的解释（二）》。鉴于这两件废止的司法解释中的一些内容对统一裁判尺度仍有指导意义，一些内容需要根据《民法典》的新的规定作出调整，特别是《民法典》合同编通则规定的有些内容在审判实践中仍需细化标准，最高人民法院坚持以习近平新时代中国特色社会主义思想为指导，深入学习贯彻习近平法治思想及习近平总书记关于切实实施《民法典》的重要讲话精神，紧密结合人民法院审判工作实际，广泛征求各方面意见，反复研究论证，确保解释的条文既符合立法原意，又能解决审判实践中的问题，还要与学界通说相吻合。历经 3 年探索磨砺，2023 年 12 月最高人民法院发布《关于适用〈中华人民共和国民法典〉合同编通则若干问题的解释》（以下简称《合同法解释》），并于同日实施。其他与合同相关的司法解释如《最高人民法院关于适用〈中华人民共和国民法典〉有关担保制度的解释》（以下简称《担保制度解释》）、《最高人民法院关于审理买卖合同纠纷案件适用法律问题的解释》、《最高人民法院关于审理商品房买卖合同纠纷案件适用法律若干问题的解释》（以下简称《商品房买卖解释》）、《最高人民法院关于审理融资租赁合同纠纷案件适用法律问题的解释》、《最高人民法院关于审理建设工程施工合同纠纷案件适用法律问题的解释（一）》、《最高人民法院关于审理城镇房屋租赁合同纠纷案件具体应用法律若干问题的解释》、《最高人民法院关于审理民间借贷合同纠纷适用法律若干问题的解释》、《全国法院审理民商事审判工作会议纪要》等，还有一定的实践指导意义，目前可继续适用。

最高人民法院制定的针对合同法的解释，旨在对合同法的各项条款进行解析和阐释，其含义相当于一份使用指南，为人民法院审理合同纠纷案件提供指引。因其注重实践性，旨在解决实际问题，故有利于提高司法裁判的一致性，避免由于不同法官对合同法理解程度不同而导致的裁判结果不一致的情况，弥补法律条文的不足，解惑一些法律条文模糊或者存在争议的情况，为法官提供具体的解释和规范。又由于司法解释皆是在法律施行后针对现实问题而发，其能够反映法律的最新动态，保证法律的适应性和科学性，使其更好地适应经济社会发展的需要，尤其对司法审判的指导意义影响深远。

（二）合同法的调整范围

《民法典》合同编主要调整作为平等主体的自然人、法人、非法人组织之间的经济合同关系，如买卖、租赁、保理、中介、借贷、赠与、保管、运输、物业服务等合同关系。在政府机关参与的合同中，政府机关作为平等的主体与对方签订合同时，适用《民法典》的合同制度规定。

《民法典》合同编所调整的合同关系，主要是债权、物权、知识产权、人格权等领域的民事合同关系。与人身有关的合同、劳动合同、关于行政管理的协议以及法人、非法人组织内部的管理协议，不属于《民法典》合同编的调整范围。婚姻、收养、监护等有关身份关系的协议，适用有关该身份关系的法律规定；没有规定的，可以根据其性质参照适用合同编的规定。

在中华人民共和国境内履行的中外合资经营企业合同、中外合作经营企业合同、中外合作勘探开发自然资源合同，适用中华人民共和国法律。

非因合同产生的债权债务关系，适用有关该债权债务关系的法律规定；没有规定的，适用《民法典》合同编第一分编通则的有关规定，但是根据其性质不能适用的除外。

（三）合同法的特征

合同法是调整民事主体之间的商品交换关系的法律规范的总称。合同法具有以下特征：

（1）合同法是私法范畴。合同法规范当事人之间因私人利益产生的合同法律关系，强调主体平等、意思自治。

（2）合同法是自治法规范。合同法主要是通过任意性法律规范而不是强制性法律规范调整合同关系。合同法通过任意性规范引导当事人的行为，或补充当事人意思的不完整。合同法对当事人意思自治的限制，被严格限制在合理与必要的范围之内。

（3）合同法是财产交易法规范。合同法与物权法均属财产法范畴，其中物权法主要调整财产归属关系及财产的利用关系，是从静态角度为财产关系提供法律保护；而合同法调整财产的流转关系，即商品交换关系，是从动态角度为财产关系提供法律保护。

（四）合同法的基本原则

《民法典》中规定的民事活动的基本原则也即合同法的基本原则，它是合同当事人在合同活动中应当遵循的基本准则，也是解释、补充合同法律的准则。依据《民法典》的规定，民事主体从事民事活动应当遵循的基本原则有如下几项。

（1）当事人法律地位平等原则。

《民法典》第4条规定，民事主体的法律地位一律平等，一方不得将自己的意志强加给另一方。具体到合同关系中，当事人法律地位平等是指当事人在合同的订立、履行和承担违约责任等方面都处于平等的法律地位，彼此的权利和义务对等。这一原则的核心内容是：合同当事人，无论是法人和非法人组织之间，还是法人、非法人组织和自然人之间，以及自然人和自然人之间，虽然他/它们的经济实力各异，但是只要他/它们以合同主体的身份参加到合同法律关系之中，那么他/它们之间就处于平等的法律地位，受法律平等的保护。

（2）自愿原则。

《民法典》第5条规定，民事主体应当遵循自愿原则，按照自己的意思设立、变更、终止民事权利义务关系。所谓自愿原则，是指是否订立合同、与谁订立合同、订立合同的内容以及变更合同，都要由合同当事人依法自愿决定。因为合同是当事人协议的民事法律行为，是合同当事人对自己合法权益的正当行使。合同当事人如何处置自己的权益，只能由其自己作出决定，其他人都无权非法干预。

（3）公平原则。

《民法典》第6条规定，订立合同应当遵循公平原则，合理确定各方的权利和义务。公平原则，又称公平正义原则，是指当事人在设立权利、义务，承担民事责任等方面，要公正、公允，合情、合理。公平，是合同法所追求的价值目标，是合同法要实现的重要任务。

（4）诚实信用原则。

依照《民法典》第7条的规定，合同主体应当遵循诚信原则，秉持诚实、恪守承诺。诚信原则，主要是指当事人在订立、履行合同的全过程中，应当抱着真诚的善意，相互协作、密切配合，言行一致、表里如一，说到做到，正确、适当地行使合同规定的权利，全面履行合同规定的各项义务，不弄虚作假、尔虞我诈，不做损害对方和国家、集体、第三人的利益以及公共利益的事情。在法律、合同未作规定或规定不清的情况下，要依据诚信原则解释法律和合同，平衡当事人之间的利益关系。

（5）不违反法律或公序良俗原则。

依据《民法典》第8条的规定，合同当事人订立、履行合同，应当遵守法律、行政法规，不得违背公序良俗。这体现在合同法律关系中，即合同的主体、合同的订立形式、订立合同的程序、合同的内容、履行合同的方式、行使变更或者解除合同权利等，都必须符合我国法律、行政法规。合同行为不得违背公序良俗，是指民事主体在参与民事法律关系时，在不违背法律强制性规则的条件下，遵照公共秩序的一般要求和善良的风俗习惯进行民事行为。这里的公序，即社会一般利益，在我国现行法上包括国家利益、社会经济秩序和社会公共利益。所谓良俗，即一般道德观念或良好道德风尚，包括我国现行法上所称的社会公德、商业道德和社会良好风尚。

第二节　合同的订立

一、合同的内容与形式

（一）合同的内容

1. 合同条款

合同的内容，就是合同当事人的权利与义务，具体体现为合同的各项条款。依据《民法典》的规定，在不违反法律强制性规定的情况下，合同条款可以由当事人自由约定。合同一般应包含以下条款：（1）当事人的名称或者姓名和住所。（2）标的，即合同双方当事人的权利和义务所指向的对象。（3）数量。（4）质量。（5）价款或者报酬。（6）履行期限、地点和方式。（7）违约责任。（8）解决争议的方法。

2. 合同条款的解释

当事人对合同条款的理解有争议的，应当按照合同所使用的词句、合同的有关条款、合同的目的、交易习惯以及诚实信用原则，确定该条款的真实意思。合同文本采用两种以上文字订立并约定两种以上文字具有同等效力的，各文本使用的词句被推定为具有相同含义。各文本使用的词句不一致的，应当根据合同的目的予以解释。

《民法典》所称的"交易习惯"，是指不违反法律、行政法规的强制性规定且不违背公序良俗的两种情形：（1）当事人之间在交易活动中的惯常做法；（2）在交易行为当地或者某一领域、某一行业通常采用并为交易对方订立合同时所知道或者应当知道的做法。对于交易习惯，由提出主张的当事人一方承担举证责任。

《合同法解释》进一步细化了《民法典》合同编中因合同当事人理解上的不同而导致纷争的解决规则：人民法院依据《民法典》第 142 条第 1 款、第 466 条第 1 款的规定解释合同条款时，应当以词句的通常含义为基础，结合相关条款、合同的性质和目的、习惯以及诚信原则，参考缔约背景、磋商过程、履行行为等因素确定争议条款的含义。

有证据证明当事人之间对合同条款有不同于词句的通常含义的其他共同理解，一方主张按照词句的通常含义理解合同条款的，人民法院不予支持。

对合同条款有两种以上解释，可能影响该条款效力的，人民法院应当选择有利于该条款有效的解释；属于无偿合同的，应当选择对债务人负担较轻的解释。

3. 格式条款

格式条款是当事人为了重复使用而预先拟定，并在订立合同时未与对方协商的条款。由于格式条款是由当事人一方事先拟定，并且在合同订立时不容对方协商、修改，因而条款内容难免有不公平之处。所以，《民法典》对格式条款的效力及解释作了特别规定，以保障合同相对人的合法权益。

（1）格式条款的效力。

采用格式条款订立合同的，提供格式条款的一方应当遵循公平原则确定当事人之间的权利和义务，并采取合理的方式提请对方注意免除或者限制其责任的条款，按照对方的要求，对该条款予以说明。提供格式条款的一方对格式条款中免除或者限制其责任的内容，在合同订立时采用足以引起对方注意的文字、符号、字体等特别标识，并按照对方的要求对该格式条款予以说明的，人民法院应当认定其符合"采取合理的方式"。提供格式条款一方对已尽合理提示及说明义务承担举证责任。提供格式条款的一方当事人未履行关于提示或者说明义务，致使对方没有注意或者理解与其有重大利害关系条款的，该条款无效。

格式条款具有《民法典》规定的合同无效和免责条款无效的情形，或者提供格式条款一方免除其责任、加重对方责任、排除对方主要权利的，该条款无效。

对格式条款的理解有争议的，应当按照通常理解予以解释。对格式条款有两种以上解释的，应当作出不利于提供格式条款一方的解释。格式条款和非格式条款不一致的，应当采用非格式条款。

（2）格式条款的提示、说明义务。

因提供格式条款一方主体多处于强势地位，法律对提供格式条款的一方赋予了较为严格的提示及举证责任。依照《合同法解释》的规定，提供格式条款的一方在合同订立时采用通常足以引起对方注意的文字、符号、字体等明显标识，提示对方注意免除或者减轻其责任、排除或者限制对方权利等与对方有重大利害关系的异常条款的，人民法院可以认定其已经履行《民法典》第 496 条第 2 款规定的提示义务。

提供格式条款的一方按照对方的要求，就与对方有重大利害关系的异常条款的概念、内容及其法律后果以书面或者口头形式向对方作出通常能够理解的解释说明的，人民法院可以认定其已经履行《民法典》第 496 条第 2 款规定的说明义务。

提供格式条款的一方对其已经尽到提示义务或者说明义务承担举证责任。对于通过互联网等信息网络订立的电子合同，提供格式条款的一方仅以采取了设置勾选、弹窗等方式为由主张其已经履行提示义务或者说明义务的，人民法院不予支持，但是其举证符合前述规定的除外。

（3）格式条款的界定。

合同条款符合《民法典》第 496 条第 1 款规定的情形，当事人仅以合同系依据合同示范文本制作或者双方已经明确约定合同条款不属于格式条款为由主张该条款不是格式条款的，人民法院不予支持。

从事经营活动的当事人一方仅以未实际重复使用为由主张其预先拟定且未与对方协商的合同条款不是格式条款的，人民法院不予支持。但是，有证据证明该条款不是为了重复使用而预先拟定的除外。

4. 合同的法律适用

涉外合同的当事人可以选择处理合同争议所适用的法律，但法律另有规定的除外。涉外合同的当事人对此没有选择的，适用与合同有最密切联系国家的法律，但在我国境内履行的中外合资经营企业合同、中外合作经营企业合同、中外合作勘探开发自然资源合同，必须适用中华人民共和国法律。

（二）合同的形式

合同的形式，是指合同当事人一致的意思表示的外在表现形式。《民法典》规定，当事人订立合同可以采取书面形式、口头形式和其他形式。法律、行政法规规定采用书面形式的，应当采用书面形式。当事人约定采用书面形式的，应当采用书面形式。

（1）书面形式。

书面形式是指合同书、信件和数据电文（包括电报、电传、传真、电子数据交换和电子邮件）等可以有形地表现所载内容的形式。《民法典》第 469 条第 3 款规定："以电子数据交换、电子邮件等方式能够有形地表现所载内容，并可以随时调取查用的数据电文，视为书面形式。"

书面形式因其具有明确肯定、有据可查的特点，对解决合同当事人的经济纠纷具有十分重要的意义。

（2）口头形式。

口头形式是指当事人双方对合同的内容直接以口头形式达成意思的一致。口头形式直接、简便、迅速，但发生纠纷时难以取证，不易分清责任。

（3）其他形式。

除了书面形式和口头形式，合同还可以以其他形式订立。法律没有列举"其他形式"为何种形式，但可以根据当事人的行为或者特定情形推定合同的成立。这里的其他形式包括推定形式和默示形式。1）推定形式，指当事人并不直接用口头形式或书面形式进行意思表示，而是通过实施某种积极的行为，使他人可以推定其意思表示的形式。如消费者在自动收货机上投币，即可推定行为人具有购买物品的意思。2）默示形式，是指行为人没有以积极的作为进行意思表示，而是以消极的不作为代替意思表示的形式。依据《民法典》第 140 条第 2 款的规定，沉默只有在有法律规定、当事人约定或者符合当事人之间的交易习惯时，才可以视为意思表示。

二、合同订立的一般程序

订立合同是双方达成协议即意思表示一致的过程。在当事人协商的过程中，一般要有一方先作出意思表示，另一方表示认可。前者为要约，后者为承诺。因此，合同订立的一般程序在法律上可以分为要约和承诺两个阶段。

(一) 要约

1. 要约的概念

要约是希望和他人订立合同的意思表示。要约为法律行为，发出要约的当事人称为要约人，要约所指向的对方当事人则称为受要约人。要约可以向特定人发出，也可以向非特定人发出。

2. 要约应具备的条件

要约应具备以下条件：

(1) 内容具体确定。要约人发出的意思表示已经具备了合同的必要内容，如标的、数量、质量、价格或者报酬、履行期限、地点和方式等。(2) 要约人须向特定相对人作出意思表示。(3) 表明经受要约人承诺，要约人即受该意思表示的约束。

悬赏人以公开方式声明对完成特定行为的人支付报酬的，完成该行为的人可以请求其支付报酬。

3. 要约邀请

要约邀请是希望他人向自己发出要约的意思表示。要约邀请与要约不同：要约是一个一经承诺就成立合同的意思表示；而要约邀请的目的是邀请他人向自己发出要约，自己如果承诺才成立合同。要约邀请处于合同的准备阶段，不具有法律效力。依据《民法典》473 条第 1 款、第 2 款的规定，寄送的价目表、招标公告、拍卖公告、债券募集办法、基金招募说明书、招股说明书、商业广告和宣传等为要约邀请。但商业广告和宣传的内容符合要约条件的，构成要约。

4. 要约的生效时间

以对话方式作出的要约，自相对人知道其内容时生效。

以非对话方式作出的要约，自到达受要约人时生效。要约到达受要约人，是指只要要约送达到受要约人通常的地址、住所或者能够控制的现实或虚拟空间。《民法典》第 137 条第 2 款中规定："以非对话方式作出的采用数据电文形式的意思表示，相对人指定特定系统接收数据电文的，该数据电文进入该特定系统时生效；未指定特定系统的，相对人知道或者应当知道该数据电文进入其系统时生效。当事人对采用数据电文形式的意思表示的生效时间另有约定的，按照其约定。"

5. 要约的撤回

要约的撤回是指在要约发出后、生效前，要约人使要约不发生法律效力的意思表示。法律规定要约可以撤回，是考虑到在要约尚未生效的情形下，撤回要约不会对受要约人产生任何不利的影响，也不会对交易秩序产生不良影响。由于要约在到达受要约人时生效，因而，撤回要约的通知应当在要约到达受要约人之前或者与要约同时到达受要约人。

6. 要约的撤销

要约的撤销是指要约人在要约生效后、受要约人作出承诺前，使要约丧失法律效力的意思表示。要约生效后也可以撤销，但撤销要约的通知应当在受要约人发出承诺通知之前到达受要约人。由于撤销要约可能会给受要约人带来不利的影响，损害受要约人的利益，所以法律规定了两种不得撤销要约的情形：（1）要约人以确定的承诺期限或者其他形式明示要约不可撤销；（2）受要约人有理由认为要约是不可撤销的，并已经为履行合同做了合理准备工作。

7. 要约的失效

要约的失效是指要约失去法律效力，要约人不再承担接受承诺的约束，受要约人也不再享有通过承诺使合同成立的权利。《民法典》第478条规定了4种要约失效的情形：（1）要约被拒绝的通知到达要约人；（2）要约被依法撤销；（3）承诺期限届满，受要约人未作出承诺；（4）受要约人对要约的内容作出实质性变更。所谓"实质性变更"是指有关合同标的、数量、质量、价款或者报酬、履行期限、履行地点和方式、违约责任和解决争议方法等内容的变更。受要约人基于实质性变更向要约人作出的与要约不一致的意思表示，为反要约或新要约。

（二）承诺

（1）承诺的概念。

承诺是受要约人同意要约的意思表示。承诺应当由受要约人向要约人作出。承诺的内容必须与要约的内容一致。

（2）承诺的方式。

承诺的方式是指受要约人将其承诺的意思表示传达给要约人所采用的方式。承诺应当以通知方式作出，通知的方式可以是书面的，也可以是口头的。另外，根据交易习惯或当事人之间的约定，承诺也可以不以通知的方式，而以通过实施一定的行为或以其他方式作出。

（3）承诺的期限。

承诺应当在要约确定的期限内到达要约人。要约以信件或者电报作出的，承诺期限自信件载明的日期或者电报交发之日开始计算。信件未载明日期的，自投寄该信件的邮戳日期开始计算。要约以电话、传真、电子邮件等快速通讯方式作出的，承诺期限自要约到达受要约人时开始计算。

（4）承诺的生效时间。

承诺自通知到达要约人时生效；承诺不需要通知的，自根据交易习惯或者要约的要求作出承诺的行为时生效。采用数据电文形式订立合同的，适用《民法典》第137条的规则，即以对话方式作出的意思表示，相对人知道其内容时生效。以非对话方式作出的意思表示，到达相对人时生效。以非对话方式作出的采用数据电文形式的意思表示，相对人指定特定系统接收数据电文的，该数据电文进入该特定系统时生效；未指定特定系统的，相对人知道或者应当知道该数据电文进入其系统时生效。当事人对采用数据电文形式的意思表示的生效时间另有约定的，按照其约定。

（5）承诺的撤回。

受要约人发出承诺后后悔的，可以撤回承诺，但撤回承诺的通知应当在承诺通知到达要约人之前或者与承诺通知同时到达要约人。因承诺到达要约人时即生效，故承诺不适用撤销。

（6）承诺的迟延与迟到。

受要约人超过承诺期限发出承诺的，为迟延承诺，除要约人及时通知受要约人该承诺有效外，迟延的承诺应为新要约。受要约人在承诺期限内发出承诺，按照通常情形能够到达要约人，但其他原因使承诺到达要约人时超过承诺期限的，为迟到承诺，除要约人及时通知受要约人因承诺超过期限而不接受该承诺以外，该承诺有效。

受要约人对要约的内容作出实质性变更的，为新要约。承诺对要约的内容作出非实质性变更的，除要约人及时表示反对或者要约表明承诺不得对要约的内容作出任何变更以外，该承诺有效。

（三）电子商务合同的订立

《电子商务法》第 49、50 条规定：电子商务经营者发布的商品或者服务信息符合要约条件的，用户选择该商品或者服务并提交订单成功，合同成立。当事人另有约定的，从其约定。

电子商务经营者不得以格式条款等方式约定消费者支付价款后合同不成立；格式条款等含有该内容的，其内容无效。

电子商务经营者应当清晰、全面、明确地告知用户订立合同的步骤、注意事项、下载方法等事项，并保证用户能够便利、完整地阅览和下载。

电子商务经营者应当保证用户在提交订单前可以更正输入错误。

三、合同成立的时间与地点

1. 合同成立的时间

因合同订立方式的不同，合同成立的时间亦不同。

（1）承诺生效时合同成立。这是大部分合同成立的时间标准。

（2）当事人采用合同书形式订立合同的，自双方当事人签名、盖章或者按指印时合同成立。在签名、盖章或者按指印之前，当事人一方已经履行主要义务并且对方接受的，该合同成立。

（3）当事人采用信件、数据电文等形式订立合同的，可以要求在合同成立之前签订确认书，签订确认书时合同成立。

（4）当事人一方通过互联网等信息网络发布的商品或者服务信息符合要约条件的，对方选择该商品或者服务并提交订单成功时合同成立，但当事人另有约定的除外。

（5）当事人以直接对话方式订立的合同，承诺人的承诺生效时合同成立；法律、行政法规规定或者当事人约定采用书面形式订立合同，当事人未采用书面形式但一方已经履行主要义务并且对方接受的，该合同成立。

2. 合同成立的地点

由于合同订立方式不同，合同成立地点的确定标准也不同。

（1）承诺生效的地点为合同成立的地点。这是大部分合同成立的地点标准。

（2）采用数据电文形式订立合同的，收件人的主营业地为合同成立的地点；没有主营业地的，其住所地为合同成立的地点。当事人另有约定的，按照其约定。

（3）当事人采用合同书、确认书形式订立合同的，双方当事人签名、盖章或者按指印的地点为合同成立的地点。双方当事人签名、盖章或者按指印不在同一地点的，最后签名、盖章或者按指印的地点为合同的成立地点。

（4）当事人对合同成立的地点另有约定的，按照其约定。采用书面形式订立合同，合同约定的成立地点与实际签名或者盖章地点不符的，应当认定约定地点为合同成立地点。

四、缔约过失责任

缔约过失责任，是指当事人在订立合同过程中，因违反法律、行政法规及诚实信用原则致使合同未成立、未生效、被撤销或无效，给对方造成损失时所应当承担的损害赔偿责任。

依据《民法典》第500、501条的规定，当事人在订立合同过程中有下列情形之一，给对方造成损失的，应当承担赔偿责任：（1）假借订立合同，恶意进行磋商；（2）故意隐瞒与订立合同有关的重要事实或者提供虚假情况；（3）当事人泄露或者不正当使用在订立合同过程中知悉的商业秘密或其他应当保密的信息；（4）有其他违背诚实信用原则的行为。

缔约过失责任属于前合同责任，它与合同的违约责任是不同的。违约责任适用于生效合同，赔偿的是对可期待利益的损害；缔约过失责任适用于合同未成立、无效、被撤销等情形，赔偿性质是信赖利益的损失。

第三节　合同的效力

合同的效力，即合同的法律效力，是指已经成立的合同在当事人之间产生的一定的法律约束力。有效的合同对当事人具有法律约束力，国家法律予以保护；无效的合同不具有法律约束力。依据《民法典》的规定，合同效力包括四种情形，即有效合同、无效合同、可撤销合同和效力待定合同。

一、合同的生效

合同的生效是指已经成立的合同在当事人之间产生一定的法律约束力。合同生效不同于合同成立。

《民法典》根据合同类型的不同，分别规定了不同的合同生效时间。

（1）依法成立的合同，自成立时生效，但法律另有规定或者当事人另有约定的除外。

（2）法律、行政法规规定合同应当办理批准、登记等手续才生效的，在依照规定办理批准、登记手续后生效。《民法典》第502条第2款规定："未办理批准等手续影响合同生效的，不影响合同中履行报批等义务条款以及相关条款的效力。应当办理申请批准等手续的当事人未履行义务的，对方可以请求其承担违反该义务的责任。"

合同依法成立后，负有报批义务的当事人不履行报批义务或者履行报批义务不符合合同的约定或者法律、行政法规的规定，对方请求其继续履行报批义务的，人民法院应予支持；对方主张解除合同并请求其承担违反报批义务的赔偿责任的，人民法院应予支持。

人民法院判决当事人一方履行报批义务后，其仍不履行，对方主张解除合同并参照违反合同的违约责任请求其承担赔偿责任的，人民法院应予支持。

合同获得批准前，当事人一方起诉请求对方履行合同约定的主要义务，经释明后拒绝变更诉讼请求的，人民法院应当判决驳回其诉讼请求，但是不影响其另行提起诉讼。

负有报批义务的当事人已经办理申请批准等手续或者已经履行生效判决确定的报批义务，批准机关决定不予批准，对方请求其承担赔偿责任的，人民法院不予支持。但是，因迟延履行报批义务等可归责于当事人的原因导致合同未获批准，对方请求赔偿因此受到的损失的，人民法院应当依据《民法典》第 157 条的规定（《民法典》第 157 条规定："民事法律行为无效、被撤销或者确定不发生效力后，行为人因该行为取得的财产，应当予以返还；不能返还或者没有必要返还的，应当折价补偿。有过错的一方应当赔偿对方由此所受到的损失；各方都有过错的，应当各自承担相应的责任。法律另有规定的，依照其规定。"）处理。

（3）法律、行政法规规定合同应当办理登记手续，但未规定登记后生效的，当事人未办理登记手续不影响合同的效力，但合同标的所有权及其他物权不能转移。如不动产抵押合同及商品房买卖合同，未办理抵押登记或房屋权属转移登记，不影响抵押合同和商品房买卖合同的生效，但物权并不因抵押合同或商品房买卖合同生效而发生变动（物权的设立或者转移）。

（4）当事人对合同的效力可以附条件或者附期限。附生效条件的合同，自条件成就时合同生效。附解除条件的合同，自条件成就时合同失效。当事人为自己的利益不正当地阻止条件成就的，视为条件已经成就；不正当地促成条件成就的，视为条件不成就。附生效期限的合同，自期限届至时合同生效。附终止期限的合同，自期限届满时合同失效。

因合同是典型的双方或者多方民事法律行为，所以合同有效的要件是：（1）合同当事人应具有相应的民事行为能力。法人和非法人组织一般均具有缔结合同的行为能力。对于自然人，需要根据合同的性质、标的额的大小等因素确认当事人的缔约能力。对于需要当事人有一定的判别能力方能订立的合同，要求当事人具有完全民事行为能力，所以限制民事行为能力人和无民事行为能力人不得亲自签订，应由其法定代理人代为签订。但是，《民法典》对于限制民事行为能力人签订的纯获利益的合同或者与其年龄、智力、精神健康状况相适应的合同效力予以承认。（2）民事法律行为的核心要素是意思表示，合同当事人须意思表示真实，不能存在欺诈、胁迫等情形。（3）合同内容不得违反法律或公序良俗，更不能违反我国法律的强制性规定，不能违背社会公德、扰乱社会公共秩序、损害社会公共利益。

二、效力待定合同

效力待定合同，是指合同订立后尚未生效，须经权利人追认才能生效的合同。效力待定合同主要有以下两种。

1. 限制民事行为能力人超出行为能力范围与他人订立的合同

限制民事行为能力人超出自己的行为能力范围订立的合同，经法定代理人追认后，该合同有效，但纯获利益的合同或者与其年龄、智力、精神健康状况相适应而订立的合同，不必经法定代理人追认即可产生法律效力。

法律在保护限制民事行为能力人的合法权益的同时，为避免合同相对人的利益因合同效力待定而受损，特别规定了相对人的催告权和善意相对人的撤销权。相对人可以催告法定代理人在 30 日内予以追认；法定代理人未作表示的，视为拒绝追认。合同被追认之前，善意相对人有撤销的权利。撤销应当以通知的方式作出。

2. 无权代理人订立的合同

行为人没有代理权、超越代理权或者代理权终止后以被代理人名义订立的合同，未经被代理人追认，对被代理人不发生效力，由行为人自行承担责任。相对人可以催告被代理人在 30 日内予以追认；被代理人未作表示的，视为拒绝追认。被代理人已经开始履行合同义务或者接受相对人履行的，视为对合同的追认。合同被追认之前，善意相对人有撤销的权利，撤销应当以通知的方式作出。

行为人实施的行为未被追认的，善意相对人有权请求行为人履行债务或者就其受到的损害请求行为人赔偿，但是赔偿的范围不得超过被代理人追认时相对人所能获得的利益。相对人知道或者应当知道行为人无权代理的，相对人和行为人按照各自的过错承担责任。

法人的法定代表人或者非法人组织的负责人超越权限订立的合同，除相对人知道或者应当知道其超越权限外，该代表行为有效，订立的合同对法人或者非法人组织发生效力。

当事人超越经营范围订立的合同的效力，应当依照《民法典》总则编和第505条的有关规定确定，不得仅以超越经营范围确认合同无效。

三、无效合同

无效合同，是指不具备法律约束力和不发生法律效力的合同。无效合同自始没有法律约束力，国家不予承认和保护。

《民法典》合同编并未就无效合同作专门规定，但是，由于合同是民事法律行为中最重要的行为，《民法典》中规定的民事法律行为无效的情形与合同无效情形完全相同。民事法律行为在下列四种情形下无效，即合同无效的情形。

（1）无民事行为能力人独立实施的民事法律行为。

无民事行为能力人不能正确辨识其行为的法律意义，依法不能进行民事活动，只能由其法定代理人代理。

（2）以虚假的意思表示实施的民事法律行为。

《合同法解释》第14条规定：当事人之间就同一交易订立多份合同，人民法院应当认定其中以虚假意思表示订立的合同无效。当事人为规避法律、行政法规的强制性规定，以虚假意思表示隐藏真实意思表示的，人民法院应当依据《民法典》第153条第1款的规定认定被隐藏合同的效力；当事人为规避法律、行政法规关于合同应当办理批准等手续的规定，以虚假意思表示隐藏真实意思表示的，人民法院应当依据《民法典》第502条第2款的规定认定被隐藏合同的效力。依据前述规定认定被隐藏合同无效或者确定不发生效力的，人民法院应当以被隐藏合同为事实基础，依据《民法典》第157条的规定确定当事人的民事责任。但是，法律另有规定的除外。

（3）恶意串通损害他人利益的民事法律行为。

法定代表人、负责人或者代理人与相对人恶意串通，以法人、非法人组织的名义订立合同，损害法人、非法人组织的合法权益，法人、非法人组织主张不承担民事责任的，人民法院应予支持。法人、非法人组织请求法定代表人、负责人或者代理人与相对人对因此受到的损失承担连带赔偿责任的，人民法院应予支持。

根据法人、非法人组织的举证，综合考虑当事人之间的交易习惯、合同在订立时是否显失公平、相关人员是否获取了不正当利益、合同的履行情况等因素，人民法院能够认定法定代表人、负责人或者代理人与相对人存在恶意串通的高度可能性的，可以要求前述人员就合同订立、履行的过程等相关事实作出陈述或者提供相应的证据。其无正当理由拒绝作出陈述，或者所作陈述不具合理性又不能提供相应证据的，人民法院可以认定恶意串通的事实成立。

（4）违反强制性规定或者公序良俗的民事法律行为。

《合同法解释》第16条对《民法典》合同编中"违反法律、行政法规的强制性规定"的法条作出进一步阐释，明确规定合同违反法律、行政法规的强制性规定，并非必然导致合同无效。有下列情形之一，由行为人承担行政责任或者刑事责任能够实现强制性规定的立法目的的，人民法院可以依据《民法典》第153条第1款关于"该强制性规定不导致该民事法律行为无效的除外"的规定认定该合同不因违反强制性规定无效。

1）强制性规定虽然旨在维护社会公共秩序，但是合同的实际履行对社会公共秩序造成的影响显著轻微，认定合同无效将导致案件处理结果有失公平公正。

2）强制性规定旨在维护政府的税收、土地出让金等国家利益或者其他民事主体的合法利益而非合同当事人的民事权益，认定合同有效不会影响该规范目的的实现。

3）强制性规定旨在要求当事人一方加强风险控制、内部管理等，对方无能力或者无义务审查合同是否违反强制性规定，认定合同无效将使其承担不利后果。

4）当事人一方虽然在订立合同时违反强制性规定，但是在合同订立后其已经具备补正违反强制性规定的条件却违背诚信原则不予补正。

5）法律、司法解释规定的其他情形。

法律、行政法规的强制性规定旨在规制合同订立后的履行行为，当事人以合同违反强制性规定为由请求认定合同无效的，人民法院不予支持。但是，合同履行必然导致违反强制性规定或者法律、司法解释另有规定的除外。

合同虽然不违反法律、行政法规的强制性规定，但是有下列情形之一，人民法院应当依据《民法典》第153条第2款的规定认定合同无效：1）合同影响政治安全、经济安全、军事安全等国家安全的；2）合同影响社会稳定、公平竞争秩序或者损害社会公共利益等的；3）合同背离社会公德、家庭伦理或者有损人格尊严等的。

人民法院在认定合同是否违背公序良俗时，应当以社会主义核心价值观为导向，综合考虑当事人的主观动机和交易目的、政府部门的监管强度、一定期限内当事人从事类似交易的频次、行为的社会后果等因素，并在裁判文书中充分说理。当事人确因生活需要进行交易，未给社会公共秩序造成重大影响，且不影响国家安全，也不违背善良风俗的，人民法院不应当认定合同无效。

四、可撤销合同

1. 可撤销合同的概念及特征

可撤销合同是指因合同当事人订立合同时意思表示不真实，有撤销权的当事人请求人民法院或者仲裁机构予以撤销或者变更的合同。当事人通过行使撤销权，使已经生效的合同归于无效。

可撤销合同一般具有以下特征：（1）可撤销合同自始没有法律约束力。（2）可撤销合同一般是意思表示不真实的合同。（3）可撤销合同的变更或撤销须由享有撤销权的当事人通过行使撤销权来实现。（4）可撤销合同的变更或撤销决定须由人民法院或仲裁机构作出。

2. 可撤销合同的类型。

（1）因重大误解订立的合同。

所谓重大误解是指当事人对合同的性质、对方当事人或标的物的种类、质量、数量等涉及合同后果的重要事项存在错误认识，违背真实意思表示而订立合同，并因此受到较大损失的情形。但应注意的是，合同订立后因商业风险等发生错误认识的，不属于重大误解。

（2）显失公平的合同。

显失公平，是指一方当事人利用对方处于危困状态、缺乏判断能力等情形，致使合同当事人双方的权利、义务明显违反公平原则的情形。在这种情形下订立的合同，使当事人在经济利益上严重失衡。但应注意的是，此类显失公平必须发生在合同订立时，如果发生在合同订立后，因商品价格发生变化而导致权利、义务不对等，则不属于显失公平。

当事人一方是自然人，根据该当事人的年龄、智力、知识、经验并结合交易的复杂程度，能够认定其对合同的性质、合同订立的法律后果或者交易中存在的特定风险缺乏应有的认知能力的，人民法院可以认定该情形构成《民法典》第 151 条规定的"缺乏判断能力"

（3）受欺诈、胁迫订立的合同。

欺诈是指一方当事人故意编造虚假情况或者隐瞒真实情况，诱使对方当事人违背真实意思作出错误意思表示的情形。被欺诈方可以请求人民法院或者仲裁机构予以撤销。胁迫是指以给他人将造成非法损害相要挟，使其产生恐惧心理，迫使对方作出违背真实意愿的意思表示。被胁迫的一方可以请求人民法院或者仲裁机构予以撤销。

3. 可撤销合同撤销权的行使期限

撤销权在性质上属于形成权，即仅依撤销权人单方意思表示即可使双方当事人之间的法律关系发生变动。《民法典》规定，合同撤销权因一定的事由或者期限而消灭。

（1）当事人自知道或应当知道撤销事由之日起 1 年内、重大误解的当事人自知道或者应当知道撤销事由之日起 90 日内没有行使撤销权的，撤销权消灭。这里的"1 年"期间的性质为除斥期间，不适用中止、中断或者延长。

（2）当事人受胁迫，自胁迫行为终止之日起 1 年内没有行使撤销权的，撤销权消灭。

（3）当事人知道撤销事由后明确表示或者以自己的行为表明放弃撤销权的，撤销权消灭。

五、合同无效或者被撤销后的法律后果

（1）无效或被撤销的合同在被认定无效或者被撤销后自始没有法律约束力。

（2）合同部分无效、被撤销或终止的，不影响合同中独立存在的有关解决争议方法的条款的效力。

（3）合同部分条款无效，不影响其他部分效力的，其他部分仍然有效。

（4）合同无效或被撤销后，因该合同取得的财产，应当予以返还；不能返还或者没有必要返还的，应当折价补偿。有过错的一方应当赔偿对方因此所受到的损失；双方都有过错的，应当各自承担相应的责任。当事人恶意串通，损害国家、集体或者第三人的利益的，因此取得的财产应当被收归国家所有或者返还集体、第三人。

合同不成立、无效、被撤销或者确定不发生效力，当事人请求返还财产，经审查财产能够返还的，人民法院应当根据案件具体情况，单独或者合并适用返还占有的标的物、更正登记簿册记载等方式；经审查财产不能返还或者没有必要返还的，人民法院应当以认定合同不成立、无效、被撤销或者确定不发生效力之日该财产的市场价值或者以其他合理方式计算的价值为基准判决折价补偿。

除前述规定的情形外，当事人还请求赔偿损失的，人民法院应当结合财产返还或者折价补偿的情况，综合考虑财产增值收益和贬值损失、交易成本的支出等事实，按照双方当事人的过错程度及原因力大小，根据诚信原则和公平原则，合理确定损失赔偿额。

合同不成立、无效、被撤销或者确定不发生效力，有权请求返还价款或者报酬的当事人一方请求对方支付资金占用费的，人民法院应当在当事人请求的范围内按照中国人民银行授权全国银行间同业拆借中心公布的1年期贷款市场报价利率（LPR）计算。但是，占用资金的当事人对于合同不成立、无效、被撤销或者确定不发生效力没有过错的，应当以中国人民银行公布的同期同类存款基准利率计算。

第四节　合同的履行

一、合同的履行的含义

合同的履行是指合同生效后，双方当事人按照合同规定的各项条款，完成各自承担的义务和实现各自的权利，使双方当事人的合同目的得到实现的行为。

合同的履行是合同内容的实现。合同义务主要是通过合同的履行来实现的。合同是特定当事人之间的权利义务关系，合同权利人的权利与义务人的义务是对应的。没有义务人履行义务的行为，也就没有权利人实现权利的可能。只有合同义务人实施了依合同约定应实施的行为或不行为，合同权利人的权利才能实现。合同义务人履行了自己的义务，权利人实现了自己的权利，合同当事人所追求的目的才能实现，合同才为履行。如果合同义务人根本不履行合同义务，则为合同的不履行。合同义务人只履行部分义务，或者未按法律规定或合同约定适当履行合同义务的，称为合同的不完全履行或不适当履行。

二、合同履行的规则

（一）当事人就合同内容约定不明确时的履行规则

合同生效后，当事人就质量、价款或者报酬、履行地点等内容没有约定或者约定不明确的，可以协议补充；不能达成补充协议的，按照合同有关条款或者交易习惯确定。依照上述规则仍不能确定的，适用《民法典》第511条的规定。

（1）质量要求不明确的，按照强制性国家标准履行；没有国家强制性标准的，按照推荐性标准履行；没有推荐性国家标准的，按照行业标准履行；没有国家标准、行业标准的，按照通常标准或者符合合同目的的特定标准履行。

（2）价款或者报酬不明确的，按照订立合同时履行地的市场价格履行；依法应当执行政府定价或政府指导价的，按照规定履行。

（3）履行地点不明确时，给付货币的，在接受货币一方所在地履行；交付不动产的，在不动产所在地履行；其他标的，在履行义务一方所在地履行。

（4）履行期限不明确的，债务人可以随时履行，债权人也可以随时请求履行，但是应当给对方必要的准备时间。

（5）履行方式不明确的，按照有利于实现合同目的的方式履行。

（6）履行费用的负担不明确的，由履行义务一方负担；因债权人原因增加的履行费用，由债权人负担。

（二）执行政府定价或者政府指导价的合同履行规则

执行政府定价或者政府指导价的，在合同约定的交付期限内政府价格调整时，按照交付时的价格计价。逾期交付标的物的，遇价格上涨时，按照原价格执行；价格下降时，按照新价格执行。逾期提取标的物或逾期付款的，遇价格上涨时，按照新价格执行；价格下降时，按照原价格执行。

（三）涉及第三人的合同履行规则

1. 债务人向第三人履行的合同

向第三人履行的合同，是指合同当事人约定，由债务人向第三人履行债务的合同。法律规定或者当事人约定第三人可以直接请求债务人向其履行债务，第三人未在合理期限内明确拒绝，债务人未向第三人履行债务或者履行债务不符合约定的，第三人可以请求债务人承担违约责任；债务人对债权人的抗辩，可以向第三人主张。

债务人按照约定向第三人履行债务，第三人拒绝受领，债权人请求债务人向自己履行债务的，人民法院应予支持，但是债务人已经采取提存等方式消灭债务的除外。第三人拒绝受领或者受领迟延，债务人请求债权人赔偿因此造成的损失的，人民法院依法予以支持。

《民法典》第522条第2款规定的第三人请求债务人向自己履行债务的情形，人民法院应予支持；请求行使撤销权、解除权等民事权利的，人民法院不予支持，但是法律另有规定的除外。

2. 由第三人履行的合同

由第三人履行的合同又称第三人负担的合同，是指双方当事人约定债务由第三人履行的合同。在这种合同的履行中，第三人不履行合同债务或者履行债务不符合约定的，因第三人非合同当事人，故第三人无须向债权人承担合同责任，而应当由债务人向债权人承担违约责任。

3. 第三人代为履行的合同

第三人代为履行，是指债务人不履行债务，第三人对履行该债务具有合法利益的，第三人有权向债务人代为履行。但是，根据债务性质，按照当事人约定或者依照法律规定只能由债务人履行的除外。

《民法典》第524条规定：债务人不履行债务的，第三人对履行该债务具有合法利益的，第三人有权向债权人代为履行；但是，根据债务性质、按照当事人约定或者依照法律规定只能由债务人履行的除外。债权人接受第三人履行后，其对债务人的债权转让给第三人，但是债务人和第三人另有约定的除外。

依据《合同法解释》的规定，下列民事主体，人民法院可以认定为《民法典》第524条第1款规定的对履行债务具有合法利益的第三人：（1）保证人或者提供物的担保的第三人；（2）担保财产的受让人、用益物权人、合法占有人；（3）担保财产上的后顺位担保权人；（4）对债务人的财产享有合法权益且该权益将因财产被强制执行而丧失的第三人；（5）债务人为法人或者非法人组织的，其出资人或者设立人；（6）债务人为自然人的，其近亲属；（7）其他对履行债务具有合法利益的第三人。

债权人接受第三人履行后，其对债务人的债权转让给第三人，但是债务人和第三人另有约定的除外。

第三人在其已经代为履行的范围内取得对债务人的债权，但是不得损害债权人的利益。

担保人代为履行债务取得债权后，向其他担保人主张担保权利的，依据《担保制度解释》第13条、第14条、第18条第2款等的规定处理。

（四）电子商务合同的特殊履行规则

《电子商务法》第51～57条规定了电子商务合同的特殊履行规则。

1. 合同交付时间的认定

合同标的为交付商品并采用快递物流方式交付的，收货人签收时间为交付时间。合同标的为提供服务的，生成的电子凭证或者实物凭证中载明的时间为交付时间；前述凭证没有载明时间或者载明时间与实际提供服务时间不一致的，实际提供服务的时间为交付时间。

合同标的为采用在线传输方式交付的，合同标的进入对方当事人指定的特定系统并且能够检索识别的时间为交付时间。

合同当事人对交付方式、交付时间另有约定的，从其约定。

2. 电子商务合同的交付方式

《民法典》规定，通过互联网等信息网络订立的电子合同的标的为交付商品并采用快递物流方式交付的，收货人的签收时间为交付时间。电子合同的标的为提供服务的，生成的电子凭证或者实物凭证中载明的时间为提供服务时间；前述凭证没有载明时间或者载明时间与实际提供服务时间不一致的，以实际提供服务的时间为准。

电子合同的标的物为采用在线传输方式交付的，合同标的物进入对方当事人指定的特定系统且能够检索识别的时间为交付时间。

电子合同当事人对交付商品或者提供服务的方式、时间另有约定的，按照其约定。

3. 电子商务合同价款的支付方式及责任认定

电子商务合同当事人可以约定采用电子支付方式支付价款。

电子支付服务提供者为电子商务提供电子支付服务，应当遵守国家规定，告知用户电子支付服务的功能、使用方法、注意事项、相关风险和收费标准等事项，不得附加不合理交易条件。电子支付服务提供者应当确保电子支付指令的完整性、一致性、可跟踪稽核和不可篡改。

电子支付服务提供者应当向用户免费提供对账服务以及最近3年的交易记录。

电子支付服务提供者提供电子支付服务不符合国家有关支付安全管理要求，造成用户损失的，应当承担赔偿责任。

用户在发出支付指令前，应当核对支付指令所包含的金额、收款人等完整信息。支付指令发生错误的，电子支付服务提供者应当及时查找原因，并采取相关措施予以纠正。造成用户损失的，电子支付服务提供者应当承担赔偿责任，但能够证明支付错误非自身原因造成的除外。

电子支付服务提供者完成电子支付后，应当及时准确地向用户提供符合约定方式的确认支付的信息。

用户应当妥善保管交易密码、电子签名数据等安全工具。用户发现安全工具遗失、被盗用或者未经授权的支付的，应当及时通知电子支付服务提供者。

未经授权的支付造成的损失，由电子支付服务提供者承担；电子支付服务提供者能够证明未经授权的支付是因用户的过错造成的，不承担责任。

电子支付服务提供者发现支付指令未经授权，或者收到用户支付指令未经授权的通知时，应当立即采取措施防止损失扩大。电子支付服务提供者未及时采取措施导致损失扩大的，对损失扩大部分承担责任。

三、抗辩权的行使

抗辩权是指在双务合同中，一方当事人在对方不履行合同义务或履行不符合约定时，依法对抗对方要求或否认对方权利主张的权利。《民法典》第525～527条规定了同时履行抗辩权、后履行抗辩权和不安抗辩权三种抗辩权。

（一）同时履行抗辩权

同时履行抗辩权，是指双务合同的当事人应同时履行义务的，一方在另一方履行义务之前，有拒绝对方请求自己履行合同义务的权利。《民法典》第525条规定："当事人互负债务，没有先后履行顺序的，应当同时履行。一方在对方履行之前有权拒绝其履行请求。一方在对方履行债务不符合约定时，有权拒绝其相应的履行请求。"

《合同法解释》第31条规定：当事人互负债务，一方以对方没有履行非主要债务为由拒绝履行自己的主要债务的，人民法院不予支持。但是，对方不履行非主要债务致使不能实现合同目的或者当事人另有约定的除外。

双方互负返还义务，当事人主张同时履行的，人民法院应予支持；占有标的物的一方对标的物存在使用或者依法可以使用的情形，对方请求将其应支付的资金占用费与应收取的标的物使用费相互抵销的，人民法院应予支持，但是法律另有规定的除外。

当事人一方起诉请求对方履行债务，被告依据《民法典》第525条的规定主张双方同时履行的抗辩且抗辩成立，被告未提起反诉的，人民法院应当判决被告在原告履行债务的同时履行自己的债务，并在判项中明确原告申请强制执行的，人民法院应当在原告履行自己的债务后对被告采取执行行为；被告提起反诉的，人民法院应当判决双方同时履行自己的债务，并在判项中明确任何一方申请强制执行的，人民法院应当在该当事人履行自己的债务后对对方采取执行行为。

（二）后履行抗辩权

后履行抗辩权，是指在双务合同中，应当先履行义务的一方当事人未按约履行合同义务时，履行义务在后的一方有权拒绝对方请求履行的权利。依据《民法典》的规定，当事人互负债务，有先后履行顺序，应当先履行一方未履行的，后履行一方有权拒绝其履行请求。先履行一方履行债务不符合约定的，后履行一方有权拒绝其相应的履行要求。

当事人一方起诉请求对方履行债务，被告依据《民法典》第526条的规定主张原告应先履行的抗辩且抗辩成立的，人民法院应当驳回原告的诉讼请求，但是不影响原告履行债务后另行提起诉讼。

（三）不安抗辩权

不安抗辩权，是指双务合同中先履行义务的一方当事人，有确切证据证明相对人财产明显减少或欠缺信用，不能保证对等给付时，有暂时中止履行合同的权利。《民法典》规定：应当先履行债务的当事人，有确切证据证明对方有下列情形之一的，可以中止履行：（1）经营状况严重恶化；（2）转移财产、抽逃资金，以逃避债务；（3）丧失商业信誉；（4）有丧失或者可能丧失履行债务能力的其他情形。

主张不安抗辩权的当事人如果没有确切证据中止履行的，应当承担违约责任。

当事人行使不安抗辩权中止履行的，应当及时通知对方。对方提供适当担保时，应当恢复合同的履行。中止履行后，对方在合理期限内未恢复履行能力并且未提供适当担保的，视为以自己的行为表明不履行主要债务，中止履行的一方可以解除合同并可以请求对方承担违约责任。

四、情势变更

情势变更又称情事变更，是指在合同履行过程中因不可归责于当事人的事由致使合同若继续履行会给当事人带来有悖合同订立目的的不利后果，应当事人的请求，人民法院或者仲裁机构结合案件的具体实际，根据公平原则变更或解除合同。

《民法典》第 533 条规定：合同成立后，合同的基础条件发生了当事人在订立合同时无法预见的、不属于商业风险的重大变化，继续履行合同对于当事人一方明显不公平的，受不利影响的当事人可以与对方重新协商；在合理期限内协商不成的，当事人可以请求人民法院或者仲裁机构变更或者解除合同。

《合同法解释》第 32 条明确阐述了"重大变化"的内涵以及发生重大变化后合同关系的处理规则。合同成立后，因政策调整或者市场供求关系异常变动等原因导致价格发生当事人在订立合同时无法预见的、不属于商业风险的涨跌，继续履行合同对于当事人一方明显不公平的，人民法院应当认定合同的基础条件发生了《民法典》第 533 条第 1 款规定的"重大变化"。但是，合同涉及市场属性活跃、长期以来价格波动较大的大宗商品以及股票、期货等风险投资型金融产品的除外。

合同的基础条件发生了《民法典》第 533 条第 1 款规定的重大变化，当事人请求变更合同的，人民法院不得解除合同；当事人一方请求变更合同，对方请求解除合同的，或者当事人一方请求解除合同，对方请求变更合同的，人民法院应当结合案件的实际情况，根据公平原则判决变更或者解除合同。

人民法院依据《民法典》第 533 条的规定判决变更或者解除合同的，应当综合考虑合同基础条件发生重大变化的时间、当事人重新协商的情况以及因合同变更或者解除给当事人造成的损失等因素，在判项中明确合同变更或者解除的时间。

当事人事先约定排除《民法典》第 533 条适用的，人民法院应当认定该约定无效。

五、合同的保全

合同的保全，是指为了防止因债务人的财产不当减少而给债权人的债权实现带来危害，法律允许债权人为保全其债权的实现而采取的法律措施。《民法典》规定的合同保全措施有代位权和撤销权两种。代位权针对的是债务人消极不行使自己债权的行为，撤销权针对的是债务人实施的积极侵害债权人债权实现的行为。

（一）代位权

1. 代位权的概念

债权人代位权，是指债务人怠于行使其对第三人的到期债权，以致危及债权人债权的实现时，债权人可以向人民法院请求以自己的名义代位行使债务人对其债务人（次债务人）的债权的权利。《民法典》第535条第1款规定，因债务人怠于行使其债权或者与该债权有关的从权利，影响债权人的到期债权实现的，债权人可以向人民法院请求以自己的名义代位行使债务人对相对人的权利，但是该权利专属于债务人自身的除外。

2. 代位权行使的条件

依据《民法典》的规定，债权人提起代位权诉讼，应当符合下列条件。

（1）债权人对债务人的债权合法并且是非专属于债务人自身的债权。专属于债务人自身的债权，是指基于扶养关系、抚养关系、赡养关系、继承关系产生的给付请求权以及劳动报酬、退休金、养老金、抚恤金、安置费、人寿保险、人身伤害赔偿请求权等权利。

依据最高人民法院《合同法解释》第34条的规定，人民法院可以认定为《民法典》第535条第1款规定的专属于债务人自身的权利包括以下5项：1）抚养费、赡养费或者扶养费请求权；2）人身损害赔偿请求权；3）劳动报酬请求权，但是超过债务人及其所扶养家属的生活必需费用的部分除外；4）请求支付基本养老保险金、失业保险金、最低生活保障金等保障当事人基本生活的权利；5）其他专属于债务人自身的权利。

（2）债务人怠于行使其到期债权，并且债务人怠于行使其到期债权已经危害债权人债权的实现。何谓"怠于行使"？债务人不履行其对债权人的到期债务，又不以诉讼或者仲裁方式向相对人主张其享有的债权或者与该债权有关的从权利，致使债权人的到期债权未能实现的，人民法院可以认定为《民法典》第535条规定的"债务人怠于行使其债权或者与该债权有关的从权利，影响债权人的到期债权实现"。

（3）债权人对债务人的债权、债务人对其债务人（次债务人）的债权均已到期。

3. 代位权诉讼的相关问题

（1）代位权诉讼主体：在代位权诉讼中，债权人为原告，次债务人为被告，债务人为诉讼上的第三人。

（2）代位权行使费用负担：在代位权诉讼中，债权人胜诉的，其产生的诉讼费用由次债务人负担，且从实现的债权中优先支付；其他必要费用则由债务人承担。

（3）代位权诉讼的司法管辖：代位权诉讼由被告住所地人民法院管辖。

4. 代位权行使的法律后果

《民法典》第537条规定，债权人向次债务人提起的代位权诉讼经人民法院经审理后认定代位权成立的，由债务人的相对人（次债务人）向债权人履行义务，债权人接受履行后，债权人与债务人、债务人与相对人（次债务人）之间相应的权利义务终止。但代位权行使的范围以债务人的债权为限，对超出部分人民法院不予支持。在代位权诉讼中，次债务人对债务人的抗辩，可以向债权人主张。

5. 代位权诉讼的司法管辖

债权人依据《民法典》第535条的规定对债务人的相对人提起代位权诉讼的，由被告住所地人民法院管辖，但是依法应当适用专属管辖规定的除外。

债务人或者相对人以双方之间的债权债务关系订有管辖协议为由提出异议的，人民法院不予支持。

债权人提起代位权诉讼后，债务人或者相对人以双方之间的债权债务关系订有仲裁协议为由对法院主管提出异议的，人民法院不予支持。但是，债务人或者相对人在首次开庭前就债务人与相对人之间的债权债务关系申请仲裁的，人民法院可以依法中止代位权诉讼。

债权人以债务人的相对人为被告向人民法院提起代位权诉讼，未将债务人列为第三人的，人民法院应当追加债务人为第三人。

两个以上债权人以债务人的同一相对人为被告提起代位权诉讼的，人民法院可以合并审理。债务人对相对人享有的债权不足以清偿其对两个以上债权人负担的债务的，人民法院应当按照债权人享有的债权比例确定相对人的履行份额，但是法律另有规定的除外。

债权人向人民法院起诉债务人后，又向同一人民法院对债务人的相对人提起代位权诉讼，属于该人民法院管辖的，可以合并审理。不属于该人民法院管辖的，应当告知其向有管辖权的人民法院另行起诉；在起诉债务人的诉讼终结前，代位权诉讼应当中止。

在代位权诉讼中，债务人对超过债权人代位请求数额的债权部分起诉相对人，属于同一人民法院管辖的，可以合并审理。不属于同一人民法院管辖的，应当告知其向有管辖权的人民法院另行起诉；在代位权诉讼终结前，债务人对相对人的诉讼应当中止。

代位权诉讼中，人民法院经审理认为债权人的主张不符合代位权行使条件的，应当驳回诉讼请求，但是不影响债权人根据新的事实再次起诉。

债务人的相对人仅以债权人提起代位权诉讼时债权人与债务人之间的债权债务关系未经生效法律文书确认为由，主张债权人提起的诉讼不符合代位权行使条件的，人民法院不予支持。

债权人提起代位权诉讼后，债务人无正当理由减免相对人的债务或者延长相对人的履行期限，相对人以此向债权人抗辩的，人民法院不予支持。

（二）撤销权

撤销权，是指债务人实施了不当减少财产的行为，危及债权人债权的实现时，债权人为保全债务人的责任财产，请求人民法院撤销债务人的处分行为的权利。

1. 撤销权行使的条件

依据《民法典》的规定，债权人行使撤销权，应当具备以下条件：（1）债权人须以自己的名义行使撤销权。（2）债权人对债务人存在有效债权。债权人对债务人的债权可以到期，也可以未到期。（3）债务人实施了减少财产的处分行为。其中，债务人减少财产的处分行为有：1）放弃到期债权，对债权人造成损害；2）无偿转让财产，对债权人造成损害；3）以明显不合理的价格转让或者受让财产（包括两种情形：低价转让财产或者高价受让财产），对债权人造成损害，并且受让人或者转让人知道该情形。认定何谓"明显不合理的低价"时，人民法院应当以交易当地一般经营者的标准判断，并参考交易时交易地的物价部门指导价或者市场交易价，结合其他相关因素综合考虑予以确认。一般认为，转让价格达不到交易时交易地的物价部门指导价或者市场交易价70%的，可以视为明显不合理的低价；受让价格高于交易时交易地的物价部门指导价或者市场交易价30%的，可以视为明显不合理的高价。上述两种情形都会导致债务人的财产不当减少，故此当债务人的处分行为符合上述条件时，债权人可以要求人民法院撤销债务人的处分行为。撤销权的行使范围以债权人的债权为限。（4）债务人的处分行为有害于债权人债权的实现。

当债务人的处分行为符合上述条件时，债权人可以要求人民法院撤销债务人的处分行为。撤销权的行使范围以债权人的债权为限。

《合同法解释》第 42 条～第 46 条细化了《民法典》第 539 条规定的"明显不合理"的低价或者高价的规定。司法实践中，人民法院应当按照交易当地一般经营者的判断，并参考交易时交易地的市场交易价或者物价部门指导价予以认定。转让价格未达到交易时交易地的市场交易价或者指导价 70％的，一般可以认定为"明显不合理的低价"；受让价格高于交易时交易地的市场交易价或者指导价 30％的，一般可以认定为"明显不合理的高价"。债务人与相对人存在亲属关系、关联关系的，不受前述规定的 70％、30％的限制。

债务人以明显不合理的价格，实施互易财产、以物抵债、出租或者承租财产、知识产权许可使用等行为，影响债权人的债权实现，债务人的相对人知道或者应当知道该情形，债权人请求撤销债务人的行为的，人民法院应当依据《民法典》第 539 条的规定予以支持。

2. 撤销权行使的期限

依据《民法典》第 541 条的规定，撤销权自债权人知道或应当知道撤销事由之日起 1 年内行使。自债务人的行为发生之日起 5 年内没有行使撤销权的，该撤销权消灭。上述规定中的"5 年"期间为除斥期间，不适用中止、中断或者延长的规定。

3. 撤销权诉讼中的主体与管辖

撤销权必须通过诉讼程序行使。债权人依据《民法典》第 538 条、第 539 条的规定提起撤销权诉讼的，应当以债务人和债务人的相对人为共同被告，由债务人或者相对人的住所地人民法院管辖，但是依法应当适用专属管辖规定的除外。

两个以上债权人就债务人的同一行为提起撤销权诉讼的，人民法院可以合并审理。

在债权人撤销权诉讼中，被撤销行为的标的可分，当事人主张在受影响的债权范围内撤销债务人的行为的，人民法院应予支持；被撤销行为的标的不可分，债权人主张将债务人的行为全部撤销的，人民法院应予支持。

债权人请求受理撤销权诉讼的人民法院一并审理其与债务人之间的债权债务关系，属于该人民法院管辖的，可以合并审理。不属于该人民法院管辖的，应当告知其向有管辖权的人民法院另行起诉。

4. 撤销权行使的法律后果

债权人向人民法院主张撤销权胜诉的，债务人的处分行为即归于无效，受益人或受让人应当返还从债务人处获得的财产，但债权人就撤销权行使的结果并无优先受偿权。其在这一点上有别于代位权。

债权人行使撤销权所支付的必要费用，由债务人负担。债权人行使撤销权所支付的合理的律师代理费、差旅费等费用，可以认定为《民法典》第 540 条规定的"必要费用"。

债权人在撤销权诉讼中同时请求债务人的相对人向债务人承担返还财产、折价补偿、履行到期债务等法律后果的，人民法院依法予以支持。

债权人依据其与债务人的诉讼、撤销权诉讼产生的生效法律文书申请强制执行的，人民法院可以就债务人对相对人享有的权利采取强制执行措施以实现债权人的债权。债权人在撤销权诉讼中，申请对相对人的财产采取保全措施的，人民法院依法予以准许。

合同依法被撤销或者被解除，债务人请求债权人返还财产的，人民法院应予支持。

第五节　合同的担保

一、合同的担保概述

（一）担保的概念与方式

担保，是指法律规定或者当事人约定的保证合同履行及债权人利益实现的法律措施。担保属于从法律行为。我国现行法律中对担保问题进行规范的主要有：《民法典》《担保制度解释》。另外，《公司法》《证券法》等也有相关规定。

合同的主要的担保方式一般有五种：保证、抵押、质押、留置和定金。此外，还有反担保。反担保方式可以是债务人提供的抵押或者质押，也可以是第三人提供的保证、抵押或者质押。但留置和定金不能作为反担保的方式。在债务人自己向原担保人提供反担保的场合，保证就不得作为反担保方式。此外，所有权保留、融资租赁、保理也具有一定的担保功能。

（二）担保合同的无效和法律责任

1. 担保合同无效的情形

依据《民法典》和《担保制度解释》的有关规定，下列担保合同无效：（1）违反法律、行政法规或者公序良俗的。（2）机关法人提供担保的。但是经国务院批准为使用外国政府或者国际经济组织贷款进行转贷的除外；居民委员会、村民委员会提供担保的，人民法院应当认定担保合同无效，但是依法代行村集体经济组织职能的村民委员会，依照村民委员会组织法规定的讨论决定程序对外提供担保的除外。（3）以公益为目的的非营利性学校、幼儿园、医疗机构、养老机构等提供担保的。但是有下列情形之一的除外：1）在购入或者以融资租赁方式承租教育设施、医疗卫生设施、养老服务设施和其他公益设施时，出卖人、出租人为担保价款或者租金实现而在该公益设施上保留所有权；2）以教育设施、医疗卫生设施、养老服务设施和其他公益设施以外的不动产、动产或者财产权利设定担保物权。（4）以法律、法规禁止流通的财产或者不可转让的财产设定担保的，担保合同无效。

2. 担保合同无效的法律责任

担保合同被确认无效时，债务人、担保人、债权人有过错的，应当根据其过错各自承担相应的民事责任，即承担《民法典》合同编规定的缔约过失责任。依据《担保制度解释》的规定，主合同有效而第三人提供的担保合同无效时，当事人的责任分担如下：

（1）担保人有过错而债权人无过错的，担保人对债务人不能清偿的部分承担赔偿责任。

（2）债权人与担保人均有过错的，担保人承担的赔偿责任不应超过债务人不能清偿部分的1/2。

（3）债权人有过错而担保人无过错的，担保人不承担赔偿责任。

主合同无效导致第三人提供的担保合同无效，担保人无过错的，不承担担保责任；担保人有过错的，其承担的赔偿责任不应超过债务人不能清偿部分的1/3。

第三人承担担保责任后，有权在其承担责任的范围向债务人追偿。

（三）公司对外担保

1. 法定代表人违法违规情形下的担保责任

公司法定代表人违反公司法关于公司对外担保决议程序的规定，超越权限代表公司与相对人订立担保合同，应当按照《担保制度解释》第 7 条的规定以及《民法典》第 61 条和第 504 条等规定处理：（1）相对人善意的，担保合同对公司发生效力；相对人有权请求公司承担担保责任。（2）相对人非善意的，担保合同对公司不发生效力；相对人请求公司承担赔偿责任的，参照主合同有效而担保合同无效的情形处理。（3）法定代表人超越权限提供担保造成公司损失的，公司有权请求法定代表人承担赔偿责任。

2. 对外担保决议的效力

公司对外担保，是公司开展正常生产经营活动，建设良好运营人脉，互助融通，维系公共关系、长远发展的常见举措。但因其会影响公司的资本安全，陷公司财产于危险境地，动摇公司根本，故《公司法》对公司对外担保决议事项有较严格的规定。自 2021 年 1 月 1 日起实施的《担保制度解释》对此作出了更为细致明确的规定。根据该规定，有下列情形之一的，公司不得以其未按照《公司法》关于公司对外担保的规定作出决议为由主张不承担担保责任：（1）金融机构开立保函或者担保公司提供担保；（2）公司为其全资子公司开展经营活动提供担保；（3）担保合同系由单独或者共同持有公司 2/3 以上对担保事项有表决权的股东签字同意。上述第（2）、（3）项所列情形不适用上市公司对外提供担保。

3. 上市公司对外担保的特殊责任

依据《担保制度解释》第 9 条的规定，相对人根据上市公司公开披露的关于担保事项已经董事会或者股东大会决议通过的信息，与上市公司订立担保合同，相对人主张担保合同对上市公司发生效力，并由上市公司承担担保责任的，人民法院应予支持。

相对人未根据上市公司公开披露的关于担保事项已经董事会或者股东大会决议通过的信息，与上市公司订立担保合同，上市公司主张担保合同对其不发生效力，且不承担担保责任或者赔偿责任的，人民法院应予支持。

相对人与上市公司已公开披露的控股子公司订立的担保合同，或者相对人与股票在国务院批准的其他全国性证券交易场所交易的公司订立的担保合同，适用上述规定。

4. 公司分支机构对外担保的效力

《担保制度解释》第 11 条规定，公司分支机构对外担保的效力有三种情形。

（1）公司的分支机构未经公司股东会或者董事会决议以自己的名义对外提供担保，相对人请求公司或者其分支机构承担担保责任的，人民法院不予支持，但是相对人不知道且不应当知道分支机构对外提供担保未经公司决议程序的除外。

（2）金融机构的分支机构在其营业执照记载的经营范围内开立保函，或者经有权从事担保业务的上级机构授权开立保函，金融机构或者其分支机构以违反《公司法》关于公司对外担保决议程序的规定为由主张不承担担保责任的，人民法院不予支持。金融机构的分支机构未经金融机构授权提供保函之外的担保，金融机构或者其分支机构主张不承担担保责任的，人民法院应予支持，但是相对人不知道且不应当知道分支机构对外提供担保未经金融机构授权的除外。

（3）担保公司的分支机构未经担保公司授权对外提供担保，担保公司或者其分支机构主张不承担担保责任的，人民法院应予支持，但是相对人不知道且不应当知道分支机构对外提供担保未经担保公司授权的除外。

公司的分支机构对外提供担保，相对人非善意，请求公司承担赔偿责任的，参照该解释第 17 条的有关规定处理。

二、保证

（一）保证的含义

保证，是指第三人和债权人约定，当债务人不履行其债务时，由该第三人按照约定履行债务或者承担责任的一种担保方式。"第三人"被称作保证人；"债权人"既是主债的债权人，也是保证合同中的债权人。保证是保证人与债权人之间的合同关系。

（二）保证人的资格

保证合同当事人为保证人和债权人。保证人可以是具有完全行为能力的自然人、法人或者非法人组织。自然人、法人或者非法人组织均可以为保证人。保证人可以是单一的自然人、法人或者非法人组织，也可以为两人以上。同一债务有两个以上保证人的，保证人应当按照保证合同约定的保证份额，承担保证责任；没有约定保证份额的，债权人可以请求任何一个保证人在其保证范围内承担保证责任。

为确保保证担保责任的落实，又不因保证人承担保证责任而影响社会公共利益，《民法典》第 683 条对保证人的资格作出相应的限制。

（1）机关法人不得为保证人。但经国务院批准为使用外国政府或者国际经济组织贷款进行转贷的，机关法人可以为保证人。

（2）以公益为目的的非营利法人不得为保证人。所谓非营利法人，是指为公益目的或者其他非营利目的成立，不向出资人、设立人或者会员分配所取得利润的法人。非营利法人包括事业单位（学校、医院、幼儿园等）、社会团体（工会、妇联、共青团、注册会计师协会、文联、作协等）、基金会（中华慈善总会、红十字会、宋庆龄基金会等）、社会服务机构（民办学校、民办医院、民办养老机构）等。我国立法中的"非营利法人"的概念源自 2017 年 3 月通过的《民法总则》。《民法典》沿用了这一新的法律概念，摒弃了原立法中采用的企业法人、非企业法人、事业单位法人、社会团体法人的概念。目前我国关于非营利法人的法律法规主要有《民法典》《慈善法》《信托法》《社会团体登记管理条例》《基金会管理条例》《民办非企业单位登记管理暂行条例》《宗教事务条例》等。

依据《担保制度解释》第 6 条第 2 款的规定，登记为营利法人的学校、幼儿园、医疗机构、养老机构等提供担保，当事人以其不具有担保资格为由主张担保合同无效的，人民法院不予支持。

（3）非法人组织不得为保证人。非法人组织主要包括两类：1）企业法人的职能部门。企业法人的职能部门提供保证的，保证合同无效。债权人知道或者应当知道保证人为企业法人的职能部门的，因此造成的损失由债权人自行承担；债权人不知道保证人为企业法人的职能部门，因此造成的损失，由债权人和保证人根据其过错各自承担相应的民事责任。2）企业法人的分支机构。企业法人的分支机构原则上不得担任保证人。但该分支机构有法人书面授权的，可以在授权的范围内提供保证。企业法人的分支机构经营管理的财产不足以承担保证责任的，由企业法人承担。

企业法人的分支机构经法人书面授权提供保证的，如果法人的书面授权范围不明，法人的分支机构应当对保证合同约定的全部债务承担保证责任。

法人的分支机构未经法人书面授权或者超出授权范围提供保证的，保证合同无效或超出授权范围的部分无效。债权人和企业法人有过错的，应当根据其过错各自承担相应的民事责任，债权人无过错的，由企业法人承担民事责任。

（4）主债务人不得同时为保证人。如果主债务人同时为保证人，则意味着其责任财产未增加，保证的目的落空。

（三）保证方式

根据保证人承担责任方式的不同，保证可分为一般保证和连带保证。

1. 一般保证

这是指当事人在保证合同中约定，债务人不能履行债务时，由保证人承担保证责任的保证。一般保证的保证人在主合同纠纷未经人民法院审理或者仲裁机构仲裁，并就债务人财产依法强制执行仍不能履行债务之前，对债权人可以拒绝承担保证责任。此权利又被称为先诉抗辩权。

但有下列情形之一的，保证人不得行使先诉抗辩权：（1）债务人住所变更，致使债权人要求其履行债务发生重大困难的，如债务人下落不明、移居境外且无财产可供执行；（2）人民法院受理债务人破产案件，中止执行程序的；（3）保证人以书面形式放弃规定的权利的。

一般保证的保证人在主债务履行期限届满后，向债权人提供债务人可供执行财产的真实情况，债权人放弃或者怠于行使权利致使该财产不能被执行的，保证人在其提供可供执行财产的价值范围内不再承担保证责任。

2. 连带保证

当事人在保证合同中约定保证人与债务人对债务承担连带责任的，为连带保证。连带保证的被保证人即债务人在主合同规定的债务履行期限届满时没有履行债务的，债权人可以要求债务人履行债务，也可以要求保证人在其保证的范围内承担保证责任。连带保证的保证人不享有先诉抗辩权。

当事人对保证方式没有约定或者约定不明的，按照一般保证方式承担保证责任。

（四）保证责任

1. 保证责任的范围

保证人在约定的保证范围内承担保证责任。保证担保的范围包括主债权及利息、违约金、损害赔偿金和实现债权的全部费用。当事人对保证担保的范围没有约定或者约定不明确的，保证人应当对全部债务承担责任。

2. 主合同变更与保证责任的承担

保证期间，债权人依法将主债权转让给第三人的，保证债权同时转让，保证人在原担保的范围内对受让人承担保证责任。但是保证人与债权人事先约定仅对特定的债权人承担保证责任或者禁止转让债权的，保证人对受让人不承担保证责任。保证期间，债权人许可债务人转让债务的，应当取得保证人的书面同意，保证人对于未经同意转让的债务部分，不再承担保证责任。

保证期间，债权人与债务人协议变更主合同的，应当取得保证人的书面同意。未经保证人书面同意的主合同变更，如果减轻债务人的债务负担，保证人仍应对变更后的合同承担保证责任；如果加重债务人的债务负担，保证人对加重部分不承担保证责任。债权人与债务人协议变更主合同履行期限，未经保证人书面同意的，保证期间为原合同约定的或者法律规定的期间。债权人与债务人协议变更主合同的内容，但并未实际履行的，保证人仍应当承担保证责任。

主合同当事人双方协议以新贷偿还旧贷，除保证人知道或者应当知道以外，保证人不承担民事责任，但新贷与旧贷系同一保证人的除外。

3. 保证期间与保证的诉讼时效

保证期间为保证责任的存续期间。根据法律的有关规定，当事人可以在合同中约定保证期间；没有约定的，保证期间为主债务履行期限届满之日起 6 个月。在连带责任保证的情况下，债权人有权自主债务履行期间届满之日起 6 个月内要求保证人承担保证责任；在一般保证的情形下，债权人应自主债务履行期限届满之日起 6 个月内对债务人提起诉讼或者申请仲裁。保证合同约定的保证期间早于或等于主债务履行期限的，视为没有约定。主债务履行期限没有约定或者约定不明的，保证期间自债权人要求债务人履行债务的宽限期届满之次日开始计算。

在保证期间中，债权人主张权利的，保证的诉讼时效起算时间依保证方式不同而不同。连带保证责任的债权人在保证期间届满前请求保证人承担保证责任的，从债权人请求保证人承担保证责任之日起，开始计算保证债务的诉讼时效；一般保证的债权人在保证期间届满前对债务人提起诉讼或者申请仲裁的，从保证人拒绝承担保证责任的权利消灭之日起，开始计算保证债务的诉讼时效。

4. 保证责任与共同担保

在同一债权上既有保证又有物的担保的，属于共同担保。《民法典》第 392 条规定：被担保的债权既有物的担保又有人的担保的，债务人不履行到期债务或者发生当事人约定的实现担保物权的情形，债权人应当按照约定实现债权；没有约定或者约定不明确，债务人自己提供物的担保的，债权人应当先就物的担保实现债权；第三人提供物的担保的，债权人可以就物的担保实现债权，也可以请求保证人承担保证责任。提供担保的第三人承担担保责任后，有权向债务人追偿。

基于上述规定，物的担保和保证并存时，如果债务人不履行债务，则根据下列规则确定当事人承担的担保责任：（1）根据当事人的约定确定承担责任的顺序。（2）没有约定或者约定不明时，如果保证与债务人提供的物的担保并存，则债权人先就债务人的物的担保求偿，保证人在物的担保不足清偿时承担补充清偿责任。（3）没有约定或者约定不明时，如果保证与第三人提供的物的担保并存，则债权人可以先就物的担保实现债权，也可以要求保证人承担保证责任。（4）在保证与第三人提供的物的担保并存的情况下，其中一个担保人如果承担了担保责任，则只能向债务人追偿，不能向另外一个担保人追偿。

5. 保证人不承担保证责任的情形

依据《民法典》的有关规定，有下列情形之一的，保证人不承担民事责任：（1）主合同当事人双方串通，骗取保证人提供保证的。（2）合同债权人采取欺诈、胁迫等手段，使保证人在违背真实意思的情况下提供保证的。（3）主合同债务人采取欺诈、胁迫等手段，使保证人在违背真实意思的情况下提供保证，债权人知道或应当知道欺诈、胁迫事实的。

但债务人与保证人共同欺骗债权人，订立主合同和保证合同的，债权人可以请求人民法院予以撤销。因此给债权人造成损失的，由保证人与债务人承担连带赔偿责任。

三、抵押

（一）抵押的概念与特征

抵押，是指为担保债务的履行，债务人或者第三人不转移财产占有，将该财产抵押给债权人担保债务人履行债务的担保方式。债务人不履行债务时，债权人有权依法以该财产折价或者以拍卖、变卖该财产的价款优先受偿。

抵押权作为担保物权的一种，具有以下法律特征。

（1）抵押权具有从属性。因担保合同是主债权债务合同的从合同，主债权合同无效，担保合同亦无效，但法律另有规定的除外。抵押权不得与债权分离单独转让或者作为其他债权的担保。债权转让的，抵押权一并转让，但法律另有规定或者当事人另有约定的除外。

（2）抵押权具有不可分性。抵押权的不可分性是指其所担保的债权的债权人可以就抵押物的全部行使权利。

（3）抵押权具有物上代位性。《民法典》规定了担保物权的物上代位性：担保期间，担保财产毁损、灭失或者被征收等，担保物权人可以就获得的保险金、赔偿金或者补偿金等优先受偿；被担保债权的履行期限未届满的，也可以提存该保险金、赔偿金或者补偿金等。

（4）抵押权是不转移标的物占有的担保物权。这是抵押权与质押权的最主要区别。由于抵押权的设定不需要移转占有，因而，抵押权的设定不能采用占有移转的公示方法，而必须采用登记或其他方法进行公示。

（二）抵押合同

设立抵押权，当事人应当采用书面形式订立抵押合同。抵押合同一般包括下列条款：（1）被担保债权的种类和数额；（2）债务人履行债务的期限；（3）抵押财产的名称、数量等情况；（4）担保的范围；（5）当事人认为应当约定的其他事项。

抵押合同对被担保的主债权种类、抵押财产没有约定或者约定不明，根据主合同和抵押合同不能补正或者无法推定的，抵押不成立。

我国《民法典》物权编明确肯定了原《合同法》规定的禁止"流押条款"，即抵押权人在债务履行期限届满前，不得与抵押人约定债务人不履行到期债务时抵押财产归债权人所有，如果当事人在抵押合同中约定了流押条款，该条款无效。《民法典》第401条规定，抵押权人在债务履行期限届满前，与抵押人约定债务人不履行到期债务时抵押财产归债权人所有的，只能依法就抵押财产优先受偿。

（三）抵押物

抵押人只能以法律规定可以抵押的财产提供担保。对法律规定不可以抵押的财产，抵押人不得将其用于提供担保。

依据《民法典》第395条的规定，债务人或者第三人有权处分的下列财产可以抵押：（1）建筑物和其他土地上的附着物。以建筑物设立抵押的，该建筑物范围内的建设用地使用权一并抵押。抵押人未将其一并设立抵押的，未抵押财产视为一并抵押。（2）建设用地使用权。以建设用地使用权设立抵押的，该土地上的建筑物一并抵押。抵押人未将二者一并抵押的，未抵押的财产视为一并抵押。建设用地使用权设定抵押后，该土地上的新增建筑物不属于抵押财产。该建设用地使用权实现抵押权时，应当将该土地上新增的建筑物与建设用地使用权一并处分，但新增建筑物所得的价款，抵押权人无权优先受偿。（3）海域使用权。（4）生产设备、原材料、半成品、产品。经当事人书面协议，企业、个体工商户、农业生产者可以将现有的以及将有的生产设备、原材料、半成品、产品抵押。债务人不履行到期债务或者发生当事人约定的实现抵押权的情形时，债权人有权就实现抵押权时的动产变价优先受偿。（5）正在建造的建筑物、船舶、航空器。（6）交通运输工具。（7）法律、行政法规未禁止抵押的其他财产。另依《农村土地承包法》第 47 条、第 53 条的规定，以家庭承包方式取得的土地经营权，以及通过招标、拍卖、公开协商等方式承包农村土地并经依法登记取得权属证书的土地经营权，亦可抵押。

法律、法规不仅规定了可以抵押的财产，而且规定了不可以抵押的财产。根据《民法典》第 399 条的规定，下列财产不得抵押。

（1）土地所有权。在我国，土地权属归国家或者集体所有，土地所有权不能抵押，也就是不能以国家或集体所有的土地设定抵押，否则，抵押合同无效。

（2）宅基地、自留地、自留山等集体所有土地的使用权，但是法律规定可以抵押的除外。这里的例外是指：1）以招标、拍卖、公开协商等方式取得的荒地等的土地承包经营权可以抵押。2）乡镇、村企业的建设用地使用权不得单独设定抵押。以乡镇、村企业的厂房等建筑物抵押的，其占用范围内的建设用地使用权一并抵押。实现抵押权后，未经法定程序，不得改变土地所有权的性质和土地用途。3）"两权"抵押试点新规。2015 年 8 月 10 日，国务院发布《关于开展农村承包土地的经营权和农民住房财产权抵押贷款试点的指导意见》（国发〔2015〕45 号），规定：在符合条件的地区，开展农村承包土地的经营权和农民住房财产权（以下统称"两权"）抵押贷款试点。"两权"抵押贷款试点以县（市、区）行政区域为单位。农村承包土地的经营权抵押贷款试点主要在农村改革试验区、现代农业示范区等农村土地经营权流转较好的地区开展；农民住房财产权抵押贷款试点原则上选择国土资源部牵头确定的宅基地制度改革试点地区开展。农民住房财产权设立抵押的，需将宅基地使用权与住房使用权一并抵押。关于"两权"抵押试点新规，在实践中尚存诸多阻碍，有待进一步完善。

（3）学校、幼儿园、医疗机构等为公益为目的成立的非营利法人的教育设施、医疗卫生设施和其他公益设施。

（4）所有权、使用权不明或者有争议的财产。财产的所有权、使用权不明或者有争议，无法确定是否有处分权，因此不得用于抵押。

（5）依法被查封、扣押、监管的财产。但是已经设定抵押的财产被采取查封、扣押等财产保全或者执行措施的，不影响抵押权的效力。

（6）法律、行政法规规定不得抵押的其他财产。

（四）抵押登记

抵押物登记的效力有两种情形。

1. 登记是抵押权生效的要件

抵押合同不以登记为生效要件，但抵押权却依抵押物的性质而须登记或者无须登记。以建筑物和其他土地附着物、建设用地使用权、海域使用权、正在建造中的建筑物设定抵押的，应当办理抵押登记。抵押权自登记时设立。

《担保制度解释》第 47 条、第 48 条规定：不动产登记簿就抵押财产、被担保的债权范围等所作的记载与抵押合同约定不一致的，人民法院应当根据登记簿的记载确定抵押财产、被担保的债权范围等事项。当事人申请办理抵押登记手续时，因登记机构的过错致使其不能办理抵押登记，当事人请求登记机构承担赔偿责任的，人民法院依法予以支持。

2. 登记取得对抗第三人的效力

当事人以生产设备、原材料、半成品、产品，正在建造的船舶、航空器，交通运输工具等动产，或者以家庭承包方式取得的土地经营权抵押的，抵押权自抵押合同生效时设立，未经登记，不得对抗善意第三人。

（五）抵押的效力

（1）抵押担保的范围包括：主债权及利息、违约金、损害赔偿金和实现抵押权的费用。抵押合同另有约定的，按照其约定。

（2）订立抵押合同前抵押财产已经出租的，原租赁关系不受抵押权的影响。抵押人将已抵押的财产出租时，如果抵押人未书面告知承租人该财产已抵押的，抵押人对因此给承租人造成的损失承担赔偿责任；如果抵押人在出租抵押物时，已明确书面告知承租人该财产已抵押的，抵押权实现造成承租人的损失，由承租人自己承担。

抵押权设立后抵押财产出租的，该租赁关系不得对抗已登记的抵押权。在因租赁关系的存在致使抵押权实现时变现困难或出价降低致使抵押权难以获得圆满受偿等情况下，抵押权人有权主张终止租赁关系。

（3）抵押权实现与抵押物孳息。债务人不履行到期债务或者发生当事人约定的实现抵押权的情形，致使抵押财产被人民法院依法扣押的，自扣押之日起抵押权人有权收取该抵押财产的天然孳息或者法定孳息，但抵押人未通知应当清偿法定孳息的义务人的除外。孳息的清偿顺序为：1）充抵收取孳息的费用；2）主债权的利息；3）主债权。

（4）以动产抵押的，抵押权人不得对抗正常经营活动中已经支付合理价款并取得抵押财产的买受人，即"正常买受人"规则。"正常买受人"规则被纳入《民法典》立法中，意味着以动产设立抵押权的抵押权人实现抵押权的风险加大，即无论动产抵押权是否登记，均不得对抗此类买受人。

在"价款债权抵押权"担保的情形下，即动产抵押担保的主债权是抵押物的价款，标的物交付后10日内办理抵押登记的，该抵押权人优先于抵押物买受人的其他担保物权人受偿，但是留置权人除外。此种担保包括两种情形：1）融资机构提供贷款专用于购置标的物形成的债权；2）出卖人允许买受人赊购标的物形成的债权。

（5）抵押物因混合、附合或者加工使抵押物的所有权为第三人所有的，抵押权的效力及于补偿金；抵押物所有权人为附合物、混合物或者加工物的所有权人的，抵押权的效力及于附合物、混合物或者加工物；第三人与抵押物的所有权人为附合物、混合物或者加工物的共有人的，抵押权的效力及于抵押人对共有物享有的份额。

（6）抵押权设定前为抵押物的从物的，抵押权的效力及于抵押物的从物。但是，抵押物与其从物为两个以上的人分别所有时，抵押权的效力不及于抵押物的从物。

（7）同一财产既设立抵押权又设立质权的，拍卖、变卖该财产所得的价款按照登记、交付的时间先后确定清偿顺序。

（六）抵押期间抵押物的转让

《民法典》第406条第1款规定："抵押期间，抵押人可以转让抵押财产。当事人另有约定的，按照其约定。抵押财产转让的，抵押权不受影响。"抵押期间，抵押人转让抵押财产的，应当及时通知抵押权人。抵押权人能够证明抵押财产转让可能损害抵押权的，可以请求抵押人将转让财产所得的价款向抵押权人提前清偿债务或者提存。转让的价款超过债权数额的部分归抵押人所有，不足部分由债务人清偿。

抵押权不得与债权分离而单独转让或者作为其他债权的担保。债权转让的，担保该债权的抵押权一并转让，但法律另有规定或者当事人另有约定的除外。

抵押人的行为足以让抵押财产价值减少的，抵押权人有权要求抵押人停止其行为。抵押财产价值减少的，抵押权人有权要求恢复抵押物的价值，或者提供与减少的价值相应的担保。抵押人不恢复抵押财产的价值，也不提供担保的，抵押权人有权要求债务人提前清偿债务。

（七）抵押权的实现

1. 抵押权的实现的条件

《民法典》规定，债务人不履行到期债务或者发生当事人约定的实现抵押权的情形的，抵押权人可以与抵押人协议以抵押财产折价或者以拍卖、变卖该抵押财产所得的价款优先受偿。协议损害其他债权人的利益的，其他债权人可以在知道或者应当知道撤销事由之日起1年内申请人民法院撤销该协议。

对抵押物折价或者拍卖、变卖所得的价款，当事人没有约定的，清偿顺序如下：（1）实现抵押权的费用；（2）主债权的利息；（3）主债权。抵押物的变价款不足清偿的债权由债务人清偿。

抵押财产因不可归责于抵押人自身的原因灭失或者被征收等导致不能办理抵押登记，债权人请求抵押人在约定的担保范围内承担责任的，人民法院不予支持；但是抵押人已经获得保险金、赔偿金或者补偿金等，债权人请求抵押人在其所获金额范围内承担赔偿责任的，人民法院依法予以支持。

抵押人转让抵押财产或者有在其他可归责于抵押人自身的原因导致不能办理抵押登记，债权人请求抵押人在约定的担保范围内承担责任的，人民法院依法予以支持，但是不得超过抵押权设立时抵押人应当承担的责任范围。

2. 抵押权顺位的确定规则

在同一物上并存数个抵押权的，拍卖、变卖抵押财产所得的价款按照下列规定清偿：（1）抵押权均已登记的，按照登记的时间先后确定清偿顺序；登记时间相同的，按照债权比例清偿。（2）抵押权已登记的，优于未登记的受偿。（3）抵押权均未登记的，按照债权比例清偿。

抵押权人可以放弃抵押权或者抵押权的顺位。抵押权人与抵押人可以协议变更抵押权顺位以及被担保的债权数额等内容。但是，抵押权的变更，未经其他抵押权人书面同意的，不得对其他抵押权人产生不利影响。

债务人以自己的财产设定抵押，抵押权人放弃该抵押权、抵押权顺位或者变更抵押权的，其他担保人在抵押权人丧失优先受偿权益的范围内免除担保责任，但是其他担保人承诺仍然提供担保的除外。

同一财产向两个以上债权人抵押的，顺序在先的抵押权与该财产的所有权归属一人时，该财产的所有权人可以以其抵押权对抗顺序在后的抵押权；顺序在后的抵押权所担保的债权先到期的，抵押权人只能就抵押物的价值超出顺序在先的抵押担保债权的部分受偿；顺序在先的抵押权所担保的债权先到期的，抵押权实现后的剩余价款应予提存，留待顺序在后的抵押权人实现抵押。

抵押权不得与债权分离而单独转让或者作为其他债权的担保。债权转让的，担保该债权的抵押权一并转让，但是法律另有规定或者当事人另有约定的除外。

同一财产法定登记的抵押权与质权并存时，抵押权人优先于质权人受偿。同一财产抵押权与留置权并存时，留置权人优于抵押权人受偿。

抵押权人应当在主债权诉讼时效期间行使抵押权；在此期间未行使的，人民法院不予保护。

（八）最高额抵押权

1. 最高额抵押权的概念和特征

最高额抵押权是指为担保债务的履行，债务人或者第三人对一定期间内将要连续发生的债权提供担保财产的，债务人不履行到期债务或者发生当事人约定的实现抵押权的情形，抵押权人有权在最高债权额度内就该担保财产优先受偿。

最高额抵押权的特征如下：

（1）抵押担保的债权是将来发生的债权。但若是最高额抵押权设立前已经存在的债权，经当事人同意，可以转入最高额抵押担保的债权范围。

（2）抵押担保的债权额不确定，但设有最高限制额。

（3）债权人仅对抵押财产行使最高限度内的优先受偿权。

（4）实际发生的债权是连续、不特定的。

（5）最高额抵押权只需首次登记即可设立，其后连续发生的债权，则无须再办理抵押登记。

2. 最高额抵押担保的债权确定

有下列情形之一的，抵押权人的债权确定：（1）约定的债权确定期间届满；（2）没有约定债权确定期间或者约定不明确，抵押权人或者抵押人自最高额抵押权设立之日起满2年后请求确定债权；（3）新的债权不可能发生；（4）抵押权人知道或者应当知道抵押财产被查封、扣押；（5）债务人、抵押人被宣告破产或者被解散；（6）法律规定的债权确定的其他情形。

最高额抵押担保的债权确定前，部分债权转让的，最高额抵押权不得转让，但当事人另有约定的除外。

3. 最高额抵押权的实现

最高额抵押权所担保的不特定债权，在特定后，债权已届清偿期的，最高额抵押权人可以根据普通抵押权的规定行使抵押权。

抵押权人实现最高额抵押权时，实际发生的债权余额高于最高限额的，以最高限额为限，超过部分不具有优先受偿的效力；实际发生的债权余额低于最高限额的，以实际发生的债权余额为限，对抵押物优先受偿。

（九）动产浮动抵押

1. 动产浮动抵押的含义

动产浮动抵押是指企业、个体工商户、农业生产经营者依法可以将现有的和将有的生产设备、原材料、半产品以及产品设定抵押，债务人不履行到期债务或者发生当事人约定的实现抵押权的情形的，债权人有权就抵押财产确定时的动产优先受偿。

2. 动产浮动抵押权的设立

设立动产浮动抵押，抵押权人应当向抵押人住所地的市场监督管理部门办理登记。抵押权自抵押合同生效时设立，未经登记，不得对抗善意第三人。动产浮动抵押无论是否办理抵押登记，均不得对抗正常经营活动中已支付合理价款并取得抵押财产的买受人。

3. 动产浮动抵押实现的条件

动产浮动抵押，抵押财产自下列情形之一发生时确定：（1）债务履行期限届满，债权未实现；（2）抵押人被宣告破产或者解散；（3）当事人约定的实现抵押权的情形；（4）严重影响债权实现的其他情形。

四、质押

质押是指债务人或者第三人将其动产或者权利移交债权人占有，将该财产作为债的担保，当债务人不履行债务时，债权人有权依照法律的规定，以该财产或权利折价或者以拍卖、变卖该财产或权利的价款优先受偿。该债务人或者第三人为出质人，债权人为质权人，移交的财产为质物。

质押分为动产质押和权利质押。

（一）动产质押

1. 动产质押质权的设定

设定动产质押，出质人和质权人应当以书面形式订立质押合同。动产质押合同的内容应当包括：被担保的主债权种类、数额，债务人履行债务的期限，质物的名称、数量、状况，质押担保的范围，质物移交的时间，当事人认为需要认定的其他事项。质押合同不完全具备上述内容的，当事人可以事后补正。

动产质押合同自合同成立时生效，但质权须自质物移交给质权人占有时生效。因此，只有出质人将出质的动产移交给质权人占有，债权人才能取得质权。在质押期间，质权人也必须控制质押物的占有。出质人代质权人占有质物的，质权不成立；质权人将质物返还于出质人后，以其质权对抗第三人的，人民法院不予支持。

动产质押质权的效力及于质物的从物。但是从物未随同质物移交质权人占有的，质权的效力不及于从物。

《民法典》第428条规定，质权人在债务履行期限届满前，不得与出质人约定债务人不履行到期债务时质押财产归质权人所有。也就是说，动产质押合同禁止"流质条款"，当事人在质押合同中约定"流质条款"的，该条款无效。

《民法典》第439条规定，出质人和质权人可以协议设立最高额质权。

2. 动产质押质权人的权利和责任

（1）质权人对质物的权利。

1）质权人有权收取质物的孳息，但合同另有约定的除外；2）质权人有权要求出质人提供补充担保。质押财产因不可归责于质权人的事由可能使质押财产毁损或其价值明显减少，足以危害质权人利益的，质权人有权要求出质人提供相应的担保；出质人不提供的，质权人可以拍卖、变卖质押财产，并与出质人通过协议将拍卖、变卖所得价款提前清偿债务或者提存；3）质权人有权要求出质人赔偿质物隐蔽瑕疵造成的损害。质权设立后，若因质物存在隐蔽瑕疵造成质权人其他财产损害的，质权人可以要求出质人承担赔偿责任。但是质权人在质物移交时明知质物有瑕疵而予以接受的除外。

（2）质权人对质物的责任。

质权设定后，质押物即从出质人处转移至质权人，质权人对质押期间合法占有的质物承担以下责任：1）质权人在质权存续期间，未经出质人同意，不得擅自使用、处分质押财产，如果违背此一规定，给出质人造成损害的，质权人承担赔偿责任；2）质权存续期间，质权人须妥善保管质押财产，若因保管不善致使质押财产毁损、灭失的，质权人应当承担赔偿责任；3）质权存续期间，质权人未经出质人的同意不得转质。质权人擅自转质，造成质押财产毁损、灭失的，质权人向出质人承担赔偿责任。

3. 动产质押质权的实现

债务人履行债务或者出质人提前清偿所担保的债权的，质权人应当返还质押财产。

债务人不履行到期债务或者发生当事人约定的实现质权的情形，质权人可以与出质人协议以质押财产折价、拍卖或变卖质押财产所得价款优先受偿。质押财产折价或者变卖的，应当参照市场价格。质押财产折价或者拍卖、变卖后，其价款超过债权数额的部分归出质人所有，不足部分由债务人清偿。

债务履行期限届满后，出质人可以请求质权人及时行使质权，质权人怠于行使的，出质人可以请求人民法院拍卖、变卖质押财产。出质人请求质权人赔偿因其不作为给其造成损害的，质权人须承担赔偿责任。

（二）权利质押

1. 权利质押的标的

权利质押是指以可转让的权利作为标的物的质押。依据《民法典》的规定，可以用于权利质押的权利有：（1）汇票、支票、本票；（2）债券、存款单；（3）仓单、提单；（4）可以转让的基金份额、股权；（5）可以转让的注册商标专用权、专利权、著作权等知识产权中的财产权；（6）现有的以及将有的应收账款；（7）法律、行政法规规定可以出质的其他财产权利。

2. 权利质押质权的设立

（1）以汇票、支票、本票、债券、存款单、仓单、提单出质的，当事人应当订立书面合同。质权自权利凭证交付质权人占有时设立；没有权利凭证的，质权自向有关部门办理出质登记时设立。汇票、支票、本票、债券、仓单、提单、存款单的兑现日期或者提货日期先于主债权到期的，质权人可以兑现或者提货，并与出质人协议以兑现的价款或者提取的货物提前清偿债务或提存。

（2）以基金份额、股权出质的，当事人应当订立书面合同。以基金份额、股权出质的，质权自办理出质登记时设立。基金份额、股权出质后，不得转让，但经出质人与质权人协商同意的除外。出质人转让基金份额、股权所得的价款，应当向质权人提取清偿或者提存。

（3）以注册商标专用权、专利权、著作权等知识产权中的财产权出质的，当事人应当订立书面合同。质权自有关主管部门办理出质登记时设立。以知识产权中的财产权出质的，出质人不得转让或者许可他人使用，但经出质人与质权人协商同意的除外。出质人转让或者许可他人使用出质的知识产权中的财产权所得的价款，应当向质权人提前清偿或者提存。

（4）以现有的以及将有的应收账款出质的，当事人应当订立书面合同。质权自办理出质登记时设立。应收账款出质后，不得转让，但经出质人与质权人协商同意的除外。出质人转让应收账款的所得的价款，应当向质权人提前清偿或者提存。

五、留置

留置是指债权人按照合同约定占有债务人的动产，债务人不履行到期债务的，债权人可以留置已经合法占有的债务人的动产，并有权就该动产优先受偿。

1. 留置权的成立条件

留置权属于法定的担保物权，无须当事人之间的担保合同，只要具备法定条件，即可成立。留置权成立的条件包括：（1）债权人占有债务人的动产。债权人在合法占有债务人交付的动产时，不知债务人无权处分该动产的权利的，法律保护债权人的利益，债权人可以行使留置权。（2）占有的动产与债权属于同一法律关系，但法律另有规定的除外。《民法典》第448条规定，债权人留置的动产，应当与债权属于同一法律关系，但企业之间留置的除外。（3）债权已届清偿期且债务人未按规定期限履行债务。

需要注意的是：留置的财产原则上应属于债务人所有，但实务中，债务人保管的财产、租赁的财产、借用的财产等被留置权人留置的，基于善意取得制度的规定，应当保护留置权人。留置财产分为可分物的，留置财产的价值应当相当于债务的金额。当事人还可以约定排除留置权。法律规定或者当事人约定不得留置的动产，不得留置。

2. 留置权的效力

在留置权人占有留置物的期间，除留置物本身可以用来担保债的履行外，留置权的效力还及于留置物的从物、孳息和代位物。留置物的价值应当相当于债务的金额。留置物为不可分物的，留置权人可以就留置物的全部行使留置权。

留置权行使后产生如下效力。

（1）占有留置财产。

债权人在其债权未得到清偿的情况下，有权留置债务人的动产。债权人与债务人应当在合同中约定留置财产后的债务履行期限，没有约定或者约定不明确的，债权人留置债务人的财产后，应当确定60日以上的期限，并通知债务人在该期限内履行债务，但鲜活易腐等不易保管的动产除外。

债务人未按上述期限通知债务人履行义务，而直接变价处罚留置物的，应当对此造成的损失承担赔偿责任。

（2）留置权人的优先受偿权。

债务人逾期未履行债务的，留置权人可以与债务人协议以留置财产折价，也可以就拍卖、变卖留置物所得的价款优先受偿。留置财产拍卖、变卖的，应当参照市场价格。

留置财产折价、拍卖、变卖后，其价款超过债权数额的部分归债务人所有，不足部分由债务人清偿。

同一动产上已设立抵押权或者质权，该动产又被留置的，留置权人优先受偿。

（3）留置权人的保管义务。

留置权人负有妥善保管留置财产的义务，因保管不善造成留置财产毁损、灭失的，应当承担赔偿责任。

3. 留置权的消灭

留置权因发生下列法定事由而消灭：（1）留置权人对留置财产丧失占有；（2）留置物灭失、毁损而无代位物；（3）与留置物有同一法律关系的债权消灭；（4）债务人另行提供价值相当的担保并被债权人接受；（5）实现留置权。

六、定金

（一）定金的概念

定金是指合同当事人约定一方向对方给付一定数额的货币作为债权的担保。债务人履行债务后，定金抵作价款或者收回。给付定金的一方不履行或者履行债务不符合约定，致使不能实现合同目的的，无权要求返还定金；收受定金的一方不履行债务或者履行债务不符合约定的，应当双倍返还定金。

（二）定金的效力

定金合同是实践性合同，从实际交付定金时生效。定金的数额由当事人约定，但不得超过主合同标的额的20%。超过部分不具有定金的效力。实际交付的定金数额多于或者少于约定数额的，视为变更约定的定金数额。收受定金一方提出异议并拒绝接受定金的，定金合同不生效。

当事人约定以交付定金作为履行主合同担保的，给付定金的一方拒绝履行主合同的，无权要求返还定金；收受定金的一方拒绝订立主合同的，应当双倍返还定金。此即"违约定金"。

当事人约定以交付定金作为主合同成立或者生效要件的，给付定金的一方未支付定金，但主合同已经履行或者已经履行了主要部分的，不影响主合同的成立或者生效。此即"成约定金"。

定金交付后，交付定金的一方可以按照合同的约定以丧失定金为代价而解除主合同，收受定金的一方可以双倍返还定金为代价而解除主合同。此即"解约定金"。

因不可抗力、意外事件致使主合同不能履行的，不适用定金罚则。因合同关系以外第三人的过错，致使主合同不能履行的，适用定金罚则。受定金处分的一方当事人，可以依法向第三人追偿。

第六节 合同的变更、转让与终止

一、合同的变更

依法订立的合同成立后，即具有法律约束力，任何一方都不得擅自变更或者解除合同。但是，在合同的履行过程中，因主、客观情况的变化，需要对双方的权利义务重新进行调整和规定时，经当事人协商一致，可以变更合同。

合同的变更是在合同的主体不改变的前提下对合同内容的变更，是指合同成立后，当事人双方根据客观情况的变化，依照法律规定的条件和程序，经协商一致，对原合同的内容进行修改、补充或者完善。当事人对合同变更的内容约定不明确的，推定为未变更。

二、合同的转让

合同的转让即合同主体的变更，是指当事人将合同的权利和义务全部或者部分转让给第三人。合同转让分为债权的转让和债务的转移。当事人一方经另一方同意，也可以将自己在合同中的权利、义务一并转让给第三人，即合同的债权、债务的概括转移。

（一）合同债权的转让

1. 债权转让的概念

债权转让，是指债权人将合同的权利全部或者部分转让给第三人的法律制度。其中，债权人是转让人，第三人是受让人。

2. 禁止债权转让的情形

依据《民法典》第545条的规定，下列情形下的债权不得转让：（1）根据债权性质不得转让。主要是基于当事人的特定身份而订立的合同，如出版合同、赠与合同、委托合同、雇佣合同等。（2）按照当事人的约定不得转让。（3）依照法律的规定不得转让。

当事人约定非金钱债权不得转让的，不得对抗善意第三人。当事人约定金钱债权不得转让的，不得对抗第三人。

3. 债权转让的效力

依据《民法典》的规定，债权人转让债权的，无须经债务人同意，但应当通知债务人，未经通知，该转让对债务人不发生效力。债权人转让债权的通知不得撤销，但经受让人同意的除外。因债权转让增加的履行费用，由让与人负担。

债务人接到债权转让通知，符合下列情形之一的，即债务人对让与人享有债权，且债务人的债权先于转让债权到期或者同时到期或者债务人的债权与转让的债权是基于同一合同产生，债务人可以向受让人主张抵销。

债权人转让债权的，受让人取得与债权有关的从权利，但是该从权利专属于债权人自身的除外。受让人取得从权利不因该从权利未办理转移登记手续或者未转移占有而受到影响。

（二）合同债务的移转

合同债务的移转包括债务的全部移转和债务的部分移转。合同债务的全部移转是指债务人与第三人之间达成转移债务的协议，由第三人取代原债务人承担全部债务。债务人全部转移合同义务时，新的债权人完全取代了原债务人的地位，承担全面履行合同义务的责任。合同债务的部分转移指原债务人并未脱离合同关系，而第三人加入合同关系，并与债务人共同向同一债权人承担债务。债务人部分转移合同义务时，新的债务人加入原债务中，和原债务人一起向债权人履行义务。

《民法典》规定：债务人将债务的全部或者部分转移给第三人的，应当经债权人同意，否则，债务人转移债务的行为对债权人不发生法律效力；债务人或者第三人可以催告债权人在合理期限内予以同意，债权人未作表示的，视为不同意。

第三人与债务人约定加入债务并通知债权人，或者第三人向债权人表示愿意加入债务，债权人未在合理期限内明确拒绝的，债权人可以请求第三人在其愿意承担的债务范围内和债务人承担连带债务。

债务转移后，新债务人主张原债务人对债权人的抗辩的，人民法院可以追加原债务人为第三人。债务人就其对债权人享有的抗辩向加入债务的第三人主张的，人民法院应予支持。

（三）合同债权、债务的概括转移

合同债权、债务的概括转移，是指合同一方将自己在合同中的权利、义务一并转让给第三人的法律制度。《民法典》规定：当事人一方经对方同意，可以将自己在合同中的权利和义务一并转让给第三人。合同的权利和义务一并转让的，适用债权转让、债务转移的有关规定。

当事人一方将合同权利义务一并转让后，对方就合同权利义务向受让人主张抗辩或者受让人就合同权利义务向对方主张抗辩的，人民法院可以追加让与人为第三人。

第三人加入债务并与债务人约定了追偿权，其履行债务后主张向债务人追偿的，人民法院应予支持；没有约定追偿权，第三人依照《民法典》关于不当得利等的规定，在其已经向债权人履行债务的范围内请求债务人向其履行的，人民法院应予支持，但是第三人知道或者应当知道加入债务会损害债务人利益的除外。

三、合同的终止

（一）合同终止的原因

合同终止是指发生法律规定或当事人约定的情况，使当事人之间的权利义务关系消灭，而使合同终止法律效力。

《民法典》第 557 条规定的合同终止原因有：（1）债务已经按照约定履行。（2）债务相互抵销。（3）债务人依法将标的物提存。（4）债权人免除债务。债权人免除债务人部分或者全部债务的，债权债务部分或者全部终止，但是债务人在合理期限内拒绝的除外。（5）债权债务同归于一人，即混同。债权和债务同归于一人的，债权债务终止，但是损害第三人利益的除外。（6）法律规定或者当事人约定终止的其他情形。

合同解除的，该合同的权利义务关系终止。

合同权利、义务终止后，有时当事人还负有后合同义务，即应当遵循诚实信用原则，根据交易习惯履行通知、协助、保密等义务。

（二）合同的解除

合同的解除，是指合同有效成立后，在履行或者完全履行之前，双方当事人协议或者一方行使解除权，使合同关系终止的法律制度。合同的解除，分为合意解除与法定解除两种情况。

1. 合意解除

合意解除，是指根据当事人事先约定的情况或经当事人协商一致而解除合同。其中协商解除是以一个新的合同解除旧的合同。而行使约定解除权则是一种单方解除，即双方在订立合同时，约定了合同当事人一方解除合同的条件，一旦该条件成就，解除权人就可以通过行使解除权而终止合同。法律规定或者当事人约定了解除权行使期限，期限届满当事人不行使的，该权利消灭。法律没有规定或者当事人没有约定解除权行使期限，经对方催告后在合理期限内不行使的，该权利消灭。

2. 法定解除

法定解除，是指根据法律规定而解除合同。《民法典》第 563 条规定，有下列情形之一的，当事人可以解除合同：（1）因不可抗力致使不能实现合同目的；（2）在履行期限届满之前，当事人一方明确表示或者以自己的行为表明不履行主要债务；（3）当事人一方迟延履行主要债务，经催告后在合理期限内仍未履行；（4）当事人一方迟延履行债务或者有其他违约行为致使不能实现合同目的；（5）法律规定的其他情形。

合同解除后，尚未履行的，终止履行；已经履行的，根据履行情况和合同性质，当事人可以要求恢复原状或者采取其他补救措施，并有权要求赔偿损失。

合同权利、义务的终止，不影响合同中结算和清理条款的效力。

以持续履行的债务为内容的不定期合同，当事人可以随时解除合同，但是应当在合理期限之前通知对方。

法律规定或者当事人约定解除权行使期限，期限届满当事人不行使的，该权利消灭。

法律没有规定或者当事人没有约定解除权行使期限，自解除权人知道或者应当知道解除事由之日起1年内不行使，或者经对方催告后在合理期限内不行使的，该权利消灭。

当事人一方依法主张解除合同的，应当通知对方。合同自通知到达对方时解除；通知载明债务人在一定期限内不履行债务则合同自动解除，债务人在该期限内未履行债务的，合同自通知载明的期限届满时解除。对方对解除合同有异议的，任何一方当事人均可以请求人民法院或者仲裁机构确认解除行为的效力。

当事人一方未通知对方，直接以提起诉讼或者申请仲裁的方式依法主张解除合同，人民法院或者仲裁机构确认该主张的，合同自起诉状副本或者仲裁申请书副本送达对方时解除。

合同因违约解除的，解除权人可以请求违约方承担违约责任，但是当事人另有约定的除外。主合同解除后，担保人对债务人应当承担的民事责任仍应当承担担保责任，但是担保合同另有约定的除外。

当事人就解除合同协商一致时未对合同解除后的违约责任、结算和清理等问题作出处理，一方主张合同已经解除的，人民法院应予支持。但是，当事人另有约定的除外。有述情形之一的，除当事人一方另有意思表示外，人民法院可以认定合同解除。（1）当事人一方主张行使法律规定或者合同约定的解除权，经审理认为不符合解除权行使条件但是对方同意解除。（2）双方当事人均不符合解除权行使的条件但是均主张解除合同。

前两种情形下的违约责任、结算和清理等问题，人民法院应当依据《民法典》第566条、第567条和有关违约责任的规定处理。

当事人一方以通知方式解除合同，并以对方未在约定的异议期限或者其他合理期限内提出异议为由主张合同已经解除的，人民法院应当对其是否享有法律规定或者合同约定的解除权进行审查。经审查，享有解除权的，合同自通知到达对方时解除；不享有解除权的，不发生合同解除的效力。

当事人一方未通知对方，直接以提起诉讼的方式主张解除合同，撤诉后再次起诉主张解除合同，人民法院经审理支持该主张的，合同自再次起诉的起诉状副本送达对方时解除。但是，当事人一方撤诉后又通知对方解除合同且该通知已经到达对方的除外。

（三）抵销

抵销是当事人互负债务时，一方通知对方以其债权充当债务的清偿或者双方协商以债权充当债务的清偿，使双方的债务在对等额度内消灭的行为。抵销分为法定抵销和约定抵销。

（1）法定抵销。

《民法典》第 568 条规定，当事人互负到期债务，该债务的标的物种类、品质相同的，任何一方可以将自己的债务与对方的到期债务抵销，但根据债务性质、按照当事人约定或者依照法律规定不得抵销的除外。

（2）约定抵销。

《民法典》规定，当事人互负债务，标的物的种类、品质不相同的，经双方协商一致，也可以抵销。

当事人一方依据《民法典》第 568 条的规定主张抵销，人民法院经审理认为抵销权成立的，应当认定通知到达对方时双方互负的主债务、利息、违约金或者损害赔偿金等债务在同等数额内消灭。

行使抵销权的一方负担的数项债务种类相同，但是享有的债权不足以抵销全部债务，当事人因抵销的顺序发生争议的，人民法院可以参照《民法典》第 560 条的规定处理。

行使抵销权的一方享有的债权不足以抵销其负担的包括主债务、利息、实现债权的有关费用在内的全部债务，当事人因抵销的顺序发生争议的，人民法院可以参照《民法典》第 561 条的规定处理。

因侵害自然人人身权益，或者故意、重大过失侵害他人财产权益产生的损害赔偿债务，侵权人主张抵销的，人民法院不予支持。

当事人互负债务，一方以其诉讼时效期间已经届满的债权通知对方主张抵销，对方提出诉讼时效抗辩的，人民法院对该抗辩应予支持。一方的债权诉讼时效期间已经届满，对方主张抵销的，人民法院应予支持。

（四）提存

1. 提存的概念

提存是指非因可归责于债务人的原因，在债务人无法履行债务或者难以履行债务的情况下，债务人将标的物交由提存机关保存，以终止合同权利义务关系的行为。

2. 提存的原因

《民法典》规定，有下列情形之一的，债务人可以将标的物提存：（1）债权人无正当理由拒绝受领；（2）债权人下落不明；（3）债权人死亡，未确定继承人、遗产管理人或者丧失民事行为能力未确定监护人；（4）法律规定的其他情形。

3. 提存的法律效果

标的物提存后，其毁损、灭失的风险由债权人承担。提存期间，标的物的孳息归债权人所有，提存费用由债权人负担。标的物不适合提存或者提存费用过高的，债务人依法可以拍卖或者变卖标的物，提存所得到的价款。债务人将标的物或者标的物依法拍卖、变卖所得价款交付提存部门时，提存成立。

提存成立的，视为债务人在其提存范围内已经交付标的物。

标的物提存后，债务人应当及时通知债权人或者债权人的继承人、遗产管理人、监护人、财产代管人。标的物提存后，合同权利、义务终止。债权人可以随时领取提存物。但债权人对债务人负有到期债务的，在债权人履行债务或者提供担保之前，提存机关根据债务人的要求应当拒绝其领取提存物。债权人领取提存物的权利，若自提存之日起 5 年内不行使则消灭，提存物扣除提存费用后归国家所有。此处的"5年"期间,为不变期间,即除斥期间,不适用诉讼时效中止、中断或者延长的规定。

但是,债权人未履行对债务人的到期债务,或者债权人向提存部门书面表示放弃领取提存物权利的,债务人负担提存费用后有权取回提存物。

（五）免除和混同

债权人免除债务人部分或者全部债务的,合同的权利、义务部分或者全部终止。

债权和债务同归于一人,即债权、债务混同时,合同的权利、义务终止,但涉及第三人利益的除外。

当事人一方依据《民法典》第580条第2款的规定请求终止合同权利义务关系的,人民法院一般应当以起诉状副本送达对方的时间作为合同权利义务关系终止的时间。根据案件的具体情况,以其他时间作为合同权利义务关系终止的时间更加符合公平原则和诚信原则的,人民法院可以以该时间作为合同权利义务关系终止的时间,但是应当在裁判文书中充分说明理由。

第七节　违约责任

一、违约责任的概念

违约责任即违反合同的民事责任,是指合同当事人一方或双方不履行合同义务或者履行合同义务不符合约定时,依照法律规定或者合同约定所承担的法律责任。依法订立的有效合同对合同当事人双方具有法律约束力,合同当事人如果不履行或者履行义务不符合约定,就要承担违约责任。

二、承担违约责任的方式

《民法典》规定,当事人一方不履行合同义务或者履行合同义务不符合约定的,应当承担继续履行、采取补救措施或者承担损害赔偿责任等违约责任。

违约的合同当事人承担违约责任的形式主要有以下几种。

（一）继续履行

继续履行,又称实际履行,是指债权人在债务人不履行合同义务时,可以请求人民法院或者仲裁机构强制债务人实际履行合同义务。

《民法典》规定,当事人一方未支付价款、报酬、租金、利息,或者不履行其他金钱债务的,对方可以请求其支付。当事人一方不履行非金钱债务或者履行非金钱债务不符合约定的,对方可以请求履行,但有下列情形之一的除外:（1）法律上或者事实上不能履行;（2）债务的标的不适于强制履行或者履行费用过高;（3）债权人在合理期限内未要求履行。

《合同法解释》规定:当事人一方未根据法律规定或者合同约定履行开具发票、提供证明文件等非主要债务,对方请求继续履行该债务并赔偿因怠于履行该债务造成的损失的,人民法院依法予以支持;对方请求解除合同的,人民法院不予支持,但是不履行该债务致使不能实现合同目的或者当事人另有约定的除外。

（二）采取补救措施

补救措施,是指债务人履行合同义务不符合约定的,债权人在请求人民法院或者仲裁机构强制债务人实际履行合同义务的同时，可根据合同履行情况要求债务人采取的补救履行措施。《民法典》规定，当事人履行合同义务，履行不符合约定的，应当按照当事人的约定承担违约责任。对违约责任没有约定或者约定不明的，依据《民法典》第 510 条的规定仍不能确定的，受损害方根据标的的性质以及损失的大小，可以合理选择请求对方承担修理、重作、更换、退货、减少价款或者报酬等违约责任。

（三）损害赔偿

当事人一方不履行合同义务或者履行合同义务不符合约定的，在履行义务或者采取补救措施后，对方还有其他损失的，应当承担损害赔偿责任。损害赔偿的具体方式包括赔偿损失、支付违约金和适用定金罚则等。

1. 赔偿损失

损失赔偿额应当相当于因违约所造成的损失，包括合同履行后可以获得的利益，但不得超过违反合同一方在订立合同时预见到或者应当预见到的因违反合同可能造成的损失。当事人可以在合同中约定因违约产生的损失赔偿额的计算方法。

人民法院依据《民法典》第 584 条的规定确定"合同履行后可以获得的利益"时，可以在扣除非违约方为订立、履行合同支出的费用等合理成本后，按照非违约方能够获得的生产利润、经营利润或者转售利润等计算。

非违约方依法行使合同解除权并实施了替代交易，主张按照替代交易价格与合同价格的差额确定合同履行后可以获得的利益的，人民法院依法予以支持；替代交易价格明显偏离替代交易发生时当地的市场价格，违约方主张按照市场价格与合同价格的差额确定合同履行后可以获得的利益的，人民法院应予支持。

非违约方依法行使合同解除权但是未实施替代交易，主张按照违约行为发生后合理期间内合同履行地的市场价格与合同价格的差额确定合同履行后可以获得的利益的，人民法院应予支持。

在以持续履行的债务为内容的定期合同中，一方不履行支付价款、租金等金钱债务，对方请求解除合同，人民法院经审理认为合同应当依法解除的，可以根据当事人的主张，参考合同主体、交易类型、市场价格变化、剩余履行期限等因素确定非违约方寻找替代交易的合理期限，并按照该期限对应的价款、租金等扣除非违约方应当支付的相应履约成本确定合同履行后可以获得的利益。

非违约方主张按照合同解除后剩余履行期限相应的价款、租金等扣除履约成本确定合同履行后可以获得的利益的，人民法院不予支持。但是，剩余履行期限少于寻找替代交易的合理期限的除外。

非违约方在合同履行后可以获得的利益难以根据《合同法解释》第 60 条、第 61 条的规定予以确定的，人民法院可以综合考虑违约方因违约获得的利益、违约方的过错程度、其他违约情节等因素，遵循公平原则和诚信原则确定。

在认定《民法典》第 584 条规定的"违约一方订立合同时预见到或者应当预见到的因违约可能造成的损失"时，人民法院应当根据当事人订立合同的目的，综合考虑合同主体、合同内容、交易类型、交易习惯、磋商过程等因素，按照与违约方处于相同或者类似情况的民事主体在订立合同时预见到或者应当预见到的损失予以确定。

　　除合同履行后可以获得的利益外，非违约方主张还有其向第三人承担违约责任应当支出的额外费用等其他因违约所造成的损失，并请求违约方赔偿，经审理认为该损失系违约一方订立合同时预见到或者应当预见到的，人民法院应予支持。

　　在确定违约损失赔偿额时，违约方主张扣除非违约方未采取适当措施导致的扩大损失、非违约方也有过错造成的相应损失、非违约方因违约获得的额外利益或者减少的必要支出的，人民法院依法予以支持。

　　当事人一方违约后，对方应当采取适当的措施防止损失扩大；没有采取适当措施致使损失扩大的，不得就扩大的损失要求赔偿。当事人因防止损失扩大而支出的合理费用由违约方承担。

　　2. 支付违约金

　　违约金，是按照当事人约定或者法律规定，一方当事人违约时应当根据违约情况向对方支付的一定数额的货币。

　　依据《民法典》第585条和最高人民法院《商品房买卖解释》第12条的规定：约定的违约金低于造成的损失的，当事人可以请求人民法院或者仲裁机构予以增加；约定的违约金过分高于造成的损失的，当事人可以请求人民法院或者仲裁机构予以适当减少。当事人就迟延履行约定违约金的，违约方支付违约金后，还应当履行债务。

　　依据最高人民法院《商品房买卖解释》第13条的规定，商品房买卖合同没有约定违约金数额或者损失赔偿额计算方法，违约金数额或者损失赔偿额参照以下标准确定：

　　（1）逾期付款的，按照未付购房款总额，参照中国人民银行规定的金融机构计收逾期贷款利息的标准计算。

　　（2）逾期交付使用房屋的，按照逾期交付使用房屋期间有关主管部门公布或者有资格的房地产评估机构评定的同地段同类房屋租金标准确定。

　　最高人民法院《合同法解释》对违约金的正确运用作出以下进一步明确规定。

　　违约方主张约定的违约金过分高于违约造成的损失，请求予以适当减少的，应当承担举证责任。非违约方主张约定的违约金合理的，也应当提供相应的证据。

　　当事人仅以合同约定不得对违约金进行调整为由主张不予调整违约金的，人民法院不予支持。

　　当事人主张约定的违约金过分高于违约造成的损失，请求予以适当减少的，人民法院应当以《民法典》第584条规定的损失为基础，兼顾合同主体、交易类型、合同的履行情况、当事人的过错程度、履约背景等因素，遵循公平原则和诚信原则进行衡量，并作出裁判。

　　约定的违约金超过造成损失的30%的，人民法院一般可以认定为过分高于造成的损失。恶意违约的当事人一方请求减少违约金的，人民法院一般不予支持。当事人一方通过反诉或者抗辩的方式，请求调整违约金的，人民法院依法予以支持。

　　当事人一方请求对方支付违约金，对方以合同不成立、无效、被撤销、确定不发生效力、不构成违约或者非违约方不存在损失等为由抗辩，未主张调整过高的违约金的，人民法院应当就若不支持该抗辩，当事人是否请求调整违约金进行释明。第一审人民法院认为抗辩成立且未予释明，第二审人民法院认为应当判决支付违约金的，可以直接释明，并根据当事人的请求，在当事人就是否应当调整违约金充分举证、质证、辩论后，依法判决适当减少违约金。

被告因客观原因在第一审程序中未到庭参加诉讼，但是在第二审程序中到庭参加诉讼并请求减少违约金的，第二审人民法院可以在当事人就是否应当调整违约金充分举证、质证、辩论后，依法判决适当减少违约金。

3. 定金

当事人在合同中既约定定金又约定违约金的，一方违约时，对方可以选择适用违约金或者定金条款，但两者不能同时并用。

当事人交付留置金、担保金、保证金、订约金、押金或者订金等，但是没有约定定金性质，一方主张适用《民法典》第587条规定的定金罚则的，人民法院不予支持。当事人约定了定金性质，但是未约定定金类型或者约定不明，一方主张为违约定金的，人民法院应予支持。

当事人约定以交付定金作为订立合同的担保，一方拒绝订立合同或者在磋商订立合同时违背诚信原则导致未能订立合同，对方主张适用《民法典》第587条规定的定金罚则的，人民法院应予支持。

当事人约定以交付定金作为合同成立或者生效条件，应当交付定金的一方未交付定金，但是合同主要义务已经履行完毕并为对方所接受的，人民法院应当认定合同在对方接受履行时已经成立或者生效。

当事人约定定金性质为解约定金，交付定金的一方主张以丧失定金为代价解除合同的，或者收受定金的一方主张以双倍返还定金为代价解除合同的，人民法院应予支持。

双方当事人均具有致使不能实现合同目的的违约行为，其中一方请求适用定金罚则的，人民法院不予支持。当事人一方仅有轻微违约，对方具有致使不能实现合同目的的违约行为，轻微违约方主张适用定金罚则，对方以轻微违约方也构成违约为由抗辩的，人民法院对该抗辩不予支持。

当事人一方已经部分履行合同，对方接受并主张按照未履行部分所占比例适用定金罚则的，人民法院应予支持。对方主张按照合同整体适用定金罚则的，人民法院不予支持，但是部分未履行致使不能实现合同目的的除外。

因不可抗力致使合同不能履行，非违约方主张适用定金罚则的，人民法院不予支持。

三、免责事由

《民法典》第590条规定的免责事由仅限于不可抗力。不可抗力是指不能预见、不能避免且不能克服的客观情况。常见的不可抗力有：（1）自然灾害，如地震、台风、洪水、海啸等。（2）政府行为。政府行为是指当事人在订立合同后发生的并且不能预见的情形，如合同订立后国家的法律发生变动。（3）社会异常现象，如罢工、骚乱等。

不可抗力发生后，对当事人责任的影响，需要注意以下几点：（1）发生不可抗力并非当然免责，要根据不可抗力对合同的影响决定。《民法典》规定，当事人一方因不可抗力不能履行合同的，根据不可抗力的影响，部分或全部免责，但法律另有规定的除外。（2）当事人迟延履行后发生不可抗力的，不能免除责任。（3）不可抗力发生后，主张不可抗力的一方要及时通知对方，并向对方提供发生不可抗力的证据，否则，即使发生了不可抗力，也不能当然免除遭遇不可抗力一方的合同责任。

四、电子商务合同争议处理机制

我国《电子商务法》第58条～第63条规定了电子商务合同争议的解决路径。

国家鼓励电子商务平台经营者建立有利于电子商务发展和消费者权益保护的商品、服务质量担保机制。

电子商务平台经营者与平台内经营者协议设立消费者权益保证金的,双方应当就消费者权益保证金的提取数额、管理、使用和退还办法等作出明确约定。

消费者要求电子商务平台经营者承担先行赔偿责任以及电子商务平台经营者赔偿后向平台内经营者的追偿,适用《消费者权益保护法》的有关规定。

电子商务经营者应当建立便捷、有效的投诉、举报机制,公开投诉、举报方式等信息,及时受理并处理投诉、举报。

电子商务争议可以通过协商和解,请求消费者组织、行业协会或者其他依法成立的调解组织调解,向有关部门投诉,提请仲裁,或者提起诉讼等方式解决。

消费者在电子商务平台购买商品或者接受服务,与平台内经营者发生争议时,电子商务平台经营者应当积极协助消费者维护合法权益。

在电子商务争议处理中,电子商务经营者应当提供原始合同和交易记录。因电子商务经营者丢失、伪造、篡改、销毁、隐匿或者拒绝提供前述资料,致使人民法院、仲裁机构或者有关机关无法查明事实的,电子商务经营者应当承担相应的法律责任。

电子商务平台经营者可以建立争议在线解决机制,制定并公示争议解决规则,根据自愿原则,公平、公正地解决当事人的争议。

第八节 几种典型合同

我国《民法典》合同编规定了19种典型合同,本节主要介绍11种常用典型合同。

一、买卖合同

(一)买卖合同概述

买卖合同是出卖人转移标的物的所有权于买受人,买受人支付价款的合同。买卖合同是诺成合同、双务合同、有偿合同,可以是要式的,也可以是不要式的。

出卖人因未取得所有权或者处分权致使标的物所有权不能转移的,买受人可以解除合同并请求出卖人承担违约责任。

(二)买卖合同当事人的权利和义务

1. 出卖人的权利和义务

买卖合同中出卖人的权利主要是出卖人有权按照买卖合同的约定收取标的物的价款。《民法典》对买卖合同出卖人的义务作出如下规定。

(1)出卖人应当履行向买受人交付标的物或者交付提取标的物的单证,并转移标的物所有权的义务。出卖人还应当按照约定或者交易习惯向买受人交付提取标的物单证以外的有关单证和资料,包括保险单、保修单、普通发票、增值税专用发票、产品合格证、质量保证书、质量鉴定书、品质检验证书、产品进出口检疫书、原产地证明书、使用说明书、装箱单等。

（2）出卖人应当按照约定的时间交付标的物。约定交付期限的，出卖人可以在该交付期间内的任何时间交付。没有约定标的物交付期限或者约定不明确的，当事人可以协商达成补充协议，不能达成补充协议的，按照合同有关条款或交易习惯确定，如仍不能确定，出卖人可以随时履行，买受人也可以随时要求出卖人履行，但应当给对方必要的准备时间。

（3）出卖人应当按照约定的地点交付标的物。当事人没有约定交付地点或者约定不明确的，可以协商达成补充协议，不能达成补充协议的，按照合同有关条款或交易习惯确定。以上情形仍不能确定的，适用下列规则：1）标的物需要运输的，出卖人应当将标的物交付给第一承运人以运交给买受人。2）标的物不需要运输的，出卖人和买受人订立合同时知道标的物在某一地点的，出卖人应当在该地点交付标的物。不知道标的物在某一地点的，应当在出卖人订立合同时的营业地交付标的物。

（4）出卖人应当按照约定的质量要求交付标的物。当事人对标的物的质量要求没有约定或约定不明确的，依照《民法典》有关规定执行。出卖人交付的标的物不符合质量要求的，买受人可以依照合同约定要求出卖人承担违约责任。

（5）出卖人应当按照约定的包装方式交付标的物。对包装方式没有约定或约定不明确的，按照两种方法确定：一是依照《民法典》第510条的规定确定，即由当事人协商解决重新订立包装条款或者按照交易习惯确定包装方式，一经重新确定，则应照此执行。二是依据《民法典》第619条确定，即依据该法第510条的规定，不能确定的，应当采用通用的方式包装，没有通用的包装方式的，应当采用足以保护标的物且有利于节约资源、保护生态环境的包装方式。

（6）出卖人应保证标的物的价值或使用效果。买受人依约保留部分价款作为质量保证金，出卖人在质量保证期未及时解决质量问题而影响标的物的价值或者使用效果，出卖人主张支付该部分价款的，人民法院不予支持。

（7）出卖人对在检验期间、质量保证期间、合理期间内买受人提出的质量异议，应按其要求予以修理，若因情况紧急，买受人自行或者通过第三人修理标的物后，所产生的费用应由出卖人承担。

（8）出卖人故意或因重大过失未履行如实告知买受人标的物质量瑕疵的，即使合同约定减轻或者免除出卖人对标的物的瑕疵担保责任，出卖人仍无权主张减轻或者免除责任。

（9）出卖人的回收义务：《民法典》第625条规定，依照法律、行政法规的规定或者当事人的约定，标的物在有效使用年限届满后应予回收的，出卖人负有自行或者委托第三人对标的物予以回收的义务。这是《民法典》第9条规定的绿色原则在买卖合同中的具体体现。

2. 买受人的权利和义务

买受人的权利主要是按照合同约定的内容（时间、地点、质量等）收取标的物。买卖合同中标的物的质量不符合约定的，买受人可以请求减少价款。

《民法典》对买受人的义务规定如下：

（1）支付价款是买受人的最基本义务。这是出卖人交付标的物并转移其所有权的代价条件。买受人应当按照合同约定的数额和支付方式支付价款。支付方式，是指买受人履行价款支付义务的具体方法，与买卖双方的权益有密切关系。支付方式不符合约定的，需承担相应的违约责任；对价款的数额没有约定或者约定不明确的，适用《民法典》第511条第2项的规定：价款或者报酬约定不明确的，按照订立合同时履行地的市场价格履行；依法应当执行政府定价或者政府指导价的，依照规定履行；买卖合同当事人未就价款的支付方式未作出约定或者约定不明确的，可依据当事人之间的补充协议或者交易惯例解决这类纠纷。如果交易惯例解决不了，则需要法律规定解决的原则，以便维护交易秩序和提高交易效率。

（2）买受人应当按照约定的地点支付价款。对支付地点没有约定或者约定不明确的，可以协议补充，不能达成补充协议的，买受人应当在出卖人的营业地支付，但约定支付价款以交付标的物或者交付提取标的物单证为条件的，在交付标的物或者交付提取标的物单证的所在地支付。

（3）买受人应当按照约定的时间支付价款。对支付时间没有约定或者约定不明确的，可以协议补充，不能达成协议的，买受人应当在收到标的物或者提取标的物单证的同时支付。

（4）分期付款的买卖合同，买受人未支付到期价款的数额达到全部价款的1/5，经催告后在合理期限内仍未支付到期价款的，出卖人有权要求买受人支付全部价款或者解除合同。出卖人解除合同的，可以向买受人请求支付该标的物的使用费。

（三）买卖合同标的物所有权的转移

（1）标的物为动产的，所有权自交付时起转移；标的物为不动产的，所有权自标的物登记时转移。

（2）标的物为无须以有形载体交付的电子产品，当事人对交付方式约定不明确，且依照法律规定仍不能确定的，买受人收到约定的电子信息产品或者权利凭证即为交付。

（3）出卖人就同一普通动产订立多重买卖合同，在买卖合同均有效的情况下，买受人均要求实际履行合同的，应当按照以下规则处理：1）先行受领交付的买受人请求确认所有权已经转移的，人民法院应予支持；2）均未受领交付，先行支付价款的买受人请求出卖人履行交付标的物等合同义务的，人民法院应予支持；3）均未受领交付，也均未支付价款，依法成立在先合同的买受人请求出卖人履行交付标的物等合同义务的，人民法院应予支持。

（4）出卖人就同一船舶、航空器、机动车等特殊动产订立多重买卖合同，在买卖合同均有效的情况下，买受人均要求实际履行合同的，应当按照以下规则处理：1）先行受领交付的买受人请求出卖人履行办理所有权转移登记手续等合同义务的，人民法院应予支持；2）买受人均未受领交付，先行办理所有权转移登记手续的买受人请求出卖人履行交付标的物等合同义务的，人民法院应予支持；3）买受人均未受领交付，也未办理所有权转移登记手续，依法成立在先合同的买受人请求出卖人履行交付标的物和办理所有权转移登记手续等合同义务的，人民法院应予支持；4）出卖人将标的物交付给买受人之一，又为其他买受人办理所有权转移登记，已受领交付的买受人请求将标的物所有权登记在自己名下的，人民法院应予支持。

（5）买卖合同的出卖人可以和买受人在合同中约定，出卖人将标的物移交给买受人占有后，仍保留标的物的所有权。但出卖人对标的物保留的所有权，未经登记，不得对抗善意第三人。

当事人约定出卖人保留合同标的物所有权，在标的物所有权转移之前，买受人有下列情形之一，造成出卖人损害的，除当事人另有约定外，出卖人有权取回标的物：1）未按照约定支付价款，经催告后在合理期限内仍未支付；2）未按照约定完成特定条件；3）将标的物出卖、出质或者作出其他不当处分。但在此种情形下，第三人依照《民法典》的规定已经善意取得标的物所有权或者其他物权的，出卖人不得主张取回标的物。

（四）买卖合同标的物风险的承担

（1）标的物毁损、灭失的风险，在标的物交付之前由出卖人承担，交付之后由买受人承担，但法律另有规定或者当事人另有约定的除外。因买受人的原因致使标的物不能按照约定的期限交付的，买受人应当自违反约定之日起承担标的物毁损、灭失的风险。

（2）在标的物由出卖人负责办理托运，承运人系独立于买卖合同当事人之外的运输业者的情况下，如买卖合同双方当事人没有约定交付地点或者约定不明确，出卖人将标的物交付给第一承运人后，标的物毁损、灭失的风险由买受人承担。当事人另有约定的除外。

（3）出卖人根据合同约定将标的物运送至买受人指定地点并交付给承运人后，标的物毁损、灭失的风险由买受人承担。当事人另有约定的除外。

（4）出卖人按照约定或者依照法律规定将标的物置于交付地点，买受人违反约定没有收取的，标的物毁损、灭失的风险自违反约定之日起由买受人承担。

（5）出卖人出卖交由承运人运输的在途标的物，在合同成立时知道或者应当知道标的物已经毁损、灭失却未告知买受人，买受人主张由出卖人负担标的物毁损、灭失风险的，人民法院应予支持。

（6）出卖人按照约定未交付有关标的物的单证和资料的，不影响标的物毁损、灭失风险的转移。标的物毁损、灭失风险由买受人承担的，不影响出卖人履行债务不符合约定，买受人要求其承担违约责任的权利。

（7）当事人对风险负担没有约定，标的物为种类物，出卖人未以装运单据、加盖标记、通知买受人等可识别的方式清楚地将标的物特定于买卖合同，买受人主张不负担标的物毁损、灭失风险的，人民法院应予支持。

（8）标的物的质量不符合要求，致使不能实现合同目的的，买受人可以拒绝接受标的物或者解除合同。买受人拒绝接受标的物或者解除合同的，标的物毁损、灭失的风险由出卖人承担。买受人有确切证据证明第三人可能就标的物主张权利的，可以中止支付相应的价款，但出卖人提供适当担保的除外。

（五）标的物的检验

（1）当事人对标的物的检验期间未作约定，买受人签收的送货单、确认单等载明标的物数量、型号、规格的，推定买受人已对数量和外观瑕疵进行了检验，但有相反证据足以推翻的除外。

（2）出卖人依照买受人的指示向第三人交付标的物，出卖人和买受人之间约定的检验标准与买受人和第三人之间约定的检验标准不一致的，应当以出卖人和买受人之间约定的检验标准为标的物的检验标准。

（3）出卖人交付标的物后，买受人应对收到的标的物在约定的检验期间内检验。没有约定检验期间的，应当及时检验。当事人约定检验期间的，买受人应当在检验期间内将标的物的数量或者质量不符合约定的情形通知出卖人。买受人怠于通知的，视为标的物的数量或者质量符合约定。当事人没有约定检验期间的，买受人应当在发现或者应当发现标的物的数量或者质量不符合约定的合理期间内通知出卖人。买受人在合理期间内未通知或者自标的物收到之日起2

年内未通知出卖人的，视为标的物的数量或者质量符合约定。出卖人知道或者应当知道提供的标的物不符合约定的，买受人不受上述规定的通知时间的限制。

在上述"检验期间"、"合理期间"、"2年"期间经过后，买受人主张标的物的数量或者质量不符合约定的，人民法院不予支持。

（六）试用买卖合同

1. 试用买卖合同的含义

试用买卖合同，属于特种买卖合同，是指当事人双方约定于合同成立时，出卖人将标的物交付买受人试用，且以买受人同意购买为合同生效条件的买卖合同。

2. 视为买受人同意购买的情形

（1）试用买卖的买受人在试用期内可以购买标的物，也可以拒绝购买。试用期限届满，买受人对是否购买标的物未作表示的，视为购买。

（2）试用买卖的买受人在试用期内已经支付部分价款或者对标的物实施出卖、出租、设立担保物权等行为的，视为购买。

3. 试用期内的使用费的承担

试用期内的使用费，通常是指出卖人与买受人在试用买卖合同中约定，试用期内买受人选择不购买标的物的，向出卖人支付试用期内占有使用标的物的对价。

《民法典》第639条的规定，试用买卖的当事人对标的物使用费没有约定或者约定不明确的，出卖人无权请求买受人支付。根据这一规定，试用买卖中，买受人不购买标的物的，支付使用费的规则为：（1）有约定的，从其约定；（2）没有约定或者约定不明确的，买受人可以不支付使用费。

4. 试用期内标的物风险的承担

《民法典》第640条规定：试用买卖合同的标的物在试用期内毁损、灭失的风险由出卖人承担。但买受人在试用期内应当妥善保管标的物。在实际操作中，由于在试用期内，标的物由买受人实际占有使用，因买受人或第三人的原因造成标的物毁损、灭失的，此种情形下，再由出卖人承担标的物毁损、灭失风险显然不公平。《民法典》第120条规定，民事权益受到侵害的，被侵权人有权请求侵权人承担侵权责任。故此，买受人应当承担赔偿责任。

5. 与试用买卖易混淆的几种情形

买卖合同存在下列约定内容之一的，不属于试用买卖：（1）约定标的物经过试用或者检验符合一定要求时，买受人应当购买标的物；（2）约定第三人经试用对标的物认可时买受人应当购买标的物；（3）约定买受人在一定期间内可以调换标的物；（4）约定买受人在一定期间内可以退还标的物。

（七）商品房买卖合同

因房屋为人之安身立命之所，于个人、家庭乃至社会而言意义非凡。2020年12月29日公布的《商品房买卖解释》，对2003年最高人民法院发布的同类事项司法解释进行了重新修正，对易引发商品房买卖纠纷的突出问题作出了具有时代特点的相关规定。

1. 商品房买卖合同的一般规定

商品房买卖合同，是指房地产开发企业（出卖人）将尚未建成或者已经竣工的房屋向社会公开销售并转移房屋所有权于买受人，买受人支付价款的合同，包括期房买卖合同和现房买卖合同。

我国对商品房买卖实行预售制度。出卖人预售商品房，必须申领商品房预售许可证明。出卖人未取得商品房预售许可证明，与买受人订立的商品房预售合同，应当认定为无效，但是在起诉前取得商品房预售许可证明的，可以认定有效。

商品房的认购、订购、预订等协议具备《商品房销售管理办法》规定的商品房买卖合同的主要内容，并且出卖人已经按照约定收受购房款的，该协议应当认定为商品房买卖合同。

当事人以商品房预售合同未按照法律、行政法规规定办理登记备案手续为由，请求确认合同无效的，人民法院不予支持；当事人约定以办理备案登记手续为商品房预售合同生效条件的，从其约定，但当事人一方已经履行主要义务，对方接受的除外。

2. 商品房销售广告和宣传资料的性质

商品房销售广告和宣传资料为要约邀请。但是出卖人就商品房开发规划范围内的房屋及相关设施所作的说明和允诺具体确定，并对商品房买卖合同的订立以及房屋价格的确定有重大影响的，应当视为要约。该说明和允诺即使未被载入商品房买卖合同，亦应当视为合同内容，当事人违反的，应当承担违约责任。

3. 商品房买卖合同定金的效力

出卖人通过认购、订购、预购等方式向买受人收受定金作为订立商品房买卖合同担保的，如果因当事人一方原因未能订立商品房买卖合同，应当按照法律关于定金的规定处理。也即收受定金的出卖人应当双倍返还定金于买受人；买受人则无权收回定金。因不可归责于双方当事人的事由，导致商品房买卖合同未能订立的，出卖人应将定金返还买受人。

4. 商品房买卖合同出卖人的责任

（1）商品房买卖合同订立后，买受人以出卖人与第三人恶意串通，另行订立商品房买卖合同并将房屋交付使用，致使买受人无法取得房屋为由，请求确认出卖人与第三人商品房买卖合同无效的，应予支持。

（2）因房屋主体结构质量不合格不能交付使用，或者房屋交付使用后，房屋主体结构质量经核验确属不合格，买受人请求解除合同和赔偿损失的，应予支持。

（3）因出卖人交付的房屋质量问题，严重影响正常居住使用，买受人请求解除合同和赔偿损失的，应予支持。交付使用的房屋存在质量问题，在保修期内，出卖人应当承担修复责任；出卖人拒绝修复或者在合理期限内拖延修复的，买受人可以自行或者委托他人修复，修复费用及修复期间造成的其他损失，由出卖人承担。

（4）出卖人延迟交付房屋，经催告后在 3 个月的合理期限内仍未履行，解除权人请求解除合同的，应予支持，但当事人另有约定的除外。买受人没有催告的，解除权应当在解除权发生之日起 1 年内行使，逾期不行使的，解除权消灭。

房屋买受人迟延支付购房款的，适用上述规定。

5. 商品房买卖中担保贷款合同的效力

因当事人一方原因未能订立商品房担保贷款合同并导致商品房买卖合同不能继续履行的，对方当事人可以请求解除合同和赔偿损失。

因不可归责于当事人双方的事由未能订立商品房担保贷款合同并导致商品房买卖合同不能继续履行的，当事人可以请求解除合同，出卖人应将收受的购房款本金及利息或者定金返还买受人。

因商品房买卖合同被确认无效或者被撤销、解除，致使商品房担保贷款合同的目的无法实现，当事人请求解除商品房担保贷款合同的，应予支持。出卖人应当将收受的购房贷款和购房款的本金及利息分别返还担保权人和买受人。

6. 商品房买卖逾期交付或逾期付款赔偿额的计算

（1）出卖人逾期交付使用房屋的，按照逾期交付使用房屋期间有关主管部门公布或者有资格的房地产评估机构评定的同地段、同类房屋租金标准确定赔偿数额。

（2）买受人逾期付款的，按照未付购房款总额，参照中国人民银行规定的金融机构计收贷款利息的标准计算赔偿数额。

7. 商品房买卖标的物的风险责任

出卖人将收费买卖合同中约定的房屋移交买受人占有，视为房屋的交付使用，但当事人另有约定的除外。

房屋毁损、灭失的风险，在交付使用前由出卖人承担，交付使用后由买受人承担；买受人接到出卖人的书面交房通知，无正当理由拒绝接收的，房屋毁损、灭失的风险自书面交房通知确定的交付使用之日起由买受人承担，但法律另有规定或者当事人另有约定的除外。

8. 商品房买卖房屋权属登记时限

商品房为不动产，其所有权以登记为物权转移的标志。出卖人在实现销售后，应当积极配合买受人办理商品房权属登记，若因出卖人的原因，买受人不能及时取得不动产权属证书的，除当事人有特殊约定外，出卖人应当承担违约责任。

依据相关司法解释的规定，由于出卖人的原因，买受人在下列期限届满时未能取得不动产证书的，除当事人有特殊约定外，出卖人应当承担违约责任：1）商品房买卖合同约定的办理不动产登记的期限；2）商品房买卖合同的标的物为尚未建成房屋的，自房屋交付使用之日起90日；3）商品房买卖合同的标的物为已经竣工房屋的，自合同订立之日起90日。

合同没有约定违约金或者损失数额难以确定的，可以按照已付购房款总额，参照中国人民银行规定的金融机构计收逾期贷款利息的标准计算。

（八）预约合同

1. 预约合同的概念

预约合同，是指约定于将来一定期限内订立本约合同的合同。预约合同最本质的内涵是约定在将来一定期限内订立合同。当事人就在将来一定期限内订立合同达成合意，即可构成预约合同。比如，关于商品房的认购、订购、预定等协议，其性质就属于预约合同。《民法典》在合同编通则部分规定了预约合同，预约合同正式成为一项法律制度。最高人民法院《关于审理买卖合同纠纷案件适用法律问题的解释》（已被修改）第2条就使用了预约合同的概念，并明确预约合同为一种独立的合同类型，"当事人签订认购书、订购书、预订书、意向书、备忘录等预约合同，约定在将来一定期限内订立买卖合同，一方不履行订立买卖合同的义务，对方请求其承担预约合同违约责任或者要求解除预约合同并主张损害赔偿的，人民法院应予支持"。

《民法典》采纳了这种规定，并对预约合同的概念进行了更科学的界定。《民法典》第495条规定：当事人约定在将来一定期限内订立合同的认购书、订购书、预订书等，构成预约合同。当事人一方不履行预约合同约定的订立合同义务的，对方可以请求其承担预约合同的违约责任。《民法典》更强调预约合同的实质要件，即有于将来一定期限内订立合同的意思表示，同时损害赔偿不再被单列，而归入违约责任。预约合同的目的在于订立本约（即将来要订立的合同），一方当事人违反合同约定不履行订立本约合同的义务，应当向对方承担违约责任。如签订认购意向书后买受人不来认购，则出卖人可以要求买受人承担违约责任。

2. 预约合同违约的法定情形

预约合同违约的具体情形有：（1）明确拒绝订立本约或以行动表示拒绝订立本约。（2）对未决条款恶意磋商。在订立预约时当事人可能会对本约的部分内容进行磋商，所达成的一致意见称为已决条款，未进行磋商的部分称为未决条款。对于未决条款，双方应本于订立本约合同的目的诚信进行磋商，若一方恶意对未决条款进行磋商导致本约不能订立的，则构成违约。（3）对已决条款重启磋商。若一方对已决条款重启磋商，从而导致无法订立本约的，构成违约，若一方违反已决条款，从而导致本约合同不能按照已决条款订立的，也是同样。

实务中应当注意的是，即使文件名为预约合同，但其实质内容为本约合同的，仍会被认定成本约合同，若存在违约行为时，违约方可能需要按照违反本约合同来承担违约责任。因此，建议在起草预约合同时，明确其合同性质，明确在未来某一时间点才签订本约合同，避免出现可能被认定为本约合同的模糊表述或歧义条款。

3. 预约合同的形式

《民法典》对预约合同采用"认购书、订购书、预定书等"的表述，意味着预约合同通常表现为但不局限于这几种形式。即便如此，也仍要审慎对待意向书、备忘录，这类文书记载内容通常为当事人合作意向或者磋商记录，其可能成为日后订约的纲领性文件，但却不具备锁定未来订约的作用。如果当事人的目标是锁定未来订约，应尽可能避免使用意向书、备忘录类文件。

当事人以认购书、订购书、预订书等形式约定在将来一定期限内订立合同，或者为担保在将来一定期限内订立合同交付了定金，能够确定将来所要订立合同的主体、标的等内容的，人民法院应当认定预约合同成立。

当事人通过签订意向书或者备忘录等方式，仅表达交易的意向，未约定在将来一定期限内订立合同，或者虽然有约定但是难以确定将来所要订立合同的主体、标的等内容，一方主张预约合同成立的，人民法院不予支持。

当事人订立的认购书、订购书、预订书等已就合同标的、数量、价款或者报酬等主要内容达成合意，符合《合同法解释》第3条第1款规定的合同成立条件，未明确约定在将来一定期限内另行订立合同，或者虽然有约定但是当事人一方已实施履行行为且对方接受的，人民法院应当认定本约合同成立。

4. 预约合同的违约责任

依据《民法典》第495条第2款的相关规定，预约合同中约定了违约责任的，守约方可以要求违约方按照预约合同约定承担违约责任。违约责任的约定应该合理、具体，如违约金数额不宜过高，不宜约定守约方有权强制违约方订立正式合同等。但是，对当事人为了磋商、订立预约合同以及准备订立本约合同所支付的成本，以及因违反预约合同造成的损失范围，则可以尽量约定清晰。

预约合同生效后，当事人一方拒绝订立本约合同或者在磋商订立本约合同时违背诚信原则导致未能订立本约合同的，人民法院应当认定该当事人不履行预约合同约定的义务。

预约合同生效后，当事人一方不履行订立本约合同的义务，对方请求其赔偿因此造成的损失的，人民法院依法予以支持。违反预约合同，违约方给守约方造成的损失应根据订立预约合同时商品的市场行情和现行商品的价格予以确定。

前述规定的损失赔偿，当事人有约定的，按照约定；没有约定的，人民法院应当综合考虑预约合同在内容上的完备程度以及订立本约合同的条件的成就程度等因素酌定。

二、赠与合同

（一）赠与合同概述

赠与合同是赠与人将自己的财产无偿给予受赠人，受赠人表示接受赠与的合同。

赠与合同属于单务合同、无偿合同、诺成合同。赠与的财产依法需要办理登记或者其他手续的，应当办理有关手续。

赠与可以附义务。赠与附义务的，受赠人应当按照约定履行义务。

（二）赠与人的义务

1. 赠与人依法或者依合同交付赠与物

经过公证的赠与合同或者依法不得撤销的具有救灾、扶贫、助残等公益、道德义务性质的赠与合同，赠与人不交付赠与财产的，受赠人可以请求交付。

2. 赠与人致赠与物损害的赔偿责任

因赠与人故意或者重大过失致使应当交付的赠与财产毁损、灭失的，赠与人应当承担损害赔偿责任。

3. 附义务赠与赠与人的责任

赠与的财产有瑕疵的，赠与人不承担责任。但附义务的赠与，赠与的财产有瑕疵的，赠与人在所附义务的限度内承担与出卖人相同的责任。赠与人故意不告知瑕疵或者保证无瑕疵，造成受赠人损失的，应当承担损害赔偿责任。

4. 赠与人情势变更下的给付责任

赠与人的经济状况显著恶化，严重影响其生产经营或者家庭生活的，可以不再履行赠与义务。这里须"显著恶化""严重影响"，方可免除赠与人的赠与义务。

（三）赠与人的撤销权的行使

1. 赠与人的撤销权

赠与人在赠与的财产转移之前可以任意撤销赠与。但经过公证的赠与合同或者依法不得撤销的具有救灾、扶贫、助残等公益、道德义务性质的赠与合同，不适用前述规定。对赠与人已经给付或者部分给付的赠与财产，不得撤销。撤销权人撤销赠与的，可以向受赠人要求返还赠与的财产。

2. 因受赠人的不法行为而行使撤销权

《民法典》第 663 条规定，受赠人有下列情形之一的，赠与人可以撤销赠与：（1）严重侵害赠与人或者赠与人近亲属的合法权益；（2）对赠与人有扶养义务而不履行；（3）不履行赠与合同约定的义务。

3. 非赠与人的撤销权

因受赠人的违法行为致使赠与人死亡或者丧失民事行为能力的，赠与人的继承人或者法定代理人可以撤销赠与。

4. 赠与撤销权行使的期限

赠与人的撤销权，自知道或者应当知道撤销事由之日起 1 年内行使。赠与人的继承人或者法定代理人的撤销权，自知道或者应当知道撤销事由之日起 6 个月内行使。

三、借款合同

（一）借款合同的含义

借款合同是借款人向贷款人借款，到期返还借款并支付利息的合同。借款合同应当采用书面形式，但自然人之间借款另有约定的除外。自然人之间的借款合同，自贷款人提供借款时成立。

（二）借贷双方当事人的权利义务

订立借款合同，借款人应当按照贷款人的要求提供与借款有关的业务活动和财务状况的真实情况以及相应的担保，并应当按照约定向贷款人定期提供有关财务会计报表等资料。贷款人按照约定可以检查、监督借款的使用情况。借款人未按照约定的借款用途使用借款的，贷款人可以停止发放借款，提前收回借款或者解除合同。

贷款人未按照约定的日期、数额提供借款，造成借款人损失的，应当赔偿损失。借款人未按照约定的日期、数额收取借款的，应当按照约定的日期、数额支付利息。

借款人应当按照约定的期限返还借款。对借款期限没有约定或者约定不明确时，当事人可以协议补充；不能达成补充协议的，借款人可以随时返还，贷款人也可以催告借款人在合理期限内返还。借款人可以在还款期限届满之前向贷款人申请展期，贷款人同意的，可以展期。

（三）借款合同利息

1. 利息的合理限度

（1）借款利率不得违反国家的有关规定，禁止高利放贷。借款利息不得预先在本金中扣除，利息预先在本金中扣除的，应当按照实际借款数额返还借款并计算利息。

（2）出借人请求借款人按照合同约定利率支付利息的，人民法院应予支持，但是双方约定的利率超过合同成立时一年期贷款市场报价利率 4 倍的除外。"一年期贷款市场报价利率"是指中国人民银行授权全国银行间同业拆借中心自 2019 年 8 月 20 日起每月发布的一年期贷款市场报价利率。

2021 年 1 月 1 日，最高人民法院修订的《关于审理民间借贷案件适用法律若干问题的规定》（以下简称《借贷规定》）开始实施。《借贷规定》第 25 条规定，以中国人民银行授权全国银行间同业拆借中心每月 20 日发布的一年期贷款市场报价利率（LPR）的 4 倍为标准确定民间借贷利率的司法保护上限。以 2020 年 8 月 20 日发布的一年期 LPR 即 3.85% 的 4 倍计算，目前民间借贷利率的司法保护上限为 15.4%。另据最高人民法院《关于新民间借贷司法解释适用范围问题的批复》（法释〔2020〕27 号）的规定，由地方金融监管部门监管的小额贷款公司、融资担保公司、区域性股权市场、典当行、融资租赁公司、商业保理公司、地方资产管理公司等 7 类地方金融组织，属于经金融监管部门批准设立的金融机构，其因从事相关金融业务引发的纠纷，不适用新民间借贷司法解释。

（3）借贷双方对前期借贷本息结算后将利息计入后期借款本金并重新出具债权凭证，如果前期利率没有超过合同成立时一年期贷款市场报价利率4倍，重新出具的债权凭证载明的金额可认定为后期借款本金。超过部分的利息，不应认定为后期借款本金。借款人在借款期间届满后应当支付的本息之和，超过以最初借款本金与以最初借款本金为基数、以合同成立时一年期贷款市场报价利率4倍计算的整个借款期间的利息之和的，人民法院不予支持。

（4）借贷双方对逾期利率有约定的，从其约定，但是以不超过合同成立时一年期贷款市场报价利率4倍为限。未约定逾期利率或者约定不明的，人民法院可以区分不同情况处理：1）既未约定借期内利率，也未约定逾期利率，出借人主张借款人自逾期还款之日起承担逾期还款违约责任的，人民法院应予支持；2）合同约定了借期内利率，但是未约定逾期利率，出借人主张借款人自逾期还款之日起按照借期内利率支付资金占有期间利息的，人民法院应予支持。

（5）出借人与借款人既约定了逾期利率，又约定了违约金或者其他费用的，出借人可以选择主张逾期利息、违约金或者其他费用，也可以一并主张，但是总计超过合同成立时一年期贷款市场报价利率4倍的部分，人民法院不予支持。

2. 利息支付期限

借款人应当按照约定的期限支付利息。借款人未按照约定的期限返还借款的，应当按照约定或者国家有关规定支付逾期利息。在借款人未按照约定的日期、数额收取借款的情况下，仍应当按照约定的日期、数额支付利息

借款人提前偿还借款的，除当事人另有约定的以外，应当按照实际借款期间计算利息。

对支付利息的期限没有约定或者约定不明确的，当事人可以协议补充；不能达成补充协议时，借款期间不满1年的，应当在返还借款时一并支付；借款期间1年以上的，应当在每届满1年时支付，剩余期间不满1年的，应当在返还借款时一并支付。

四、租赁合同

（一）租赁合同的形式和期限

租赁合同是出租人将租赁物交付承租人使用、收益，承租人支付租金的合同。

租赁合同可以采用书面形式，也可以采用非书面形式订立。租赁合同中租赁期限为6个月以上的，应当采用书面形式。当事人未采用书面形式无法确定租赁期限的，视为不定期租赁。

租赁期限不得超过20年。超过20年的，超过部分无效。租赁期间届满，当事人可以续订租赁合同，但约定的租赁期限自续订之日起不得超过20年。

当事人对租赁期限没有约定或者约定不明确的，可以协议补充；不能达成补充协议的，按照合同有关条款或者交易习惯确定；仍不能确定的，视为不定期租赁。对于不定期租赁，当事人可以随时解除合同，但是应当在合理期限之前通知对方。

租赁期间届满，出租人继续使用租赁物，出租人未提出异议的，原租赁合同继续有效，但租赁期间为不定期。

租赁期限届满，房屋承租人享有以同等条件优先承租的权利。

（二）租赁合同当事人的权利和义务

1. 出租人的权利和义务

（1）出租人的权利。

1）收取租金。2）合同解除权：承租人未经其同意对租赁物进行改善或增设他物的，出租

人有权要求承租人恢复原状或赔偿损失；承租人未经出租人同意，擅自将租赁物转租第三人的，出租人可以解除合同。但出租人知道或者应当知道承租人转租，在6个月内未提出异议的，视为同意；承租人无正当理由未支付或者迟延支付租金的，出租人可以要求承租人在合理期限内支付，承租人逾期不支付的，出租人可以解除合同。

（2）出租人的义务。

1）交付租赁物：出租人应当按照合同约定将租赁物交付承租人，并在租赁期间保持租赁物符合约定的用途。2）租赁物的维修及费用负担：出租人应当履行租赁物的维修义务，但当事人另有约定或因承租人的过错致使租赁物需要维修的除外。承租人在租赁物需要维修时可以要求出租人在合理期限内维修。出租人未履行维修义务的，承租人可以自行维修，维修费用由出租人负担。因维修租赁物影响承租人使用的，应当相应减少租金或者延长租期。

2. 承租人的权利和义务

（1）承租人的权利。

1）租赁物的使用、收益权：在租赁期间因占有、使用租赁物获得的收益，归承租人所有，但当事人另有约定的除外。2）转租权：经出租人同意，承租人可以将租赁物转租给第三人，原租赁合同效力不变。3）租赁权对抗物权：租赁物在租赁期间发生所有权变动的，不影响租赁合同的效力。4）减少租金或合同解除权：租赁物危及承租人安全或者健康的，即使承租人订立合同时明知该租赁物质量不合格，承租人仍然可以随时解除合同；因不可归责于承租人的事由，致使租赁物部分或者全部毁损、灭失的，承租人可以要求减少租金或者不支付租金；因租赁物部分或者全部毁损、灭失，致使不能实现合同目的的，承租人可以解除合同。

依据《民法典》第724条的规定，发生下列三种情形，非因承租人的原因致租赁物无法使用的，承租人可以解除合同：第一，租赁物被司法机关或者行政机关依法查封、扣押；第二，租赁物权属有争议；第三，租赁物具有违反法律、行政法规关于使用条件的强制性规定。

（2）承租人的义务。

1）按照约定的方法或按照租赁物的性质使用租赁物，并应当妥善保管租赁物，如因保管不善造成租赁物毁损、灭失的，应当承担损害赔偿责任。2）承担自行维修费用：因承租人的过错致使租赁物需要维修的，维修费用由承租人自行承担。3）按约定支付租金。4）通报并经出租人同意方可转租或者对租赁物进行改善及增设他物。5）返还租赁物：租赁期限届满，承租人应当返还租赁物。返还的租赁物应当符合按照约定或者租赁物的性质使用后的状态。

（三）租金的支付期限

承租人应当按照约定的期限支付租金。对支付租金的期限没有约定或者约定不明确的，可以协议补充；不能达成补充协议的，按照合同有关条款或者交易习惯确定。仍不能确定的，租赁期限不满1年的，应当在租赁期限届满时支付；租赁期限1年以上的，应当在每届满1年时支付，剩余期限不满1年的，应当在租赁期限届满时支付。

（四）房屋租赁合同

1. 房屋租赁合同的效力

（1）出租人就未取得建设工程规划许可证或者未按照建设工程规划许可证的规定建设的房屋，与承租人订立的合同无效。但在一审法庭辩论终结前取得建设工程规划许可证或者经主管部门批准建设的，人民法院应当认定合同有效。

（2）出租人就未经批准或者未按照批准内容建设的临时建筑，与承租人订立的租赁合同无效。但在一审法庭辩论终结前经主管部门批准建设的，人民法院应当认定合同有效。

（3）租赁期限超过临时建筑的使用期限，超过部分无效。但在一审法庭辩论终结前经主管部门批准延长使用期限的，人民法院应当认定延长使用期限内的租赁期间有效。

（4）当事人以房屋租赁合同未按照法律、行政法规规定办理登记备案手续为由，请求确认合同无效的，人民法院不予支持。

当事人约定以办理登记备案手续为房屋租赁合同生效条件的，从其约定，但当事人一方已经履行主要义务，对方接受的除外。

2. 承租人的优先权

出租人出卖出租房屋的，应当在出卖之前的合理期限内通知承租人，承租人享有以同等条件优先购买的权利，但法律另有规定的除外。

（1）出租人出卖租赁房屋未在合理期限内通知承租人或者存在其他损害承租人优先购买权的情形，承租人可以请求出租人承担赔偿责任。但是，出租人与第三人订立的房屋买卖合同的效力不受影响。

（2）出租人出卖租赁房屋的，应当在出卖之前的合理期限内通知承租人，承租人享有以同等条件优先购买的权利，但是房屋按份共有人行使优先购买权或者出租人将房屋出卖给近亲属的除外。近亲属包括：配偶、父母、子女、兄弟姐妹、祖父母、外祖父母、孙子女、外孙子女。出租人履行通知义务后，承租人在 15 日内未明确表示购买的，视为承租人放弃优先购买权。出租人委托拍卖人拍卖租赁房屋的，应当在拍卖 5 日前通知承租人。承租人未参加拍卖的，视为放弃优先购买权。

五、融资租赁合同

（一）融资租赁合同概述

融资租赁合同是出租人根据承租人对出卖人、租赁物的选择，向出卖人购买租赁物，提供给承租人使用，承租人支付租金的合同。

融资租赁合同的内容一般包括租赁物的名称、数量、规格、技术性能、检验方法，租赁期限，租金构成及其支付期限和方式、币种，租赁期限届满租赁物的归属等条款。

融资租赁合同应当采用书面形式。

依照法律、行政法规的规定，租赁物的经营使用应当取得行政许可，出租人未取得行政许可的，不影响融资租赁合同的效力。

融资租赁合同的租金，除当事人另有约定的以外，应当根据购买租赁物的大部分或者全部成本以及出租人的合理利润确定。

（二）当事人的权利和义务

1. 出租人的权利和义务

（1）出租人享有租赁的所有权，承租人破产的，租赁物不属于破产财产。出租人对租赁物享有的所有权，未经登记，不得对抗善意第三人。

（2）出租人根据承租人对出卖人、租赁物的选择订立的买卖合同，未经承租人同意，出租人不得变更与承租人有关的合同内容。

（3）出租人应当保证承租人对租赁物的占有和使用，租赁物不符合约定或者不符合使用目的的，出租人不承担责任，但承租人依赖出租人的技能确定租赁物或者出租人干预选择租赁物的除外。

2. 承租人的权利和义务

（1）承租人享有与受领标的物有关的买受人的权利。融资租赁合同涉及的三方当事人（出卖人、承租人、出租人）可以约定，出卖人不履行买卖合同义务的，由承租人行使索赔的权利。承租人行使索赔权利的，出租人应当协助。

（2）承租人应当按照约定支付租金，经催告后在合理期限内仍不支付租金的，出租人可以要求支付全部租金，也可以解除合同，收回租赁物。

（3）承租人可以拒绝受领出卖人向其交付的标的物。《民法典》第 740 条规定，出卖人向承租人交付的标的物严重不符合约定，或者未按照约定交付标的物，经承租人或者出租人催告后在合理期限内仍未交付的，承租人可以拒绝受领，但应及时通知出卖人。

（4）出租人明知租赁物有质量瑕疵未告知承租人且在承租人行使索赔权利时未及时提供必要帮助，致使承租人对出卖人行使索赔权利失效的，承租人有权要求出租人承担相应的责任。出租人怠于行使只能由其对出卖人行使的索赔权利，造成承租人损失的，承租人有权要求出租人赔偿责任。

（三）租赁期满租赁物的归属

出租人和承租人可以约定租赁期满租赁物的归属。当事人约定租赁期间届满租赁物归承租人所有，承租人已经支付大部分租金，但无力支付剩余租金，出租人因此解除合同收回租赁物，收回的租赁物的价值超过承租人欠付的租金以及其他费用的，承租人可以请求相应返还。对租赁物的归属没有约定或者约定不明确，可以协议补充；不能达成补充协议的，按照合同有关条款或者交易习惯确定；仍不能确定的，租赁物的所有权归出租人。

当事人约定租赁期限届满，承租人仅需向出租人支付象征性价款的，视为约定的租金义务履行完毕后租赁物的所有权归承租人。

六、承揽合同

承揽合同是承揽人按照定作人的要求完成工作，支付工作成果，定作人给付报酬的合同。承揽包括加工、定作、修理、复制、测试、检验等。

（一）承揽人的权利和义务

承揽人应当以自己的设备、技术和劳力，完成主要工作，但当事人另有约定的除外。

承揽人将其承揽的主要工作交由第三人完成的，应当就第三人完成的工作成果向定作人负责；未经定作人同意的，定作人可以解除合同。承揽人可以将其承揽的辅助工作交由第三人完成。承揽人将其承揽的辅助工作交由第三人完成的，应当就该第三人完成的工作成果向定作人负责。

承揽人提供材料的，承揽人应当按照约定选用材料，并接受定作人的检验。

承揽人发现定作人提供的图纸或者技术要求不合理的，应当及时通知定作人。由定作人怠于答复等原因造成承揽人损失的，应当赔偿损失。承揽人不得擅自更换定作人提供的材料，不得更换不需要修理的零部件。

承揽人应当妥善保管定作人提供的材料以及完成的工作成果，保管不善造成毁损、灭失的，应当承担损害赔偿责任。

承揽人在工作期间，应当接受定作人必要的监督检验。定作人不得因监督检验妨害承揽人的正常工作。承揽人完成工作的，应当向定作人交付工作成果，并提交必要的技术资料和有关质量证明。

承揽人应当按照定作人的要求保守秘密，未经定作人许可，不得留存复制品或者技术资料。

（二）定作人的权利和义务

定作人提供材料的，定作人应当按照约定提供材料。承揽人对定作人提供的材料，应当及时检验，发现不符合约定时，应当及时通知定作人更换、补齐或者采取其他补救措施。

承揽工作需要定作人协助的，定作人有协助的义务。定作人不履行协助义务致使承揽工作不能完成的，承揽人可以催告定作人在合理期限内履行义务，并可以顺延履行期限；定作人逾期不履行的，承揽人可以解除合同。

定作人应当验收承揽工作成果。承揽人交付的工作成果不符合质量要求的，定作人可以要求承揽人承担修理、重作、减少报酬、赔偿损失等违约责任。

定作人应当按照约定的期限支付报酬。对支付报酬没有约定或者约定不明确的，可以协议补充；不能达成补充协议的，按照合同有关条款或者交易习惯确定。仍不能确定的，定作人应当在承揽人交付工作成果时支付；工作成果部分交付的，定作人应当相应支付。

定作人未向承揽人支付报酬或者材料费等价款的，承揽人对完成工作成果享有留置权，但当事人另有约定的除外。

定作人中途变更承揽工作的要求，造成承揽人损失的，应当赔偿损失。定作人可以随时解除承揽合同，造成承揽人损失的，应当赔偿损失。

七、建设工程合同

建设工程合同是承包人进行工程建设，发包人支付价款的合同。建设工程合同包括工程勘察、设计、施工合同。建设工程合同应当采用书面形式。

（一）发包人的权利和义务

1. 发包人的权利

（1）订立合同当事人的选择权：发包人可以与总承包人订立建设工程合同，也可以分别与勘察人、设计人、施工人订立勘察设计、施工承包合同。

（2）发包人对工程进度、质量的监督权：发包人在不妨害承包人正常作业的情况下，可以随时对作业进度、质量进行检查。基于施工人的原因致使建设工程质量不符合约定的，发包人有权要求施工人在合理期限内无偿修理或者返工、改建。修理或者返工、改建，造成逾期交付的，施工人应当承担违约责任。

（3）合同解除权：承包人未经发包人同意擅自转包、违法分包建设工程的，发包人可以解除合同。

2. 发包人的义务

（1）不得将同一工程肢解、拆分给多个承包人。发包人不得将应当由一个承包人完成的建设工程肢解成若干部分发包给几个承包人。建设工程实行监理的，发包人应当与监理人采用书面形式订立委托监理合同。发包人与监理人的权利、义务及法律责任，应当按照《民法典》合同编关于委托合同以及其他有关法律、行政法规的规定。

（2）及时验收并支付价款。建设工程竣工后，发包人应当根据施工图纸及说明书、国家颁发的施工验收规范和质量检验标准及时进行验收。验收合格的，发包人应当按照约定支付价款，并接收该建设工程。建设工程经验收合格后，方可交付使用；未经验收或者验收不合格的，不得交付使用。

（3）提供相应资金、设备、场地及其他必要设施。

（4）赔偿损失。基于发包人的原因致使工程中途停建、缓建的，发包人应当采取措施弥补或者减少损失，赔偿承包人因此造成的停工、窝工、倒运、机械设备调迁、材料和构件积压损失和实际费用；发包人变更计划，提供的资料不准确，或者未按照期限提供必需的勘察、设计工作条件而造成勘察、设计的返工、停工或者修改设计，发包人应当按照勘察人、设计人实际消耗的工作量增付费用。

（二）承包人的权利和义务

1. 承包人的权利

（1）损害赔偿请求权：对基于发包人的原因导致的工程停建、顺延、缓建等给承包人造成的损失，发包人应当承担赔偿责任。

（2）合同解除权：发包人提供的主要建筑材料、建筑构配件不符合强制性标准或者不履行协助义务，致使承包人无法施工，经催告后在合理期限内仍未履行相应义务的，承包人可以解除合同。

（3）优先受偿权：发包人未按照约定支付价款的，承包人可以催告发包人在合理期限内支付价款。发包人逾期不支付的，除按照建设工程的性质不宜折价、拍卖的以外，承包人可以与发包人协议将该工程折价，也可以申请人民法院将该工程依法拍卖。建设工程的价款就该工程折价或者拍卖的价款优先受偿。

（4）建设工程分包、转包权：经发包人同意，总承包人可以将自己承包的部分工程交由第三人完成。第三人就其完成的工作成果与总承包人向发包人承担连带责任。

2. 承包人的义务

（1）禁止擅自将承包的工程分包、转包：承包人未经发包人同意不得将承包的全部工程转包给第三人或者将其承包的全部工程肢解以后以分包的名义分包、转包给第三人。禁止将工程分包给不具备相应资质条件的单位。禁止分包单位将其承包的工程再分包。建设工程主体结构的施工必须由承包人自行完成。

（2）损失赔偿义务：承包人的原因致使建设工程在合理期使用期限内造成人身损害和财产损失的，承包人应当承担赔偿责任。

（3）通知义务：在隐蔽工程隐蔽以前，承包人应当通知发包人检查。发包人没有及时检查的，承包人可以顺延工程日期，并有权请求赔偿因停工、窝工等造成的损失。

八、物业服务合同

（一）物业服务合同概述

物业服务合同是物业服务人在物业服务区域内，为业主提供建筑物及其附属设施的维修养护、环境卫生和相关秩序的管理维护等物业服务，业主支付物业费的合同。物业服务人包括物业服务企业和其他管理人。

物业服务合同的内容一般包括服务事项、服务质量、服务费用的标准和收取办法、维修资金的使用、服务用房的管理和使用、服务期限、服务交接等条款。

物业服务人公开作出的有利于业主的服务承诺，为物业服务合同的组成部分。

物业服务合同应当采用书面形式。

（二）物业服务合同的效力

建设单位依法与物业服务人订立的前期物业服务合同，以及业主委员会与业主大会依法选聘的物业服务人订立的物业服务合同，对业主具有法律约束力。

《民法典》第 940 条规定，建设单位依法与物业服务人订立的前期物业服务合同约定的服务期限届满前，业主委员会或者业主与新物业服务人订立的物业服务合同生效的，前期物业服务合同终止。

（三）物业服务人的义务

（1）报告义务。物业服务人应当定期将服务的事项、负责人员、质量要求、收费项目、收费标准、履行情况，以及维修资金使用情况、业主共有部分的经营与收益情况等以合理方式向业主公开并向业主大会、业主委员会报告。

（2）管理共有部分、维护区域基本秩序。物业服务人应当按照约定和物业的使用性质，妥善维修、养护、清洁、绿化和经营管理物业服务区域内的业主共有部分，维护物业服务区域内的基本秩序，采取合理措施保护业主的人身、财产安全。

对物业服务区域内违反有关治安、环保、消防等法律法规的行为，物业服务人应当及时采取合理措施制止、向有关行政主管部门报告并协助处理。

（3）物业服务人不得采取停止供电、供水、供热、供燃气等方式催交物业费。

（四）业主的权利和义务

业主应当按照约定向物业服务人支付物业费。物业服务人已经按照约定和有关规定提供服务的，业主不得以未接受或者无须接受相关物业服务为由拒绝支付物业费。

业主违反约定逾期不支付物业费的，物业服务人可以催告其在合理期限内支付；合理期限届满仍不支付的，物业服务人可以提起诉讼或者申请仲裁。

业主装饰装修房屋的，应当事先告知物业服务人，遵守物业服务人提示的合理注意事项，并配合其进行必要的现场检查。

业主转让、出租物业专有部分、设立居住权或者依法改变共有部分用途的，应当及时将相关情况告知物业服务人。

（五）物业服务合同的履行及终止

业主依照法定程序共同决定解聘物业服务人的，可以解除物业服务合同。决定解聘的，应当提前 60 日书面通知物业服务人，但是合同对通知期限另有约定的除外。业主依照规定解除合同造成物业服务人损失的，除不可归责于业主的事由外，业主应当赔偿损失。

物业服务期限届满前，业主依法共同决定续聘的，应当与原物业服务人在合同期限届满前续订物业服务合同。物业服务期限届满前，物业服务人不同意续聘的，应当在合同期限届满前 90 日内书面通知业主或者业主委员会，但是合同对通知期限另有约定的除外。

物业服务期限届满后，业主没有依法作出续聘或者另聘物业服务人的决定，物业服务人继续提供物业服务的，原物业服务合同继续有效，但是服务期限为不定期。

当事人可以随时解除不定期物业服务合同，但是应当提前 60 日书面通知对方。

物业服务合同终止的，原物业服务人应当在约定期限或者合理期限内退出物业服务区域，将物业服务用房、相关设施、物业服务所必需的相关资料等交还给业主委员会、决定自行管理的业主或者其指定的人，配合新物业服务人做好交接工作，并如实告知物业的使用和管理状况。

原物业服务人违反上述规定的，不得请求业主支付物业服务合同终止后的物业费；造成业主损失的，应当赔偿损失。

物业服务合同终止后，在业主或者业主大会选聘的新物业服务人或者决定自行管理的业主接管之前，原物业服务人应当继续处理物业服务事项，并可以请求业主支付该期间的物业费。

九、保理合同

（一）保理合同概述

保理合同是应收账款债权人将现有的或者将有的应收账款转让给保理人，保理人提供资金融通、应收账款管理或者催收、应收账款债务人付款担保等服务的合同。

保理合同的内容一般包括：业务类型、服务范围、服务期限、基础交易合同情况、应收账款信息、保理融资款或者服务报酬及其支付方式等条款。

保理合同应当采用书面形式。

（二）保理合同的履行和效力

保理合同签订后，保理人向应收账款债务人发出应收账款转让通知的，应当表明保理人身份并附有必要凭证。应收账款债务人接到应收账款转让通知后，应收账款债权人与债务人无正当理由协商变更或者终止基础交易合同，对保理人产生不利影响的，对保理人不发生效力。

当事人约定有追索权保理的，保理人可以向应收账款债权人主张返还保理融资款本息或者回购应收账款债权，也可以向应收账款债务人主张应收账款债权。保理人向应收账款债务人主张应收账款债权，在扣除保理融资款本息和相关费用后有剩余的，剩余部分应当返还给应收账款债权人。

当事人约定无追索权保理的，保理人应当向应收账款债务人主张应收账款债权，保理人取得的超过保理融资款本息和相关费用的部分，无须向应收账款债权人返还。

（三）保理权行使的顺序

应收账款债权人就同一应收账款订立多个保理合同，致使多个保理人主张权利的，已经登记的先于未登记的取得应收账款；均已经登记的，按照登记时间的先后顺序取得应收账款；均未登记的，由最先到达应收账款债务人的转让通知中载明的保理人取得应收账款；既未登记也未通知的，按照保理融资款或者服务报酬的比例取得应收账款。

十、中介合同

（一）中介合同的含义

中介合同是中介人向委托人报告订立合同的机会或者提供订立合同的媒介服务，委托人支付报酬的合同。

（二）当事人的权利和义务

中介人应当就有关订立合同的事项向委托人如实报告。

中介人故意隐瞒与订立合同有关的重要事实或者提供虚假情况，损害委托人利益的，不得请求支付报酬并应当承担赔偿责任。

中介人促成合同成立的，委托人应当按照约定支付报酬。对中介人的报酬没有约定或者约定不明确，依据《民法典》第510条的规定仍不能确定的，根据中介人的劳务合理确定。因中介人提供订立合同的媒介服务而促成合同成立的，由该合同的当事人平均负担中介人的报酬。

中介人促成合同成立的，中介活动的费用，由中介人负担。

中介人未促成合同成立的，不得请求支付报酬；但是，可以按照约定请求委托人支付从事中介活动支出的必要费用。

委托人在接受中介人的服务后，利用中介人提供的交易机会或者媒介服务，绕开中介人直接订立合同的，应当向中介人支付报酬。

十一、技术合同

（一）技术合同概述

技术合同是当事人就技术开发、转让、许可、咨询或者服务订立的确立相互之间权利和义务的合同。技术合同的内容一般包括项目的名称，标的的内容、范围和要求，履行的计划、地点和方式，技术信息和资料的保密，技术成果的归属和收益的分配办法，验收标准和方法，名词和术语的解释等条款。与履行合同有关的技术背景资料、可行性论证和技术评价报告、项目任务书和计划书、技术标准、技术规范、原始设计和工艺文件，以及其他技术文档，按照当事人的约定可以作为合同的组成部分。

非法垄断技术或者侵害他人技术成果的技术合同无效。

（二）技术合同价款的支付方式

技术合同价款、报酬或者使用费的支付方式由当事人约定，可以采取一次总算、一次总付或者一次总算、分期支付，也可以采取提成支付或者提成支付附加预付入门费的方式。约定提成支付的，可以按照产品价格、实施专利和使用技术秘密后新增的产值、利润或者产品销售额的一定比例提成，也可以按照约定的其他方式计算。提成支付的比例可以采取固定比例、逐年递增比例或者逐年递减比例。约定提成支付的，当事人可以约定查阅有关会计账目的办法。

（三）职务技术成果与非职务技术成果的权利归属

职务技术成果是执行法人或者非法人组织的工作任务，或者主要是利用法人或者非法人组织的物质技术条件所完成的技术成果。

职务技术成果的使用权、转让权属于法人或者非法人组织的，法人或者非法人组织可以就该项职务技术成果订立技术合同。法人或者非法人组织订立技术合同转让职务技术成果时，职务技术成果的完成人享有以同等条件优先受让的权利。

非职务技术成果的使用权、转让权属于完成技术成果的个人，完成技术成果的个人可以就该项非职务技术成果订立技术合同。

完成技术成果的个人享有在有关技术成果文件上写明自己是技术成果完成者的权利和取得

荣誉证书、奖励的权利。

（四）技术开发合同

技术开发合同是当事人之间就新技术、新产品、新工艺、新品种或者新材料及其系统的研究开发所订立的合同。技术开发合同包括委托开发合同和合作开发合同。

技术开发合同应当采用书面形式。

1. 当事人的权利和义务

委托开发合同的委托人应当按照约定支付研究开发经费和报酬，提供技术资料，提出研究开发要求，完成协作事项，接受研究开发成果。

委托开发合同的研究开发人应当按照约定制订和实施研究开发计划，合理使用研究开发经费，按期完成研究开发工作，交付研究开发成果，提供有关的技术资料和必要的技术指导，帮助委托人掌握研究开发成果。

委托开发合同的当事人违反约定造成研究开发工作停滞、延误或者失败的，应当承担违约责任。

合作开发合同的当事人应当按照约定进行投资，包括以技术进行投资，分工参与研究开发工作，协作配合研究开发工作。

合作开发合同的当事人违反约定造成研究开发工作停滞、延误或者失败的，应当承担违约责任。

2. 技术开发合同的解除

作为技术开发合同标的的技术已经由他人公开，致使技术开发合同的履行没有意义的，当事人可以解除合同。

技术开发合同履行过程中，出现无法克服的技术困难，致使研究开发失败或者部分失败的，该风险由当事人约定；没有约定或者约定不明确，依据《民法典》第510条的规定仍不能确定的，风险由当事人合理分担。

当事人一方发现前述规定的可能致使研究开发失败或者部分失败的情形时，应当及时通知另一方并采取适当措施减少损失；没有及时通知并采取适当措施，致使损失扩大的，应当就扩大的损失承担责任。

3. 技术开发成果权利归属

委托开发完成的发明创造，除法律另有规定或者当事人另有约定外，申请专利的权利属于研究开发人。研究开发人取得专利权的，委托人可以依法实施该专利。研究开发人转让专利申请权的，委托人享有以同等条件优先受让的权利。

合作开发完成的发明创造，申请专利的权利属于合作开发的当事人共有；当事人一方转让其共有的专利申请权的，其他各方享有以同等条件优先受让的权利。但是，当事人另有约定的除外。

合作开发的当事人一方声明放弃其共有的专利申请权的，除当事人另有约定外，可以由另一方单独申请或者由其他各方共同申请。申请人取得专利权的，放弃专利申请权的一方可以免费实施该专利。

合作开发的当事人一方不同意申请专利的，另一方或者其他各方不得申请专利。

委托开发或者合作开发完成的技术秘密成果的使用权、转让权以及收益的分配办法，由当事人约定；没有约定或者约定不明确，依据《民法典》第510条的规定仍不能确定的，在没有相同技术方案被授予专利权前，当事人均有使用和转让的权利。但是，委托开发的研究开发人不得在向委托人交付研究开发成果之前，将研究开发成果转让给第三人。

（五）技术转让合同和技术许可合同

1. 技术转让合同和技术许可合同的一般规定

技术转让合同是合法拥有技术的权利人，将现有特定的专利、专利申请、技术秘密的相关权利让与他人所订立的合同。技术转让合同包括专利权转让、专利申请权转让、技术秘密转让等合同。

技术许可合同是合法拥有技术的权利人，将现有特定的专利、技术秘密的相关权利许可他人实施、使用所订立的合同。技术许可合同包括专利实施许可、技术秘密使用许可等合同。

技术转让合同和技术许可合同中关于提供实施技术的专用设备、原材料或者提供有关的技术咨询、技术服务的约定，属于合同的组成部分。

技术转让合同和技术许可合同可以约定实施专利或者使用技术秘密的范围，但是不得限制技术竞争和技术发展。

2. 合同当事人的权利和义务

（1）权利瑕疵担保义务：技术转让合同的让与人和技术许可合同的许可人应当保证自己是所提供的技术的合法拥有者，并保证所提供的技术完整、无误、有效，能够达到约定的目标。

（2）保密义务：技术转让合同的受让人和技术许可合同的被许可人应当按照约定的范围和期限，对让与人、许可人提供的技术中尚未公开的秘密部分，承担保密义务。许可人未按照约定许可技术的，应当返还部分或者全部使用费，并应当承担违约责任；实施专利或者使用技术秘密超越约定的范围的，违反约定擅自许可第三人实施该项专利或者使用该项技术秘密的，应当停止违约行为，承担违约责任；违反约定的保密义务的，应当承担违约责任。让与人承担违约责任，参照适用前述规定。

（3）依约支付价款：被许可人未按照约定支付使用费的，应当补交使用费并按照约定支付违约金；不补交使用费或者支付违约金的，应当停止实施专利或者使用技术秘密，交还技术资料，承担违约责任；实施专利或者使用技术秘密超越约定的范围的，未经许可人同意擅自许可第三人实施该专利或者使用该技术秘密的，应当停止违约行为，承担违约责任；违反约定的保密义务的，应当承担违约责任。受让人承担违约责任，参照适用前述规定。

（4）受让人或者被许可人按照约定实施专利、使用技术秘密侵害他人合法权益的，由让与人或者许可人承担责任，但是当事人另有约定的除外。

3. 技术成果分享原则

当事人可以按照互利的原则，在合同中约定实施专利、使用技术秘密后续改进的技术成果的分享办法；没有约定或者约定不明确，依据《民法典》第510条的规定仍不能确定的，一方后续改进的技术成果，其他各方无权分享。集成电路布图设计专有权、植物新品种权、计算机软件著作权等其他知识产权的转让和许可，参照适用有关规定。法律、行政法规对技术进出口合同或者专利、专利申请合同另有规定的，依照其规定。

（六）技术咨询合同和技术服务合同

1. 技术咨询合同和技术服务合同的概念

技术咨询合同是当事人一方以技术知识为对方就特定技术项目提供可行性论证、技术预测、专题技术调查、分析评价报告等所订立的合同。

技术服务合同是当事人一方以技术知识为对方解决特定技术问题所订立的合同，不包括承揽合同和建设工程合同。

2. 当事人的权利和义务

（1）技术咨询合同当事人的权利和义务。

技术咨询合同的委托人应当按照约定阐明咨询的问题，提供技术背景材料及有关技术资料，接受受托人的工作成果，支付报酬。

技术咨询合同的受托人应当按照约定的期限完成咨询报告或者解答问题，提出的咨询报告应当达到约定的要求。

技术咨询合同的委托人未按照约定提供必要的资料，影响工作进度和质量，不接受或者逾期接受工作成果的，支付的报酬不得追回，未支付的报酬应当支付。

技术咨询合同的受托人未按期提出咨询报告或者提出的咨询报告不符合约定的，应当承担减收或者免收报酬等违约责任。

技术咨询合同的委托人按照受托人符合约定要求的咨询报告和意见作出决策所造成的损失，由委托人承担，但是当事人另有约定的除外。

（2）技术服务合同当事人的权利和义务。

技术服务合同的委托人应当按照约定提供工作条件，完成配合事项，接受工作成果并支付报酬。

技术服务合同的受托人应当按照约定完成服务项目，解决技术问题，保证工作质量，并传授解决技术问题的知识。技术服务合同的受托人未按照约定完成服务工作的，应当承担免收报酬等违约责任。

技术服务合同的委托人不履行合同义务或者履行合同义务不符合约定，影响工作进度和质量，不接受或者逾期接受工作成果的，支付的报酬不得追回，未支付的报酬应当支付。

（3）技术成果的归属及相关费用的负担。

技术咨询合同、技术服务合同履行过程中，受托人利用委托人提供的技术资料和工作条件完成的新的技术成果，属于受托人。委托人利用受托人的工作成果完成的新的技术成果，属于委托人。当事人另有约定的，按照其约定。

技术咨询合同和技术服务合同对受托人正常开展工作所需费用的负担没有约定或者约定不明确的，由受托人负担。

思考题

1. 简述合同订立的程序。
2. 简述合同订立的条件。
3. 合同成立与合同生效的区别是什么？
4. 简述抗辩权的种类及行使条件。
5. 简述合同法定解除的条件。
6. 简述合同撤销权的行使条件。

7. 简述适用定金罚则的法律后果。

8. 简述违约责任的承担方式。

9. 简述缔约过失责任的构成要件。

10. 简述合同应当具备的主要条款。

11. 案例分析

案例一

2022 年 7 月 10 日，甲与乙订立买卖合同，以 500 万元的价格向乙购买一套精装修住房。当日，甲支付了 40 万元定金，乙将房屋交付给甲。双方约定：甲应于 8 月 1 日前付清余款；乙应在收到余款后 2 日内办理房屋过户手续。7 月 15 日，当地突降特大暴雨，该房屋被淹没，损失额达 60 万元。甲认为该损失应当由乙承担。8 月 1 日，甲向乙支付余款时直接扣除 60 万元，仅支付 400 万元；同时要求乙办理房屋过户手续。后经协商，甲于 8 月 20 日再向乙支付 30 万元。同日，乙将房屋过户至甲的名下。2018 年 11 月 1 日，甲将房屋出租给丙，约定租期 1 年，但双方未依法办理登记备案手续。租期届满后，丙将房屋交还给甲，但以房屋租赁合同因未登记备案而无效为由，拒绝支付所欠剩余租金。

2024 年 4 月 1 日，甲与丁订立房屋买卖合同，约定价款 600 万元。丁依约于 4 月 5 日付清了全部价款，甲将房屋钥匙交给丁。但甲与丁在办理过户登记时，登记机构因电脑系统发生故障停止办公，申请未被受理。因丁紧急出差，双方遂约定待丁回来之后再办理房屋过户登记手续。

2024 年 4 月 10 日，不知甲、丁之间已签订房屋买卖合同的戊向甲表示愿以 650 万元的价格购买该房屋。甲同意，即刻与戊订立了房屋买卖合同。戊于次日付清了全部房款。双方于 4 月 15 日办理完毕过户登记手续。

4 月 20 日，丁出差回来，要求甲尽快办理房屋过户手续。甲告知丁已将房屋卖给他人，愿意退还 600 万元并要求解除合同。丁当即拒绝，坚持要甲办理过户手续。

2024 年 5 月 10 日，丁在确悉房屋已经过户到戊名下时，以自己与甲订约在先，甲、戊之间的房屋买卖合同无效为由，要求甲、戊退还房屋。戊则认为，由于甲、丁未办理过户手续，所以他们之间的买卖合同尚未发生效力。

根据上述内容，分别回答下列问题：

(1) 甲提出 60 万元房屋损失应由乙承担的主张是否成立？请说明理由。

(2) 甲于 2018 年 8 月 1 日向乙支付 400 万元房款后，乙是否有权拒绝为之办理过户登记手续？请说明理由。

(3) 甲与丙之间的房屋租赁合同是否有效？请说明理由。

(4) 甲与丁之间的房屋买卖合同是否发生效力？请说明理由。

(5) 甲与戊之间的房屋买卖合同是否发生效力？戊是否取得了房屋的所有权？请分别说明理由。

(6) 若丁请求人民法院判决甲返还房屋，能否得到支持？请说明理由。

案例二

2024 年 1 月，甲个人独资企业（以下简称甲企业）向张某借款 80 万元，双方签订了借款合同。合同约定：借款期限为 6 个月，年利率为 30%；利息在返还借款时一并支付。合同未约定预期利率。王某、李某为该笔借款提供了保证担保。王某、李某与张某签订的保证合同中未约定担保方式。

借款期限届满，甲企业无力偿还借款本息，张某要求保证人承担保证责任。因在保证责任上存在分歧，张某以甲企业、王某、李某为被告，向人民法院提起诉讼，要求甲企业偿还借款本息，包括按30%的年利率计算的逾期利息。王某、李某为该债务承担连带保证责任。

在法院庭审中，王某、李某答辩如下：

1）本案借款年利率高达30%，明显属于不合理的高利贷，贷款利息应当按照银行贷款利率6.5%计算利息。

2）借款合同未约定逾期利率，就不应当支付利息，如果支付，只应按照银行同期贷款利率计算逾期利息。

3）本案保证人享有先诉抗辩权，张某应先就甲企业财产申请法院强制执行，不足部分再请求保证人承担保证责任。

甲企业的投资人是孙某。孙某提出甲企业已经无力清偿企业的这笔债务。

根据上述资料和合同法的有关规定，请回答下列问题：

（1）王某、李某的答辩1）是否成立？简要说明理由。

（2）王某、李某的答辩2）是否成立？简要说明理由。

（3）王某、李某的答辩3）是否成立？简要说明理由。

（4）孙某是否要对甲企业的债务承担清偿责任？简要说明理由。

案例三

2024年1月1日，甲公司向乙公司借款100万元，借款期限为1年（2024年1月1日至2024年12月31日），双方未约定借期内是否支付利息，也未约定逾期利率。

应债权人乙公司的要求，丙公司以其挖掘机为该笔借款提供了抵押担保，1月8日签订了抵押合同，1月10日，办理了抵押登记。同时，丁公司为该笔借款提供了保证担保，丁公司与乙公司签订了书面保证合同，但未约定是一般保证还是连带保证，当事人对保证与抵押实现的先后顺序也未进行约定。

2024年4月1日，丙公司将该挖掘机出租给戊公司，双方签署了书面租赁合同，租赁期限为2年。

借款到期后，甲公司未按约定偿还借款，乙公司直接要求丁公司承担保证责任。丁公司拒绝，理由有二：第一，乙公司必须先向丙公司实现抵押权；第二，丁公司承担一般保证责任，享有先诉抗辩权。

根据上述内容，分别回答下列问题：

（1）如果乙公司主张甲公司按照市场利率支付借期内利息，人民法院是否应予支持？简要说明理由。

（2）如果乙公司主张甲公司自逾期还款之日起按照年利率6%支付资金占用期间利息，人民法院是否应予支持？简要说明理由。

（3）乙公司对挖掘机的抵押权何时设立？简要说明理由。

（4）丁公司关于乙公司必须先向丙公司实现抵押权的主张是否成立？简要说明理由。

（5）丁公司关于其承担的是一般保证责任，享有先诉抗辩权的主张是否成立？简要说明理由。

（6）若丙公司将该挖掘机卖给庚公司，戊公司是否享有在同等条件下优先购买的权利？简要说明理由。

（7）若丙公司将挖掘机卖给庚公司，当庚公司取得该挖掘机的所有权时，戊公司能否主张"买卖不破租赁"？简要说明理由。

（8）在抵押合同未约定抵押担保范围的情况下，抵押权的担保范围该如何界定？简要说明理由。

（9）丙公司在履行担保责任后，能否向丁公司追偿？简要说明理由。

第八章
税收法律制度

第一节　税法概述

一、税法的定义

税法是国家制定的用以调整国家与纳税人之间在征、纳税方面的权利及义务关系的法律规范的总称。它是国家和纳税人依法征税、依法纳税的行为准则。其立法宗旨是保障国家利益和纳税人的合法权益，维护正常的税收秩序，并确保国家取得稳定、可靠的财政收入。

税法有广义和狭义之分。从广义上讲，税法是各种税收法律规范的总和，即由税收实体法、税收程序法、税收争讼法等构成的法律体系；从立法层次上划分，则包括由全国人大及其常委会正式立法制定的税收行政法律、由国务院制定的税收法规，以及由省、自治区、直辖市、计划单列市人民代表大会制定的地方性税收法规，国务院所属部门制定的税收规章，等等。从狭义上讲，税法是指国家最高权力机关正式制定的税收法律，如《企业所得税法》《个人所得税法》《车船税法》等。

税法与税收制度密不可分：税法是税收的法律表现形式，税收是税法所确定的具体内容。税收的实质是国家为了行使其社会管理职能，凭借政治权力，强制、无偿取得财政收入的一种形式。应从以下几个方面正确认识和理解税收的含义。

（一）税收具有无偿性、强制性和固定性的形式特征

税收的这一形式特征是由税收的本质决定的，是税收本质属性的外在表现。

无偿性是指国家征税以后，税款就成为财政收入，即为国家所有，不再直接归还纳税人，也不支付任何报酬。税收的无偿性体现了财政分配的本质，是税收"三性"的核心。

强制性是指国家以社会管理者的身份，凭借政治权力，通过法律形式对社会产品进行强制性分配。纳税人是非自愿交纳，必须依法纳税，否则就要受到法律的制裁。强制性是国家权力在税收上的法律体现，是国家及时取得财政收入的前提。

固定性是指国家征税以法律形式预先规定征税范围和征收比例，便于征纳双方共同遵守。这种固定性主要表现在国家通过法律，把对什么征、对谁征和征多少，在征税之前就固定下来。税收的固定性特征，可以确保国家税收保持相对的连续性和稳定性，也可以避免国家不顾客观经济条件和纳税人的负担能力，滥用征税权力。对纳税人来说，税收的固定性可以保护其合法权益免受侵犯，也有利于节税。

税收三性是一个完整的统一体，它们相辅相成、缺一不可，其中：无偿性是核心，强制性是保障，固定性是对无偿性和强制性的一种规范、约束。

（二）税收的目的是满足社会公共需要

社会公共需要是指不能通过私人提供的方式得到满足的需要。在现代社会，各个国家都通过向社会提供公共物品来满足社会公共需要。公共物品不同于私人物品：私人物品具有独占性、排他性和可转让性等特点，从而私人物品的消费也具有排他性和可分割性；而公共物品的特征主要表现为公共物品的消费具有非排他性和不可分性，即一个主体对公共物品的消费不能排除其他主体的同样消费，各个主体的消费是不能明确区分界线的。这种具有消费的非排他性和不可分割性的公共物品不能形成市场价格，因而很难像私人物品那样通过市场来提供，政府通过组织财政收入提供公共物品满足社会公共需要便成为现代国家或政府的一项重要职能。现代社会的国家，因其财政收入中税收占到 90％以上，故又被称为"税收国家"。

（三）国家征税凭借的是政治权力而非经济权利

马克思曾经指出："……在我们面前有两种权力：一种是财产权力，也就是所有者的权力，另一种是政治权力，即国家的权力。"[①] 国家取得财政收入的手段多种多样，如税收、发行国债、国有资产转让收益等。发行国债遵循的是自愿、等价有偿的原则；国有资产转让收益是通过行使所有者的权能以取得收入；而征税是将一部分社会产品由纳税人所有转变为国家所有。因此，征税的过程实际上是国家参与社会产品的分配过程，而在这一过程中会发生国家利益与纳税人的利益不一致的情形。基于实现国家职能的需要，国家借助政治权力而非依赖纳税人的自觉自愿行为强行地达到组织财政收入的目的。

（四）税收一般以货币形式课征

早期的税收有许多是以实物的形式向社会课征的，如我国已经取消了的农业税。现代税收，基本上是以货币的形式课征。这主要是基于货币作为一般等价物，易于衡量税额的多少，使征税更利于公平和效率。《世界大百科事典》中也说：税收又称为税或税金，它是国家或地方自治团体为了维护其经费开支的需要而运用权力对国民的强制性征收。

二、税收分类

税收分类是对税种的分类。它是根据每个税种构成的基本要素和基本特征，按照一定的标准，将所有的税种分成若干的类别。税收分类的意义在于进行分类后，便于对不同类别的税种、税源、税收负担和管理权限等进行历史的比较研究和分析评价，找出相同的规律，以指导具体的税收征管工作。因此，分类是研究税制结构的基本方法之一。

当代世界各国大都实行由多种税组成的复合税制，我国也不例外。我国现行的税收种类很多、名称各异，可以从不同的角度、根据不同的标准，对其进行多种形式的分类。

（一）按课税对象分类

由于课税对象不仅决定着税种的性质，而且在很大程度上决定了税种的名称，因此，按课税对象进行分类是最常见的一种税收分类方法。按课税对象进行分类，可将全部税种分为流转税类、收益税类、财产税类、资源税类和行为税类。

（1）流转税类。

它是以流转额为课税对象的税种。流转额具体包括两种：一是商品流转额。它是指商品交

---

① 《马克思恩格斯全集》，第 4 卷，330 页，北京，人民出版社，1958。

换的金额。对销售方来说，是销售收入额；对购买方来说，是商品的采购金额。二是非商品流转额，即各种劳务收入或者服务性业务收入的金额。由此可见，流转税类所包括的课税对象非常广泛，涉及的税种也很多。但流转税类都具有一个基本的特点，即以商品流转额和非商品流转额为计税依据，在生产经营及销售环节征收，收入不受成本费用变化的影响，却对价格变化较为敏感。我国现行的增值税、消费税、关税等都属于流转税范畴。

（2）收益税类。

它是以纳税人的各种收益额为课税对象的税种。收益税类也被称为所得税类。对纳税人的应纳税所得额征税，便于将国家与纳税人的利益分配关系很好地结合起来。科学、合理的收益税类可以促进社会经济的健康发展，保证国家财政收入的稳步增长和调动纳税人的积极性。收益税类的特点是：征税对象不是一般收入，而是总收入减除各种成本费用及其他扣除项目以后的应纳税所得额；征税数额受成本、费用、利润高低的影响较大。我国现行的企业所得税、个人所得税属于这类税收。

（3）财产税类。

它是以纳税人拥有的财产数量或财产价值为课税对象的税种。对财产的课税，更多地要考虑纳税人的负担能力。对财产的课税有利于公平税负和缓解财富分配不均的现象，有利于发展生产、限制消费和合理利用资源。这类税收的特点是：税收负担与财产价值、数量关系密切；能体现量能负担、调节财富、合理分配的原则。我国现行的房产税、车辆购置税、车船税、城镇土地使用税即属于这类税收。

（4）资源税类。

它是以自然资源和某些社会资源为课税对象的税种。资源税类带有受益税的性质，征收阻力小，并且资源税类的税源比较广泛，因而合理开征资源税既有利于财政收入的稳定增长，也有利于合理开发、利用国家的自然资源和某些社会资源。这类税收的特点是：税负高低与资源级差收益水平关系密切；征税范围的选择也比较灵活。我国现行的资源税属于这类税收。

（5）行为税类。

行为税类也称特定行为目的税，它是国家为了实现某种特定的目的，以纳税人的某些特定行为为课税对象的税种。开征行为税类的主要目的在于国家根据一定时期的客观需要，限制某些特定的行为。这类税收的特点是：征税的选择性较为明显；税种较多，有着较强的时效性，有的还具有因时因地制宜的特点。我国现行的城市维护建设税、印花税、契税、土地增值税、耕地占用税、环境保护税、烟叶税等属于这类税收。

（二）按征收管理体系分类

我国的税收按照征收管理的分工体系进行分类，可以分为工商税收、关税和农业税收三大类。

（1）工商税收类。

工商税收由税务机关负责征收管理。工商税收是指以从事工业、商业和服务业的单位与个人为纳税人的各种税的总称，是我国现行税制的主体部分，具体包括增值税、消费税、资源税、企业所得税、个人所得税、城市维护建设税、房产税、契税、车船税、车辆购置税、土地增值税、城镇土地使用税、耕地占用税、印花税、环境保护税等税种。工商税收范围较广，既涉及社会再生产的各个环节，也涉及生产、流通、分配、消费的各个领域，其占税收总额的比重在 90%以上，是筹集国家财政收入、调节宏观经济最主要的税收工具。

（2）关税类。

关税类的税收由海关负责征收管理。关税是对进出境的货物、物品征收的税收总称，主要是指进出口关税，也包括由海关代征的进口环节增值税、消费税和船舶吨税（1986 年 6 月以前，船舶吨税列入国家预算中的关税收入科目，所征税款全都上交中央金库。1986 年 6 月，国务院决定将船舶吨税划归交通部管理，仍由海关代征，所征的税款交入交通部账户，专项用于海上干线公用航标的维护和建设，因此，预算上不再反映这笔收入），以及对入境旅客的行李物品和个人邮递物品征收的进口税。关税是中央财政收入的重要来源，也是国家调节进出口贸易的主要手段。

（3）农业税收类。

在 1995 年 12 月 31 日以前农业税收由财政部门负责征收管理。从 1996 年 1 月 1 日起，原由财政部管理的农业税收征收管理职能划归国家税务总局。农业税是国家对一切从事农业生产、有农业收入的单位和个人征收的一种税。在我国征收农业税的法律依据主要是：1958 年 6 月 3 日，第一届全国人大常委会第六十九次会议通过的《中华人民共和国农业税条例》和 1994 年 1 月 30 日国务院发布的《关于对农业特产收入征收农业税的规定》。根据社会发展的需要，2005 年 12 月 29 日，第十届全国人大常委会第十九次会议决定《中华人民共和国农业税条例》自 2006 年 1 月 1 日起废止。自此，延续数千年的农业税走进了历史博物馆。2004 年，财政部、国家税务总局下发《关于取消除烟叶外的农业特产税有关问题的通知》。该通知规定，从 2004 年起，除对烟叶暂保留征收农业特产税外，取消对其他农业特产品征收的农业特产税。2006 年 4 月 28 日，国务院颁布了《中华人民共和国烟叶税暂行条例》，并自公布之日起施行。2017 年 12 月，《中华人民共和国烟叶税法》通过，自 2018 年 7 月 1 日起施行，2006 年 4 月 28 日国务院公布的《中华人民共和国烟叶税暂行条例》同时废止。

（三）按税收收入的支配权限分类

按税收收入的支配权限，可以将我国税种划分为中央税、地方税和中央地方共享税。

（1）中央税，指由中央立法、收入划归中央并由中央管理的税收，如我国现行的关税、消费税等税种。

（2）地方税，是指由中央统一立法或授权立法、收入划归地方，并由地方负责管理的税收，如我国现行的契税、房产税等税种。

（3）中央地方共享税：如果某一种税收收入的支配由中央和地方按比例或按法定方式分享，即属于中央地方共享税。我国中央地方共享税由中央立法、管理，如增值税、企业所得税、资源税等即是如此。

随着我国税收征收管理体制的改革，国税、地税征管机构的合并，这对上述税收的分类已无实际意义。

三、税收法律关系

（一）税收法律关系的概念

税收法律关系是税法所确认和调整的，国家与纳税人之间、国家与国家之间以及各级政府之间在税收分配过程中形成的权利与义务关系。它是一国税收法律、法规调整税收分配关系的结果，也是税收征纳关系在法律上的体现。

（二）税收法律关系的构成要素

税收法律关系的构成要素，是指构成税收法律关系的最基本的条件。国家征税与纳税人纳税形式上表现为利益分配的关系，但经过法律明确双方的权利与义务后，这种关系实质上已上升为一种特定的法律关系。税收法律关系在总体上与其他法律关系一样，都是由三个要素即税收法律关系主体、税收法律关系客体和税收法律关系的内容构成的。

1. 税收法律关系主体

税收法律关系主体是指税收法律关系中享有权利和承担义务的当事人。哪些社会组织和个人可以或应当参加税收法律关系，由国家法律直接规定。税收法律关系主体分为征税主体和纳税主体两大类。在我国税收法律关系中，征税主体是代表国家行使税收管理职责的国家行政机关，包括国家各级税务机关、地方各级税务机关、海关和财政机关；纳税主体是履行纳税义务的主体，包括自然人、法人和非法人组织，以及在我国有应税行为的外国企业、组织与个人、无国籍人，在我国虽然没有机构、场所但有来源于中国境内所得的外国企业或组织。这种对税收法律关系中义务主体的确定，采取的是属地兼属人的原则。

在税收法律关系中，权利主体、义务主体双方法律地位平等，但是国家征税机关享有法律赋予的权力而与承担纳税义务的纳税人之间实际上是行政管理者与被管理者的关系，双方的权利与义务不对等，因此，这与一般民事法律关系中主体双方权利与义务对等是不一样的。这是税收法律关系的一个重要特征。

2. 税收法律关系客体

税收法律关系客体是指税收法律关系主体的权利、义务所共同指向的对象，也就是征税对象。例如，所得税法律关系客体就是生产经营所得和其他所得，财产税法律关系的客体即是财产，流转税法律关系客体就是货物销售收入或劳务收入。税收法律关系客体也是国家利用税收杠杆调整和控制的目标，国家在一定时期根据客观经济形势发展的需要，扩大或缩小征税范围调整征税对象，以达到限制或鼓励国民经济中某些产业、行业发展的目的。

3. 税收法律关系的内容

税收法律关系的内容就是税收法律关系主体所享有的权利和所应承担的义务。这是税收法律关系中最实质的东西，也是税法的灵魂。它规定了权利主体可以有什么行为、不可以有什么行为，若违反了这些规定，行为人须承担什么样的法律责任。

国家税务主管机关的权利主要表现在：有权办理税务登记；有权对纳税人的纳税申报进行审核并将税款征收入库；对负有纳税义务而未按规定申报的纳税人，有权确定其应纳税额；有权对纳税人的财务会计核算、发票使用和其他纳税情况进行检查；有权对纳税人的应税货物、商品或其他财产进行查验登记；有权对违反税收法律法规的纳税人进行处罚或采取强制执行措施；有权对违反税法、触犯刑律的纳税人提请司法机关依法追究刑事责任。国家税务征管机关的义务主要是：依法征税，无偿为纳税人提供纳税咨询服务，为纳税人保守秘密，依法告知纳税知识、纳税流程等。

纳税主体的权利主要有：申请减税、免税、退税的权利；接受服务的权利；收取代收、代扣手续费的权利；秘密信息权；赔偿救济权；获取信息权；取得完税凭证权；对税务机关所作决定的陈述权、申辩权；申请行政复议权；提起行政诉讼，请求国家赔偿，控告和检举税务机关、税务工作人员违法、违纪行为的权利。纳税主体的义务主要是按税法规定办理税务登记、进行纳税申报、接受税务检查、依法缴纳税款、代扣代缴税款等。

（三）税收法律关系的产生、变更和终止

税法是引起税收法律关系的前提条件，但税法本身并不能产生具体的税收法律关系。

税收法律关系同其他法律关系一样，都是通过一定的法律事实而产生、变更和终止的。所谓事实，就是指能够引起税收法律关系产生、变更和终止的客观情况。这种税收法律事实，一般指税务机关依法征税的行为和纳税人的经济活动行为，发生这种行为才能产生、变更或消灭税收法律关系。例如，纳税人开业经营即产生税收法律关系，纳税人转业或停业就造成税收法律关系的变更或消灭。

（四）税收法律关系的保护

税收法律关系是同国家利益及企业和个人的权益相联系的。保护税收法律关系，实质上就是保护国家正常的经济秩序，保障国家财政收入，维护纳税人的合法权益。保护税收法律关系的形式和方法是很多的。税法中关于限期纳税、征收滞纳金和罚款的规定，《刑法》中关于对构成逃税罪、抗税罪的行为给予刑事处罚的规定，以及税法中关于纳税人不服税务机关征税处理决定可以申请复议或提起诉讼的规定等，都是对税收法律关系的直接保护。税收法律关系的保护对权利、义务主体双方是对等的，不能只对一方保护而对另一方不予保护，对权利享有者的保护，就是对义务承担者的制约。

四、税法的构成要素

税法的构成要素一般包括总则、纳税义务人、征税对象、税目、税率、纳税环节、纳税期限、纳税地点、减税免税、罚则、附则等。

1. 总则

总则主要包括立法依据、立法目的、适用原则等。

2. 纳税义务人

纳税义务人在法学上称为纳税主体，主要是指税法规定的直接负有纳税义务的自然人、法人及非法人组织。自然人是指公民个人，即法律上对能够独立享受民事权利、承担民事义务的普通人的称谓。凡是在本国居住，可独立承担民事义务、享有民事权利的公民，不论是本国人还是外国人或无国籍人，以及不在本国居住但受本国法律管辖的本国人和外国人，都属于负有纳税义务的自然人。此外，还有属于自然人范围的企业，如个人独资企业、合伙企业、农村经营承包户和其他不具有法人性质的企业等，但有特殊规定者除外。法人是指依法成立并能独立行使法定权利和承担法定义务的社会组织。我国的纳税法人主要是指企业法人。

3. 征税对象

征税对象即纳税客体，主要是指税收法律关系中征纳双方的权利、义务所指向的物或行为。这是区分不同税种的主要标志。我国现行税收法律、法规都有自己特定的征税对象，比如，企业所得税的征税对象就是应税所得，增值税的征税对象就是商品或劳务在生产和流通过程中的增值额。

4. 税目

税目是指各个税种所规定的具体征税项目。它是征税对象的具体化，比如，消费税规定了

15 个具体的征税项目。

5. 税率

税率是指对征税对象的征收比例或征收额度。税率是计算税额的尺度，也是衡量税负轻重与否的重要标志，是税法的核心要素。

我国现行的税率主要有以下几种。

（1）比例税率，即对同一征税对象，不分数额大小，规定相同的征收比例。我国目前对增值税、房产税、契税、企业所得税等采用的是比例税率。

（2）超额累进税率，即把征税对象按数额的大小分成若干等级，对每一等级规定一个税率，税率依次提高，但每一纳税人的征税对象依所属等级同时适用几个税率分别计算，将计算结果相加后得出应纳税款。目前采用这种税率计征税款的是个人所得税。

（3）定额税率，即按征税对象确定的计算单位，直接规定一个固定的税额。目前采用定额税率的税种有资源税、车船税及消费税的部分税目。

（4）超率累进税率，即以征税对象数额的相对率划分若干级距，分别规定相应的差别税率，相对率每超过一个级距的，对超过的部分就按高一级的税率计算征税。目前，采用这种税率计征税款的是土地增值税。

6. 纳税环节

纳税环节是指税法规定的征税对象在从生产到消费的流转过程中应当缴纳税款的环节，如流转税在生产和流通环节纳税，所得税在分配环节纳税等。

7. 纳税期限

纳税期限是指纳税人按照税法规定缴纳税款的期限。比如，企业所得税在月份或者季度终了后 15 日内预缴，年度终了后 5 个月内向税务机关报送年度企业所得税纳税申报表并汇算清缴，多退少补；消费税的纳税期限分别为 1 日、3 日、5 日、10 日、15 日、一个月或者一个季度。纳税人的具体纳税期限，由主管税务机关根据纳税人应纳税额的大小分别核定。不能按照固定期限纳税的，可以按次纳税。

8. 纳税地点

纳税地点是指根据各个税种的纳税对象的纳税环节和有利于对税款的源泉控制而规定的纳税人（包括代征、代扣、代缴义务人）的具体纳税地点。

9. 减税免税

减税免税是对某些纳税人和征税对象减少征税或者免予征税的特殊规定。

10. 罚则

罚则是指对纳税人违反税法的行为采取的处罚措施。

11. 附则

附则一般都规定与该法紧密相关的内容，比如，该法的解释权、该法生效的时间等。

第二节　我国的税收管理体制

一、税收管理体制的概念

税收管理体制是在各级国家机关之间划分税权的制度。税权的划分有纵向划分和横向划分的区别。纵向划分是指税权在中央与地方国家机关之间的划分；横向划分是指税权在同级立法、司法、行政等国家机关之间的划分。

我国的税收管理体制，是税收制度的重要组成部分，也是财政管理体制的重要内容。税收管理权限，包括税收立法权、税收法律法规的解释权、税种的开征或停征权、税目和税率的调整权、税收的加征和减免权等。如果按大类划分，可以简单地将税收管理权限划分为税收立法权和税收执法权两类。

二、税收立法权的划分

（一）税收立法权划分的种类

税收立法权是制定、修改、解释或废止税收法律、法规、规章和规范性文件的权力。它包括两方面的内容：一是什么机关有税收立法权，二是各级机关的税收立法权是如何划分的。税收立法权的明确有利于保证国家税法的统一制定和贯彻执行，充分、准确地发挥各级有权机关管理税收的职能、作用，防止各种越权自定章法、随意减免税收现象的发生。

税收立法权是国家权力的重要组成部分。它直接关系国家如何通过法律形式征税，以及纳税人应如何履行其纳税义务。我国宪法明确规定，全国人民代表大会及其常务委员会行使国家立法权，其中自然也包括税收立法权，即有关税种的设立，税率的确定，税收征收管理等税收基本制度，税收法律的审议、通过和颁布等均由全国人民代表大会及其常务委员会负责。同时，根据《宪法》以及《立法法》的规定，全国人民代表大会授权国务院根据实际需要，对部分事项先制定行政法规，待条件成熟时由全国人民代表大会或者全国人民代表大会常委会制定法律。如，1984 年 9 月 18 日，第六届全国人大常委会第七次会议作出决定：授权国务院在实施国营企业利改税和改革工商税制的过程中，拟定有关税收条例，以草案形式发布试行，再根据试行和经验加以修订，提请全国人民代表大会常务委员会审议。正是基于这种授权立法的规定，1984 年国务院制定了一系列（11 个税种）税收条例（草案）实现了我国工商税制的一次全面改革。

截至 2023 年年末，我国现行 18 个税种中，立法税种已达 12 个，另有一部税收程序法《税收征收管理法》。所以目前我国共有 13 部税收法律，分别为：《企业所得税法》、《个人所得税法》、《城市维护建设税法》、《烟叶税法》、《船舶吨税法》、《资源税法》、《环境保护税法》、《耕地占用税法》、《契税法》、《车辆购置税法》、《车船税法》、《印花税法》，以及《税收征收管理法》。

经全国人民代表大会及其常务委员会授权立法的税种有 3 个，即增值税、消费税、土地增值税。

国务院以行政法规形式确定的税种有 3 个，即关税、房产税、城镇土地使用税。

当今世界上大多数国家都实行授权立法制度。我国的授权立法，依据被授权机关的不同，目前分为：（1）全国人大对其常委会的授权；（2）全国人大及其常务委员会对国务院的授权；（3）全国人大及其常务委员会对地方人大及其常委会的授权。税收立法权是通过税收立法体制实现的。税收立法体制是指中央立法机关与行政机关之间以及中央国家机关与地方国家机关之间有关税收立法权划分的一系列制度的总称。这一范畴主要包括：横向税收立法体制、纵向税收立法体制、集权模式、分享模式等。

（二）我国税收立法权划分的现状

第一，中央税、中央和地方共享税以及全国统一实行的地方税的立法权集中在中央，以保证中央政令统一，维护全国统一市场和企业平等竞争。其中，中央税是指维护国家权益、实施宏观调控所必需的税种，具体包括关税，消费税（其中进口环节的增值税、消费税由海关负责代征），车辆购置税，中央企业缴纳的所得税，非银行金融企业所得税，个人所得税中对储蓄存款利息所得征收的个人所得税部分（目前暂免征收）、铁道部门、民航、各商业银行总行、各保险总公司等部门集中缴纳的所得税、城市维护建设税等。中央和地方共享税是指同经济发展直接相关的主要税种，具体包括增值税（中央分享 75%，地方分享 25%）、资源税（按不同的资源品种划分，海洋石油资源税作为中央税收，其他资源税作为地方税收）、证券交易印花税（中央分享 94%，地方分享 6%）。全国统一实行的地方税具体包括资源税、个人所得税（不含储蓄存款利息个人所得税）、土地增值税、契税、印花税、城乡维护建设税（不含铁道部门、民航、各商业银行总行、各保险总公司等集中缴纳的城乡维护建设税）、城镇土地使用税、房产税、车船税、遗产税（尚未立法开征）等等。

第二，依法赋予地方适当的地方税收立法权。我国地域辽阔，地区间经济水平很不平衡，经济资源包括税源都存在较大差异。这种状况给全国统一制定税收法律带来一定的难度。因此，随着分税制改革的进行，应有前提地、适当地给地方下放一些税收立法权，使地方可以实事求是地根据自己特有的税源开征新的税种，促进地方发展。这样，既有利于地方因地制宜地发挥当地的经济优势，又便于同国际税收惯例对接。

具体地说，我国税收立法权划分的层次如下：

（1）全国性税种的立法权，包括全部中央税和在全国范围内征收的地方税税法的制定、公布和税种的开征、停征权，属于全国人大及其常委会。

（2）经全国人大及其常委会授权，全国性税种可先由国务院以"条例"或"暂行条例"的形式发布、施行，经一段时期后，再行修订并通过立法程序，由全国人大及其常委会正式立法。

（3）经全国人大及其常委会授权，国务院有制定税法实施细则、增减税目和调整税率的权力。

（4）经全国人大及其常委会的授权，国务院有税法的解释权；经国务院授权，国家税务主管部门（财政部和国家税务总局）有税收条例的解释权和制定税收条例实施细则的权力。

（5）省级人大及其常委会有根据本地区经济发展的具体情况和实际需要，在不违背国家统一税法、不影响中央的财政收入、不妨碍社会主义统一市场的前提下，开征全国性税种以外的地方税种的税收立法权。税收的公布，税种的开征、停征，由省级人大及其常委会统一规定，所立税法在公布、实施前须报全国人大常委会备案。

（6）经省级人大及其常委会授权，省级人民政府有本地区地方税法的解释权和制定税法实施细则及调整税目、税率的权力；也可在上述规定的前提下，制定一些税收征收办法；还可以在全国性地方税条例规定的幅度内，确定本地区适用的税率或税额。上述权力除税法解释权外，在行使后和发布、实施前须报国务院备案。

地区性地方税收的立法权应只限于省级立法机关或经省级立法机关授权同级人民政府，不能层层下放。所立税法可在全省（自治区、直辖市）范围内执行，也可只在部分地区执行。

关于我国现行税收立法权的划分问题，迄今为止，尚无一部法律对之加以完整规定，只有若干财政和税收法律、法规中有零星的规定，尚待税收基本法作出统一规定。

三、税收征管体制改革

自 1994 年实行分税制改革以来，我国按照政府事权划分税种，由税种确定税收收入。根据收入归属的不同，将税收分为中央税、地方税、中央和地方共享税。这对采取国家统一税制，实行税收收入统归国库，再由中央调拨而言，是一个历史的进步。同时，分税制的实行不仅有利于保证国家税制的集中统一，还有利于发挥地方税的调节作用，从而取得更好的效果。但随着时间的推移，改革的深化，原先粗线条地处理中央和地方之间的税收权限已经无法满足进一步发展的需要了。这表现在：在表面上看，地方税的种类和形式都多于中央税，但实际上，地方税的收入规模较小，无法满足地方政府各类职能的执行。分税制实施后，中央和地方的利益相对独立，在税收的划分上也逐步明确。而从地方税种和税种要件的设置以及征收管理权限的安排来看，地方权限太少，中央权限过于集中。随着社会的进步，政府作为社会的政府，其经济服务、社会服务职能不断强化，对财税收入提出了新的要求。因而改革过程中出现的中央与地方在税收权限划分方面的权利义务不匹配、不协调现象，使事权与财权不一致的现象凸显。因此，亟待对由实行分税制改革带来的、国家税务征管机构与地方税务征管机构两条线征收所产生的弊端进行改革。

2018 年 3 月 13 日，十三届全国人大一次会议举行第四次全体会议。受国务院委托，国务委员王勇向十三届全国人大一次会议作关于国务院机构改革方案的说明。该说明第二点第 11 条明确指出：改革国税地税征管体制。将省级和省级以下国税地税机构合并，具体承担所辖区域内的各项税收、非税收入征管等职责。国税地税机构合并后，实行以国家税务总局为主与省（区、市）人民政府双重领导管理体制。

2018 年 6 月 15 日上午，全国各省（自治区、直辖市）级以及计划单列市国税局、地税局合并且统一挂牌。

2018 年 7 月 20 日，全国省市县乡四级新税务机构全部完成挂牌。

2021 年 3 月 24 日，中共中央办公厅、国务院办公厅联合印发《关于进一步深化税收征管改革的意见》，指出：到 2022 年，在税务执法规范性、税费服务便捷性、税务监管精准性上取得重要进展。到 2023 年，基本建成"无风险不打扰、有违法要追究、全过程强智控"的税务执法新体系，实现从经验式执法向科学精确执法转变；基本建成"线下服务无死角、线上服务不打烊、定制服务广覆盖"的税费服务新体系，实现从无差别服务向精细化、智能化、个性化服务转变；基本建成以"双随机、一公开"监管和"互联网＋监管"为基本手段、以重点监管为补充、以"信用＋风险"监管为基础的税务监管新体系，实现从"以票管税"向"以数治税"分类精准监管转变。到 2025 年，深化税收征管制度改革取得显著成效，基本建成功能强大的智慧税务，形成国内一流的智能化行政应用系统，全方位提高税务执法、服务、监管能力。全面推进税收征管数字化升级和智能化改造，不断完善税务执法制度和机制。

第三节　我国税收法律制度的主要内容

一、增值税

增值税是流转税的最重要税种。增值税具有课征范围普遍，课税简化，遵从便利，以商品和非商品的流转额为计税依据，与商品价格关系密切，主要实行比例税率，税负具有转嫁性等特点。我国现行增值税法律制度的构成内容主要有：《增值税暂行条例》《增值税暂行条例实施细则》《关于惩治虚开、伪造和非法出售增值税专用发票犯罪的决定》等行政法规、部门规章及其他规范性文件。

（一）增值税概述

增值税是以商品和劳务在生产和流通的各个环节的增加值为征收对象的一种税。早在1917 年，美国学者 T. 亚当斯（Adams）就已提出增值税的雏形。1921 年，德国学者 G. F. V. 西蒙（Siemen）正式提出增值税的名称。1948 年，法国对生产税进行改革，实行了增值税的运转实践。1954 年，法国将生产税的扣除范围扩大到生产经营的一切收入，将征收范围扩大到商业批发环节，并正式命名为增值税。因具有税源广、税收中性和避免重复征税的优良属性，增值税一经问世，即被迅速推广到欧洲诸国和其他国家。

我国于 1979 年引进增值税并开始进行试点，在 1980 年选择在柳州、长沙、襄樊和上海等城市，对重复征税矛盾较为突出的机器机械和农业机具两个行业试点开征增值税。1981 年，试点范围扩大到自行车、电风扇和缝纫机三种产品。1983 年，征税地点扩大到全国范围。1984 年 9 月 18 日，国务院发布了《中华人民共和国增值税条例（草案）》，标志着增值税作为一个法定的独立税种在我国正式确立。1993 年 12 月 13 日，国务院发布了《增值税暂行条例》，同年 12 月 25 日，财政部下发《增值税暂行条例实施细则》，于同日起施行。随着我国改革开放的深入发展，20 世纪 90 年代中期实行的生产型增值税已经不能适应新形势发展的要求，要求改革增值税的呼声日益高涨。2008 年年末，国务院决定全面实施增值税转型改革，对《增值税暂行条例》进行了修订，2008 年 11 月 5 日经国务院第 34 次常务会议通过、11 月 10 日以国务院令第 538 号公布，自 2009 年 1 月 1 日起施行。现行增值税与消费税、原营业税相配合，构成我国流转税新体系，并成为流转税体系中的骨干税种。

2011 年，我国开始进行新一轮税制改革。此次税制改革的核心问题是"营转增"，即将营业税合并至增值税中。2012 年 1 月 1 日起，在上海交通运输业、部分现代服务业开始"营改增"试点，并于 2012 年 8 月 1 日起扩大"营改增"试点至 8 个省市，至 2013 年 8 月 1 日"营改增"试点的范围已推广到全国试行。2016 年 3 月 18 日，国务院召开的常务会议决定，自 2016 年 5 月 1 日，中国全面实施"营改增"试点，将建筑业、金融业、生活服务业（餐饮住宿、旅游娱乐、教育医疗等）、房地产业纳入增值税征收范畴。至此，在我国历史上已有近百年历史的营业税，退出了历史舞台。这也是自 1994 年税制改革以来，财税体制的又一次深刻变革。2017 年 10 月 30 日，国务院第 191 次常务会议通过了《国务院关于废止〈中华人民共和国营业税暂行条例〉和修改〈中华人民共和国增值税暂行条例〉的决定》，并自发布之日起实施。2018 年为了促进实体经济的发展，国务院、财政部和国家税务总局发布了一系列税收减免政策规定，为我国数以千万计的企业进一步减负。2022 年 12 月，《增值税法(草案)》提请十三届全国人大常委会第三十八次会议首次审议。2023 年 8 月，《增值税法(草案)》提请全国人大常委会会议二次审议。

（二）增值税的类型

从世界各国实行的增值税制度考察，根据税基和购进固定资产的进项税是否扣除及扣除标准的不同，增值税可分为三种类型。

（1）生产型增值税。

这是以销售额减去其耗用的外购商品与劳务（不包括纳税人购进固定资产）后的余额为课税依据计算应纳税额的增值税。

生产型增值税在征收增值税时，不允许纳税人扣除购进固定资产所负担的增值税。由于这一增值额计算口径相当于国民生产总值的统计口径，因此称这一类型的增值税为生产型增值税。生产型增值税的税基超出了增值额概念的范围，相当于将固定资产转移的价值又作为新价值进行征税，因而，存在一定程度的重复征税。资本投资构成比重越高，重复课税的现象越严重，对投资阻力和经济增长的阻力也就越大。但这一类型的增值税并不影响发票扣税法的实行，且因税基较宽，有利于国家财政汲取能力的提高。采用这一类型增值税的国家较少，目前，国际上只有印度尼西亚采用这种类型的增值税。国外认为这是一种过渡性的增值税类型。

生产型增值税的增值额计算公式如下：

生产型增值税的增值额＝销售额－外购非固定资产商品－外购劳务

（2）收入型增值税。

这是以销售额减去外购商品、劳务和固定资产折旧额后的余额为课税依据所计算的增值税。

收入型增值税在征收增值税时，对资本性投入物所含税款的扣除，只允许扣除当期固定资产折旧部分所含税款。由于这一增值额计算口径相当于国民收入的统计口径，因此称这一类型的增值税为收入型增值税。收入型增值税的税基与增值额概念及本质内容正好相吻合，从理论上讲，收入型增值税是一种标准的增值税，但由于固定资产价值的损耗与转移是分期分批进行的，而其价值转移不能获得任何凭证，因而采用收入型增值税并不容易计算增值税额，且不易采用发票扣税法。为此，采用收入型增值税的国家也较少，目前主要有洪都拉斯、多米尼加、海地。

收入型增值税的增值额计算公式如下：

收入型增值税的增值额＝销售额－外购非固定资产商品－外购劳务－外购固定资产折旧额

（3）消费型增值税。

消费型增值税是一种以销售额减去其耗用的外购商品、劳务和购进固定资产后的余额为增值额所计算的增值税。

消费型增值税在征收增值税时，允许将购置的所有投入物，包括资本性投入物在内的已纳税款（进项税）一次性全部予以扣除，使纳税人用于生产应税产品的全部外购投入物均不在课税之列。其增值额等于一定时期内纳税人的商品销售额减去其耗用的外购商品、劳务的金额，再减去本期所购置的固定资产金额后的余额。由于这一增值额计算口径与国民经济中的消费资料价值统计口径相一致，因此称这一类型的增值税为消费型增值税。这种类型的增值税，因其固定资产购进所纳进项税可以扣除，其税基小于理论上的增值额，但由于该类型增值税在采用发票扣税法上无困难，且发票扣税法能对每笔交易的税额进行计算并很方便地予以扣除，因而是一种先进、规范及低税负的增值税类型。目前，消费型增值税已为欧盟及其他发达国家和发展中国家所采用，是各国实施的主流型增值税。

消费型增值税的增值额计算公式如下：

消费型增值税的增值额＝销售额－外购非固定资产商品－外购劳务－外购固定资产

（三）增值税的纳税人

依据增值税法律制度的规定，在中国境内销售货物或者提供加工、修理修配劳务，销售服务、无形资产、不动产以及进口货物的单位和个人，为增值税的纳税人。

在中国境内销售货物或提供加工、修理修配劳务，销售服务、无形资产、不动产进口货物是指：（1）销售货物的起运地或者所在地在中国境内；（2）提供的应税劳务发生在中国境内；（3）服务（不动产租赁除外）或者无形资产（自然资源使用权除外）的销售方或者购买方在中国境内；（4）所销售或者租赁的不动产在中国境内；（5）所销售自然资源使用权的自然资源在境内。

单位租赁或者承包给其他单位或者个人经营的，以承租人或者承包人为纳税人。

在中国境外的单位和个人在中国境内提供劳务，在境内未设有经营机构的，以其境内代理人为扣缴义务人；在境内没有代理人的，以购买方为扣缴义务人。

根据纳税人的经营规模以及会计核算的健全程度不同，增值税的纳税人可以分为一般纳税人和小规模纳税人。

一般纳税人是指年应征增值税销售额超过《增值税暂行条例实施细则》规定的小规模纳税人标准的企业和企业性单位。年应税销售额未超过小规模纳税人标准的企业、个人、非企业性单位以及不经常发生增值税应税行为的企业不得作为一般纳税人。增值税一般纳税人资格实行登记制，登记事项由增值税纳税人向其主管税务机关办理。除国家税务总局另有规定外，纳税人一经认定为一般纳税人，不得转为小规模纳税人。

小规模纳税人是指年应税销售额在规定标准以下，并且财务会计核算不健全，不能按规定报送有关税务资料的增值税纳税人。依据《增值税暂行条例》及《增值税暂行条例实施细则》的规定，属于小规模纳税人的条件是：（1）从事货物生产或者提供应税劳务的纳税人，以及以从事货物生产或者提供应税劳务为主，兼营货物批发或者零售的纳税人，年应征增值税的销售额（以下简称应税销售额）在500万元及以下。年应税销售额，是指纳税人在连续不超过12个月或四个季度的经营期内累计应征增值税销售额，包括纳税申报销售额、稽查查补销售额、纳税评估调整销售额。"以从事货物生产或者提供应税劳务为主"，是指纳税人的年货物生产或者提供应税劳务的销售额占年应税销售额的比重在50％以上。（2）年应税销售额超过小规模纳税人标准的其他个人按小规模纳税人纳税。（3）非企业性单位、不经常发生增值税应税行为的企业可选择按小规模纳税人纳税。

（四）增值税的征税范围

依据《增值税暂行条例》的规定，增值税的征税范围包括销售货物，提供劳务，销售服务、无形资产、不动产、进口货物。

1. 销售货物

销售货物包括一般销售货物、视同销售货物和特殊销售项目三项内容。

一般销售货物，是指在中国境内有偿转让货物的所有权。货物是指除土地、房屋和其他建筑物等不动产之外的有形动产，包括电力、热力、气体。

视同销售货物，是指某些行为虽然不同于有偿转让货物所有权的一般销售，但是为了避免税源流失、防止避税，保持税收征管链条的完整性和连续性，税法将其视同销售货物的行为，包括：（1）将货物交付其他单位或者个人代销；（2）销售代销货物；（3）设有两个以上机构并实行统一核算的纳税人，将货物从一个机构移送到其他机构用于销售，但相关机构设在同一县市的除外；（4）将自产或者委托加工的货物用于非增值税应税项目；（5）将自产、委托加工的货物用于集体福利或者个人消费；（6）将自产、委托加工或者购进的货物作为投资，提供给其他单位或者个体工商户；（7）将自产、委托加工或者购进的货物分配给股东或者投资者；（8）将自产、委托加工或者购进的货物无偿赠送其他单位或者个人。

特殊销售项目，是指属于增值税征收范围的特殊项目，主要有：（1）货物期货（包括商品期货和贵金属期货），在期货的实物交割环节征收增值税；（2）银行销售金银的业务；（3）典当业销售死当物品和寄售业销售寄售物品的业务；（4）缝纫业务；（5）基本建设单位和从事建筑安装业务的企业附设的工厂、车间生产的水泥预制构件、其他构件或建筑材料，用于本单位或本企业建筑工程的，在移送使用时纳税；（6）对从事热力、电力、燃气、自来水等公用事业的增值税纳税人收取的一次性费用，凡与货物的销售数量有直接关系的，征收增值税；（7）印刷企业接受出版单位的委托，自行购买纸张，印刷有统一刊号（CN）以及采用国际标准书号编序的图书、报纸和杂志，按销售货物纳税；（8）电力公司向发电企业收取的过网费。

2. 提供劳务

提供劳务是指提供加工、修理修配劳务。加工是指受托加工货物，即委托方提供原材料及主要材料，受托方按照委托方的要求制造货物并收取加工费的业务；修理、修配是指受托对受损和丧失功能的货物进行修复，使其恢复原状和功能的业务。提供劳务不包括单位或者个体户聘用的员工为本单位或雇主提供加工、修理修配劳务。

3. 销售服务

（1）交通运输服务。

交通运输服务是指使用运输工具将货物或者旅客送达目的地，使其空间位置得到转移的业务活动，包括陆路运输服务、水路运输服务、航空运输服务、管道运输服务。

（2）邮政服务。

邮政服务又可以分为邮政普通服务和邮政特殊服务及其他邮政服务。邮政普通服务是指函件、包裹等邮件寄递，以及邮票发行、报刊发行和邮政汇兑等业务活动。邮政特殊服务，是指义务兵平常信函、机要通信、盲人读物和革命烈士遗物的寄递等业务活动。其他邮政服务，是指邮册等邮品销售、邮政代理等业务活动。

（3）电信服务。

电信服务，是指利用有线、无线的电磁系统或者光电系统等各种通信网络资源，提供语音通话服务，送达、发射、接收或者应用图像、短信等电子数据和信息的业务活动，包括基础电信服务和增值电信服务。

基础电信服务，是指利用固网、移动网、卫星、互联网提供语音通话服务的业务活动，以及出租或者出售带宽、波长等网络元素的业务活动。

增值电信服务，是指利用固网、移动网、卫星、互联网、有线电视网络提供短信和彩信服务、电子数据和信息的传输及应用服务、互联网接入服务等业务活动。卫星信号落地转接服务，按照增值电信服务计算缴纳增值税。

（4）建筑服务。

建筑服务，是指各类建筑物、构筑物及其附属设施的建造、修缮、装饰，线路、管道、设备、设施等的安装以及其他工程作业的业务活动，包括工程服务、安装服务、修缮服务、装饰服务和其他建筑服务。

（5）金融服务。

金融服务，是指经营金融、保险的业务活动，包括贷款服务、直接收费金融服务、保险服务和金融商品转让。

（6）现代服务。

现代服务，是指围绕制造业、文化产业、现代物流产业等提供技术性、知识性服务的业务活动，包括研发和技术服务、信息技术服务、文化创意服务、物流辅助服务、租赁服务、鉴证咨询服务、广播影视服务、商务辅助服务、其他现代服务。

1）研发和技术服务，包括研发服务、技术转让服务、技术咨询服务、合同能源管理服务、工程勘察勘探服务。

2）信息技术服务，是指利用计算机、通信网络等技术对信息进行生产、收集、处理、加工、存储、运输、检索和利用并提供信息服务的业务活动，包括软件服务、电路设计及测试服务、信息系统服务和业务流程管理服务。

3）文化创意服务，包括设计服务，商标、著作权转让服务，知识产权服务、广告服务和会议展览服务。

4）物流辅助服务，包括航空服务、港口码头服务、货物客运场站服务、打捞救助服务、货物运输代理服务、代理报关服务、装卸搬运服务、仓储服务和收派服务。

5）租赁服务，包括融资租赁服务和经营租赁服务。融资租赁服务可分为有形动产融资租赁服务和不动产融资租赁服务。经营租赁服务可分为有形动产经营租赁服务和不动产经营租赁服务。

6）鉴证咨询服务，包括认证服务、鉴证服务和咨询服务。认证服务，是指具有专业资质的单位利用检测、检验、计量等技术，证明产品、服务、管理体系符合相关技术规范、相关技术规范的强制性要求或者标准的业务活动。鉴证服务，是指具有专业资质的单位，为委托方的经济活动及有关资料进行鉴证，发表具有证明力的意见的业务活动，包括会计、税务、资产评估、律师、房地产土地评估、工程造价等鉴证服务。咨询服务，是指提供和策划财务、税收、法律、内部管理、业务运作和流程管理等信息或者建议的业务活动。

7）广播影视服务，包括广播影视节目（作品）制作服务、发行服务和播映（含放映）服务。

8）商务辅助服务，包括企业管理服务、经纪代理服务、人力资源服务、安全保护服务。

9）其他现代服务，是指除研发和技术服务、信息技术服务、文化创意服务、物流辅助服务、租赁服务、鉴证咨询服务、广播影视服务和商务辅助服务以外的现代服务。

（7）生活服务。

生活服务，是指为满足城乡居民日常生活需求而提供的各类服务活动，包括文化体育服务、教育医疗服务、旅游娱乐服务、餐饮住宿服务、居民日常服务和其他生活服务。

单位或者个体工商户向其他单位或者个人无偿提供服务的，视同销售服务，应缴纳增值税，但用于公益事业或者以社会公众为对象的除外。

4. 销售无形资产

销售无形资产，是指转让无形资产的所有权或者使用权的业务活动。

单位或者个人向其他单位或者个人无偿转让无形资产的，视同销售无形资产，应当缴纳增值税，但用于公益事业或者以社会公众为对象的除外。

5. 销售不动产

销售不动产，是指转让不动产的所有权的业务活动。不动产，是指不能移动或者移动后会引起性质、形状改变的财产，包括建筑物、构筑物等。

单位或者个人向其他单位或者个人无偿赠送不动产的，视同销售不动产，应当缴纳增值税，但用于公益事业或者以社会公众为对象的除外。

以上销售服务、无形资产或者不动产，是指有偿提供服务、有偿转让无形资产或者不动产，但属于下列非经营活动的情形除外。（1）行政单位收取的同时满足以下条件的政府性基金或者行政事业性收费：由国务院或者财政部批准成立的政府性基金，由国务院或省级人民政府及其财政、价格主管部门批准设立的行政事业性收费；收取时开具省级以上（含省级）财政部门监（印）制的财政票据；所收款项全额上缴财政。（2）单位或者个体户聘用的员工为本单位或者雇主提供取得工资的服务。（3）单位或者个体户为聘用的员工提供服务。（4）财政部和国家税务总局规定的其他情形。

6. 销售进口货物

进口货物，是指进入中国境内的货物。对进口货物，除依法征收关税外，还应在进口环节征收增值税。

（五）不征收增值税的项目

按照财政部、国家税务总局《关于全面推开营业税改征增值税试点的通知》（财税〔2016〕36号）（已部分失效）的规定，下列项目不征收增值税。

（1）根据国家指令无偿提供的铁路运输服务、航空运输服务，属于《营业税改征增值税试点实施办法》规定的用于公益事业的服务。

（2）存款利息。

（3）被保险人获得的保险赔付。

（4）房地产主管部门或者其指定机构、公积金管理中心、开发企业以及物业管理单位代收的住宅专项维修资金。

（5）在资产重组过程中，通过合并、分立、出售、置换等方式，将全部或部分实物资产以及与其相关联的债权、负债和与劳动力一并转让给其他单位和个人，其中涉及的货物转让、不动产转让、土地使用权转让行为。

（六）增值税的税基

增值税的税基为销售货物、提供应税劳务或者销售服务以及销售进口货物的增值额。为了加强税收征管，增值税法规定，增值税一般纳税人应缴纳的税款采取以销项税额减进项税额的方法计算应纳税额。销项税额由销售额乘以税率求得，销售额等于销售价款加全部价外费用，法律规定不包括的除外。

（七）增值税税率

增值税实行比例税率。对小规模纳税人采用简易办法征税。我国现行法对一般纳税人适用的增值税税率分四档。

1. 适用 13% 的比例税率的项目

增值税纳税人销售货物、劳务、有形动产租赁服务或者进口货物，除《增值税暂行条例》第 2 条第 2 项（纳税人销售或者进口货物等）、第 4 项（纳税人提供加工、修理修配劳务）、第 5 项〔即适用 9% 项目中的第（2）、（4）、（5）项〕另有规定外，税率为 13%。

2. 适用 9% 税率的项目

纳税人销售交通运输、邮政、基础电信、建筑、不动产租赁服务，销售不动产，转让土地使用权，销售或者进口下列货物，税率为 9%：

（1）粮食等农产品、食用植物油和食用盐。粮食包括稻谷、大米、大豆、小麦、杂粮、鲜山芋、山芋干、山芋粉以及经过加工的面粉。淀粉不属于农产品的范围，应按照 13% 的税率征税。

（2）自来水、暖气、冷气、热水、煤气、石油液化气、天然气、二甲醚、沼气、居民用煤炭制品。

（3）图书、报纸、杂志、音像制品、电子出版物。

（4）饲料、化肥、农药、农机、农膜。

（5）国务院规定的其他货物。

3. 适用 6% 的税率的项目

适用 6% 增值税税率项目，主要来自"营改增"改革。纳税人销售服务、无形资产除《增值税暂行条例》第 2 条第 1 项、第 2 项、第 5 项（不包括适用 13% 税率、9% 税率、零税率的征税项目）另有规定外，税率为 6%。

4. 适用零税率的项目

（1）零税率即税率为零。纳税人出口货物的，税率为零。但是，国务院另有约定的除外。一般认为，零税率仅适用于法律不限制或不禁止的报关出口货物，以及输往海关管理的保税工厂、保税仓库和保税区的货物。

（2）境内单位和个人跨境销售国务院规定范围内的服务、无形资产，税率为零。具体包括以下内容，国际运输服务、航天运输服务、向境外单位提供的完全在境外消费的下列服务：研发服务、合同能源管理服务、设计服务、广播影视节目（作品）的制作和发行服务、软件服务、电路设计及测试服务、信息系统服务、业务流程管理服务、离岸服务外包业务、转让技术以及财政部和国家税务总局规定的其他服务。

5. 征收率

这是适用于小规模纳税人的一种税率。小规模纳税人发生增值税应税销售行为，实行按照销售额和征收率计算应纳税额的简易办法，并不得抵扣进项税额。现行增值税制下，小规模纳税人增值税征收率为 3%，国务院另有规定的除外。

根据税收制度的相关规定，除对适用简易计税方法计征增值税的纳税人实行特殊情形减免一定比例的税收外，我国现阶段适用 3% 和 5% 两种征收率。

适用 3%（含税收优惠减免项目）征收率的项目如下。

（1）一般纳税人销售自己使用过的属于《增值税暂行条例》规定不得抵扣且未抵扣进项税额的固定资产，按照简易办法依照 3% 征收率减按 2% 征收增值税。"已使用过的固定资产"是指纳税人根据财务会计制度已经计提折旧的固定资产。

（2）一般纳税人销售自己使用过的其他固定资产，应区分不同情形征收增值税。

（3）一般纳税人销售自己使用过的除固定资产以外的物品，应当按照适用税率征收增值税。

（4）小规模纳税人销售自己使用过的除固定资产以外的物品，应按3％的征收率计征增值税。

（5）纳税人销售旧货，按照简易办法依照3％征收率减按2％征收增值税。

（6）二手车经销，减按0.5％征收增值税。二手车是指从办理完注册登记手续至达到国家强制报废标准之前进行交易并转移所有权的车辆。

（7）一般纳税人销售货物属于以下两种情形的，暂按简易办法依照3％征收率计征增值税：1）寄售商店代销寄售物品（包括居民个人寄售的物品在内）；2）典当业销售死当物品。

（8）一般纳税人为建筑工程老项目提供的建筑服务，可以选择简易办法依照3％的征收率计征增值税。"老项目"指合同注明开工日期在2016年4月30日以前的建筑工程项目。

（9）一般纳税人销售自产的下列货物，可选择按照简易办法依照3％征收率计算缴纳增值税。选择按照简易办法计算缴纳增值税的，36个月内不得变更。一般纳税人有下列情形之一的，按前述规定办理：1）县级及县级以下小型水力发电单位生产的电力；2）建筑所用和生产建筑材料所用砂、土、石料；3）以自己采掘的砂、土、石料或其他矿物质连续生产的砖、瓦、石灰（不含黏土实心砖、瓦）；4）用微生物、微生物代谢产物、动物毒素、人或动物的血液或组织制成的生物制品；5）自来水；6）商品混凝土（仅限于以水泥为原料生产的水泥混凝土）。

6. 适用5％征收率的情形

（1）小规模纳税人转让其取得的不动产，按照5％的征收率征收增值税。

（2）一般纳税人转让其在2016年4月30日前取得的不动产，可以选择适用简易计税方法计税，按照5％的征收率计算缴纳增值税。

（3）小规模纳税人出租其取得的不动产（不含个人出租房屋），按照5％的征收率征收增值税。

（4）一般纳税人出租其2016年4月30日以前取得的不动产，可以选择适用简易计税方法计税，按照5％的征收率征收增值税。

（5）一般纳税人的房地产开发企业，销售自行开发的房地产老项目，可以选择适用简易计税方法计税，按照5％的征收率征收增值税。

（6）小规模纳税人的房地产开发企业，销售自行开发的房地产老项目，按照5％的征收率征收增值税。

（7）房地产开发企业中的一般纳税人购入未完工的房地产老项目继续开发后，以自己名义立项销售的不动产，属于房地产老项目，可以选择适用简易计税方法，按照5％的征收率计算缴纳增值税。

（8）纳税人提供劳务派遣服务，选择差额纳税的，按照5％的征收率征收增值税。

（9）人力资源外包服务，可以选择按照5％征收率征收增值税。

（10）公路收费，可以选择按照5％征收率征收增值税。

（八）增值税的计算

一般纳税人销售货物、提供应税劳务或者销售服务的应纳税额，按照扣税法计算，即当期进项税额抵扣当期销项税额后的余额。应纳税额计算公式：

当期应纳税额＝当期销项税额－当期进项税额

因当期销项税额小于当期进项税额而不足抵扣时，其不足部分可以结转下期继续抵扣。销项税额计算公式：

销项税额＝销售额×税率

或：

当期销项税额＝组成计税价格×税率

1. 销售额范围的确定

销售额为纳税人销售货物或者提供应税劳务向购买方收取的全部价款和价外费用，但是不包括收取的销项税额。价外费用，包括价外向购买方收取的手续费、补贴、基金、集资费、返还利润、奖励费、违约金、滞纳金、延期付款利息、赔偿金、代收款项、代垫款项、包装费、包装物租金、储备费、优质费、运输装卸费以及其他各种性质的价外收费。

无论会计制度如何核算，上述价外费用均应并入销售额计算销项税额，但下列项目不包括在销售额内。

（1）受托加工应征消费税的消费品所代收代缴的消费税。

（2）同时符合以下条件的代垫运费：承运部门的运输费用发票开具给购买方的；纳税人将该项发票转交给购货方的。

（3）同时符合以下条件代为收取的政府性基金或者行政事业性收费：由国务院或者财政部批准设立的政府性基金，由国务院或者省级人民政府及其财政、价格主管部门批准设立的行政事业性收费；收取时开具省级以上财政部门印制的财政票据；所收款项全额上缴财政。

（4）销售货物的同时代办保险等而向购买方收取的保险费，以及向购买方收取的代购买方缴纳的车辆购置税、车辆牌照费。

（5）以委托方名义开具发票代委托方收取的款项。

2. 含税销售额的换算

因增值税是价外税，所以在计算增值税销项税额时，销售额中如果含有增值税税款，需剔除含有的税款，以不含税价格计算应纳税额。其计算公式为：

不含税销售额＝含税销售额÷（1＋增值税税率）

3. 视同销售货物的销售额的确定

《增值税暂行条例实施细则》规定了8种视同销售货物行为，即纳税人发生了应税行为，但却没有取得销售收入。在此情况下，主管税务机关有权按照下列顺序确定其销售额。

（1）按纳税人最近时期同类货物的平均销售价格确定。

（2）按其他纳税人最近时期同类货物的平均销售价格确定。

（3）按组成计税价格确定。其计算公式为：

组成计税价格＝成本×（1＋成本利润率）

征收增值税的货物，同时又征收消费税的，其组成计税价格中应包含消费税税额。其计算公式为：

组成计税价格＝成本×(1＋成本利润率)＋消费税税额

或：

组成计税价格＝成本×(1＋成本利润率)÷(1－消费税税率)

上述公式中的成本利润率为 10%，但属于应从价定率征收消费税的货物，其组成计税价格公式中的成本利润率，为《消费税若干具体问题的规定》中规定的成本利润率。

纳税人销售货物或者提供应税劳务的价格明显偏低并无正当理由的，由主管税务机关按照上述方法核定其销售额。

销售额以人民币计算。纳税人以外汇结算销售额的，应当按外汇市场价格折合成人民币计算。

4．进项税额

纳税人购进货物或者接受应税劳务，所支付或者负担的增值税额为进项税额。

(1) 准予从销项税额中抵扣的进项税额，限于下列增值税扣税凭证上注明的增值税额。

1) 从销售方取得的增值税专用发票上注明的增值税额。

2) 从海关取得的海关进口增值税专用缴款书上注明的增值税税额。

3) 购进免税农产品准予抵扣的进项税额，按照买价乘以 11% 的扣除率（自 2018 年 5 月 1 日起执行）计算进项税额。国务院另有规定的除外。进项税额计算公式为：

进项税额＝买价×扣除率

4) 一般纳税人提供的应税服务（包括但不限于交通运输服务），取得的增值税专用发票上注明的增值税额，准予从销项税中抵扣。

5) 自 2009 年 1 月 1 日起，一般纳税人外购的用于生产经营的固定资产（汽车、摩托车、游艇除外），其进项税额可以抵扣。

6) 自 2013 年 8 月 1 日起，一般纳税人购进自用的应征消费税的汽车、摩托车、游艇，其进项税额准予从销项税额中抵扣。

7) 一般纳税人取得由税务机关为小规模纳税人代开的增值税专用发票，可以将增值税专用发票上注明的税额作为进项税额抵扣。

8) 一般纳税人在 2016 年 5 月 1 日后取得（包括以直接购买、接受捐赠、接受投资人入股、自建以及抵债等各种形式取得），并在会计制度上按固定资产核算的不动产，其进项税额应自取得之日起分 2 年从销项税额中抵扣，第 1 年抵扣的比例为 60%，第 2 年抵扣的比例为 40%。

(2) 不准从销项税额中抵扣的进项税额有以下几种。

1) 用于以简易征收方法计税项目、免征增值税项目、集体福利或者个人消费的购进货物、应税劳务、服务、无形资产和不动产。其中涉及的固定资产、无形资产、不动产，仅指专用于上述项目的固定资产、无形资产（不包括其他权益性无形资产）、不动产。

纳税人的交际应酬消费属于个人消费。

2) 非正常损失的购进货物及相关的加工、修理修配劳务和交通运输服务。

3）非正常损失的在产品、产成品上所耗用的购进货物（不包括固定资产）、加工修理修配劳务和交通运输服务。

4）非正常损失的不动产以及该不动产所耗用的购进货物、设计服务和建筑服务。

5）非正常损失的不动产在建工程所耗用的购进货物、设计服务和建筑服务。纳税人新建、改建、扩建、修缮、装饰不动产，均属于不动产在建工程。

6）国务院财政、税务主管部门规定的纳税人自用消费品。

7）纳税人接受贷款服务向贷款方支付的与该笔贷款直接相关的投融资顾问费、手续费、咨询费等费用。

8）购进的旅客运输服务、贷款服务、餐饮服务、居民日常服务和娱乐服务。

9）小规模纳税人不得抵扣进项税额。

10）因进货退出或折让而收回的进项税额。

11）进口货物，在海关计算缴纳进口环节增值税税额时，不得抵扣发生在中国境外的各种税金。

12）财政部和国家税务总局规定的其他情形。

小规模纳税人应纳税额实行简易征收办法。

（九）增值税的起征点

增值税起征点的适用范围限于个人。有关增值税起征点幅度的规定如下：（1）销售货物、应税劳务的，为月销售额5 000～20 000元；（2）按次纳税的，为每次（日）销售额300元～500元。

对小微企业，省、自治区、直辖市财政厅（局）和国家税务局应在规定的幅度内，根据实际情况确定本地区适用的起征点，并报财政部、国家税务总局备案。

纳税人的销售额未达到国务院财政、税务主管部门规定的增值税起征点的，免征增值税；达到起征点的，依照《增值税暂行条例》的规定全额计算缴纳增值税。

（十）增值税的征收管理

1. 纳税地点

（1）固定业户到外县（市）销售货物或者劳务，应当向其机构所在地的主管税务机关报告外出经营事项，并向其机构所在地的主管税务机关申报纳税；未报告的，应当向销售地或者劳务发生地的主管税务机关申报纳税；未向销售地或者劳务发生地的税务机关申报纳税的，由其机构所在地的主管税务机关补征税款。总机构和分支机构不在同一县（市）销售的，应当分别向各自所在地的主管税务机关申报纳税；经国务院财政、税务主管部门或者其授权的财政、税务机关批准，可以由总机构汇总向总机构所在地的主管税务机关申报纳税。

（2）非固定业户销售货物、劳务或者发生应税行为，应当向销售地、劳务发生地或者应税行为发生地的主管税务机关申报纳税；未向销售地或者劳务发生地的主管税务机关申报纳税的，由其机构所在地或者居住地的主管税务机关补征税款。

（3）其他个人提供建筑服务，销售或者租赁不动产，转让自然资源使用权，应向建筑服务发生地、不动产所在地、自然资源所在地的主管税务机关申报纳税。

（4）进口货物应纳的增值税，应当向报关地的海关申报纳税。

（5）扣缴义务人应当向其机构所在地或者居住地的主管税务机关申报、缴纳其扣缴的税款。

2. 纳税义务发生的时间

销售货物或者提供应税劳务的，其纳税义务发生的时间为收讫销售款或者取得销售款凭据的当天；先开具发票的，为开具发票的当天。

收讫销售款或者取得索取销售款项凭据的当天，按销售结算方式的不同，具体是指以下内容。

（1）采取直接收款方式销售货物的，不论货物是否发出，均为收到销售款或者取得索取销售款项凭据的当天。

（2）采取托收承付和委托银行收款方式销售货物的，为发出货物并办妥托收手续的当天。

（3）采取赊销和分期收款方式销售货物的，为书面合同约定的收款日期的当天；无书面合同或者书面合同没有约定收款日期的，为货物发出的当天。

（4）采取预收货款方式销售货物的，为货物发出的当天，但生产、销售生产工期超过12个月的大型机械设备、船舶、飞机等货物的，为收到预收款或者书面合同约定的收款日期的当天。

（5）委托其他纳税人代销货物，为收到代销单位的代销清单或者收到全部或部分货款的当天；未收到代销清单的，为发出代销货物满180天的当天。

（6）销售应税劳务的，为提供劳务同时收讫销售款或者取得索取销售款项凭据的当天。

（7）纳税人发生下列视同销售货物的行为（委托他人代销、销售代销货物的除外）的，为货物移送的当天：设有两个以上机构并实行统一核算的纳税人，将货物从一个机构移送至其他机构用于销售，但相关机构设在同一县（市）的除外；将自产或者委托加工的货物用于非增值税应税项目；将自产、委托加工或者购进的货物作为投资，提供给其他单位或者个体户；将自产、委托加工的货物用于集体福利或者个人消费；将自产、委托加工或者购进的货物分配给股东或者投资者；将自产、委托加工或者购进的货物无偿赠送其他单位或者个人。

（8）进口货物的，其纳税义务发生的时间为报关进口的当天。

（9）增值税扣缴义务发生的时间为纳税人增值税纳税义务发生的当天。

3. 纳税期限

在纳税期限方面，增值税的税款计算期分别为：1日、3日、5日、10日、15日、一个月或者一个季度。纳税人的具体纳税期限，由主管税务机关根据纳税人应纳税额的大小分别核定；不能按固定期限纳税的，可以按次纳税。

以一个季度为纳税期限的规定，目前仅适用于小规模纳税人。小规模纳税人的具体纳税期限，由主管税务机关根据其应纳税额的大小分别核定。

纳税人以一个月或者一个季度为一个纳税期的，自期满之日起15日内申报纳税；以1日、3日、5日、10日或者15日为一个纳税期的，自期满之日起5日内预缴税款，于次月1日起15日内申报纳税并结清上月应纳税款。

纳税人进口货物，应当自海关填发进口增值税专用缴款书之日起15日内缴纳税款。

纳税人出口货物，应当按月向税务机关申报、办理该项出口货物退税。

（十一）增值税税收优惠

1.《增值税暂行条例》及其实施细则规定的免税项目

《增值税暂行条例》及其实施细则规定的免税项目如下。

（1）农业生产者销售的自产农产品。

（2）避孕药品和用具。

（3）古旧图书。

（4）直接用于科学研究、科学实验和教学的进口仪器、设备。

（5）外国政府、国际组织无偿援助的进口物资和设备。

（6）由残疾人的组织直接进口供残疾人专用的物品。

（7）销售的自己使用过的物品。

2. 服务、销售不动产及无形资产类免税项目

服务、销售不动产及无形资产类免税项目如下。

（1）托儿所、幼儿园提供的保育和教育服务。

（2）残疾人员本人为社会提供的服务。

（3）养老机构提供的养老服务。

（4）残疾人福利机构提供的育养服务。

（5）殡葬服务。

（6）婚姻介绍服务。

（7）医疗机构提供的医疗服务。

（8）从事学历教育的学校提供的教育服务。

（9）学生勤工俭学提供的服务。

（10）农业机耕、排灌、病虫害防治、植物保护、农牧保险以及相关技术培训业务，家禽、牲畜、水生动物的配种和疾病防治。

（11）军队转业干部就业。

（12）随军家属就业。

（13）纪念馆、博物馆、文化馆、文物保护单位管理机构、美术馆、展览馆、书画院、图书馆在自己的场所提供文化体育服务取得的第一道门票收入。

（14）寺院、宫观、清真寺和教堂举办文化、宗教活动的门票收入。

（15）个人销售自建自用住房。

（16）2018 年 12 月 31 日前，公共租赁住房经营管理单位出租公共租赁住房。

（17）纳税人提供的直接或间接国际货物运输代理服务。

（18）台湾航运公司、航空公司从事海峡两岸海上直航、空中直航业务在大陆取得的收入。

（19）以下利息收入：国家助学贷款；国债、地方政府债；人民银行对金融机构的贷款；住房公积金管理中心用住房公积金在指定的委托银行发放的个人住房贷款；外汇管理部门在从事国家外汇储备经营过程中，委托金融机构发放的外汇贷款；统借统还业务中，企业集团或企业集团中的核心企业以及集团所属财务公司按不高于支付给金融机构的借款利率水平或者支付的债券票面利率水平，向企业集团或者集团内下属单位收取的利息；2016 年 12 月 31 日前，金融机构农户小额贷款。

（20）被撤销的金融机构以货物、不动产、无形资产、有价证券、票据等财产清偿债务。

（21）保险公司开办的 1 年期以上人身保险产品取得的保费收入。

（22）金融同业往来利息收入。

（23）下列金融产品转让收入：合格境外机构投资者（QFII）委托境内公司在我国从事证券买卖业务；香港市场投资者通过沪港通买卖上海证券交易所上市 A 股；对香港市场投资者通过基金互认买卖内地基金份额；证券投资基金管理人运用基金买卖股票、债券；个人从事金融商品转让业务。

（24）符合条件的担保机构从事中小企业信用担保或者再担保业务取得的收入（不含信用评级、咨询、培训等收入）3 年内免征增值税。

（25）国家商品储备管理单位及其直属企业承担商品储备任务，从中央或者地方财政取得的利息补贴收入和价差补贴收入。

（26）纳税人提供技术转让、技术开发和与之相关的技术咨询、技术服务收入。

（27）符合条件的合同能源管理服务。

（28）政府举办的从事学历教育的高等、中等和初等学校（不含下属单位），举办进修班、培训班取得的全部归该学校所有的收入。

（29）2017 年 12 月 31 日前，科普单位的门票收入，以及县级以上党政部门和科协开展科普活动的门票收入。

（30）政府举办的职业学校设立的主要为在校学生提供实习场所、由学校出资自办、由学校负责经营管理、经营收入归学校所有的企业，从事《销售服务、无形资产或者不动产注释》中"现代服务"（不含融资租赁服务、广告服务和其他现代服务）、"生活服务"（不含文化体育服务、其他生活服务和桑拿、氧吧）业务活动取得的收入。

（31）家政服务企业由员工制家政服务员提供家政服务取得的收入。

（32）福利彩票、体育彩票发行收入。

（33）军队空余房产租赁收入。

（34）为了配合国家住房制度改革，企业、行政事业单位按房改成本价、标准价出售住房取得的收入。

（35）将土地使用权转让给农业生产者用于农业生产。

（36）涉及家庭财产分割的个人无偿转让不动产、土地使用权。

（37）土地所有者出让土地使用权和土地使用者将土地使用权归还给土地所有者。

（38）县级以上地方人民政府或自然资源行政主管部门出让、转让或收回自然资源使用权（不含土地使用权）。

（39）行政单位之外的其他单位收取的符合规定条件的政府性基金和行政事业性收费。

（40）个人转让著作权。

（十二）增值税的出口退（免）税

我国实行出口货物零税率（除少数特殊货物外）的优惠政策。所谓零税率，是指货物在出口时整体税负为零，不但出口环节不必纳税，而且还可以退还该出口货物在购进环节已纳税款。目前下列企业出口的货物，适用增值税退（免）税政策，除国务院另有规定外，给予免税并退税。

（1）出口企业出口货物。

出口企业，是指依法办理工商登记、税务登记对外贸易经营者备案登记，自营或委托出口货物的单位或个体工商户，以及依法办理工商登记、税务登记但未办理对外贸易经营者备案登记，委托出口货物的生产企业。出口货物，是指企业向海关报关后实际离境并销售给境外单位或个人的货物，分为自营出口货物和委托出口货物两类。

（2）出口企业或其他单位视同出口货物。

以下特殊情况下，出口企业可按视同出口货物处理，适用增值税退（免）税政策。

1）出口企业对外援助、对外承包、境外投资的出口货物。

2）出口企业经海关进入国家批准的出口加工区、保税物流园区、保税港区、综合保税区等并销售给境外单位、个人的货物。

3）免税品经营企业销售的货物（国家规定不允许经营和限制出口的货物、卷烟和超出免税品经营企业营业执照规定经营范围的货物除外）。

4）出口企业或其他单位销售给用于国际金融组织或外国政府贷款国际招标建设项目的中标机电产品。

5）生产企业向海上石油天然气开采企业销售的自产的海洋工程结构物。

6）出口企业或其他单位销售给国际运输企业用于国际运输工具上的货物。

7）出口企业或其他单位销售给特殊区域内生产企业生产耗用且不向海关报关而输入特殊区域的水、电力、燃气。

（3）出口企业对外提供加工修理修配劳务。

出口企业对外提供加工修理修配劳务，是指对进境复出口货物或从事国际运输的运输工具进行的加工修理修配，适用增值税退（免）政策。

（4）出口企业或其他单位视同出口项目的免征增值税。

1）国家批准设立的免税店销售的免税货物。

2）同一特殊区域、不同特殊区域内的企业之间销售特殊区域内的货物。

3）特殊区域内的企业为境外的单位或个人提供加工修理修配劳务。

二、消费税

（一）消费税的概念及特征

消费税是指对特定消费品和消费行为在特定环节征收的一种间接税。消费税是世界各国普遍征收的一个税种，其历史渊源可以追溯至古希腊雅典时期。目前，世界上有一百二十多个国家和地区开征了消费税，但具体名称和征收方式不尽相同：有的称之为货物税，有的称之为奢侈品税，还有的国家按征税对象确定税种名称，如烟税、酒税、矿物油税、电话税等。我国现行的消费税是 1994 年税制改革时在流转税中新设置的一个税种。我国目前征收消费税的法律依据主要有：国务院于 1993 年 12 月 13 日发布的《中华人民共和国消费税暂行条例》（该条例于 2008 年 11 月 5 日修订并自 2009 年 1 月 1 日起施行），财政部、国家税务总局于 1993 年 12 月 25 日制定、2008 年 12 月 15 日修订发布的《中华人民共和国消费税暂行条例实施细则》，财政部、国家税务总局《关于对电池、涂料征收消费税的通知》（财税〔2015〕16 号），财政部、国家税务总局《关于调整化妆品消费税政策的通知》（财税〔2016〕103 号）（其将高档化妆品的税率调整为 15％）。此外，自 2016 年 12 月 1 日起，对每辆零售价格在 130 万元（不含增值税）及以上的超豪华小汽车，在零售环节加征消费税，税率为 10％。

消费税和其他流转税相比，具有以下几个显著特点。

（1）征收范围具有选择性。消费税一般是选择部分消费品和消费行为征收，具有明显的调控目的和政策导向。

（2）征收环节具有单一性。消费税只在生产、批发或零售的某一环节征收。我国通常是在消费品的生产环节一次征收；从2009年5月1日起在卷烟批发环节加征一道从价计征的消费税，纳税人销售给纳税人以外的单位和个人的卷烟于销售时纳税；对个别应税消费品，如金银首饰、钻石及钻石饰品、铂金首饰等，在零售环节一次性征收。自2016年12月1日起，对超豪华小汽车在生产（进口）环节按现行税率征收消费税的基础上，在零售环节加征消费税，税率为10％。

（3）征收方法具有灵活性。我国消费税相关法律规定，对消费品既可以实行从量定额的征收方法，也可以实行从价定率的征收方法。

（4）税率具有差别性。消费税可以根据消费品的价格水平、国家的产业政策和消费政策等情况，对不同消费品制定不同的税率、税额。比如，从2016年10月1日起，国家取消了对普通美容、修饰类化妆品征收消费税，只对高档美容、修饰类化妆品、高档护肤类化妆品和成套化妆品征收消费税，且税率调整为15％。

（5）税负具有转嫁性。消费税是世界各国普遍采用的一个税种。它不仅是国家组织财政收入的重要手段，还具有独特的调节功能，在体现国家奖励政策、引导消费方向、调节市场供求、缓解社会成员之间分配不均等方面，发挥着越来越重要的作用。

（二）消费税法的基本内容

1. 纳税人

消费税的纳税人，是指凡在我国境内生产、委托加工及进口《消费税暂行条例》列举的消费品的单位和个人。这里的"单位"，包括国有企业、集体企业、私有企业、股份制企业、合营企业、合作企业、行政单位、事业单位、军事单位、社会团体等一切从事生产、委托加工和进口应税消费品的单位。

2. 征税范围

我国实行的是选择性的特种消费税。1993年12月开征消费税时确定的税目共11个。2006年4月1日，财政部、国家税务总局对消费税税目作了重大调整。现行消费税共设置了15个税目，在其中的3个税目下又设置了13个子目，列举了25个征税项目。我国在确定消费税应税产品的征收范围时主要是考虑以下因素：（1）过度消费会对人类健康、社会秩序、生态环境等方面有害的消费品，如烟、酒及酒精、一次性方便筷、鞭炮、焰火等。（2）高档奢侈品和非生活必需品，如贵重首饰及珠宝玉石、高档化妆品、高档手表、游艇、高尔夫球具、超豪华小汽车等。（3）高能耗、高污染的消费品，如汽车、摩托车、电池、涂料等。（4）不可再生和不可替代的石油类消费品，如汽油、柴油等。（5）具有财政意义的消费品，如汽车轮胎。

2022年10月25日，财政部、海关总署、国家税务局三部门联合发布：自2022年11月1日起对电子烟征收消费税。

消费税的税目具体包括以下内容。

（1）烟。这包括卷烟（甲类卷烟、乙类卷烟）、雪茄、烟丝。

（2）酒及酒精，包括白酒、啤酒、黄酒、其他酒，酒精。

（3）高档化妆品。自2016年10月1日起，取消对普通美容、修饰类化妆品征收消费税，将"化妆品"税目名称更名为"高档化妆品"，包括高档美容、修饰类化妆品、高档护肤类化妆品和成套化妆品，即生产（进口）环节销售（完税）价格（不含增值税）在10元/毫升（克）或15元/片（张）及以上的美容、修饰类化妆品和护肤类化妆品。其不包括：舞台、戏剧、影视演员化妆用的上妆油、卸妆油、油彩。

（4）贵重首饰及珠宝玉石，包括金银首饰、铂金首饰和钻石及钻石饰品，其他贵重首饰及珠宝玉石。

（5）小汽车〔不含电动汽车；车身长度≥7米，并且座位10～23座（含）以下的商用客车；沙滩车、雪地车、卡丁车、高尔夫车〕及超豪华小汽车。

（6）摩托车，不包括气缸容量250毫升（不含）以下的小排量摩托车。

（7）鞭炮、焰火，不包括体育上用的发令纸、鞭炮药引线。

（8）成品油，包括汽油、柴油、石脑油、溶剂油、润滑油、航空煤油、燃料油。

（9）高尔夫球及球具（包括高尔夫球、高尔夫球杆及高尔夫球包等）。

（10）高档手表（每只不含增值税销售价格≥10 000元）。

（11）木制一次性筷子。

（12）实木地板。

（13）游艇。游艇，8米≤长度≤90米，内置发动机，可以在水上移动，一般为私人或团体购置，主要用于水上运动和休闲娱乐等非牟利活动的各类机动艇。

（14）电池（不包括无汞原电池、金属氢化物镍蓄电池、锂原电池、锂离子蓄电池、太阳能电池、燃料电池和全钒液流电池）

（15）涂料。对电池、涂料征收消费税是自2015年2月1日始。自2016年1月1日起，对铅蓄电池按4%税率征收消费税。

3. 税率

消费税适用比例税率和定额税率。消费税共设置了15个税目，在其中的3个税目下又设置了13个子目，列举了25个征税项目。实行比例税率的有21个，实行定额税率的有4个。共有13个档次的税率，最低3%，最高56%。对黄酒、啤酒、汽油、柴油等实行定额税率，采用从量定额征收；对其他应税消费品实行比例税率，适用从价定率征收，最高税率为56%，最低税率为1%。消费税税目适用具体税率如下。

（1）烟的税率。

1）甲类卷烟适用的税率：甲类卷烟，是指每标准条调拨价格在70元（不含增值税）以上（含70元）的卷烟，其生产环节适用税率为56%加0.003元/支。2）乙类卷烟适用的税率：乙类卷烟是指每标准条调拨价格在70元（不含增值税）以下的卷烟。其生产环节适用税率为36%加0.003元/支；其批发环节适用税率为11%加0.005元/支。3）雪茄烟适用税率为36%、烟丝适用税率为30%。

电子烟：生产（进口）环节的税率为36%，批发环节的税率为11%。

（2）酒的税率。

白酒适用的税率为20%加0.5元/500克（或500毫升）。黄酒适用税率为240元/吨。啤酒适用的税率为：甲类啤酒适用250元/吨；乙类啤酒适用220元/吨。其他酒适用的税率为

10%。酒精的适用税率为5%。

（3）高档化妆品适用税率为15%。

（4）贵重首饰及珠宝玉石的适用税率。

金银首饰、铂金首饰、钻石及钻石饰品适用税率为5%（零售环节纳税）；其他贵重首饰和珠宝玉石，适用税率为10%（生产、进口、委托加工提货环节纳税）。

（5）小汽车，包括乘用车和中轻型商用客车的税率。

1）乘用车：气缸容量在1.0（含1.0）升以下的，税率为1%；气缸容量在1.0以上至1.5升（含1.5）的，税率为3%；气缸容量在1.5以上至2.0（含2.0）升的，税率为5%；气缸容量在2.0以上至2.5（含2.5）升的，税率为9%；气缸容量在2.5以上至3.0（含3.0）升的，税率为12%；气缸容量在3.0以上至4.0（含4.0）升的，税率为25%；气缸容量在4.0升以上的，税率为40%。2）中轻型商用客车（含驾驶员座位在内的座位数≤23座），适用税率为5%。

（6）摩托车：气缸容量在250毫升（含250毫升）以下的，适用税率为3%；气缸容量在250毫升以上的，税率为10%。

（7）鞭炮焰火适用税率为15%。

（8）成品油的适用税率具体如下。1）汽油：1.52元/升；2）柴油：1.20元/升；3）航空煤油：1.20元/升；4）石脑油：1.52元/升；5）溶剂油：1.52元/升；6）润滑油：1.52元/升；7）燃料油：1.20元/升。

（9）高尔夫球及球具，适用税率为10%。

（10）高档手表，适用税率为20%。

（11）木制一次性筷子，适用税率为5%。

（12）实木地板，适用税率为5%。

（13）游艇，适用税率为10%。

（14）电池，适用税率为4%。

（15）涂料，适用税率为4%。

4. 纳税环节

纳税人生产的应税消费品于销售时纳税。纳税人自产自用的应税消费品，用于连续生产应税消费品的，不纳税；用于其他方面的，于移送使用时纳税。委托加工的应税消费品，由受托方在向委托方交货时代收代缴税款。进口的应税消费品，应于报关进口时纳税。

5. 消费税的应纳税额的计算

消费税的应纳税额的计算有三种方法：从价定率计征法、从量定额计征法以及从价定率和从量定额复合计征法。

（1）从价定率计征法适用于采比例税率的应税消费品，其应纳税额应从价定率计征。此时的计税依据是销售额，其计算公式如下：

应纳税额＝销售额×比例税率

销售额为纳税人销售应税消费品时向购买方收取的全部价款和价外费用，但不包括应向购买方收取的销项税税款，以及卖方将承运部门开具的运输费用发票开具给购买方的或者纳税人将该项发票转交给购买方的代垫运输费用。

（2）从量定额计征法适用定额税率的消费品，其应纳税额应从量定额计征。此时的计税依据是销售数量。其计算公式为：

应纳税额＝销售数量×定额税率

（3）从价定率和从量定额复合计征法适用于既规定了比例税率又规定了定额税率的卷烟、白酒，其应纳税额实行从价定率和从量定额的复合计征法，其计算公式如下：

应纳税额＝销售额×比例税率＋销售数量×定额税率

6. 计税依据确定的特殊规定

在计税依据的确定上，有以下特殊规定：

（1）纳税人自产自用的应税消费品，按照纳税人生产的同类消费品的销售价格计算纳税；没有同类消费品的销售价格的，按照组成计税价格计算纳税，其计算公式如下：

组成计税价格＝（成本＋利润）÷（1－比例税率）

采复合计税方法计算纳税的组成计税价格计算公式如下。

组成计税价格＝（成本＋利润＋自产自用数量×定额税率）÷（1－比例税率）

（2）纳税人委托加工的应税消费品，按照受托方的同类消费品的销售价格计算纳税；没有同类消费品销售价格的，按照组成计税价格计算纳税。

从价定率计税办法计算纳税的组成计税价格计算公式如下：

组成计税价格＝（材料成本＋加工费）÷（1－比例税率）

采复合计税办法计算纳税的组成计税价格计算公式如下：

组成计税价格＝（材料成本＋加工费＋委托加工数量×定额税率）÷（1－比例税率）

（3）进口应税消费品，按照组成计税价格计算纳税。

从价定率计税办法计算纳税的组成计税价格计算公式如下：

组成计税价格＝（关税完税价格＋关税）÷（1－消费税比例税率）

采复合计税办法计算纳税的组成计税价格计算公式如下：

组成计税价格＝（关税完税价格＋关税＋进口数量×消费税定额税率）
÷（1－消费税比例税率）

7. 免税规定

对于纳税人出口应税消费品，除法律另有规定的以外，免征消费税。出口消费税的免征办法，由国务院财政、税务主管部门规定。

纳税人自产自用的应税消费品，用于连续生产应税消费品的，不纳税。

三、所得税

（一）企业所得税

1. 企业所得税概述

企业所得税，是指以企业的生产经营所得和其他所得为征税对象的一种收益税。所得税制最早产生于 18 世纪末的英国。我国企业所得税制的演变经历了由繁到简的曲折发展历程：现行企业所得税制为 2007 年 3 月 16 日第十届全国人大第五次会议审议通过并于 2008 年 1 月 1 日起实施的《企业所得税法》，该法于 2017 年、2018 年修正。2007 年 11 月 28 日国务院第 197 次常务会议通过了《企业所得税法实施条例》，该条例于 2019 年修订。《企业所得税法》的颁行，结束了我国企业所得税制内外不统一、纷繁混乱的局面，使制度体系更加完整、制度规定更加科学，是我国税收法制史上的重要事件。

2. 企业所得税的纳税义务人

企业所得税的纳税义务人是指在中国境内的企业和其他取得收入的组织，但不包括个人独资企业和合伙企业。

按照国际上的通行做法，《企业所得税法》依照登记注册地标准和实际管理机构标准，将企业分为居民企业和非居民企业两类，分别确定不同的纳税义务。居民企业，是指依法在中国境内成立，或者依照外国（地区）法律成立但实际管理机构在中国境内的企业。非居民企业，是指依照外国（地区）法律成立且实际管理机构不在中国境内，但在中国境内设立机构、场所，或者虽在中国境内未设立机构、场所，但有来源于中国境内所得的企业。居民企业具体包括国有企业、集体企业、私营企业、联营企业、公司制企业和有生产经营所得及其他所得的其他组织（事业单位、社会团体等）。这里的"实际管理机构"是指对企业的生产经营、人员、财务、财产等实施实质性全面管理和控制的机构。

3. 企业所得税的征税对象

企业所得税的征税对象是纳税人的所得额，即企业的生产、经营所得和其他所得。

纳税人的生产、经营所得，是指从事物质生产、交通运输、商品流通、劳务服务以及经国家主管部门确认的其他营利事业所取得的合法所得，还包括卫生、物资、供销、城市公用和其他行业的企业、社会团体组织、事业单位、民办非企业单位开展多种经营和有偿服务活动所取得的合法经营所得。

纳税人的其他所得是指股息、利息、租金、特许权使用费和营业外收益等所得以及企业解散或破产后的清算所得。

居民企业负有无限纳税义务，对其来自中国境内、境外的全部上述所得缴纳企业所得税；非居民企业负有有限纳税义务，仅对来自中国境内的所得缴纳企业所得税。

4. 企业所得税的计税依据

企业所得税的计税依据是应纳税所得额。应纳税所得额是指纳税人每一年度的收入总额减去准予扣除项目后的余额。

5. 企业所得税税率

我国企业所得税实行比例税率，基本税率为 25%。对于在中国境内未设有机构、场所的，或者虽设立机构、场所但所取得的所得与其所设机构、场所没有实际联系的非居民企业，实行 20% 的低税率，目前实际征税时暂按 10% 计征。

6. 企业所得税的应纳税所得额

企业所得税的应纳税所得额是准确计算应纳税额的基础，应纳税所得额的计算期间和计算方法是：企业每一纳税年度的收入总额减除不征税收入、免税收入、各项扣除以及允许弥补的以前年度亏损后的余额为应纳税所得额。企业应纳税所得额的计算以权责发生制为原则。

企业收入总额包括以货币形式和非货币形式从各种来源取得的收入，具体包括：销售货物收入，提供劳务收入，转让财产收入，股息、红利等权益性投资收益，利息收入，租金收入，特许权使用费收入，接受捐赠收入以及其他收入。

不征税收入主要是指财政拨款，依法收取并纳入财政管理的行政事业性收费、政府性基金，以及国务院规定的其他不征税收入。

免税收入主要是指以下情形：

（1）国债利息收入。

（2）符合条件的居民企业之间的股息、红利等权益性投资收益。

（3）在中国境内设立机构、场所的非居民企业从居民企业取得的与该机构、场所有实际联系的股息、红利等权益性投资收益。上述免税投资收益不包括连续持有居民企业公开发行并上市流通的股票不足 12 个月取得的投资收益。

（4）符合条件的非营利组织取得的收入。所谓符合条件，是指：1）依法履行非营利组织登记手续；2）从事公益性或者非营利性活动；3）取得的收入除用于与该组织有关的、合理的支出外，全部用于登记核定或者章程规定的公益性或者非营利性事业；4）财产及其孳生息不用于分配；5）按照登记核定或者章程规定，该组织注销后的剩余财产用于公益性或者非营利性目的，或者由登记管理机关转赠给与该组织性质、宗旨相同的组织，并向社会公告；6）投入人对投入该组织的财产不保留或者享有任何财产权利；7）工作人员工资福利开支控制在规定的比例内，不变相分配该组织的财产；8）国务院财政、税务主管部门规定的其他条件。

符合条件的非营利组织的收入包括：1）接受其他单位或者个人捐赠的收入；2）除《企业所得税法》第 7 条规定的财政拨款以外的其他政府补助收入，但不包括因政府购买服务取得的收入；3）按照省级以上民政、财政部门规定收取的会费；4）不征税收入和免税收入孳生的银行存款利息收入。

（5）地方政府债券利息所得。

7. 企业所得税扣除项目的范围

《企业所得税法》规定，对于符合规定的项目，准予在计算企业所得税时在税前予以扣除，因为企业所得税的应纳税额是企业的净所得而非毛收入。《企业所得税法》规定，对于企业实际发生的与取得收入有关的、合理的支出，包括成本、费用、税金、损失和其他支出，准予在计算应纳税额时扣除。

所谓的"成本"，是指企业在生产经营活动中发生的销售成本、销货成本、业务支出以及其他耗费，即企业销售商品、提供劳务或转让固定资产、无形资产的成本。

所谓"费用"，是指企业每一个纳税年度为生产、经营商品或提供劳务等而发生的销售费用、管理费用和财务费用。销售费用是指应由企业负担的为销售商品而发生的费用，包括广告费、运输费、装卸费、包装费、展览费、保险费、销售佣金、代销手续费、经营性租赁费用及销售部门发生的差旅费、工资、福利费等。管理费用是指企业的行政管理部门为管理、组织经营活动提供各项支援性服务而发生的费用。财务费用是指企业筹集经营资金而发生的费用，包括利息净支出、汇总净损失、金融机构手续费以及其他非资本化支出。

所谓"税金"，是指企业发生的除企业所得税和允许抵扣的增值税以外的企业缴纳的各项税金及其附加，即企业按规定缴纳的消费税、城市维护建设税、关税、资源税、土地增值税、房产税、车船税、土地使用税、印花税、教育费附加等产品销售税金及其附加。

所谓"损失"，是指企业在生产经营活动中发生的固定资产额存货的盘亏、毁损、报废损失、转让财产损失、呆账损失、坏账损失、自然灾害等不可抗力因素造成的损失及其他损失。

8. 企业所得税的扣除项目及其标准

《企业所得税法》《企业所得税法实施条例》等规定了以下扣除项目及其标准。

（1）企业发生的合理的工资薪金支出，准予扣除。工资薪金，是指企业每一纳税年度支付给在本企业任职或者受雇员工的所有现金形式或者非现金形式的劳动报酬，包括基本工资、奖金、津贴、补贴、年终加薪、加班工资，以及与员工任职或者受雇有关的其他支出。

（2）社会保险费的税前扣除。企业依照国务院有关主管部门或者省级人民政府规定的范围和标准为职工缴纳的基本养老保险费、基本医疗保险费、失业保险费、工伤保险费、生育保险费等基本社会保险费和住房公积金，准予扣除。

企业为投资者或者职工支付的补充养老保险费、补充医疗保险费在国务院财政、税务主管部门规定的范围和标准内，准予扣除。自2008年1月1日起，企业为在本企业任职或受雇的全体员工支付的补充养老保险费、补充医疗保险费，分别在不超过职工工资总额5%的标准内的部分，在计算应纳税额所得额时准予扣除；超过的部分，不予扣除。

（3）特殊保险费的税前扣除。除企业依照国家有关规定为特殊工种职工支付的人身安全保险费和国务院财政、税务主管部门规定可以扣除的其他商业保险费外，企业为投资者或者职工支付的商业保险费，不得扣除。

（4）企业在生产经营活动中发生的合理的不需要资本化的借款费用，准予扣除。

（5）企业为购置、建造固定资产、无形资产和经过12个月以上的建造才能达到预定可销售状态的存货发生借款的，在有关资产购置、建造期间发生的合理的借款费用，应当作为资本性支出计入有关资产的成本，并依照《企业所得税法实施条例》的规定扣除。

（6）企业在生产经营活动中发生的下列利息支出，准予扣除：1）非金融企业向金融企业借款的利息支出、金融企业的各项存款利息支出和同业拆借利息支出、企业经批准发行债券的利息支出；2）非金融企业向非金融企业借款的利息支出，不超过按照金融企业同期同类贷款利率计算的数额的部分。

（7）企业在货币交易中，以及纳税年度终了时将人民币以外的货币性资产、负债按照期末即期人民币汇率中间价折算为人民币时产生的汇兑损失，除已经计入有关资产成本以及与向所有者进行利润分配相关的部分外，准予扣除。

（8）企业发生的管理费用支出，包括职工福利费支出，不超过工资薪金总额14%的部分，准予扣除；企业拨缴的工会经费，不超过工资薪金总额2%的部分，准予扣除；除国务院财政、税务主管部门另有规定外，企业发生的职工教育经费支出，不超过工资薪金总额8%的部分，准予扣除，超过部分，准予在以后纳税年度结转扣除。

（9）企业发生的与生产经营活动有关的业务招待费支出，按照发生额的60%扣除，但最高不得超过当年销售（营业）收入的5‰。

（10）企业发生的符合条件的广告费和业务宣传费支出，除国务院财政、税务主管部门另有规定外，不超过当年销售（营业）收入15%的部分，准予扣除；超过部分，准予在以后纳税年度结转扣除。对化妆品制造或销售、医药制造和饮料制造（不含酒类制造）企业发生的广告费和业务宣传费支出，不超过当年销售（营业）收入30%的部分，准予扣除；超过部分，准予在以后的纳税年度结转扣除。

对于烟草企业的烟草广告费和业务宣传费支出，一律不得在计算应纳税所得额时扣除。

（11）企业依照法律、行政法规有关规定提取的用于环境保护、生态恢复等方面的专项资金，准予扣除。上述专项资金提取后改变用途的，不得扣除。

（12）企业参加财产保险，按照规定缴纳的保险费，准予扣除。

（13）企业根据生产经营活动的需要租入固定资产支付的租赁费，按照以下方法扣除。

1）以经营租赁方式租入固定资产发生的租赁费支出，按照租赁期限均匀扣除；2）以融资租赁方式租入固定资产发生的租赁费支出，按照规定构成融资租入固定资产价值的部分应当提取折旧费用，分期扣除。

（14）企业发生的合理的劳动保护支出，准予扣除。

（15）非居民企业在中国境内设立的机构、场所，就其中国境外总机构发生的与该机构、场所生产经营有关的费用，能够提供总机构出具的费用汇集范围、定额、分配依据和方法等证明文件，并合理分摊的，准予扣除。

（16）企业发生的公益性捐赠支出，不超过年度利润总额12%的部分，准予扣除。公益性捐赠，是指企业通过公益性社会团体或者县级以上人民政府及其部门，用于《公益事业捐赠法》规定的公益事业的捐赠。

（17）符合条件的贷款损失准备金允许在税前扣除。

（18）企业取得的各项免税收入所对应的各项成本费用，除另有规定者外，可以在计算企业应纳税所得额时扣除。

（19）加计扣除项目。

《企业所得税法》第30～34条规定，企业的下列支出，可以在计算应纳税所得额时加计扣除：

1）开发新技术、新产品、新工艺发生的研究开发费用。

2）安置残疾人员及国家鼓励安置的其他就业人员所支付的工资。

3）创业投资企业从事国家需要重点扶持和鼓励的创业投资，可以按投资额的一定比例抵扣应纳税所得额。

4）企业的固定资产由于技术进步等原因，确需加速折旧的，可以缩短折旧年限或者采取加速折旧的方法。

5）企业综合利用资源，生产符合国家产业政策规定的产品所取得的收入，可以在计算应纳税所得额时减计收入。

6）企业购置用于环境保护、节能节水、安全生产等专用设备的投资额，可以按一定比例实行税额抵免。

（20）几种情形下的特殊规定。

1）企业在2018年1月1日至2020年12月31日期间购置的设备、器具，单位价值不超过500万元的，允许一次性计入当期成本费用，在计算应纳税所得额时扣除，不再分年度计算折旧；单位价值超过500万元的，可缩短折旧年限或者采取加速折旧的方法。

2）对所有行业企业持有的单位价值不超过 5 000 元的固定资产，允许一次性计入当期成本费用在计算应税所得额时扣除，不再分年限计算折旧。

3）生物药品制造业，专用设备制造业，铁路、船舶、航空航天和其他运输设备制造业，计算机、通信和其他电子设备制造业，仪器仪表制造业，信息传输、软件和信息技术服务业等六个行业的企业，在 2014 年 1 月 1 日后新购进的固定资产，可缩短折旧年限或者采取加速折旧的方法。上述六个行业的小型微利企业，在 2014 年 1 月 1 日后新购进的"研发和生产经营共用"的仪器、设备，单位价值不超过 100 万元的，允许一次性计入当期成本费用，在计算应税所得额时扣除，不再分年度计算折旧；单位价值超过 100 万元的，可缩短折旧年限或者采取加速折旧的方法。

4）自 2015 年 1 月 1 日起，对轻工、纺织、机械、汽车等四个领域重点行业的企业 2015 年 1 月 1 日后新购进的固定资产，可由企业选择缩短折旧年限或采取加速折旧的方法。对上述四个行业的小型微利企业 2015 年 1 月 1 日后新购进的"研发和生产经营共用"的仪器、设备，单位价值不超过 100 万元的，允许一次性计入当期成本费用，在计算应税所得额时扣除，不再分年度计算折旧；单位价值超过 100 万元的，可由企业选择折旧或采取加速折旧的方法。

应当注意的是，采取缩短折旧年限方法的，最低折旧年限不得低于法定折旧年限的 60%；采取加速折旧方法的，可以采取双倍余额递减法或者年数总和法。

(21) 企业特殊业务的所得税处理。

1）居民企业以非货币资产对外投资确认的非货币性资产转让所得，可在不超过 5 年的期限内，分期均匀计入相应年度的应税所得额，按规定计算缴纳企业所得税。

2）对于企业债务重组所得超过企业当年应纳税所得额 50% 的，可在今后 5 个纳税年度内均匀计入所得额；低于 50% 的，则应计入企业当年应纳税所得额，当年纳税。

3）国有企业改制上市的资产评估增值，其应纳企业所得税可以不征收入库，作为国家投资直接转增该企业国有资本金，但获得现金及非股权对价部分的除外；国有企业 100% 控股的非公司制企业、单位，在改制为公司制后发生的资产评估增值，应纳企业所得税可以不征收入库，作为国家投资直接转增该公司国有资本金；经确认的评估资产，可按评估价值入账并依规定计提折旧或者摊销，允许在计算应纳税所得额时扣除。

9. 企业所得税不得扣除的项目

《企业所得税法》第 10 条规定，在计算应纳税所得额时，下列支出不得扣除：(1) 向投资者支付的股息、红利等权益性投资收益款项；(2) 企业所得税税款；(3) 税收滞纳金；(4) 罚金、罚款和被没收财物的损失；(5) 该法第 9 条规定以外的捐赠支出；(6) 赞助支出；(7) 未经核定的准备金支出；(8) 与取得收入无关的其他支出。

10. 税收优惠

《企业所得税法》第 25～29 条规定了以下税收优惠的项目。

(1) 国家对重点扶持和鼓励发展的产业和项目，给予企业所得税优惠。

(2) 企业的下列收入为免税收入：国债利息收入；符合条件的居民企业之间的股息、红利等权益性投资收益；在中国境内设立机构、场所的非居民企业从居民企业取得与该机构、场所有实际联系的股息、红利等权益性投资收益；符合条件的非营利组织的收入。

（3）企业的下列所得，可以免征、减征企业所得税：从事农、林、牧、渔业项目的所得；从事国家重点扶持的公共基础设施项目投资经营的所得；从事符合条件的环境保护、节能节水项目的所得；符合条件的技术转让所得；《企业所得税法》第3条第3款规定的所得。

（4）对符合条件的小型微利企业，减按20％的税率征收企业所得税；国家需要重点扶持的高新技术企业，减按15％的税率征收企业所得税。

（5）民族自治地方的自治机关对本民族自治地方的企业应缴纳的企业所得税中属于地方分享的部分，可以决定减征或者免征。自治州、自治县决定减征或者免征的，须报省、自治区、直辖市人民政府批准。

（二）个人所得税

1. 个人所得税的概念

个人所得税是以自然人取得的各类应税所得为征税对象的一种所得税。从我国现行个人所得税制的规定看，个人所得税的征税对象不仅包括个人，还包括具有自然人性质的企业（从2000年1月1日起，个人独资企业和合伙企业投资者依法缴纳个人所得税，不再缴纳企业所得税）。

《个人所得税法》是我国税制中少有的立法级次较高的税收法律。早在1980年9月10日，第五届全国人大第三次会议即通过了《个人所得税法》。我国《个人所得税法》虽然立法时间较早、立法层级较高，但由于受当时历史条件限制，这部税法的弊端日渐显现。1993年10月31日，第八届全国人大常委会第四次会议通过了《关于修改〈中华人民共和国个人所得税法〉的决定》，同时公布了修改后的《个人所得税法》（第一次修订）。1999年8月30日，第九届全国人大常委会第十一次会议通过《关于修改〈中华人民共和国个人所得税法〉的决定》（第二次修改）。2005年10月27日，第十届全国人大常委会第十八次会议通过《关于修改〈中华人民共和国个人所得税法〉的决定》（第三次修改）。2007年6月29日，第十届全国人大常委会第二十八次会议通过《关于修改〈中华人民共和国个人所得税法〉的决定》（第四次修改）。2007年12月29日，第十届全国人大常委会第三十一次会议通过《关于修改〈中华人民共和国个人所得税法〉的决定》（第五次修改）。2011年6月30日，第十一届全国人大常委会第二十一次会议通过《关于修改〈中华人民共和国个人所得税法〉的决定》（第六次修改）。2017年4月19日，国务院常务会议决定，从2017年7月1日起将商业健康保险个人所得税试点政策推广到全国范围实施。同年4月，财政部、国家税务总局、保监会联合制发了《关于将商业健康保险个人所得税试点政策推广到全国范围实施的通知》，该通知对个人购买符合规定的商业保险产品的支出，允许在当年（月）计算应纳税所得额时予以税前扣除，扣除限额为2 400元/年，即200元/月。而此前《个人所得税法》多次修改的焦点为个人工资、薪金所得的扣除标准。经过修改后的个人所得税，其免征额起点不断抬高，使税制改革在较大程度上惠及工薪阶层。这次三部门联合下发通知，意味着我国个人所得税制的改革向综合与分类相结合的优良税制方向迈了一大步。2018年8月31日，第十三届全国人大常委会第五次会议通过《中华人民共和国〈关于修改个人所得税法〉的决定》（第七次修改），自2019年1月1日起施行。

2. 纳税义务人

个人所得税的纳税义务人，包括中国公民、个体工商户，在中国有所得的外籍人员（含无国籍人员）及我国香港、澳门、台湾地区同胞。依照国际上的通行做法，我国亦将个人所得税纳税义务人依据住所和时间两个标准，划分为居民个人纳税人和非居民个人纳税人，使之承担不同的纳税义务。居民个人纳税人须对在中国境内及境外取得的所得缴纳个人所得税，非居民个人纳税人仅须就其在中国境内取得的所得缴纳个人所得税。

居民个人纳税人是指在中国境内有住所或者无住所而一个纳税年度在中国境内居住累计满183天的个人。

非居民个人纳税人是指在中国境内无住所又不居住或者无住所而一个纳税年度在中国境内居住不满183天的个人。非居民个人从中国境内取得的所得，依法缴纳个人所得税。

3. 个人所得税的征税范围

《个人所得税法》第2条规定了个人所得税的征税范围具体包括以下九项。

（1）工资、薪金所得，是指个人因任职或者受雇而取得的工资、薪金、奖金、年终加薪、劳动分红、津贴、补贴以及与任职或者受雇有关的其他所得。

（2）经营所得。

（3）劳务报酬所得，是指个人从事设计、装潢、安装、制图、化验、测试、医疗、法律、会计、咨询、讲学、新闻、广播、翻译、审稿、书画、雕刻、影视、录音、录像、演出、表演、广告、展览、技术服务、介绍服务、经纪服务、代办服务以及其他劳务取得的所得。

（4）稿酬所得，是指个人因其作品以图书、报刊形式出版、发表而取得的所得。

（5）特许权使用费所得，是指个人提供专利权、商标权、著作权、非专利技术以及其他特许权的使用权取得的所得，提供著作权的使用权取得的所得，不包括稿酬所得。

（6）利息、股息、红利所得，是指个人拥有债权、股权而取得的利息、股息、红利所得。

（7）财产租赁所得，是指个人出租建筑物、土地使用权、机器设备、车船以及其他财产取得的所得。

（8）财产转让所得，是指个人转让有价证券、股权、建筑物、土地使用权、机器设备、车船以及其他财产取得的所得。

（9）偶然所得，是指个人得奖、中奖、中彩以及其他偶然性质的所得。

居民个人取得前述第（1）项至第（4）项所得（以下称综合所得），按纳税年度合并计算个人所得税；非居民个人取得前述第（1）项至第（4）项所得，按月或者按次分项计算个人所得税。纳税人取得前述第（5）项至第（9）项所得，依照《个人所得税法》规定分别计算个人所得税。个人取得的所得，难以界定应纳税所得项目的，由国务院税务主管机关确定。对股票转让所得征收个人所得税的办法，由国务院另行制定，报全国人大常委会备案。

纳税年度，自公历1月1日起至12月31日止。

4. 个人所得税的税率

《个人所得税法》第3条规定，我国个人所得税适用的税率有以下三种。

（1）综合所得，适用3%至45%的超额累进税率（见表8-1、表8-2）。

（2）经营所得，适用5%至35%的超额累进税率（见表8-3）。

（3）利息、股息、红利所得，财产租赁所得，财产转让所得、偶然所得，适用比例税率，税率为20%。

特许权使用费所得、劳务报酬、稿酬所得适用20%的税率。（具体内容参见下文。）

表 8-1　工资薪金所得（年度综合所得）适用的税率表

级数	全年应纳税所得额	税率（%）
1	不超过 36 000 元的	3
2	超过 36 000 元至 144 000 元的部分	10
3	超过 144 000 元至 300 000 元的部分	20
4	超过 300 000 元至 420 000 元的部分	25
5	超过 420 000 元至 660 000 元的部分	30
6	超过 660 000 元至 960 000 元的部分	35
7	超过 960 000 元的部分	45

表 8-2　月度综合所得适用的个人所得税税率①

级数	全月应纳税所得额	税率（%）	速算扣除数
1	不超过 3 000 元的	3	0
2	超过 3 000 元至 12 000 元的部分	10	210
3	超过 12 000 元至 25 000 元的部分	20	1 410
4	超过 25 000 元至 35 000 元的部分	25	2 660
5	超过 35 000 元至 55 000 元的部分	30	4 410
6	超过 55 000 元至 80 000 元的部分	35	7 160
7	超过 80 000 元的部分	45	15 160

注1：本表所称全年应纳税所得额是指依照《个人所得税法》第6条的规定，居民个人取得综合所得以每一纳税年度收入额减除费用6万元以及专项扣除、专项附加扣除和依法确定的其他扣除后的余额。

依据国务院于 2018 年 12 月公布的《个人所得税专项附加扣除暂行办法》和国务院《关于提高个人所得税有关专项附加扣除标准的通知》（国发〔2023〕13 号）的规定，在计算个人应税所得额时，准予专项附加扣除。专项附加扣除包括子女教育、赡养老人、继续教育、大病医疗、住房贷款利息或住房租等。

（1）纳税人的子女接受全日制学历教育的相关支出，按每个子女每月 1 000 元的标准（现已调整）定额扣除。学历教育包括义务教育（小学、初中教育）、高中阶段教育（普通高中、中等职业、技工教育）、高等教育（大学专科、大学本科、硕士研究生、博士研究生教育）。年满 3 岁至小学入学前处于学前教育阶段的子女，按前述规定执行。上述国务院国发〔2023〕13 号文件规定：自 2023 年 1 月 1 日起，3 岁以下婴幼儿照护扣除标准，由每个婴幼儿每月 1 000 元提高到 2 000 元；子女教育专项附加扣除标准，由每个子女每月 1 000 元提高到 2 000 元。纳税人子女在中国境外接受教育的，纳税人应当留存境外学校录取通知书、留学签证等相关教育的证明资料备查。

（2）纳税人在中国境内接受学历（学位）继续教育的支出，在学历（学位）教育期间按照每月 400 元定额扣除。同一学历（学位）继续教育的扣除期限不能超过 48 个月。纳税人接受技能人员职业资格继续教育、专业技术人员职业资格继续教育的支出，在取得相关证书的当年，按照 3 600 元定额扣除。

个人接受本科及以下学历（学位）继续教育，符合该办法规定扣除条件的，可以选择由其父母扣除，也可以选择由本人扣除。

（3）在一个纳税年度内，纳税人发生的与基本医保相关的医药费用支出，扣除医保报销后个人负担（指医保目录范围内的自付部分）累计超过 15 000 元的部分，由纳税人在办理年度汇算清缴时，在 80 000 元限额内据实扣除。

纳税人发生的医药费用支出可以选择由本人或者其配偶扣除；未成年子女发生的医药费用支出可以选择由其父母一方扣除。

纳税人及其配偶、未成年子女发生的医药费用支出，按该办法第 11 条规定分别计算扣除额。

（4）纳税人赡养一位及以上被赡养人的赡养支出，统一按照以下标准定额扣除。

---

① 适用于 2019 年及以后取得的综合所得（非居民个人工资、薪金所得，劳务报酬所得，稿酬所得，特许权使用费所得适用；2019 年 1 月 1 日—2021 年 12 月 31 日期间计算居民个人取得全年一次性奖金适用）。

1）纳税人为独生子女的，按照每月 3 000 元的标准定额扣除。

2）纳税人为非独生子女的，由其与兄弟姐妹分摊每月 3 000 元的扣除额度，每人分摊的额度不能超过每月 1 500 元。可以由赡养人均摊或者约定分摊，也可以由被赡养人指定分摊。约定或者指定分摊的须签订书面分摊协议，指定分摊优先于约定分摊。具体分摊方式和额度在一个纳税年度内不能变更。

该办法所称被赡养人是指年满 60 岁的父母，以及子女均已去世的年满 60 岁的祖父母、外祖父母。

（5）纳税人本人或者配偶单独或者共同使用商业银行或者住房公积金个人住房贷款为本人或者其配偶购买中国境内住房，发生的首套住房贷款利息支出，在实际发生贷款利息的年度，按照每月 1 000 元的标准定额扣除，扣除期限最长不超过 240 个月。纳税人只能享受一次首套住房贷款的利息扣除。

经夫妻双方约定，可以选择由其中一方扣除，具体扣除方式在一个纳税年度内不能变更。

夫妻双方婚前分别购买住房发生的首套住房贷款，其贷款利息支出，婚后可以选择其中一套购买的住房，由购买方按扣除标准的 100% 扣除，也可以由夫妻双方对各自购买的住房分别按扣除标准的 50% 扣除，具体扣除方式在一个纳税年度内不能变更。

（6）纳税人在主要工作城市没有自有住房而发生的住房租金支出，可以按照以下标准定额扣除。

1）直辖市、省会（首府）城市、计划单列市以及国务院确定的其他城市，扣除标准为每月 1 500 元。

2）除第一项所列城市以外，市辖区户籍人口超过 100 万的城市，扣除标准为每月 1 100 元；市辖区户籍人口不超过 100 万的城市，扣除标准为每月 800 元。

纳税人的配偶在纳税人的主要工作城市有自有住房的，视同纳税人在主要工作城市有自有住房。夫妻双方主要工作城市相同的，只能由一方扣除住房租金支出。

住房租金支出由签订租赁住房合同的承租人扣除。

纳税人及其配偶在一个纳税年度内不能同时分别享受住房贷款利息和住房租金专项附加扣除。

依照该办法的规定，个人所得税专项附加扣除额一个纳税年度扣除不完的，不能结转以后年度扣除。

注 2：非居民个人取得工资、薪金所得，劳务报酬所得，稿酬所得和特许权使用费所得，依照本表按月换算后计算应纳税额。

表 8-3 个体工商户的生产、经营所得和对企事业单位的承包经营、承租经营所得适用的个人所得税税率表

级数	全年应纳税所得额	税率（%）	速算扣除数
1	不超过 30 000 元的	5	0
2	超过 30 000 元至 90 000 的部分	10	1 500
3	超过 90 000 元至 300 000 的部分	20	10 500
4	超过 300 000 元至 500 000 的部分	30	40 500
5	超过 500 000 元的部分	35	65 500

注：本表所称全年应纳税所得额是指依照《个人所得税法》第 6 条的规定，以每一纳税年度的收入总额减除成本、费用以及损失后的余额。

5．计算应纳税所得额时的扣除标准

（1）居民个人的综合所得，以每一纳税年度的收入额减除费用 6 万元以及专项扣除、专项附加扣除和依法确定的其他扣除后的余额，为应纳税所得额。这里的专项扣除，包括居民个人按照国家规定的范围和标准缴纳的基本养老保险、基本医疗保险、失业保险等社会保险费和住房公积金等；专项附加扣除，包括 3 岁以下婴幼儿照护、子女教育、继续教育、大病医疗、住房贷款利息或者住房租金、赡养老人等支出，具体范围、标准和实施步骤由国务院确定，并报全国人民代表大会常务委员会备案。

税收征管机关获取个人所得税纳税人的专项附加扣除等信息，由公安、人民银行、金融监督管理等相关部门协助税务机关确认纳税人的身份、金融账户信息。教育、卫生、医疗保障、民政、人力资源社会保障、住房城乡建设、公安、人民银行、金融监督管理等相关部门应当向税务机关提供纳税人子女教育、继续教育、大病医疗、住房贷款利息或者住房租金、赡养老人等专项附加扣除信息。

（2）非居民个人的工资、薪金所得，以每月收入额减除费用5 000元后的余额为应纳税所得额；劳务报酬所得、稿酬所得、特许权使用费所得，以每次收入额为应纳税所得额。

（3）经营所得，以每一纳税年度的收入总额减除成本、费用以及损失后的余额，为应纳税所得额。

（4）财产租赁所得，每次收入不超过4 000元的，减除费用800元；4 000元以上的，减除20%的费用，其余额为应纳税所得额。

（5）财产转让所得，以转让财产的收入额减除财产原值和合理费用后的余额，为应纳税所得额。

（6）利息、股息、红利所得和偶然所得，以每次收入额为应纳税所得额。

（7）劳务报酬所得、稿酬所得、特许权使用费所得以收入减除20%的费用后的余额为收入额。因出版、发表作品的特殊性，税法对稿酬所得与一般劳务报酬所得加以区别，将稿酬所得独立划归一个征税项目，并给予适当优惠照顾：稿酬所得的收入额减按70%计算。此三项所得计入工资薪金合并计算个人应税所得额。

（8）个人将其所得对教育、扶贫、济困等公益慈善事业进行捐赠，捐赠额未超过纳税人申报的应纳税所得额30%的部分，可以从其应纳税所得额中扣除；国务院规定对公益慈善事业捐赠实行全额税前扣除的，从其规定。

（9）居民个人从中国境外取得的所得，可以从其应纳税额中抵免已在境外缴纳的个人所得税税额，但抵免额不得超过该纳税人境外所得依照《个人所得税法》规定计算的应纳税额。

6. 个人所得税的计算

个人所得税应纳税额计算公式为：

（1）全月应纳税所得额＝税前收入－5 000元（起征点）－专项扣除（三险一金等）

－专项附加扣除－依法确定的其他扣除

（2）缴纳个人所得税额＝全月应纳税所得额×税率－速算扣除数

其中，"三险"是指养老保险、医疗保险及失业保险；"一金"是指公积金。"依法确定的其他扣除"是指劳务报酬所得、稿酬所得、特许权使用费所得等三项收入在扣除20%的费用后计入工资薪金作为综合所得计算纳税。"专项附加扣除"是指纳税人的子女教育、继续教育、大病医疗、住房贷款利息或者住房租金和赡养老人等支出。

7. 免征个人所得税的法定情形

依据《个人所得税法》第4条的规定，对下列各项个人所得，免征个人所得税：

（1）省级人民政府、国务院部委和中国人民解放军军以上单位，以及外国组织、国际组织颁发的科学、教育、技术、文化、卫生、体育、环境保护等方面的奖金；（2）国债和国家发行的金融债券利息；（3）按照国家统一规定发给的补贴、津贴；（4）福利费、抚恤金、救济金；（5）保险赔款；（6）军人的转业费、复员费、退役金；（7）按照国家统一规定发给干部、职工的安家费、退职费、基本养老金或者退休费、离休费、离休生活补助费；（8）依照有关法律规定应予免税的各国驻华使馆、领事馆的外交代表、领事官员和其他人员的所得；（9）中国政府参加的国际公约、签订的协议中规定免税的所得；（10）国务院规定的其他免税所得。

8. 减征个人所得税的法定情形

依据《个人所得税法》第5条的规定，发生以下两种情形的，可以减征个人所得税，具体幅度和期限，由省、自治区、直辖市人民政府规定，并报同级人民代表大会常务委员会备案：（1）残疾、孤老人员和烈属的所得；（2）因自然灾害遭受重大损失的。

9. 个人所得税的征收管理

（1）纳税申报的管理。

依据《个人所得税法》第 10 条的规定，有下列情形之一的，纳税人应当依法办理纳税申报：1）取得综合所得需要办理汇算清缴；2）取得应税所得没有扣缴义务人3）取得应税所得，扣缴义务人未扣缴税款；4）取得境外所得；5）因移居境外注销中国户籍；6）非居民个人在中国境内从两处以上取得工资、薪金所得；7）国务院规定的其他情形。

（2）代扣代缴纳税的管理。

个人所得税以所得人为纳税人，以支付所得的单位或者个人为扣缴义务人。纳税人有中国公民身份证号码的，以中国公民身份证号码为纳税人识别号；纳税人没有中国公民身份证号码的，由税务机关赋予其纳税人识别号。扣缴义务人扣缴税款时，纳税人应当向扣缴义务人提供纳税人识别号。

扣缴义务人应当按照国家规定办理全员全额扣缴申报，并向纳税人提供其个人所得和已扣缴税款等信息。对扣缴义务人按照所扣缴的税款，付给 2% 的手续费。

（3）纳税调整的管理。

《个人所得税法》第 8 条规定，有下列情形之一的，税务机关有权按照合理方法进行纳税调整。

1）个人与其关联方之间的业务往来不符合独立交易原则而减少本人或者其关联方应纳税额，且无正当理由。

2）居民个人控制的，或者居民个人和居民企业共同控制的设立在实际税负明显偏低的国家（地区）的企业，无合理经营需要，对应当归属于居民个人的利润不作分配或者减少分配。

3）个人实施其他不具有合理商业目的的安排而获取不当税收利益。税务机关依照上述规定作出纳税调整，需要补征税款的，应当补征税款，并依法加收利息。

（4）纳税期限。

1）居民个人取得综合所得，按年计算个人所得税；有扣缴义务人的，由扣缴义务人按月或者按次预扣预缴税款；需要办理汇算清缴的，应当在取得所得的次年 3 月 1 日至 6 月 30 日内办理汇算清缴。预扣预缴办法由国务院税务主管部门制定。

居民个人向扣缴义务人提供专项附加扣除信息的，扣缴义务人按月预扣预缴税款时应当按照规定予以扣除，不得拒绝。

非居民个人取得工资、薪金所得，劳务报酬所得，稿酬所得和特许权使用费所得，有扣缴义务人的，由扣缴义务人按月或者按次代扣代缴税款，不办理汇算清缴。

2）纳税人取得经营所得，按年计算个人所得税，由纳税人在月度或者季度终了后 15 日内向税务机关报送纳税申报表，并预缴税款；在取得所得的次年 3 月 31 日前办理汇算清缴。

3）纳税人取得利息、股息、红利所得，财产租赁所得，财产转让所得和偶然所得，按月或者按次计算个人所得税，有扣缴义务人的，由扣缴义务人按月或者按次代扣代缴税款。

4）扣缴义务人的扣缴税款期限。

扣缴义务人每月或者每次预扣、代扣的税款，应当在次月 15 日内缴入国库，并向税务机关报送扣缴个人所得税申报表。

纳税人取得应税所得没有扣缴义务人的，应当在取得所得的次月 15 日内向税务机关报送纳税申报表，并缴纳税款。

纳税人取得应税所得，扣缴义务人未扣缴税款的，纳税人应当在取得所得的次年 6 月 30 日前，缴纳税款；税务机关通知限期缴纳的，纳税人应当按照期限缴纳税款。

5）纳税人从境外或两处以上取得应税所得的纳税期限。

居民个人从中国境外取得所得的，应当在取得所得的次年 3 月 1 日至 6 月 30 日内向我国税务机关申报纳税。

非居民个人在中国境内从两处以上取得工资、薪金所得的，应当在取得所得的次月 15 日内申报纳税。

纳税人因移居境外注销中国户籍的，应当在注销中国户籍前办理税款清算。

纳税人办理汇算清缴退税或者扣缴义务人为纳税人办理汇算清缴退税的，税务机关审核后，按照国库管理的有关规定办理退税。

四、其他税

（一）房产税

1. 房产税的概念及特征

房产税是以房屋为征税对象，以房屋的计税余值或租金收入为计税依据，向产权所有人征收的一种财产税。现行的房产税是第二步"利改税"以后开征的。1986 年 9 月 15 日，国务院正式发布了《中华人民共和国房产税暂行条例》，该条例从当年 10 月 1 日开始实施。该条例于 2011 年修订。我国房产税目前正面临改革的重要关口。由于住宅价格居高不下，房价对社会的和谐与稳定的影响日益增大，因而要求改革房产税的呼声日益高涨。相信在不远的未来，真正意义的房产税将走进人们的生活，发挥其巨大的调节作用。

房产税的特点是：（1）房产税属于财产税中的个别财产税，其征税对象只是房屋；（2）征收范围限于城镇的经营性房屋；（3）区别房屋的经营使用方式规定征税办法。对于自用的房屋，按房产计税余值征收，对于出租、出典的房屋，按租金收入征税。

2. 房产税的征收范围

房产税在城市、县城、建制镇和工矿区征收。其中，城市是指国务院批准设立的市，其征税范围为市区、郊区和市辖县城，不包括农村；县城是指未设立建制镇的县人民政府所在地的地区；建制镇是指经省、自治区、直辖市人民政府批准设立的建制镇；工矿区是指工商业比较发达，人口比较集中，符合国务院规定的建制镇的标准，但尚未设立建制镇的大中型工矿企业所在地。在工矿区开征房产税必须经省、自治区、直辖市人民政府批准。

3. 房产税的纳税人

房产税由产权所有人缴纳。产权属于全民所有的，由经营管理的单位缴纳。产权出典的，由承典人缴纳。产权所有人、承典人不在房产所在地的，或者产权未确定及租典纠纷未解决的，由房产代管人或者使用人缴纳。

产权所有人、经营管理单位、承典人、房产代管人或者使用人，统称为纳税义务人。

4. 房产税的计税依据

房产税采用从价计税，计税依据分为按计税余值计税和按租金收入计税两种。

5. **房产税的税率**

依照房产余值计算缴纳的，税率为 1.2%；依照房产租金收入计算缴纳的，税率为 12%。

6. **应纳税额的计算**

（1）依照房产余值计算缴纳的应纳税额的计算公式如下：

$$应纳税额＝应税房产原值×（1－扣除比例）×1.2\%$$

上述公式中，扣除比例幅度为 10%～30%，具体减除幅度由省、自治区、直辖市人民政府规定。

（2）依照房产租金收入计算缴纳的应纳税额的计算公式如下：

$$应纳税额＝租金收入×12\%（或 4\%）$$

对个人按市场价格出租的居民住房，用于居住的，可暂减按 4% 的税率征收房产税。

7. **房产税的纳税申报**

纳税人应根据税法的规定，将现有房屋的坐落地点、结构、面积、原值、出租收入等情况，据实向当地税务机关办理纳税申报。

8. **房产税的纳税期限和纳税地点**

房产税实行按年征收、分期缴纳，一般按季或按半年征收。新建房屋的纳税义务发生时间是建成之日或办理验收手续之日的次月。

房产税在房产所在地缴纳。房产不在同一地方的纳税人，应按房产的坐落地点分别向房产所在地的税务机关缴纳。

9. **房产税的税收优惠**

下列房产免纳房产税：国家机关、人民团体、军队自用的房产；由国家财政部门拨付事业经费的单位自用的房产；宗教寺庙、公园、名胜古迹自用的房产；个人所有非营业用的房产；经财政部批准免税的其他房产。

（二）车船税

1. **车船税法的概念**

车船税法是指调整车船税征收与缴纳之间发生的权利及义务关系的法律规范的总称。我国现行车船税法，是在 2006 年 12 月 29 日国务院颁布并于 2007 年 1 月 1 日起实施的《中华人民共和国车船税暂行条例》的基础上修改，第十一届全国人大常委会第十九次会议于 2011 年 2 月 25 日通过并自 2012 年 1 月 1 日起施行的《中华人民共和国车船税法》。该法于 2019 年修正。2011 年 11 月 23 日，国务院第 182 次常务会议通过《中华人民共和国车船税法实施条例》。该条例自 2012 年 1 月 1 日起实施，于 2019 年修正。

《车船税法》是我国继《企业所得税法》《个人所得税法》之后第三部由全国人大及其常委会通过的税收实体法律。在西方国家，以土地、房屋等不动产为代表的财产税已经成为其最为主要的收入来源，而在我国，由于现行房产税将个人住房排除在征收范围之外，且我国目前也没有开征遗产税，因而车船税成为唯一（财产保有环节课税）具有财产税性质的税种。《车船税法》对调节收入，特别是促进我国环境保护、节能减排，实现碳达峰、碳中和，意义重大。

2. **车船税的纳税义务人**

车船税是对在我国境内的车辆、船舶的所有人或者管理人按照《车船税法》的规定征收的一种财产税。据此规定，车船税的纳税义务人，应为在我国境内、《车船税法》规定的车辆、船舶的所有人或者管理人。

3. 征税范围

（1）车辆。

车船税的征收范围，是指依法应当在我国车船管理部门登记的车船（除规定减免的车船外）。

依据《车船税法实施条例》第 26 条的规定，"车船税税目税额表"中的车辆包括：乘用车、商用车、半挂牵引车、三轮汽车、低速载货汽车、挂车、专用作业车、轮式专用机械车、摩托车。

乘用车，是指在设计和技术特性上主要用于载运乘客及随身行李，核定载客人数包括驾驶员在内不超过 9 人的汽车。

商用车，是指除乘用车外，在设计和技术特性上用于载运乘客、货物的汽车，划分为客车和货车。

半挂牵引车，是指装备有特殊装置，用于牵引半挂车的商用车。

三轮汽车，是指最高设计车速不超过每小时 50 公里，具有三个车轮的货车。

低速载货汽车，是指以柴油机为动力，最高设计车速不超过每小时 70 公里，具有四个车轮的货车。

挂车，是指就其设计和技术特性需由汽车或者拖拉机牵引，才能正常使用的一种无动力的道路车辆。

专用作业车，是指在其设计和技术特性上用于特殊工作的车辆。

轮式专用机械车，是指有特殊结构和专门功能，装有橡胶车轮可以自行行驶，最高设计车速大于每小时 20 公里的轮式工程机械车。

摩托车，是指无论采用何种驱动方式，最高设计车速大于每小时 50 公里，或者使用内燃机，其排量大于 50 毫升的两轮或者三轮车辆。

（2）船舶。

船舶分为机动船舶和非机动船舶，包括拖船、非机动驳船、游艇。

船舶，是指各类机动、非机动船舶以及其他水上移动装置，但是船舶上装备的救生艇筏和长度小于 5 米的艇筏除外。其中，机动船舶是指用机器推进的船舶。拖船是指专门用于拖（推）动运输船舶的专业作业船舶；非机动驳船，是指在船舶登记管理部门登记为驳船的非机动船舶；游艇是指具备内置机械推进动力装置，长度在 90 米以下，主要用于游览观光、休闲娱乐、水上体育运动等活动，并应当具有船舶检验证书和适航证书的船舶。

4. 税目与税率

省、自治区、直辖市人民政府根据《车船税法》所附"车船税税目税额表"确定车辆具体适用税额，应当遵循以下原则：（1）乘用车依排气量从小到大递增税额；（2）客车按照核定载客人数 20 人以下和 20 人（含）以上两档划分，递增税额。省、自治区直辖市人民政府确定的车辆具体适用税额，应当报国务院备案。

（1）车辆税额幅度。

《车船税法》规定的车辆税税目税额表如下（见表 8-4）。

表 8-4　车辆税税目税额表

税目		计税单位	年基准税额	备注
乘用车〔按发动机汽缸容量（排气量）分档〕	1.0升（含）以下的	每辆	60元至360元	核定载客人数9人（含）以下
	1.0升以上至1.6升（含）的		300元至540元	
	1.6升以上至2.0升（含）的		360元至660元	
	2.0升以上至2.5升（含）的		660元至1 200元	
	2.5升以上至3.0升（含）的		1 200元至2 400元	
	3.0升以上至4.0升（含）的		2 400元至3 600元	
	4.0升以上的		3 600元至5 400元	
商用车	客车	每辆	480元至1 440元	核定载客人数9人以上，包括电车
	货车	整备质量每吨	16元至120元	包括半挂牵引车、三轮汽车和低速载货汽车等
挂车		整备质量每吨	按照货车税额的50%计算	
其他车辆	专用作业车	整备质量每吨	16元至120元	不包括拖拉机
	轮式专用机械车		16元至120元	
摩托车		每辆	36元至180元	

（2）船舶税额幅度。

《车船税法实施条例》规定的机动船舶适用的税额幅度如下：1）净吨位不超过200吨的，每吨3元；2）净吨位超过200吨但不超过2 000吨的，每吨4元；3）净吨位超过2 000吨但不超过10 000吨的，每吨5元；4）净吨位超过10 000吨的，每吨6元。

拖船按照发动机功率每1千瓦折合净吨位0.67吨计算征收车船税。

（3）游艇税额幅度。

《车船税法实施条例》规定的游艇具体适用税额为：1）艇身长度不超过10米的，每米600元；2）艇身长度超过10米但不超过18米的，每米900元；3）艇身长度超过18米但不超过30米的，每米1 300元；4）艇身长度超过30米的，每米2 000元；5）辅助动力帆艇，每米600元。

5. 税收减免

《车船税法》第3条规定，下列车船可以免征车船税：（1）捕捞、养殖渔船。（2）军队、武装警察部队专用的车船。（3）警用车船。（4）悬挂应急救援专用号牌的国家综合性消防救援车辆和国家综合性消防救援专用船舶。（5）依照法律规定应当予以免税的外国驻华使领馆、国际组织驻华代表机构及其有关人员的车船。该法第 4 条规定：对节约能源、使用新能源的车船可以减征或者免征车船税；对受严重自然灾害影响纳税困难以及有其他特殊原因确需减税、免税的，可以减征或者免征车船税。具体办法由国务院规定，并报全国人大会常委会备案。该法第 5 条规定，省、自治区、直辖市人民政府根据当地实际情况，可以对公共交通车船，农村居民拥有并主要在农村地区使用的摩托车、三轮汽车和低速载货汽车定期减征或者免征车船税。

6. 征收管理

《车船税法》第 7～9 条规定：车船税的纳税地点为车船的登记地或者车船税扣缴义务人所在地。依法不需要办理登记的车船，车船税的纳税地点为车船的所有人或者管理人所在地。车船税纳税义务发生时间为取得车船所有权或者管理权的当月。车船税按年申报缴纳。具体申报纳税期限由省、自治区、直辖市人民政府规定。

（三）城镇土地使用税

土地使用税是对在我国境内拥有土地使用权的单位和个人，就其实际占用土地面积从量定额征收的一种税。1988 年 9 月 27 日，国务院发布《中华人民共和国城镇土地使用税暂行条例》；2006 年 12 月 31 日，国务院发布《关于修改〈中华人民共和国城镇土地使用税暂行条例〉的决定》，进行第一次修订；2011 年 1 月 8 日，国务院发布《关于废止和修改部分行政法规的决定》，进行第二次修订；2013 年 12 月 7 日，国务院发布《关于修改部分行政法规的决定》，进行第三次修订；2019 年 3 月 2 日，国务院发布《关于修改部分行政法规的决定》，进行第四次修订。

现行《城镇土地使用税暂行条例》将原来的征税标准提高了 200%。提高城镇土地使用税税额，增加了用地的成本，可以引导土地使用者合理、节约地使用土地，提高土地利用效益，有利于进一步贯彻落实国家加强土地宏观调控的措施，有利于促进房地产市场的健康发展，有利于增加地方的财政收入。

凡在城市、县城、建制镇和工矿区范围内使用土地的单位或个人为城镇土地使用税的纳税人。拥有土地使用权的纳税人不在土地所在地的，由代管人或使用人纳税；土地使用权未确定或权属纠纷未解决的，由实际使用人纳税；土地使用权共有的，由共有的各方分别纳税。

土地使用税的计算公式为：

年应纳税额＝应税土地平方数×单位核定税额。

土地使用税每平方米年税额如下：（1）大城市 1.5 元至 30 元；（2）中等城市 1.2 元至 24 元；（3）小城市 0.9 元至 18 元；（4）县城、建制镇、工矿区 0.6 元至 12 元。

省、自治区、直辖市人民政府，应当在前述税额幅度内，根据市政建设状况、经济繁荣程度等条件，确定所辖地区的适用税额幅度。市、县人民政府应当根据实际情况，将本地区土地划分为若干等级，在省、自治区、直辖市人民政府确定的税额幅度内，制定相应的适用税额标准，报省、自治区、直辖市人民政府批准执行。

经省、自治区、直辖市人民政府批准，经济落后地区土地使用税的适用税额标准可以适当降低，但降低额不得超过《城镇土地使用税暂行条例》第 4 条规定的最低税额的 30%。经济发达地区土地使用税的适用税额标准可以适当提高，但须报经财政部批准。

下列土地免缴土地使用税：（1）国家机关、人民团体、军队自用的土地；（2）由国家财政部门拨付事业经费的单位自用的土地；（3）宗教寺庙、公园、名胜古迹自用的土地；（4）市政街道、广场、绿化地带等公共用地；（5）直接用于农、林、牧、渔业的生产用地；（6）经批准开山填海整治的土地和改造的废弃土地，从使用的月份起免缴土地使用税 5 年~10 年；（7）由财政部另行规定免税的能源、交通、水利设施用地和其他用地。

纳税人缴纳土地使用税确有困难需要定期减免的，由县级以上税务机关批准。

新征收的土地，依照下列规定缴纳土地使用税：（1）征收的耕地，自批准征用之日起满 1 年时开始缴纳土地使用税；（2）征收的非耕地，自批准征收次月起缴纳土地使用税。

（四）城市维护建设税

城市维护建设税（以下简称城建税）是以增值税、消费税的税额为计税依据，专作为城市维护建设资金而设置的一个税种。1985 年 2 月 8 日，国务院发布《城市维护建设税暂行条例》。2011 年 1 月 8 日，国务院发布《关于废止和修改部分行政法规的决定》，对该条例进行修订。2020 年 8 月 11 日，第十三届全国人民代表大会常务委员会第二十一次会议通过《城市维护建设税法》。该法自 2021 年 9 月 1 日起施行。

1. 纳税义务人

依据《城市维护建设税法》的规定，城建税以缴纳增值税、消费税的单位和个人为缴纳义务人，包括缴纳增值税、消费税的国有企业、集体企业、个体经营者以及事业单位、机关、团体、学校、部队等一切单位和个人。

2. 征税范围

依据《城市维护建设税法》的规定，凡是依照税法规定缴纳增值税、消费税、营业税的单位和个人都应同时缴纳城建税。这样，城建税的征税范围不仅包括城市、县城、建制镇，而且也包括农村。

3. 纳税环节和计税依据

依据《城市维护建设税法》的规定，城建税是纳税人在缴纳增值税、消费税时，分别与这两个税同时缴纳的，并以纳税人实际缴纳的增值税、消费税两税税额为计税依据，对增值税、消费税两税加收的滞纳金和罚款不作为城建税的计税依据。

4. 税率

依据《城市维护建设税法》及相关法律的有关规定，城建税是根据城市维护建设资金的不同层次的需要而设计的，实行分区域的差别比例税率，即按纳税人所在城市、县城或镇等不同的行政区域分别规定不同的比例税率，具体规定为：（1）纳税人所在地在市区的，税率为 7%。这里称的"市"是指国务院批准市建制的城市，"市区"是指省人民政府批准的市辖区（含市郊）的区域范围。（2）纳税人所在地在县城、镇的，税率为 5%。这里所称的"县城、镇"是指省人民政府批准的县城、县属镇（区级镇）。县城、县属镇的范围是指经县人民政府批准的城镇区域范围。（3）纳税人所在地不在市区、县城、县属镇的，税率为 1%。（4）纳税人在外地发生缴纳增值税、消费税的，按纳税发生地的适用税率计征城建税。

5. 计算及申报缴纳

应纳城建税额＝实际缴纳的增值税、消费税税额×地区适用税率。城建税的申报和缴纳与增值税、消费税的申报与缴纳同时进行。其申报和缴纳的规定与增值税、消费税的申报和缴纳的规定基本相同。

（五）契税

契税是以所有权发生转移、变动的不动产为征税对象，向产权承受人征收的一种财产税。

1997年7月7日，国务院发布《契税暂行条例》。该条例于1997年10月1日起实施。2020年8月11日，第十三届全国人民代表大会常务委员会第二十一次会议通过《契税法》。该法自2021年9月1日起施行，《契税暂行条例》同时废止。

契税的特点是：契税属于财产转移税；契税由财产承受人缴纳。

1. 契税的征收范围

契税的征收范围，包括：国有土地使用权出让；土地使用权转让，包括出售、赠与和交换，不包括农村集体土地承包经营权和土地经营权的转移；房屋买卖；房屋赠与；房屋交换。《契税法》所称转移土地、房屋权属，是指下列行为：1）土地使用权出让；2）土地使用权转让，包括出售、赠与、互换；3）房屋买卖、赠与、互换。

以作价投资（入股）、偿还债务、划转、奖励等方式转移土地、房屋权属的，应当依照契税法的规定征收契税。

2. 契税的纳税人

在中国境内转移土地、房屋权属，承受权属的单位和个人为契税的纳税人。

3. 契税的税率

契税的税率为3%～5%。契税的具体适用税率，由省、自治区、直辖市人民政府在前述税率幅度内提出，报同级人民代表大会常务委员会决定，并报全国人民代表大会常务委员会和国务院备案。

省、自治区、直辖市可以依照前述规定的程序对不同主体、不同地区、不同类型的住房的权属转移确定差别税率。

4. 契税的计税依据

依照《契税法》第4条的规定，按照下列税基计算应纳税额：（1）土地使用权出让、出售，房屋买卖，为土地、房屋权属转移合同确定的成交价格，包括应交付的货币以及实物、其他经济利益对应的价款；（2）土地使用权互换、房屋互换，为所互换的土地使用权、房屋价格的差额；（3）土地使用权赠与、房屋赠与以及其他没有价格的转移土地、房屋权属行为，为税务机关参照土地使用权出售、房屋买卖的市场价格依法核定的价格。

纳税人申报的成交价格、互换价格差额明显偏低且无正当理由的，由税务机关依照《税收征收管理法》的规定核定

5. 契税应纳税额的计算

契税应纳税额的计算公式如下：

应纳税额＝计税依据×税率

6. 契税的申报、缴纳

契税的纳税义务发生时间，为纳税人签订土地、房屋权属转移合同的当天，或者纳税人取得其他具有土地、房屋权属转移合同性质的凭证当天。纳税人应当自纳税义务发生之日起10日内，向土地、房屋所在地的契税征收机关办理纳税申报，并在契税征收机关核定的期限内缴纳税款。契税征收机关为土地、房屋所在地的税务机关。

7. 契税的减免

依据《契税法》第 6 条的规定，有下列情形之一的，免征契税：（1）国家机关、事业单位、社会团体、军事单位承受土地、房屋权属用于办公、教学、医疗、科研、军事设施；（2）非营利性的学校、医疗机构、社会福利机构承受土地、房屋权属用于办公、教学、医疗、科研、养老、救助；（3）承受荒山、荒地、荒滩土地使用权用于农、林、牧、渔业生产；（4）婚姻关系存续期间夫妻之间变更土地、房屋权属；（5）法定继承人通过继承承受土地、房屋权属；（6）依照法律规定应当予以免税的外国驻华使馆、领事馆和国际组织驻华代表机构承受土地、房屋权属。

根据国民经济和社会发展的需要，国务院对居民住房需求保障、企业改制重组、灾后重建等情形可以规定免征或者减征契税，报全国人民代表大会常务委员会备案。

另外，省、自治区、直辖市可以决定对下列情形免征或者减征契税：（1）因土地、房屋被县级以上人民政府征收、征用，重新承受土地、房屋权属；（2）因不可抗力灭失住房，重新承受住房权属。

前述规定的免征或者减征契税的具体办法，由省、自治区、直辖市人民政府提出，报同级人民代表大会常务委员会决定，并报全国人民代表大会常务委员会和国务院备案。

纳税人改变有关土地、房屋的用途，或者有其他不再属于《契税法》第 6 条规定的免征、减征契税情形的，应当缴纳已经免征、减征的税款。

8. 契税纳税期间

契税的纳税义务发生时间，为纳税人签订土地、房屋权属转移合同的当日，或者纳税人取得其他具有土地、房屋权属转移合同性质凭证的当日。

（六）印花税

1. 印花税的概念

1988 年 8 月 6 日，国务院发布《中华人民共和国印花税暂行条例》。2021 年 6 月 10 日，第十三届全国人民代表大会常务委员会第二十九次会议通过《中华人民共和国印花税法》。该法自 2022 年 7 月 1 日起施行。自《印花税法》施行之日起，《中华人民共和国印花税暂行条例》同时废止。

印花税是对经济活动和经济交往中订立、领受具有法律效力的凭证的行为所征收的一种税。因采用在应税凭证上粘贴印花税票作为完税的标志而得名。

2. 印花税的纳税人

在中华人民共和国境内书立应税凭证、进行证券交易的单位和个人，在中华人民共和国境外书立在境内使用的应税凭证的单位和个人，为印花税的纳税人。"应税凭证"，是指《印花税法》所附"印花税税目税率表"列明的合同、产权转移书据和营业账簿。"证券交易"，是指转让在依法设立的证券交易所、国务院批准的其他全国性证券交易场所交易的股票和以股票为基础的存托凭证。

证券交易印花税对证券交易的出让方征收，不对受让方征收。

3. 印花税的税率

印花税主要针对订立合同、签订产权转移书据两种行为征收。

（1）合同（指书面合同）：1）借款合同：按照借款金额的万分之零点五征收。这里的借款合同，是指银行业金融机构、经国务院银行业金融监督管理机构批准设立的其他金融机构与借款人（不包括同业拆借）的借款合同。2）融资租赁合同：按照租金的万分之零点五征收。3）买卖合同：按照价款的万分之三征收。这里的买卖合同指动产买卖合同，但不包括个人书立的动产买卖合同。4）承揽合同：按照报酬的万分之三征收。5）建设工程合同：按照价款的万分之三征收。6）运输合同：按照运费的万分之三征收（这里的运输合同是指货运合同和多式联运合同，不包括管道运输）。7）技术合同：按照价款、报酬或者使用费的万分之三征收（不包括专利权、专有技术使用权转让书据）。8）租赁合同：按照租金的千分之一征收。9）保管合同：按照保管费的千分之一征收。10）仓储合同：按照仓储费的千分之一征收。11）财产保险合同：按照保险费的千分之一征收（不包括再保险合同）

（2）产权转移书据：土地使用权出让书据，按照价款的万分之五征收；土地使用权、房屋等建筑物和构筑物所有权转让书据（不包括土地承包经营权和土地经营权的转让），按照价款的万分之五征收；股权转让书据（不包括应缴纳证券交易印花税的），按照价款的万分之五征收；商标专用权、著作权、专利权、专有技术使用权转让书据，按照价款的万分之三征收。

转让包括买卖（出售）、赠与、继承、互换、分割。

4. 印花税的计税依据

（1）应税合同的计税依据，为合同所列的金额，不包括列明的增值税税款。

（2）应税产权转移书据的计税依据，为产权转移书据所列的金额，不包括列明的增值税税款。

（3）应税营业账簿的计税依据，为账簿记载的实收资本（股本）、资本公积合计金额。

（4）证券交易的计税依据，为成交金额。

（5）应税合同、产权转移书据未列明金额的，印花税的计税依据按照实际结算的金额确定。计税依据按照前述规定仍不能确定的，按照书立合同、产权转移书据时的市场价格确定；依法应当执行政府定价或者政府指导价的，按照国家有关规定确定。

（6）证券交易无转让价格的，按照办理过户登记手续时该证券前一个交易日收盘价计算确定计税依据；无收盘价的，按照证券面值计算确定计税依据。

5. 印花税的计算方式

印花税的应纳税额按照计税依据乘以适用税率计算。

同一应税凭证载有两个以上税目事项并分别列明金额的，按照各自适用的税目税率分别计算应纳税额；未分别列明金额的，从高适用税率。

同一应税凭证由两方以上当事人书立的，按照各自涉及的金额分别计算应纳税额。

已缴纳印花税的营业账簿，以后年度记载的实收资本（股本）、资本公积合计金额比已缴纳印花税的实收资本（股本）、资本公积合计金额增加的，按照增加部分计算应纳税额。

6. 免征印花税的项目

对下列凭证免征印花税：（1）应税凭证的副本或者抄本；（2）依照法律规定应当予以免税的外国驻华使馆、领事馆和国际组织驻华代表机构为获得馆舍书立的应税凭证；（3）中国人民解放军、中国人民武装警察部队书立的应税凭证；（4）农民、家庭农场、农民专业合作社、农村集体经济组织、村民委员会购买农业生产资料或者销售农产品书立的买卖合同和农业保险合同；（5）无息或者贴息借款合同、国际金融组织向中国提供优惠贷款书立的借款合同；（6）财产所有权人将财产赠与政府、学校、社会福利机构、慈善组织书立的产权转移书据；(7)非营利性医疗卫生机构采购药品或者卫生材料书立的买卖合同；(8)个人与电子商务经营者订立的电子订单。

根据国民经济和社会发展的需要，国务院对居民住房需求保障、企业改制重组、破产、支持小型微型企业发展等情形可以规定减征或者免征印花税，报全国人民代表大会常务委员会备案。

7. 印花税的纳税地点

纳税人为单位的，应当向其机构所在地的主管税务机关申报缴纳印花税；纳税人为个人的，应当向应税凭证书立地或者纳税人居住地的主管税务机关申报缴纳印花税。

不动产产权发生转移的，纳税人应当向不动产所在地的主管税务机关申报缴纳印花税。

纳税人为境外单位或者个人，在境内有代理人的，以其境内代理人为扣缴义务人；在境内没有代理人的，由纳税人自行申报缴纳印花税，具体办法由国务院税务主管部门规定。

证券登记结算机构为证券交易印花税的扣缴义务人，应当向其机构所在地的主管税务机关申报解缴税款以及银行结算的利息。

8. 印花税的纳税期限

印花税的纳税义务发生时间为纳税人书立应税凭证或者完成证券交易的当日。

证券交易印花税扣缴义务发生时间为证券交易完成的当日。

印花税按季、按年或者按次计征。实行按季、按年计征的，纳税人应当自季度、年度终了之日起15日内申报缴纳税款；实行按次计征的，纳税人应当自纳税义务发生之日起15日内申报缴纳税款。

证券交易印花税按周解缴。证券交易印花税扣缴义务人应当自每周终了之日起5日内申报解缴税款以及银行结算的利息。

(七) 环境保护税

2016年12月25日，第十二届全国人大常委会第二十五次会议通过《环境保护税法》。该法自2018年1月1日起施行，于2018年10月修正。

1. 环境保护税的纳税人

依据《环境保护税法》第2条的规定，在中国领域和中国管辖的其他海域，直接向环境排放应税污染物的企业、事业单位和其他生产经营者为环境保护税的纳税人，应当依照规定缴纳环境保护税。应税污染物，是指"环境保护税税目税额表""应税污染物和当量值表"规定的大气污染物、水污染物、固体废物和噪声。

有下列情形之一的，不属于直接向环境排放污染物，不缴纳相应污染物的环境保护税：(1)企业、事业单位和其他生产经营者向依法设立的污水集中处理、生活垃圾集中处理场所排放应税污染物的；(2)企业、事业单位和其他生产经营者在符合国家和地方环境保护标准的设施、场所贮存或者处置固体废物的。

依法设立的城乡污水集中处理、生活垃圾集中处理场所超过国家和地方规定的排放标准向环境排放应税污染物的，应当缴纳环境保护税。

企业、事业单位和其他生产经营者贮存或者处置固体废物不符合国家和地方环境保护标准的，应当缴纳环境保护税。

2. 计税依据和应纳税额

依据《环境保护税法》第7条的规定，应税污染物的计税依据，按照下列方法确定：（1）应税大气污染物按照污染物排放量折合的污染当量数确定；（2）应税水污染物按照污染物排放量折合的污染当量数确定；（3）应税固体废物按照固体废物的排放量确定；（4）应税噪声按照超过国家规定标准的分贝数确定。

应税大气污染物、水污染物的污染当量数，以该污染物的排放量除以该污染物的污染当量值计算。每种应税大气污染物、水污染物的具体污染当量值，依照"应税污染物和当量值表"执行。

每一排放口或者没有排放口的应税大气污染物，按照污染当量数从大到小排序，对前三项污染物征收环境保护税。

每一排放口的应税水污染物，按照"应税污染物和当量值表"，区分第一类水污染物和其他类水污染物，按照污染当量数从大到小排序，对第一类水污染物按照前五项征收环境保护税，对其他类水污染物按照前三项征收环境保护税。

省、自治区、直辖市人民政府根据本地区污染物减排的特殊需要，可以增加同一排放口征收环境保护税的应税污染物项目数，报同级人大常委会决定，并报全国人大常委会和国务院备案。

应税大气污染物、水污染物、固体废物的排放量和噪声的分贝数，按照下列方法和顺序计算：（1）纳税人安装使用符合国家规定和监测规范的污染物自动监测设备的，按照污染物自动监测数据计算；（2）纳税人未安装使用污染物自动监测设备的，按照监测机构出具的符合国家有关规定和监测规范的监测数据计算；（3）因排放污染物种类多等原因不具备监测条件的，按照国务院环境保护主管部门规定的排污系数、物料衡算方法计算；（4）不能按照上述三项规定的方法计算的，按照省、自治区、直辖市人民政府生态环境主管部门规定的抽样测算的方法核定计算。

3. 环境保护税应纳税额的计算

环境保护税应纳税额按照下列方法计算：（1）应税大气污染物的应纳税额为污染当量数乘以具体适用税额；（2）应税水污染物的应纳税额为污染当量数乘以具体适用税额；（3）应税固体废物的应纳税额为固体废物排放量乘以具体适用税额；（4）应税噪声的应纳税额为超过国家规定标准的分贝数对应的具体适用税额。

4. 减免征收环境保护税的情形

下列情形暂予免征环境保护税：（1）农业生产（不包括规模化养殖）排放应税污染物的；（2）机动车、铁路机车、非道路移动机械、船舶和航空器等流动污染源排放应税污染物的；（3）依法设立的城乡污水集中处理、生活垃圾集中处理场所排放相应应税污染物，不超过国家和地方规定的排放标准的；（4）纳税人综合利用的固体废物，符合国家和地方环境保护标准的；（5）国务院批准免税的其他情形。

上述第（5）项免税规定，由国务院报全国人大常委会备案。

纳税人排放应税大气污染物或者水污染物的浓度值低于国家和地方规定的污染物排放标准30%的，减按75%征收环境保护税。纳税人排放应税大气污染物或者水污染物的浓度值低于国家和地方规定的污染物排放标准50%的，减按50%征收环境保护税。

5. 环境保护税收入的归属

依据国务院于 2017 年 12 月 22 日发布的《关于环境保护税收入归属问题的通知》，为促进各地保护和改善环境、增加环境保护投入，环境保护税的收入全部作为地方收入。

（八）资源税

资源税是为了调节资源开发过程中的级差收入，以自然资源为征税对象的一种税。资源税法是国家为调整在资源税征收活动中所发生的各种社会关系而制定的法律规范的总称。资源税是国家税种的一大类，它以重要自然资源产品为课税对象，旨在消除资源优劣对企业经营所得差异的影响。它的征收也起到促进资源保护的作用。

1. 资源税法的立法演进

1984 年 9 月 28 日，财政部发布《资源税若干问题的规定》，自 1984 年 10 月 1 日起实施，该规定明确我国对原油、天然气、煤炭等先行开征资源税，对金属矿产品和其他非金属矿产品暂缓征收。

1993 年 12 月 25 日，国务院发布《资源税暂行条例》，自 1994 年 1 月 1 日起施行。2011 年 10 月，财政部、国家税务总局发布《资源税暂行条例实施细则》，自 2011 年 11 月 1 日起施行。2016 年 5 月 9 日，财政部、国家税务总局发布《关于全面推进资源税改革的通知》，提出对矿产资源实行从价计征改革及做好水资源税改革试点工作，该通知自 2016 年 7 月 1 日起实施，现已失效。2019 年 8 月 26 日，第十三届全国人大常委会第十二次会议通过《资源税法》，该法自 2020 年 9 月 1 日起施行。现行资源税规范细化了税目，从法律上确立了从价计征为主、从量计征为辅的资源税征税方式，所列 164 个税目覆盖了目前已发现的所有矿种和盐，其中的 158 个实行从价计征。

2. 资源税的纳税人

资源税的纳税人为在中华人民共和国领域和中华人民共和国管辖的其他海域开发应税资源的单位和个人。单位包括国有企业、集体企业、私营企业、股份制企业和行政单位、事业单位、军事单位、社会团体及其他单位。中外合作开采海洋石油、天然气的，按实物征收增值税。个人，指个体经营者和其他从事开采应税资源的个人。为控制税源，对税源小、零散、不定期开采或生产的应税产品，可在收购环节，由扣缴义务人代收代缴资源税。扣缴义务人是指独立矿山、联合企业及其他收购未税矿产品的单位和个人。

3. 资源税的征税范围

从有效利用自然资源的角度看，资源税的征税范围应包括一切可供开发利用的国有资源。《资源税法》规定的征税范围如下。

（1）矿产品包括能源矿产、金属矿产和非金属矿产。

1）能源矿产包括原油、天然气、页岩气、天然气水合物、煤、煤成（层）气、铀、钍、油页岩、油砂、天然沥青、石煤、地热。2）金属矿产包括黑色金属矿原矿或选矿（5 种）、有色金属矿原矿或选矿（共 40 种）。3）非金属矿产包括高岭土、石灰岩、石墨、磷、萤石、硫铁矿、自然硫等。

（2）盐。

盐包括钠盐、钾盐、镁盐、锂盐、海盐和天然卤水。固体盐是指海盐原盐、湖盐原盐和井矿盐。液体盐（俗称卤水）是指氯化钠含量达到一定浓度的溶液，是用于生产碱和其他产品的原料。

（3）水气矿产。

水气矿产包括：1）二氧化碳气、硫化氢气、氦气、氡气。2）矿泉水。

4. 资源税的税率

我国资源税采用幅度定额税率，对应税资源产品的课税单位直接规定固定的税额幅度，实行从量定额征收。《资源税法》中所附的"资源税税目税率表"规定了各应税产品的税额幅度。纳税人开采或者生产不同税目应税产品的，应当分别核算不同税目应税产品的课税数量，分别适用不同税额；未分别核算或者不能准确提供不同税目应税产品的课税数量的，从高适用税额。对于纳税人在开采主矿产品的过程中伴采的其他应税产品，凡未单独规定适用税额的，一律按主矿产品或视同主矿产品税目征收资源税。

5. 资源税的征收与管理

资源税由应税资源产品的开采或生产所在地的国家税务机关负责征收管理，具体征管办法按《资源税法》和《税收征收管理法》执行。

第四节　税收法律责任

税收法律责任，是指税收法律关系主体即征税主体和纳税主体违反税法的行为所引起的不利法律后果。税收法律责任的确认必须依照税法的规定，追究税收法律责任应以税收违法行为的存在为前提，必须按照法定的程序进行。

一、税收法律责任的形式

税收法律责任的形式主要有行政法律责任和刑事法律责任。

税法中的行政法律责任是由行政违法引起的，用以调整和维护行政法律关系，具有一定的惩罚性。对纳税主体而言，其行政法律责任形式主要是行政处罚。对征税主体而言，税务机关承担的行政法律责任的形式主要有行政赔偿责任和撤销违法决定等，税务机关工作人员承担的行政法律责任的形式主要是行政处分。

税法中的刑事法律责任是对违反法律情节严重、构成犯罪的责任人作出的刑事制裁。其形式从人身罚到财产罚，从拘役、有期徒刑到死刑。对纳税主体而言，人身罚与财产罚是可以并处的；对征税主体而言，原则上可以处以财产罚，如罚金；至于税务机关工作人员，与其他税务犯罪主体一样承担刑事法律责任。

二、税收违法

税收违法是指税收法律关系主体在税收征收管理过程中违反国家税法的行为。存在税收违法行为，是追究税收法律责任的前提条件。

税收违法行为包括纳税主体违法和征税主体违法两个方面。

纳税主体的违法行为包括违反税务管理制度的行为，以及逃税、抗税、骗税、欠税、虚开增值税专用发票、非法印制发票、编造虚假计税依据等行为。《税收征收管理法》第60～67条、第71条详细规定了纳税人违反税收法律制度应承担的法律责任；该法第68、69、73条规定了纳税人、扣缴义务人违反税收法律制度应承担的法律责任;该法第 76 条、第 77 条第 2 款、第 79 条、第 80 条、第 81 条、第 82 条规定了作为征税主体的税务机关及其工作人员违反税收法律制度应承担的法律责任。

征税主体的违法行为,包括税务机关违反税法的行为和税务机关工作人员在执法中的违法行为。虽然税务机关作为机关法人不具有自然属性,不具有独立思维,但税务机关的负责人获得了代表税务机关作出行为的法定授权,其代表税务机关作出的行为就是税务机关的行为。如果其负责人违反税法,税务机关必须承担相应的法律责任。同样,在税务机关工作的一般人员在执法过程中也代表税务机关,其违法行为也要由税务机关承担一定的法律责任。在税务机关承担法律责任的同时,税务机关的负责人和在税务机关工作的一般人员也要承担一定的法律责任。

三、构成税收犯罪的条件

税收犯罪是税收违法发展到一定严重程度而由量变到质变的结果。税收违法不一定构成税收犯罪,但税收犯罪必然是税收违法。

构成税收犯罪还需要具备特殊的条件:(1)对社会的危害达到一定程度。这是税收违法与税收犯罪的根本区别之一,其衡量标准主要是造成国家税收收入损失的额度、对税收秩序的破坏程度以及情节严重程度等。(2)违反刑法规定。税收犯罪行为不是一般的违法行为,税收违法只有触犯了刑律时,才构成犯罪;实施行为者应受到刑法的处罚。已经违反刑法的有关规定,但刑法中没有要求对其进行刑事处罚,如情节轻微的,也不构成犯罪。衡量罪与非罪,主要是参照涉及税额大小、是否为累犯、情节严重程度等来确定。

四、法律制裁与法律责任的关系

法律制裁,是指由特定国家机关对违法者依其法律责任而实施的强制性惩罚措施。

法律制裁与法律责任有着紧密的联系,法律制裁是承担法律责任的重要方式。法律责任是前提,法律制裁是结果或体现。法律制裁的目的,是强制责任主体承担否定的法律后果,惩罚违法者,恢复被侵害的权利和法律秩序。

法律制裁与法律责任又有明显的区别。法律责任不等于法律制裁,有法律责任不等于有法律制裁。

五、税收法律制裁的种类

税收法律制裁的种类包括行政制裁和刑事制裁。

行政制裁,是指国家行政机关对行政违法者依其行政责任所实施的强制性惩罚措施。对纳税主体行政制裁的基本手段是没收违法所得和行政罚款等;对征税主体中的税务机关的行政处罚主要是撤销违法决定、行政赔偿等;对税务机关工作人员的行政制裁不适用行政处罚法,而是依公务员法给予行政处分,包括警告、记过、降级等。

刑事制裁,是指司法机关对于犯罪者根据其刑事责任所确定并实施的强制性惩罚措施。刑事制裁以刑罚为主要组成部分,但还包括一些非刑罚处罚方法。刑罚是法院对犯罪者根据其刑事责任而实施的惩罚措施,分为主刑和附加刑两类,包括自由刑、生命刑、资格刑和财产刑。

刑罚是一种最严厉的法律制裁。

思考题

1. 简述我国现行税率类型。

2. 税收按照征税对象或计税标准的不同可分为几种类型？

3. 《个人所得税法》适用的纳税主体有哪几种？

4. 简述增值税的类型。

5. 简述消费税的征收范围。

6. 简述一般纳税人和小规模纳税人的划分标准。

7. 简述增值税的计算依据。

8. 简述税收法律关系的构成要素。

9. 简述税法的构成要素。

10. 简述增值税的征收范围。

11. 简述不得开具增值税专用发票的法定情形。

12. 简述消费税的法律特征。

13. 简述企业所得税应纳税额的计算。

14. 简述居民纳税人和非居民纳税人的含义。

15. 综合题

综合题一

甲公司为增值税一般纳税人，位于珠海，专门从事家用电器生产和销售。2023年6月发生如下事项：

1）事项一：将自产的冰箱、微波炉赠送给边远地区的小学，该批冰箱和微波炉在市场上的含税售价为58.5万元。

2）事项二：将自产的家用电器分别运送至上海和深圳的分支机构用于销售，不含税售价分别为200万元和300万元，该分公司实行统一核算。

3）事项三：为本公司职工活动中心购入健身器材，取得的增值税专用发票上注明的金额为20万元，增值税额为3.4万元。

根据上述资料和增值税法律制度的规定，回答下列问题（答案中的金额单位用万元表示）：

（1）事项一中，甲公司是否需要缴纳增值税？如果需要，简要说明理由并计算销项税额；如果不需要，简要说明理由。

（2）事项二中，甲公司是否需要缴纳增值税？如果需要，简要说明理由并计算销项税额；如果不需要，简要说明理由。

（3）事项三中，甲公司负担的进项税额是否可以抵扣？简要说明理由。

综合题二

甲企业为增值税一般纳税人，2023年取得销售收入8 800万元，销售成本5 000万元，会计利润为845万元。2023年，甲企业其他相关财务资料如下：

1）在管理费用中，发生业务招待费140万元，新产品的研究开发费用280万元（未形成无形资产计入当期损益)。

2)在销售费用中，发生广告费 700 万元，业务宣传费 140 万元。

3)发生财务费用 900 万元，其中支付给与其有业务往来的客户（非关联方）借款利息为 700 万元，年利率为 7%，金融机构同期贷款利率为 6%。

4)营业外支出中，列支通过减灾委员会向遭受自然灾害的地区的捐款 50 万元，支付给客户的违约金 10 万元。

5)已在成本费用中列支实发工资总额 500 万元，并实际列支职工福利费 105 万元，上缴工会经费 10 万元并取得"工会经费专用拨缴款收据"，职工教育经费支出 20 万元。

已知甲企业适用的企业所得税税率为 25%。

根据上述资料，分别回答下列问题：

（1）计算业务招待费应调整的应纳税所得额。

（2）计算新产品的研究开发费用应调整的应纳税所得额。

（3）计算广告费和业务宣传费应调整的应纳税所得额。

（4）计算财务费用应调整的应纳税所得额。

（5）计算营业外支出应调整的应纳税所得额。

（6）计算职工福利费、工会经费、职工教育经费应调整的应纳税所得额。

（7）计算甲企业 2023 年度应纳税所得额。

综合题三

甲电子设备公司为我国居民企业，主要从事电子设备的制造业务。2023 年有关经营情况如下：

1)销售货物收入 3 000 万元，提供技术服务收入 500 万元，转让股权收入 3 000 万元。经税务机关核准上年已作坏账处理后又收回的其他应收款 15 万元。

2)缴纳增值税 180 万元，城市维护建设税和教育费附加 18 万元，房产税 25 万元，预缴企业所得税税款 43 万元。

3)与生产经营有关的业务招待费支出 50 万元。

4)支付残疾职工工资 14 万元；新技术研发费用未形成无形资产计入当期损益 19 万元；购进专门用于研发的设备一台，价值 35 万；购置"环境保护专用户设备企业所得税优惠目录"规定的环境保护专用设备一台，投资额 60 万元，购置完毕当年投入使用。

根据上述资料，不考虑其他因素，分析回答下列问题：

（1）甲电子设备公司的应税所得额是多少？请说明理由。

（2）甲电子设备公司在计算 2023 年企业所得税应纳税所得额时，准予扣除的税是多少？请说明理由。

（3）甲电子设备公司在计算 2023 年度企业应纳税所得额时，准予扣除的业务招待费是多少？请说明理由。

（4）甲电子设备公司可以享受的税收优惠是多少？请说明理由。

第九章
金融法律制度

第一节　金融法概述

一、金融法的概念及调整对象

（一）金融的含义

金融源自交易。金融是商品经济条件下各种金融机构以货币为对象、以信用为形式所进行的货币收支、资金融通活动的总称。简单地讲，金融就是货币资金的融通，是与货币流通和银行信用关系有关的一切活动。其具体表现形式主要是：通过银行发行货币、调节货币流通；由银行代客户办理承付、汇兑、结算、贴现；买卖金银、外汇和有价证券；货币在不同所有者之间相互借贷；各种存款、居民储蓄以及具有信用性质的保险、信托、投资；等等。金融活动是社会经济活动不可缺少的组成部分，是社会再生产的必要条件。时至今日，金融的概念不断被赋予新的解读，一系列与时俱进的金融新概念涌现，其中，比较有影响的有诸如数字金融、物流金融、普惠金融、绿色金融、互联网金融等。

金融是现代经济的核心，关系发展和安全。党的十八大以来，习近平总书记高度重视金融工作，在多个重要场合就金融发展问题发表重要讲话，对做好金融工作作出重要指示。习近平总书记关于金融发展的重要论述内涵丰富、思想深刻，是习近平新时代中国特色社会主义经济思想的重要组成部分，为做好新时代金融工作、推动中国金融高质量发展奠定了坚实理论基础、提供了根本遵循。习近平总书记指出：金融是实体经济的血脉，为实体经济服务是金融的天职，是金融的宗旨，也是防范金融风险的根本举措。对金融本质和宗旨的科学界定，为进一步认清金融功能定位、推动金融健康发展提供了科学指引。金融业坚持为实体经济服务的宗旨，就要完整、准确、全面贯彻新发展理念，把为实体经济服务作为出发点和落脚点，推进金融供给侧结构性改革，构建金融有效支持实体经济的体制机制，积极服务国家重大战略实施和培育新动能，降低社会综合融资成本，不断为实体经济注入"源头活水"。党的二十大报告提出，要推进高水平对外开放，并稳步扩大规则、规制、管理、标准等制度型开放。制度型开放意味着对外开放的重点向制度层面延伸，这也对金融业对外开放提出了新的更高要求。对标高质量发展和高水平开放要求，必须协调推进金融业的对内改革和对外开放，完善金融体系，营造出与高水平开放相适应的制度环境，并在扩大开放中持续提升我国金融体系的国际竞争力。

（二）金融法的概念

金融法是调整货币流通和信用活动中所发生的金融关系的法律规范的总称，它是国家宏观调控法的重要组成部分。金融活动是通过银行组织和其他各类金融机构及客户来进行的，银行组织和其他各类金融机构及客户在从事金融活动过程中，必然形成以银行为中心的各种经济关系即金融关系。为了促进金融关系的正常发展，保证金融事业的顺利进行，充分发挥金融活动对社会主义建设的促进作用，国家制定了一系列调整金融关系的法律规范。金融法即国家制定的调整金融关系的法律规范的总称。

（三）金融法的调整对象

金融法是调整金融关系的法律规范，其调整对象是金融业务和金融管理活动中形成的各种经济关系。

（1）金融监管关系，即国家对金融活动进行干预、管理而形成的经济关系。国家对整个金融市场进行宏观调控、管理，反映在法律上就是制定和实施金融法、金融政策，并负责其监督和执行。我国的金融监管是由中央银行及其他监管机构履行对整个金融业的领导、管理、协调、监督的。

（2）资金融通关系，即银行等各类金融机构之间以及它们与非金融机构的企业、其他组织和自然人之间的融资关系。在市场经济条件下，商业金融机构之间会因同业拆借、票据转贴现、汇兑结算、外汇买卖等活动产生同业资金往来关系。银行及各类非银行金融机构之间既存在业务交叉，又存在业务分工，相互之间形成的是一种竞争和协作的关系。银行与非金融机构的企业、其他组织和自然人之间因存款、贷款而发生资金关系以及证券发行与交易关系、信托关系、保险关系等。

二、金融法的基本原则

金融法的基本原则是指体现金融法的本质和基本精神，主导整个金融法体系，为金融法调整金融关系所遵循的根本准则，也就是金融立法、执法和司法所应遵守的根本准则。金融法的基本原则不是一成不变的。在不同国家或者同一国家的不同历史阶段，由于经济发展水平、金融政策目标的不同，金融法的基本原则亦有所不同。在我国，现阶段金融法应坚持以下基本原则。

（一）促进金融业发展原则

社会主义金融法是为社会主义市场经济发展服务的，它通过对市场经济条件下金融活动中形成的各种社会关系的调节，维护良好金融秩序，为社会主义金融业发展服务。

（二）适度竞争原则

发展市场经济，很重要的一条是要发挥市场配置资源的基础作用，通过市场竞争机制引导资源优化配置。在社会主义市场经济条件下，各商业金融机构都要成为独立的市场主体，资金亦要商品化，这就必然在金融业中引入市场竞争机制，依靠竞争引导资金的合理流动，寻求最佳配置，原来的计划分配体制被竞争机制取代。但金融市场的竞争不是完全的，与一般市场自由放任的竞争相比，金融市场的竞争是有限制的：（1）从世界范围来看，各国对金融市场竞争都有不同程度的限制。（2）从我国的实际国情来看，长期以来国家银行在金融业中占主导地位，在今后相当长一段时期内，我国对其他经济成分的开放度都是有限的。同时，与国际金融市场相比，我国金融市场尚处在发育阶段，我国金融主体不可能同先进国家的金融主体进行平等竞争，因此，我国金融市场对外开放也是一个渐进的过程。这就决定了我国金融领域的竞争广度是有限的。（3）金融在国民经济中的重要地位也决定了金融市场的竞争不可能完全放开。

出于对全社会利益的考虑，也不能让金融市场自由放任地竞争。因此，各国金融业都贯彻适度竞争原则，一方面要反对自由放任的破坏性竞争，另一方面要反垄断。

（三）保护投资者利益原则

金融是通过银行等金融机构沟通投资者与生产组织方的桥梁。它的一端是拥有闲散资金、积极寻找其增值出路的投资者，另一端是组织安排生产的资金需求者——企业。金融机构起着中介的作用：一方面，组织闲散资金，以其信誉为投资者提供担保，把资金汇集起来；另一方面，向企业提供资金，同时代表投资者利益，对企业的经营活动进行监督，以确保资金的安全。因此，金融关系到千家万户的利益。保护投资者的利益是金融法要遵循的一项基本原则。

要维护投资者的利益，就必须保证金融活动中的资金的营利性、流通性和安全性。金融机构成立的资格认证制度，资信评级制度，信息公开制度，资本、货币市场交易规则，储蓄保险制度，国家对金融市场监管制度，等等，所具有的一个重要作用，就是维护广大投资者的投资利益和安全。

（四）管理与经营分离原则

在计划经济体制下，银行的职能是双重的，即同时执行管理和经营的职能。这样就导致政企不分，银行执行政策性任务影响了银行的正常商业经营，同时也使银行效率低下，银行信贷质量下降，资源浪费严重。在社会主义市场经济条件下，金融体制必须适应市场经济发展要求，作出相应变革，金融法要贯彻管理与经营分离的原则：第一，制定中央银行法，明确中央银行的法律地位、职责和权限。第二，制定商业银行法，使商业银行与政策性银行分离，商业银行实行企业化经营，以合法盈利为根本目标。第三，制定政策性银行法。政策性银行专门代理国家进行专项投资，并代表国家对投资进行管理，以保障国家投资安全和目标实现为己任，不以追求自身利润最大化为根本目标。

（五）与国际惯例接轨原则

与国际惯例接轨就是说我国金融法有关内容要与国际上的通行做法保持一致。市场经济条件下的金融业必然要被纳入国际金融体系中，资金融通要参与国际资金大循环，中国各市场主体要加入国际经济资源分配环节。这就要求我国金融立法要吸收国际通行的做法，按照国际惯例来规范各种金融关系。

三、金融法的主要内容

1. 银行法

银行法是金融法的核心。银行法包括中央银行法、商业银行法、政策性银行法及非银行金融机构管理法等内容。

2. 货币管理法

货币管理法主要包括人民币发行与管理、外汇管理、金银管理等内容。

3. 信贷法

信贷法是调整信贷法律关系的法律规范，包括存贷款管理制度、借款合同制度等内容。

4. 银行结算与票据法

银行结算与票据法是调整银行结算与票据法律关系的法律规范。银行结算往往离不开票据这种流通工具，票据法制健全与否和银行结算是否安全有直接的因果关系。

5. 信托法

信托法是调整金融信托法律关系的法律规范。其主要内容有信托机构设立的条件、信托机构的法律地位、信托业务规范、信托合同制度等。

6. 融资租赁法

融资租赁法是调整融资租赁法律关系的法律规范。其主要内容有融资租赁公司成立的条件、融资租赁公司的法律地位与融资租赁合同等。

7. 保险法

保险法是调整保险法律关系的法律规范，是金融法的一个重要组成部分。

8. 证券法

证券法的调整对象是证券关系，即证券融资关系。它既包括证券发行人、证券投资人和券商等平等主体之间因证券发行和交易而发生的社会经济关系；也包括证券监管机关与证券市场参与者因监督管理而产生的证券监管关系。

9. 涉外金融法

涉外金融法是调整具有涉外因素的金融关系的法律规范。

本章主要介绍银行法、证券法、票据法的主要内容。

第二节　银行法律制度

从金融的角度来看，经济增长模式的转变实际上就是资源配置格局的变化。也就是说，经济增长的新模式最为重要的内容就是对资源进行重新配置，而金融则是承受、推动、优化经济增长模式转变最重要的平台。因为，要对资源进行重新配置，就得让资源能够便利地流动，而金融则是承载资源便利流动最重要的工具。

银行法是调整以银行为中心的金融关系的法律规范的总称。它是金融法的核心，是调整金融活动的基本规范。《银行业监督管理法》、《中国人民银行法》和《商业银行法》，是目前我国银行业的三部基本法律，对改善我国的金融法律环境、推动金融体制改革的进一步深化、保障金融业的健康发展等，都具有重要意义。

金融是现代经济的核心，关系发展和安全。要加强金融监管，有效防范系统性金融风险。习近平总书记多次强调：金融是国家重要的核心竞争力，金融安全是国家安全的重要组成部分，金融制度是经济社会发展中重要的基础性制度。贯彻落实习近平总书记讲话精神，要把防控金融风险放到更加重要的位置，牢牢守住不发生系统性风险底线；按照稳定大局、统筹协调、分类施策、精准拆弹的方针，抓好风险处置工作。党的二十大以来，金融监管部门采取一系列措施加强金融监管：一是加强金融监管协调、补齐监管短板；二是不断强化中国人民银行宏观审慎管理和系统性风险防范职责；三是强化地方监管责任，强化属地风险处置责任；四是培育恪尽职守、敢于监管、精于监管、严格问责的监管精神，形成严肃监管氛围；五是健全风险监测预警和早期干预机制，加强金融基础设施的统筹监管和互联互通，推进金融业综合统计和监管信息共享；等等。这些措施遵循市场化法治化原则，妥善处理稳增长和防风险的关系，有力维护了金融安全和稳定。

一、银行业监管模式

（一）国际金融监管模式的类型

金融监管模式是指一国关于金融监管机构和金融监管法规的体制安排。综观当今世界各国的金融监管实践，金融监管体制主要有以下四种模式。

1. 美国分层监管模式

美国在 1999 年以前实行个别立法、分业监管体系。《金融服务现代化法》颁布之后实行横向综合性监管。在混业经营前提下，美国仍然采用分业监管模式，既没有合并各监管机构成立一个统一的监管当局，也没有设立专门针对混业经营的监管部门。在金融控股公司框架下，美国仍然采取机构监管的方式，集团下属的银行子公司仍然由原有的（联邦或州）主要银行监管机构进行监督和检查。为了从总体上对金融控股公司进行监督，《金融服务现代化法》规定，美联储是金融控股公司的"伞形监管者"，从整体上评估和监管金融控股公司，必要时对银行、证券、保险等公司拥有仲裁权。同时，该法案规定当各具体业务的监管机构认为美联储的监管措施不当时，可优先执行各监管机构自身的制度，以起到相互制约的作用。在协调性和兼容性方面，要求美联储、证券监管机构和保险管理部门加强协调与合作，相互提供金融控股公司和各附属子公司的财务、风险管理和经营信息。美联储在履行监管职责时，一般不得直接监管金融控股公司的附属机构，而应尽可能采用其功能监管部门的检查结果，以免形成重复监管。

2. 德国单层监管模式

德国实行的是全能银行制度，即商业银行不仅可以从事银行、证券、基金保险等在内的所有金融业务，而且可以向产业、商业大量投资，成为企业的大股东，具有业务多样化和一站式服务的特点。德国的全能银行能够渗透金融、产业、商业等各个领域，在国民经济中起主导作用。德国政府对全能银行实行严格的监管和一定的限制。例如：其规定银行的投资总额不得超过其对债务负责的资本总额；代客出售证券可以卖给银行自己，但不得低于官价；代客买入证券可以收购银行自己的证券，但价格不得高于官价等。德国虽实行全能银行制度，但仍然实行分业监管。德国的联邦金融监管司下有银行、证券、保险三个监管局，独立运作，分业监管。德国银行监管的法律基础是《联邦银行法》和《信用制度法》。《联邦银行法》目的在于保障银行业的稳定性和债权人的利益，它规定了联邦银行在金融监管方面的权力。《信用制度法》规定了从事信用活动的金融机构及要在哪些方面接受监管。根据规定，德国的金融监管主要来自两个方面，即联邦金融监管局和德国联邦银行。联邦金融监管局是德国联邦金融业监督的主要机构。德国联邦银行是德国的中央银行。由于联邦金融监管局没有次级机构，具体的金融监管工作由德国联邦银行的分支机构代为执行，执行效果反馈给联邦金融监管局。联邦金融监管局和德国联邦银行的职能界定为：主管权属于联邦金融监管局；在制定重大规定和决策时，联邦金融监管当局必须和德国联邦银行协商并取得一致；德国联邦银行和联邦金融监管局相互共享信息。

3. 英国金融控股集团监管模式

英国的混业经营采用了金融控股集团模式。英国金融控股集团的母公司多为经营性的控股公司，且一般经营商业银行业务，而证券、保险等业务则通过子公司来经营。同时，英国金融控股集团内部有较严格的防火墙制度，以防止各业务的风险在集团内部扩散。英国的金融监管制度已由分业监管过渡到统一监管。1998 年，英国整合了所有的金融监管机构，建立了金融服务监管局，由其统一实施对金融机构的监管；2000 年又颁布了《金融服务和市场法》，从而实现了从分业监管向统一监管的转变。2001 年 12 月 1 日，英国金融服务监管局（FSA）依照《金融服务和市场法》规定，正式行使其对金融业的监管权力和职责，直接负责对银行业、保险业和证券业的监管，FSA 也获得了一些其前任监管机构所没有的监管权力，例如关于消除市场扭曲或滥用、促进社会公众对金融系统的理解和减少金融犯罪等。

4. 日本集中单一监管模式

二战后日本 50 多年的金融监管体制一直是一种行政指导型的管制。大藏省负责全国的财政与金融事务，把持包括对日本银行[①]在内的所有金融机构的监督权。大藏省下设银行局、证券局和国际金融局。银行局对日本银行、其他政府金融机构以及各类民间金融机构实施行政管理和监督。证券局对证券企业财务进行审查和监督。国际金融局负责有关国际资本交易事务以及利用外资的政策制定与实施。这种监管体制的行政色彩十分浓厚，大藏省在监管中经常运用行政手段，对金融机构进行干预。1997 年日本政府对金融监管进行了改革，取消了原来对银行、证券、信托子公司的业务限制，允许设立金融控股公司进行混业经营。同年 6 月，日本颁布了《金融监督厅设置法》，成立了金融监督厅，专司金融监管职能，证券局也从大藏省划归金融监督厅管辖。1998 年年末，日本又成立了金融再生委员会，与大藏省平级，金融监督厅直属于金融再生委员会，大藏省的监管权力大大削弱。2000 年，金融监督厅更名为金融厅，拥有原大藏省检查、监督和审批备案的全部职能。2001 年，大藏省更名为财务省，金融行政管理和金融监管的职能也分别归属给财务省和金融厅。金融厅成为单一的金融监管机构，从而形成了日本单一化的混业金融监管体制。

比较以上四种模式，美国模式可以称为"双元多头金融监管体制"，即中央和地方都对银行有监管权，同时每一级又有若干机构共同行使监管职能。联邦制国家因地方权力较大往往采用这种监管模式。德国、英国模式可以基本划为"单元多头金融监管体制"，其优点是，有利于金融体系的集中统一和监管效率的提高，但需要各监管部门之间的相互协作和配合。从德国、英国的实践来看，人们习惯和赞成各权力机构相互制约和平衡，金融管理部门之间配合是相互默契的、富有成效的。然而，在一个不善合作和法制不健全的国家里，这种体制难以有效运行，而且，这种体制也面临同双元多头管理体制类似的问题，如机构重叠、重复监管等。虽然德国、英国划分为单元多头金融管理体制，但是和英国模式相比，德国模式更加强调其银行监管局、证券监管局和保险监管局之间既要相互协作而且要保持各自的独立。而日本的金融监管事务完全由金融厅负责，因此日本模式可以划为"集中单一金融监管模式"。其优点是：金融监管集中，金融法规统一，金融机构不容易钻监管的空子；有助于提高对货币政策和金融监管的效率，克服其他模式的相互扯皮、推卸责任弊端，为金融机构提供良好的社会服务。但是这种体制容易使金融监管部门养成官僚化作风，滋生腐败。

（二）我国金融监管模式发展的历程与现状

我国现行金融监管模式是分业监管模式。1983 年，中国工商银行作为国有商业银行从中

---

① 日本银行（Bank of Japan），是日本的中央银行，在日本经常被简称为日银。

国人民银行中分离出来，实现了商业银行与中央银行的分离，标志着现代金融监管模式初步成形。当时，中国人民银行作为超级中央银行既负责货币政策的制定又负责对银行业、证券业和保险业进行监督。这一时期的专业银行虽然对银行经营业务有较严格的分工，但并不反对银行的分支机构办理附属信托公司，并在事实上形成混业经营模式。1984～1993年，混业经营、混业监管特征十分突出。20世纪90年代，随着金融衍生产品的不断增加，以及资本市场和保险业的迅速发展，1992年10月中国证券监督管理委员会（中国证监会）成立，1998年11月中国保险监督管理委员会（中国保监会）成立，这意味着对证券业、保险业的监管职能从人民银行被剥离出来。2003年中国银行业监督管理委员会（中国银监会）的成立，使中国金融业"分业经营、分业监管"的框架最终完成，由此形成我国"一行三会"的金融监管体制。其中，中国银监会主要负责银行业的监管，包括四大国有商业银行、三家政策性银行和十大股份制银行，以及规模不一的数百家地方金融机构；中国保监会负责保险业的监管；中国证监会负责证券业的监管；中国人民银行则负责货币政策制定。2018年3月，我国银行业监管体制又有重大举措，将中国银监会与中国保监会合并，组建中国银行保险监督委员会，简称银保监会。银保监会已将拟订银行业、保险业重要法规草案和审慎监管基本制度和职责划入中国人民银行。2023年3月，中国银保监会改名为国家金融监督管理总局。

2021年9月22日，中国银保监会发布《商业银行监管评级办法》（以下简称《办法》）。《办法》共5章27条，包括总则、评级要素与评级方法、评级程序、评级结果运用、附则，从总体上对银行机构监管评级工作进行规范，完善银行监管评级制度，充分发挥监管评级在非现场监管中的核心作用和对银行风险管理的导向作用。现行商业银行监管评级规则实施于2014年，但近年来，商业银行业务模式、风险特征、外部环境及监管重点发生显著变化，现行监管评级规则已不能完全适应监管工作需要，因此新颁发的《办法》进行了完善和改进。

（三）《银行业监督管理法》的一般规定

为了加强对银行业的监督管理，强化国家货币政策在对国民经济宏观调控方面的功能，维护金融稳定，依据2006年修正后的《银行业监督管理法》和2003年修正后的《中国人民银行法》以及2020年中国人民银行发布的《中国人民银行法（修订草案征求意见稿）》（以下简称《征求意见稿》）的规定，中国人民银行原来作为中央银行的职能被进一步分化，由国务院银行业监督管理部门专门负责对银行业的监督管理工作，而中国人民银行主要负责制定和执行国家货币政策，防范和化解金融风险，维护金融稳定。这样一来，我国金融监督管理体系也初步形成，即国务院证券监督管理部门负责对证券发行、交易市场等的专门监督管理，国务院保险监督管理部门负责对保险业的专门监督管理，国务院银行业监督管理部门负责对银行业的专门监督管理。对涉及的金融违法违纪问题，各监管部门之间需要互相协调、配合。

（四）银行业监督管理机构

银行业监督管理机构为国务院银行业监督管理部门，即国家金融监督管理总局。根据需要，该委员会可以设立派出机构，对派出机构实行统一领导和管理。在银行业监督管理机构履行职责过程中，地方政府、各级有关部门应当依法予以配合、协助；银行业监督管理机构应当依法接受国务院审计、监察等机关的监督。

（五）银行业监督管理机构的监管范围

依据《银行业监督管理法》第2条的规定，国务院银行业监督管理机构负责对全国银行业金融机构及其业务活动进行监督管理。其监管范围包括：一是银行业金融机构，指在我国境内设立的商业银行、城市信用合作社、农村信用合作社等吸收公众存款的金融机构以及政策性银行。二是其他金融机构，包括在我国境内设立的金融资产管理公司、信托投资公司、财务公司、金融租赁公司等。三是经银行业监督管理机构批准在境外设立的金融机构。此外，邮政储蓄业务也被纳入银行业监督管理机构的监管范围。

（六）银行业监督管理机构的职责

依据《银行业监督管理法》的规定，银行业监督管理机构依法履行以下职责：

（1）制定并发布对银行业金融机构及其业务活动监督管理的规章、规则（现主要归中国人民银行）。

（2）依法审查、批准银行业金融机构的设立、变更、终止及业务范围，并对金融机构股东的资金来源、财务状况、资本补充能力和诚信状况进行审查。

（3）审查批准或者备案银行业金融机构业务范围内的业务品种。

（4）对银行业金融机构的董事和高级管理人员实行任职资格管理。

（5）对银行业金融机构的业务活动及风险状况进行现场检查和非现场监管，并建立监管信息系统、分析、评价银行业金融机构的风险状况。

（6）对银行业金融机构实行并表监督管理。

（7）建立银行业金融机构监督管理评级体系和风险预警机制。

（8）建立银行业突发事件的发现、报告岗位责任制，并与中国人民银行、国务院财政部门等建立联合处置突发事件的机制。

（9）统一编制全国银行业金融机构的统计数据、报表，并按照规定予以公布。

（10）对银行业自律组织的活动进行指导和监督。

（11）开展与银行业监督管理有关的国际交流、合作活动。

（12）国务院规定的其他职责。

（七）法律责任

1. 银行业金融机构的法律责任

银行业金融机构不按照规定提供报表、报告等文件、资料的，由银行业监督管理机构责令改正，逾期不改正的，处10万元以上30万元以下罚款。

银行业金融机构有下列情形之一的，由国务院银行业监督管理机构责令改正，有违法所得的，没收违法所得，违法所得50万元以上的，并处违法所得1倍以上5倍以下的罚款；没有违法所得或者违法所得不足50万元的，处50万元以上200万元以下的罚款；情节特别严重或者逾期不改正的，可以责令停业整顿或者吊销其经营许可证；构成犯罪的，依法追究刑事责任：（1）未经批准设立分支机构的；（2）未经批准变更、终止的；（3）违反规定从事未经批准或者未备案的业务活动的；（4）违反规定提高或者降低存款利率、贷款利率的。

银行业金融机构有下列情形之一的，由国务院银行业监督管理机构责令改正，并处20万元以上50万元以下罚款；情节特别严重或者逾期不改正的，可以责令停业整顿或者吊销其经营许可证；构成犯罪的，依法追究刑事责任：（1）未经任职资格审查任命董事、高级管理人员的；（2）拒绝或者阻碍非现场监管或者现场检查的；（3）提供虚假的或者隐瞒重要事实的报表、报告等文件、资料的；（4）未按照规定进行信息披露的；（5）严重违反审慎经营规则的；

（6）拒绝执行银行业监督管理机构依据审慎经营规则实施的整改决定的。

2. 银行业监督管理机构工作人员的法律责任

银行业监督管理机构从事监督管理工作的人员有下列情形之一的，依法给予行政处分；构成犯罪的，依法追究刑事责任。（1）违反规定审查批准银行业金融机构的设立、变更、终止，以及业务范围和业务范围内的业务品种的；（2）违反规定对银行业金融机构进行现场检查的；（3）未按照规定报告突发事件的；（4）违反规定查询账户或者申请冻结资金的；（5）违反规定对银行业金融机构采取措施或者处罚的；（6）违反规定对有关单位或者个人调查的；（7）滥用职权、玩忽职守的其他行为。

银行业监督管理机构从事监督管理工作的人员贪污受贿，泄露国家秘密、商业秘密和个人隐私，构成犯罪的，依法追究刑事责任；尚不构成犯罪的，依法给予行政处分。

3. 擅自设立银行业金融机构或者非法从事银行业金融机构的业务活动的法律责任

擅自设立银行业金融机构或者非法从事银行业金融机构的业务活动的，由国务院银行业监督管理机构予以取缔；构成犯罪的，依法追究刑事责任；尚不构成犯罪的，由国务院银行业监督管理机构没收违法所得，违法所得 50 万元以上的，并处违法所得 1 倍以上 5 倍以下的罚款；没有违法所得或者违法所得不足 50 万元的，处 50 万元以上 200 万元以下的罚款。

二、中国人民银行法律制度

（一）国际中央银行法律地位的立法模式

第二次世界大战后，各国对中央银行的法律地位形成了以下三种立法模式。

1. 美国、德国、瑞典、瑞士等国家的立法模式

中央银行完全独立于政府，直接对国会、议会负责，政府不能直接对中央银行发布命令，不能干涉中央银行的货币政策行为，中央银行独立的制定和执行货币政策。由于美国中央银行制度受分权制衡法律理念和联邦制宪政架构的影响，联邦政府于 1811 年、1836 年两次组织设立中央银行皆无疾而终，于是形成现在的通货监理署、联邦储备系统、联邦存款保险公司的联邦一级的三大机构分享中央银行职能，其中，依据 1913 年的《联邦储备法》建立的行使制定货币政策和实施金融监管的双重职能的联邦储备系统最类似于中央银行。依据有关法律规定，美联储作为与政府并列机构直接向国会负责，除个别情况下总统可对其发号施令外，任何机构或部门均无权干涉。此外，美联储享有资金和财务独立权，并且独立自主制定和执行货币政策，进行金融监管，具有极大的权威性，并且因为货币政策的技术性和不透明性，美联储实际拥有不受国会约束的自由裁量权，而成为立法、司法、行政之外的"第四部门"。

2. 以日本、英国、法国等国为代表的立法模式

日本、英国、法国等国的中央银行名义上隶属于政府，实际却独立于政府。日本等国的法律规定，中央银行由政府主管，因此从法律形式上确定了中央银行隶属于政府。英国模式下，中央银行名义上隶属财政部，相对独立性。尽管法律上英格兰银行隶属于财政部，但实践中财政部一般尊重英格兰银行的决定，也主动寻求财政部的支持和配合。1997 年英格兰银行事实上的独立地位向上述第一种模式转化。

日本模式下，中央银行隶属财政部，独立性较小，对日本银行享有业务指令权、监督命令权、官员任命权以及具体业务操作监督权，但是 1998 年 4 月日本国会通过了修正《日本银行

法》以法律形式确认中央银行的独立地位，实现向上述第一种模式转化。

3. 中国模式：中央银行隶属于政府，与财政部并列。

《中国人民银行法》规定：中国人民银行是中央银行，中国人民银行在国务院领导下，制定和实施货币政策，对金融业实施监督管理。目前我国对金融业进行监管的部门主要是中央银行即中国人民银行，同时还有国家金融监督管理总局、中国证监会。

总之，从国际角度看，中央银行独立性大的国家多设单一的监管机构，中央银行就是金融业的主管部门。在实行联邦制的国家，如德国和美国，或在中央银行独立性较小的国家，如意大利、法国、日本、加拿大和瑞士等，对金融业的监管机构是多头的。

（二）中央银行制度发展的国际趋势

1. 独立性凸显且呈渐强趋势

中央银行是一国金融体系的核心，不论是某家大商业银行逐步发展演变成为中央银行，比如英格兰银行，还是政府出面直接组建成立中央银行，比如美联储，其都具有"发行的银行""银行的银行""政府的银行"三个特性。各个国家的中央银行的产生是为了解决商业银行所不能解决的问题。中央银行独立性，一般就是指中央银行在履行制定与实施货币职能时的自主性。费雪（Fischer）把中央银行独立性划分为目标的独立性与手段的独立性两个方面。中央银行的独立性问题，实质是中央银行与政府的关系问题。中央银行的独立性问题直接关系一国的货币政策的制定是否合理与科学、币值稳定是否有切实的保障机制、金融监管和宏观调控是否有利和适度，并进而影响该国经济是否能够稳定、健康地发展。确立并维护中央银行相对于政府的相对独立性，是从20世纪特别是二战以来，世界各国中央银行制度发展的一大主流，中央银行相对独立于政府的地位已经在相当多的国家得到了认可和确认。近些年来，中央银行的独立趋势，在全球范围内更显突出。这主要表现在以下几个方面。

（1）近年来，理论界及业内人士对中央银行相对独立于政府的必要性，认识得更加清晰、深刻。早在1990年，美国哈佛大学的学者利用实证方法，对中央银行独立程度与经济发展的关系进行了研究，提出了哈佛报告。该研究认为，中央银行的独立程度与经济良性发展之间具有正相关关系，只有保持中央银行的高度独立性，才能在低通货膨胀的条件下，实现适度的经济增长和低的失业率。

（2）金融监管上的独立性，已经成为中央银行的独立性的新内容。过去，货币稳定一直是人们讨论中央银行独立性问题的唯一出发点，因而中央银行的独立性，也就被理解为货币政策操作上的独立性，但是通过反思爆发的金融危机，特别是亚洲金融危机，人们发现，中央银行或其他监管机构受政府或利益集团的不当影响，不能独立行使监管职权，特别是不能一视同仁地监管国有金融机构，削弱了金融监管的有效性，助长了国有金融机构道德风险，破坏了金融市场的公平竞争，导致了问题的积压，加剧了金融体系的脆弱性，是爆发金融危机的重要原因。因此，中央银行（或其他金融监管当局）在金融监管上的独立性问题，开始受到关注。1997年9月，巴塞尔银行监管委员会《银行业有效监管的核心原则》，明确提出：在一个有效的银行监管体系下，参与银行组织监管的每个机构要有明确的责任和目标，并应享有工作上的自主权和充分的资源。为有效执行其任务，监管者必须具备操作上的独立性、现场和非现场收集信息的手段和权力以及贯彻其决定的能力。

（3）一些国家中央银行的独立性，在立法和实践方面取得了重大突破。在欧洲银行体系的组建过程中，其独立性是最受关注的问题之一，引发了非常热烈的讨论。《关于欧洲中央银行体系及欧洲中央银行立法的协定》第 7 条规定，在执行权利、履行职责和义务的过程中，欧洲中央银行、各成员国中央银行及其决策机构的任何成员，均不应寻求或接受欧盟各组织和机构、任何成员国政府或其他任何团体的指示。欧盟各组织和机构以及各成员国政府承诺尊重此原则，且不试图对欧洲中央银行或各成员国中央银行决策机构的任何成员执行任务施加影响。由此观之，欧洲中央银行体系在独立性上已达到一个很高的层次。

日本在这方面取得的进步，特别令人瞩目。1941 年日本颁布并施行的《日本银行法》是日本战时经济的产物，一开始纯粹是在政府指挥监督下从事具体金融业务的工具，无独立性可言。该法虽经数次修订，但关于独立性问题没有取得实质进展。直到 1997 年 5 月 11 日，日本国会通过了全新的《日本银行法》，新法在银行独立性上取得明显突破，首次从法律上确立了日本银行的独立地位，但日本银行有史以来第一次真正独立地行使权力，是在零利率政策问题上。1999 年 2 月 12 日，日本银行降低银行间隔夜拆借利率，开始实行所谓零利率政策。然而，在 2008 年 8 月 11 日，日本银行政策委员会拟讨论结束零利率政策之前，日本政府及其一些党派要员纷纷施以高压，要求其推迟决策。最终，日本银行在与政府的较量中，顶住了压力，完全按照自己的意志，独立地作出了一个重要决定。这一事件，堪称日本银行史上的里程碑。

2. 更大透明度趋势

所谓"透明度"，是指在通俗易懂、容易获取和及时的基础上，让公众了解政策目标以及政策的法律、机构和经济构架，政策的制定及其原理，与货币和金融政策有关的数据和信息，以及机构的责任范围。20 世纪 90 年代以来，提高货币与金融政策的透明度，被越来越多的国家列为金融制度建设的重点。这是为了实现中央银行履行问责义务的目的，也是为了避免公众对中央银行的政策制定和实施产生误解或不当解释，同时还是为了获得公众对中央银行的货币与金融政策的支持。

综观一些国家的立法与实践，中央银行的货币与金融政策透明度的提高主要表现在以下几个方面。

（1）公开发行定期与不定期的出版物，由中央银行编制综合性报告并公开出版，评述经济发展形势和通货膨胀状况，在一些国家已经成为中央银行与公众交流的主要手段。（2）利用多种形式与公众交流。许多国家的中央银行，日益重视通过利用网站、记者招待会、新闻发布会、演讲及其他形式，更广泛、更经常地向公众解释其政策和政策理由，并收集对政策的反馈意见。（3）增强政策信号的清晰度并提供更多的相关信息。

1999 年 9 月 26 日，国际货币基金组织发布了《货币与金融政策透明度良好做法守则》，为各国改善货币与金融政策的透明度提供指导性意见。目前，尽管各国货币与金融政策的透明度仍存较大差异，但中央银行日益摒弃暗箱操作的传统，注重以更加透明的方式进行政策操作，已是毋庸置疑的客观趋势。

3. 金融监管职能剥离趋势

作为经营货币的特殊行业，金融业的合法与稳健经营，对国民经济的健康发展有着决定性的意义。事实上，为了积极而有效地发挥金融业的职能作用，稳定社会金融秩序，促进经济的健康发展，世界各国都建立了适合本国国情的金融监管制度。在多数国家，金融监管特别是银行监管，是中央银行的一项重要职能。但已经出现一种趋势，对金融监管职能进行剥离而改由另外的机构行使。1997 年 5 月 20 日，英国财政大臣公布金融服务业监管体制改革方案，剥离英格兰银行的银行监管职能，将银行业监管与投资服务业监管并入当时的证券与投资委员会，该委员会于 1997 年 10 月更名为金融服务局，现已成为综合性的金融监管机构。1998 年 6 月，英格兰银行与金融服务局之间完成了有关金融监管事宜的移交。1998 年，韩国修订《韩国银行法》，分离韩国银行监管职能，交由 1998 年 4 月成立的韩国金融监管委员会承担。近年来，更多的国家按照此一思路对中央银行的职能和监管体制进行重组。

4. 与时俱进不断开发新职能

历史上最早的中央银行是瑞典国家银行（1668 年）和英格兰银行（1694 年），两者最初的功能不同。瑞典国家银行的主要功能是发钞，英格兰银行的主要功能是帮助筹集资金，购买国债，就是在货币和信用获取存在周期性波动的情况下，为稳定伦敦的金融市场而出现的。国际中央银行体系的建立及其发挥主要功能是从美联储开始的。1914 年美联储成立后，现代中央银行制度不断创新与完善，并把现代中央银行的主要任务指向运用货币政策工具，维持宏观经济稳定和协调社会经济发展，使民众及企业在一个可预期的经济环境下运作，降低消费及投资风险，促使实际产出尽可能地与其潜在产出相一致，或实际产出接近潜在产出的期望目标。之后，各国的现代中央银行制度在不同的背景与条件得以建立，并在促进各国经济增长和稳定金融市场上作出了巨大的贡献。从全球来看中央银行的变化，美国相对更为明显。2019 年以来，美国中央银行的资产负债表翻了好几番，其中有大量和传统中央银行功能不相符的业务，美国中央银行在抗疫过程中直接发钞票，按照一个标准给人民寄支票。中央银行非中介化，这是在疫情非常紧急情况下发生的，但是，它是否会成为一个新范式引起人们的关注。这个事情引起关注，是因为现在如火如荼发展的数字金融、数字货币是去中介的，当然也是去中心的，这无疑挑战了中央银行的中心职能，但是去中心在新的技术手段上是可能发生的。有鉴于此，中央银行的制度问题又一次对现实产生了冲击，这背后有许多有待研究的内容。

上述美德日英四国，乃当今世界金融执牛耳者，金融业最为发达。但在中央银行独立性上并不存在统一模式，采取哪一种中央银行制度是各国政治决断和利益平衡的结果，与各国的国情密切相关。

放眼世界，中央银行制度的发展演进始终与经济金融发展甚至是危机提出的问题和需要密切关联，随着时代背景、外部环境、发展基础和阶段甚至周期性因素的变化，中央银行的职责、运用的政策手段和工具、从政策操作到实际效果的传导都在不断变化。建设现代中央银行制度并没有一个理想范本。2020 年 10 月召开的中共十九届五中全会提出建设现代中央银行制度的要求。在"十四五"时期，我国将开启全面建设社会主义现代化国家的新征程，推进现代中央银行制度建设，将面临十九届五中全会明确的中长期发展战略部署提出的一系列新要求。

自新中国成立以来直到改革开放之前我国并无中央银行。中国人民银行于 1948 年 12 月成立，1979 年开始由中国人民银行专门承担中央银行职责。1984 年起中国人民银行开始专门行使国家中央银行的职能。1995 年《中国人民银行法》以法律的形式确立了中国人民银行作为国家中央银行的地位，其主要职能是制定和执行货币政策，防范和化解金融风险，维护金融稳定。

党的二十大报告提出"建设现代中央银行制度"，为做好中央银行工作指明了方向。金融制度是经济社会发展中重要的基础性制度。建设现代中央银行制度是推动高质量发展的内在需要，也是应对国际中央银行制度演变挑战的必然要求。从国际中央银行制度演变历史看，最初中央银行的主要任务是向政府融资，后来转为专门管理货币，并逐步建立起通过调节货币和利率维护币值稳定的现代中央银行制度。20 世纪 70 年代全球中央银行开始重视充分就业，2008 年国际金融危机后又关注金融稳定和国际协调合作。在我国，中国人民银行自 1984 年起不再向企业和个人提供金融服务而是专门行使中央银行职能以来，一直以维护币值稳定作为首要目标，并以此促进经济增长，而且比较早地关注了金融稳定和国际收支平衡目标。在世界百年未有之大变局的深刻背景下，为应对国际中央银行制度的演变，我们要立足中国国情，对国际上中央银行的做法进行科学分析和借鉴，加快建设现代中央银行制度。

（三）国际上中央银行制度的类型

国际上中央银行制度主要有以下四种形式。

（1）单一的中央银行制度也称一元式中央银行制度，即在一国只设立一家统一的中央银行行使中央银行的权力和履行中央银行的全部职责，中央银行机构自身上下是统一的，机构设置一般采取总分行制，逐级垂直隶属，这种组织形式下的中央银行是完整标准意义上的中央银行，目前世界上绝大多数国家实行这种体制。如在英国、法国、日本等实行这种体制的国家中，中央银行的总行或总部一般都设在首都，根据基金需要和本国有关规定在全国范围内设立若干分支机构。一元式中央银行制度的特点是权力集中统一、职能完善、有较多的分支机构。中国的中央银行即中国人民银行亦采用一元式组织形式。

（2）二元的中央银行制度也称二元式中央银行制度，是指中央银行体系由中央和地方两级相对独立的中央银行机构共同组成。中央级中央银行和地方级中央银行在货币政策上是统一的，中央级中央银行是最高金融决策机构，地方级中央银行要接受中央级中央银行的监督和指导，但在货币政策的具体实施、金融监管和中央银行有关业务的具体操作方面，地方级中央银行在其辖区内有一定的独立性，与中央级中央银行也不是总、分行的关系，而是按法律规定分别行使其职能。这种制度与联邦制国家体制相适应，如目前美国、德国即实行此种中央银行制度。

（3）跨国中央银行制度，即由若干国家联合组建一家中央银行，共同组成一个货币联盟，各成员国不设立本国的中央银行，或虽设立本国的中央银行但由货币联盟设立中央银行领导。如于 1962 年 3 月成立的西非货币联盟和 1998 年 6 月欧盟在法兰克福设立的欧洲中央银行。这种跨国的中央银行为成员国发行共同使用的货币和制定统一的金融货币政策，监督各成员国的金融机构及金融市场，对成员国的政府进行融资，办理成员国共同商定并授权的金融事项等。实行跨国中央银行制度的国家主要在非洲和加勒比海地区，目前，西非货币联盟、中非货币联盟、东加勒比海货币区属于跨国中央银行组织形式。随着欧洲中央银行的正式成立，1999 年 1 月 1 日，欧元正式启动。欧洲中央银行的成立和欧元的正式启动，标志着现代中央银行制度又有了新的内容并进入了一个新的发展阶段。

（4）准中央银行制度，即一个国家或地区只设立类似中央银行的机构，或由政府授权某个或某几个商业银行行使部分中央银行职能。目前采用这种中央银行制度的国家主要有新加坡、马尔代夫、斐济、沙特阿拉伯、阿拉伯联合酋长国、塞舌尔等。

（四）中国人民银行法概述

中国人民银行作为我国的中央银行，于 1948 年 12 月在石家庄正式成立，前身是中央苏区时期在江西瑞金成立的中华苏维埃共和国国家银行。自 1984 年开始，中国人民银行不再从事商业银行业务，专门履行中央银行职能。1995 年颁布的《中国人民银行法》，确定了中国人民银行制定和执行货币政策，防范和化解金融风险，维护金融稳定的中央银行定位。

第八届全国人大第三次会议于 1995 年 3 月 18 日审议通过《中国人民银行法》，并于当日实施，后又于 2003 年 12 月 27 日经第十届全国人大常委会第六次会议修正，修正后的《中国人民银行法》于 2004 年 2 月 1 日起施行。《中国人民银行法》以法律的形式规定了中国人民银行作为中华人民共和国中央银行的性质、地位、职能、货币政策目标、资本构成、组织结构及中央银行与政府的关系。《中国人民银行法》共 8 章 53 条，主要内容包括七个方面。2020 年 10 月，中国人民银行发布《征求意见稿》。目前《征求意见稿》已经于 2020 年 11 月 23 日结束意见反馈，但截至 2024 年 7 月，新的《中国人民银行法》尚未正式颁行。本部分关于中国人民银行法律制度的内容即已包含并汲取了《征求意见稿》的内容。

（五）征求意见稿修改亮点

《征求意见稿》包括总则、组织机构、人民币、业务、监督管理职责、监督管理措施、财务会计、法律责任和附则，内容共 9 章 73 条。

《征求意见稿》专设中央银行"监督管理措施"一章（第六章），并赋予中央银行对金融机构以及其他单位和个人进行检查监督的权力，这将有助于推动中央银行更好地履行职责，增强央行的权威性和监管的有效性。该章主要内容包括：检查监督权、现场检查措施、非现场监管措施、监管措施、信息报送、监管信息共享、对未经许可设立金融控股公司的措施、对金融控股公司和使用中央银行资金机构的监管措施、系统性金融风险处置、违法行为调查措施等内容。

《征求意见稿》大幅度提高了金融违法行为的处罚上限：对机构的处罚上限提高到违法所得的 10 倍或 2 000 万元，对个人的处罚上限提高到违法所得的 10 倍或 500 万元。此外，还可以进行停业整顿、吊销许可权、市场禁入等处罚。

《征求意见稿》对中国人民银行增加了金融市场和金融体系宏观管理职责，同时，中国人民银行被赋予了重大法律法规草案的起草权以及统筹监管系统重要性金融机构、金融控股公司和金融基础设施等权责。

《征求意见稿》还增加了金融控股公司许可及监管的规定，将 2020 年 9 月 11 日中国人民银行发布的《金融控股公司监督管理试行办法》（以下简称《金控办法》）提升至法律层面。《金控办法》的正式出台，意味着监管补短板，这是完善监管制度的标志性事件。这是因为，业内普遍认为，金融的一大风险便是大型金控集团在经营过程中出现违法违规问题，并形成巨大的风险隐患。

（六）中国人民银行制度建设历程

现代中央银行制度是一步一步演化而成的。改革开放 40 多年以来，中国的银行制度正在逐步走向现代中央银行制度。

中华人民共和国成立以来，我国在中央银行制度建设方面，进行了一系列改革探索。

（1）1948 年 12 月，中国人民银行成立。

（2）1983 年 9 月，国务院决定由中国人民银行专门行使中央银行的职能。

（3）1995 年，《中国人民银行法》正式颁布，这标志着我国的中央银行制度迈向了法治化、规范化的新阶段。2003 年，"一行三会"分业监管格局形成，"三会"以管机构和业务为主，而中央银行除管部分业务以外，还负责宏观调控和整体金融稳定。

（4）2010年以来，引入差别准备金动态调整机制，探索开展宏观审慎管理，实施逆周期调节。随后将差别准备金动态调整机制"升级"为宏观审慎评估（MPA），逐步将更多金融活动和资产扩张行为纳入宏观审慎管理。

（5）2015年10月召开的党的十八届五中全会正式提出，改革并完善适应现代金融市场发展的金融监管框架。

（6）2017年召开的全国金融工作会议提出，要加强金融监管协调、补齐监管短板。设立国务院金融稳定发展委员会，强化中国人民银行宏观审慎管理和系统性风险防范职责。同年，"健全货币政策和宏观审慎政策双支柱调控框架"被正式写入党的十九大报告。

（7）2018年国务院机构改革方案公布，银保监会合并。两会将拟订银行业、保险业重要性法律法规草案和制定审慎监管基本制度的职责划归中国人民银行。

（8）2019年，中国机构编制网公布了中国人民银行职能配置、内设机构和人员编制规定，为配合"强化央行宏观审慎管理"的职能，2020年2月，中国人民银行新成立宏观审慎管理局。

（9）2023年10月30日召开的中央金融工作会议强调，金融是国民经济的血脉，是国际核心竞争力的重要组成部分。中国人民银行将健全中国特色现代货币政策框架，加快现代中央银行制度建设。2024年1月召开的中国人民银行工作会议提出的深化金融与机构改革，延续了上述会议精神的内涵。《2024年中国金融政策报告》特别肯定了现代中央银行建设取得的积极成效。

（七）中国人民银行的法律地位与职责

我国自1983年9月起开始正式实施现代中央银行制度。中央银行是一国金融体系的核心。《中国人民银行法》规定，"中国人民银行是中华人民共和国的中央银行"，是国家控制和调节货币流通和信用的中心机构。中国人民银行的全部资本由国家出资，属于国家所有。

中国人民银行在国务院领导下，制定和执行货币政策，防范和化解金融风险，维护金融稳定。货币政策目标是保持货币币值的稳定，并以此促进经济增长。宏观审慎政策目标是防范系统性金融风险的顺周期积累，以及跨机构、跨行业和跨市场传染，以维护金融体系的健康与稳定。

依据规定，中国人民银行履行以下主要职责：

（1）拟订金融业重大法律法规草案，制定审慎监管基本制度，发布与履行职责有关的命令、规章；

（2）制定和执行货币政策、信贷政策，负责宏观审慎管理；

（3）负责金融控股公司等金融集团和系统重要性金融机构基本规则制定、监测分析与并表监管，牵头交叉性金融业务的基本规则制定和监测评估；

（4）牵头负责系统性金融风险防范和处置，组织实施存款保险制度，根据授权管理存款保险基金；

（5）牵头国家金融安全工作协调机制，组织实施国家金融安全审查工作；

（6）监督管理银行间债券市场、货币市场、外汇市场、票据市场、黄金市场及上述市场有关场外衍生产品；

（7）牵头负责重要金融基础设施建设规划并统筹实施监管；

（8）制定和实施人民币汇率政策，负责人民币跨境管理；

（9）管理国家外汇管理局，实施外汇管理和跨境资金流动管理，维护国际收支平衡，持有、管理和经营国家外汇储备和黄金储备；

（10）负责金融业综合统计、调查、分析和预测；

（11）负责金融标准化和金融科技工作，指导金融业网络安全和信息化工作，指导监督金融业关键信息基础设施安全保护工作，制定金融数据安全监管基本规则；

（12）发行人民币，管理人民币流通；

（13）统筹国家支付体系建设并实施监督管理；

（14）经理国库；

（15）牵头负责全国反洗钱和反恐怖融资工作；

（16）管理征信业和信用评级业，推动建立社会信用体系；

（17）制定金融消费者保护基本制度，牵头建立金融消费者保护协调机制；

（18）作为国家的中央银行，从事有关国际金融活动，开展国际金融合作，会同其他金融监督管理部门推进金融业对外开放；

（19）党中央、国务院规定的其他职责。

（八）中国人民银行的组织机构

国务院金融稳定发展委员会统筹协调金融改革发展和稳定工作。国务院金融稳定发展委员会办公室设在中国人民银行，协调建立中央与地方金融监管、风险处置、金融消费权益保护、信息共享等协作机制。

（1）行长。

《中国人民银行法》规定："中国人民银行设行长一人，副行长若干人。""中国人民银行实行行长负责制。"行长全面领导中国人民银行的工作；副行长在行长的领导下，按照各自分工，协助行长工作，对行长负责。中国人民银行行长的人选，根据国务院总理的提名，由全国人民代表大会决定；全国人民代表大会闭会期间，由全国人大常委会决定，由中华人民共和国主席任免。副行长由国务院总理任免。

（2）货币政策委员会。

依据《中国人民银行法》的规定，中国人民银行设立货币政策委员会。货币政策委员会的组成、职责和工作程序，由国务院规定，报全国人大常委会备案。货币政策委员会是中国人民银行制定货币政策的咨询议事机构，其职责是：在综合分析客观经济形势的基础上，依据国家宏观经济调控目标，讨论有关货币政策事项，并提出相应建议。

（3）中国人民银行的分支机构。

中国人民银行根据履行职责的需要依法设立分支机构。中国人民银行对分支机构实行统一领导和管理。各分支机构根据授权，负责维护本辖区的金融稳定，承办有关业务。

（九）国家法定货币——人民币

（1）人民币的法律地位。

依据《中国人民银行法》的规定，人民币是我国的法定货币。以人民币支付中国境内的一切公共的和私人的债务，任何单位和个人不得拒收。人民币包括实物形式和数字形式。

（2）人民币的发行和印制。

人民币统一由中国人民银行印制、发行。中国人民银行发行新版人民币，应当将发行时间、面额、图案、式样、规格予以公告。中国人民银行发行人民币必须坚持计划发行、经济发行原则，杜绝财政发行；要根据国民经济发展的客观需要来决定货币的发行量，使市场上的货币流通量与商品和劳务的流通量相适应，保持币值稳定。

任何单位和个人不得制作、发售代币票券和数字代币，以代替人民币在市场上流通。

（3）人民币的管理制度。

为了保证人民币的法定地位，保障其正常流通，《中国人民银行法》规定：禁止伪造、变造人民币；禁止出售、购买伪造、变造的人民币；禁止运输、持有、使用伪造、变造的人民币；禁止故意毁损人民币；禁止在宣传品、出版物或其他商品上非法使用人民币图样；残缺、污损的人民币，按照中国人民银行的规定兑换，并由中国人民银行负责收回、销毁。

（十）中国人民银行的业务

依据《中国人民银行法》的规定，中国人民银行的业务范围包括以下内容。

1. 运用货币政策的业务

运用货币政策的业务包括：（1）要求银行业金融机构按照规定的比例交存存款准备金；（2）确定中央银行基准利率；（3）为在中国人民银行开立账户的银行业金融机构办理再贴现；（4）向商业银行提供贷款；（5）在公开市场上买卖国债、其他政府债券和金融债券及外汇；（6）国务院确定的其他货币政策工具。

2. 其他金融业务

其他金融业务包括：（1）经理国库。（2）经营管理外汇和黄金储备。（3）代理国务院财政部门向各金融机构组织发行、兑付国债和其他政府债券。（4）根据申请，可以为金融机构、非银行支付、清算机构等开立账户，但不得对账户透支。（5）组织或者协助金融机构、非金融机构及其相互之间的资金清算、结算系统建设，协调金融机构、非金融机构及其相互之间的清算事项，提供资金清算、结算服务。会同银行业监督管理机构制定支付结算规则。（6）根据需要，对境外央行、国际金融组织等机构提供金融服务。（7）提供贷款的，可以自主决定贷款的数额、期限、利率和方式。可以要求借款方提供担保，并确定担保的种类和方式。

3. 禁止性业务

禁止性业务包括：（1）不得对政府财政透支，不得直接认购、包销国债和其他政府债券；（2）不得向地方政府、各级政府部门提供贷款，不得向非银行金融机构以及其他单位和个人提供贷款，但国务院决定向特定的非银行金融机构提供贷款的除外；（3）不得向任何单位和个人提供担保。

（十一）金融监督管理

1. 金融监督管理的内容

金融业监督管理机构依法对金融业实施监督管理包括以下内容：

（1）货币信贷监管，即对金融机构执行货币政策和信贷政策情况实施监督管理。

（2）宏观审慎管理。中国人民银行牵头建立宏观审慎框架，制定和执行宏观审慎政策。央行实施的宏观审慎政策具体措施见《征求意见稿》第34条规定。

（3）系统重要性金融机构监管。中国人民银行牵头评估和识别系统重要性金融机构，组织制定实施系统重要性金融机构恢复和处置计划，对系统重要性金融机构实施监测分析和并表监管。

（4）金融控股公司许可及监管。中国人民银行负责建立健全金融控股公司监管制度，依法对金融控股公司实施监管，审批金融控股公司的设立、变更、合并、分立、解散、破产及业务范围。未经中国人民银行批准，任何单位或者个人不得使用"金融控股"、"金融集团"或者近似的名称。

（5）金融市场管理。中国人民银行牵头拟订金融市场发展规划，协调金融市场监督管理及相关政策，监测金融市场运行情况，对金融市场实施宏观审慎管理，促进其协调发展。

（6）金融基础设施监管。中国人民银行负责制定重要金融基础设施建设规划并统筹组织实施，推进金融基础设施互联互通并拟订相关业务规则，统筹建立覆盖全市场的交易报告制度，建设并运营总交易报告库。中国人民银行牵头制定金融基础设施监督管理规则，组织对金融基础设施进行检查评估，对系统重要性金融基础设施提出认定意见并实施宏观审慎管理。

（7）金融业关键信息基础设施安全保护监督。中国人民银行负责制定金融业关键信息基础设施安全规划，组织认定金融业关键信息基础设施，推动制定行业标准规范，建立网络安全监测预警通报制度和应急工作体系，组织风险评估和应急演练。

（8）支付服务市场监管。中国人民银行依法对非银行支付机构、清算机构及其他支付服务组织实施监管，负责审批非银行支付机构、银行卡清算机构的设立、变更、终止和业务范围，具体办法由中国人民银行另行规定。

（9）金融科技管理。中国人民银行牵头编制并推动落实金融科技发展规划，拟订金融科技监管基本规则，指导协调金融科技应用。

（10）征信市场和信用评级市场管理。中国人民银行负责制定征信市场和信用评级市场发展规划、法规制度及行业标准，对征信市场和信用评级市场准入、征信和信用评级业务活动实施监督管理。

（11）金融消费权益保护。中国人民银行统筹开展金融消费者教育，牵头构建监管执法合作和非诉第三方解决机制，协调推进相关普惠金融工作，依法开展中国人民银行职责范围内的金融消费权益保护工作。

（12）自律组织管理。中国人民银行依法对与履行职责有关的行业自律组织进行指导和监督。行业自律组织可以依法制定自律规则，实施自律管理。

（13）金融统计。中国人民银行负责制定金融业综合统计标准和制度，建设国家金融基础数据库，收集、管理全国金融业统计数据、信息，编制全国金融统计数据、报表，并按照国家有关规定予以公布。

（14）金融稳定。中国人民银行监测评估金融体系整体的稳健性状况，牵头提出防范和化解系统性金融风险的政策建议、处置方案并组织实施，实施国家金融安全审查。

2. 监督管理方式及措施

（1）现场检查。

中国人民银行及其分支机构可以采取下列措施进行现场检查：1）进入被监管机构进行检查；2）询问被监管机构的工作人员，要求其对有关检查事项作出说明；3）查阅、复制被监管机构与检查事项有关的文件、资料，对可能被转移、隐匿或者毁损的文件、资料予以封存；4）检查、封存被监管机构的计算机网络与信息系统。进行现场检查，应当经中国人民银行或其地市级以上分支机构负责人批准。现场检查时，检查人员不得少于二人，并应当出示合法证件和检查通知书；检查人员少于二人或者未出示合法证件和检查通知书的，被监管机构有权拒绝检查。

（2）非现场监管。

中国人民银行及其分支机构可以对被监管机构实施压力测试、评级、评估、风险监测等，并就监督管理事项及被监管机构执行中国人民银行政策和规定的情况进行评价并通报。

中国人民银行及其分支机构根据履行职责的需要，可以与被监管机构的董事、高级管理人员进行监督管理谈话，要求被监管机构的董事、高级管理人员就业务活动和风险管理的重大事项作出说明。

（3）监管措施。

中国人民银行及其分支机构检查监督发现被监管机构存在违反《中国人民银行法》的行为的，应当责令限期改正；逾期未改正的，或者其行为可能引发重大金融风险的，经中国人民银行或其省级以上分支机构批准，可以区别情形，采取下列措施：1）再贴现和中国人民银行提供的贷款给予惩罚性利率；2）责令暂停部分业务或禁止开展新业务；3）撤销有关业务许可；4）限制或禁止接入中国人民银行的支付、清算、结算系统；5）宣告中国人民银行提供的贷款加速到期并要求偿还。

被监管机构整改后，应当向中国人民银行提交报告。经中国人民银行或其省级分支机构验收，符合有关规定的，应当自验收完毕之日起3日内解除对其采取的前述有关措施。

中国人民银行及其分支机构根据履行职责的需要，有权要求被监管机构报送资产负债表、利润表、财务会计报告以及其他资料、数据、信息。被监管机构应当按照中国人民银行的要求，真实、准确、完整、及时地提供各项资料、数据、信息，不得迟报、拒报或提供不真实、不完整的资料、数据、信息。中国人民银行对前款资料、数据、信息依法负有保密责任和义务。

（十二）中国人民银行财务会计制度

（1）中国人民银行制定中央银行会计制度和独立的财务预算管理制度，报经国务院批准后组织实施。

（2）中国人民银行的财务收支、会计事务以及有关经济活动，依法接受国务院审计机关的审计监督。

（3）中国人民银行应当保持与履行职责和承担风险相适应的财务实力，建立健全准备金制度和资本补充机制。中国人民银行应根据资产性质和风险状况提取专项准备金，用于核销资产损失等。

（4）中国人民银行每一会计年度的收入减除该年度支出，并按照一定比例提取总准备金后的净利润纳入中央预算。经国务院批准后，总准备金可转增国家资本。中国人民银行的亏损由国家资本和中央财政拨款弥补。

（5）中国人民银行应当于每一会计年度结束后，编制资产负债表、损益表和相关的财务会计报表，并编制年度报告，按照国家有关规定予以公布。

（十三）违反《中国人民银行法》的法律责任

1. 违反管理规定的责任

金融机构、其他单位和个人违反《中国人民银行法》及中国人民银行有关规定，有关法律、行政法规有处罚规定的，依照其规定给予处罚；有关法律、行政法规未作处罚规定的，由中国人民银行区别不同情形给予警告，没收违法所得，违法所得 50 万元以上的，并处违法所得 1 倍以上 5 倍以下罚款；没有违法所得或者违法所得不足 50 万元的，处 50 万元以上 200 万元以下罚款；对负有直接责任的董事、高级管理人员和其他直接责任人员给予警告，处违法所得 1 倍以上 5 倍以下罚款；没有违法所得或违法所得不足 10 万元的，处 10 万元以上 50 万元以下罚款；构成犯罪的，依法追究刑事责任。

金融机构、其他单位和个人存在前款规定的情形，情节严重的，中国人民银行可以加重处罚，最高可处以违法所得 10 倍以下或 2 000 万元以下的罚款，以孰高者为准；对负有直接责任的董事、高级管理人员和其他直接责任人员最高可处以违法所得 10 倍以下或 500 万元以下的罚款，以孰高者为准。对取得中国人民银行行政许可的机构，可以责令停业整顿，暂扣或吊销许可证，禁止董事、监事、高级管理人员一定期限直至终身从事所属行业工作。

2. 妨碍中国人民银行履行职责的责任

金融机构以及其他单位和个人妨碍中国人民银行工作人员依法履职的，中国人民银行可以责令其改正。拒不改正的，可以处以 20 万元以上 50 万元以下罚款；构成违反治安管理行为的，由公安机关依法给予治安管理处罚；构成犯罪的，依法追究刑事责任。

3. 伪造、变造人民币的责任

伪造、变造、出售、购买伪造、变造的人民币，或者明知是伪造、变造的人民币而运输、持有、使用，构成违反治安管理行为的，由公安机关依法给予治安管理处罚；构成犯罪的，依法追究刑事责任。

4. 非法使用人民币图样的责任

制作、仿制、买卖人民币图样，或在宣传品、出版物或者其他商品上非法使用人民币图样的，中国人民银行应当责令改正，并销毁非法使用的人民币图样，没收违法所得，并处 20 万元以下罚款。

5. 制作、发售代币的责任

制作、发售代币票券和数字代币，以代替人民币在市场上流通的，中国人民银行应当责令停止违法行为，销毁非法制作、发售的代币票券和数字代币，没收违法所得，并处违法金额 5 倍以下的罚款；不能确定违法金额的，处 10 万元以上 50 万元以下罚款。情节严重的，依照有关规定处罚。

6. 违反整改承诺的责任

中国人民银行及其分支机构作出行政处罚决定前，当事人书面申请，向中国人民银行及其分支机构提出符合要求的整改承诺的，经中国人民银行及其分支机构审核通过，可以暂缓实施行政处罚。当事人按承诺期限完成整改的，中国人民银行及其分支机构可以依法减轻、从轻处罚；逾期未完成的，依法从重处罚。具体办法由中国人民银行制定。

中国人民银行及其分支机构执行前述规定的，应当依法公开相关信息。

三、商业银行法律制度

(一) 商业银行的概念及分类

商业银行是依照《商业银行法》和《公司法》设立的吸收公众存款、发放贷款、办理结算等业务的企业法人，包括全国性商业银行、城市商业银行、农村商业银行以及根据社会发展需要设立的村镇银行等其他类型商业银行。

商业银行具有信用中介职能、支付中介职能、信用创造职能和金融服务职能。

商业银行按照资本的组织形式划分，目前主要有以下几类。

（1）全国性股份制商业银行，包括光大银行、招商银行、深圳发展银行、福建兴业银行、广东发展银行、民生银行、上海浦发银行、华夏银行、渤海银行、中信银行等。

（2）国有商业银行，也称国有控股大型商业银行，是指由国家（财政部、中央汇金公司）直接管控的商业银行，包括中国工商银行、中国建设银行、中国银行、中国农业银行、中国交通银行5家。

（3）城市（地方性）商业银行，即各城市本地在原有城市信用社基础上重组改制建立的地区性商业银行。城市商业银行目前数量较多，在一般大、中城市都有，如吉林银行、长春农商银行、九台农商银行、沈阳盛京银行、北京银行、南京银行、上海银行等。

（4）村镇银行，是指经国家金融监督管理总局、依据法律、法规批准，由境内外金融机构、境内非金融机构企业法人、境内自然人出资，在农村地区设立的主要为当地农民、农业和农村发展提供金融服务的银行业金融机构。村镇银行的一个重要特点就是机构设置在县、乡镇。村镇银行的市场定位主要在于两个方面：一是满足农户的小额贷款需求，二是服务当地中小型企业。

依据国务院的有关规定，设立村镇银行，必须有一家符合监管条件，管理规范、经营效益好的商业银行作为主要发起银行并且单一金融机构的股东持股比例不得低于20%，此外，单一非金融机构企业法人及其关联方持股比例不得超过10%。后为了鼓励民间资本投资村镇银行，原银监会于2012年5月出台《关于鼓励和引导民间资本进入银行业的实施意见》，将主发起行的最低持股比例降至15%，进一步促进了村镇银行多元化的产权结构。

2006年12月20日，原银监会出台了《关于调整放宽农村地区银行业金融机构准入政策更好支持社会主义新农村建设的若干意见》，提出在湖北、四川、吉林等6个省（区）的农村地区设立村镇银行试点，全国的村镇银行试点工作从此启动。

2007年，新设立村镇银行19家；2008年年末，共建立村镇银行91家，比2007年增加72家，2009年村镇银行开设的速度减慢，共建立57家，总计148家。截至2021年年末，全国共组建村镇银行1 651家，遍及全国31个省份。

（5）外资银行：改革开放之后，中国出现了第一家外资银行的代表处——"日本输出入银行代表处"。自2018年起，我国实行内外资一视同仁，允许外国银行在境内同时设立分行和子行。截至2024年7月，在中国设立的外资银行有花旗银行、渣打银行、东亚银行、汇丰银行、苏格兰皇家银行、星展银行、东京银行、华侨银行、满地可银行、澳新银行、荷兰银行、德意志银行、华侨永亨银行、南洋商业银行、友利银行、法国巴黎银行、三菱东京日联银行、瑞穗银行、法国兴业银行、三井住友银行、摩根士丹利国际银行、摩根大通银行、大华银行、韩亚银行、协和银行、华美银行、新韩银行、大新银行、盘谷银行、首都银行、正信银行等。这些外资银行在中国境内提供了众多的金融产品和服务，包括企业银行业务和零售银行业务，覆盖北京、上海、广州、深圳等一线城市以及其他重要城市。

（二）《商业银行法》的适用范围

我国现行《商业银行法》于 1995 年通过，共 9 章 95 条，历经 2003 年、2015 年两次修正。近十年来，我国银行业飞速发展，参与主体数量急剧增加，规模持续壮大，业务范围逐步扩展，创新性、交叉性金融业务不断涌现，立法和监管面临许多新情况。《商业银行法》的大量内容已经不适合实际需求，亟待全面修订。根据形势发展的客观需要，为支持和保障银行业的快速、稳健发展，商业银行法的修改工作已经被列入第十三届全国人大常委会立法规划和 2020 年立法工作计划，并于 2020 年 10 月 16 日由中国人民银行发布《中华人民共和国商业银行法（修改建议稿）》（以下简称《修改建议稿》），公开征求意见，意见反馈时间截至 2020 年 11 月 26 日。《修改意见稿》共 11 章 127 条，其中整合后新设或者充实了 4 个章节，分别涵盖公司治理、资本与风险管理、客户权益保护、风险处置与市场退出。[①]

根据《修改建议稿》的规定，在我国境内设立、变更、终止商业银行及开展商业银行业务，适用《商业银行法》。

（三）商业银行的设立

我国《商业银行法》规定，设立商业银行，应当经国务院银行业监督管理机构审查批准。未经国务院银行业监督管理部门批准，任何单位和个人不得从事吸收公众存款等商业银行业务，任何单位不得在名称中使用"银行"字样。

依照规定，商业银行设立须具备以下条件。

（1）有符合《商业银行法》和《公司法》规定的章程。

（2）有符合《商业银行法》规定的注册资本最低限额：设立全国性商业银行的为 100 亿元人民币；设立城市商业银行的为 10 亿元人民币；设立农村商业银行的为 1 亿元人民币。注册资本应当为实缴资本。国务院银行业监督管理机构根据审慎管理的要求可以调整商业银行注册资本最低限额，但不得低于上述规定的资本限额。

根据经济社会发展需要设立的村镇银行等其他类型的商业银行，注册资本最低限额由国务院银行业监督管理机构确定，报国务院批准。依据《村镇银行管理暂行规定》，在县（市）设立的村镇银行，其注册资本不得低于 300 万元人民币；在乡（镇）设立的村镇银行，其注册资本不得低于 100 万元人民币。

（3）有符合条件的股东或发起人。

（4）有具备任职专业知识和工作经验的董事、监事、高级管理人员。

（5）有健全的组织机构和管理制度。

（6）有符合要求的营业场所、安全防范措施和与业务有关的其他设施。

（7）有符合要求的信息科技架构、信息科技系统、安全运行技术与措施。

（8）有符合要求的风险管理和内部控制制度。

（9）国务院银行业监督管理机构规定的其他审慎性条件。

依据有关规定，国务院银行业监督管理机构应当对设立商业银行申请进行审查，自受理之日起 6 个月内作出批准或者不批准筹建的决定，并书面通知申请人。决定不批准的，应当书面

---

① 截至 2024 年 6 月，新的《商业银行法》尚未出台。本部分已将《修改建议稿》的部分内容吸纳其中，如果有不妥之处，还请读者见谅，待法律更新内容后进一步完善。

说明理由。申请人应当自收到批准筹建通知之日起1年内完成筹建工作，筹建期间不得从事商业银行业务经营活动。经批准设立的商业银行，由国务院银行业监督管理机构颁发经营许可证，并凭该许可证向市场监督管理部门办理登记，领取法人营业执照。

商业银行可以根据业务需要在中国境内外设立分支机构。设立分支机构亦必须经国务院银行业监督管理机构审查批准或者备案。商业银行在境内设立分支机构，应当按照规定拨付与其经营规模相适应的营运资金。在中国境内设立的分支机构，不按行政区划设立。

（四）商业银行的组织机构

1. 股东会

依据《商业银行法》的规定，商业银行的组织形式、组织机构适用《公司法》的规定，我国公司法规定的公司形式有有限责任公司和股份有限公司两种。商业银行的内部组织机构依据公司法律制度的规定设立，即应当设立股东会、董事会和监事会。

商业银行股东会应当至少每年召开一次会议，股东会选举董事、监事，应依照公司章程的规定或者股东会的决议，实行累积投票制。

2. 董事会

商业银行的董事会对商业银行的经营和管理承担最终责任。商业银行董事会除依据《公司法》等法律法规和商业银行章程履行职责以外，还应当履行以下职责：（1）制定和监督商业银行经营发展战略；（2）制定和监督执行商业银行风险偏好、风险管理和内部控制政策；（3）制定和实施资本规划，承担资本管理最终责任；（4）定期评估和完善商业银行公司治理；（5）负责商业银行财务报告和信息披露；（6）监督高级管理人员有效履职；（7）建立和监督落实商业银行与股东之间利益冲突的识别、审查和管理机制，完善关联交易的管理。

董事会在召开会议后15日内向国务院银行业监督管理机构报告。

商业银行应当设置独立董事。独立董事不得在所任职商业银行担任除独立董事之外的其他职务。

独立董事应当兼顾存款人、中小股东的合法权益和公共利益，对董事会讨论事项发表客观、公正的独立意见。

商业银行董事会应当单独设立审计委员会和风险管理委员会，并确保独立董事在董事会成员中的比例符合国务院银行业监督管理机构的规定。审计委员会应当由独立董事担任负责人。

商业银行董事会可以单独或者合并设立战略委员会、关联交易控制委员会、提名委员会、薪酬委员会等其他委员会。

商业银行董事长应当对商业银行的财务报告签字确认，对财务报告及其他披露材料的真实性、准确性、完整性承担主要责任。

3. 监事会

商业银行设立监事会，由职工代表监事、股东监事和外部监事组成。职工代表监事由职工大会或者职工代表大会选举产生，股东监事和外部监事由股东会选举产生。

村镇银行根据公司治理实际情况，可以不设监事会，设1至2名专职监事，但至少应当设1名外部监事。

监事会依据法律法规和商业银行章程履行监督管理职责，重点监督商业银行董事会、高级管理层的履职尽责情况、财务活动、内部控制、风险管理等，必要时可以独立聘请外部机构就相关工作提供专业协作。董事会、高级管理层及其成员对监事会决议、监事意见和建议拒绝或者拖延采取相应措施的，监事会或者监事有权报告股东会，提议召开临时股东会，并应当及时向国务院银行业监督管理机构报告。

4. 高级管理层

商业银行高级管理层是由经理、副经理、财务负责人、董事会秘书等组成的管理机构。高级管理层负责执行董事会决策，在其职权范围内依法独立开展经营管理活动，接受监事会监督。高级管理人员应当定期向董事会、监事会报告经营业绩、重要合同、财务状况和经营前景等。

（五）商业银行股东资质

1. 商业银行股东应当具有良好的社会声誉、诚信记录、纳税记录和财务状况

商业银行的主要股东、控股股东、实际控制人应当具备履行相应义务的能力和条件。企业法人成为商业银行的主要股东、控股股东、实际控制人的，应当核心业务突出，资本实力雄厚，公司治理规范，股权结构清晰，管理能力达标，资产负债和杠杆水平适度，并符合其他审慎性条件。

商业银行主要股东是指其出资额或持有股份占商业银行资本总额或股本总额的5%以上50%以下的股东，以及出资额或持有股份的比例不足5%，但对商业银行的经营管理有重大影响的股东。

境外机构成为商业银行的主要股东、控股股东、实际控制人的，也应当遵照商业银行法以及其他法律、行政法规监管规定的要求。

2. 商业银行股东的禁止情形（消极资格）

依据《修改建议稿》的规定，有下列情形之一的，不得成为商业银行的主要股东、控股股东或者实际控制人：（1）负有数额较大的债务到期未清偿的；（2）因提供虚假材料、不实陈述或者其他欺诈行为，被有关部门依法追究责任不满5年的；（3）因重大违法违规行为，被金融监管部门依法追究责任不满5年的；（4）因犯有危害国家安全、恐怖主义、贪污、贿赂、侵占财产、挪用财产、黑社会性质犯罪或者破坏社会主义经济秩序罪，被判处刑罚，自刑罚执行完毕之日起不满5年的；（5）其他可能对商业银行经营管理产生不利影响的情形。

法人的控股股东、实际控制人有上述情形之一的，该法人不得成为商业银行的主要股东、控股股东或者实际控制人。

（六）商业银行董事、监事、高级管理人员的任职资格

依据规定，有下列情形之一的，不得担任商业银行的董事、监事、高级管理人员。

（1）因犯有危害国家安全、恐怖主义、贪污、贿赂、侵占财产、挪用财产、黑社会性质犯罪或者破坏社会主义经济秩序罪，被判处刑罚，或者因犯罪被剥夺政治权利的。

（2）担任因经营管理不善破产清算的公司、企业的董事或者厂长、经理，并对该公司、企业的破产负有个人责任的。

（3）担任因违法被吊销营业执照的公司、企业的法定代表人，并负有个人责任的。

（4）个人负有数额较大的债务到期未清偿的。

（5）对重大金融风险或者重大金融违规行为负有个人责任，自被追究责任起不满5年的。

（七）商业银行主要股东、控股股东的义务

商业银行主要股东、控股股东的义务如下：（1）以合法资金投资商业银行。（2）向商业银

行逐层说明其股权结构直至实际控制人，并及时报告控股股东、实际控制人及其他关联方的变化情况。（3）依法履行信息披露义务。（4）依法行使股东权利，尽职选举董事、监事。（5）遵守关联交易有关的法律法规，监管规定和管理制度。

商业银行的主要股东、控股股东不得有下列行为：（1）以委托资金、信贷资金等非自有资金或者资产管理产品、投资基金等金融产品所募集的资金出资；（2）虚假出资、循环出资、抽逃出资；（3）滥用股东权利和股东有限责任，损害商业银行、其他股东、债权人以及其他利益相关人的合法权益；（4）以不正当手段干预董事会、高级管理层的经营管理；（5）操纵市场、扰乱金融秩序或者以其他方式谋取不正当利益。

商业银行的实际控制人不得滥用控制权，损害商业银行、股东、债权人以及其他利益相关人的合法权益。

（八）商业银行股权转让的要求

依据规定，持有商业银行股本比例5%以上的股权变动须履行审批手续。

（1）任何单位、个人非通过证券交易场所，单独或者通过协议、其他安排与他人共同持有或者累计增持商业银行股份总额达到5%的，应当事先经国务院银行业监督管理机构批准，并通知商业银行其他主要股东、控股股东，并予以公告。

（2）任何单位、个人通过证券交易场所，单独或者通过协议、其他安排与他人共同持有商业银行已发行的有表决权股份达到5%的，应当自该事实发生之日起3日内，报国务院银行业监督管理机构批准，并按照《证券法》的规定进行信息披露。获得批准前，投资人不得继续增持该商业银行股份。国务院银行业监督管理机构不予批准的，投资人应当依法在规定的期限内予以纠正。

（3）任何单位、个人通过证券交易场所，单独或者通过协议、其他安排与他人共同持有商业银行已发行的有表决权股份达到5%后，累计增持或减持该商业银行已发行的有表决权股份达到5%的，应当履行前两项所规定的程序。

（九）商业银行的业务范围

依据规定，商业银行可以经营下列部分或者全部业务：（1）吸收公众存款；（2）发放短期、中期和长期贷款；（3）办理国内外结算；（4）办理票据承兑与贴现；（5）发行金融债券；（6）代理发行、代理兑付、承销政府债券及其他债券，证券交易所发行的证券除外；（7）买卖政府债券、金融债券及其他债券；（8）从事同业拆借；（9）买卖、代理买卖外汇；（10）从事银行卡业务；（11）提供信用证服务及担保；（12）代理收付款项、代理保险及其他业务；（13）办理托管业务；（14）提供保管箱业务；（15）办理衍生品交易业务；（16）办理贵金属业务；（17）办理离岸银行业务；（18）经国务院银行业监督管理机构核准的其他业务。

商业银行的上述业务，按照资金来源和用途可以归纳为三类：第一类是负债业务，包括吸收存款、发行金融债券、借款（同业拆借、向中央银行借款、向国内外币市场借款）、应付款等。第二类是资产业务，主要包括发放贷款、票据承兑与贴现、买卖外汇、办理贵金属交易、提供保管箱业务等。第三类是中间业务，主要包括办理国内外结算、代理发行、代理兑付、承销政府债券等。

商业银行的经营范围由商业银行章程规定，报国务院银行业监督管理机构核准。商业银行经中国人民银行批准，可以经营外汇结汇、售汇业务。

（十）商业银行的经营原则

商业银行以安全性、流动性、效益性为基本经营原则，实行自主经营、自担风险、自负盈亏、自我约束。商业银行依法开展业务，不受任何单位和个人的干涉。商业银行以其全部法人财产独立承担民事责任。

（十一）商业银行业务原则

商业银行在从事银行业务时总体应坚持风险可控和服务实体经济的原则，依法合规开展业务，履行社会责任，不断提升经营管理水平。开展具体业务时应当遵循以下规则：（1）商业银行应当按照中国人民银行的规定，向中国人民银行交存款准备金。（2）商业银行应当根据银行类型、规模和业务实际制定特色化、专业化的发展战略。城市商业银行、农村商业银行、村镇银行等区域性商业银行应当在住所地范围内依法开展经营活动，未经批准，不得跨区域展业。（3）商业银行办理个人存款业务，应当遵循存款自愿、取款自由、存款有息、为存款人保密的原则。对个人存款和个人在银行的其他金融资产，商业银行有权拒绝任何单位或个人查询、冻结、扣划，但法律另有约定的除外。（4）对单位存款和单位在商业银行的其他金融资产，商业银行有权拒绝任何单位或者个人查询，但法律、行政法规另有规定的除外；有权拒绝任何单位或个人冻结、扣划，但法律另有规定的除外。（5）商业银行按照中国人民银行的有关规定，可以与客户自主协商存贷款利率。（6）商业银行应当保证存款本金和利息的支付，不得拖延、拒绝支付存款本金和利息。（7）在办理贷款业务时，应当进行授信审查。商业银行对客户的资信状况、偿还能力、还款方式等情况应进行严格审查，并建立授信审查尽职免责制度。对有担保贷款的借款人逾期不归还贷款的，商业银行有权行使优先受偿权，商业银行因行使抵押权、质权而取得的不动产或者股权，应当自取得之日起5年之内予以处分。（8）商业银行依法接受国务院银行业监督管理机构的监督管理，但法律、行政法规规定其有关业务接受其他监督管理部门或者机构监督管理的，依照其规定。

（十二）客户权益保护

商业银行应当按照法律、行政法规和中国人民银行、国务院银行业监督管理机构的规定，保护客户的合法权益。

商业银行在从事银行业务时，应当坚持以下规则：

（1）商业银行开展营销业务时，应当遵循诚实信用原则，不得进行虚假、欺诈、隐瞒或者误导性宣传，不得损害其他同业信誉，不得夸大产品的业绩、收益或者压低其风险。

（2）商业银行应当使用客户易于接收、理解的方式，全面、准确披露与客户权益保护相关的产品和服务信息以及其他信息，并重点披露以下信息：1）订立、变更、中止、解除合同的方式和限制；2）双方的权利、义务、责任以及主要风险；3）发生纠纷的处理和投诉途径。

（3）商业银行应当充分了解和评估客户的风险偏好与风险承受能力，向客户充分提示风险，确保提供的产品和服务与客户的风险承受能力相匹配。商业银行未评估客户风险承受能力，或者向其客户提供与其风险能力不匹配的产品和服务，造成客户损失的，应当承担赔偿责任。

（4）商业银行向客户提供授信前，应当根据客户的财务、资信状况和还款能力，合理确定授信额度和利率，不得提供明显超出客户还款能力的授信。

（5）商业银行不得对产品和服务实行强制性搭配销售或者在合同中附加不合理的交易

条件。

（6）商业银行应当保障客户信息与数据安全。商业银行搜集、保存和使用个人信息，应当遵循合法、必要、正当原则进行，应取得本人同意，并明示搜集、保存、使用信息的目的、方式和范围。商业银行不得搜集与业务无关的信息或者采取不正当方式搜集个人信息，不得篡改、倒卖、违法使用个人信息。

商业银行应当保障个人信息安全，防止个人信息泄露和滥用。商业银行为处理跨境业务向境外传输个人信息和重要数据的，应当采取有效措施，确保个人信息和重要数据的受保护水平不因出境而降低。

第三节　证券法

一、证券法概述

（一）证券的概念和特征

1. 证券的概念

证券是用以表明各类财产所有权或债权的证书或凭证的统称，是用来证明证券持有人有权按证券所载取得相应权益的凭证。证券有广义和狭义之分。广义的证券是指民法意义上的证券，包括货物证券、货币证券和资本证券，如提单、仓单、汇票、支票、股票、债券等。狭义的证券仅指资本证券，即仅指公司债券、股票、存托凭证和国务院依法认定的其他证券。我国现行《证券法》所规范的证券即为狭义的证券。《证券法》适用于法定的"证券"，在证券市场上的公开发行和交易。

2. 证券的分类

证券的分类如下。

（1）依是否记名，分为记名证券与无记名证券。

（2）按构成的内容不同，分为商品证券、货币证券和资本证券。

商品证券是对一定量的商品拥有索取权的凭证，如货物提单、货运单、栈单等；货币证券是对一定量的货币拥有索取权的凭证，如支票、汇票、期票、本票等；资本证券是有价证券的主要形式，它是对一定量的资本拥有所有权和对一定的收益分配拥有索取权的凭证，如债券、股票等。狭义的有价证券通常是指资本证券。

（3）按发行主体不同，分为政府证券、金融证券和公司证券。政府证券即公债券，是政府以信用方式发行的债务凭证，包括国债券和地方政府债券；金融证券是指商业银行和非银行金融机构为筹措资金而发行的，承诺支付一定利息并到期偿还本金的债务凭证，包括金融债券、大额可转让存单等；公司证券是公司为筹措资金而发行的有价证券，主要有股票、公司债券和商业票据等。

（4）按是否上市，分为上市证券和非上市证券。上市证券是经国务院证券监督管理机构批准，并向证券交易所注册登记，获得场内发行和交易资格的证券；非上市证券是指未在证券交易所登记挂牌的、在场外发行和交易的证券。

3. 证券的特征

证券的特征如下。

（1）权义性。证券是资本所有权或债权的书面证明，它表明持券人拥有与证券相对应的经济权利，如股票表明持券人对公司享有股权以及与股权相对应的控制权和获取投资收益的权利；债券则代表了持券人定期获取利息和到期收回本金的权利。权义性反映着证券的本质。

（2）流通性。证券是主要的融资工具，可以在市场上转让。这使证券投资者可以选择适当的时机锁定证券投资收益或回收资金，从而使证券得以在资本市场上顺利地发行和交易。所以，证券总是在市场上不断地流通，发挥着调节资本流向的作用。

（3）收益性。证券的市场价格受到各种因素的影响。证券因时因地而呈现出价格差异且价格不断地发生变化。正是证券价格的这种差异和变化，给投资者提供了通过投资或投机活动盈利的机会。就证券本身而言，这种源于投资者不断追求利润的动机而表现出来的特性就是机会。

（4）风险性。证券的风险性，表现为由于证券市场的变化或发行人的原因，投资者不能获得预期收入，甚至有发生损失的可能性。证券投资的风险和收益是相联系的。在实际的市场中，任何证券投资活动都存在风险，完全回避风险的投资是不存在的。

（二）证券法的概念、基本原则和适用范围

1. 证券法的概念

现代证券法最早源于美国1933年的证券法。证券法是国家为管理证券市场而制定的，调整在证券管理、发行和交易中发生的经济关系的法律规范的总称。《证券法》被称为我国最贴近市场脉搏、最触动投资者神经的一部经济法律，也是中华人民共和国成立以来第一部按照国际上通行的做法，由国家立法机关而不是由政府行政主管部门组织起草的经济法律。我国《证券法》于2005年10月27日由第十届全国人大常委会第十八次会议大幅修订后重新颁布，自2006年1月1日起施行，共12章240条。此后，在2013年和2014年，我国立法机关对《证券法》又进行了两次修正，主要是减少了《证券法》中有关行政审批的范围的规定。2019年12月28日，第十三届全国人大常委会第十五次会议表决通过最新修订的《证券法》，并自2020年3月1日起施行，修订后的《证券法》共14章226条。此次修订在证券定义、注册制改革、投资者保护和违法惩戒等方面有所突破。2023年2月17日，中国证监会2023年第2次委务会议审议通过《首次公开发行股票注册管理办法》，自公布之日起施行。这意味着我国资本市场注册制改革正式拉开序幕，对我国资本市场的发展影响深远。

2. 证券法的基本原则

证券法的基本原则如下。

（1）公开原则：公开原则是指证券发行人必须将其所有与该项发行有关的资料公开，不得有虚假、误导性陈述和遗漏，否则，应承担相应的刑事责任和民事责任。

（2）公正原则：公正原则既指法律、法规、规章以及证券市场相关机构的规章制度均应以公正、不偏袒本位利益的立场制定，又指证券监督管理机构以及其他组织和人员应根据证券法严厉制止并查处各种证券违法犯罪行为，以保护投资者的合法权益。

（3）公平原则：公平原则是指在证券发行和交易活动中，当事人的法律地位完全平等，任何组织或个人不得享有超越证券法规定范围的特殊权利。

（4）自愿、有偿、诚实信用原则：证券发行、交易活动的当事人具有平等的法律地位，在证券发行、交易活动中应当遵守自愿、有偿、诚实信用的原则，禁止胁迫、欺诈行为。

3.《证券法》的适用范围

证券法主要是规范证券（法定证券）发行和交易中的管理关系和经济关系。我国《证券法》中所指的证券主要包括以下类型。

（1）股票，是指股份有限公司发行的证明股东所持股份的凭证。

（2）公司债券，是指发行人依照法定程序发行的、约定在一定期限内还本付息的有价证券。政府债券上市交易的，也属于《证券法》中所包括的"证券"。

（3）可转换公司债券，是指发行人依照法定程序发行、在一定期限内依据约定的条件可以转换为股份的公司债券。

（4）存托凭证，是指由存托人签发、以境外证券为基础、在中国境内发行的代表境外基础证券权益的证券。

（5）证券投资基金份额，是指基金投资人持有基金单位的权利凭证。证券投资基金份额上市交易的，属于《证券法》所指的"证券"。

二、证券机构

（一）证券公司

证券公司是依法设立的专门从事证券业务的金融机构，在证券市场上具有重要的地位：在证券发行市场上，证券公司作为承销商，使证券发行者筹集到所需的资金；在证券交易市场上，证券公司可以在证券交易所内自营或者代理投资者买卖证券，实现证券流通。因此，证券公司是连接证券投资者与证券筹资者的桥梁和纽带。证券公司所从事的证券业务有证券经纪、证券投资咨询、证券承销与保荐、证券自营、证券资产管理，以及与证券交易、证券投资活动有关的财务顾问等。设立证券公司，依据《证券法》的规定，必须经国务院证券监督管理机构批准，符合国家法律及行政法规对证券公司成立的要求。

（二）证券交易所

依据《证券法》的规定，证券交易所是为证券集中交易提供场所和设施，组织和监督证券交易，实行自律管理的法人。其职责是为买卖双方提供公开交易的场所及服务，并依照证券法律、行政法规制定上市规则、交易规则、会员管理规则和其他有关规则，对证券交易进行管理。证券交易所分为公司制和会员制两种形式，前者以营利为目的，而后者一般不具有营利性。我国的上海、深圳证券交易所均采用会员制。

（三）证券登记结算机构

证券登记结算机构是为证券交易提供集中登记、存管与结算服务，不以营利为目的的法人。证券登记结算机构具有以下特征：（1）证券登记结算机构是非营利法人；（2）证券登记结算机构是专业服务机构，其职责是为证券交易提供集中的登记、托管与结算服务。依据《证券法》的规定，证券登记结算机构的业务包括：证券账户、结算账户的设立；证券的存管和过户；证券持有人名册登记；证券交易所上市证券交易的清算和交收；受发行人的委托派发证券权益；办理与上述业务有关的查询；国务院证券监督管理机构批准的其他业务；等等。

（四）证券交易服务机构

证券交易服务机构是指为证券发行、交易及其他相关活动提供专门服务的社会中介机构，主要包括专业的证券投资咨询机构、财务顾问机构、资信评估机构、会计师事务所、资产评估机构和律师事务所等。

（五）证券业协会

在国家对证券发行、交易活动实行集中、统一监督管理的前提下，应依法设立证券业协会，实行自律性管理。同时，我国《证券法》规定：证券业协会是证券业的自律性组织，是社会团体法人，证券公司应当加入证券业协会。

依据《证券法》的规定，证券业协会的职能包括：（1）教育和组织会员及其从业人员遵守证券法律、行政法规，组织开展证券行业诚信建设，督促证券行业履行社会责任；（2）依法维护会员的合法权益，向证券监督管理机构反映会员的建议和要求；（3）督促会员开展投资者教育和保护活动，维护投资者合法权益；（4）制定和实施证券行业自律规则，监督、检查会员及其从业人员行为，对违反法律、行政法规、自律规则或者协会章程的，按照规定给予纪律处分或者实施其他自律管理措施；（5）制定证券行业业务规范，组织从业人员的业务培训；（6）组织会员就证券行业的发展、运作及有关内容进行研究，收集整理、发布证券相关信息，提供会员服务，组织行业交流，引导行业创新发展；（7）对会员之间、会员与客户之间发生的证券业务纠纷进行调解；（8）证券业协会章程规定的其他职责。

（六）证券监督管理机构

依据《证券法》的规定，国务院证券监督管理机构依法对证券市场实行监督管理，维护证券市场秩序，保障其合法运行。现阶段国务院证券监督管理机构指的是中国证监会，其基本职能是：（1）依法制定有关证券市场监督管理的规章、规则，并依法行使审批、核准、注册，办理备案；（2）依法对证券的发行、上市、交易、登记、存管、结算等行为进行监督管理；（3）依法对证券发行人、证券公司、证券服务机构、证券交易所、证券登记结算机构的证券业务活动，进行监督管理；（4）依法制定从事证券业务人员的行为准则，并监督实施；（5）依法监督、检查证券发行、上市、交易的信息披露；（6）依法对证券业协会的自律管理活动进行指导和监督；（7）依法监测并防范、处置证券市场风险；（8）依法开展投资者教育；（9）依法对证券违法行为进行查处；（10）法律、行政法规规定的其他职责。

三、投资者保护制度

（一）证券市场投资者类型

《证券法》第89条规定，根据财产状况、金融资产状况、投资者知识和经验、专业能力等因素，投资者可以分为普通投资者和专业投资者。专业投资者的标准由国务院证券监督管理机构规定。2019年修订后的《证券法》对普通投资者给予特殊保护，即当普通投资者与证券公司发生纠纷时，证券公司应当证明其行为符合法律、行政法规以及国务院证券监督管理机构的规定，不存在误导、欺诈等情形。证券公司不能证明的，应当承担相应的赔偿责任。

（二）投资者保护机制

1. 股东权利征集

作为证券诉讼代表人的投资者保护机制，是在我国《民事诉讼法》规定的代表人诉讼制度和其他法律规定的基础上，借鉴了美国和韩国的退出制集团诉讼等群体性诉讼制度，而作出的突破性创新。证券代表人诉讼的具体诉讼程序尚待我国《民事诉讼法》、相关司法解释出台专门规定予以规范。实践中，其也依赖法院、中国证监会、投资者保护机构、证券登记结算机构等各部门协作制定配套衔接细则。

2019 年修订后的《证券法》设专章从第 88 条至第 95 条规定了投资者保护，赋予了投资者保护机构上市公司特别股东地位。《证券法》第 90 条规定，除了上市公司董事会、独立董事、持有 1% 以上有表决权股份的股东，依法成立的投资者保护机构，也可以作为表决权征集人，自行委托或者委托证券公司、证券服务机构，公开请求上市公司股东委托其代为出席股东会，并代为行使提案权、表决权等股东权利。这相当于取消了投资者保护机构公开征集提案权和表决权的持股比例限制。

投资者保护机构依法征集股东权利的，征集人应当披露征集文件，上市公司应当予以配合。禁止以有偿或者变相有偿的方式公开征集股东权利。公开征集股东权利违反法律、行政法规或者国务院证券监督管理机构有关规定，导致上市公司或者其股东遭受损失的，应当依法承担赔偿责任。

2. 证券纠纷调解

早在 2016 年，我国即设立由投保基金公司、投服中心、证券调解中心等八家单位作为试点调解主持的先行赔付等程序。其可与司法诉讼对接，达成的调解协议也具有民事合同性质。《证券法》第 93 条肯定了这一成功经验，从法律上明确了先行赔付制度中投资者保护机构接受委托与投资者达成赔偿协议的主体地位。《证券法》第 94 条第 1 款规定："投资者与发行人、证券公司等发生纠纷的，双方可以向投资者保护机构申请调解。普通投资者与证券公司发生证券业务纠纷，普通投资者提出调解请求的，证券公司不得拒绝。"这将证券纠纷调解制度上升到了法律的高度，实现了对普通投资者的"倾斜保护"。

3. 支持投资者诉讼

《证券法》第 94 条第 2 款规定，"投资者保护机构对损害投资者利益的行为，可以依法支持投资者向人民法院提起诉讼"。该条规定显示出立法者对投服中心作为支持机构支持权益受损的中小投资者依法诉讼维权的实践经验的肯定与吸纳。《证券法》第 95 条第 3 款在该条第 1、2 款的基础上规定，投资者保护机构受 50 名以上投资者委托可以作为诉讼代表人，按照"默示加入、明示退出"的诉讼原则，依法为受害投资者提起民事损害赔偿诉讼。

4. 先行赔付

发行人因欺诈发行、虚假陈述或者其他重大违法行为给投资者造成损失的，发行人的控股股东、实际控制人、相关的证券公司可以委托投资者保护机构，就赔偿事宜与受到损失的投资者达成协议，予以先行赔付。先行赔付后，可以依法向发行人以及其他连带责任人追偿。

四、证券发行

（一）证券发行的概念和分类

1. 证券发行的概念

证券发行又称证券一级市场或初级市场，是证券发行者为筹集资金向社会出售股票或债券，投资者用其资金购买证券的金融交易活动的总称。

2. 证券发行的分类

证券发行的分类包括：（1）根据证券发行之对象，可以分为公募发行和私募发行。（2）根据证券发行之种类，可以分为股票发行、债券发行和基金单位发行。（3）根据证券发行之方式，可以分为直接发行和间接发行。（4）根据证券发行时间，可以分为公募设立发行和新股发行。（5）根据证券发行之条件确定方式，可以分为议价发行和招标发行。（6）根据证券发行价格与票面金额之关系，可以分为平价发行、折价发行和溢价发行。

（二）证券发行的审核制度

1. 公开主义的注册制

证券发行的注册制，是指发行申请人依法将与证券发行有关的信息和资料公开，制成法律文件，送交证券交易所进行发行上市审核，并报证券监管机构注册。证券监管机构只对发行申请人申报文件的真实性、完整性、准确性和及时性进行形式审查，不对发行人的资质进行实质性审核和价值判断，而将发行证券的优劣交由市场决定的制度。注册制改革的本质是把选择权交给市场，强化市场约束和法治约束。

《证券法》第 9 条规定，"公开发行证券，必须符合法律、行政法规规定的条件，并依法报经国务院证券监管机构或者国务院授权的部门注册。未经依法注册，任何单位和个人不得公开发行证券。证券发行注册制的具体范围、实施步骤，由国务院规定。"早在 2014 年 10 月，我国开始尝试股票发行注册制改革。2019 年修正后的《证券法》的实施，表明我国证券公开发行将全面推行注册制，终结证券发行核准制。此后，在注册制实施的程序上，采取渐进落地方式：我国资本市场首先对公司债券、企业债券公开发行以及科创板与创业板公开发行股票实行注册制。2018 年，上海证券交易所设立科创板并试点注册制；2019 年，首批科创板公司上市交易；2020 年，深圳证券交易所创业板改革并试点注册制正式落地；2021 年 9 月，北京证券交易所揭牌开市并同步试点注册制。全面实行注册制是涉及资本市场全局的重大改革，科创板、创业板和北京证券交易所的试点注册制为主板市场注册制改革奠定了坚实基础，其在中国资本市场改革发展进程中具有里程碑意义。2023 年 2 月 17 日，中国证监会发布《首次公开发行股票注册管理办法》等全面实行股票发行注册制相关制度规则，并自公布之日起施行。证券交易所、全国股转公司、中国结算、中证金融、证券业协会配套制度规则同步发布实施。此次发布的制度规则共 165 部，其中中国证监会发布的制度规则 57 部，证券交易所、全国股转公司、中国结算、中证金融、证券业协会配套制度规则 108 部同步发布实施，主要内容包括精简优化发行上市条件、完善审核注册程序、优化发行承销制度、完善上市公司重大资产重组制度、强化监管执法和投资者保护等。这标志着我国资本市场股票发行实行注册制正式启动。

2. 准则主义的核准制

证券发行核准制，是指证券的发行不仅要以真实状况的充分公开为条件，而且必须符合证券管理机构制定的若干适于发行的实质条件。证券监管机构有权依照法律的规定，对发行人提出的申请以及有关材料，进行实质性审查，发行人得到批准后方可取得发行资格，在证券市场上发行证券。

注册制与核准制相比，发行人的成本更低，上市效率更高，对社会资源耗费更少，资本市场可以快速实现资源配置功能。

（三）股票的发行

目前我国资本市场为多层次（五个部分板块）市场体系。其中，主板突出"大盘蓝筹"特色，重点支持业务模式成熟、经营业绩稳定、规模较大、具有行业代表性的优质企业，主要服务于成熟期大型企业。科创板面向世界科技前沿、面向经济主战场、面向国家重大需求。突出"硬科技"特色，发挥资本市场改革"试验田"作用；优先支持符合国家战略，拥有关键核心技术，科技创新能力突出，主要依靠核心技术开展生产经营，具有稳定的商业模式，市场认可度高，社会形象良好，具有较强成长性的企业。创业板主要服务成长型创新创业企业，传统产业与新技术、新产业、新业态、新模式深度融合的企业。北京证券交易所与全国股转系统共同打造服务创新型中小企业主阵地。有鉴于此，各板块公开发行股票的条件亦呈现差异化。

2023年2月17日，中国证监会宣布：全面实行股票发行注册制制度规则发布实施。证券交易所、全国股转公司、中国结算、中证金融、证券业协会配套制度规则同步发布实施。依据股票上市规则，全面注册制下，主板上市条件已大幅优化，具体表现在取消部分硬性指标、增设两套上市标准、明确红筹以及特殊表决权企业的上市标准。

1. 境内公司首次公开发行股票并上市应当遵循的基本要求。

（1）依据中国证监会《首次公开发行股票注册管理办法》第5条～第9条的规定，境内首次公开发行股票并上市，应当符合发行条件、上市条件以及相关信息披露要求，依法经交易所发行上市审核，并报中国证监会注册。

（2）发行人应当诚实守信，依法充分披露投资者作出价值判断和投资决策所必需的信息，充分揭示当前以及未来可预见的、对发行人构成重大不利影响的直接和间接风险，所披露信息必须真实、准确、完整，简明清晰、通俗易懂，不得有虚假记载、误导性陈述或者重大遗漏。

（3）发行人应当按照保荐人、证券服务机构的要求，依法向其提供真实、准确、完整的财务会计资料和其他资料，配合相关机构开展尽职调查和其他相关工作。

（4）发行人的控股股东、实际控制人、董事、监事、高级管理人员、有关股东应当配合相关机构开展尽职调查和其他相关工作，不得要求或者协助发行人隐瞒应当提供的资料或者应当披露的信息。

（5）保荐人应当诚实守信，勤勉尽责，按照依法制定的业务规则和行业自律规范的要求，充分了解发行人的经营情况、风险和发展前景，以提高上市公司质量为导向，根据相关板块定位保荐项目，对注册申请文件和信息披露资料进行审慎核查，对发行人是否符合发行条件、上市条件独立作出专业判断，审慎作出推荐决定，并对招股说明书及其所出具的相关文件的真实性、准确性、完整性负责。

（6）证券服务机构应当严格遵守法律法规、中国证监会制定的监管规则、业务规则和本行业公认的业务标准和道德规范，建立并保持有效的质量控制体系，保护投资者合法权益，审慎履行职责，作出专业判断与认定，保证所出具文件的真实性、准确性和完整性。证券服务机构及其相关执业人员应当对与本专业相关的业务事项履行特别注意义务，对其他业务事项履行普通注意义务，并承担相应法律责任。

对发行人首次公开发行股票申请予以注册，不表明中国证监会和交易所对该股票的投资价值或者投资者收益作出实质性判断或者保证，也不表明中国证监会和交易所对注册申请文件的真实性、准确性、完整性作出保证。

2. 首次公开发行股票的基本条件

股票发行是指发行人以筹集资金为目的，依照法定程序向投资者或原股东发行股份的行为。股票发行一般包括首次公开发行股票、增发新股。

依据《证券法》第12条的规定，公司首次公开发行新股，应当符合下列基本条件：（1）具备健全且运行良好的组织机构；（2）具有持续经营能力；（3）最近3年财务会计报告被出具无保留意见审计报告；（4）发行人及其控股股东、实际控制人最近3年不存在贪污、贿赂、侵占财产、挪用资产或者破坏社会主义市场经济秩序的刑事犯罪；（5）经国务院批准的国务院证券监督管理机构规定的其他条件。

3. 首次公开发行股票的一般条件

（1）发行人是依法设立且持续经营3年以上的股份有限公司，具备健全且运行良好的组织机构，相关机构和人员能够依法履行职责。有限责任公司按原账面净资产值折股整体变更为股份有限公司的，持续经营时间可以从有限责任公司成立之日起计算。

（2）发行人会计基础工作规范，财务报表的编制和披露符合企业会计准则和相关信息披露规则的规定，在所有重大方面公允地反映了发行人的财务状况、经营成果和现金流量，最近3年财务会计报告由注册会计师出具无保留意见的审计报告。

发行人内部控制制度健全且被有效执行，能够合理保证公司运行效率、合法合规和财务报告的可靠性，并由注册会计师出具无保留结论的内部控制鉴证报告。

（3）发行人业务完整，具有直接面向市场独立持续经营的能力。1）资产完整，业务及人员、财务、机构独立，与控股股东、实际控制人及其控制的其他企业不存在对发行人构成重大不利影响的同业竞争，不存在严重影响独立性或者显失公平的关联交易。2）主营业务、控制权和管理团队稳定，首次公开发行股票并在主板上市的，最近3年内主营业务和董事、高级管理人员均没有发生重大不利变化；首次公开发行股票并在科创板、创业板上市的，最近2年内主营业务和董事、高级管理人员均没有发生重大不利变化；首次公开发行股票并在科创板上市的，核心技术人员应当稳定且最近2年内没有发生重大不利变化；发行人的股份权属清晰，不存在导致控制权可能变更的重大权属纠纷，首次公开发行股票并在主板上市的，最近3年实际控制人没有变更；首次公开发行股票并在科创板、创业板上市的，最近2年实际控制人没有发生变更。3）不存在涉及主要资产、核心技术、商标等的重大权属纠纷，重大偿债风险，重大担保、诉讼、仲裁等或有事项，经营环境已经或者将要发生重大变化等对持续经营有重大不利影响的事项。

（4）发行人生产经营符合法律、行政法规的规定，符合国家产业政策。

最近3年内，发行人及其控股股东、实际控制人不存在贪污、贿赂、侵占财产、挪用财产或者破坏社会主义市场经济秩序的刑事犯罪，不存在欺诈发行、重大信息披露违法或者其他涉及国家安全、公共安全、生态安全、生产安全、公众健康安全等领域的重大违法行为。

董事、监事和高级管理人员不存在最近3年内受到中国证监会行政处罚，或者因涉嫌犯罪被司法机关立案侦查或者涉嫌违法违规正在被中国证监会立案调查且尚未有明确结论意见等情形。

上述基本条件和一般条件在注册制下适用主板、创业板、科创板上市的公司首次公开发行股票。

4. 上市公司向不特定对象发行股票的条件

（1）具备健全且运营良好的组织机构。

（2）现任董事、监事和高级管理人员符合法律、行政法规规定的任职要求。

（3）具有完整的业务体系和直接面对市场独立经营的能力，不存在对持续经营有重大不利影响的情形；以上对发行人首次发行股票的盈利能力要求适用核准制下，主板实行注册制后，对发行人的盈利能力则不作硬性要求。

（4）会计基础工作规范，内部控制制度健全且有效执行，财务报表和披露符合企业会计准则和相关信息披露规则的规定，在所有重大方面公允反映了上市公司的财务状况、经营成果和现金流量，最近3年财务会计报告被出具无保留意见审计报告。

（5）除金融类企业外，最近一期末不存在金额较大的财务性投资。

（6）交易所主板上市公司配股、增发的，应当最近3个会计年度盈利；增发还应当满足最近3个会计年度加权平均净资产收益率平均不低于6%；净利润以扣除非经常性损益前后孰低者为计算依据。

5. 上市公司向不特定对象发行股票的约束条件

上市公司向不特定对象发行股票的，不得存在下列情形：（1）擅自改变前次募集资金用途未作纠正，或者未经股东大会认可；（2）最近1年财务报表的编制和披露在重大方面不符合企业会计准则或者相关信息披露规则的规定；最近1年财务会计报告被出具否定意见或者无法表示意见的审计报告，且保留意见所涉及事项对上市公司的重大不利影响尚未消除。本次发行涉及重大资产重组的除外；（3）现任董事、监事和高级管理人员最近3年受到中国证监会行政处罚，或者最近1年受到证券交易所公开谴责；（4）上市公司或者其现任董事、监事和高级管理人员因涉嫌犯罪正在被司法机关立案侦查或者涉嫌违法违规正在被中国证监会立案调查；（5）控股股东、实际控制人最近3年存在严重损害上市公司利益或者投资者合法权益的重大违法行为；（6）最近3年存在严重损害投资者合法权益或者社会公共利益的重大违法行为。

依据《首次公开发行股票注册管理办法》、股票上市规则以及证券交易所的相关规定，发行人发行股票并上市的财务指标应当至少符合下列标准中的一项。

第一套标准：1）最近3个会计年度净利润均为正数且累计超过人民币1.5亿元，最近1年净利润不低于6 000万元，净利润以扣除非经常性损益前后较低者为计算依据。2）最近3个会计年度经营活动产生的现金流净额累计不低于人民币1亿元，或者最近3个会计年度营业收入累计不低于10亿元人民币。3）发行后股本总额不少于人民币5 000万元。

第二套标准：1）预计市值不低于50亿元；2）最近一年净利润为正；3）最近一年营业收入不低于6亿元；4）最近3个会计年度经营活动产生的现金流净额累计不低于人民币1.5亿元。

第三套标准：1）预计市值不低于80亿元；2）最近一年净利润为正；3）最近一年营业收入不低于8亿元。

实施注册制后的主板IPO的企业，需要满足上述三套财务标准中的其中一项。注册制下的第二套、第三套标准，不再要求发行人最近三个会计年度净利润为正。这将有利于一些受行业或其他周期影响的大企业上市。

6. 股份有限公司主板上市的条件

（1）符合《证券法》、中国证监会规定的条件；（2）公开发行的股份达到公司股份的25%以上，公司股本总额超过人民币4亿元的，公开发行的股份比例占10%以上；（3）发行后股本总额不少于人民币5 000万元；（4）市值及财务指标符合规定的标准。境内发行人申请股票上市的，应当至少符合下列标准中的一项：1）最近 3 个会计年度净利润均为正数且累计超过人民币 1.5 亿元，最近 1 年净利润不低于 6 000 万元，净利润以扣除非经常性损益前后较低者为计算依据；2）最近 3 个会计年度经营活动产生的现金流净额累计不低于人民币 1 亿元，或者最近 3 个会计年度营业收入累计不低于 10 亿元人民币；3）预计市值不低于 80 亿元，且最近一年净利润为正，最近一年营业收入不低于 8 亿元。

这里的净利润以扣除非经常性损益后孰低者为准；净利润、经营活动产生的现金流净额、营业收入均指经审计的数额。预计市值，是指股票公开发行后按照总股本乘以发行价格计算出来的发行人股票名义总价值。

发行人具有表决权差异安排的，市值及财务指标应当至少符合下列标准中的一项：（1）预计市值不低于 200 亿元，且最近 1 年净利润为正；（2）预计市值不低于 100 亿元，且最近 1 年净利润为正，营业收入不低于 10 亿元。

7. 科创板、创业板首次公开发行股票的条件

创业板上市的公司与在主板市场上市的公司相比，规模小，风险大，经营不稳定，但却具有创新性和成长性。为了扶持此类企业，2019 年 3 月 1 日，中国证监会发布《科创板首次公开发行股票注册管理办法（试行）》，并于 2020 年 7 月修正。2020 年 6 月 12 日，中国证监会发布《创业板首次公开发行股票注册管理办法》。该办法规定的首次公开发行股票的条件远低于在主板和中小板首发的条件。2023 年 2 月 17 日，中国证监会宣布：全面实行股票发行注册制制度规则发布实施。证券交易所、全国股转公司、中国结算、中证金融、证券业协会配套制度规则同步发布实施。

科创板、创业板首次公开发行股票的条件与主板市场发行条件大致相同，不过是条件略低。

发行人具有表决权差异安排的，市值及财务指标应当至少符合下列标准中的一项：（1）预计市值不低于 100 亿元，且最近 1 年净利润为正；（2）预计市值不低于 50 亿元，且最近 1 年净利润为正，营业收入不低于 5 亿元。

8. 科创板、创业板股票境外上市的红筹公司发行股票的条件

依据《科创板首次公开发行股票注册管理办法（试行）》、《创业板首次公开发行股票注册管理办法（试行）》以及证券交易所的相关规定，已在境外上市的红筹企业，申请发行股票或者存托凭证并上市的，应当至少符合下列标准中的一项：（1）市值不低于 2 000 亿元；（2）市值 200 亿元以上，且拥有自主研发、国际领先技术，科技创新能力较强，在同行业竞争中处于相对优势地位。

未在境外上市的红筹企业，申请发行股票或者存托凭证并上市的，应当至少符合下列标准中的一项：（1）预计市值不低于 200 亿元，且最近 1 年营业收入不低于 30 亿元；（2）营业收入快速增长，拥有自主研发、国际领先技术，科技创新能力较强，在同行业竞争中处于相对优势地位，预计市值不低于 100 亿元；（3）营业收入快速增长，拥有自主研发、国际领先技术，科技创新能力较强，在同行业竞争中处于相对优势地位，且预计市值不低于 50 亿元，最近 1 年营业收入不低于 5 亿元。

发行人发行股票并上市的财务指标应当至少符合下列标准中的一项：1）预计市值不低于 10 亿元，且最近 2 年净利润为正，最近 1 年净利润不低于 5 000 万元，或者预计市值不低于 10

亿元，最近 1 年净利润为正且营业收入不低于 1 亿元；2）预计市值收入不低于人民币 15 亿元，最近 1 年营业收入不低于人民币 2 亿元，且最近 3 年研发投入占最近 3 年累计营业收入的比例不低于 15%；3）预计市值不低于人民币 20 亿元，最近 1 年营业收入不低于人民币 3 亿元，且最近 3 年经营活动产生的现金流净额不低于人民币 1 亿元；4）预计市值不低于人民币 30 亿元，且最近 1 年营业收入不低于人民币 3 亿元；5）预计市值不低于 40 亿元，主要业务或者产品需经有关国家部门批准，市场空间大，目前已取得阶段性成果。医药行业企业需至少有一项核心产品获准开展二期临床试验，其他符合科创板定位的企业需具备明显的技术优势并满足相应条件。

发行人为境内企业且不存在表决权差异安排的，市值以及财务指标至少符合下列标准中的一项：1）最近 2 年净利润为正，且累计净利润不低于人民币 5 000 万元；2）预计市值不低于人民币 10 亿元，最近 1 年净利润为正，且营业收入不低于人民币 1 亿元；3）预计市值不低于人民币 50 亿元，且最近 1 年营业收入不低于人民币 3 亿元。

9. 首次公开发行股票的程序

依据《首次公开发行股票注册管理办法》的规定，在主板、科创板和创业板首次公开发行股票适用注册制，其发行程序基本相同。

（1）发行人的董事会应当就本次股票发行的具体方案、本次募集资金使用的可能性及其他必须明确的事项作出决议，并提请股东会批准。

（2）发行人的股东会应当就本次股票发行作出决议。该决议的内容至少应当包括下列事项：1）本次公开发行股票的种类和数量；2）发行对象；3）定价方式；4）募集资金用途；5）发行前滚存利润的分配方案；6）决议的有效期；7）对董事会办理本次发行具体事宜的授权；8）其他必须明确的事项。

（3）发行人应当按照中国证监会的有关规定制作申请文件，由保荐人保荐并向证券交易所申报。证券交易所收到注册申请文件后，在 5 个工作日内作出是否受理的决定。注册申请受理后，未经中国证监会或者交易所同意，不得改动。发生重大事项的，发行人、保荐人、证券服务机构应当及时向交易所报告，并按要求更新注册申请文件和信息披露资料。

（4）证券交易所设立独立的审核部门，负责审核发行人公开发行并上市申请；设立科技创新咨询委员会或行业咨询专家库，负责为板块建设和发行上市审核提供专业咨询和政策建议；设立上市委员会，负责对审核部门出具的审核报告和发行人的申请文件提出审核意见。

交易所主要通过向发行人提出审核问询、发行人回答问题方式开展审核工作，判断发行人是否符合发行条件、上市条件和信息披露要求，督促发行人完善信息披露内容。

（5）交易所按照规定的条件和程序，形成发行人是否符合发行条件和信息披露要求的审核意见。认为发行人符合发行条件和信息披露要求的，将审核意见、发行人注册申请文件及相关审核资料报中国证监会注册；认为发行人不符合发行条件或者信息披露要求的，作出终止发行上市审核决定。

交易所审核过程中，发现重大敏感事项、重大无先例情况、重大舆情、重大违法线索的，应当及时向中国证监会请示报告，中国证监会及时明确意见。

（6）交易所应当自受理注册申请文件之日起在规定的时限内形成审核意见。发现人根据要求补充、修改注册申请文件，或者交易所按照规定对发行人实施现场检查，要求保荐人、证券服务机构对有关事项进行专项核查，并要求发现人补充、修改申请文件的时间不计算在内。

（7）中国证监会在交易所收到注册申请文件之日起，同步关注发行人是否符合国家产业政策和板块定位。

中国证监会收到交易所审核意见及相关材料后，基于交易所审核意见，依法履行发现注册程序。在 20 个工作日内对发行人的注册申请作出予以注册或者不予注册的决定。

前述规定的注册期限内，中国证监会发现存在影响发行条件的新增事项的，可以要求交易所进一步问询并就新增事项形成审核意见。发行人根据要求补充、修改注册申请文件，或者中国证监会要求交易所进一步问询，要求保荐人、证券服务机构等对有关事项进行核查，对发行人现场检查，并要求发行人补充、修改申请文件的时间不计算在内。

中国证监会认为交易所对新增事项审核意见依据明显不充分，可以退回交易所补充审核。交易所补充审核后，认为发行人符合发行条件和信息披露要求的，重新向中国证监会报送审核意见及相关资料，前述规定的注册期限重新计算。

（8）中国证监会的予以注册决定，自作出之日起 1 年内有效，发行人应当在注册决定有效期内发行股票，发行时点由发行人自主选择。

（9）中国证监会作出予以注册决定后，发行人股票上市交易前，发行人应当及时更新信息披露文件内容，财务报表已过有效期的，发行人应当补充财务会计报告等文件；保荐人以及证券服务机构应当持续履行尽职调查职责；发生重大事项的，发行人、保荐人应当及时向交易所报告。交易所应当对上述事项及时处理，发现发行人存在重大事项影响发行条件、上市条件的，应当出具明确意见并及时向中国证监会报告。

（10）中国证监会作出予以注册决定后、发行人股票上市交易前，发行人应当持续符合发行条件，发现可能影响本次发行的重大事项的，中国证监会可以要求发行人暂缓发行、上市；相关重大事项导致发行人不符合发行条件的，应当撤销注册。中国证监会撤销注册后，股票尚未发行的，发行人应当停止发行；股票已经发行尚未上市的，发行人应当按照发行价并加算银行同期存款利息返还股票持有人。

（11）交易所认为发行人不符合发行条件或者信息披露要求，作出终止发行上市审核决定，或者中国证监会作出不予注册决定的，自决定作出之日起 6 个月后，发行人可以再次提出公开发行股票并上市申请。

10. 中止发行上市的法定情形

《首次公开发行股票注册管理办法》第 30 条规定，存在下列情形之一的，发行人、保荐人应当及时书面报告交易所或者中国证监会，交易所或者中国证监会应当中止相应发行上市审核程序或者发行注册程序。

（1）相关主体涉嫌违反《首次公开发行股票注册管理办法》第 13 条第 2 款的规定，被立案调查或者被司法机关侦查，尚未结案。

（2）发行人的保荐人以及律师事务所、会计师事务所等证券服务机构被中国证监会依法采取限制业务活动、责令停业整顿、指定其他机构托管、接管等措施，或者被证券交易所、国务院批准的其他全国性证券交易场所实施一定期限内不接受其出具的相关文件的纪律处分，尚未解除。

（3）发行人的签字保荐代表人、签字律师、签字会计师等中介机构签字人员被中国证监会依法采取认定为不适当人选等监管措施或者证券市场禁入的措施，被证券交易所、国务院批准的其他全国性证券交易场所实施一定期限内不接受出具的相关文件的纪律处分，或者被证券业协会采取认定不适合从事相关业务的纪律处分，尚未解除。

（4）发行人及保荐人主动要求中止发行上市审核程序或者发行注册程序，理由正当且经交易所或者中国证监会同意。

（5）发行人注册申请文件中记载的财务资料已过有效期，需要补充提交。

（6）中国证监会规定的其他情形。

前述所列情形消失后，发行人可以提交恢复申请。交易所或者中国证监会按照规定恢复发行上市审核程序或者发行注册程序。

11. 终止发行上市审核程序或发行注册程序的法定情形

发行人存在下列情形之一的，交易所或者中国证监会应当终止相应发行上市审核程序或者发行注册程序，并向发行人说明理由。

（1）发行人撤回注册申请或者保荐人撤销保荐。

（2）发行人未在要求的期限内对注册申请文件作出解释说明或者补充、修改。

（3）注册申请文件存在虚假记载、误导性陈述或者重大遗漏。

（4）发行人阻碍或者拒绝中国证监会、交易所依法对发行人实施检查、核查。

（5）发行人及其关联方以不正当手段严重干扰发行上市审核或者发行注册工作。

（6）发行人法人资格终止。

（7）注册申请文件内容存在重大缺陷，严重影响投资者理解和发行上市审核或者发行注册工作。

（8）发行人注册申请文件中记载的财务资料已过有效期且逾期3个月未更新。

（9）发行人发行上市审核程序中止超过交易所规定的时限或者发行注册程序中止超过3个月未恢复。

（10）交易所认为发行人不符合发行条件或者信息披露要求。

（11）中国证监会规定的其他情形。

中国证监会和交易所建立全流程电子化审核注册系统，实现电子化受理、审核，发行注册各环节实时信息共享，并依法向社会公开相关信息。

12. 首次公开发行股票禁止配售的对象

首次公开发行股票网下配售时，发行人和主承销商不得向下列对象配售股票。

（1）发行人及其股东、实际控制人、董事、监事、高级管理人员和其他员工；发行人及其股东、实际控制人、董事、监事、高级管理人员能够直接或间接实施控制、共同控制或施加重大影响的公司，以及该公司控股股东、控股子公司和控股股东控制的其他子公司。

（2）主承销商及其持股比例5%以上的股东，主承销商的董事、监事、高级管理人员和其他员工；主承销商及其持股比例5%以上的股东、董事、监事、高级管理人员能够直接或间接实施控制、共同控制或施加重大影响的公司，以及该公司控股股东、控股子公司和控股股东控制的其他子公司。

（3）主承销商及其控股股东、董事、监事、高级管理人员和其他员工。

（4）上述三项所述人员的关系密切的家庭成员，包括配偶、子女及其配偶、父母及配偶的父母、兄弟姐妹及其配偶、配偶的兄弟姐妹、子女配偶的父母。

（5）过去6个月内与主承销商存在保荐、承销业务关系的公司及其持股5％以上的股东、实际控制人、董事、监事、高级管理人员，或已与主承销商签署保荐、承销业务合同或达成相关意向的公司及其持股5％以上的股东、实际控制人、董事、监事、高级管理人员。

（6）通过配售可能导致不正当行为或不正当利益的其他自然人、法人和组织。

13. 上市公司增发新股的条件

上市公司增发股票，可以公开发行，也可以非公开发行。上市公司增发新股包括上市公司公开增发新股和非公开发行新股。上市公司公开发行股票的，可以分为向原股东配售股份和向不特定对象公开募集股份。

（1）上市公司增发股票的一般条件。

第一，组织机构健全，运行良好。上市公司的章程合法、有效，股东会、董事会、监事会和独立董事制度健全，能够有效履行职责；公司内部控制制度健全，能够有效地保证公司运行的效率及合法、合规性和财务报告的可靠性；内部控制制度的完整性、合理性、有效性不存在重大缺陷；现任董事、监事和高级管理人员具备任职资格，能够忠实、勤勉地履行职务，不存在违反《公司法》第181、182条规定的行为，且最近36个月内未受到过中国证监会的行政处罚，最近12个月内未受到过证券交易所的公开谴责；上市公司与控股股东或实际控制人的人员、资产、财务分开，机构、业务独立，能够自主经营管理；最近12个月内不存在违规对外提供担保的行为。

第二，盈利能力具有可持续性。上市公司最近3个会计年度连续盈利，扣除非经常性损益后的净利润与扣除前的净利润相比，以低者作为计算依据；业务和盈利来源相对稳定，不存在严重依赖控股股东、实际控制人的情形；现有主营业务或投资方向能够可持续发展，经营模式和投资计划稳健，主要产品或者服务市场前景良好，行业经营环境和市场需求不存在现实或可预见的重大不利变化；高级管理人员和核心技术人员稳定，最近12个月内未发生重大不利变化；公司重要资产、核心技术或其他重大权益的取得合法，能够持续使用，不存在现实或可预见的重大不利变化；不存在可能严重影响公司持续经营的担保、诉讼、仲裁或其他重大事项；最近24个月内曾公开发行证券的，不存在发行当年营业利润比上年下降50％以上的情形。

第三，财务状况良好。上市公司的会计基础工作规范，严格遵循国家统一的会计制度规定；最近3年及一期的财务报表未被注册会计师出具保留意见、否定意见或无法表达意见的审计报告；被注册会计师出具带强调事项段的无保留意见审计报告的，所涉及事项对发行人无重大不利影响或者在发行前重大不利影响已经消除；资产质量良好；经营成果真实，现金流量正常，最近3年资产减值准备计提充分、合理，不存在操纵经营业绩的情形；最近3年以现金方式累计分配的利润不少于最近3年实现的年均可分配利润的30％。

第四，最近36个月内财务会计文件无虚假记载。上市公司不存在违反证券法律、行政法规或规章，受到中国证监会的行政处罚或者刑事处罚的行为；不存在违反工商、税收、土地、环保、海关法律、行政法规或规章，受到行政处罚且情节严重，或者受到刑事处罚的行为；不存在违反国家其他法律、行政法规且情节严重的行为。

第五，募集资金的数额和使用符合规定。上市公司募集资金数额不超过项目需要量；募集资金用途符合国家产业政策和有关环境保护、土地管理等法律和行政法规的规定；除金融类企业以外，本次募集资金使用项目不得为持有交易性金融资产和可供出售的金融资产、借予他人款项、委托理财等财务性投资，不得直接或间接投资于以买卖有价证券为主要业务的公司。投资项目实施后，不会与控股股东或实际控制人产生同业竞争或影响公司生产经营的独立性；建立募集资金专项存储制度，募集资金必须存放于公司董事会决定的专项账户。

因上市公司的不当行为，构成公司增发股票障碍的情形有以下六种：1）本次发行申请文件有虚假记载、误导性陈述或重大遗漏；2）擅自改变前次公开发行证券募集资金的用途而未作纠正；3）上市公司最近12个月内受到过证券交易所的公开谴责；4）上市公司及其控股股东或实际控制人最近12个月内存在未履行向投资者作出的公开承诺的行为；5）上市公司或其现任董事、高级管理人员因涉嫌犯罪被司法机关立案侦查或涉嫌违法违规被中国证监会立案调查；6）其他严重损害投资者的合法权益和社会公共利益的情形。

（2）上市公司配股的条件。

上市公司向原股东配售股份，除具备增发新股的一般条件以外，还必须具备以下条件：1）拟配股份数量不超过本次配售股份前股本总额的30%；2）控股股东应当在股东会召开前公开承诺认配股份的数量；3）采用《证券法》规定的代销方式发行。

（3）向不特定对象增发的条件。

向不特定对象增发，要求除了具备增发的一般条件外，还须具备以下条件：1）最近3个会计年度加权平均净资产收益率平均不低于6%，扣除非经常性损益后的净利润与扣除前的净利润相比，以低者作为计算依据；2）发行价格应不低于公告招股意向书前20个交易日公司股票均价或前1个交易日股票交易的均价；3）除金融类企业以外，最近一期末不存在持有金额较大的可交易性金融资产和可供出售的金融资产、借予他人款项、委托理财等财务性投资的情况。

14. 上市公司发行优先股的条件

依据中国证监会于2014年3月21日发布的《优先股试点管理办法》（2023年修订）的规定，上市公司可以公开发行优先股，也可以非公开发行优先股；非上市公司可以非公开发行优先股。

（1）上市公司发行优先股应当符合下列条件。

1）上市公司应当与控股股东或实际控制人的人员、资产、财务分开，机构、业务独立。

2）上市公司内部控制制度健全，能够有效保证公司运行效率、合法合规和财务报告的可靠性，内部控制的有效性应当不存在重大缺陷。

3）上市公司最近3个会计年度实现的年均可分配利润应当不少于优先股1年的股息。

4）上市公司最近3年现金分红情况应当符合公司章程及中国证监会的有关监管规定。

5）上市公司报告期不存在重大会计违规事项。公开发行优先股，最近3年财务报表被注册会计师出具的审计报告应当为标准审计报告或带强调事项段的无保留意见的审计报告；非公开发行优先股，最近1年财务报表被注册会计师出具的审计报告为非标准审计报告的，所涉及事项对公司无重大不利影响或者在发行前重大不利影响已经消除。

6）上市公司发行优先股募集资金应有明确用途，与公司业务范围、经营规模相匹配，募集资金用途符合国家产业政策和有关环境保护、土地管理等法律和行政法规的规定。除金融类企业外，本次募集资金使用项目不得为持有交易性金融资产和可供出售的金融资产、借予他人等财务性投资，不得直接或间接投资于以买卖有价证券为主要业务的公司。

7）上市公司已发行的优先股不得超过公司普通股股份总数的50%，且筹资金额不得超过发行前净资产的50%，已回购、转换的优先股不纳入计算。

上市公司同一次发行的优先股，条件应当相同。每次优先股发行完毕前，不得再次发行优先股。

（2）上市公司存在下列情形之一的，构成发行优先股的障碍：1）本次发行申请文件有虚假记载、误导性陈述或重大遗漏；2）最近12个月内受到过中国证监会的行政处罚；3）因涉嫌犯罪正被司法机关立案侦查或涉嫌违法违规正被中国证监会立案调查；4）上市公司的权益被控股股东或实际控制人严重损害且尚未消除；5）上市公司及其附属公司违规对外提供担保且尚未解除；6）存在可能严重影响公司持续经营的担保、诉讼、仲裁、市场重大质疑或其他重大事项；7）其董事和高级管理人员不符合法律、行政法规和规章规定的任职资格；8）严重损害投资者合法权益和社会公共利益的其他情形。

（3）上市公司发行优先股的特别规定。

上市公司公开发行优先股，应当符合以下情形之一：1）其普通股为上证50指数成分股。2）以公开发行优先股作为支付手段收购或吸收合并其他上市公司。3）以减少注册资本为目的回购普通股的，可以公开发行优先股作为支付手段，或者在回购方案实施完毕后，可公开发行不超过回购减资总额的优先股。

中国证监会核准公开发行优先股后不再符合上述第1）项情形的，上市公司仍可实施本次发行。

上市公司最近3个会计年度应当连续盈利。扣除非经常性损益后的净利润与扣除前的净利润相比，以孰低者作为计算依据。

上市公司公开发行优先股应当在公司章程中规定以下事项：1）采取固定股息率；2）在有可分配税后利润的情况下必须向优先股股东分配股息；3）未向优先股股东足额派发股息的差额部分应当累积到下一会计年度；4）优先股股东按照约定的股息率分配股息后，不再同普通股股东一起参加剩余利润分配。商业银行发行优先股补充资本的，可就第2）项和第3）项事项另行约定。

上市公司公开发行优先股的，可以向原股东优先配售。

（4）上市公司发行优先股的其他规定。

上市公司发行优先股的，除须不存在《优先股试点管理办法》第25条规定的情形外，上市公司最近36个月内因违反工商、税收、土地、环保、海关法律、行政法规或规章，受到行政处罚且情节严重的，不得公开发行优先股。

上市公司公开发行优先股，公司及其控股股东或实际控制人最近12个月内应当不存在违反向投资者作出的公开承诺的行为。

优先股每股票面金额为100元。优先股发行价格和票面股息率应当公允、合理，不得损害股东或其他利益相关方的合法利益，发行价格不得低于优先股票面金额。公开发行优先股的价格或票面股息率以市场询价或中国证监会认可的其他公开方式确定。非公开发行优先股的票面股息率不得高于最近两个会计年度的年均加权平均净资产收益率。上市公司不得发行可转换为普通股的优先股。但商业银行可根据商业银行资本监管规定，非公开发行触发事件发生时强制转换为普通股的优先股，并遵守有关规定。上市公司非公开发行优先股仅向《优先股试点管理办法》规定的合格投资者发行，每次发行对象不得超过200人，且相同条款优先股的发行对象累计不得超过200人。发行对象为境外战略投资者的，还应当符合国务院相关部门的规定。

（四）公司债券的发行

1. 公司债券公开发行的条件

债券有很多种类，但这里所讲的债券仅指公司债券。依据《证券法》第15条的规定，公开发行公司债券，应当符合下列条件：（1）具备健全且运行良好的组织机构；（2）最近3年平均可分配利润足以支付公司债券1年的利息；（3）国务院规定的其他条件。

上市公司存在下列情形的，不得再次公开发行公司债券：（1）对已公开发行的公司债券或者其他债务有违约或者迟延支付本息的事实，仍处于继续状态；（2）违反《证券法》规定，改变公开发行公司债券所募资金的用途。

《证券法》第15条第2款规定：公开发行公司债券筹集的资金，必须按照公司债券募集办法所列资金用途使用；改变资金用途，必须经债券持有人会议作出决议。公开发行公司债券筹集的资金，必须用于核准的用途，不得用于弥补亏损和非生产性支出。

公司债券的发行期限为1年以上，公司债券每张面值100元的，发行价格由发行人与保荐人通过市场询价确定。

2. 上市公司发行可转换为股票的公司债券的条件

（1）主板市场上市公司公开发行可转换债券的条件。

依据《上市公司证券发行注册管理办法》的规定，上市公司发行可转换债券，应当符合以下条件：1）具备健全且运行良好的组织机构。2）交易所主板上市公司向不特定对象发行可转债的，应当最近3个会计年度盈利，且最近3个会计年度加权平均净资产收益率平均不低于6%。扣除非经常性损益后的净利润与扣除前的净利润相比，以低者作为加权平均净资产收益率的计算依据。3）具有合理的资产负债结构和正常的现金流量。4）最近3年平均可分配利润足以支付公司债券1年的利息。5）根据上市公司向不特定对象发行可转债，或上市公司向特定对象发行可转债，分别提出的其他要求（详见《上市公司证券发行注册管理办法》第9条第2项至第5项、第10条和第11条的规定）。但是，按照公司债券募集办法，上市公司通过收购本公司股份的方式进行公司债券转换的除外。

上市公司可以公开发行认股权和债券分离交易的可转换公司债券。

（2）科创板和创业板上市公司发行可转换债券的条件。

《科创板上市公司证券发行注册管理办法（试行）》和《创业板上市公司证券发行注册管理办法（试行）》对科创板和创业板上市公司发行可转换公司债券作了特别规定。依据相关规定，上市公司在科创板和创业板发行可转换债券，应当符合下列规定：1）具备健全且运行良好的组织机构；2）最近3年平均可分配利润足以支付公司债券1年的利息；3）具有合理的资产负债结构和正常的现金流量。

与公开发行普通公司债券的要求相同，上市公司存在以下情形之一的，不得再次公开发行公司债券：其一，对已公开发行的公司债券或者其他债务有违约或者迟延支付本息的事实，仍处于继续状态；其二，违反《证券法》规定，改变公开发行公司债券所募集资金的用途。

3. 公司债券公开发行的程序

公司发行债券必须履行以下程序。

（1）作出发行决定。公司发行债券，应当先由董事会制订方案，再经由股东会作出决议。

（2）保荐人保荐。发行公司债券，应当由保荐人保荐，并向中国证监会申报。

（3）制作申请文件。保荐人应当按照中国证监会的有关规定编制和报送募集说明书和发行申请文件。保荐人应当对债券募集说明书的内容进行尽职调查，并由相关责任人签字，确认不存在虚假记载、误导性陈述或者重大遗漏，并声明承担相应的法律责任。债券募集说明书所引用的审计报告、资产评估报告、资信评级报告，应当由有资格的证券服务机构出具并由至少 2 名有从业资格的人员签署。债券募集说明书所引用的法律意见书，应当由律师事务所出具，并由至少 2 名经办律师签署。

公司全体董事、监事、高级管理人员应当在债券募集说明书上签字，保证不存在虚假记载、误导性陈述或者重大遗漏，并声明承担个别和连带的法律责任。为债券发行出具专项文件的注册会计师、资产评估人员、资信评级人员、律师及其所在机构，应当按照依法制定的业务规则、行业公认的业务标准和道德规范出具文件，并声明对所出具文件的真实性、准确性和完整性承担责任。

（4）注册。发行债券由证券交易所审核，报经中国证监会注册。公司应当在发行债券前的 2 至 5 个工作日内，将经中国证监会注册的债券募集说明书摘要刊登在至少一种中国证监会指定的报刊，同时将其全文刊登在中国证监会指定的互联网网站。

（5）发行。发行公司债券，可以申请一次核准、分期发行。自中国证监会核准发行之日起，公司应在 6 个月内首期发行，剩余数量应当在 24 个月内发行完毕。超过注册文件限定的时效未发行的，须重新经中国证监会核准后方可发行。首期发行数量应当不少于总发行数量的 50%，剩余各期发行的数量由公司自行确定，每期发行完毕后 5 个工作日内报证监会备案。

4. 公司债券的非公开发行

公司依法可以非公开发行公司债券，但应当向特定的投资者——合格投资者发行，每次发行对象不得超过 200 人。

所谓合格投资者，是指具备相应的风险识别和承担能力，知悉并自行承担公司债券的投资风险，符合一定资质条件的机构和个人。根据规定，符合下列条件的机构和个人为合格投资者：（1）经有关金融监管部门批准设立的金融机构，包括证券公司、基金管理公司及其子公司、期货公司、商业银行、保险公司和信托公司等，以及经中国证券投资基金业协会登记的私募基金管理人；（2）上述金融机构面向投资者发行的理财产品，包括但不限于证券公司资产管理产品、保险产品、信托产品以及经中国证券投资基金业协会备案的私募基金；（3）净资产不低于人民币 1 000 万元的企事业单位法人、合伙企业；（4）合格境外机构投资者（QFII）、人民币合格境外机构投资者（RQFII）；（5）社会保障基金、企业年金等养老基金；（6）名下金融资产不低于人民币 300 万元的个人投资者；（7）经中国证监会认可的其他合格投资者。

非公开发行公司债券，可以申请在证券交易所、全国中小企业股份转让系统、机构间私募产品报价与服务系统、证券公司柜台转让。非公开发行的公司债券仅限于在合格投资者范围内转让。转让后，持有同次发行债券的合格投资者不得超过 200 人。

发行人的董事、监事、高级管理人员及持股比例超过 5% 的股东，可以参与本公司非公开发行债券的认购与转让，不受上述合格投资者资质条件的限制。

（五）公司债券与股票的区别

公司债券与股票均为有价证券，其区别主要有以下五个方面。

（1）持有人地位不同。股票持有人是公司的股东，有权对公司的重大决策发表自己的意见，股票的持有人享有公司法规定的各种权利和义务，可以行使股东的相关权利，如有权出席股东大会，行使表决权，有权参与公司的利润分配，获得股息、红利等。在股票市场上买卖股票时，股票持有人还可能得到资本收益。现实生活中，股票持有人中相当一部分人的投资目的并不是得到股息和红利收入，而是获得买卖股票的价差收入，即资本收益。债券的持有人是债券发行人的债权人，享有到期收回本息的权利，并无参与公司重大决策的权利，不参与公司的治理活动。

（2）投资回报不同。公司债券的持有人拥有的是债权，有权要求发行债券的公司按照约定的固定利率偿还，即使是在公司亏损的情况下，债权人亦可要求公司还本付息；而股票的持有人只能在公司有盈利时才可以请求公司支付股息和红利。

（3）存续时限不同。债券作为一种投资是有时间性的。从债券的要素看，它是事先确定期限的有价证券，到一定期限后就要偿还。股票是没有期限的有价证券，发行人无须偿还，投资者只能转让，不能退股。发行人唯一可能偿还股票投资者本金的情况是：如果发行人破产或发生法定事由终止，并且债务已优先得到偿还，根据资产清算的结果，投资者可能得到全部或部分补偿。相反，只要发行股票的公司不因终止而清算，那么股票就永远不会到期偿还。

（4）获得清偿的顺序不同。在公司分配盈余或分配剩余的时候，公司债券优先于股票受偿；购买公司的债券仅是一种借贷行为，债权人只承担较小的风险，并且清偿期限届至时，公司要优先清偿；而股票更多的是一种投资，投资人以认购的股份为限对公司承担责任，没有优先请求权。

（5）风险大小不同。公司债券的风险小于股票的。股票投资的最大特点就是其价格和股息的不确定性，这也是股票投资的魅力之一。由于股息取决于投资者无法控制的股份公司的获利情况，因而公司经营不仅受到公司内部诸多因素的影响，而且受到国际形势、国家宏观经济政策、政治、法律等因素的影响。此外，就算公司获得赢利，是否进行分配也需要通过召开股东会来决定，未知因素很多，因此，股票价格常常是频繁波动的。

五、上市公司信息披露制度

信息披露制度，也称公示制度、公开披露制度。该制度是上市公司为保障投资者利益、接受社会公众的监督而依照法律规定必须将其自身的财务变化、经营状况等信息和资料向证券管理部门和证券交易所报告，并向社会公开或公告，以便投资者充分了解情况的制度。信息披露是证券资本市场的灵魂，也是证券市场赖以存在和发展的基石。2019 年修订后的《证券法》设专章对信息披露的义务人范围、信息披露的原则和要求、信息披露的内容、自愿信息披露、信息披露的责任、信息披露的监督管理等作出了较详尽的规定。2021 年 3 月 4 日，中国证监会第 3 次委务会议审议通过《上市公司信息披露管理办法》（以下简称《信披办法》，共 6 章 65 条，自 2021 年 5 月 1 日起施行）。注册制框架下信息披露尤为重要。2023 年 2 月 17 日中国证监会发布的《首次公开发行股票注册管理办法》设专章（第四章），对发行股票的信息披露作出更为明确、具体的规定，对与信息披露相关人员的法律责任的规定较之《信披办法》更为深入。

（一）信息披露制度概述

1. 信息公开制度的内容

证券发行的信息公开是指证券发行人及其他信息公开义务人依法定的条件、程序和方式公布与所发行证券有关的各种法定信息。披露与发行证券有关的信息的目的在于让准备购买证券的投资者能全面了解发行公司的情况，从而作出其投资判断。根据有关规定，证券发行信息披露主要包括招股说明书、收购报告书、债券募集说明书和上市公告书等。

（1）信息披露的基本内容。

发行人应当以投资者需求为导向，基于板块定位，结合所属行业及发展趋势，充分披露业务模式、公司治理、发展战略、经营政策、财务状况分析等相关信息。首次公开发行股票并在主板市场上市的，还应充分披露业务发展过程和模式成熟度，披露经营稳定性和行业地位；首次公开发行股票并在科创板上市的，还应充分披露科研水平、科研人员、科研资金投入等相关信息；首次公开发行股票并在创业板上市的，还应充分披露自身的创新、创造、创意特征，针对性披露科技创新、模式创新或者业态新情况。

发行人应当以投资者需求为导向，精准清晰充分地披露可能对公司经营业绩、核心竞争力、业务稳定性以及未来发展产生重大不利影响的各种风险因素。

发行人尚未盈利的，应当充分披露尚未盈利的成因，以及对公司现金流、业务拓展、人才吸引、团队稳定性、研发投入、战略性投入、生产经营可持续性等方面的影响。

发行人应当披露募集资金的投向和使用管理制度，披露募集资金对发行人主营业务发展的贡献、未来经营战略的影响。

科创板信息披露的加项内容：首次公开发行股票并在科创板上市的，还应当披露募集资金重点投向科技创新领域的具体安排。

创业板信息披露的加项内容：首次公开发行股票并在创业板上市的，还应当披露募集资金地发行人业务创新、创造、创意性的支持作用。

（2）招股说明书的信息披露内容。

符合相关规定、存在特别表决权股份的企业申请首次公开发行股票并上市的，发行人应当在招股说明书等公开发行文件中，披露特别提示差异化表决安排的主要内容、相关风险和对公司治理的影响，以及依法落实保护投资者合法权益的各项措施。

发行人应当在招股说明书中披露公开发行股份前已发行股份的锁定期安排，特别是尚未盈利情况下发行人的控股股东、实际控制人、董事、监事、高级管理人员股份的锁定期安排。

（3）保荐人及律师的信息披露内容。

保荐人和发行人律师应当就公司章程规定的特别表决权股份的持有人资格、特别表决权股份拥有的表决权数量与普通股份拥有的表决权数量的比例安排、持有人所持特别表决权股份能够参与表决的股东会事项范围、特别表决权股份锁定安排以及转让限制等事项是否符合有关规定发表专业意见。

（4）相关人员股份锁定期信息披露内容。

发行人存在申报前制定、上市后实施的期权激励计划的，应当符合中国证监会和交易所的规定，并充分披露有关信息。

发行人控股股东和实际控制人及其亲属应当披露所持股份自发行人股票上市之日起36个月不得转让的锁定安排。

首次公开发行股票并在科创板上市的，还应当披露核心技术人员股份的锁定期安排。

2. 信息公开的持续性要求

持续性信息公开是指证券发行人在发行证券后对与已发行证券的投资价值及证券发行人有

关的各种信息按时或及时予以披露。持续性信息公开主要采取定期报告和临时报告两种形式。定期报告是上市公司和公司债券上市交易的公司进行持续信息披露的主要形式之一，包括年度报告、中期报告。临时报告是指在定期报告之外临时发布的报告，包括前文所述的足以对上市公司股票价格产生较大影响的重大事件。

3. 信息披露方式

依法披露的信息，应当在证券交易所的网站和符合中国证监会规定条件的媒体发布，同时将其置备于上市公司住所、证券交易所，供社会公众查阅。信息披露的全文应当在证券交易所的网站和符合中国证监会规定条件的报刊依法开办的网站披露，定期报告、收购报告书等信息披露文件的摘要应当在证券交易所的网站和符合中国证监会规定条件的报刊披露。

信息披露义务人不得以新闻发布或者答记者问等任何形式代替应当履行的报告、公告义务，不得以定期报告的形式代替应当履行的临时报告义务。

信息披露义务人应当将信息披露公告文稿和相关备查文件报送上市公司注册地证监局。

（二）定期报告

1. 定期报告披露的时间和内容

上市公司年度报告应当在每个会计年度结束之日起4个月内，中期报告应当在每个会计年度上半年结束之日起2个月内编制完成并披露。年度报告中的财务会计报告应当经符合《证券法》规定的会计师事务所审计。《信披办法》第20条规定，上市公司未在规定的期限内披露定期报告的，中国证监会应当立即立案调查，证券交易所应当按照股票交易规则予以处理。

年度报告应当记载以下内容：（1）公司基本情况；（2）主要会计数据和财务指标；（3）公司股票、债券发行及变动情况，报告期末股票、债券总额、股东总数、公司前十大股东持股情况；（4）持股5%以上的股东、控股股东及实际控制人情况；（5）董事、监事、高级管理人员的任职情况、持股变动情况、年度报酬情况；（6）董事会报告；（7）管理层讨论与分析；（8）报告期内重大事件及对公司的影响；（9）财务会计报告和审计报告全文；（10）中国证监会规定的其他情况。

与年度报告须披露的内容相比较，中期报告应当记载的内容包括上述内容中的第（1）、（2）、（7）、（10）项；对年度报告中的第（9）项，中期报告只需披露财务会计报告，无须披露审计报告；年报内容的第（4）、（5）、（6）、（8）项，中期报告无须披露；与年度报告相比，中期报告还须披露：报告期内重大诉讼、仲裁等重大事件及对公司的影响，公司股票、债券发行及变动情况、股东总数、公司前十大股东持股情况，控股股东、实际控制人发生变化的情况。

2. 定期报告责任制度

（1）董事会对定期报告的责任：定期报告内容应当经上市公司董事会审议通过，未经董事会审议通过的定期报告不得披露。

公司董事、高级管理人员应当对定期报告签署书面确认意见，说明董事会的编制和审议程序是否符合法律、行政法规以及中国证监会的规定，定期报告的内容是否能够真实、准确、完整地反映上市公司的实际情况。

（2）监事会对定期报告的责任：监事会对董事会编制的定期报告应当进行审核并提出书面审核意见。监事会应当签署书面确认意见。监事会对报告出具的书面确认意见，应当说明董事会的编制和审议程序是否符合法律、行政法规以及中国证监会的规定，报告的内容是否能够真实、准确、完整地反映上市公司的实际情况。

（3）董事、监事和高级管理人员对定期报告的责任：董事、监事无法保证定期报告内容的真实性、准确性、完整性或者有异议的，应当在董事会或者监事会审议、审核定期报告时投反对票或者弃权票。董事、监事和高级管理人员无法保证定期报告的真实性、准确性和完整性或者有异议的，应当在书面确认意见书中发表意见并陈述理由，上市公司应当披露。上市公司不披露的，董事、监事、高级管理人员可以直接申请披露。董事、监事、高级管理人员应当遵循审慎原则发表意见，其保证定期报告的真实性、准确性和完整性的责任不仅因发表意见而当然免除。

上市公司董事长、经理、财务负责人应当对公司财务会计报告的真实性、准确性、完整性、及时性、公平性承担主要责任。

（三）临时报告

《信披办法》第 22 条规定，当发生可能对上市公司证券及其衍生品种交易价格产生较大影响的重大事件，投资者尚未得知时，上市公司应当立即披露，说明事件的起因、目前的状态和可能产生的影响。

前述所称"重大事件"包括以下内容：（1）《证券法》第 80 条第 2 款规定的重大事件。（2）公司发生大额赔偿责任。（3）公司计提大额资产减值准备。（4）公司出现股东权益为负值。（5）公司主要债务人出现资不抵债或者进入破产程序，公司对相应债权未提取足额坏账准备。（6）新公布的法律、行政法规、规章、行业政策可能对公司产生重大影响。（7）公司开展股权激励、回购股份、重大资产重组、资产分拆上市或者挂牌。（8）法院裁决禁止控股股东转让其所持股份；任一股东所持公司 5% 以上股份被质押、冻结、司法拍卖、托管、设定信托或者被依法限制表决权等，或者出现被强制过户风险。（9）主要资产被查封、扣押或者冻结，主要银行账户被冻结。（10）上市公司预计经营业绩发生亏损或者发生大幅变动。（11）主要或者全部业绩陷入停顿。（12）获得对当期损益产生重大影响的额外收益，可能对公司资产、负债、权益或者经营成果产生重要影响。（13）聘任或者解聘为公司审计的会计师事务所。（14）会计政策、会计估计重大自主变更。（15）因前期已披露的信息存在差错，未按规定披露或者虚假记载，被有关机关责令改正或者经董事会决定进行更正。（16）公司或者其控股股东、实际控制人、董事、监事、高级管理人员受到刑事处罚，涉嫌违法违规被中国证监会立案调查或者受到中国证监会行政处罚，或者受到其他有权机关重大行政处罚。（17）公司的控股股东、实际控制人、董事、监事、高级管理人员涉嫌严重违法违纪，或者职务犯罪，被纪检监察机关采取留置措施且影响其履行职责。（18）除董事长、经理以外的公司其他董事、监事、高级管理人员因身体、工作安排等原因无法正常履行职责达到或者预计达到 3 个月以上，或者因涉嫌违法违规被有权机关采取强制措施且影响其履行职责。（19）中国证监会规定的其他事项。

上市公司变更公司名称、股票简称、公司章程、注册资本、注册地址、主要办公地址和联系电话等，应当立即披露。

上市公司董事长、经理、董事会秘书应当对公司临时报告信息披露的真实性、准确性、完整性、及时性、公平性承担主要责任。

（四）上市公司信息披露事务管理

1. 上市公司应当制定信息披露事务管理制度

上市公司信息披露事务管理制度应当经董事会审议通过，报注册地证监局和证券交易所备案。

2. 董事、监事、高级管理人员的信息披露义务

上市公司董事、监事、高级管理人员应当勤勉尽责，关注信息披露文件的编制情况，保证定期报告、临时报告在规定的期限内披露。董事应当了解并持续关注公司生产经营情况、财务状况和公司已经发生或者可能发生的重大事件及其影响，主动调查、获取决策所需要的资料。监事应当对董事、高级管理人员履行信息披露职责的行为进行监督；关注公司信息披露情况，发现信息披露存在违法违规问题的，应当进行调查并提出处理建议。高级管理人员应当及时向董事会报告有关公司经营或财务方面出现的重大事件、已披露事件的进展或者变化情况以及其他相关信息。

3. 信息披露程序制度

上市公司应当制定定期报告的编制、审议、披露程序。经理、财务负责人、董事会秘书等高级管理人员应当及时编制定期报告草案，提请董事会审议；董事会秘书负责送达董事审阅；董事长负责召集和主持董事会会议审议定期报告；监事会负责审核董事会编制的定期报告；董事会秘书负责组织定期报告的披露工作。

上市公司应当制作重大事件的报告、传递、审核、披露程序。董事、监事、高级管理人员知悉重大事件发生时，应当按照公司规定立即履行报告义务；董事长在接到报告后，应当立即向董事会报告，并敦促董事会秘书组织临时报告的披露工作。

上市公司应当制定董事、监事、高级管理人员对外发布信息的行为规范，明确非经董事会书面授权，不得对外发布上市公司未披露信息的情形。

六、证券交易

（一）证券交易制度概述

1. 证券交易的概念

证券交易是指已发行证券的买卖、流通和转让行为。证券交易的主要功能是使投资者手中不能回赎的投资证券能通过市场自由转让和转化为现金，从而实现资金的自由流通。《证券法》规定的禁止交易行为主要有内幕交易、操纵市场、欺诈客户、虚假陈述等行为。

2. 证券交易的程序

证券交易的程序是指在证券市场买进、卖出证券的具体步骤和方式。一般投资者参与的集中竞价交易须经过开户、委托、成交、清算与交割和过户等阶段。（1）开户。开户是指证券投资者在证券公司处开立证券交易的账户。（2）委托。委托是投资人向证券公司发出的表明愿以某种价格买进或卖出一定数量的某种证券的意思表示，如果证券公司接受委托，则双方的证券委托买卖合同关系就建立起来了。（3）成交。成交是指证券交易双方委托证券公司按规定的程序就买卖证券的价格和数量达成一致的行为。这是证券交易程序的核心步骤。（4）清算与交割。证券交易成立以后就必须进行券款的交付，这就是证券的清算与交割。清算是为了减少证券和价款的交割数量，分别冲抵多次买卖证券的数量和价款的特定程序。交割是证券卖方将卖出的证券交付买方，买方将买进证券的价款交付卖方的行为。（5）过户。

（二）证券欺诈行为的禁止

我国《证券法》规定的禁止交易行为主要有内幕交易、操纵市场、欺诈客户、虚假陈述等行为。

1. 内幕交易行为

（1）内幕交易行为的概念。

内幕交易行为是指证券交易内幕信息知情人员利用内幕信息进行证券交易的行为。内幕交易行为的主体是内幕交易信息知情人员。内幕交易行为的主要特征是：内幕信息知情人员通过掌握的内幕信息买卖证券，或者建议他人买卖证券。内幕信息知情人员自己未买卖证券，也未建议他人买卖证券，但将内幕信息泄露给他人，接受内幕信息者依此买卖证券的，也属内幕交易行为。我国《证券法》禁止任何单位和个人以获取利益或减少损失为目的，利用未公开的内幕信息进行证券买卖；禁止证券交易内幕信息的知情人和非法获取内幕信息的人利用内幕信息从事证券交易活动。

（2）证券交易内幕信息的知情人员。

我国《证券法》规定的证券交易内幕信息知情人员包括：1）发行人及其董事、监事、高级管理人员；2）持有公司5%以上股份的股东及其董事、监事、高级管理人员，公司的实际控制人及其董事、监事、高级管理人员；3）发行人控股或者实际控制的公司及其董事、监事、高级管理人员；4）由于所任公司职务或者因与公司业务往来可以获取公司有关内幕信息的人员；5）上市公司收购人或者重大资产交易方及其控股股东、实际控制人、董事、监事和高级管理人员；6）因职务、工作可以获取内幕信息的证券交易场所、证券公司、证券登记结算机构、证券服务机构的有关人员；7）因职责、工作可以获取内幕信息的证券监督管理机构工作人员；8）因法定职责对证券的发行、交易或者对上市公司及其收购、重大资产交易进行管理可以获取内幕信息的有关主管部门、监管机构的工作人员；9）国务院证券监督管理机构规定的可以获取内幕信息的其他人员。

（3）内幕信息。

内幕信息是指在证券交易活动中，涉及公司的经营、财务或者对公司证券及其衍生品种的市场交易价格有重大影响的尚未公开的信息。

下列信息皆属内幕信息：

发生《证券法》第80条第2款所列，可能对上市公司证券及其衍生品种的交易价格产生较大影响，上市公司须作出临时报告的重大事件，包括：公司经营方针和经营范围的重大变化；公司的重大投资行为，公司在一年内购买、出售重大资产超过公司资产总额的30%，或者公司营业用主要资产的抵押、质押、出售或者报废一次超过该资产的30%；公司订立重要合同，提供重大担保或者从事关联交易，可能对公司的资产、负债、权益和经营成果产生重要影响；公司发生重大债务和未能清偿到期重大债务的违约情况；公司发生重大亏损或者重大损失；公司生产经营的外部条件发生的重大变化；公司的董事、1/3以上监事或经理发生变动，董事长或者经理无法履行职责；持有公司5%以上股份的股东或者实际控制人，其持有的股份或者控制公司的情况发生较大变化，公司的实际控制人及其控制的其他企业从事与公司相同或者相似业务的情况发生较大变化；公司分配股利、增资的计划，公司股权结构的重要变化，公司减资、合并、分立、解散及申请破产的决定，或者依法进入破产程序、被责令关闭；涉及公司的重大诉讼、仲裁、股东会、董事会决议被依法撤销或者宣告无效；公司涉嫌犯罪被依法立案调查，公司的控股股东、实际控制人、董事、监事、高级管理人员涉嫌犯罪被依法采取强制措施；国务院证券监督管理机构规定的其他事项。

2021年5月1日起施行的《信披办法》，对证券法中规定的上市公司信息披露内容进一步系统化、细致化，使上市公司信息披露的内容在更深、更广的范围上满足投资者的知情权和证券监管部门的监管需要。《信披办法》第22条规定的上市公司应当及时予以信息披露的重大事件包括：1)《证券法》第80条第2款规定的重大事件。2) 公司发生大额赔偿责任。3) 公司计提大额资产减值准备。4) 公司出现股东权益为负值。5) 公司主要债务人出现资不抵债或者进入破产程序，公司对相应债权未提取足额坏账准备。6) 新公布的法律、行政法规、规章、行业政策可能对公司产生重大影响。7) 公司开展股权激励、回购股份、重大资产重组、资产分拆上市或者挂牌。8) 法院裁决禁止控股股东转让其所持股份，任一股东所持公司股份5%以上股份被质押、冻结、司法拍卖、托管、设定信托或者被依法限制表决权等，或者出现被强制过户等风险。9) 主要资产被查封、扣押或者冻结。主要银行账号被冻结。10) 上市公司预计经营业绩发生亏损或者发生大幅变动。11) 主要或者全部业务陷入停顿。12) 获得对当期损益产生重大影响的额外收益，可能对公司的资产、负债、权益或者经营成果产生重要影响。13) 聘任或者解聘为公司审计的会计师事务所。14) 会计政策、会计估计重大自主变更。15) 因前期已披露的信息出现差错、未按规定披露或者虚假记载，被有关机关责令改正或者经董事会决定进行更正。16) 公司或者其控股股东、实际控制人、董事、监事、高级管理人员受到刑事处罚，涉嫌违法违规被中国证监会立案调查或者受到中国证监会行政处罚，或者受到其他有权机关重大行政处罚。17) 公司的控股股东、实际控制人、董事、监事、高级管理人员涉嫌严重违纪违法或者职务犯罪被纪检监察机关采取留置措施且影响其履行职责。18) 除董事长或者经理外的公司其他董事、监事、高级管理人员因身体、工作安排等原因无法正常履行职责达到或者预计达到3个月以上，或者因涉嫌违法违规被有权机关采取强制措施且影响其履行职责。19) 中国证监会规定的其他事项。

《信披办法》第48条规定，任何单位和个人不得非法获取、提供、传播上市公司的内幕信息，不得利用所获取的内幕信息买卖或者建议他人买卖公司证券及其衍生品种，不得在投资价值分析报告、研究报告等文件中使用内幕信息。

2. 操纵市场行为

（1）操纵市场行为的概念。

操纵市场行为是指单位或个人以获取利益或者减少损失为目的，利用其资金、信息等优势或者滥用职权影响证券市场价格，制造证券市场假象，诱导或致使投资者在不了解事实真相的情况下作出买卖证券的决定，扰乱证券市场秩序的行为。

（2）操纵市场行为的表现形式。

1) 单独或者合谋，集中资金优势、持股优势或者利用信息优势联合或者连续买卖，操纵证券交易价格或者证券交易量。

2) 与他人串通，以事先约定的价格、时间和方式相互进行证券交易，影响证券交易价格或者证券交易量。

3) 在自己实际控制的账户之间进行证券交易，影响证券交易价格或者证券交易量。

4) 以其他手段操纵证券市场。

操纵证券市场行为给投资者造成损失的，行为人应当依法承担赔偿责任。

3. 欺诈客户行为

（1）欺诈客户行为的概念。

欺诈客户是指证券公司及其从业人员在证券交易中违背客户的真实意愿，侵害客户利益的行为。我国《证券法》禁止证券代理人在证券交易活动中违背客户的真实意思进行代理，以及诱导客户为其代理进行证券交易。

（2）欺诈客户行为的表现形式。

1）违背客户的委托为其买卖证券；2）不在规定的时间内向客户提供交易的书面确认文件；3）挪用客户所委托买卖的证券或者客户账户上的资金；4）未经客户的委托，擅自为客户买卖证券，或者假借客户的名义买卖证券；5）为牟取佣金收入，诱使客户进行不必要的证券买卖；6）利用传播媒介或者通过其他方式提供、传播虚假信息或者误导投资者的信息；7）其他违背客户真实意思表示，损害客户利益的行为。

欺诈客户行为给客户造成损失的，行为人应当依法承担赔偿责任。

4. 虚假陈述行为

（1）虚假陈述行为的概念。

虚假陈述行为是指行为人在提交和公布的信息披露文件中作出虚假记载、误导性陈述和重大遗漏的行为。依据最高人民法院《关于审理证券市场因虚假陈述引发的民事赔偿案件的若干规定》的规定，虚假陈述包括虚假记载、误导性陈述、重大遗漏及不正当披露。虚假记载是指信息披露人在披露信息时，将不存在的事实在信息披露文件中予以记载的行为。误导性陈述，是指虚假陈述行为人在信息披露文件中或者通过媒体，作出使投资人对其投资行为产生错误判断并产生重大影响的陈述。重大遗漏，是指信息披露义务人在信息披露文件中，未将应当记载的事项完全或部分予以记载。不正当披露，是指信息披露义务人未在适当期限内或者未以法定方式公开披露应当披露的信息。《信披办法》第49条第2款规定，任何单位和个人不得提供、传播虚假或者误导投资者的上市公司信息。

（2）虚假陈述行为的表现形式。

1）发行人、上市公司和其他信息义务披露人在招股说明书、债券募集说明书、上市公告书、公司报告及其他文件中作出的虚假陈述；2）专业证券服务机构出具的法律意见书、审计报告、资产评估报告及参与制作的其他文件中作出虚假陈述；3）证券交易所、证券业协会或其他证券业自律性组织作出对债券市场产生影响的虚假陈述；4）前述机构在向国务院证券监督管理机构提交的各种文件、报告和说明中作出虚假陈述；5）其他证券发行、证券交易及相关活动中的虚假陈述行为。

依据最高人民法院《关于审理证券市场因虚假陈述引发的民事赔偿案件的若干规定》，发起人对发行人信息披露提供担保的，发起人与发行人对投资人的损失承担连带责任；证券承销商、证券上市推荐人或者专业中介服务机构，知道或者应当知道发行人或者上市公司虚假陈述，而不予纠正或者不出具保留意见的，构成共同侵权，对投资人的损失承担连带责任；发行人、上市公司、证券承销商、证券上市推荐人负有责任的董事、监事和公司高级管理人员参与虚假陈述，知道或者应当知道虚假陈述而未明确表示，以及存在其他应当对虚假陈述负有责任情形的，应当认定为共同虚假陈述，分别与发行人、上市公司、证券承销商、证券上市推荐人对投资者的损失承担连带责任。

七、证券上市与退市

（一）股票上市制度

《证券法》第 46、47 条以及第 49 条规定，申请证券上市交易，应当向证券交易所提出申请，由证券交易所依法审核同意，并由双方签订上市协议。证券交易所可以依法作出股票不予上市交易、终止上市交易的决定，对该决定不服的，可以向证券交易所设立的复核机构申请复核。

1. 股票上市条件

我国上海、深圳证券交易所分别对主板、科创板、创业板的股票上市作了不同的规定。其中，上海证券交易所的上市规则具有代表性。根据上海证券交易所发布的有关股票上市规则的规定，发行人首次公开发行股票后申请其股票在主板上市，应当符合下列条件：（1）股票经国务院证券监督管理机构核准已公开发行。（2）具备健全且运行良好的组织机构。（3）具有持续经营能力。（4）公司股本总额不少于人民币 5 000 万元。（5）公开发行的股份达到公司股份总数的 25% 以上；公司股本总额超过人民币 4 亿元的，公开发行股份的比例为 10% 以上。（6）公司及其控股股东、实际控制人最近 3 年不存在贪污、贿赂、侵占财产、挪用资产或者破坏社会主义市场经济秩序的刑事犯罪。（7）最近 3 个会计年度财务会计报告均被出具无保留意见审计报告。（8）本所要求的其他条件。

《上海证券交易所科创板股票上市规则》和《上海证券交易所创业板股票上市规则》规定的股票上市条件与主板的不同，主要是在市值及财务指标方面。

2. 上市公司退市制度

上市公司退市是指公司股票在证券交易所终止交易。我国自 20 世纪 90 年代初实行退市制度以来，退市少、退市难，一直备受中国资本市场诟病。上市公司退市制度是资本市场的重要基础性制度，对优化资源配置、促进优胜劣汰、提升上市公司质量、保护投资者合法权益发挥着重要作用。为进一步完善资本市场基础功能，实现上市公司退市的市场化、常态化，中国证监会先后于 2012 年和 2014 年启动了两轮退市制度改革。2018 年 7 月 27 日，中国证监会又发布上市公司强制退市新规：即对《关于改革完善并严格实施上市公司退市制度的若干意见》进行修改，新增危害公众健康安全的退市条件。2020 年 12 月，沪深证券交易所发布修订的《上海证券交易所股票上市规则》《深圳证券交易所股票上市规则》等针对上市企业退市的多项规则，并于发布之日起实施。其中，在交易类退市指标中，退市新规增加了"3 亿市值退市"指标，该指标于 2021 年 7 月 1 日起生效。上述规则在原有退市指标体系的基础上，进一步完善了退市指标，明确了退市风险警示股票交易限制，并且完善了退市整理期安排，对退市标准和退市流程进行优化和精简，A 股迎来优胜劣汰的新生态。2024 年，沪深证券交易所发布新修订的股票上市规则。

（1）上市公司主动退市。

上市公司基于发展战略、维护合理估值、稳定控制权以及成本效益法则等方面的考虑，认为不再需要继续维持上市地位，或者继续维持上市地位不再有利于公司发展的，可以主动向证券交易所申请其股票终止交易。

上市公司出现下列情形之一的，可以向交易所申请主动终止上市：1）公司股东会决议主动撤回其股票在该证券交易所的交易，并决定不再在该所交易；2）公司股东会决议主动撤回其股票在该证券交易所的交易，并转而申请在其他交易场所交易或转让；3）公司向所有股东发出回购全部股份或部分股份的要约，导致公司股本总额、股权分布等发生变化不再具备上市条件；4）公司股东向所有其他股东发出收购全部股份或部分股份的要约，导致公司股本总额、股权分布等发生变化不再具备上市条件；5）除公司股东外的其他收购人向所有股东发出收购全部股份或部分股份的要约，导致公司股本总额、股权分布等发生变化不再具备上市条件；6）公司因新设合并或者吸收合并，不再具有独立主体资格并被注销；7）公司股东大会决议公司解散；8）中国证监会和证券交易所认可的其他主动终止上市情形。

科创板的规定与沪市主板的规定基本一致，文本略有差异。

（2）上市公司强制退市。

为维护公开交易股票的总体质量与市场信心，保护投资者特别是中小投资者的合法权益，依照中国证监会的要求，对交投不活跃、股权分布不合理、市值过低而不再适合公开交易的股票，证券交易所有权要求其终止交易，特别是对存在严重违法违规行为的公司，证券交易所可以依法强制其股票终止交易。

我国现行强制退市制度，包括主板、科创板、创业板强制退市规则。根据2021年上海、深圳证券交易所发布的交易规则，强制退市制度主要有以下四种形式即交易类强制退市、财务类强制退市、规范类强制退市和重大违法类强制退市。

（二）债券上市制度

1. 公司债券上市的条件

我国《证券法》规定，债券上市必须符合下列条件：（1）公司债券的期限为1年以上；（2）公司债券实际发行额不少于人民币5 000万元；（3）公司申请债券上市时还要符合法定的公司债券发行条件。

2. 公司债券上市的程序

（1）向证券交易所报送申请文件。申请公司债券上市交易，应当向证券交易所报送下列文件：1）上市报告书；2）申请公司债券上市的董事会决议；3）公司章程；4）公司营业执照；5）公司债券募集办法；6）公司债券的实际发行数额；7）证券交易所上市规则规定的其他文件。申请可转换为股票的公司债券上市交易，还应当报送保荐人出具的上市保荐书。

（2）中国证监会审核注册。

（3）筹备上市。

（4）上市公告。

3. 公司债券上市的终止上市

公司债券上市交易后，上市交易的债券不再符合上市条件的，或者有上市规则规定的其他情形的，由证券交易所按照业务规则终止其上市交易。证券交易所决定终止其债券上市交易的，应当及时公告，并报国务院证券监督管理机构备案。

八、上市公司收购

（一）上市公司收购的概念

上市公司收购是指投资者依法定程序公开收购上市公司已经依法发行上市的股票，以达到对该上市公司控制或兼并目的的行为。上市公司收购是市场竞争发展到一定阶段的必然产物。

公司收购兼并有利于优化一国的产业结构和资源配置。

（二）上市公司收购的特征

（1）上市公司收购是以获取目标公司的实际控制权为目的的收购。上市公司收购实质上也是一种证券买卖行为，但与一般证券交易谋求买卖差价不同，其目的在于通过购买上市公司股份来取得上市公司的控制权。我国对通过收购行为实现对目标公司实际控制权行为的认定，主要包括五个方面的情形：1）投资者（收购人）持有上市公司50%以上的股权；2）投资者可以实际支配上市公司股份表决权超过30%；3）投资者通过其实际支配上市公司股份表决权能够决定公司董事会半数以上的成员选任；4）投资者通过实际支配上市公司股份表决权足以对公司股东会的决议产生重大影响；5）中国证监会认定的其他情形。

（2）上市公司收购的客体是上市公司已发行的有表决权证券，包括有表决权股票和可转换为有表决权股票的可转换公司债券，而目标公司发行的无表决权股票和一般的不可转换公司债券不能成为上市公司收购的对象。

（3）上市公司收购的行为主体须具备法定资格。上市公司收购主体应当是目标公司以外的其他人。依各国的实践看，目标公司以外的任何人，包括自然人和法人，均可成为上市公司收购主体。根据中国证监会《上市公司收购管理办法》的规定，收购人应当具备收购上市公司的实力和信誉，有下列情形之一的，不得收购上市公司：1）收购人负有数额较大的债务，到期未清偿且处于持续状态；2）收购人最近3年有重大违法行为或者涉嫌有重大违法行为；3）收购人最近3年有严重的证券市场失信行为；4）收购人为自然人的，存在《公司法》第146条规定的情形；5）法律、行政法规规定以及中国证监会认定的不得收购上市公司的其他情形。

（4）上市公司收购是通过在证券市场上购买目标公司股份或其他途径来实现的。收购主要是借助证券交易场所完成的，故须遵守证券交易场所的有关规则。

（三）上市公司收购的方式

根据我国《证券法》的规定，收购上市公司有两种方式：要约收购和协议收购。前者是更市场化的收购方式。从协议收购向要约收购发展，是资产重组市场化改革的必然选择。

1. 要约收购与协议收购的概念

要约收购（狭义的上市公司收购）是指通过证券交易所的买卖交易使收购人持有目标公司股份达到法定比例（《证券法》规定该比例为30%），若继续增持股份，必须依法向目标公司所有股东发出全面收购要约的收购方式。要约收购是各国证券市场最主要的收购形式，它通过公开向全体股东发出要约，达到控制目标公司的目的。

协议收购是收购人在证券交易所之外以协商的方式与被收购公司的股东签订收购其股份的协议，以达到控制该上市公司的目的。收购人可依照法律、行政法规的规定同被收购公司的股东以协议方式进行股权转让。

2. 要约收购与协议收购的区别

与协议收购相比，要约收购要经过较多的环节，操作程序比较繁杂，收购人的收购成本较高，而且一般情况下要约收购都是实质性资产重组，非市场化因素被尽可能淡化，重组的水分极少，有利于改善资产重组的整体质量，促进重组行为的规范化和市场化运作。

要约收购和协议收购的区别主要体现在以下几个方面。

（1）交易场地不同。要约收购只能通过证券交易所的证券交易进行，而协议收购可以在证券交易所场外通过协议转让股份的方式进行。

（2）收购人的主观意识不同。协议收购是收购人与目标公司的控股股东或大股东本着友好协商的态度订立合同收购股份以实现公司控制权的转移，所以协议收购通常表现为善意的；要约收购的对象是目标公司全体股东持有的股份，不需要征得目标公司的同意，因此，要约收购又称敌意收购。

（3）收购对象的股权结构不同。协议收购人大多选择股权集中、存在控股股东的目标公司，从而以较少的协议次数、较低的成本获得控制权；而要约收购人倾向选择股权较为分散的公司作为目标公司，被收购公司的控制权与股东相分离即两权分离程度较高，以降低收购难度。

（4）收购的股权性质不同。《证券法》虽然未对要约收购与协议收购所收购的股份类型作出明确规定，但依据现实上市公司收购的实际情况并结合《证券法》的有关规定，要约收购的股份一般是可流通的普通股，而协议收购的股份一般是非流通股（包括国有股和法人股）。

（5）收购的义务不同。要约收购在收购人持有上市公司发行在外的股份达到30%时，若继续收购，就须向被收购公司的全体股东发出收购要约，作出股份出售承诺的股东与收购人产生合同关系；持有上市公司股份达到30%时，收购人负有强制性要约收购的义务。而协议收购是建立在双方依法成立的股权转让合同基础上的，不具有强制性。

第四节 票据法律制度

一、票据和票据法概述

（一）票据

1.票据的概念

广义上的票据包括各种记载一定文字、代表一定权利的文书凭证，如股票、债券、货单、车船票、汇票等，人们笼统地将它们称为票据。狭义上的票据则是一个专用名词，专指票据法所规定的汇票、本票和支票等票据。

票据是出票人依法签发的、承诺自己或委托他人无条件支付一定金额给收款人或持票人，并可以流通转让的一种有价证券。

2.票据的特征

票据就其性质来说，具备有价证券的一般特性，即它是财产权利的表现，是权利与证券的结合，是权利运行的载体。除具备有价证券的一般特性之外，票据还具有自身独特的法律特征：债权证券、要式证券、文义证券、无因证券和流通证券。

（1）票据是债权证券。有价证券依其所表现的权利性质不同可以分为股权证券（股票）、物权证券（提单）和债权证券（公司债券），而票据权利表现为票据债权，而且是金钱债权。

（2）票据是要式证券。票据必须具备法定形式才能发生效力。《票据法》对票据上应记载的事项有明确的规定，如果欠缺必须记载事项，票据即为无效。

（3）票据是文义证券。票据的一切权利与义务，必须严格依照票据上记载的文义而定，不得以票据以外的任何事由变更其效力。

（4）票据是无因证券。票据的持票人行使票据权利时，不必证明其取得的原因，仅依票据上所载文义就可以请求给付一定金额的货币。

（5）票据是流通证券。票据的转让与一般债权的转让不同，可以依背书和交付的简单程序进行，而不必通知债务人。

3. 票据的种类

关于票据的分类，要依各国关于票据的立法情况而定。我国《票据法》将票据分为汇票、本票和支票三种。

（1）汇票。

汇票是由出票人委托付款人于指定日期或见票时无条件支付一定金额给收款人的票据。汇票在出票时有三个基本当事人：出票人，即签发汇票的人；收款人，即持汇票向付款人请求付款的人；付款人，即受出票人的委托向收款人付款的人。

（2）本票。

我国《票据法》规定的本票，仅指银行本票，即由出票人签发的、承诺自己在见票时无条件支付确定的金额给收款人或持票人的票据。银行本票限于见票即付。

（3）支票。

支票是出票人签发的，委托办理支票存款业务的银行或其他金融机构在见票时，无条件支付确定的金额给收款人或持票人的票据。支票按照支付票款的方式可以分为普通支票、现金支票和转账支票。我国目前票据实务中并未采用普通支票，这应当主要是出于与国际接轨的考虑。

（二）票据法的概念及特征

1. 票据法的概念

近代意义上的票据法是在欧洲中世纪末的商事习惯法的基础上发展起来的。最早的票据法成文法是1673年法国《陆上商事条例》中有关票据的规定。1807年法国对此进行了局部的修改，将其编入拿破仑法典第一编第一章中，内容限于汇票、本票的规定。1865年，法国又制定了《支票法》，俗称"旧票据法"。其特点在于强调出票人和付款人的资金关系，不分离票据关系和票据基础关系。1847年，德国制定统一适用的《德意志普通票据条例》，于1908年在此基础上制定了《票据法》和《支票法》，从而将票据关系和票据基础关系完全分开，强调票据的无因性，形成新票据法主义。英国在1882年制定《汇票法》，将汇票、本票、支票纳入同一法律。尽管1959年英国又制定《支票法》，但其仅是对《汇票法》中支票的内容进行补充，而非单纯的支票法，它与德国《票据法》一样注重票据的信用和流通，但其对票据的形式要求较为灵活。美国在19世纪末以前主要沿用英国法律。1896年美国统一州法委员会参照英国法律制定《统一流通证券法》，其中规定了汇票、本票和支票，1952年美国《统一商法典》第三编"商业证券"取代前法成为新票据法，规定了汇票、本票、支票和存单，这已在各州通用。美国票据法同属于英国票据法体系，但在立法体例上，英国采单行法形式，美国采商票法合一形式。1930年在日内瓦召开了有31国参加的国际票据法统一会议，会议签署了三个公约，即《统一汇票本票法公约》《解决汇票本票法律冲突公约》《汇票本票印花税公约》，该会议于1931年又签署了三个公约，即《统一支票法公约》《解决支票法律冲突公约》《支票印花税公约》。公约签署后，参与签约的各个国家分别据此对本国的票据法进行了修订。经此过程，以德国《票据法》为代表的德国法系和以法国代表的法国法系的对立已基本消除，大陆法系各国的票据法逐步趋于统一。但是，由于日内瓦会议参与国多数是欧洲、拉丁美洲的国家及日本，英美法系的国家如英国、美国均未参加，因而票据法上形成两大法系：日内瓦公约体系和英美体系。1982 年 7 月，联合国国际贸易法委员会通过《国际流通票据公约》，1987 年 8 月，该委员会又通过《联合国国际汇票和国际本票公约》《国际支票公约》，使票据在国内和国际结算中发挥越来越大的作用。

中国的票据立法始于清末，民国政府于 1929 年 9 月通过《票据法》，1930 年公布《票据施行法》。中华人民共和国成立后，社会上尚有使用票据的习惯。20 世纪 50 年代末至 70 年代末，国家取消和限制商业信用，取消汇票和本票，企事业单位以使用转账支票为主。1983 年中国人民银行制定《票汇结算办法》（已失效），重新采用汇票结算。1988 年中国人民银行公布《银行结算办法》（已失效），全面推行银行汇票、银行本票、商业汇票、支票结算制度。1995 年 5 月 10 日第八届全国人大常委第十三次会议通过《票据法》，自 1996 年 1 月 1 日起施行。该法共 7 章 111 条。2004 年 8 月 28 日，第十届全国人大常委第十一次会议通过了对《票据法》的修订。1997 年 8 月 21 日，国务院发布《票据管理实施办法》，自 1997 年 10 月 10 日施行，该办法于 2011 年修订。2000 年 2 月 24 日，最高人民法院发布《关于审理票据纠纷案件若干问题的规定》（2020 年修正），共 10 章 75 条。

广义的票据法是指涉及票据关系调整的各种法律规范，既包括专门的票据法律、法规，也包括其他法律、法规中有关票据的规范，如《电子签名法》《票据管理实施办法》《票据交易管理办法》《中国银行业协会票据业务自律公约》等。一般意义上所说的票据法是指狭义的票据法，即专门的票据法规范，它是规定票据的种类、形式和内容，明确票据当事人之间的权利义务，调整因票据而发生的各种社会关系的法律规范。简言之，票据法是调整票据关系的法律规范的总称。

2. 票据法的特征

（1）强制性。

票据的种类、格式、应记载的事项等，都由票据法律、法规规定，不得由票据当事人自行决定。

（2）技术性。

票据法中的许多规定都具有明显的技术性，如票据的出票、背书、支付、结算等，如当事人不按照规定办理，票据将不能产生法律效力。

（3）国际性。

票据法是国内法，但又是国际通用程度最高的法律制度之一。在社会经济日益全球化的形势下，各国经济与世界经济接轨，就必须使本国票据法与日益统一的国际性票据法相统一。这就要求各国票据法不仅要切合本国实际，还必须借鉴、参考国际法、国际惯例，从而具有明显的国际性。

二、票据行为

（一）票据行为概述

1. 票据行为的概念

票据行为有狭义与广义之分。狭义的票据行为仅指承担票据债务的要式法律行为，包括出票、背书、承兑、保证、参加承兑、保兑，共 6 种。根据我国《票据法》的规定，在我国，票据行为仅包括出票、背书、承兑、保证、付款。广义的票据行为是指以发生、变更或消灭票据关系为目的而为的法律行为，除包括以上各种狭义的票据行为以外，还包括付款（在我国为狭义的票据行为）、参加付款、见票、划线、涂销等。本书所指的票据行为仅为狭义的票据行为。

2. 票据行为的种类

（1）基本票据行为与附属票据行为。

这是根据票据行为的性质所作的划分。基本票据行为，又称主票据行为，在以上几种票据行为中，仅有出票为基本票据行为。附属票据行为，又称从票据行为，是指以出票行为为前提，在出票行为完成的基础上所进行的行为，是除出票行为外的其他票据行为，如背书、承兑、保证行为等。

（2）共有票据行为与独有票据行为。

这是根据票据行为所涉及的范围所作的划分。各种票据的共有票据行为有出票、背书和保证，为汇票所独有的票据行为有承兑与参加承兑，为支票所独有的票据行为有保付。

3. 票据行为的特征

（1）票据行为的无因性。

票据行为只要具备法定形式要件即可生效，不论其实质关系如何。这种性质称为票据行为的无因性。

（2）票据行为的独立性。

票据上有多个法律行为时，各个票据行为各自独立、互不影响。单一票据行为无效，不影响其他票据行为的效力，如无民事行为能力人或限制民事行为能力人在汇票上签章，只导致该签章无效，不影响其他人的签章的效力。

（二）票据行为的效力

1. 票据行为的形式要件

票据是要式证券。一个票据行为只有满足法律规定的所有要件，才能产生法律效力。票据行为的形式要件，要求票据的凭证格式、票据上的记载完全符合规定的形式。

（1）票据凭证。

《票据法》第 108 条第 2 款规定："票据凭证的格式和印制管理办法，由中国人民银行规定。"《票据管理实施办法》第 5 条规定："票据当事人应当使用中国人民银行规定的统一格式的票据。"《支付结算办法》第 9 条第 2 款规定："未使用按中国人民银行统一规定印制的票据，票据无效。"

（2）票据的签章。

票据是法律行为，票据债务人承担票据责任的依据就是在票据上的签章。按照《票据法》第 7 条的规定，票据行为人是自然人的，其签章为签名、盖章或签名加盖章。这里自然人的签名应当使用其本名，实务中采用居民身份证上的名字。票据行为人是法人或其他单位的，其签章为该法人或该单位的公章，加其法定代表人或者其授权的代理人的签章。这里的"公章"不仅指单位的公章，还包括使用该单位的财务专用章。银行的签章，既可以使用银行的汇票专用章或者银行本票专用章，也可以使用银行的公章。

《票据管理实施办法》第 17 条规定：出票人在票据上的签章不符合票据法和该办法规定的，票据无效；背书人、承兑人、保证人在票据上的签章不符合规定的，其签章无效，但是不影响票据上其他签章的效力。

（3）票据的记载事项。

票据的记载事项包括以下四个方面。

1）绝对必要记载事项。

如果未记载这类事项，则票据行为无效。例如汇票的绝对必要记载事项有 7 项，只要缺少其中的一项，就会导致汇票无效。

2）相对必要记载事项。

未记载这类事项，并不影响票据的效力，只需按照法律规定决定相应事项。

3）任意记载事项。

未记载此类事项，则不发生相应的法律效果。如果进行了记载，则依照记载发生票据法上的效力。例如出票和背书行为中的"禁止转让"事项即为任意记载事项。

4）特定事项的记载方式。

《票据法》第 8 条规定，票据金额以中文大写和数码同时记载，二者必须一致，二者不一致的，票据无效。《票据法》第 9 条第 2 款规定，票据金额、日期、收款人名称不得更改，更改的票据无效。

2. 票据行为的实质要件

（1）票据行为人须具备完全行为能力。《票据法》第 6 条规定，无民事行为能力人或者限制民事行为能力人在票据上签章的，其签章无效，但是不影响其他签章的效力。

（2）票据行为人的意思表示须真实。《票据法》第 12 条第 1 款规定，以欺诈、偷盗或者胁迫手段取得票据的，或者明知有前述情形，出于恶意取得票据的，不得享有票据权利。

（3）票据行为的内容须合法，即票据行为的进行程序、记载的内容、使用的文本格式等须合法。

（三）票据行为的代理

（1）代理概述。

票据行为属于法律行为，可以由代理人进行。《票据法》规定，票据当事人可以委托其代理人在票据上签章，并应当在票据上表明代理关系。票据行为的代理必须具备三个条件：1）票据当事人须有委托代理的意思表示，通常以授权委托书的形式表明意思。2）代理人须按照被代理人的委托在票据上签章。3）代理人应在票据上表明代理关系，即注明"代理"字样或类似的文句。

（2）无权代理。

无权代理是指行为人没有被代理人的授权而以代理人的名义在票据上签章的行为。《票据法》规定，没有代理权而以代理人的名义在票据上签章的，应当由签章人承担票据责任。

（3）越权代理。

越权代理是指代理人超越代理权限而使被代理人增加票据责任的代理行为。《票据法》规定，代理人超越代理权限的，应当就其超越权限的部分承担票据责任。

三、票据的抗辩

1. 票据抗辩的概念

票据抗辩是指票据债务人依照《票据法》的规定，对票据债权人（持票人）拒绝履行义务的行为。票据抗辩是票据债务人的一种权利，只要票据债务人有合法的理由，就可以对抗票据债权人要求其付款的权利。

2. 票据抗辩的种类

票据抗辩分为对人的抗辩和对物的抗辩两种。

（1）对人的抗辩。

对人的抗辩是指票据债务人对抗特定票据债权人的抗辩。《票据法》规定，票据债务人可以对不履行约定义务的与自己有直接债权债务关系的持票人，进行抗辩。若不履行约定义务的该票据持票人将票据转让给第三人，而第三人为善意并已支付了对价的持票人，则票据债务人不能对其进行抗辩。

（2）对物的抗辩。

对物的抗辩是指基于票据本身存在的事由而进行的抗辩。具体包括：

1）票据行为不成立的抗辩。如票据记载事项不全，特别是绝对必要记载事项缺失；票据债务人无行为能力；无权代理或超越代理权进行票据行为；票据上有禁止记载事项；背书不连续；持票人的票据权利有瑕疵等。

2）依票据记载不能提出请求进行的抗辩。如票据未到期，付款地不符等。

3）因票据载明的权利已消灭或已失效而进行的抗辩。如票据债权因付款、抵销、提存、免除、除权判决、时效届满而消灭等。

4）因票据权利的保全手续欠缺而进行的抗辩。如应作成拒绝证书而未作等。

5）因票据上有伪造、变造情形而进行的抗辩。

3. 票据抗辩的限制

为了确保票据的有效流通，防止票据债务人恶意拒绝付款，滥用抗辩权利，《票据法》对票据抗辩规定了以下限制。

（1）票据债务人不得以自己与出票人之间的抗辩事由对抗持票人。也即除非票据债务人与持票人有直接的债权债务关系或者存在票据本身的瑕疵，否则票据债务人就必须承担票据责任。

（2）票据债务人不得以自己与持票人的前手之间的抗辩事由对抗持票人。

（3）善意的、已支付对价的正当持票人可以向票据上一切债务人请求付款，不受前手权利瑕疵和前手相互间抗辩的影响。如持票人不知道前手取得票据存在欺诈、胁迫、偷盗、重大过失等情形，并已为取得票据支付了相应的对价，票据债务人就必须对持票人承担票据责任。

（4）持票人取得的票据是无对价或不相当对价的，其享有的票据权利不得优于其前手，故票据债务人可以用对抗票据持票人前手的抗辩事由对抗该持票人。

四、票据的伪造和变造

1. 票据的伪造

（1）票据的伪造的概念。

票据的伪造是指假冒他人名义或虚构人的名义而进行的票据行为，包括票据的伪造和票据上签章的伪造。票据的伪造主要表现是，在空白票据上伪造出票人的签章或者盗盖出票人的印章而进行出票；票据上签章的伪造，是指假冒他人名义进行出票行为之外的其他票据行为，如伪造背书签章、承兑签章、保证签章等。

（2）票据的伪造的法律后果。

票据的伪造行为属于违法行为，不具有票据行为的效力。即使持票人善意取得，也不能对被伪造人行使票据权利。这是因为被伪造人在票据上并未真实签章，票据上的签章系伪造人的行为，非被伪造人的意思表示；同时，伪造人因其在票据上的签章非自己的签章，也不承担票据责任。但是，伪造人的行为如果给他人造成损害，应承担民事责任；构成犯罪的，还应承担刑事责任。

2. 票据的变造

（1）票据的变造的含义。

票据的变造是指无权更改票据内容的人，对票据上签章以外的记载事项加以变更的行为。

（2）票据的变造的法律责任。

票据的变造责任依其是在变造前还是变造后判定。如果当事人签章在变造之前，则应按原记载内容负责；如果当事人签章在变造之后，则应按变造后的记载内容负责；如果无法辨别是在变造之前还是变造之后签章的，视同在变造之前签章。虽然被变造的票据仍然有效，但是变造人的变造行为给他人造成经济损失的，应承担赔偿责任；构成犯罪的，应承担刑事责任。

五、票据权利

（一）票据权利的概念

票据权利就是票据上所表示的金钱债权，是持票人以取得票据金额为目的，凭票据向票据行为人所行使的权利。

（二）票据权利的分类

票据是债权证券，票据权利是债权，即请求权。根据这一性质，票据权利可分为以下两类。

1. 第一次请求权

票据权利的第一次请求权是付款请求权，即持票人向票据主债务人或其他付款义务人请求按票据上所记载的金额付款的权利。

2. 第二次请求权

第二次请求权，又称追索权，是指票据持有人行使付款请求权遭到拒绝或有其他法定原因时，向其前手请求偿还票据金额及其他费用的权利。票据权利具有双重请求权，旨在保护票据债权人的权利，维护交易安全，促进票据流通。

（三）票据权利的取得

票据是一种完全的有价证券，必须占有票据才能享有并行使票据权利，所以，凡合法取得票据的人，也就取得了票据权利。票据权利取得的方式分为原始取得与继受取得。

1. 原始取得

出票是创设票据权利的票据行为，因而收款人从出票人处得到票据，实际上就得到了票据权利。这种取得票据的方式称为原始取得。

2. 继受取得

持票人从有正当处分权的人那里依背书转让或交付程序而取得票据的，为继受取得。另外，继受取得也可能是出于票据法规定以外的原因，如公司合并、继承等。

但票据权利的取得有两项限制：（1）以恶意或者有重大过失取得票据的，不得享有票据权利。（2）以无偿或者以不相当代价取得票据的，不得享有超过其前手的票据权利。

（四）票据权利的行使与保全

票据权利的行使，是指票据权利人请求票据债务人履行其票据债务的行为，例如，请求付款与行使追索权。

票据权利的保全，是指票据权利人为防止票据权利的丧失而采取的行为，例如，为防止付款请求权与追索权因时效而丧失，采取的中断时效的行为。

票据权利的行使和保全有两种方式：一是提示票据，二是作成拒绝证书。

六、票据权利的补救

票据权利与票据密不可分，如果票据丢失，票据权利就无法主张。由于票据丧失并非出于持票人的本意，因而《票据法》规定了票据丧失后的三种补救方式。

1. 挂失止付

挂失止付是指失票人将票据丧失的情况通知付款人并由接受通知的付款人暂停支付票款的行为。适用挂失止付的票据可以是已承兑的商业汇票、支票、填明"现金"字样和代理付款人的银行汇票以及填明"现金"字样的银行本票。未记载付款人或者无法确定付款人及其代理付款人的票据不得挂失。

挂失止付非票据丧失后必经的法律程序，而只是一种暂时的预防措施，失票人要重新获得票据权利须经公示催告或提起普通诉讼程序。《票据管理实施办法》规定，付款人或代理付款人自收到挂失止付通知书之日起 12 日内没有收到人民法院的止付通知书的，自第 13 日起，挂失止付通知书失效。据此，失票人在办理了挂失止付手续后，应尽快向人民法院申请公示催告或提起普通诉讼。

2. 公示催告

（1）公示催告的概念。

公示催告是指在票据丧失后，由失票人向人民法院提出申请，请求人民法院以公告的方式通知不确定的利害关系人限期申报权利，逾期未申报的，由人民法院通过除权判决宣告所丧失票据无效的一种制度。我国《民事诉讼法》规定，可以背书转让的票据丧失的，失票人可以申请公示催告。但由于填明"现金"字样的银行汇票、银行本票和现金支票不得背书转让，因此这些票据不能申请公示催告。但出票人已经签章的授权补记的支票丧失后，持票人可以申请公示催告。可以申请公示催告的失票人，应当是丧失票据占有以前的最后合法持票人。

（2）公示催告的程序。

人民法院收到公示催告申请后，经审查认为符合受理条件的，通知予以受理，并同时通知支付人停止支付；认为不符合受理条件的，7 日内裁定驳回申请。人民法院在受理后的 3 日内发出公告，催促利害关系人申报权利。公示期间不得少于 60 日，且公示催告期间届满日不得早于票据付款日后 15 日。在申报权利的期间无人申报权利，或者申报被驳回的，申请人应当自公示催告期间届满之日起 1 个月内申请法院作出除权判决。公示催告申请人可以依据人民法院的判决书向票据债务人主张权利。逾期不申请判决的，终结公示催告程序。

鉴于公示催告程序本为对合法持票人进行失票救济所设，但实践中却沦为部分票据出卖方在未获得票款情形下，通过伪报票据丧失事实申请公示催告、阻止合法持票人行使票据权利的工具。对此，民事诉讼法司法解释已经作出了相应规定。适用时，应当区别付款人是否已经付款等情形，作出不同认定。《全国法院民商事审判工作会议纪要》对公示催告问题作出进一步明确的规定。

其一，在除权判决作出后，付款人尚未付款的情况下，最后合法持票人可以根据《民事诉讼法》的规定，在法定期限内请求撤销除权判决，待票据恢复效力后再依法行使票据权利。最后合法持票人也可以基于基础法律关系向其直接前手退票并请求其直接前手另行给付基础法律关系项下的对价。

其二，除权判决作出后，付款人已经付款的，因恶意申请公示催告并持除权判决获得票款的行为损害了最后合法持票人的权利，最后合法持票人请求申请人承担侵权损害赔偿责任的，人民法院依法予以支持。

3. 普通诉讼（提起民事诉讼）

（1）普通诉讼的概念。

普通诉讼是指丧失票据的失票人向人民法院提起民事诉讼，要求法院判定付款人向其支付票据金额的行为。最高人民法院《关于审理票据纠纷案件若干问题的规定》规定了三种与票据权利有关的民事诉讼：票据返还之诉、请求补发票据之诉、请求付款之诉。其中，票据返还之诉更为常见。

（2）普通诉讼的注意事项。

丧失票据的失票人在向人民法院提起诉讼时，应当按照以下要求办理：1）失票人一般以付款人为被告，但在付款人下落不明、无力清偿或者破产等情形下，失票人也可将其他债务人（出票人、背书人、保证人等）作为被告；2）失票人在向人民法院起诉时，应提供所丧失票据的有关书面证明；3）失票人在向人民法院起诉时，应当提供担保，担保的数额相当于票据载明的金额；4）诉讼请求的内容是要求付款人或其他票据债务人在票据到期日或判决生效后支付或清偿票据金额；5）在判决前，丧失的票据出现时，付款人应当暂不付款，并将情况及时通知失票人和人民法院，人民法院应当终结诉讼程序。

七、汇票的具体制度

1. 出票

汇票的出票是指出票人依法律规定的形式签发汇票，并将其交付持票人的票据行为。在全部票据活动中，出票是最初的票据行为，是创设票据，也是创设票据权利的行为。

汇票的出票人必须与付款人有真实的委托付款关系，并且具有支付汇票金额的可靠资金来源。出票人依据《票据法》规定的要件做成票据并交付后，出票行为即发生票据法上的效力，票据债权债务关系即告成立。

出票对收款人、付款人、出票人具有不同的法律效力。在出票行为有效成立后，收款人即享有票据上的权利；出票人一般不直接付款，只承担担保承兑和担保付款的义务；对付款人而言，出票人出票后，付款人并未产生绝对的付款义务，是否付款，取决于付款人是否承兑。

依据《票据法》的规定，汇票的记载事项分为绝对应记载事项和相对应记载事项。

绝对应记载事项包括：（1）表明"汇票"的字样；（2）无条件支付的委托；（3）确定的金

额；（4）付款人名称；（5）收款人名称；（6）出票日期；（7）出票人签章。

上述绝对应记载事项缺一项则票据无效。票据金额以中文和数码同时记载，两者必须一致；不一致时，票据无效。不得签发无对价的汇票用以骗取银行或其他票据当事人的资金。

相对应记载事项也是汇票记载的内容，它与绝对应记载事项的区别之处是：相对应记载事项如果未在汇票上记载，并不影响汇票本身的效力，可依法律规定推定。

相对应记载事项主要有：（1）付款日期。未记载付款日期的，视为见票即付。（2）付款地。未记载付款地的，以付款人的营业场所、住所或者经常居住地为付款地。（3）出票地。未记载出票地的，以出票人的营业场所、住所或者经常居住地为出票地。

2. 背书

背书是指持票人在票据背面或者粘单上记载有关事项并签章，将汇票权利让与他人的一种票据行为。《票据法》规定，背书应当连续。

（1）背书记载的事项。

背书应记载的事项有：背书人的签章、被背书人的名称和背书的日期。其中，前两项属于绝对应记载事项。背书日期如未记载，视为在汇票到期日前背书。

此外，背书不得附条件和部分背书。附条件背书所附条件不具有汇票上的效力。将汇票金额的一部分转让或者将汇票金额分别转让给两人以上的背书无效。

（2）禁止背书。

禁止背书是指出票人或背书人在票据上记载"不得转让"等类似文句，以禁止票据权利的转让，包括出票人的禁止背书和背书人的禁止背书两种。

第一，出票人的禁止背书应记载在汇票的正面。如果收款人或持票人将出票人作此背书的汇票转让，该转让不发生票据法上的效力，而只具有普通债权让与的效力，出票人对受让人不承担票据责任。

第二，背书人的禁止背书应记载在汇票的背面。如其后手再背书转让，原背书人对其直接被背书人以后通过背书方式取得汇票的一切当事人，不负担保责任。

（3）背书的效力。

依据《票据法》的规定，票据背书的效力主要有：1）票据权利的转移：背书人依据背书将票据权利转让给被背书人，被背书人因此取得票据权利，包括付款请求权和追索权。2）票据权利的证明：持票人背书，证明其享有对票据的权利，同时，通过背书将这种权利转让给被背书人，使后者成为票据的合法持有人，从而享有票据权利。3）票据权利的担保：背书人在依据背书转让票据权利后，成为新的票据义务人，对被背书人及其所有后手担保汇票的承兑和付款。汇票不获承兑或不获付款时，背书人对被背书人及其所有后手均负有偿还票款的义务。

3. 承兑

承兑是指汇票付款人承诺在汇票到期日支付汇票金额的票据行为。根据付款形式的不同，汇票可分为以下三种。

（1）必须提示承兑的汇票。见票后定期付款的汇票属于必须提示承兑的汇票。

（2）无须提示承兑的汇票。见票即付的汇票属于无须提示承兑的汇票。这类汇票有两种：一是，汇票上明确记载见票即付的汇票；二是，汇票上没有记载付款日期，视为见票即付的汇票，目前主要是指银行汇票。

（3）可以提示承兑的汇票。定日付款和出票后定期付款的汇票属于可以提示承兑的汇票，持票人可以在汇票到期日前提示承兑，也可以不提示承兑而于到期日直接请求付款。但我国《票据法》规定，除见票即付的汇票外，其他汇票都必须提示承兑。

承兑记载的事项包括：承兑文句、承兑日期、承兑人签章。承兑文句、承兑人签章是绝对应记载事项，承兑日期属于相对应记载事项，但如果是见票后定期付款的汇票，则必须记载承兑日期。付款人对汇票进行承兑时，必须在汇票的正面记载"承兑"字样，在汇票背面或粘单上所作的承兑不发生《票据法》上规定的效力。

承兑的效力在于确定汇票付款人的付款责任。付款人承兑汇票，不得附有条件；附条件承兑的，视为拒绝承兑。付款人承兑后，应当承担到期付款的责任。

4. 保证

保证是票据债务人以外的第三人为担保票据债务的履行所作的从票据行为。汇票的债务可以由保证人承担保证责任。

（1）保证的记载事项与记载方法。

保证的记载事项主要有：表明"保证"的字样、保证人的名称和住所、被保证人的名称、保证日期、保证人签章。未记载被保证人的，于已承兑的汇票，承兑人为被保证人；于未承兑的汇票，出票人为被保证人。缺少保证日期的，以出票日期为保证日期。保证事项必须在汇票上或者其粘单上记载。

（2）保证人的责任和权利。

保证人对合法取得票据的持票人所享有的汇票权利承担保证责任，但被保证人的债务因汇票的记载事项欠缺而无效的除外。保证不得附有条件；保证附有条件的，不影响对汇票的保证责任。对被保证的汇票，保证人应当与被保证人对持票人承担连带责任，汇票到期得不到付款的，持票人有权向保证人请求付款，保证人应当足额付款。保证人为两人以上的，保证人之间承担连带责任。保证人向持票人清偿债务后，取得票据而成为持票人，享有票据上的权利，有权对被保证人及其前手行使追索权。

5. 付款

（1）付款的概念。

付款是汇票的承兑人或付款人在汇票到期时，对持票人所进行的对票据金额的无条件支付，从而消灭票据的债权债务关系的票据行为。

（2）提示付款。

提示付款应在《票据法》规定的提示付款期限内进行。见票即付的汇票，自出票日起1个月内向付款人提示付款；定日付款、出票后定期付款或者见票后定期付款的汇票，自到期日起10日内提示付款；通过委托银行或票据交换系统向付款人提示付款的，视同持票人提示付款。持票人未按照规定期限提示付款的，在作出说明后，承兑人或付款人仍应继续对持票人承担付款责任。

（3）付款人的审查。

付款人及其代理付款人在付款时，应当进行审查。付款人的审查主要有两个方面：票据权利的真实性；提示付款人身份的真实性。《票据法》第57条第1款规定："付款人及其代理付款人付款时，应当审查汇票背书的连续，并审查提示付款人的合法身份证明或者有效证件。"

对票据权利的真实性，付款人原则上仅有形式审查的义务，即仅从票据的表征进行审查。审查内容主要是：票据凭证是否符合法律规定；出票、背书等票据行为的绝对必要记载事项是否符合规定；票据是否到期；转让背书是否连续。

对票据权利的真实性，付款人没有实质审查的义务，即只要票据在形式上没有瑕疵，付款人付款就无须承担责任。比如，持票人的前手欠缺民事行为能力，或者其签章是伪造，致使持票人并非真正的票据权利人的，付款人即使未对此事项进行审查，也不承担责任。

对提示付款人身份的真实性，付款人有实质审查的义务。因这一事项并非票据记载的事项，故只能进行实质审查。审查的具体方法，主要是依据其提供的居民身份证，判断身份证上的照片与提示付款人是否吻合。

付款人及其代理付款人恶意或者有重大过失付款的，应当自行承担责任。对定日付款、出票后定期付款或者见票后定期付款的汇票，付款人在到期日前付款的，由付款人自行承担所产生的责任。

6. 追索权

（1）追索权的概念。

追索权是持票人在票据到期不获付款，或到期日前不获承兑，使到期时获得付款的可能性显著减少，或有其他法定原因时，可向其前手请求偿还票据金额、利息及其他法定款项的一种票据权利。

（2）追索权的当事人。

追索权的当事人包括追索权人和被追索人。追索权人包括最后的持票人和已为清偿的票据债务人。被追索人包括出票人、背书人、承兑人、保证人。

（3）追索权的行使。

汇票到期被拒绝付款的，或者汇票到期日前，有下列情形之一的，持票人可以行使追索权：汇票被拒绝承兑；承兑人或者付款人死亡、逃匿的；承兑人或者付款人被依法宣告破产，或者因违法被责令终止业务活动的。行使追索权时首先需取得拒绝证明、退票理由书或其他合法证明，再发出追索通知。

（4）追索金额。

追索金额是指持票人或者其他追索权人向偿还义务人行使追索权，请求其支付的金额。追索金额包括：第一，被拒绝付款的汇票金额；第二，汇票金额从到期日或者提示付款日起至清偿日止，按照中国人民银行规定的同档次流动资金贷款利率计算的利息；第三，取得有关拒绝证明和发出通知书的费用。被追索人按照上述要求清偿后，可以向其他汇票债务人行使再追索权，请求其他汇票债务人支付下列金额和费用：第一，已清偿的全部金额；第二，汇票金额自清偿日起至再追索清偿日止，按照中国人民银行规定的同档次流动资金贷款利率计算的利息；第三，发出通知书的费用。行使再追索权的被追索人获得清偿时，应当交出汇票和有关拒绝证明，并出具所收到利息和费用的收据。

（5）追索权的效力和限制。

第一，追索权的效力。汇票的出票人、背书人、承兑人和保证人对持票人承担连带责任；被追索人清偿债务后，与持票人享有同一权利。持票人可以不按照汇票债务人的先后顺序，对其中任何一人、数人或者全体行使追索权；持票人对汇票债务人中的一人或者数人已经开始进行追索的，对其他汇票债务人仍可以行使追索权。第二，追索权的限制。持票人为出票人的，对其前手无追索权；持票人为背书人的，对其后手无追索权。

八、本票的具体制度

1. 本票的概念

本票是指出票人签发的，承诺自己在见票时无条件支付确定的金额给收款人或者持票人的票据。我国《票据法》所规定的本票，仅指银行本票。

本票与汇票的差异主要体现在两个方面：（1）本票是自付证券。本票是由出票人签发承诺自己见票付款的一种自付证券，其涉及的基本当事人只有两个，即出票人和收款人。（2）本票无须提示承兑。承兑是汇票特有的行为，本票的出票人在完成出票行为后，即承担到期日无条件支付票据金额的义务，无须进行承兑。

2. 本票的出票

《票据法》主要对本票出票时的必要记载事项，包括绝对必要记载事项和相对必要记载事项，作出了明确的规定。至于其他的记载事项，适用有关汇票的规定。

3. 本票的记载事项

本票必须记载下列事项：（1）表明"本票"的字样；（2）无条件支付的承诺；（3）确定的金额；（4）收款人名称；（5）出票日期；（6）出票人签章。

4. 本票的付款

按照我国《票据法》的规定，本票自出票之日起，付款期限最长不得超过2个月。本票的出票人在持票人提示见票时，必须承担付款的责任。持票人未按规定期限提示见票的，丧失对出票人以外的前手的追索权。但由于本票的出票人是票据法上的主债务人，对持票人负有绝对付款责任，除票据时效届满而使票据权利消灭或者要式欠缺而使票据无效外，出票人对持票人未在规定期限内行使票据权利仍应承担责任。

5. 汇票有关制度的适用

我国《票据法》规定，除上述特例外，本票的出票、背书、保证、付款行为和追索权的行使适用《票据法》有关汇票的规定。

九、支票的具体制度

1. 支票的概念

支票是指出票人签发的，委托办理存款业务的银行或者其他金融机构在见票时无条件支付确定的金额给收款人或者持票人的票据。

2. 支票出票的种类选择

《票据法》规定，普通支票可以支取现金，也可以转账，用于转账时，应当在支票正面注明。支票中专门用于支取现金的，可以另行制作现金支票，现金支票只能用于支取现金。支票中专门用于转账的，可以另行制作转账支票，转账支票只能用于转账，不得用于支取现金。普通支票未印有"现金"或者"转账"字样的为普通支票。普通支票可以支取现金，也可以转账。

3. 支票的记载事项

支票的绝对记载事项有：（1）表明"支票"的字样；（2）无条件支付的委托；（3）确定的

金额；（4）付款人名称；（5）出票日期；（6）出票人签章。支票上未记载这些事项之一的，支票无效。

为了发挥支票灵活便利的特点，《票据法》对支票在出票时的记载内容进行了变通性的规定，即出票人可以通过授权补记的方式出票。（1）支票上的金额可以由出票人授权补记，未补记前的支票，不得使用。（2）收款人的名称可以经出票人授权，进行补记。这是票据以背书方式转让的一种例外。出票人还可以在支票上记载自己为收款人。

4. 禁止签发的支票

（1）空头支票。我国《票据法》规定，禁止签发空头支票。出票人签发的支票金额超过其付款时在付款人处实有的存款金额的，为空头支票。

（2）与预留签章不符的支票。支票的出票人不得签发与其预留本名的签名式样或者印鉴不符的支票。

5. 支票的付款

出票人必须按照签发的支票金额承担保证向该持票人付款的责任，出票人在付款人处的存款足以支付支票金额时，付款人应当在当日足额付款。支票限于见票即付，不得另行记载付款日期。另行记载付款日期的，该记载无效。持票人应当自出票日起 10 日内提示付款，超过提示付款期限的，付款人可以不予付款；付款人不予付款的，出票人仍应当对持票人承担票据责任。

6. 汇票有关制度的适用

《票据法》规定，支票的出票、背书、付款行为和追索权的行使，除上述特例外，适用票据法关于汇票的规定。

十、法律责任

票据上的法律责任，根据责任的主体不同，可分为出票人的责任、背书人的责任、承兑人的责任、保证人的责任、持票人的责任和付款人的责任。

（一）出票人的责任

出票人应当正确、真实填写票据和结算凭证，不准出租、出借银行账户，不准签发空头支票和远期支票，不准套用银行信用。企事业单位和个人违反票据结算规定和票据结算纪律的，银行有权按照有关规定予以制裁。制裁方式有：警告或通报批评，处以罚款；收取罚息；停止使用某种结算方式，停止办理结算业务。

出票人不得签发无对价的汇票用以骗取银行或其他票据当事人的资金。出票人在出票时作虚假记载，骗取财物的，或者签发无可靠资金来源的票据，骗取资金的，出票人应当依法承担刑事责任。

（二）背书人的责任

背书人应当对其后手承担票据的付款责任。后手，即在票据签章人之后签章的其他票据债务人，应当对其直接前手背书的真实性负责。背书人在汇票得不到承兑或者汇票、本票、支票得不到付款时，应当向持票人（或者追索人）清偿被拒绝付款的票据金额。

（三）承兑人的责任

承兑为远期汇票所特有的一种行为。付款人承兑汇票的，不得附有条件。附有条件的，视为拒绝承兑，承兑人拒绝承兑的，应向持票人出具拒绝证明书。一旦承兑汇票，承兑人就应当承担汇票到期付款的责任。

（四）保证人的责任

汇票的保证人对汇票的债务承担保证责任，汇票到期后持票人得不到付款的，有权向保证人请求付款，保证人应当足额付款。

（五）持票人的责任

持票人对其所持有的票据应当妥善保管。在行使票据权利时，或获得付款后，依法应当交出票据和有关证明的，持票人应当交出，并出具收据。

（六）付款人的责任

对于符合票据法律、法规规定的票据，同时又符合必要的支付手续的，付款人应当依法按时足额支付票据上所载的款项。付款人及其代理付款人以恶意或者有重大过失付款的，应当自行承担责任。票据的付款人对见票即付或者到期的票据，故意压票，拖延支付的，由金融监督管理机构处以罚款，对直接责任人员给予处分。对于给持票人造成的损失，付款人还应当依法承担赔偿责任。银行办理结算时因工作差错发生延误，影响客户和他行资金使用的，银行应负赔偿责任，赔偿金额应当按照存款或贷款利率计算。

思考题

1. 简述金融法的调整对象。
2. 简述金融法的主要原则。
3. 简述要约收购与协议收购的区别。
4. 简述我国信息公开制度的主要内容。
5. 简述票据行为的内容。
6. 简述股票首次公开发行的条件。
7. 简述向不特定对象增发股票的条件。
8. 试述股票上市、暂停上市及终止上市的法定情形。
9. 简述债券发行的条件。
10. 试述禁止交易的证券行为。
11. 简述票据权利的内容。
12. 简述票据权利的救济途径。
13. 简述内幕交易的主体构成。
14. 简述虚假陈述的法律责任。
15. 简述我国资本市场主板市场与"新三板"的区别。
16. 案例分析题

案例一

甲公司为一家 2017 年在上海证券交易所上市的公司。2022 年上半年，甲公司发生下列事项：

1）甲公司在 5 月 10 日召开 2021 年度股东会。该次股东会审议下列决议：选举和更换 2

名董事，其中1名董事为公司职工代表；修改公司章程。上述两项决议事项，经出席股东会的股东所持表决权的3/5表决通过。

2）2022年5月3日，持有甲公司2%股份的刘某和持有甲公司股份1%的李某联名向公司董事会提交临时提案，董事会于5月8日通知其他股东将该项提案提交给股东会审议。

3）2022年5月10日召开的股东会上，除了通过上述提案，还根据控股股东的提议，临时增加了一项关于由公司收购本公司股票1000万股即公司已发行股份总额的4%的决议，回购股票将用于奖励公司员工，公司资本公积金将用于此次回购股份所需资金。

4）此次股东大会结束后，出席本次股东会会议的股东在会议记录上签字并存档。

根据上述事实，分别回答下列问题：

（1）根据本题要点1）所提示的内容，指出存在的问题，并说明理由。

（2）根据本题要点2）所提示的内容，指出存在的不合法之处，并简要说明理由。

（3）根据本题要点3）所提示的内容，指出不合规定之处，并简要说明理由。

（4）根据本题要点4）所提示的内容，指出不合规定之处，并简要说明理由。

案例二

甲公司是由自然人乙和自然人丙于2017年共同投资设立的有限责任公司。2022年4月，甲公司经过必要的内部批准程序，决定公开发行公司债券，并向国务院授权部门报送有关文件，报送文件中涉及有关公开发行公司债券并上市的方案要点如下：

（1）截至2022年12月31日，甲公司经过审计后的财务会计资料显示：注册资本为5000万元，资产总额为26000万元，负债总额为8000万元；在负债总额中，没有既往发行债券的记录；2019年至2021年年度的可分配利润分别为1200万元、1600万元和2000万元。

（2）甲公司拟发行公司债券8000万元，募集资金中的1000万元用于修建职工文体活动中心，其余部分用于生产经营；公司债券年利率为4%，期限为6个月。

根据上述内容，分别回答下列问题：

（1）甲公司是否具备发行公司债券的主体资格？请说明理由。

（2）甲公司的净资产和可分配利润是否符合公司债券发行的条件？请分别说明理由。

（3）甲公司拟发行的公司债券数额和募集资金的用途是否符合有关规定？请分别说明理由。

（4）如果公司债券发行后拟上市，公司债券的期限是否符合规定？请说明理由。（结合核准制与注册制下公司债券发行条件与程序的区别。）

案例三

2023年3月2日，甲公司为支付货款，向乙公司签发一张票面金额为30万元的银行承兑汇票，承兑银行A银行已经签章，票据到期日为2023年9月2日。2023年4月2日，乙公司财务人员王某利用工作之便，盗走存放于公司保险柜中的该汇票，乙公司未能及时发觉。王某盗取汇票后未在汇票上进行任何记载即直接交付汇票给丙公司换取现金。2023年4月19日，丙公司将空白背书汇票交付丁公司，用以支付所欠货款。丙公司和丁公司对王某盗取汇票均不知情，丁公司对该汇票系丙公司以现金自王某处换取亦不知情，丁公司在汇票被背书人栏内补写了自己的名称。2023年8月23日，丁公司向承兑人A银行提示付款，A银行以甲公司存款不足为由拒绝付款。

根据票据法的规定和上述资料回答下列问题：

(1) 王某能否取得票据权利？

(2) 丙公司是否取得票据权利？

(3) 丁公司是否取得票据权利？

(4) A银行拒绝付款是否符合法律规定？

案例四

2022年8月20日，A公司向B公司签发了一张金额为10万元，D公司作为承兑人的商业汇票。该汇票载明出票后1个月内付款，C公司为该票据提供保证，但C公司在汇票上签章了保证，没有记载被保证人名称。B公司取得汇票后将其转让给E公司，E公司又把汇票背书转让给F公司。F公司在9月12日提示给D公司承兑，D公司以只欠A公司债务8万元为由而拒绝承兑。F公司因此行使票据追索权，以实现自己的票据权利。

根据票据法的规定和上述资料，回答下列问题：

(1) F公司可行使追索权的被索对象有哪些？这些被追索人之间有什么责任？

(2) D公司如果承兑了汇票，能否以其只欠A公司债务8万元为由拒绝付款？

(3) 本案中汇票的被保证人是谁？

参考书目

1. 财政部会计财务评价中心. 经济法. 北京：经济科学出版社，2024
2. 刘文华. 经济法. 6版. 北京：中国人民大学出版社，2019
3. 杨紫烜. 经济法. 北京：北京大学出版社，2019
4. 刘文华. 经济法. 6版. 北京：法律出版社，2019
5. 王保树. 经济法原理. 北京：社会科学文献出版社，1999
6. 李昌麒. 经济法学. 3版. 北京：法律出版社，2016
7. 石光乾. 经济法教程. 北京：清华大学出版社，2011
8. 《经济法学》编写组. 经济法学. 3版. 北京：高等教育出版社，2022

图书在版编目（CIP）数据

经济法概论 / 王晓红，张秋华编著 . -- 7 版 .
北京：中国人民大学出版社，2024.7. --（21 世纪通
用法学系列教材）. -- ISBN 978-7-300-32959-8

Ⅰ. D922.29
中国国家版本馆 CIP 数据核字第 2024DQ0853 号

21 世纪通用法学系列教材
经济法概论（第七版）
王晓红　张秋华　编著
Jingjifa Gailun

出版发行	中国人民大学出版社			
社　　址	北京中关村大街 31 号	**邮政编码**	100080	
电　　话	010 - 62511242（总编室）	010 - 62511770（质管部）		
	010 - 82501766（邮购部）	010 - 62514148（门市部）		
	010 - 62515195（发行公司）	010 - 62515275（盗版举报）		
网　　址	http://www.crup.com.cn			
经　　销	新华书店			
印　　刷	北京昌联印刷有限公司	**版　　次**	2010 年 11 月第 1 版	
开　　本	787 mm×1092 mm　1/16		2024 年 7 月第 7 版	
印　　张	27 插页 1	**印　　次**	2025 年 6 月第 3 次印刷	
字　　数	667 000	**定　　价**	68.00 元	

《   》＊任课教师调查问卷

为了能更好地为您提供优秀的教材及良好的服务，也为了进一步提高我社法学教材出版的质量，希望您能协助我们完成本次小问卷，完成后您可以在我社网站中选择与您教学相关的 1 本教材作为今后的备选教材，我们会及时为您邮寄送达！如果您不方便邮寄，也可以申请加入我社的**法学教师 QQ 群：436438859（申请时请注明法学教师）**，然后下载本问卷填写，并发往我们指定的邮箱（cruplaw@163.com）。

邮寄地址：北京市海淀区中关村大街甲 59 号文化大厦 1202 室收

邮　　编：100080

再次感谢您在百忙中抽出时间为我们填写这份调查问卷，您的举手之劳，将使我们获益匪浅！

基本信息及联系方式：＊

姓名：＿＿＿＿＿＿＿　性别：＿＿＿＿＿＿＿　课程：＿＿＿＿＿＿＿＿＿＿

任教学校：＿＿＿＿＿＿＿＿＿＿＿　院系（所）：＿＿＿＿＿＿＿＿＿

邮寄地址：＿＿＿＿＿＿＿＿＿＿＿　邮编：＿＿＿＿＿＿＿＿＿

电话（办公）：＿＿＿＿＿＿＿　手机：＿＿＿＿＿＿　电子邮件：＿＿＿＿＿

调查问卷：＊

1. 您认为图书的哪类特性对您使用教材最有影响力？（　　）（可多选，按重要性排序）

　　A. 各级规划教材、获奖教材　　　　B. 知名作者教材

　　C. 完善的配套资源　　　　　　　　D. 自编教材

　　E. 行政命令

2. 在教材配套资源中，您最需要哪些？（　　）（可多选，按重要性排序）

　　A. 电子教案　　　　　　　　　　　B. 教学案例

　　C. 教学视频　　　　　　　　　　　D. 配套习题、模拟试卷

3. 您对于本书的评价如何？（　　）

　　A. 该书目前仍符合教学要求，表现不错将继续采用。

　　B. 该书的配套资源需要改进，才会继续使用。

　　C. 该书需要在内容或实例更新再版后才能满足我的教学，才会继续使用。

　　D. 该书与同类教材差距很大，不准备继续采用了。

4. 从您的教学出发，谈谈对本书的改进建议：＿＿＿＿＿＿＿＿＿＿＿＿

＿＿＿＿＿＿＿＿＿＿＿＿＿＿＿＿＿＿＿＿＿＿＿＿＿＿＿＿＿＿＿＿＿＿＿＿＿

选题征集：如果您有好的选题或出版需求，欢迎您联系我们：

联系人：黄　强　联系电话：010-62515955

索取样书：书名：＿＿＿＿＿＿＿＿＿＿＿＿＿＿＿＿＿＿＿＿＿＿＿

书号：＿＿＿＿＿＿＿＿＿＿＿＿＿＿＿＿＿＿＿＿＿＿＿＿＿＿＿

备注：※ 为必填项。